《经济学原理:微观经济学分册》学习手册

—第8版—

付达院 主编

北京大学出版社

图书在版编目(CIP)数据

《经济学原理(第8版):微观经济学分册》学习手册/付达院主编. —北京:北京大学出版社,2021.1

ISBN 978-7-301-31706-8

Ⅰ.①经… Ⅱ.①付… Ⅲ.①微观经济学—高等学校—自学参考资料 Ⅳ.①F016

中国版本图书馆 CIP 数据核字(2020)第 188276 号

书　　　名	《经济学原理(第8版):微观经济学分册》学习手册
	《JINGJIXUE YUANLI(DI-BA BAN):WEIGUAN JINGJIXUE FENCE》XUEXI SHOUCE
著作责任者	付达院　主编
责任编辑	王　晶
标准书号	ISBN 978-7-301-31706-8
出版发行	北京大学出版社
地　　　址	北京市海淀区成府路205号　100871
网　　　址	http://www.pup.cn
微信公众号	北京大学经管书苑(pupembook)
电子信箱	em@pup.cn
电　　　话	邮购部 010-62752015　发行部 010-62750672　编辑部 010-62752926
印　刷　者	河北滦县鑫华书刊印刷厂
经　销　者	新华书店
	850 毫米×1168 毫米　16 开本　23.75 印张　593 千字
	2021 年 1 月第 1 版　2022 年 10 月第 4 次印刷
定　　　价	58.00 元

未经许可,不得以任何方式复制或抄袭本书之部分或全部内容。
版权所有,侵权必究
举报电话:010-62752024　电子信箱:fd@pup.pku.edu.cn
图书如有印装质量问题,请与出版部联系,电话:010-62756370

编委会

主　编　付达院

副主编　鲁春义　李　瑞

编　委　王槐生　付达院　梁媛媛
　　　　　黄　栋　董茜茜　李秋珍
　　　　　李　瑞　鲁春义　王　瑜
　　　　　张永学　沈　飞　胡　旦
　　　　　柳　萍　杨静怡　陈　曦
　　　　　陈寿雨　徐　丽　孙一得
　　　　　朱艳玲　陈　刚　左雪莲
　　　　　金兴华

前　言

本书是与 N. 格里高利·曼昆（N. Gregory Mankiw）的《经济学原理》（第 8 版）相配套的学习手册，本书编写的目的是真正提供一本来自世界而又适用于中国学生的经济学辅导教材。

本书特色

曼昆的《经济学原理》是当今世界上广为流行的经济学入门教材，其中译本自 1999 年出版以来也一直是国内广为选用、广受欢迎的初级经济学教材之一。这本教材的最大优点在于其"学生导向"，与其他同类教材相比，它更多地强调经济学原理的应用和政策分析，而不是正式的经济学模型。这表现在作者不仅在大部分章节中提供了"案例研究"，而且加入了大量的"新闻摘录"，此外，在第 8 版中还新增了"专家看法"栏目，有助于读者更全面地了解经济学家对现实问题的不同观点。但遗憾的是，这本翻译版教材不太可能做到对发生在中国学生身边的新闻和案例进行深入的分析和解读。为此，我们编写了这本学习手册。

本书最大的特色和亮点在于，不仅涵盖国内外通行教辅所包含的学习精要和课外习题及解答，还重点突出取材于中国的"新闻透视"和"案例研究"，其中"新闻透视"部分遵循"新闻热点+评析透彻"原则，"案例研究"部分遵循"案例经典+解析到位"原则，让学生懂得什么是本土化的经济学和生活中的经济学。

内容结构

本书的每一章都与曼昆的《经济学原理》的内容相对应。每一章又分为以下五个部分：

- **学习精要**：包括教学目标、内容提要、关键概念、拓展提示四个小部分。其中，"教学目标"从了解、领会、理解、熟悉、掌握等五个层次介绍本章的学习目的。"内容提要"展示本章在该篇或整本书中所处的位置及其与前后章之间的联系，并重点梳理和总结本章经济学原理的核心内容，可以起到提纲挈领的作用。"关键概念"提供本章所学的核心经济学词汇，以有利于学生复习并巩固关键术语和定义。"拓展提示"意在掌握教科书原理的基础上，进一步拓展学生的经济学视野，培养学生开放思考和主动反馈的能力。
- **新闻透视**：从与中国当前密切关联的经济社会、时事热点、大众传媒等领域择取具有较强时效性和现实意义的新闻素材，结合本章的核心原理，从经济学的视角还原新闻全貌和解读事件真相。每章"新闻透视"的数量为 2—3 个，每个"新闻透视"均包含新闻内容、关联理论、新闻评析等三部分内容。其中，新闻内容大多来自国内政府机关权威报道、重点报刊以及媒体网络，关联理论展示能够解释新闻事件的核心原理，而新闻评析将实现新闻内容与关联理论的紧密结合，以培养学生解决实际问题的能力以及对现实的敏锐洞察力。

• **案例研究**：从与日常生活密切关联的经济事件、公共话题、社会实践等领域择取具有一定典型性、新颖性和启发性的案例素材，结合本章的主要原理，挖掘经典案例背后隐含的经济学意蕴。每章"案例研究"的数量为2—3个，每个"案例研究"均包含案例内容、关联理论、案例解析等三部分内容。其中，案例内容大多摘自实践与创新及其相关领域，关联理论展示能够解释该案例的主要原理，而案例解析旨在实现案例内容与关联理论的有效融合，以培养学生的自主思考能力以及综合创新思维。

• **课外习题**：本部分精选名词术语、单项选择、判断正误、简答题、应用题、拓展思考题六大题型。名词术语、单项选择、判断正误和简答题侧重于基础知识的理解，应用题和拓展思考题则侧重于对理论应用能力的培养。

• **习题答案**：本部分对所有问题都给出解答，并特别就简答题、应用题、拓展思考题等习题给出考查要点和参考答案。

使用建议

对于如何使用本书，我们提出以下建议：尽管本书最大的特色和亮点在于其"新闻透视"和"案例研究"，但并非让学生忽略其他部分。其原因在于，"学习精要"有助于学生巩固课本知识，并增进对经济学原理的进一步理解，"课外习题"有助于学生检验对课本内容和经济学原理的掌握程度。因此，建议学生在阅读"新闻透视"和"案例研究"之前，先仔细阅读并理解"学习精要"（这一点非常重要），而在学习完"新闻透视"和"案例研究"之后，花一定时间完成"课外习题"的训练，进一步巩固本章所学，查缺补漏。

编写分工

《学习手册》是集体讨论和研究的成果，微观经济学分册各章的编写分工是：王槐生（第1章），付达院（第2、7、21章），梁媛媛（第3章），黄栋、董茜茜（第4章），李秋珍（第5章），鲁春义（第6、17章），王瑜、张永学（第8章），沈飞、胡旦（第9章），柳萍（第10章），杨静怡（第11章），李瑞（第12、19章），陈曦（第13章），陈寿雨（第14章），徐丽（第15章），孙一得（第16章），朱艳玲（第18章），陈刚（第20章），左雪莲（第21章部分内容），金兴华（第22章）。全书由付达院担任主编，负责统稿、终审、定稿；鲁春义、李瑞担任副主编，分别负责部分章节的初审。除作者外，本书编写过程中还得到多位老师的大力支持，他们是浙江大学赵伟教授、顾国达教授，浙江财经大学王俊豪教授、卢新波教授、邱风教授、项后军教授，南开大学周冰教授，上海大学顾卫平教授、吴解生教授，浙江越秀外国语学院徐真华教授、叶兴国教授、单胜江教授，在此深表谢意。感谢本书"新闻透视"和"案例研究"参考的论著及报刊文章的作者，如有问题，请及时和我们联系。最后，还要感谢北京大学出版社王晶和张燕等编辑为本书所做的认真细致的工作，她们的辛勤劳动直接促成了本书的出版。

作为浙江省高等教育教学研究项目(编号:jg2015199)以及浙江省哲学社会科学规划课题(编号:15NDJC245YB)的重要研究成果之一,本书中的所有内容均已经过多位评审者的多轮精心核对和修撰。此外,得益于多轮教学实践和反馈,我们在新版中不仅更新了部分"新闻透视"和"案例研究",而且还修订了"学习精要"和部分"课外习题"。但受编者水平和编写时间所限,书中难免存在一些不足。如果您发现书中错误或不当之处,抑或您对未来版本有任何意见和建议,请随时与我们保持联系(E-mail:fudayuan6190@163.com)。

付达院

2020年6月1日

目 录

第 1 章 经济学十大原理 (1)
 一、学习精要 (1)
 二、新闻透视 (3)
 三、案例研究 (7)
 四、课外习题 (12)
 五、习题答案 (14)

第 2 章 像经济学家一样思考 (17)
 一、学习精要 (17)
 二、新闻透视 (19)
 三、案例研究 (22)
 四、课外习题 (27)
 五、习题答案 (30)

第 3 章 相互依存性与贸易的好处 (34)
 一、学习精要 (34)
 二、新闻透视 (36)
 三、案例研究 (40)
 四、课外习题 (43)
 五、习题答案 (47)

第 4 章 供给与需求的市场力量 (49)
 一、学习精要 (49)
 二、新闻透视 (51)
 三、案例研究 (55)
 四、课外习题 (59)
 五、习题答案 (62)

第 5 章 弹性及其应用 (64)
 一、学习精要 (64)
 二、新闻透视 (67)
 三、案例研究 (72)
 四、课外习题 (74)
 五、习题答案 (77)

第6章 供给、需求与政府政策 (80)
- 一、学习精要 (80)
- 二、新闻透视 (82)
- 三、案例研究 (86)
- 四、课外习题 (89)
- 五、习题答案 (93)

第7章 消费者、生产者与市场效率 (95)
- 一、学习精要 (95)
- 二、新闻透视 (97)
- 三、案例研究 (101)
- 四、课外习题 (105)
- 五、习题答案 (108)

第8章 应用：税收的代价 (112)
- 一、学习精要 (112)
- 二、新闻透视 (114)
- 三、案例研究 (117)
- 四、课外习题 (122)
- 五、习题答案 (125)

第9章 应用：国际贸易 (129)
- 一、学习精要 (129)
- 二、新闻透视 (131)
- 三、案例研究 (134)
- 四、课外习题 (137)
- 五、习题答案 (140)

第10章 外部性 (145)
- 一、学习精要 (145)
- 二、新闻透视 (147)
- 三、案例研究 (150)
- 四、课外习题 (153)
- 五、习题答案 (157)

第11章 公共物品和公共资源 (160)
- 一、学习精要 (160)
- 二、新闻透视 (162)
- 三、案例研究 (167)
- 四、课外习题 (171)
- 五、习题答案 (175)

第12章 税制的设计 (179)
- 一、学习精要 (179)

二、新闻透视 ·· (181)
  三、案例研究 ·· (185)
  四、课外习题 ·· (188)
  五、习题答案 ·· (191)

第 13 章　生产成本 ·· (193)
  一、学习精要 ·· (193)
  二、新闻透视 ·· (197)
  三、案例研究 ·· (202)
  四、课外习题 ·· (206)
  五、习题答案 ·· (210)

第 14 章　竞争市场上的企业 ·· (214)
  一、学习精要 ·· (214)
  二、新闻透视 ·· (217)
  三、案例研究 ·· (224)
  四、课外习题 ·· (228)
  五、习题答案 ·· (232)

第 15 章　垄断 ·· (235)
  一、学习精要 ·· (235)
  二、新闻透视 ·· (238)
  三、案例研究 ·· (243)
  四、课外习题 ·· (248)
  五、习题答案 ·· (251)

第 16 章　垄断竞争 ·· (254)
  一、学习精要 ·· (254)
  二、新闻透视 ·· (256)
  三、案例研究 ·· (259)
  四、课外习题 ·· (263)
  五、习题答案 ·· (267)

第 17 章　寡头 ·· (271)
  一、学习精要 ·· (271)
  二、新闻透视 ·· (273)
  三、案例研究 ·· (277)
  四、课外习题 ·· (280)
  五、习题答案 ·· (283)

第 18 章　生产要素市场 ·· (286)
  一、学习精要 ·· (286)
  二、新闻透视 ·· (289)
  三、案例研究 ·· (293)

四、课外习题 ………………………………………………………………（296）
　　五、习题答案 ………………………………………………………………（300）

第19章　收入与歧视 …………………………………………………………（302）
　　一、学习精要 ………………………………………………………………（302）
　　二、新闻透视 ………………………………………………………………（304）
　　三、案例研究 ………………………………………………………………（308）
　　四、课外习题 ………………………………………………………………（313）
　　五、习题答案 ………………………………………………………………（317）

第20章　收入不平等与贫困 …………………………………………………（320）
　　一、学习精要 ………………………………………………………………（320）
　　二、新闻透视 ………………………………………………………………（323）
　　三、案例研究 ………………………………………………………………（327）
　　四、课外习题 ………………………………………………………………（331）
　　五、习题答案 ………………………………………………………………（334）

第21章　消费者选择理论 ……………………………………………………（337）
　　一、学习精要 ………………………………………………………………（337）
　　二、新闻透视 ………………………………………………………………（341）
　　三、案例研究 ………………………………………………………………（345）
　　四、课外习题 ………………………………………………………………（347）
　　五、习题答案 ………………………………………………………………（351）

第22章　微观经济学前沿 ……………………………………………………（355）
　　一、学习精要 ………………………………………………………………（355）
　　二、新闻透视 ………………………………………………………………（357）
　　三、案例研究 ………………………………………………………………（359）
　　四、课外习题 ………………………………………………………………（363）
　　五、习题答案 ………………………………………………………………（366）

第1章
经济学十大原理

一、学习精要

(一) 教学目标

1. 知悉经济学是一门研究资源优化配置的学科。
2. 初步了解经济学十大原理。

(二) 内容提要

作为一本书的开篇,第一章惯例上首先从总体上向读者介绍这本书的主要理论和内容,让人获得一个总体的印象。然后,在以后各章中对这些理论再展开详细的论述和深化,本教辅亦是如此。本章主要介绍经济学十大原理,作为教科书其他部分内容的基础。经济学十大原理可以分为三大类:人们如何做出决策,人们如何相互影响,以及整体经济如何运行。

1. 人们如何做出决策
(1) 原理一:人们面临权衡取舍。
(2) 原理二:某种东西的成本是为了得到它所放弃的东西。
(3) 原理三:理性人考虑边际量。
(4) 原理四:人们会对激励做出反应。
2. 人们如何相互影响
(1) 原理五:贸易可以使每个人的状况都变得更好。
(2) 原理六:市场通常是组织经济活动的一种好方法。
(3) 原理七:政府有时可以改善市场结果。
3. 整体经济如何运行
(1) 原理八:一国的生活水平取决于它生产物品与服务的能力。
(2) 原理九:当政府发行了过多货币时,物价上升。
(3) 原理十:社会面临通货膨胀与失业之间的短期权衡取舍。

(三) 关键概念

1. 稀缺性:社会资源的有限性。
2. 经济学:研究社会如何管理自己的稀缺资源。
3. 效率:社会能从其稀缺资源中得到最大利益的特性。
4. 平等:经济成果在社会成员中平均分配的特性。

5. 机会成本:为了得到某种东西所必须放弃的东西。
6. 理性人:系统而有目的地尽最大努力实现其目标的人。
7. 边际变动:对行动计划的微小增量调整。
8. 激励:引起一个人做出某种行为的某种东西。
9. 市场经济:当许多企业和家庭在物品和服务市场上相互交易时,通过他们的分散决策配置资源的经济。
10. 产权:个人拥有并控制稀缺资源的能力。
11. 市场失灵:市场本身不能有效配置资源的情况。
12. 外部性:一个人的行为对旁观者福利的影响。
13. 市场势力:单个经济活动者(或某个经济活动小群体)对市场价格有显著影响的能力。
14. 生产率:每单位劳动投入所生产的物品与服务数量。
15. 通货膨胀:经济中物价总水平的上升。
16. 经济周期:就业和生产等经济活动的波动。

(四) 拓展提示

1. 学习本章有助于从整体上把握全书的主要内容,对教材介绍的经济学十大基本原理有一个概貌认识,并能建立一个逻辑框架。学习本章的难点在于所述的十大原理之间的内在联系并不显见,而各个孤立的理论是难以理解和记忆的。所以,学习本章要求学生在把握十大原理的内在联系或逻辑结构上下功夫。

2. 经济学十大原理的内在逻辑可作如下表述:

人是消费和生产的对立统一体。人活着首先必须消费,而消费的对象是资源。由于人的消费欲望是不断增长而无限的,然而地球上的资源供给却是有限的,因而相对于人无限增长的消费欲望来说,资源是稀缺的。由此就产生一个经济学的本源问题,即如何优化稀缺资源的配置从而达到人们消费需求的最大满足。由于资源是稀缺的,因此人们不可能将资源全部覆盖到所有需求之上,也就是说,人们只能满足一部分需求而不得不放弃另一部分需求,也即人们面临着不同目标之间的权衡取舍(**经济学原理之一**)。经济学就是一门关于资源优化配置的科学,最常用的选择方法之一是人们权衡各种方案的机会成本大小,机会成本是为了得到某种东西所必须放弃的东西(**经济学原理之二**)。人们在做出权衡取舍的选择时,通常不是黑或白的两个极端之间的选择,即不是要与不要之间的决策,而是在多大程度上要、要多少的问题,也即是在数量上的决策。面对这种决策,人们常用的方法之一是边际分析,即对增量的成本与收益进行分析(**经济学原理之三**)。选择的标准是边际收益大于边际成本。很显然,边际收益与边际成本的大小与相关的社会经济环境有关,一旦社会经济条件改变,边际收益与边际成本也会变化,从而会导致人们做出不同的选择,进而引起人们的行为改变,这就是激励效应(**经济学原理之四**)。政府在做出各种规定和政策时,必须考虑由此带来的激励效应,特别是会引起连锁反应的效应,一旦政府在没有做周详的考虑就轻率制定政策时,这些政策可能会产生意想不到的不良后果,与政策的出发点背道而驰。经常性的激励效应之一是人们相互交易会改变成本和收益,也就是人们通过交易使收益提高和成本降低,生活得以改善,交易双方均受益(**经济学原理之五**)。随着交易行为的日益普遍,众多的交易行为和关系形成了市场,市场在经济生活中的地位越来越重要,而且人们发现市场是组织经济活动的一种好方法

(经济学原理之六)。但是市场不是万能的,在组织经济活动中会存在一些缺陷,比如调节的滞后、不能解决经济外部性的问题、也不能解决财富分配的悬殊问题,等等,为此需要政府对市场的缺陷进行弥补(**经济学原理之七**)。然而政府也有不足的地方,需要制度来约束。政府对经济的干预和调节不仅限于微观领域,更多是在宏观领域,即对一个国家整体经济运行机制的调节。一国经济的生产率是该国国民福利增加的源泉(**经济学原理之八**)。政府对经济调节的主要手段之一是调节货币的发行量,当货币发行量过多时,会产生通货膨胀(**经济学原理之九**)。一般而言,通货膨胀率与失业率成负相关,也就是说,通货膨胀率高时失业率低,而通货膨胀率低时失业率高,即社会面临通货膨胀与失业之间的短期权衡取舍(**经济学原理之十**)。

二、新闻透视

(一) 新闻透视 A

平台比薪资更重要——90后大学生择业观悄然变化

"期待月薪2 000—3 000元吧,毕竟刚出校门,温饱就行。最重要的是专业匹配和职业发展前景。"2017年12月7日,湖北经济学院会计专业大四毕业生小李说。当天,这里正举行"我选湖北·聚英才"2017年全国高校毕业生就业服务周活动。记者现场发现,90后大学毕业生更在乎专业契合程度和企业平台,对起薪的期望值并不太高。

在活动现场,招聘企业除了照例公布需求岗位外,不少企业还标注了该岗位的"晋升路径"。"以纯""红鼎豆捞""秀玉"等知名企业都按照不同的岗位方向,规划、标识各自的发展路径,例如"从管培生干起,你凭努力也能做到总管、总监"。

凭借大型国有企业的背景,现场中国十五冶摊位前一直排成长龙。"我们最看中的,还是它的平台和前景。"湖北经济学院金融专业毕业生小何说。"现在90后大学生的父母都还比较年轻,社会经济发展这么好,90后大学生比前辈更看重自我价值实现和未来职业发展。"中国十五冶现场招录人员童老师分析。

"我选湖北·聚英才"全国高校毕业生就业服务周活动由湖北省人社厅主办,湖北省人才服务局承办。相关部门在举办专场招聘会的同时,还将通过"全国大中城市联合招聘高校毕业生精准服务平台"开展网络招聘会,为高校毕业生提供全方位、多样化的就业创业服务。目前吸引了联想集团、中船重工等170多家企业揽才,6 000多名大学生来应聘,初步达成就业意向1 000余人。

资料来源:湖北日报,2017年12月8日。

【关联理论】

人们面临权衡取舍——为了得到一件我们喜欢的东西,通常就不得不放弃另一件也喜欢的东西。这就要求我们在追求的事物之中进行比较,权衡各自的利弊和得失,再来做出选择。由于不同的人有不同的决策目标,因而也就会有不同的行为选择。

【新闻评析】

社会上各行各业,因其工作性质和地点不同,工作待遇千差万别。这里所说的待遇不仅包括工资水平的高低,还包括工作环境的舒适度,以及工作的发展潜力。当人们选择了某一单位的某一个工作岗位后,既享受了这个单位这个岗位的好处,也承担了无法再去其他单位其他岗位就业的机会成本。

如何做出择业决策?这取决于择业者的价值观念、个人兴趣、家庭背景等,这些基本因素最终形成择业者的就业目标,也即选择就业单位和岗位的标准。中国新闻网生活频道早在2013年2月就刊登过70后、80后、90后三类求职者心态变化的报道,而本则新闻中90后大学生择业观悄然变化的消息,正好也追踪了这种变化。由于其各自的成长背景和家庭背景不一样,不同时代的毕业生也就产生了在择业标准上的不同。他们在就业收益与机会成本的分析比较上有不同的评判标准,这就使得70后以薪水为主,80后以求变为主,90后则拥有多元的目标;特别对90后而言,与薪资相比,他们更看重平台这一综合性因素。据报道,2016年5月上海开放大学信息安全与社会管理创新实验室与复旦大学社会治理研究中心联合发布的《大学生心态调查报告(2016)》调查显示,在就业的理想去向中,外资企业、自主创业和事业单位最受青睐,分别占23.4%、21.1%和20.0%。随着时间的推移和经济的发展,大学生以及社会的择业观会随之调整。而在转型社会,热门的行业与岗位也会随着经济结构升级而发生变化。

(二) 新闻透视 B

济南的冬天也有雾霾吗?

大家应该还记得老舍先生有一篇散文叫作《济南的冬天》吧,他在里面提到过济南的冬天很暖和,济南三面环山,北边缺口是黄河,这样的地势造成了济南的泉水多,济南也因此被称为"泉城",那么济南的冬天也会因此而有雾霾吗?

2013—2015年,济南雾霾污染日趋严重,长期在全国空气质量"黑名单"里。经过相关治理,2016年雾霾天数首次减少。2017年济南市空气质量良好以上天数185天,比2016年增加22天;重度以上污染天数14天,比2016年减少6天;空气质量综合指数改善7.7%。2018年,济南市城区环境空气质量较上年有所改善,但污染仍较严重,治霾大业任重而道远。

雾霾污染物主要包括可吸入颗粒物、细颗粒物、二氧化硫、二氧化氮、一氧化碳和臭氧。2017年济南市城区环境空气中可吸入颗粒物、细颗粒物、二氧化氮、臭氧分别超过国家环境空气质量(GB3095—2012)二级标准0.86倍、0.80倍、0.15倍、0.19倍,二氧化硫、一氧化碳达标。与上年相比,可吸入颗粒物、细颗粒物、二氧化硫浓度有所下降,一氧化碳浓度有所上升,二氧化氮、臭氧浓度基本持平。扬尘、机动车、燃煤、工业生产对济南市PM10的分担率分别为34.2%、23.3%、17.4%、12.1%,餐饮、生物质燃烧等其他污染物来源的分担率约为12.9%。机动车、燃煤、扬尘、工业生产对济南市PM2.5的分担率分别为32.6%、24.6%、14.6%、14.5%,餐饮、生物质燃烧等其他污染物来源的分担率约为13.8%。可吸入颗粒物作为首要污染物的天数是141天,占监测总天数的38.6%;细颗粒物作为首要污染物的天数是96天,占26.3%;臭氧作为首要污染物的天数是112天,占30.7%;二氧化氮作为首要污染物的天数是8天,占2.2%。颗粒物作为首要污染物的天数集中在风沙季和采暖季,臭氧作为首要污染物的天数集中在5—9月。

那么济南的雾霾为何会这么严重呢?济南市处在鲁中南低山丘陵与鲁西北冲积平原交接处,地势南高北低,落差达500多米,是小盆地地形,这造成了雾霾难以消散。济南市区北部黄河为地上河,土质疏松,绿化率低,易发生扬尘,因此大风沙尘对济南市颗粒物的影响较大。随着社会经济的发展,大气污染的影响因素逐步趋于多元化,不仅受自然条件和气候条件的影响,也越来越受本地区的社会经济因素和环境资源因素的影响。济南市国民经济第二产业增加值偏高。2017年济南市全市地区生产总值7 201.96亿元,比上年增长8.0%。其中,第一产业增加值317.40亿元,增长3.3%;第二产业增加值2 569.22亿元,增长8.4%;第三产业增加值4 315.34亿元,增长8.2%。工业生产是城市经济的发展主体,其生产规模及生产特征必然对城市污染物浓度产生显著影响。2017年济南市全年全部工业增加值比上年增长8.9%,规模以上工业增加值增长9.8%;按轻重工业看,重工业增加值增长7.9%。工业生产废气中含有二氧化硫、一氧化碳、二氧化碳和一氧化氮等有害化学物质,同时,工业排放的烟尘、粉尘为雾霾形成提供了物质基础。

资料来源:李文华,浅析济南市雾霾污染时空特征与影响因素,纳税,2019年3月。

【关联理论】

外部性是市场失灵的重要原因之一,指的是一个人的行为对旁观者福利的无补偿性的影响。外部性有正、负之分,其中环境污染属于负外部性的例子,即一个行为主体的行为对周边生态环境造成了损害,对人们的福利有负面影响,但这个人或企业并不对这种损害承担任何责任或成本。

【新闻评析】

虽然济南市雾霾形成的原因是多元化的,但经济因素无疑是最重要的原因之一。人类的经济活动产生了负的外部性——生态环境的破坏。原先一个环境优美、安静恬逸的宜居城市被工业化和城市化所破坏,雾霾严重了,空气质量变差了。这正是市场失灵的表现之一,也就是市场不能解决经济活动的外部性。

外部性是指当一个人或企业从事某种活动时,对旁观者产生了一定的影响,而此人或企业对这种影响既不用支付费用,也不能得到报酬。中国的工业化和城市化过程中存在着大量的这种外部性问题,环境污染只是其中之一。工业企业生产时会有大量"三废"排放,如果相关企业不对这种排放付出额外成本或承担责任,则将会导致这种排放无所节制,最终造成对环境的危害。由于市场机制不能解决环境污染这种负外部性问题,结果是许多城市和农村随着工业化的推进,环境污染日益严重。经济外部性的解决需要政府之手介入,可以由政府制定环境保护政策和法律,比如征收环境税或者做出排放指标的交易制度安排,将这种环境污染所造成的社会成本强制地让企业负担,从而约束企业自觉减少生产以降低"三废"排放量,或改变生产工艺,采取多种环境保护措施等,从而将这种外部性加以内在化。这一方面的具体内容将在第10章中深入学习。

(三) 新闻透视 C

第十三届中国国际袜业博览会在浙江诸暨举行

2017年10月10日上午,第十三届中国国际袜业博览会在浙江诸暨开幕。本届袜博会的主题为"融合",将举行开幕式、"时尚·创业·创新"项目签约仪式、"时尚袜艺 创新袜都"2017袜业创新发展研讨会、"走进大唐"国内外袜业企业对接洽谈会、袜业展销会、大唐腾飞30年图片展等活动。

自1999年以来,诸暨已成功举办了12届袜博会。第十三届中国国际袜业博览会由中国工业经济联合会、中国纺织品进出口商会、中国针织工业协会、中国纺织服装教育学会主办,诸暨市人民政府、浙江省工业经济联合会承办。

"大唐袜机响,天下一双袜。"诸暨是全球最大的袜子生产基地,产量占全国的70%,世界的30%。大唐袜业已形成以大唐镇为中心,辐射周边12个镇乡,吸纳从业人员近20万人的一大产业集群,被确立为全球最大的袜子生产基地和浙江省21世纪最具成长性的产业之一。在诸暨,任何一款袜子都能生产,任何一种原材料都能买到,并且生产成本要比其他产地便宜近1/3左右,是名副其实的"国际袜都"。

不过长期以来,诸暨袜业多为低小散的块状经济。为了推动转型升级,2014年年底诸暨启动"六大专项整治",着力去产能、去杠杆、降成本、补短板。淘汰各类废旧袜机3 000余台(套),关停10蒸吨以下燃煤小锅炉379只,淘汰低小散企业3 000多家。着力破除传统产业依靠低廉劳动力、低端产品、低价竞争的"三低"发展路径。

在"立"的方面,2015年以来,诸暨按照产城融合的发展思路,三年共投资55亿元,建成2.96平方公里的"袜艺小镇"。大唐镇以特色小镇创建为抓手,构建以"袜业智库"为核心的创新服务综合体,打造集高层次人才、创新、创意、市场、金融等于一体的优质生态圈,为袜业传统产业转型提升提供了强有力的动能。

在这轮转型升级的风口中,诸暨市袜业企业技术创新和创意设计的最终成果体现在产品的销售和利润上,永新集团研发的发热锦纶丝和冰凉锦纶丝两种新产品,畅销国内外;华诗秀的龙凤袜在市场上最高卖到500元一双;"焦糖玛琪朵""阿格莱德"等品牌收获了产品利润率为20%—40%的高附加值。

数据更能说明成果,大唐镇袜子产量2015年同比下降5.7%,2016年同比下降3.9%,但国内生产总值同比上升3.8%和6.9%,财政收入同比上升9.74%和9.7%。2017年1—8月,诸暨市袜业产业实现产值183.53亿元,同比增长18.2%;利润8.18亿元,同比增长23%;实现地方税收6 784万元。

资料来源:第十三届中国国际袜业博览会在浙江诸暨举行.央广网.(2017-10-10)[2020-5-30].https://www.sohu.com/a/197188377_362042.

【关联理论】

一国的生活水平取决于它生产物品与服务的能力——人们生活水平的差别源于人们生产率的差别。市场通常是组织经济活动的一种好方法,贸易可以使得每个贸易者专门从事自己最擅长的事,并用自己的产出交换其他有效率的生产者的产出。

【新闻评析】

改革开放40年,中国国民经济飞速发展,人民生活水平大幅提高。诸暨大唐就是其中比较典型的一个例子。大唐镇建立于20世纪80年代末,是以杭金线上两个小村联合起来为基础组建的。当年全镇工农业总产值不到5 000万元,农民人均纯收入不到800元。大唐人凭着坚韧不拔的毅力,一步一个脚印,硬是从一双小小的袜子做起,集腋成裘,终于在荒滩地上建起了闻名国内外的"国际袜都"。2013年,大唐镇实现国内生产总值68.4亿元,工业总产值457亿元,财政收入7.5亿元,农民人均纯收入35 600元。大唐袜业从前世到今生的发展历程正是"一国的生活水平取决于它生产物品与服务的能力"和"贸易能使每个人的状况变得更好"等经济学原理的最好的诠释。

人们生活水平的差异源于生产率的差异,而生产率的提高取决于劳动分工。亚当·斯密在《国富论》中高度评价了分工的巨大作用。他认为,"劳动生产力上最大的增进,以及运用劳动时所表现的更多的熟练、技巧和判断力,似乎都是分工的结果。"在列举了幼年时期见到的扣针制造的例子后,亚当·斯密又说:"凡能采用分工制的工艺,一经采用分工制,便相应地增进劳动生产力。各种行业之所以各个分立,似乎也是由于分工有这种好处。一个国家的行业与劳动生产力的增进程度如果是极高的,则其各种行业的分工一般也都达到极高的程度。"中国农民过去从事的是以农业为主的自给自足的自然经济,当时他们的劳动分工程度是很低的,再加上国家对农业的支持不足,农业劳动生产力更低,因此农民处于贫困的境地。改革开放后,农民挣脱了自然经济的束缚,走向以分工和交易为基础的商品经济,带来了生产力的巨大发展。

尤其是浙江以产业集群为基础的区域经济发展模式,以专业市场为纽带,建立起一个高度分工协作的生产体系,其劳动生产力得到了巨大提高。产业集群通过深入细化的劳动分工和在同一个区域内进行分工协作,使生产成本和交易成本大大降低,不但获取了较好的经济效益,而且其产品也有较强的竞争力。大唐袜业正是浙江许许多多产业集群中比较成功的一个。如今的大唐袜业已经成为一个区域性的产业集聚体,形成集生产基地和轻纺原料、袜业、联托运、袜机机械、劳动力等五大市场于一体的立体发展格局,组成了以织袜为主,纺丝、加弹、染整、绣花等前后配套的社会化分工协作体系。近年来,通过"三合一"企业专项整治、燃煤锅炉淘汰、流动人口管理、出租房屋管理、无证经营整治、税收征管秩序等措施大力推动创新发展和转型升级,大唐袜业产业链不断实行技术创新革新,企业生产效率大幅提高,全自动缝织翻检智能一体袜机、发热锦纶丝、量子能量袜、防静脉曲张医疗袜等新产品先后问世,有望引领全球袜机、原料和袜子的发展方向。

三、案例研究

(一) 案例研究 A

中国水资源分布状况及短缺问题

中国是全球缺水最严重的国家之一。中国水资源总量为 2.8 万亿立方米。其中地表水 2.7 万亿立方米,地下水 0.83 万亿立方米,由于地表水与地下水相互转换、互为补给,扣除两者重复计算量 0.73 万亿立方米,与河川径流不重复的地下水资源量约为 0.1 万亿立方米。按照国际公认的标准,人均水资源低于 3 000 立方米为轻度缺水;人均水资源低于 2 000 立方米为中度缺水;人均水资源低于 1 000 立方米为重度缺水;人均水资源低于 500 立方米为极度缺水。中国目前有 16 个省(区、市)人均水资源量(不包括过境水)低于 1 000 立方米,为重度缺水地区;有 6 个省(区、市)人均水资源量低于 500 立方米,为极度缺水地区。

中国水资源分布的主要特点包括以下几方面:其一是总量并不丰富,人均占有量更低。中国水资源总量居世界第六位,人均占有量为 2 240 立方米,约为世界人均的 1/4,在世界银行连续统计的 153 个国家中居第 88 位。其二是地区分布不均,水土资源不相匹配。长江流域及其以南地区国土面积只占全国的 36.5%,其水资源量占全国水资源总量的 81%;淮河流域及其以北地区的国土面积占全国的 63.5%,其水资源量仅占全国的 19%。其三是年内年际分配不匀,旱涝灾害频繁。大部分地区年内连续四个月降水量占全年的70%以上,连续丰水或连续枯水较为常见。

随着我国城镇化人口增加以及污染情况加重,用水需求不断增长,水资源短缺问题愈发严重。中国城镇化进程加快导致城镇耗水量增加,据数据显示:自2013年起,生活污水排放量持续增加,从2013年的485亿吨增至2017年的571亿吨,复合年增长率为4.2%。2013—2017年,中国工业废水排放量呈下降趋势,自2013年的210亿吨降至2017年的191亿吨,这主要受益于产业升级及政府在工业污染防治方面的持续努力。基于城镇化、人口增长及经济发展的持续趋势,自2017年至2022年,预计生活污水排放量将以3.4%的复合年增长率增长。与之相反,随着政府持续推进工业节水及工业废水零排放项目,估计工业废水排放量将于2022年进一步降至171亿吨。

资料来源:中国水资源短缺问题愈发严重——2018年水务行业发展前景分析. 中商产业研究院(2018-8-11)[2020-5-30]. https://www.askci.com/news/chanye/20180811/2057151128495.shtml.

【关联理论】

经济学是研究一个国家或社会如何克服稀缺性的学问。经济学意义上的稀缺性指的是相对稀缺性,即从相对意义上来谈资源的多寡。它产生于人类欲望的无限性与资源的有限性这一矛盾,也即是说,稀缺性强调的不是资源的绝对数量的多少,而是相对于欲望无限性的有限性。一个人对任何一种物品的支付愿望都基于获取这一物品所得到的边际利益,反过来,边际利益的大小又与这个人拥有这种物品的多少有密切关系。

【案例解析】

稀缺性是人类社会永恒的主题。经济学的精髓在于承认稀缺的现实存在,并研究一个社会如何进行组织,以便最有效地利用资源。在经济学中,稀缺性是相对于人类无限的欲望而言的。稀缺性强调的不是资源的绝对数量的多少,而是相对于人类欲望的无限性来说,再多的物品和资源也是不足的。稀缺资源不能无限制地被人使用,例如一个苹果被一个人吃掉了,那么另外一个人就吃不到了。

传统经济学理论的大厦就是围绕稀缺资源的概念而建立起来的。一种商品或服务的价值与它的稀缺性直接相关。尽管经济学上所说的稀缺性是相对的稀缺性,是经济稀缺性;但这种稀缺性的存在在某种程度上又是绝对的,是物质稀缺性。从以上案例可看出,作为自然资源之一的水资源,其第一大特性就是稀缺性。假如水资源的绝对数量并不少,可以满足人类相当长时期的需要,但由于获取水资源需要投入生产成本,而且在投入一定数量生产成本时可以获取的水资源是有限的或者处于供不应求状态,那么这种情况下的稀缺性就称为经济稀缺性。假如水资源的绝对数量短缺,不足以满足人类相当长时期的需要,那么这种情况下的稀缺性就称为物质稀缺性。经济稀缺性和物质稀缺性是可以相互转化的。中国部分缺水地区自身水资源绝对数量都不足以满足人们的需要,因而这些地区的水资源具有严格意义上的物质稀缺性。但是,如果将跨流域调水、海水淡化、节水、循环使用等增加缺水区水资源使用量的方法考虑在内,水资源似乎又只具有经济稀缺性,只是所需要的生产成本相当高而已。随着我国城镇化人口增加以及污染情况加重,用水需求不断增长,可供水量满足不了用水需求,正是水资源供求矛盾日益突出,人们才逐渐重视到水资源的稀缺性问题。

经济学把满足人类欲望的物品分为"自由物品"和"经济物品"。前者指人类无须通过努力就能自由取用的物品,如阳光、空气等,其数量是无限的;后者指人类必须付出代价方可得到的东西,即必须借助生产资源通过人类劳动加工出来的物品,其数量是有限的。也可以说,经济学中的经济物品是指一切可以通过交换取得,但又不能充分满足每个人欲望的商品或服务。空气是人需要的,但它的供应无限,因而也不必通过交换取得。淡水也是人需要的,对于守在大江大湖边上的人,淡水不具有稀缺性;但在大多数场合下,自来水要通过付费才能得到。究其原因,还是在于一个人对任何一种物品的支付愿望都基于其边际收益,即物品产生的额外收益,而边际收益又取决于一个人拥有多少这种物品,即该物品的稀缺性。越是稀缺的物品越是具有更高的交换价值,而稀缺性却会因时因地而不同。但只要有一个市场存在,一件商品稀缺到什么程度就不是一个主观评价的结果,它会由市场上的价格来精确地做出回答。稀缺性强烈,或者是因为供应有限,或者是因为需求太多。

既然水资源稀缺性是与水资源价值密不可分的,其稀缺性就应通过价格反映出来。一般情况下,水对人的生命来说是不可或缺的,但增加一杯水的边际收益微不足道,因为水太多了。但是水资源一旦进入稀缺状态,水的价格的逐步上升必将成为一种趋势。从这种意义上来讲,水价本身就应包含水资源的稀缺性因素。如进一步动态地分析,水资源在不同地区、不同丰枯年份和季节,其稀缺程度是变化的。那么水价也应是动态的,能连续体现水资源稀缺变化的过程。

(二) 案例研究 B

鸿雁公司的利润最大化

鸿雁公司的甲产品具有一定的需求弹性。原定单位售价50元,每月销售100件,单位可变成本30元,固定成本总额1 000元。如果对该产品实行降价,逐步降至49、48、47、46、45、44元,预计销售数量可分别增加到110、130、145、160、170、175件。在产销量变动中,单位可变成本不变,固定成本则在产销量达到160、170、175件时分别增加到1 095、1 300和1 500元。试确定能得到最大利润的售价。

【关联理论】

理性人考虑边际量。在许多情况下做决策,并不是黑或白、有或无的选择,而是介于两者之间,也就是选择一个最佳的数量。选择的方法之一是边际分析,即比较边际收益与边际成本的大小。

【案例解析】

按成本与业务量的变化关系,可以把成本分为可变成本和固定成本。可变成本是指原料、人工等与产量增长成正比的成本。如1件衣服用布3尺,则2件衣服用布6尺;1件衣服用劳动2小时,则2件衣服用劳动4小时。固定成本是指在一定产量范围内与产量增减无关的成本,比如机器的折旧、车间的照明用电等。但是一旦产量超出了这个范围,固定成本也是会变化的。产品总成本则是可变成本和固定成本之和。

计算公式:

销售收入 = 售价 × 销售量

销售利润 = 销售收入 − (可变总成本 + 固定成本)

边际收益＝销售量变动增加的收入

如销售量从100件增加为110件，收入从5 000元增加到5 390元，则边际收入＝5 390－5 000＝390元

边际成本＝销售量变动增加的成本

如销售量从100件增加为110件，成本从4 000元增加到4 300元，则边际成本＝4 300－4 000＝300元

增加的利润＝边际收入－边际成本

根据上述所给定的资料，可计算不同价格及销量下的销售利润，如下表所示：

鸿雁公司各种成本、收入及利润一览表 （单位：元）

售价	销售量	销售收入	可变总成本	固定成本	边际收益	边际成本	增加的利润	销售利润
50	100	5 000	3 000	1 000	0	0	0	1 000
49	110	5 390	3 300	1 000	390	300	90	1 090
48	130	6 240	3 900	1 000	850	600	250	1 340
47	145	6 815	4 350	1 000	575	450	125	1 465
46	160	7 360	4 800	1 095	545	545	0	1 465
45	170	7 650	5 100	1 300	290	505	－215	1 250
44	175	7 700	5 250	1 500	50	350	－300	950

从表中可以看出，当单价下降、销售量扩大时，如果增加的边际收益大于边际成本，则利润增加，说明降价可以增加利润，如上述价格从50元降到49元，再降到48、47元，均有利可图。如果边际收益等于边际成本，则新增的利润为零，说明降价对企业没有经济意义，当然产销量扩大有社会效益。如果降价后边际收益反而小于边际成本，则降价造成新增利润为负，表明降价是不利的。如上述价格从46元降到45、44元，就是这种情况。从上表可以看出，企业获利最大的时候边际收益等于边际成本。上述情况中价格为46元时，利润最大化，达到1 465元。在价格为47元时，销售利润也是1 465元，但是销量不如单价46元时的大，说明在单价46元时，企业的经济利益和社会效益同时达到最大。由此我们知道在进行边际分析时，理性决策者只有在边际收益大于边际成本时才采取行动，而在边际收益与边际成本相等时实现利益最大化。这一内容将在第14章中深入学习。

（三）案例研究C

观一叶可否知秋

微观行为与宏观结果可能是背离的吗？答案是肯定的。对此，萨缪尔森在他经典的教科书上曾打过一个精辟的比方。他说，好比在一个电影院看电影，有人被前面的人挡住了视线，如果他站起来的话，他看电影的效果将会改善。因此，站起来就微观而言是合理的。但是，如果大家都站起来的话，则大家看电影的效果都不能得到真正的改善，站着和坐着的效果是一样的，不过是徒然增加了一份"折腾"的成本而已。这个例子足以说明，在微观上合理的事情在宏观上未必合理，在个体是理性的事情在总量上未必理性。

类似于个体最优未必是集体最优的例子有许多，最著名的是"公地悲剧"。一块地属公共所有，大家在公地上放羊，每个人都想，我多放一头羊，对于这么大的一块公地来说影响应该

是微乎其微的,而个人收入却会提高许多,于是会产生不断增加牧羊数量的冲动。这在个人是理性的,但是否会导致放羊者集体总收入的提高呢?不会的。因为唯一结果是天下大乱,这块公地上的羊会增加到令土地无法承受的地步,集体福利也破坏殆尽。中国的草场退化、沙漠化,许多公地的破坏,以及国有企业、银行、证券等无形公地的破坏,可以说印证了这一点。

另一个例证是金融危机。当有人发现银行不稳时,他的最佳办法就是将存款取出,以保全自己。但是否会导致全体的安全呢?恰恰相反,如果所有人都这么做的话,金融危机就会发生,个人也将受损。亚洲金融危机就是这样,有人看到本币不稳,纷纷抛售本币,购买外币,其结果是本币一落千丈,而且引发金融危机,全国人民都受损。

在某城市坐车,我经常发现个体最优与集体失败的例子。前边有堵车现象,有的司机看旁边还有一条路,就闯了进去,结果这条路也被堵上,最后堵得严严实实,连清路的交警车也挤不进来。这就是个人最优让集体彻底失败的日常例子。

因此,我们无法从微观现象简单推导出宏观结论。在宏观经济学方面,所谓"观一叶而知秋"的说法是靠不住的。

资料来源:赵晓,观一叶可否知秋,IT经理世界,2003年第17期。

【关联理论】

微观经济学以企业、家庭和单个市场作为研究对象,研究供求行为与价格之间的关系等经济行为;宏观经济学以整个经济为研究对象,研究一个国家整体经济运行及政府运用经济政策来影响整体经济等宏观经济问题。微观经济学解决的是资源配置问题,中心理论是价格理论,研究方法是个量分析;而宏观经济学解决的是资源利用问题,中心理论是国民收入决定理论,研究方法是总量分析。在微观上合理的事情在宏观上未必合理,对个体是理性的事情在总量上未必理性。

【案例解析】

微观经济学是以单个经济单位为研究对象,着重考察和说明消费者和生产者的最大化行为。宏观经济学是以国民经济总过程的活动为研究对象,着重考察和说明国民收入、就业水平、价格水平等经济总量是如何决定的、如何波动的,故又被称为总量分析或总量经济学。微观经济学是宏观经济学的基础,但在微观上合理的事情在宏观上未必合理,对个体是理性的事情在总量上未必理性。以上案例就比较好地解释了这个问题。

由于整体经济的变动产生于千百万个人的决策,因此不考虑相关的微观经济决策而要去理解宏观经济的发展是不可能的。例如,宏观经济学家可以从个人所得税减少对整个物品与服务生产的影响进行分析。为了分析这个问题,他必须考虑所得税减少如何影响家庭把多少钱用于物品与服务的决策。又如,失业现象严重时,作为个人,除了一些佼佼者能谋到职业外,总有人没有就业岗位,作为厂商也不能无效率地吸收工人,所以失业问题是宏观问题,解决就业是政府的责任。尽管微观经济学与宏观经济学之间存在固有的关系,但这两个领域仍然是不同的。在经济学中,也和在生物学中一样,从最小的单位开始并向上发展看来是自然而然的。但这样做既无必要,也并不总是最好的方法。从某种意义上说,进化生物学建立在分子生物学之上,因为物种是由分子构成的。但进化生物学和分子生物学是不同的领域,各有自己的问题和方法。同样,由于微观经济学和宏观经济学探讨不同的问题,因此,它们有时采用相当不同的方法,并通常分设微观经济学和宏观经济学两门课程。

经济学一直以为自己是研究资源配置的学问(琼·罗宾逊),后来发现自己其实可以为提高社会福利出招(凯恩斯),再后来发现自己是研究"选择"的学问(贝克尔),并足以分析人类行为(非理性病变行为除外)。经济学每一次对自身的再认识,都带来经济学帝国主义意识的膨胀以及新的开疆拓土。20世纪30年代大萧条的一个具有深远历史影响的产物就是宏观经济学的兴起。正是因为有了宏观经济学,当时的人们才忽然"明白"了该怎么去对付经济波动和经济危机。凯恩斯创立的宏观经济学及其发展,在当时一举消除了经济学自身的学科危机,挽救了职业经济学家的声誉。从那时起至今,80多年光阴弹指过去,经济学中几经"革命"与"反革命",至今主流经济学仍坚定地徘徊在微观与宏观两大领域。虽然有许多经济学家反对这种宏微观分裂的局面(斯蒂格利茨),而且芝加哥学派的经济学家早就提出宏观经济学必须寻找微观经济学的基础,但是,宏观经济学与微观经济学再也没有合二为一。宏观经济学家反问道,为什么微观经济学不寻找宏观经济学的基础?还有经济学家则提出,宏观与微观作为总量与个体的差异,两者之间的关系极其复杂,从数学上的大数定律可以证明,微观潮汐变动很可能是互相抵消的,宏观经济学根本不可能寻找到微观基础。

四、课外习题

(一) 术语解释

1. 稀缺性
2. 机会成本
3. 边际变动
4. 激励
5. 外部性

(二) 单项选择

1. 研究社会如何优化资源配置的学科是( )。
   A. 经济学　　　　B. 工程学　　　　C. 管理学　　　　D. 运筹学
2. 下列说法错误的是( )。
   A. 买一辆汽车涉及权衡取舍　　　　B. 上大学涉及权衡取舍
   C. 看一场电影涉及权衡取舍　　　　D. 以上三者均不涉及权衡取舍
3. 人们之所以要优化资源配置是因为人们的欲望是无限的,而资源是( )。
   A. 无法有效利用的　　　　　　　　B. 稀缺的
   C. 不能开发的　　　　　　　　　　D. 利用的边际成本是无限上升的
4. 理性的经济人在做出决策时,总会考虑该行动是否( )。
   A. 符合社会道德标准　　　　　　　B. 能给他人带来利益
   C. 使边际收益大于边际成本　　　　D. 使边际收益小于边际成本
5. 政府在增加福利的同时往往增加税收,说明了( )。
   A. 效率与平等总是可以同时增加的　B. 平等增加以效率降低为代价
   C. 平等减少以效率降低为代价　　　D. 以上三者都不对
6. 小李星期天花一天时间上街买了一件100元的衣服,并买了5元的包子当午餐,请问小李买这件衣服的机会成本是( )。
A. 100元 B. 100元加上一天时间价值
C. 105元 D. 105元加上一天时间价值

7. 某国开展对外贸易,一般来说可以使( )。
A. 交易双方获益,但获益不相等 B. 交易的一方获益,另一方受损
C. 交易双方受损,但受损不相等 D. 以上三者都不对

8. 当市场上鸡的价格上升10%,而猪肉的价格下降20%时,我们可以预期( )。
A. 买鸡的人增加了 B. 买猪肉的人减少了
C. 买猪肉的人增加了 D. 对买鸡和买猪肉均无影响

9. 企业和学校的活动都会产生外部性,但是( )。
A. 前者只有负外部性 B. 后者只有正外部性
C. 都有可能产生正和负的外部性 D. 以上说法都不对

10. 面对外部性,人们( )。
A. 无能为力 B. 通过市场机制得以彻底解决
C. 通过政府的干预得到一定程度的解决 D. 以上说法都不对

11. 计划经济与市场经济的主要区别在于( )。
A. 计划经济以计划为基础配置资源,市场经济以市场为基础配置资源
B. 计划经济中存在国有经济,市场经济中没有国有经济
C. 计划经济是按劳分配,市场经济是按资分配
D. 计划经济适用于社会主义国家,市场经济适用于资本主义国家

12. 发达国家工人的工资水平高是因为( )。
A. 发达国家的物价水平高 B. 发达国家的税率高
C. 发达国家工人的生产率高 D. 以上三者都不是

13. 短期内通胀与失业的关系是( )。
A. 正相关 B. 负相关 C. 无关 D. 以上均不对

14. 青菜价格上升,提供的信息是( )。
A. 告诉消费者多买青菜 B. 告诉消费者少买萝卜
C. 告诉生产者多种青菜 D. 以上均是

15. 市场通常是组织经济活动的一种好方法,主要原因是( )。
A. 有政府的干预 B. 有先进的科技为支撑
C. 有一只看不见的手 D. 有一套管理经济的制度

(三) 判断正误

1. 政府可以通过税收调节高收入,并不断提高最低工资水平,从而激励人们更努力地工作,使社会变得更有效率。( )
2. 人们说"市场是一只看不见的手"是指市场机制能自动地对资源进行优化配置。( )
3. 经济外部性会导致人们的福利减少,所以必须加以抑制或消除。( )
4. 国际贸易使参与的国家受益,并且由于交易是平等的,因此受益程度也是相等的。( )
5. 政府在设计政策的时候,效率和公平的目标往往难以得到统一。( )

6. 机会成本的提出和分析,能使人们的决策更全面和科学。(　　)
7. 边际分析是一种增量分析法,它会使人们只关注小的增量而忽视全局的影响。(　　)
8. 货币增发能增加人们手中使用的货币量,增加对商品的购买力,从而提高人们的生活水平。(　　)
9. 机会成本只是一种决策时需要考量的成本,但并不是实际需要支付的成本。(　　)
10. 强调起点平等能提升效率,强调结果平等则降低效率。(　　)

(四) 简答题

1. 为什么人们常常面临权衡取舍?
2. 激励效应有没有前提条件?如果有,是什么?
3. 交易行为并不能使商品数量增加或质量提高,反而会产生交易费用,但为什么能增加社会福利或者说对双方都有利?
4. 政府之手会不会失灵?
5. 货币发多了为什么会产生通货膨胀?

(五) 应用题

1. 在下列每一种情况下,请你帮助做出权衡取舍的分析。
 (1) 张媛媛高中毕业后,家里安排其进入一家企业工作,但张媛媛想上大学。
 (2) 李婷的手机是几年前买的,虽然还可以用,但功能明显比其他同学的少了许多,样式也落伍了,现在李婷的大舅因其成绩好而给予她奖励金2 500元,有了这笔钱后李婷在是否要换手机上犯了难。
 (3) 皮皮同学打算在暑假去超市打零工。
2. 目前国家对于失业保险金的领取时间有一定的期限,最长不超过24个月,凡超过一定期限的,虽然仍然失业,但也不能继续领取失业保险金。试分析这一政策对于失业者的作用。
3. 大四毕业生小明的一辆电动自行车因毕业离校不再需要,打算将其出售,按市场价可卖1 000元,但在若干部件更新后价格可以卖得更高,请问小明如何就更新与否做出权衡取舍的决策?

(六) 拓展思考题

1. 市场上价格、供求、竞争机制是如何联动来调节资源分配的?
2. 市场上商品价格上升或下降,为什么总是几家欢喜几家愁?请思考一下其中欢喜的是谁愁的又是谁。

五、习题答案

(一) 术语解释

1. 稀缺性:社会资源的有限性。
2. 机会成本:为了得到某种东西所必须放弃的东西。
3. 边际变动:对行动计划的微小增量调整。

4. 激励：引起一个人做出某种行为的某种东西。
5. 外部性：一个人的行为对旁观者福利的影响。

(二) 单项选择

1. A　　2. D　　3. B　　4. C　　5. B　　6. B　　7. A　　8. C　　9. C　　10. C
11. A　　12. C　　13. B　　14. C　　15. C

(三) 判断正误

1. ×　　2. √　　3. ×　　4. ×　　5. √　　6. √　　7. ×　　8. ×　　9. √　　10. √

(四) 简答题

1.【考查要点】　考查学生对于资源有限而需求无限的理解，懂得为了使有限资源得以最佳利用就必须在使用上进行权衡取舍。

【参考答案】　因为人们能使用的资源总是有限的，人们为了使自己的需求得到最大程度的满足，就要让有限的资源得到最好的利用，因而就必须在资源的使用上进行权衡取舍，选取一个而放弃另一个。

2.【考查要点】　考查学生理解激励是从人们的利益上进行调节，出于对自己利益的关心和维护，才会产生行为的改变。

【参考答案】　激励效应是有前提条件的，它假定人们都是理性的人，即人们在做出决策时，总要进行成本与收益的对比，从利己的角度做出最优的选择。一旦经济条件改变了成本与收益的关系，人们就会做出反应，相应改变自己的行为，于是就产生了激励效应。

3.【考查要点】　考查学生了解分工与交易之间的相关性，交易的好处不是单纯由交易产生的，而是通过分工产生，但分工是以交易为前提的，没有交易也就没有分工，所以，分析交易或分工的好处必须联系两者来全面地考察。

【参考答案】　交易行为虽然不能使商品的数量增加或质量提高，但是交易行为促进了社会分工，而社会分工大大提高了生产效率，所以当分工的好处大于交易费用时，交易就使双方都得到好处。分工与交易是一枚硬币的两个面，相互依存。没有交易，社会无法分工，而没有分工，交易也不会发展。交易的基础是分工，分工的好处要通过交易来实现，因此，交易的好处不能单纯地从交易中来考察，而要把它与社会分工联系起来考察。

4.【考查要点】　考查学生对政府之手的全面理解，引导学生要全面地看问题。

【参考答案】　政府之手也会失灵。与市场不是万能的一样，政府也不是万能的，不仅政府之手的作用有限，而且政府也是经济人，也有自身的利益。政府作为社会利益的代表，它与社会的整体利益有很大的交集，但不是完全重合的，也有可能做出影响全社会利益的事情，因此对政府之手必须给以一定的限定，并对其行为加以监督。

5.【考查要点】　考查学生对货币本质及货币流通规律的理解。

【参考答案】　货币是交换的媒介，纸币本身没有价值，只是价值符号而已，它所代表的价值大小决定于流通中的货币需求量与流通中实际的货币数量之比例。当货币发行量大于流通中需要的货币量时，就会导致货币贬值，即通货膨胀。

（五）应用题

1. 【考查要点】 主要考查学生对权衡取舍的分析,掌握机会成本的定义及运用。

【参考答案】 （1）张媛媛高中毕业后进入企业工作,失去了上大学的机会,也就失去了通过上大学进一步提升自己文化和技术素质的机会,进而失去从事更高层次工作的机会,这是参加工作的机会成本;但参加工作能得到经济收入,而且在工作中可以积累实践经验,增长社会阅历,这些好处则是上大学的机会成本。

（2）李婷得到的 2 500 元奖励金可以用来买一部新的更好的手机,但是由此也失去了用它来买衣服、买其他学习用品(如笔记本电脑)、参加进修班,或者利用假期去旅游的机会等。总之,李婷可以在更多的目标上做选择,看看哪一项是自己最需要的,找出能满足自己最大需求的用途。

（3）皮皮同学在暑假打零工,可以有经济收入,也可以积累工作经验,提升社会阅历。但他由此也失去了利用假期进修或旅游的机会,这些都是打零工的机会成本。

2. 【考查要点】 考查学生对于激励的理解和运用。

【参考答案】 国家规定失业保险金领取的期限,对于失业者的作用是促使其在失业时努力提高自己的技能,尽快寻找适合自己的工作,产生正向激励的作用。如果可以没有期限地领取失业保险金,则会鼓励失业者懒散,失业保险制度就会变成一种养懒人的制度。

3. 【考查要点】 考查学生对于边际收益和边际成本的理解和运用。

【参考答案】 小明可以在更新成本和提高的售价上进行对比,如果更新成本低于售价提高的金额,则可以更新部件,否则应立即出售,不用更新。这就是边际成本与边际收益的比较。更新部件是边际成本,提高的售价是边际收益。在边际收益大于边际成本的情况下,可以更新;否则,不应更新,应立即出售。

（六）拓展思考题

1. 【考查要点】 考查学生对于市场机制的深入理解。

【参考答案】 市场上存在着三大类竞争:生产者与生产者之间的竞争,消费者与消费者之间的竞争,生产者与消费者之间的竞争。在供大于求的情况下,生产者之间的竞争占主导,此时生产者为了提高产品竞争力,往往会降价销售,而且一个比一个降得低,这样价格就降下来了,而价格的下降使供给减少而消费增加,供求逐步趋向平衡,资源得以优化配置;当供不应求时,消费者之间的竞争占主导,消费者为了能买到产品就提高价格,于是市场价格得以提升,供给增加而消费减少,供求趋向平衡,资源得以优化配置。

2. 【考查要点】 考查学生对于价格机制的深入理解。

【参考答案】 商品的价格直接关系着买卖双方的利益。商品价格的变动,使买卖双方的利益此消彼长。商品价格上升时,卖者的利益得以提升,此时卖者欢喜,而买者由于价格提高,买同样的东西要支出更多的货币,自然是愁了。相反,商品价格下降时,对买同样的东西可以少支出货币,买者欢喜了,而卖者的收入减少,自然是愁了。

第2章
像经济学家一样思考

一、学习精要

(一) 教学目标

1. 熟悉经济学家如何研究经济问题,学会经济学家的思考方式。
2. 了解经济学家如何运用科学方法来考察经济,领会经济模型的内涵以及假设在模型建立中的重要意义。
3. 掌握循环流量图和生产可能性边界这两个具体经济模型及其应用。
4. 理解实证表述和规范表述之间的关键区别,以及经济学家意见分歧的主要原因。

(二) 内容提要

本章是导言部分三章中的第二章。第1章介绍囊括经济学思想之精髓的经济学十大原理,第2章将让我们熟悉经济学家思考问题的方式,既包括经济学家如何运用科学方法和假设,也包括建立在假设之上的两个具体经济模型的应用,即循环流量图和生产可能性边界。

1. 作为科学家的经济学家

(1) 经济学家试图扮演两种角色,作为科学家,他们试图解释世界;而作为政策顾问,他们尝试改善世界。正如其他科学一样,经济学家使用科学方法,冷静地建立并检验有关世界如何运行的理论。理论与观察之间的相互作用也发生在经济学领域中,但经济学家面临的特殊障碍在于,由于不能仅仅为检验一种理论而操作经济,唯一可行的方法是在历史提供的自然实验中收集关键数据。

(2) 做出假设是为了使解释世界更为容易,经济学中的假设同样是为了简化问题。经济学家用不同的假设回答不同的问题,他们需要思考的关键在于做出什么样的假设是适当的。经济模型即为建立在假设基础上的经济现实的简单化,经济学家经常使用由图形和方程式组成的经济模型。

(3) 循环流量图是整体经济的一个简化模型,它表明了物品和服务、生产要素以及货币支付在家庭和企业之间的流动。一方面,家庭在生产要素市场上把劳动、土地和资本等生产要素出售给企业,以获取工资、租金和利润;另一方面,企业在物品与服务市场上把物品与服务出售给家庭,以获取收益并对生产要素进行支付。

(4) 生产可能性边界是一个最简单的经济数学模型,它表示在可获得的生产要素与生产技术既定时,一个经济所能生产的两种产品数量的各种组合。这一模型说明了以下经济学原理:

第一,如果经济在生产可能性边界上运行,那么资源得到充分利用,因而运行具有效率;在生产可能性边界以内的点,尽管完全可以达到,但没有效率;而在目前的要素和生产技术约束下,生产可能性边界以外的点,根本无法实现。

第二,如果经济在生产可能性边界上运行,则社会面临着权衡取舍。一旦达到生产可能性边界上有效率的各点,那么想得到更多的一种物品的唯一方法是减少另一种物品的生产。

第三,生产技术进步促使生产可能性边界向外移动(亦可能是单个端点向外移动),这可以作为经济增长的证明。

(5)微观经济学以企业、家庭和单个市场作为研究对象,研究供求行为与价格之间的关系等经济行为;宏观经济学以整个经济为研究对象,研究一个国家整体经济运行及政府运用经济政策来影响整体经济等宏观经济问题。微观经济学解决的是资源配置问题,中心理论是价格理论,研究方法是个量分析;而宏观经济学解决的是资源利用问题,中心理论是国民收入决定理论,研究方法是总量分析。

2. 作为政策顾问的经济学家

(1)实证表述试图描述世界是什么,而规范表述试图描述世界应该是什么。实证表述与规范表述之间的关键区别在于,实证表述可以通过检验证据加以证实或证伪,但规范表述则不能。

(2)经济学家在许多不同的领域中担任政府的政策顾问。在诸多非政府行政部门,经济学家也发挥着重要作用。除此之外,他们的研究和著作经常间接地影响经济政策。

3. 经济学家意见分歧的原因

(1)经济学家经常提供相互矛盾的建议,其原因在于两点:

第一,科学判断的不同,即他们可能对世界如何运行的不同理论的正确性看法不一致,譬如对不同实证理论的正确性或对衡量经济变量如何相关的重要参数的大小有不同的直觉。

第二,价值观的不同,即他们可能有不同的价值观,因而对政策应该努力实现的目标有不同的观点。

(2)经济学家之间的分歧不可避免,但不应夸大。经济学家的分歧是有趣的,但是经济学家的共识更重要。

(三)关键概念

1. 科学方法:客观地建立并检验理论。
2. 经济模型:建立在假设基础上的经济现实的简单化。
3. 循环流量图:表示物品和服务、生产要素及货币支付在家庭和企业之间如何流动的经济图形。
4. 生产可能性边界:表示可得到的生产要素与生产技术既定时,一个经济可以生产的产品数量的各种组合的图形。
5. 机会成本:为了得到某种东西所放弃的其他东西。
6. 微观经济学:研究家庭和企业如何做出决策,以及它们在市场上如何相互交易等微观经济问题的经济学分支。
7. 宏观经济学:研究整体经济运行及政府运用经济政策来影响整体经济等宏观经济问题的经济学分支。
8. 实证表述:世界是什么样子的表述。

9. 规范表述:世界应该是什么样子的表述。

(四) 拓展提示

1. 循环流量图提供了一种把家庭与企业之间发生的所有经济交易组织在一起的简单方法,简化的原因在于其省略了一些细节,如政府、对外贸易等。由于其简化的性质,在考虑经济中各部分如何组合在一起时,记住这张图具有重要价值。

2. 生产可能性边界的斜率即为以一种物品来衡量另一种物品的机会成本。沿着生产可能性边界移动意味着将资源(比如劳动)从一种物品的生产转移到另一种物品的生产中。在没有对外贸易时,生产可能性边界同时也是消费可能性边界。

3. 生产可能性边界可以是直线也可以是曲线。如果机会成本始终不变,那么生产可能性边界为一条直线。但在一般情况下,沿着一条生产可能性边界上的机会成本并非一成不变,而是随着一种物品或服务的生产数量的增多,由于资源(包括人力资源和自然资源)的适用性,其机会成本越来越大,因而生产可能性边界外凸。

4. 制定经济政策的过程在许多方面与经济学教科书上假设的理想化决策过程完全不同。经济学家在政策制定过程中起到重要作用,但他们的建议只是政策制定过程中需要考虑的众多要素之一。

二、新闻透视

(一) 新闻透视 A

余额宝收益暴跌 支付宝新规不断

余额宝自2013年6月上线即受到市场热捧,不到20天的时间就累计用户250多万,累计转入资金66亿元。余额宝中的存款不断提高,甚至超过很多商业银行,最高时期达到1.8万亿元。马云曾说过:"银行不改变,我们就来改变银行。"余额宝的迅速蹿红掀开了互联网金融的大幕,随之而来的是关于其合法性、风险、监管等一系列问题的担忧和讨论。

多年来,余额宝已经改变了行业价值分配模式,呼吁取缔余额宝的呼声从未间断。2014年2月21日,央视证券资讯频道执行总编辑兼首席评论员钮文新发表博文《取缔余额宝》。钮文新认为余额宝和货币基金未创造价值,它们只是拉高全社会的经济成本并从中渔利,冲击的不仅仅是银行,更是全社会的融资成本,是整个中国的经济安全。文章称,"当余额宝和其前端的货币基金将2%的收益放入自己兜里,而将4%到6%的收益分给成千上万的余额宝客户的时候,整个中国实体经济、也就是最终的贷款客户将成为这一成本的最终买单人。"

大多数观点力挺余额宝,认为余额宝将散户资金聚集起来,做大了整个资金的蛋糕,通过货币基金使小散户变相参与了只有机构才能参与的银行间市场。余额宝及类似的互联网金融,以高质量的竞争,已经对银行产生了"鲶鱼效应"。金融服务者竞争的加剧,会让金融服务的需求者受益。不少消费者表示,即使取缔余额宝,资金也不一定都会流入银行。因为现在各种民间金融、借贷公司很多,况且很多中小企业在银行也贷不到款。兴业银行首席经济学家鲁政委认为,把"各种宝们"都取缔也阻止不了存款向更高利率的地方流去。我国银行业的存贷差远高于西方国家平均水平,长期以来,银行业享受着巨额利润。

对于互联网金融的风险,国泰君安董事长万建华表示,互联网金融的创新不会给整个金融体系带来颠覆性效应,只会促进金融体系不断变革和发展。它带来的创新风险,只要不是有意违法乱纪,不是系统性的,应该就不会有问题。而且现阶段互联网金融主要是通过技术的进步而发展,其广泛运用带来的恰恰是管理效率的提升,这会促使整个金融体系更好地发展,而不会是重大的风险甚至系统性风险,因为它没有接触到金融的本质,所以只要进行有效的监管就应该没有大的问题。

而在事实上,在多方压力下,2017年以来余额宝新规不断。最初余额宝上限是100万,随后降低到50万,现在仅为10万元。2017年12月8日,余额宝制定申购额度规定,在单日内申购的额度不能超过2万。此外,余额宝的收益也在不断降低。在2016年,余额宝收益达到历史最高,高达6.73%,也就是说,在余额宝上存一万元钱,每天都能获得2元的收益。2018年余额宝收益已经降至2.83%,七日年化利率也已经跌破3%,也就是说,存1万元,每天收益不到8毛钱。

资料来源:余额宝被指吸血鬼 支付宝微博回应喊冤,新民晚报. (2014-2-25)[2020-5-30]. http://finance.sina.com.cn/money/lczx/20140225/092718320908.shtml;支付宝新规模式不断,用户们无奈!搜狐新闻. (2019-4-21)[2020-5-30]. https://www.sohu.com/a/309128832_120071565.

【关联理论】

针对同一个经济事件,经济学家可能持有不同的观点或意见,其原因在于两点:其一,科学判断的不同,即他们可能对世界如何运行的不同理论的正确性看法不一致;其二,价值观的不同,即对应该努力实现的目标有不同的观点。确定什么是好政策或什么是坏政策不仅仅是一个科学问题,它还涉及我们对伦理、社会和政治的看法。

【新闻评析】

从以上新闻可以看出,目前经济界针对余额宝有两种不同的观点。其中,第一种观点认为余额宝和货币基金未创造价值,只是拉高全社会的经济成本并从中渔利,冲击的不仅仅是银行,而是全社会的融资成本以及整个中国的经济安全,因此余额宝这个"吸血鬼"自然应当被取缔。第二种观点认为余额宝实质上是一个货币基金产品,它使得投资者的回报大幅提升,受益的是广大投资者。以余额宝为代表的互联网金融不会给整个金融体系带来颠覆性效应,反而可能"倒逼"利率市场化进程,促进金融体系不断变革和发展,因此余额宝应该受到保护。

为何针对一个余额宝,经济学界有着截然不同的两种观点,产生分歧的主要原因在于经济学家或普通公众可能对经济如何运行的不同理论的看法不一致,而且不同主体可能有着不同的价值观。例如几个世纪之前,天文学家为太阳系的中心是地球还是太阳而争论不休。近年来,气象学家也在争论地球是否正在经历着"全球变暖"。科学是为了认识我们周围的世界所进行的研究。随着研究的深入,对经济学真理的认知会存在分歧,这不足为怪。此外,与实证表述相比,对规范表述的评价则涉及价值观。正因为得出规范结论并不能仅仅依靠实证分析,还牵涉价值判断,所以当你听到经济学家做出规范表述时,你就可以知道,他们此时已经站到政策顾问的立场上,而不是科学家的立场上了。

(二) 新闻透视 B

补贴政策饱受诟病　泰国大米难换中国高铁

　　日前,泰国商业部宣布,中国企业北大荒已取消从泰国购买 120 万吨大米的合同,这一数量占泰国大米出口总量的 14%。泰国商业部部长认为:"泰国反腐败委员会对英拉政府大米补贴政策的调查,是合同被取消的原因。"据了解,该合同是中泰两国"大米换高铁"计划的一部分。在 2013 年 10 月中国国务院总理李克强访问泰国后,中泰两国政府达成协议:中国参与泰国高铁项目建设,泰国则以农产品抵偿部分项目费用。泰国商业部部长表示,泰国反腐败委员会对大米价格补贴计划展开的调查惊吓了中方,中国退出了这笔大米交易,"中国对与我们继续做生意缺乏信心",这或许是北大荒取消合同的直接原因。

　　据了解,泰国现行的大米收购政策是英拉政府在 2011 年竞选时期提出的,于 2011 年 10 月开始实施。按照这一政策,泰国政府以每吨 1.5 万泰铢(约合 500 美元)的价格向稻农收购大米,这一价格高出市场价 50%,泰国稻农因此受惠,但政府为此支付了大量补贴款。泰国总理英拉认为,把这些从农民手中买来的大米囤积起来,能推高国际市场的大米价格。但事与愿违,泰国出台的大米补贴计划效果极其糟糕。泰国高价收米草草收场。

　　在泰国实施高价收购政策之前,由于印度、越南等国限制大米出口,国际米价从每吨 300 美元飙升至 1 200 美元。但当泰国政府开始高价收购并大量囤积大米的时候,印度恢复了长期中断的大米出口,菲律宾等主要大米进口国也开始生产更多大米。由于产量增加,国际大米价格迅速从每吨 1 000 美元滑落至 390 美元。由于泰国大米价格被政府人为推高,迅速失去国际竞争力,国内库存堆积如山。2012 年,泰国大米出口量大跌 35%,泰国也失去了雄霸 30 年之久的大米第一出口国的地位。国际货币基金组织对此表示,英拉政府的大米收购政策自 2011 年实施以来,已经累计造成 44.6 亿美元的损失,呼吁泰国取消每年花费数十亿泰铢的大米收购政策。而英拉政府为大米补贴计划进行辩护,称"该计划帮助农民增加收入",指责"抗议活动导致对农民的支付延迟"。

　　由大米收购项目产生的欠款问题也持续困扰着英拉政府。目前,泰国反腐败委员会正在对英拉在大米收购项目中是否存在渎职行为进行调查,并可能以此为由提出针对英拉的弹劾案。而法新社称,针对大米补贴的反腐败调查 1 月就开始了,但中国取消大米采购合同让问题凸显。英拉政府原欲把中国购买大米的款项支付给部分农民,中国一旦取消买米,英拉政府将面临更大的财政及政治压力。据悉,从 2014 年 2 月开始,被政府拖欠 1 400 亿泰铢大米款项的泰国农民开始进入曼谷,对政府形成巨大压力。

　　由此,"大米换高铁"计划遇到政治阻力。2013 年 10 月,中泰双方在曼谷发表了《中泰关系发展远景规划》。其中指出,中方有意参与廊开至帕栖高速铁路系统项目建设,以泰国农产品抵偿部分项目费用。泰方欢迎中方意向,将适时与中方探讨相关事宜。这一合作方式被形象地称为"大米换高铁"。据了解,泰国政府目前已经确定优先推动曼谷—清迈高铁计划,该计划将分两阶段实施,即首先修筑曼谷至彭世洛高铁,然后再修建彭世洛至清迈高铁。英拉说,其中约耗资 2 400 亿泰铢的曼谷—彭世洛高铁计划的公众征集意见已经完成,目前已经进入环境评估阶段,同时正对彭世洛—清迈高铁计划召开公众征集意见会(听证会)。

　　泰国交通部运输与交通政策规划司司长日前表示,泰国政府目前有巨大的大米库存,而且大米补贴政策存在严重问题,想要出售并非易事,"大米换高铁"计划已经不可行。鉴于目前"大米换高铁"计划搁浅,该司长表示,泰国政府应当寻求贷款来为高铁规划筹款,"贷款能够保证为泰国寻找到更为合适的高铁技术"。

不过,新加坡南洋理工大学拉惹勒南国际研究院研究员胡逸山对未来"大米换高铁"计划表示乐观。他说,目前,泰国陷入政治僵局,因此包括高铁建设在内的规划不大可能继续推动,但随着泰国政治斗争尘埃落定或者政局趋于平稳,中国仍然有希望参与其中。

资料来源:中国贸易报,2014年2月20日。

【关联理论】

为什么一个好的经济政策不被政府所采纳?而有时坏的政策却被政府实施呢?这是因为决策者在听取经济顾问最好的意见之后,他还要听取公关、新闻、法律、政治等其他顾问的意见,并给出一个折中的答案。有时候在经济政策的实施过程中,政治因素是难以回避的。

【新闻评析】

在经济学十大原理的学习中,我们知道,两国之间的贸易可以使两个国家的状况变得更好。但本新闻中,为何泰国大米难换中国高铁?制定经济政策的过程在许多方面与经济学教科书假设的理想化决策过程完全不同。什么是政府所要追求的最好政策?什么样的政策政府最终会予以采纳?教科书对此的说法好像是这些政策是由一个全能的国王决定的。一旦国王选定了正确的政策,那么将这个政策付诸实施就不会有什么困难。但在现实世界中,选定正确的政策仅仅是一个领导人工作的一部分,有时还是最容易的一部分。即使经济学家在政策制定过程中起到重要作用,但他们的建议也仅仅是一个复杂过程中的环节之一。有时候政策无法实施可能是因为无法使普通公众相信这些政策是合意的,也可能是因为政治因素。"泰国大米换中国高铁"遇到政治阻力,最终趋于破产,这将政策与现实的差距揭露无遗。

当然,在本案例中,英拉政府的大米收购政策、泰国高铁融资途径、中泰两国贸易合作前景等问题均值得去深究,等我们学习好经济学原理后续内容,就可以逐步加以深入剖析。

三、案例研究

(一) 案例研究 A

生活中的经济学案例一则:一种无效制度的典范

在大学待久了,我常会发现一些可笑的事,于是在空闲时就拿相机拍了下来。面对这些照片,我想我们应该有话说。在制度经济学中,常会提到一个这样的话题,即一个拥有良好初衷的制度却导致了一种相反的结果,制度不仅得不到执行,而且产生了破坏作用。下面就是我们身边的一个典型案例。一块草场最开始建好时没有石板,也没有行人踏成的"小径"。但是,久而久之,按照"几何学原理"和鲁迅的"路的形成原理",这块草场就形成了一条"天然小道",这是相当不雅观的。

于是为了改善此状况,政策制定者在"天然小道"上铺就一些石板,由此形成了一条"人工小道"。这样一来,凡欲走捷径的同学都走石板路了,这样于外观、于路人都有了一定的改善,看起来是一种"帕累托改进"。但久而久之,人们在石板路的旁边又开辟了一条路,形成了"天然小道"和"人工小道"并存的格局。这是一个非常经典的制度变迁的案例,公共选择理论中的"用脚投票"在这里得到了充分的展示。

其实,说到底,我认为出现这种无效制度的原因在于政策制定者缺乏"以人为本"的理念。既然是铺路,就应该首先为过路人考虑,然后再考虑铺路成本和外观,因为路是让人走的,如果"行走成本"较高,路人很自然选择用脚投票。另外,很多政策制定者都不是政策的受益者,他们制定的政策或制度与他们自身的生活无关,即"铺路人不走自己铺的路",那么出现上述现象就可以理解了。我想在日常生活中类似的案例也非常多。比如"交通紧张—增设动车组(票价过高)—交通仍然紧张","环境污染—必须引入排污技术或设备(成本过高)—环境依然污染"等。

资料来源:生活中的经济学案例一则:一种无效制度的典范. 人大经济论坛. (2007-7-11)[2020-5-30]. https://bbs.pinggu.org/forum.php?mod=viewthread&tid=205661&page=1.

【关联理论】

理论与观察之间的相互作用也发生在经济学领域,善于发现生活中的经济学,将为你提供充分的发展和实践这种技能的机会。

【案例解析】

据说17世纪著名科学家和数学家艾萨克·牛顿有一天看到一个苹果从树上掉下来,好奇心油然而生,这一观察促使牛顿创立了万有引力理论。其后对牛顿理论的检验表明,该理论在许多情况下均适用。理论与观察之间的相互作用也发生在经济学领域。

在本案例中,作者善于发现生活中的经济学,"天然小道"和"人工小道"并存,让其悟出公共选择中的"用脚投票"理论,并将这一理论运用到交通紧张、环境污染的社会问题中。但要提醒的是,虽然经济学家像其他科学家一样运用理论和观察,但他们面临着一种障碍,即在经济学领域中,进行实验往往相当困难,甚至是不可能的。研究万有引力的物理学家可以在他们的实验室扔下许多物体,以得到检验他们理论所需的数据。与此相比,研究通货膨胀的经济学家绝不会被允许仅为了获得有用的数据而操纵一国经济。为了寻找实验室实验的替代品,经济学家十分关注历史提供的自然实验。譬如当中东战争中断了原油运输时,就给经济学家提供了研究重要自然资源影响世界经济的机会。在这一点上,生活中的经济学更具有其实践价值。

(二) 案例研究 B

经济学是不是科学

经济学是不是科学?这是经济学的哲学所要研究的课题。考察这方面汗牛充栋的研究文献,至少可以得出三种答案,一是经济学是一门科学;二是经济学不是一门科学;三是经济学是不是一门科学基本上是个伪命题。

先说经济学是一门科学的观点。之所以说经济学是一门科学,是因为它具有内在一致的概念体系和服从因果关系的逻辑结构,具有充分的条件符合科学定律的要求。从经济学发展史的角度看,有四位经济学大师为奠定经济学的科学地位做出了显著贡献,亚当·斯密以其缜密的思想为经济学设计了顶层塔尖;马歇尔以其系统的思维为经济学探索、发展了一套方法论工具；凯恩斯以其超越的眼光，把经济学从微观经济学扩展提升到宏观经济学，并提供了总需求—总供给的分析框架，使得经济学成为政府制定公共政策的必备工具；萨缪尔森这个百科全书式的经济学大家则是经济学帝国的设计者，他与别人合著的《经济学》教科书，内容囊括了经济事务的方方面面。萨氏的经济学思想，是经济学发展史上迄今最为高大的顶点。如今，与其他科学相比，经济学早已成为一门显学，几乎所有大学都开设有经济学专业院系。在公共领域，经济学家也是显要人物，在政府、企业、机构扮演关键角色。

赞同经济学是一门科学的论者，提出的理由比较集中、单纯，而反对经济学是一门科学的论者，提出的理由五花八门。一种反对经济学是一门科学的理由，是认为经济学没有预测功能，或者预测能力不强。他们说牛顿的经典力学、天体物理学可以预测星体运行过程，而经济学却不能预测经济活动的过程和结果。还有一种说法是，经济学是意识形态的一部分，是利益主体牟取不正当利益的工具，因而经济学不是一门科学。还有一种说法是，经济学披上了数学的外衣，滥用数学模型和方程式，但这也改变不了其伪科学的本质。

今天，我们到底该怎么来研判上述正方反方谁对谁错，或者说谁更对谁更错呢？笔者在此试着来理一理思路。这个问题其实可以从不同的角度来回答。要研究经济学是不是一门科学，必须先明确定义科学究竟是什么。然而，哲学家早已认识到，迄今世界上还没有或者说人类还没有发展出一个有效的标准，来判断某套理论是否科学。这就是说，"科学"还处于"泥菩萨过河自身难保"的状态。当然，这样讲也未免有些科学虚无主义，所以我们最好还是从发展变化的角度来看问题。从科学是一种发展过程的角度看，经济学无疑具有科学性，不能因为它的预测功能不强就否认它具有科学性的一面，也不能滥用道德哲学话语，因为有人使用经济学工具和话语牟取利益就否认经济学的科学性。

在评论经济学是不是科学时，应该首先保持客观态度和中性立场，即不对经济学做道德评判，不做善恶定性和区分。无疑，经济学家自然应该讲道德，但在讨论经济学是不是科学这一问题时，却不能涉及道德评判，因为科学和道德是两个问题。科学的功能是探究、定义、定性真与假，道德的功能是区分、定义、定性善与恶。不能把科学和道德这两个问题混为一谈，这就像不能把斧子是不是工具与斧子该不该被用来砍人混在一起一样。近250年来，从已经形成的经济学理论和文献看，在经济学领域，既有科学的成分，也有非科学的成分，甚至还有伪科学的成分，我们只能说它介于科学与非科学、伪科学之间，因此，我们只能尽量运用其科学的成分，排除其非科学、伪科学的成分。

资料来源：上海证券报，2011年3月30日。

【关联理论】

经济学拥有科学的资格，主要在于它能正确地描述经济世界和经济规律，能合理地解释经济行为主体的经济行为动机、行为过程和行为结果之间的因果逻辑关系，并为人们的经济决策及有效地从事经济活动提供有益的建议。

【案例解析】

对初学者而言，经济学是一门科学的观点似乎有点不可思议。尽管经济学家不用试管或望远镜进行研究工作，但科学的本质是科学方法——冷静地建立并检验有关世界如何运行的各种理论，这种研究方法适用于研究一国经济，就像适用于研究地心引力或生物进化一样，因此经济学是一门科学。正如阿尔伯特·爱因斯坦曾经指出的："所有科学不过是日常思考的不断完善而已。"

自1776年亚当·斯密的《国富论》发表至今,经过数代人探索和四个高速发展时期,经济学发展成现在的现代经济学。在不断的发展过程中,经济学内部划分为多个分支,十余个流派各施所长:西方经济学与马克思主义经济学从不同的思考方向对经济理论、事件等进行具体分析;经济学研究同时立足基于理论假设和事件分析;经济学内各分支学科都已具有较为完善的数学工具、表述完整的基础理论思想;最重要的是,经济学在直接指导国家的经济政策制定、直接影响企业发展战略的选择、直接服务普通人的日常经济决策方面发挥着作用。从经济学发展历史来看,我们完全可以得出如下的结论:经济学正越来越接近于科学,经济学正越来越多地拥有了科学的品格。经济学是一门实用学科,同时也是一门实践意义与理论研究并重的、严谨精细的学科。经济学的这种进步发展,理应归功于所有在经济学世界努力的人们,我想其中也包括反对经济学是一门科学的人们,他们对经济学的批判、指责甚至挑剔、嘲讽,都是经济学进步和发展的动力。

(三) 案例研究 C

鲁滨孙的选择——谈经济学中的生产可能性边界

在笛福的《鲁滨孙漂流记》中,酷爱航海的鲁滨孙在商船失事以后漂流到了一个荒无人烟的岛上。鲁滨孙凭着自己的选择,只身在荒岛上顽强地生存了下来。如果我们引入生产可能性边界这一术语,鲁滨孙漂流的故事就有了浓厚的经济学色彩。

生产可能性边界是一条在坐标系中用纵轴和横轴分别表示两种产品的曲线,它说明了人们在既定资源和技术条件下所能生产的两种产品的最大产量组合。对于处在孤岛上的鲁滨孙来说,他也会面临这样一条生产可能性边界。现在的鲁滨孙虽然两手空空,但他毕竟来自文明社会,具备了一定的知识和技能,因此他还可以利用自己身上的人力资源进行生产自救。

假设鲁滨孙一天工作8小时,这些时间或者用于爬树摘椰子,或者用于下海抓鱼。这样鲁滨孙首先就有了两种极端的选择:他可以将一天8小时全部用于抓鱼,这个数量表示在横轴上;也可以将一天8小时全部用于摘椰子,这个数量表示在纵轴上。这是鲁滨孙的生产可能性边界的两个极端的点。当然,除这两点以外,鲁滨孙还有许多其他的选择:将一部分时间用于摘椰子,另一部分时间用于抓鱼,这又会有很多种组合。将这些点也都画出来,就得到了一条曲线,这条曲线就是鲁滨孙的生产可能性边界。

如果观察鲁滨孙的生产可能性边界,我们会发现这是一条向右下方倾斜并凹向原点的曲线。向右下方倾斜表明鲁滨孙在现有资源条件下要想多抓鱼就得少摘椰子。也就是说,通过鲁滨孙的选择,椰子可以转换为鱼,二者存在此消彼长的关系。凹向原点则表明,将椰子转换为鱼的过程中,转换的边际成本是递增的。当鲁滨孙拥有很多椰子的时候,生产椰子的能力几乎都发挥殆尽了,这时通过转换,一定量的劳动用于多抓一条鱼,就只需要放弃较少的椰子。但是随着调整的进行,当椰子的数量变少时,椰子的生产效率反而会回到较高的状态。这时,同样用一定量的劳动多抓一条鱼,则要放弃更多的椰子。这是由边际生产力递减规律所决定的。

不管怎么转换,只要是沿着生产可能性边界移动,鲁滨孙在生产上就总是处于有效率状态,或者说他不会窝工。最简单的理由就是,当鲁滨孙的生产选择沿着生产可能性边界移动时,他要多抓一条鱼,就必须少摘一些椰子。如果鲁滨孙的选择不在生产可能性边界上,而是处于生产可能性边界的内部,这就说明鲁滨孙的生产是无效率的,或者说鲁滨孙没有使出全力。因为在此状态下,鲁滨孙可以在不减少鱼的产量的前提下,增加椰子的产量,或者在不减少椰子的产量的前提下,增加鱼的产量,从而重新回到生产可能性边界上,这说明原先的状态不是最好的。

尽管在生产可能性边界上从事生产都是有效率的,但鲁滨孙究竟会选择哪一点仍然是一个值得研究的问题。因为鲁滨孙的生产是为了自己的消费,所以,在这里是鲁滨孙的个人偏好决定了生产组合在生产可能性边界上的具体位置。假如鲁滨孙是个典型的素食主义者,他的选择就一定在纵轴上的那个点上;反之,如果鲁滨孙偏爱食鱼,那他的选择就一定位于偏向横轴右边的点上,当鲁滨孙这样选择时,资源就得到了优化配置,实现了微观经济效益。

对鲁滨孙来讲,生产可能性边界之外的那些点又意味着什么?当然是更多的鱼和更多的椰子,但这些点位于生产可能性边界之外,是鲁滨孙在现有的资源和技术条件下不可能达到的。如果鲁滨孙可以增加劳动投入,比如鲁滨孙每天工作超过8小时,他完全可以得到更多的鱼和椰子,这就意味着他的整个生产可能性边界向右上方移动。当然,鲁滨孙也可以在不增加劳动投入,而是改进生产技术的前提下,使生产可能性边界向右上方扩张。比如,鲁滨孙不再赤手空拳去抓鱼,而是造船结网,用渔船捕鱼;也不再爬树摘椰子,而是造采摘器在树下摘椰子,结果鱼和椰子的产量都比以前大大增加了。在这种情况下,鲁滨孙通过更加充分地利用资源,在宏观层面上实现了经济增长。

资料来源:海南日报,2006年4月30日。

【关联理论】

生产可能性边界简化了复杂的经济,以便强调一些基本但极为重要的思想:稀缺性、效率、权衡取舍、机会成本和经济增长。

【案例解析】

生产可能性边界为我们提供了一种思考稀缺性、效率、权衡取舍、机会成本和经济增长等问题的简单方法。而在"鲁滨孙漂流记"案例分析中,作者引入生产可能性边界这一术语,将上述问题和思想剖析得非常透彻。生产可能性边界是一个最简单的经济数学模型,它表示在可获得的生产要素与生产技术既定时,一个经济所能生产的两种产品数量的各种组合。我们需要记住的是,这一模型说明了以下经济学原理:

第一,如果经济在生产可能性边界上运行,那么资源得到充分利用,因而具有效率;在生产可能性边界以内的点,尽管完全可以达到,但没有效率;而在目前的资源和要素约束下,生产可能性边界以外的点,根本无法实现。第二,如果经济在生产可能性边界上运行,则社会面临着权衡取舍。一旦达到生产可能性边界上有效率的各点,那么想得到更多的一种物品的唯一方法是减少另一种物品的生产;多生产另一种物品时所放弃的一种物品量即为增加生产另一种物品生产的机会成本。第三,生产可能性边界只表示可以有选择,但并不表示哪一点生产更好。学生在运用生产可能性边界时常犯的一个错误是认为接近于生产可能性边界中间的某一点"似乎是最好的"。学生做出这种主观判断是因为中点似乎提供了两种物品的最大生产总量。实际上,在现实经济中,我们选择哪一点进行生产,关键取决于这两种物品的价格。

四、课外习题

(一) 术语解释

1. 经济模型
2. 循环流量图
3. 生产可能性边界
4. 实证表述
5. 规范表述

(二) 单项选择

1. 在下列哪一种情况下,假设最合理?(　　)
   A. 在估算气球下落的速度时,物理学家假设它在真空中下落
   B. 为了分析货币增长对通货膨胀的影响,经济学家假设货币是严格的铸币
   C. 为了分析税收对收入分配的影响,经济学家假设每个人的收入相同
   D. 为了分析贸易的收益,经济学家假设只有两个人和两种物品

2. 经济模型是(　　)。
   A. 为了复制现实而创造的　　　　B. 以假设为基础建立的
   C. 通常由木头和塑料组成　　　　D. 如果它们是简单的,就没有用

3. 以下哪一项最有可能是产生一种理论的科学依据?(　　)
   A. 一个广播电台访谈节目主持人在收集资本市场如何对税收做出反应的数据
   B. 一个名牌大学的经济学家分析银行管制对农村贷款的影响
   C. 大众汽车雇用的律师分析安全气囊对乘客安全的影响
   D. 奥康皮鞋代言人分析皮鞋舒适度的影响因素

4. 以下哪一个关于循环流量图的表述是正确的?(　　)
   A. 生产要素归家庭所有
   B. 如果小王为海尔工作并得到一张工资支票,这个交易发生在物品与服务市场上
   C. 如果海尔出售一台空调,这个交易发生在生产要素市场上
   D. 以上各项均不正确

5. 生产可能性边界上的点是(　　)。
   A. 有效率的　　　　　　　　　　B. 无效率的
   C. 不能达到的　　　　　　　　　D. 规范的

6. 生产可能性边界向外移动描述了经济增长,以下哪一项不会使一国的生产可能性边界向外移动?(　　)
   A. 资本存量的增加　　　　　　　B. 技术进步
   C. 失业减少　　　　　　　　　　D. 劳动增加

7. 以下哪一项与微观经济学相关?(　　)
   A. 货币对通货膨胀的影响　　　　B. 技术进步对经济增长的影响
   C. 预算赤字对储蓄的影响　　　　D. 石油价格对汽车生产的影响

8. 以下哪一项表述是规范的?(　　)

A. 政府发行过多的货币就会引起通货膨胀

B. 如果工资更高,人们会更努力工作

C. 失业率应该降低

D. 大量政府赤字使经济增长更慢

9. 在做出下列哪一项表述时,经济学家更像一位科学家?( )

   A. 减少失业救济金将降低失业率

   B. 失业率应该降低,因为失业剥夺了个人尊严

   C. 通货膨胀率应该降低,因为通货膨胀剥夺了老年人的储蓄

   D. 国家应该增加对大学的补贴,因为经济的未来取决于教育

10. 假设两位经济学家争论对待失业的政策。一位经济学家说:"如果政府可以增加500亿美元的政府支出,就可以使失业率下降一个百分点。"另一位经济学家反驳说:"胡说。如果政府增加500亿美元的政府支出,只能减少千分之一的失业,而且效果只是暂时的!"这两位经济学家( )。

   A. 意见分歧是因为他们有不同的科学判断

   B. 意见分歧是因为他们有不同的价值观

   C. 实际上根本没有分歧,只是看起来有分歧

   D. 以上说法均不对

11. 对待失业和通货膨胀的政策,经济学家有不同的观点。一种观点认为失业是社会最大的不幸,另一种观点认为通货膨胀才是社会最大的不幸。这两种观点分歧是( )。

   A. 因为经济学家有不同的科学判断

   B. 因为经济学家有不同的价值观

   C. 实际上根本没有分歧,只是看起来有分歧

   D. 以上说法均不对

12. 经济学研究( )。

   A. 如何完全满足我们无限的欲望

   B. 社会如何管理其稀缺资源

   C. 如何把我们的欲望减少到我们得到满足时为止

   D. 如何避免进行权衡取舍

13. 以下哪一种表述是正确的?( )

   A. 自给自足是大多数国家的繁荣之路

   B. 自给自足国家的消费在其生产可能性边界之外

   C. 自给自足的国家充其量只能在其生产可能性边界上消费

   D. 只有在每种物品生产中都有绝对优势的国家才应该努力实现自给自足

14. 以下关于循环流量图的说法,不正确的是( )。

   A. 循环流量图涉及两大主体,即家庭、企业

   B. 循环流量图涉及两大市场,即物品与服务市场、生产要素市场

   C. 循环流量图提供了一种把家庭与企业之间发生的所有经济交易组织在一起的简单方法,其简化的原因在于省略了诸如政府、对外贸易等一些细节

   D. 循环流量图的外环表示投入与产出流向,内环表示货币流向

15. 以下关于生产可能性边界的说法,不正确的是(　　)。
    A. 在生产可能性边界上的点能够达到并且是有效率的,因为资源都已经充分利用
    B. 在生产可能性边界以内的点虽然能够达到,但没有效率,可能是一些资源没有充分利用,比如出现工人失业、厂房闲置等
    C. 一旦达到生产可能性边界上有效率的各点,那么想得到更多的一种物品的唯一方法是减少另一种物品的生产
    D. 生产可能性边界阐释了权衡取舍与机会成本、效率与无效率、失业和经济增长等思想,曲线状的生产可能性边界意味着递减的机会成本

(三) 判断正误

1. 假设可以简化复杂的世界,使之更容易理解。(　　)
2. 当建立国际贸易模型的时候,假设世界只有一个人组成是合理的。(　　)
3. 经济学科学方法与一般科学方法的不同之处在于经济学研究中实验的困难性,即不可能操纵一国经济。(　　)
4. 在我们的日常生活中,购买、销售、工作、雇用、制造等活动有很多人参与,为了理解经济运行方式,我们可以用循环流量图解释经济如何组织、参与者如何相互交易。(　　)
5. 如果一种经济在其生产可能性边界上运行,它肯定有效率地使用了自己的资源。(　　)
6. 生产可能性边界之外的点是可以达到的,但是无效率。(　　)
7. 生产可能性边界向外凸出是因为任何两种物品生产之间的权衡取舍都是一成不变的。(　　)
8. 如果一种经济在其生产可能性边界上运行,那么它要多生产一种物品就必须少生产另一种物品。(　　)
9. 宏观经济学的基本假设是市场不完善,政府有能力。(　　)
10. 作为政策顾问,经济学家提供增进世界福利的建议。(　　)

(四) 简答题

1. 越现实的经济模型总是越好吗?
2. 汽车制造厂每个月向在装配线上工作的工人支付5 000元,在这一交易中,直接涉及循环流量图的哪一部分?
3. 为什么生产可能性边界的斜率是负的,即生产可能性曲线向右下方倾斜?
4. 当经济学家做出规范表述时,她更可能是科学家还是政策顾问?为什么?
5. 经济学家意见分歧的两个原因是什么?

(五) 应用题

1. 画出并解释一个生产牛奶与点心的经济的生产可能性边界。如果一场瘟疫使该经济中的一半奶牛死亡,这条生产可能性边界会发生怎样的变动?
2. (1) 实证表述与规范表述之间的区别是什么?各举出一个例子。
   (2) 把下列每种表述分别归入实证表述或规范表述,并解释。
   A. 社会面临着通货膨胀与失业之间的短期权衡取舍。

B. 降低货币增长率将降低通货膨胀率。
C. 美联储应该降低货币增长率。
D. 社会应该要求福利领取者去找工作。
E. 降低税率鼓励人们更多地工作,更多地储蓄。

3. 如果你是总统,那么你是会对经济顾问的实证观点更感兴趣,还是对他们的规范观点更感兴趣？为什么？

（六）拓展思考题

1. 现在上至国务院下至普通老百姓都非常关心我国的 GDP 和人均 GDP,因为这两个数字前者代表一个国家的综合国力,后者反映老百姓生活的富裕程度。从实证角度看,这些数字的统计归纳过程就是实证分析的过程,如果对某些数据有怀疑还可以重新检验。具体数字是客观的,在统计过程中不涉及道德问题,只回答是什么。从规范分析的角度来研究,可以在我国目前的情况下确定一个合理的经济增长率,确定一个反映人民生活水平达到小康的标准,为了实现这一目标,国家就应该制定相应的产业政策、货币政策和财政政策。后者涉及了道德问题,不同人站在不同角度得出的结论是不一样的。有人认为经济增长率提高是好事,有人认为经济增长率提高是坏事,这些都是主观的好坏判断,无法检验。请结合阅读材料论述实证经济学与规范经济学的区别和联系分别是什么。

2. 设想一个生产军用品和消费品的社会,我们把这些物品称为大炮和黄油。
（1）画出大炮和黄油的生产可能性边界。解释为什么这条边界的形状最可能是向外凸出的。
（2）标出这个经济不可能实现的一点,再标出可以实现但无效率的一点。
（3）设想这个社会有两个政党,称为鹰党和鸽党。在生产可能性边界上标出鹰党会选择的一点和鸽党会选择的一点。
（4）假想一个侵略成性的邻国削减了军事力量,结果鹰党和鸽党都等量减少了自己原来希望生产的大炮数量。用黄油产量的增加来衡量,哪一个政党会得到更大的"和平红利"？请予以解释。

五、习题答案

（一）术语解释

1. 经济模型:建立在假设基础上的简单化经济现实。
2. 循环流量图:表示物品和服务、生产要素及货币支付在家庭和企业之间如何流动的经济图形。
3. 生产可能性边界：表示可得到的生产要素与生产技术既定时,一个经济可以生产的产品数量的各种组合的图形。
4. 实证表述:世界是什么样子的表述。
5. 规范表述:世界应该是什么样子的表述。

（二）单项选择

1. D   2. B   3. B   4. A   5. A   6. C   7. D   8. C   9. A   10. A
11. B   12. B   13. C   14. D   15. D

(三) 判断正误

1. √ 2. × 3. √ 4. √ 5. √ 6. × 7. × 8. √ 9. √ 10. √

(四) 简答题

1.【考查要点】 经济模型与假设的作用。

【参考答案】 不一定。经济模型建立在假设基础之上,而且是经济现实的简单化,因为简化的经济模型更容易让我们关注经济本质。

2.【考查要点】 循环流量图涉及的两个主体和两个市场。

【参考答案】 5 000元工资从企业流向生产要素市场,劳动投入从生产要素市场流向企业;劳动从家庭流向生产要素市场,5 000元收入从生产要素市场流向家庭。

3.【考查要点】 生产可能性边界的斜率的意义。

【参考答案】 如果经济在生产可能性边界上运行,则社会面临着权衡取舍。一旦达到生产可能性边界上有效率的各点,那么想得到更多的一种物品的唯一方法是减少另一种物品的生产。

4.【考查要点】 规范表述和实证表述。

【参考答案】 当经济学家做出规范表述时,她更可能是政策顾问。因为规范表述是关于世界应该是什么样子的论断,而且在某种程度上基于价值判断。

5.【考查要点】 经济学家的意见分歧。

【参考答案】 经济学家意见分歧的原因有两点,其一是不同的科学判断,其二是不同的价值观。

(五) 应用题

1.【考查要点】 生产可能性边界的移动。

【参考答案】 如下图所示,假设在正常情况下,将可能得到的所有资源用于生产点心,可以生产300千克,如果用于生产牛奶,可以生产1 000升。L_1表示正常情况下该经济的生产可能性边界。如果一场瘟疫造成该经济中一半的奶牛死亡,生产可能性边界会向内移,即L_2。因为在生产率不变的情况下,可用于生产点心和牛奶的经济资源减少了。

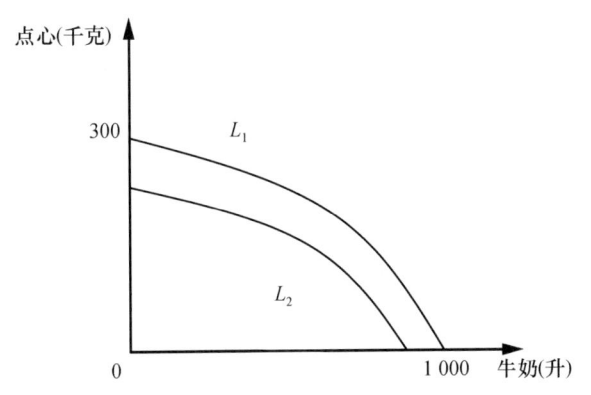

2.【考查要点】 实证表述与规范表述。

【参考答案】 (1) 实证表述是描述世界是什么的观点,是描述性的。规范表述是描述世界应该是什么样子的观点,是命令式的。两者的主要差别是我们如何判断它们的正确性。从原则上讲,可以通过检验证据来确认或否定实证描述。而规范表述的判断不仅涉及事实数据,还涉及价值观的问题。举例:① 实证表述:发放可交易的污染许可证可以有效控制污染物的排放。② 规范表述:政府应该向企业发放可交易的污染许可证。

(2) A、B 属于实证表述,它们都描述了一种经济现象。C、D 属于规范表述,它们是命令式的,在告诉政府应该怎样做。E 属于模棱两可,它既描述了一种经济现象,又是在向政府提出应该怎样做的建议。

3.【考查要点】 作为政策顾问的经济学家与规范观点。

【参考答案】 实证观点是对某一经济现象的描述。规范观点企图对某一问题提出解决办法。如果我是总统,我对经济顾问的规范观点更有兴趣。因为我不仅要知道某个经济现象是怎样的,更重要的是,我必须听取各方面的建议,最终制定出解决经济问题的政策。

(六) 拓展思考题

1.【考查要点】 实证经济学与规范经济学的区别和联系。

【参考答案】 实证经济学与规范经济学的区别是对待价值判断的态度。实证经济学排斥价值判断,也就不涉及道德问题,实证分析只认识事实本身,研究经济本身的规律。规范经济学牵涉价值判断,研究经济应该是什么样。实证经济学与规范经济学是有区别的,但也不难发现二者也有联系。实证分析的数字结果为国家制定和选择适度经济增长政策提供了依据;而适合的政策环境又是达到和保障经济数量指标的保证。因此可以说实证经济学是规范经济学的基础,而实证经济学又离不开规范经济学的指导。也就是说,一些具体的定量分析都属于实证分析,较高层次、定性从而进行决策的分析属于规范分析。

2.【考查要点】 生产可能性边界上、外、内的点。

【参考答案】 (1) 如下图所示,假设该社会如果将全部资源用来生产大炮,那么可以生产 500 门大炮;如果将全部资源用来生产黄油,可以生产 2 000 千克黄油。

图中的生产可能性边界最有可能是向外凸出的。这是因为,根据大炮衡量的黄油的机会成本取决于经济中正在生产的每种物品的数量。当经济用它的大部分资源生产黄油时,生产可能性边界是非常陡峭的。因为甚至最适于生产大炮的工人和机器都被用来生产黄油,经济为了每千克黄油所放弃的大炮数量的增加相当可观。与此相比,当经济把其大部分资源用于生产大炮时,生产可能性边界非常平坦。在这种情况下,最适于生产大炮的资源已经用于大炮行业,经济为每一千克黄油所放弃的大炮数量的增加是微不足道的。

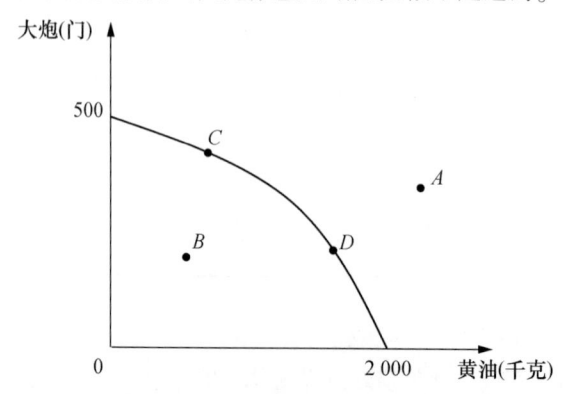

（2）A点是经济不可能实现的一点。B点是可以实现但无效率的一点。

（3）鹰党可能会选择C点，尽量多生产大炮而少生产黄油。鸽党可能会选择D点，尽量多生产黄油而少生产大炮。

（4）当鹰党和鸽党都等量减少自己原来希望生产的大炮数量时，用黄油产量的增加来衡量，鹰党得到更大的"和平红利"。这是因为在鹰党的政策下，经济用它的大部分资源生产大炮，甚至最适于生产黄油的工人和机器都被用来生产大炮，经济为了每门大炮所放弃的黄油量的增加相当可观，因此，当鹰党决定少生产大炮时，黄油产量增加很大。与此相比，鸽党本来就把大部分资源用于生产黄油，经济为每千克黄油所放弃的大炮数量微乎其微，因此，再少生产一门大炮，所带来的黄油产量的增加也是很微小的。

第3章
相互依存性与贸易的好处

一、学习精要

(一) 教学目标

1. 了解专业化与贸易的好处。
2. 领会绝对优势与比较优势的含义及其不同,理解世界上所有人或国家即使没有绝对优势,也都会有比较优势。
3. 理解比较优势与机会成本之间的联系,掌握如何利用比较优势解释贸易的好处。
4. 掌握比较优势理论的运用,例如用于生活中的案例或国家政策。

(二) 内容提要

第3章是导言部分三章中的最后一章,主要为了说明人们和国家如何在贸易中获益。全球化趋势下,各国居民对消费不同国家生产的物品已经习以为常,这些复杂多样的物品中可能会包含许多不同国家生产的组成部分,以至于这些物品可能没有单一的原产国。人们进行生产是因为他们希望相互交易,并得到一些东西作为报酬。贸易使得我们相互依存,贸易也会使参与交易的双方都变得更好。

1. 一个现代经济寓言

假设世界上有两个人,一个牧牛人养牛,一个农民种土豆,他们分别可以产出牛肉和土豆两种物品。比较如下三种情况:

(1) 当牧牛人与农民各自生产牛肉和土豆然后进行交易时,他们可以因为消费品种增加而获益;

(2) 当牧牛人与农民每个人既生产牛肉也生产土豆时,他们会发现,牧牛人更擅长生产牛肉,农民更擅长生产土豆,于是他们各自生产相对有效率的物品,然后进行贸易,并从中获益,专业化和贸易让每个人受益;

(3) 除以上两种情况以外,在有的时候,一个人可能会在生产两种物品上都比另一个人有效率,此时贸易的好处不那么明显,但贸易仍然存在。

归根结底,贸易的好处来自比较优势基础之上的专业化生产,因为专业化增加了可以分享的总产量。为了更好地理解贸易好处的源泉,我们必须了解什么是比较优势。

2. 比较优势:专业化的动力

(1) 绝对优势比较的是生产一种物品所需要的投入量。如果某个生产者生产一种物品所需要的资源较少,或者说生产的效率较高,那么就说该生产者在生产这种物品上具有绝对优势。因此,绝对优势比较每个生产者的实际成本。

(2) 比较优势比较的是每个生产者的机会成本。某种东西的机会成本是为了得到它而放弃的东西,如果某个生产者生产某一种物品的机会成本较小,那么就说该生产者在生产这种物品上具有比较优势。

(3) 专业化和贸易的产生主要源自比较优势,而不是绝对优势。因为生产者生产一种物品的机会成本低就意味着生产另一种物品的机会成本高,同一生产者不可能在两种物品上都有比较优势。

(4) 贸易使社会上每个人都获益,因为它使人们可以专门从事他们具有比较优势的活动,而专业化生产增加了经济的总产量,并使得经济蛋糕变大了。只要他们进行贸易的价格在两种机会成本之间,对双方就都是有好处的。

3. 比较优势的应用

(1) 比较优势适用的范围很广,既适用于个人又适用于国家。由于身高差异,和普通人相比,姚明在打篮球和修电灯上都具有绝对优势。但是仍然可以分析出,由于姚明花与修电灯相同的时间去打篮球,可以赚取比修电灯高得多的报酬,姚明只要以远远低于这一报酬的价格雇用一个人修电灯,他的状况就会变得更好。因此姚明应该专门打篮球,并与别人修电灯的服务进行交易。因为姚明修电灯的机会成本非常高,尽管他在两项活动中都具有绝对优势,但他在打篮球上具有比较优势,而在修电灯上具有比较劣势。

(2) 国际贸易同样遵循着比较优势原理。即使美国在生产粮食和汽车上都具有绝对优势,即生产率都比较高,但因为美国生产粮食的机会成本较低,因此美国应该生产较多粮食进而出口到日本,而日本应该生产更具比较优势的汽车。尽管贸易可以让美国作为一个整体的状况变好,但美国出口食品和进口汽车,对美国农民和汽车工人的福利是不同的。自由贸易壁垒的降低改善了进口国整体的福利,但并没有改善进口国生产者的福利,因而国内生产者可能会游说政府保持或提高自由贸易壁垒。

(三) 关键概念

1. 绝对优势:一个生产者用比另一个生产者更少的投入生产某种物品的能力。
2. 机会成本:为了得到某种东西所必须放弃的东西。
3. 比较优势:一个生产者以低于另一个生产者的机会成本生产某种物品的能力。
4. 进口品:在国外生产而在国内销售的物品。
5. 出口品:在国内生产而在国外销售的物品。

(四) 拓展提示

1. 绝对优势和比较优势的关键区别在于:绝对优势是指在生产产品或提供服务时劳动生产率较高,着重强调以各国生产成本的绝对差异为基础进行国际分工,它强调的是一种效率优势;而比较优势强调机会成本,是指生产产品或提供服务时机会成本较小,着重强调以各国机会成本相对差异为基础进行国际分工。

2. 机会成本概念着重强调在资源具有稀缺性、多用途和可自由配置的前提下,资源配置唯一性所造成的丧失其他配置可能带来的预期收入。生产一种物品的机会成本的存在需要满足以下三个前提条件:① 资源是稀缺的;② 资源具有多种生产用途;③ 资源的投向不受限制。

3. 自由贸易的动因在于：国际贸易使各国都可以消费本国与他国生产的物品和服务，国际分工提高劳动生产率，贸易使各国的处境变得更好。各国推动自由贸易的原因之一就是比较优势原理，其根源在于国际分工可以提高劳动生产率，提高社会总产出。

4. 比较优势决定了专业化和贸易。也可以说，贸易的好处来自比较优势基础之上的专业化生产，这扩大了经济蛋糕的总量。只要贸易价格居于两国生产这种物品的机会成本之间，各国的消费就可能会超出原有的生产可能性边界。因此在这种意义上，贸易与技术进步同样具有促进经济的作用。

二、新闻透视

（一）新闻透视 A

中国是自由贸易的捍卫者

1978 年开启的改革开放为中国经济发展打开了一片新天地，给中国带来了翻天覆地的变化。中国先后设立经济特区和沿海开放城市，作为发挥劳动力资源优势、吸引国外资金和技术的重要窗口。通过改革开放，不论是农村还是城市，市场和效率的重要性日益得到重视，生产力稳步提高，居民人均收入不断增加，绝对贫困人口大幅减少。中国不断吸引外资，学习外国先进技术，发挥比较优势，参与全球分工。改革开放 40 年来，中国实现了国内生产总值的成倍增长，成长为全球第二大经济体，日益走近世界舞台中央。

值得注意的是，在此期间，中国经济始终充满强劲动力，特别是有效应对了 2008 年国际金融危机带来的负面影响，让世界诸多学者、企业家以及政治家刮目相看，并引发了关于"中国奇迹"与"北京共识"的交流与探讨。

当前国际环境下，世界尤其需要国家间的互联互通与开放。一方面，我们看到，中国正成为自由贸易的捍卫者，通过对外投资、贸易往来与世界各国加强联系，并促进形成更加均衡的全球供应链，帮助其他经济体提高生产效率。另一方面，我们也看到，美国政府采取愈发收紧的、过时的贸易保护主义政策，正与经济全球化潮流背道而驰。

近年来，中国为支持经济全球化、贸易投资自由化与便利化的深入发展释放了强有力信号。2017 年 1 月 17 日，习近平主席在达沃斯出席世界经济论坛年会时发表主旨演讲，表示要坚定不移发展全球自由贸易和投资。中国领导人的表态在国际上赢得了广泛赞誉，不仅是因为其正确的政治观点，更在于其描绘的人类命运共同体的美好蓝图。

中国于 2013 年提出"一带一路"倡议，这是中国坚持推动经济全球化发展的有力证明。如今，"一带一路"倡议得到越来越多国家的积极响应和支持。中国对包括拉美国家在内的基础设施投资，是帮助这些国家实现可持续、结构性而非单周期性增长的有力保证。

具体到中国和巴西，两国之间的经济互补性有目共睹。通过开放带来的国际贸易，巴西能够以比本国生产低得多的价格从中国进口工业制成品，使消费者获得更便宜的商品，有利于巴西国内经济的发展。巴西也满足了中国对铁矿石、大豆等初级产品的需求。近年来，中国公司在巴西的能源、建筑、汽车、银行、基础设施等多个领域投资，带动当地经济发展，同时许多项目也成为促成拉美国家合作的平台。

资料来源：人民日报，2018 年 8 月 20 日。

【关联理论】

贸易基于人们专门从事自己有比较优势的活动,而让每个人的状况都变得更好。比较优势原理支持各国间的自由贸易。自由贸易是指国家取消对进出口贸易的限制和障碍,取消本国进出口商品的各种优待和特权,使商品自由进出口,在国内市场上自由竞争的贸易政策。

【新闻评析】

自由贸易是在没有进口关税、出口补贴、国内生产补贴、贸易配额或进口许可证等因素限制下进行的贸易或商业活动。自由贸易理论产生的基本依据是比较优势理论:各地区应致力于生产成本低效率高的商品,来交换那些其无法低成本生产的商品。自由贸易跟重商主义、孤立主义、贸易保护主义都是对立的。

自由贸易的发展影响了国家利益与国际义务之间的关系。多边(或双边)贸易体系的形成,要求国家利益的实际范围要与国际义务的履行情况尽可能保持一致。正如约瑟夫·奈所指出的那样:"国家利益的重新定义实际上是由国际通用的规范和价值决定的。这些规范和价值构成国际生活并赋予其意义。简言之,国际体系的制度化和普遍化给国家带来了新的利益层面。"在自由贸易时代,如果一个国家不重视本国利益的合法性,甚至偏离通用的国际贸易规则,那么就很容易走向两种极端:一是过分偏爱本国利益而不顾及他国利益的"激进民族主义";二是把自己追求的国家利益看作世界普遍利益而对他国横加干涉的"霸权主义"。

近年来,中美经贸摩擦成为国际社会热议话题。美国政府无视中美经贸合作互利共赢的历史与现实,肆意宣扬"美国吃亏论",指责中国"进行经济侵略""盗窃知识产权""搞不公平贸易",使得中美经贸摩擦不断升级。2018年,中国发布《关于中美经贸摩擦的事实与中方立场》白皮书,全面阐述了中方立场,向世界发出了响亮的中国强音。面对美方不断升级加码的经济恫吓和极限施压,中方立场始终明确、坚定。中国奉行开放、融通、互利、共赢的合作观,主张维护世界贸易组织规则,支持多边贸易体制,构建开放型世界经济。这与美国坚持"你输我赢""以邻为壑"的旧思维,将一己私利凌驾于他人利益乃至国际规则之上的做法形成鲜明对比。白皮书中的"八个坚定",既是中国维护自身尊严和利益的庄严承诺,也是对美国贸易保护主义和霸凌主义的坚决回击,更是坚持多边主义和自由贸易的郑重宣言。

(二) 新闻透视 B

从比较优势说起 中国为啥要进口大豆?

中美经贸摩擦让大豆成为全球瞩目和热议的焦点。2018年7月6日,美国宣布从即日起对自中国进口的340亿美元商品实施加征25%关税的惩罚措施。同日,作为反击,中国也对同等规模美国商品加征了25%的进口关税;征税产品的范围包括汽车等工业品和517项农产品,这517项农产品2017年自美进口总额约为210亿美元,占中国当年自美进口农产品总额的87%,主要包括大豆、谷物、棉花、猪肉、牛肉、禽肉、水产品、乳制品、水果、坚果、威士忌酒和烟草。加征关税前,中国进口大豆的关税仅为3%;加征25%关税后,从美国进口大豆的税后价每吨上涨了700—900元,市场对此迅速做出反应,美国大豆对华出口出现断崖式下降,价格大幅下跌,美国国内豆农和出口商的担心与焦虑上升。中国以大豆作为对美反制措施取得了明显成效。

大豆之所以能成为反制的精准利器是因为中国从美国买得最多的农产品就是大豆。据中国海关统计,2017年美国对华出口大豆3 285万吨,占当年美国大豆出口总量的57%和中国大豆进口量的34%,出口额140亿美元,占美国对华农产品出口额的58%和对华货物出口总额的10%。从这些数据中我们可以知道,中国是美国大豆最重要的出口市场,出口份额占比已超过一半,而美国大豆则占中国大豆进口市场份额的三分之一,当年中国从巴西、美国和阿根廷等国合计进口了9 552.6万吨大豆,占当年大豆全球贸易量的三分之二。中国为啥要进口这么多大豆呢?这就要从比较优势说起。

众所周知,在全球化的今天,一国不会自己生产所有的产品,而是通过参与国际贸易来获取更便宜的商品,进而增进本国的福利。各国在参与国际贸易时就需要盘算一下,要出口哪些产品、进口哪些产品才会对本国有利。早在19世纪,英国经济学家大卫·李嘉图就已经帮大家算清了这笔贸易上的"明白账"。他在其代表作《政治经济学及赋税原理》中提出了一国参与国际贸易的依据:各国都应集中生产并出口具有比较优势的产品,进口具有比较劣势的产品,从而提升整体福利水平。正所谓术业有专攻,各国在参与国际贸易时也应专注于自己的所长,取他国之长补己之短,即生产并出口自己擅长的产品,进口他国擅长而自己处于劣势的产品。从经济学角度来讲,这种比较优势就体现在产品生产的劳动生产率上,劳动生产率高、单位产品生产成本低,则该产品就是具有比较优势的产品。

资料来源:农民日报,2019年4月9日。

【关联理论】

英国古典经济学家大卫·李嘉图在其《政治经济学及其赋税原理》一书中提出了比较优势理论:在两国生产两种商品的情形下,其中一国在两种商品生产上均占绝对优势,另一国在两种商品生产上则处于绝对劣势,则优势国可以专门生产优势较大的那种商品,劣势国可以专门生产劣势较小的那种商品。通过专业化分工和国际交换,双方仍能从中获益。

【新闻评析】

比较优势比较每个生产者的机会成本。某种东西的机会成本是为了得到它而放弃的东西。比较优势指生产物品的机会成本较小的生产者所具有的优势。简而言之,比较优势的核心思想就是"两利相权取其重,两弊相权取其轻"。这一理论主张是以各国生产成本的相对差异为基础,进行国际专业化分工,并通过自由贸易获得贸易利得的一种国际贸易理论。

我国目前已经成为全球农产品第二大贸易国和第一大进口国,通过参与国际贸易满足国内需求是中国农业现实发展的需要。一般而言,我国农业贸易依据比较优势出口果蔬、水产品等优势产品,而进口大豆等大宗农产品。大豆是一种"土地密集型"产品,因为我国人多地少,所以在这类产品上确实不具有优势。2017年,我国大豆播种面积1.2亿亩,产量1 528万吨,进口量则达到9 552.6万吨。如果按照国内大豆单产每亩123.5公斤来计算,进口的9 552.6万吨大豆相当于7.7亿亩耕地播种面积的产出。2017年我国共有耕地面积20.23亿亩,如果大豆全部由国内自给,那么就要用44%的耕地面积来种大豆,小麦和水稻等口粮的绝对安全则将必然会受到严重的威胁。近年来我国劳动力成本也在不断提高。受制于土地、劳动力成本的上涨,我国包括大豆在内的大宗农产品生产成本与美国等主要农产品出口国差距也在不断拉大。2017年美国大豆生产成本为每吨2 246.3元,中国则为4 776.1元,比美国高2 529.8元,其中土地成本和劳动力成本高2 497.6元,占高出部分的99%。

随着国内消费水平的提高,人们对肉蛋奶的需求不断攀升,因而饲料蛋白需求也不断上涨。我国作为养殖业大国和饲料消费大国,国内有需求而生产成本又相对较高,通过进口满足需求,是理性的选择。而进口这么多大豆除了榨油外,榨油后剩下的豆粕就可以作为畜禽水产业的蛋白饲料。依据比较优势原理参与国际贸易不仅有效满足了国内农产品需求,也促进了我国农业经济增值增效和农村经济可持续发展。

(三) 新闻透视 C

中国面向"一带一路"沿线国家的产业转移

"一带一路"倡议自 2014 年提出以来,得到了世界上 100 多个国家和国际组织的响应与支持。34 个国家和国际组织同中国签署了共建"一带一路"政府间合作协议,"一带一路"沿线国家成为中国对外产业转移的新投资热点。截至 2016 年年末,中国对"一带一路"沿线国家的直接投资存量为 1 294.1 亿美元。目前,中国企业在"一带一路"沿线 56 个经贸合作区累计投资额超过 185 亿美元,对外承包合同额达 3 049 亿美元。这一系列专项建设和领域合作的展开,不仅带动改革开放以来中国在制造业和基础设施领域形成的优势产业向沿线国家转移,也推动了我国以高铁、通信设备、电力设备等为代表的新兴装备制造行业加快对外投资的步伐。

中国面向"一带一路"沿线国家产业转移有以下三个主要特征:

其一是以传统产业为主要对象。中国对外直接投资已经涉及全部行业,其中,以租赁和商务服务业、金融业、批发和零售业、采矿业、制造业、房地产业 6 大行业为主,而建筑、电力、交通运输、信息传输和软件业投资规模相对较小,仍留有较大发展空间。2015 年以前,我国企业主要在"一带一路"沿线国家的租赁和商务服务业、采矿业、金融业进行投资,2015 年以后虽然传统产业仍占主要地位,但制造业、批发和零售业、信息传输和软件业投资等行业的投资明显上升。

其二是以发展中国家为主要目标。2016 年年末,中国对外直接投资存量的 8 成以上分布在发展中经济体,在发达经济体的存量仅占 14.1%。林毅夫、蔡昉等学者基于中国的发展经验,提出中国向发展中国家转移产业的"飞龙模式"。虽然中国在"一带一路"推进产业的转移上存在两个方向,即同时向发展程度比中国低的国家和高的国家转移,但主要以第一个侧翼为主,即向那些比中国发展水平略低的国家转移一部分产业。

其三是投资合作模式多样化。"一带一路"沿线国家与中国的投资合作模式呈多样化,主要包括绿地投资、跨国并购、境外经贸合作区和对外承包工程。其中绿地投资是主要方式,据 FDI Markets 数据显示,2016 年年末,中国企业成为全球最大的绿地投资来源国;跨国并购持续活跃,2016 年"一带一路"沿线吸引中国企业并购投资额占并购总额的 4.9%;境外经贸合作区以合资合作方式成为"一带一路"沿线国家与中国企业合作的重要载体;"一带一路"沿线 61 个国家与中国签署对外承包工程项目合同 8 158 份,涉及的领域、区域不断拓宽。

资料来源:池方圆,中国面向"一带一路"沿线国家产业转移的比较优势分析,改革与开放,2018 年 6 月。

【关联理论】

比较优势比较的是每个生产者的机会成本。实际上国际分工即基于比较优势,着重强调以各国机会成本的相对差异为基础。随着经济发展水平的不断提高和产业结构的优化升级,一个国家的比较优势也可能随之发生新的变化。

【新闻评析】

中国提出共建"一带一路"倡议,给低迷的世界经济注入新的动力,给经济全球化前景增添了亮色。这一倡议立足我国实际,也有助于开创我国对外开放新格局和推动经济全球化健康发展。中国和"一带一路"沿线国家之间在资源禀赋和产业结构上存在巨大的互补性,使得"一带一路"沿线国家和地区成为中国企业的投资热点。

当一国的产业结构符合经济禀赋结构所决定的比较优势时,其贸易结构会达到最优。经济禀赋不仅包括由资本、土地、劳动力等构成的要素禀赋,还包括基础设施等硬件和政策制度等软件。经济禀赋会随着一国经济发展发生变化,国际贸易的变化在很大程度上就是各国比较优势变化的反映。经过长期发展和积累,我国经济禀赋不再是单一的劳动力丰裕,而是形成了包括资本要素、硬件基础设施、软件政策制度等在内的多元结构。第一,人力资本的逐步积淀和物质资本的持续积累使我国具备了充足的资本要素,推动我国由劳动力丰裕型要素禀赋结构向资本丰裕型要素禀赋结构转变。我国已经具备较强的资本实力,可以自主选择发展符合自身禀赋结构和比较优势的产业,实现产业结构和贸易结构的优化升级。第二,我国在制造业不断发展中积累了大量先进技术,形成了较为完整高效的产业链。例如,近年来深圳制造能力不断攀升,催生了完整的产业链和高效的成果转化机制,创意产品从构想到落地的转化速度大大提高。第三,产业结构的持续升级和对外经贸的广泛开展,带动我国交通运输网、信息通信网和电网等硬件基础设施不断完善,这些质量高、覆盖广的基础设施能够适应我国发展阶段的提升及参与经济全球化的需要,是我国长期建设形成的比较优势。

对于我国来说,随着"一带一路"建设的深入推进,对外投资的多元化和贸易结构的优化在提振出口需求的同时,也将提高出口产品中资本技术密集型产品的占比,而高附加值产品的发展和贸易链的延伸将提升我国在全球价值链中的地位。与"一带一路"建设参与国的贸易也将推进人民币跨境贸易结算,促进人民币国际化。在这个过程中,我国在世界贸易体系中的话语权将逐步从商品贸易领域向贸易秩序、行业惯例等方面拓展。同时,依托深入合作和良性竞争,我国与相关国家的政治互信和相互理解将不断加深,我国的领导能力和大国担当将向国际社会自然展现。"一带一路"建设将进一步提升我国的国际形象和地位。可见,"一带一路"建设适应我国经济禀赋和比较优势的变化,对于我国开创对外开放新格局具有龙头牵引作用。

三、案例研究

(一) 案例研究 A

"337 调查"报告:美国近半数调查针对中国

经济观察网通过数据分析发现,针对中国的调查占美国发起的全部"337"调查的比重明显上升。由 2015 年的 29.4% 上升至 2016 年的 40.6%,2017 年已经达到 48.1%。可见,美国的"337"调查正在加大对中国商品的调查力度。

"337"调查以知识产权调查为主,近三年主要集中在通信设备、计算机及其他电子设备类,其次专用设备和制造品也是近两年的高发区。此外,在工艺品及其他制造品中,根据国家统计局网站给出的分类,主要包括雕塑工艺品、日用杂品、金属工业品等 13 大项。而交通运输设备中涉及的主要是电动平衡车。2016年,美国商务部对中国平衡车企业连续发起了3起"337"调查,均要求对被告实行普遍排除令,即禁止将涉案商品进口销售到美国。

中国机电商会电动平衡车分会第一届理事长、杭州骑客智能科技有限公司董事长应桂伟此前表示,美国之所以对平衡车企业发起"337"调查,是因为这个产业威胁到了美国企业。2016年3月10日,美国国际贸易委员会(ITC)针对第二起调查案颁布了关于平衡车产品"337"调查的最终裁决书,针对进入美国市场而未经许可的平衡车产品签发了普遍排除令:全球所有未经平衡车厂商许可的涉案产品,在赛格威和纳恩博持有的专利有效期内都无法进入美国市场,由此失去了在美国市场的销售资格。普遍排除令的背后是高额的市场准入费用。数据显示,2015年中国平衡车出货量曾达到1 200万台,6个月时间出口规模达到400亿元,相关生产厂家超过1 000家,60%的出口市场面向美国。然而,2016年上半年受行业标准影响,出货量仅500万台左右。

2017年1月增加的受到调查的行业主要是电子类产品,比如闪存设备、液晶电子产品。根据美国商务部网站的信息,目前指定应诉方为自然人的调查陆续撤诉,但是指定应诉方为企业的,有些被撤诉,有些则被认定为败诉。对于败诉的原因,商务部并未给出明确信息。2018年9月,美国INVT公司指控对美出口、在美进口或在美销售的LTE和3G兼容移动通信设备侵犯其专利权,请求美国际贸易委员会发布有限排除令和禁止令,中兴公司等企业为列名被告。2019年4月,美国国际贸易委员会(ITC)决定对我国光伏电池片及其下游产品发起337调查。该调查由美国Hanwha Q CELLS公司和Advanced Materials公司提出,指控对美出口、在美进口和在美销售的上述产品侵犯其专利权,晶科能源有限公司、隆基绿能股份有限公司等7家中国企业涉案。

资料来源:"337调查"报告:美国近半数调查针对中国.经济观察网.(2017-6-23)[2020-5-30].http://www.eeo.com.cn/2017/0623/307070.shtml;"337调查"应对策略.人民网.(2019-4-17)[2020-5-30].http://ip.people.com.cn/n1/2019/0417/c179663-31034764.html.

【关联理论】

不公平贸易论认为,其他国家为自己的行业提供了一些不公平的优势,诸如补贴、税收减免或轻松的管制环境。工作岗位论认为,与其他国家进行贸易消灭了国内的一些工作岗位。虽然自由贸易壁垒的降低改善了进口国整体的福利,但并没有改善进口国生产者的福利,因而国内生产者可能会游说政府保持或提高自由贸易壁垒。

【新闻评析】

从某种意义上而言,贸易壁垒是对国际商品和服务交换所设置的人为限制,主要是指一国对外国商品和服务进口所实行的各种限制措施。尽管自由贸易摧毁了进口部门无效率的工作岗位,但它也在一国有比较优势的出口部门和行业创造了更有效率的工作岗位,并且由于自由贸易给进口国消费者带来的好处将大于该国生产者的损失,因此贸易对于一个国家的整体是有利的。但正是由于部分人利益受损,导致了贸易壁垒或贸易障碍的产生。在名义上,美国"337条款"禁止的是一切不公平竞争行为或向美国出口产品中涉及的任何不公平贸易行为。不公平行为具体是指:产品以不正当竞争的方式或不公平的行为进入美国,或产品的所有权人、进口商、代理人以不公平的方式在美国市场上销售该产品,并对美国相关产业造成实质损害或损害威胁,或阻碍美国相关产业的建立,或压制、操纵美国的商业和贸易,或侵犯合法有效的美国商标和专利权,或侵犯集成电路芯片设计专有权,或侵犯美国法律保护的其他设计权,等等。实际上,"337条款"是一种技术性贸易壁垒。

在中美经贸摩擦高发期,美国针对中国的"337调查"可能仍将呈现频繁态势。中国正在向出口经济转型,在一个行业中往往有许多企业生产同类产品。337条款的诉讼往往是同时针对许多家中国企业。在这种情况下,中国企业可以联合起来共同应诉,以降低诉讼费用。行业的商会往往可以组织和协调,如在温州打火机诉讼中,温州的烟具商会就发挥了不可或缺的作用。在全球经济一体化进程加快的环境下,企业面临的各种贸易摩擦和贸易壁垒有增无减,涉及面越来越广。而中国不少企业因为人才短缺、应诉成本过高,加之对知识产权问题的认识和应对能力不足,放弃应诉,最后不仅丢掉了市场,更丧失了发展前景。随着中国出口的不断增长,针对中国企业的技术性贸易壁垒也在持续增多,企业只有立足自身,加快产业升级,加强自主创新,拥有自主知识产权,才能在竞争激烈的国际市场立于不败之地。

(二) 案例研究 B

新的比较优势可能是服务贸易

针对当前入世红利减退的不利形势,中央经济工作会议在部署2014年经济工作的主要任务中提出不断提高对外开放水平。要保持传统出口优势,发挥技术和大型成套装备出口对关联行业出口的带动作用,创造新的比较优势和竞争优势,扩大国内转方式、调结构所需设备和技术的进口。注重制度建设和规则保障,加快推进自贸区谈判,稳步推进投资协定谈判。营造稳定、透明、公平的投资环境,切实保护投资者的合法权益。加强对走出去的宏观指导和服务,提供对外投资精准信息,简化对外投资审批程序。

毋庸讳言,随着资本项目可兑换改革的进一步深化以及人民币汇率进入均衡区间,中国经济正步入对外开放的转型期。事实上,中央经济工作会议正透露出转型的意味。会议指出多项潜在风险,经济运行存在下行压力,部分行业产能过剩问题严重,宏观债务水平持续上升,结构性就业矛盾突出。此外,世界经济仍将延续缓慢复苏态势,但也存在不稳定、不确定因素,新的增长动力源尚不明朗,大国货币政策、贸易投资格局、大宗商品价格的变化方向都存在不确定性——都需要通过经济转型予以应对和化解。

会议明确提出"要在保持传统出口优势的同时,创造新的比较优势和竞争优势"——这种鱼与熊掌兼得的设想,究竟该怎样落地?对于如何保持传统出口优势,会议中有一句话的论述——"发挥技术和大型成套装备出口对关联行业出口的带动作用",指出中国外贸出口中,技术和大型成套装备的优势依然稳固,需要进一步夯实。那么新的比较优势和竞争优势在哪里呢?

其实,在2013年早些时候,决策层已经指明了未来中国外贸发展的方向。3月底,国务院总理李克强在上海召开部分企业座谈会时指出,服务贸易将是下一步对外开放的重点,沿海要敢于先行先试,以开放促改革。此后,上海自贸区等一系列旨在深化服务业对外开放的改革陆续出台。由此来看,新的比较优势和竞争优势可能并不在商品领域,而在服务贸易中。尤其考虑到未来投资门槛降低,中国企业"走出去"与外资企业"走进来"的速度还会加快,其中蕴含的服务出口机会十分可观。

从全球发达国家的形势来看,服务贸易在全球产业价值链分工中以低能耗、高效率获取利益。目前,服务贸易已经成为发达国家重要的经济增长点。根据世界银行的统计,世界主要经济体中,服务业在经济总量的占比超过或接近70%,而中国现在仅为43%。毫无疑问,中国服务贸易具有后发优势,潜力巨大,如果能得到更多的政策扶持,服务贸易将成为中国经济增长的下一个发动机。

当然,在加快经济对外开放的同时,也可能出现新的问题,比如在对外投资方面依然存在经验和效率不高等问题,虽然对外直接投资体量大,但是收益与投入并不成正比。相关数据显示,2012年中国企业海外并购的成功率仅为40%左右。中国对外直接投资失败的背后,有着无数的经验和教训,除企业的因素外,政府限制无疑也是重要因素。由此可见,中国对外投资管理体制改革并非易事,需要与其他领域的改革系统配套推进。

总之,中国开放对外投资是中国积极参与全球新一轮产业分工并为世界经济发展尽大国责任的举措,也是中国加快人民币国际化的重要一步,这对推动中国与美国、欧盟投资便利化谈判具有积极意义。

资料来源:中国经济时报,2013年12月19日。

【关联理论】

比较优势比较的是每个生产者的机会成本。实质上,国际分工基于比较优势,即国际分工以各国机会成本的相对差异为基础。国际贸易使得世界产出增长的原因是:它允许每个国家专门生产自己有比较优势的产品,而专业化提高了世界经济的总量。

【案例解析】

某种东西的机会成本是为了得到它而放弃的东西,如果一个国家在本国生产一种产品的机会成本(用其他产品来衡量)低于在其他国家生产该种产品的机会成本的话,则这个国家在生产该种产品上就拥有比较优势。改革开放以来,我国依靠低廉的劳动力成本、相对先进的技术而拥有制造业优势,分享了世界经济发展的成果,逐渐成为制造业大国。面对新的全球竞争形势,我国下一轮的竞争优势应着力体现在服务贸易领域。

中国目前服务业在经济总量中所占的比重不足50%,与发达国家相比还存在较大的差距。服务业不仅体现在第三产业,更体现在一些新兴的智慧产业。随着物联网的发展和智慧城市的建设,新兴的智慧产业作为一种提高产业效率的行业,整体将会有巨大的发展空间,不仅为其他产业效率提升服务,推动产业进步,更能推动整个社会提高效能。在多层次、有针对性政策的支持下,中国服务贸易发展环境优化提升,中国服务业对外资的吸引力也明显增强,服务贸易有望迎来更快速增长的时期,这一"短板"有望逐步补足。此外,货物贸易规模的增长,也将带动运输、保险等与货物贸易密切相关的服务贸易增长。提高服务业的竞争力,不能闭门造车,要进一步开放服务业,推动服务业双向互惠开放。如今全球贸易规制逐步出现区域化的特征,各国谈判和扩大市场准入的对象从传统的商贸、旅游、运输扩展到新兴的信息、金融、保险等。为推动服务贸易发展,中国应有序放开金融、教育、文化、医疗等服务业领域,并在积极参与区域贸易合作过程中推动服务贸易质和量的并步前行。

四、课外习题

(一) 术语解释

1. 绝对优势
2. 机会成本

3. 比较优势
4. 进口品
5. 出口品

（二）单项选择

1. 晚期重商主义也称贸易差额论，主要政策主张是(   )。
   A. 禁止货币出口   B. 禁止贵重金属外流
   C. 奖出限入,保证贸易出超   D. 由国家垄断全部货币贸易

2. 假设中国生产每单位酒需要劳动人数比美国少 40 人,生产每单位呢绒比美国少 10 人,则下列错误的是(   )。
   A. 中国在两种产品生产上都具有绝对优势
   B. 中国在呢绒的生产上具有比较优势
   C. 中国在酒的生产上具有比较优势
   D. 中国不可能在两种产品的生产上都具有比较优势

3. 假设中国生产手表需要 8 个工作日,生产自行车需要 9 个工作日,印度生产手表和自行车分别需要 9 个和 10 个工作日,根据比较优势学说(   )。
   A. 中国宜生产和出口手表   B. 中国宜生产和出口自行车
   C. 印度宜生产和出口手表   D. 印度不宜参加国际分工

4. 李嘉图的比较优势理论指出(   )。
   A. 贸易导致不完全专业化
   B. 即使一个国家没有绝对成本优势,也可从出口绝对成本劣势相对较小的产品中获益
   C. 与没有绝对成本优势的国家相比,具有绝对成本优势的国家可以从贸易中获利更多
   D. 只有具备比较优势的国家才能获得贸易余额

5. 亚当·斯密和大卫·李嘉图主张的国际贸易政策是(   )。
   A. 管理贸易政策   B. 自由贸易政策
   C. 保护贸易政策   D. 超保护贸易政策

6. 如果一个国家在生产一种物品上具有绝对优势,那么(   )。
   A. 它可以以低于其贸易伙伴的机会成本生产该物品
   B. 它可以用少于其贸易伙伴的资源来生产该物品
   C. 它可以通过限制该物品的进口而获益
   D. 它可以专门生产该物品并出口

7. 如果一个国家在生产一种物品上具有比较优势,那么(   )。
   A. 它可以以低于其贸易伙伴的机会成本生产该物品
   B. 它可以用少于其贸易伙伴的资源来生产该物品
   C. 它可以通过限制该物品的进口而获益
   D. 它一定是唯一有能力生产该物品的国家

8. 按照比较优势理论,大量贸易应发生在(   )。
   A. 发达国家之间   B. 发展中国家之间

C. 发达国家与发展中国家之间   D. 需求相似国家之间

9. 甲国生产单位布和小麦分别需要6天和9天,乙国为10天和12天,根据比较优势理论( )。
   A. 乙国进口小麦   B. 甲国出口布
   C. 乙国出口布   D. 甲国出口小麦

10. 以下关于专业化和贸易的说法,错误的是( )。
    A. 专业化和贸易产生主要在于比较优势,而不在于绝对优势
    B. 生产者生产一种物品的机会成本低就意味着生产另一种物品的机会成本高,不可能在两种物品上都有比较优势
    C. 贸易使社会上每个人都获益,因为它使人们可以专门从事他们具有比较优势的活动
    D. 专业化生产增加了经济的总产量,并使得经济蛋糕变大了。无论他们进行贸易的价格如何确定,对双方都一定是有好处的

11. 假设世界由两个国家——中国和印度——组成,再假设只有两种物品——粮食和衣服。下列哪一种表述是正确的?( )
    A. 如果中国在粮食的生产上有绝对优势,那么印度在衣服的生产上就应该有绝对优势
    B. 如果中国在粮食的生产上有比较优势,那么印度在衣服的生产上就应该有比较优势
    C. 如果中国在粮食的生产上有比较优势,那么它在衣服的生产上就应该有比较优势
    D. 如果中国在粮食的生产上有比较优势,那么印度在粮食的生产上也许也会有比较优势

12. 律师打字速度是打字员的两倍却雇用打字员打字,以下表述错误的是( )。
    A. 律师在打字上具有绝对优势   B. 律师在律师咨询上具有比较优势
    C. 打字员在打字上具有比较优势   D. 打字员在打字上具有绝对优势

13. 韩国生产1辆自行车需要4个小时,生产1台彩电需要8个小时;日本生产1辆自行车需要2个小时,生产1台彩电需要10个小时。则( )在生产自行车上有绝对优势,( )在生产彩电上有比较优势。
    A. 日本 日本   B. 日本 韩国
    C. 韩国 韩国   D. 韩国 日本

14. 小红是一名注册会计师。她从事审计工作每小时收入100元,她每小时可以把10 000个字打入表中,她可以雇用一个每小时能把2 500个字打入表中的助手。下列哪一种表述是正确的?( )
    A. 小红不应该雇用助手,因为助手打字没有她快
    B. 只要小红支付给助手的工资小于每小时100元,她就应该雇用助手
    C. 只要小红支付给助手的工资小于每小时25元,她就应该雇用助手
    D. 以上各项都不正确

15. 根据比较优势原理,以下说法正确的是( )。
    A. 在生产每一种物品上都有比较优势的国家不需要专业化
    B. 各国应该专门生产其消费的物品

C. 各国应该专门生产其在生产中使用的资源小于其贸易伙伴的物品
D. 各国应该专门生产其生产的机会成本小于其贸易伙伴的物品

(三) 判断正误

1. 李嘉图比较优势原理的核心思想可归纳为"两利取重,两劣取轻"。(　　)
2. 斯密的绝对优势理论指出,在贸易中两个国家均能通过出口其比另一国劳动生产率更高的产品获益。(　　)
3. 李嘉图的比较优势理论指出,即使其中一个国家在所有产品上都具有绝对优势,各国也可以根据比较优势进行专业化生产,然后通过贸易获益。(　　)
4. 生产者生产一种物品的机会成本低并不意味着生产另一种物品所需的机会成本一定高,一个国家可能在两种物品上都有比较优势。(　　)
5. 比较优势是专业化分工的动力所在。(　　)
6. 比较优势不仅适用于个人、企业,还适用于国家。(　　)
7. 贸易可以使贸易双方的状况比发生贸易前变得更好。(　　)
8. 机会成本是指为得到某种东西所必须放弃的东西。(　　)
9. 专业化和贸易的好处不是基于比较优势,而是基于绝对优势。(　　)
10. 自由贸易壁垒的降低改善了进口国整体的福利,但并没有改善进口国生产者的福利。(　　)

(四) 简答题

1. 请解释绝对优势和比较优势的不同点。
2. 对贸易来说,是绝对优势重要还是比较优势重要?
3. 比较优势原理适用于哪些方面?
4. 如果双方根据比较优势进行贸易并且双方都从中获益,则贸易的价格应该如何确定?
5. 为什么经济学家反对限制各国之间贸易的政策?

(五) 应用题

1. 阿根廷和巴西每个月都有10 000个劳动小时。在阿根廷,生产1磅咖啡需要2个小时,生产1瓶酒需要4个小时;在巴西,生产1磅咖啡需要1个小时,生产1瓶酒需要5个小时。哪个国家在生产咖啡上有绝对优势?哪个国家在生产酒上有比较优势?
2. 一个极好的外科医生也是打字最快的打字员,他该自己打字还是雇用一个打字员?为什么?
3. 一个生产每一种物品都比其邻国强的技术先进国家,有必要与其邻国进行贸易吗?为什么?

(六) 拓展思考题

1. (1) 贸易的好处来自哪里?请根据所学内容用一个短语或者一句话加以总结。
   (2) 贸易的价格如何确定?贸易的利益如何在贸易双方之间分配?请依据所学内容进行拓展分析。
2. 中国更多地向美国出口玩具、家具、鞋和纺织品,并从美国进口集成电路及微电子组件、电机、电气设备、音像设备及其零部件。你认为这种贸易形式符合比较优势原理吗？为什么？

五、习题答案

(一) 术语解释

1. 绝对优势：一个生产者用比另一个生产者更少的投入生产某种物品的能力。
2. 机会成本：为了得到某种东西所必须放弃的东西。
3. 比较优势：一个生产者以低于另一个生产者的机会成本生产某种物品的能力。
4. 进口品：在国外生产而在国内销售的物品。
5. 出口品：在国内生产而在国外销售的物品。

(二) 单项选择

1. C 2. B 3. A 4. B 5. B 6. B 7. A 8. C 9. B 10. D
11. B 12. D 13. B 14. C 15. D

(三) 判断正误

1. √ 2. √ 3. √ 4. × 5. √ 6. √ 7. √ 8. √ 9. × 10. √

(四) 简答题

1. 【考查要点】 绝对优势与比较优势的基本含义。

【参考答案】 绝对优势比较的是每个生产者生产一种物品所需要的投入量。如果生产一种物品所需要资源较少，或者说生产的效率较高，我们称之为具有绝对优势。而比较优势比较的是每个生产者的机会成本。某种东西的机会成本是为了得到它所必须放弃的东西，某个生产者生产同一种物品的机会成本较小，就说该生产者在生产这种物品上具有比较优势。

2. 【考查要点】 贸易的产生基于比较优势。

【参考答案】 专业化和贸易产生主要在于比较优势，而不在于绝对优势。贸易使社会上每个人都获益，因为它使人们可以专门从事他们具有比较优势的活动，而专业化生产增加了经济的总产量，并使得经济蛋糕变大了。只要他们进行贸易的价格在两种机会成本之间，对双方就都是有好处的。

3. 【考查要点】 比较优势原理的适用范围。

【参考答案】 比较优势即为一个生产者以低于另一个生产者的机会成本生产一种物品的行为，因此比较优势比较的是每个生产者的机会成本。比较优势原理适用的范围很广，既适用于个人、企业，也适用于国家。国际贸易同样遵循着比较优势原理。

4. 【考查要点】 贸易的价格及其确定。

【参考答案】 对从贸易中获益的双方而言，他们进行贸易的价格在两种机会成本之间。价格越靠近哪一方的机会成本，则这一方所获得的贸易利益越小，而对方获得的贸易利益越大。

5. 【考查要点】 支持自由贸易的观点及其论据。

【参考答案】 每个国家都会在不同的物品或服务生产上具有比较优势。各国在生产上进行分工,专门生产自己具有比较优势的产品,可以使得世界经济的总产量增加,同时通过相互之间进行贸易,每个国家的消费者都可以消费更多的物品和服务,所有国家都可以实现更大的繁荣。因此经济学家反对限制各国之间贸易的政策。

(五) 应用题

1.【考查要点】 绝对优势与比较优势的区分。

【参考答案】 (1) 巴西在生产咖啡上有绝对优势:巴西生产 1 磅咖啡仅需要 1 个劳动小时,而阿根廷需要 2 个;(2) 阿根廷在生产酒上有比较优势:阿根廷生产 1 瓶酒的机会成本是 2 磅咖啡,因为生产 1 瓶酒需要 4 个小时,而 4 个小时可以生产 2 磅咖啡,而巴西生产 1 瓶酒的机会成本是 5 磅咖啡。

2.【考查要点】 比较优势原理的应用。

【参考答案】 应该雇用一个打字员。外科医生应该专门做手术,并与打字员的服务进行交易。因为外科医生打字的机会成本非常高,尽管他在两项活动中都具有绝对优势,但他在做外科手术上具有比较优势,而在打字上具有比较劣势。因此外科医生雇用一个打字员打字对他来说是有利的。

3.【考查要点】 贸易的好处的来源。

【参考答案】 有必要与其邻国进行贸易。贸易的好处来自基于比较优势基础之上的专业化生产,并因此扩大了经济蛋糕的总量。只要贸易价格居于两国生产这种物品的机会成本之间,各国的消费就可能会超出原有的生产可能性边界。尽管一个生产每一种物品都比其邻国强的技术先进国家,可能会在每一种物品的生产上均具有绝对优势,但不可能在每一种物品的生产上都具有比较优势。

(六) 拓展思考题

1.【考查要点】 贸易的好处以及贸易价格及其利益分配。

【参考答案】 (1) 贸易的好处来自基于比较优势基础上的专业化生产。

(2) 无论比较优势如何,如果生产者生产每种物品的机会成本不同,就应该专门生产其机会成本较低的物品,然后用自己生产的物品去交换其他物品。只要他们以介于双方机会成本之间的价格进行交易,他们都将获利。一般来说,价格越接近某一方的机会成本,则这一方获取的贸易利益反而越小。

2.【考查要点】 比较优势原理的应用。

【参考答案】 这种贸易形式符合比较优势原理。中国更多地向美国出口玩具、家具、鞋和纺织品,说明中国在生产玩具、家具、鞋和纺织品上具有比较优势;中国从美国进口集成电路及微电子组件、电机、电气设备、音像设备及其零部件,说明中国在生产集成电路及微电子组件、电机、电气设备、音像设备及其零部件上具有比较劣势。

第4章
供给与需求的市场力量

一、学习精要

(一) 教学目标

1. 知道什么是市场,什么是竞争市场。
2. 考察在一个竞争市场中影响需求量变化和需求变化的因素。
3. 考察在一个竞争市场中影响供给量变化和供给变化的因素。
4. 了解供给和需求是如何共同作用实现均衡的。
5. 掌握分析均衡变动的三个步骤,了解价格在资源配置中的关键作用。

(二) 内容提要

在市场机制能充分发挥作用的经济中,供给和需求决定了每种物品的产量和售价。本章主要研究供求的决定因素,如何形成均衡,外部事件如何打破原有均衡及在供求规律的作用下如何形成新的均衡,供求的变动如何改变价格,以及如何改变经济中资源的配置。

1. 市场与竞争

市场是由某种物品或服务的买者与卖者组成的一个群体。买者决定需求,卖者决定供给。市场机制在竞争市场中能发挥作用。竞争市场是指有许多的买者与卖者,以至于每一个个体对价格的影响都微乎其微的市场。

2. 需求

(1) 需求曲线体现价格如何决定一种物品的需求量。需求量是买者愿意并且能够购买的一种物品的数量。一种物品的需求量由多种因素决定,但其本身的价格往往起到主要的作用。需求定理认为在其他条件不变时,一种物品的价格上升,该物品的需求量减少。

(2) 需求曲线是表示一种物品的价格与需求量之间关系的图形。当消费者改变他们在每一种既定价格上想要购买的量时,需求曲线移动。需求曲线向右移动表示需求增加,向左移动表示需求减少。使需求曲线移动的因素包括收入、相关物品的价格、爱好、预期、买者的数量等。

3. 供给

(1) 供给曲线体现价格如何决定一种物品的供给量。供给量是卖者愿意并且能够出售的一种物品的数量。供给定理认为在其他条件不变的情况下,一种物品的价格上升,该物品的供给量增加。

(2) 供给曲线是表示一种物品的价格与供给量之间关系的图形。根据供给定理,供给曲线向右上方倾斜。当生产者改变他们在每种价格上希望卖出的量时,供给曲线移动。供给增加时,供给曲线向右移动;供给减少时,供给曲线向左移动。使供给曲线移动的主要因素包括投入品价格、技术、预期、卖者的数量等。

4. 供给与需求的结合

(1) 供给曲线与需求曲线的相交点称为均衡点。当均衡实现的时候,买者愿意又能够购买的物品数量等于卖者愿意又能够出售的数量。当市场价格高于均衡价格时,出现物品的过剩,引起市场价格下降;当市场价格低于均衡价格时,存在物品的短缺,引起市场价格上升。在没有外力干预的情况下,这种自发的使供求达到平衡的市场机制称为供求定理。

(2) 市场的均衡是很脆弱的,一个外部事件会使原有均衡打破,但又会逐步形成新的均衡。分析一个外部事件对市场均衡的影响时,应遵循三个步骤:第一,确定该事件是使供给曲线移动还是使需求曲线移动,或是使两者都移动;第二,确定曲线移动的方向;第三,用供求图说明这种移动如何改变均衡价格和均衡数量。

5. 结论:价格如何配置资源

在市场经济中,价格是引导经济决策,配置稀缺资源的信号。对于经济中的每一种物品来说,价格能确保供给与需求达到平衡。

(三) 关键概念

1. 市场:由某种物品或服务的买者与卖者组成的一个群体。
2. 竞争市场:有许多买者与卖者,以至于每个人对市场价格的影响都微乎其微的市场。
3. 需求量:买者愿意并且能够购买的一种物品的数量。
4. 需求定理:认为在其他条件不变时,一种物品的价格上升,对该物品的需求量减少的观点。
5. 需求曲线:表示一种物品的价格与需求量之间关系的图形。
6. 正常物品:在其他条件相同时,收入增加引起需求量增加的物品。
7. 低档物品:在其他条件相同时,收入增加引起需求量减少的物品。
8. 替代品:一种物品价格的上升引起另一种物品需求量增加的两种物品。
9. 互补品:一种物品价格的上升引起另一种物品需求量减少的两种物品。
10. 供给量:卖者愿意并且能够出售的一种物品的数量。
11. 供给定理:认为在其他条件不变时,一种物品的价格上升,该物品的供给量增加的观点。
12. 供给曲线:表示一种物品的价格与供给量之间关系的图形。
13. 均衡:市场价格达到使供给量与需求量相等的水平时的状态。
14. 均衡价格:使供给与需求平衡的价格。
15. 均衡数量:均衡价格下的供给量与需求量。
16. 供求定理:认为任何一种物品的价格都会自发调整,以使该物品的供给与需求达到平衡的观点。

(四) 拓展提示

1. 供求定理表明,任何一种物品的价格都会自发调整,使物品的供给与需求达到平衡,任何一个市场总是持续地在失衡和新均衡的形成中交替。但要注意这一切的实现都有一个前提,即必须是在完善的市场经济条件下。在学习供给与需求时,不少学生的困难是辨别"需求变动"和"需求量变动",以及"供给变动"与"供给量变动"之间的区别。"需求变动"是指除物品本身价格外的其他一种或多种因素导致的成交量的变动,从图形上来看,表现为整条需求曲线的平行移动。而"需求量变动"是指由物品本身价格引起的人们对某种物品购买量的变动,表现为某一点沿着一条既定的需求曲线上下移动。

2. 如果供给和需求同时移动,并且我们不知道各自移动的幅度,那么价格和数量的变动必定有一个无法确定。比如,如果供给增加(供给曲线右移),需求增加(需求曲线右移),则均衡数量必定增加,但均衡价格变动无法确定。供给和需求变动的四种可能组合都是如此。

二、新闻透视

(一) 新闻透视 A

"蒜你狠"变"蒜你完",谁动了我的"蒜"盘

近年来,大蒜市场价格暴涨暴跌已成常态,犹如股市一样令人惊心动魄。在2009—2010年的"蒜你狠"周期中,大蒜价格一度疯涨超过100倍,甚至超过肉和鸡蛋价格。2015—2016年开始进入新一轮"蒜你狠",大蒜全年批发均价同比上涨88%,比2010年历史高位高出22.9%。紧接着,2016年"蒜你狠"戛然而止,2017年"蒜你完"接踵而至。大蒜因价格过山车而被称为"白老虎"。大蒜背后的产业链遭遇重创,一些农户和经销商不惜血本地甩货背后,大蒜产业怪圈再度引发关注。

2017年11月,在清仓了100多吨库囤蒜之后,囤蒜商刘先生长出了一口气,"终于甩出去了",他如释重负地说。这笔生意,他总共亏损了十几万元。刘先生的"事迹",已经成为当下蒜市被投机砸了脚的囤货商的一个特写。

据《中国证券报》记者调查发现,在"中国大蒜之乡"——山东省济宁市金乡县,库内大蒜价格从2016年9月至2017年3月一直维持在7元/斤。随后价格一路上涨,到2017年4月底一度涨到了10.5元/斤。没料到的是,紧接着价格出现断崖式下跌,2017年10月份跌至2.2元/斤,与最高价格相比,跌幅高达79%。以北京新发地批发市场价格作为参照,近一年多来大蒜价格跌幅已经大大超过"腰斩"程度,几乎可以用"脚踝斩"来形容。记者走访北京市内多家超市也发现,2017年10月底超市售卖的大蒜价格在5元/斤左右。一位超市工作人员介绍说,"2016年同期,大蒜价格一度突破了10元/斤,今年最低的时候只有三四元/斤,想不到会跌到这么低。"

随着大蒜掉价,大肆囤蒜、高价囤货、囤蒜商之间相互倒手这样热闹的"洛阳纸贵"现象一去不复返,取而代之的是囤蒜商争相出货,一些人甚至不惜血本地清仓。据介绍,前期冷库囤蒜的经销商,很多人现在每吨至少要亏损一千多元。国际大蒜贸易网统计数据显示,2015、2016年连续两年的"蒜你狠",让蒜农们种植热情高涨,种植的面积不断增加,2017年大蒜种植面积将为全球历史峰值,全国大蒜种植面积较去年扩大25%以上,不只是山东、河南、江苏等主产区面积增加,云南的大蒜种植面积也有所扩大,一些周边的小产区、新产区大蒜面积扩大更为明显。据介绍,东北大蒜为4月播种,9月上市;山东等地为一年两季,一季是10月播种,次年4、5月上市。而2017年春季全国大部分农区气温偏高,光照正常,土壤墒情适宜,大

蒜单产水平明显提高。在库存方面,山东金乡市场寻广岭表示,2017年大蒜库存量大,全国大蒜库存量在320万吨,比2016年大蒜库存量增加了105万吨。金乡及周边有冷库3700个库洞左右,能储存大蒜的库洞大约在2650个,按每个库洞800吨计算,金乡及周边储存大蒜大约212万吨,金乡县大蒜库存量达到了155万吨左右,比2016年大蒜库存量122万吨增加了33万吨,大蒜库存量同比增加27.05%,大蒜库存量大幅增加,创大蒜库存的历史新高。

卓创资讯农产品分析师崔晓娜认为,供给量增加是今年大蒜价格下降的主要原因。她表示,去年的大蒜价格偏高令蒜农增加了收益,去年秋天主产区的农户都增加了大蒜种植面积,而且播种后气温适宜大蒜生长,大蒜种植面积和产量都出现增加,整体供给量提升,但大蒜需求并没有明显增长,且大蒜并非生活必需品,在南方地区一般用作调味品使用,具有消费量小、需求弹性大的特点,大蒜供大于求,必然导致其市场价格的下降。

资料来源:炒家囤蒜巨亏:谁动了我的"蒜"盘. 中国新闻网. (2017-11-6) [2020-6-15]. http://www.chinanews.com/fortune/2017/11-06/8369262.shtml.

【关联理论】

供给定理是指认为在其他条件不变的情况下,一种物品价格上升,该物品供给量增加的观点。同时供求定理认为,任何一种物品的价格都会自发调整,使该物品的供给与需求达到平衡。供求定理发挥作用的前提是充分发育的市场机制。当供给量小于需求量时,市场价格就存在上升的动力;反之,当供给量大于需求量时,市场价格就会下降。

【新闻评析】

在以上新闻中,对于大蒜市场价格暴涨暴跌,究其原因,除了因资本炒作等人为因素,更重要的是由大蒜的供求关系决定的。2017年全国大蒜种植面积较上年扩大25%以上,春季全国大部分农区气温偏高,光照正常,土壤墒情适宜,大蒜单产水平明显提高,全国大蒜库存量在320万吨,比2016年大蒜库存量增加了105万吨,大蒜库存量大幅增加,创大蒜库存的历史新高。整体供给量提升,但大蒜需求并没有明显增长,在供给量大于需求量的市场机制的调节下,"蒜你狠"变"蒜你完"自然也就不奇怪了。

在需求方面,虽然部分北方地区的居民有生吃大蒜的习惯,但就全国范围来看,大蒜的主要价值还是体现在它是一种调味品上,很多人在做饭的时候喜欢使用大蒜来调味,但它并不是必需品,没有大蒜同样可以做饭,而且它也可以被其他佐料替代,并且大蒜的使用量非常有限,所以即使大蒜价格断崖式下跌,大蒜在需求上也并不会有明显的上升。

在供给方面,农业信息服务滞后,蒜农对大蒜市场的信息不对称,且小宗农产品很少有政府或组织加以调控,种植基本靠农民自己依据当年价格高低自行决策。农民一看到大蒜价格上涨,就会盲目跟风扩种,增加大蒜的种植面积,相应供应量也会增加。当大蒜供给量大于需求量时,市场价格就会下降。而一看到价格下跌,种植收益受损,蒜农种植积极性就会降低,种植面积大幅减少,市场供应量明显下降。当供给量小于需求量时,市场价格就存在上升的压力,由此而出现"价格上涨—跟风种植—价格下跌—大幅减种"的周期波动。

大蒜价格暴涨暴跌的"蒜周期"已成为农产品价格波动的一个样本。农产品之所以出现明显的价格周期,主要是由于农产品供求易陷入一个被称为"发散型蛛网"的循环;一旦某种农产品价格大涨,往往会吸引大批农户跟风种植,随后因供大于求而价格暴跌,导致农户纷纷放弃种植,然后又因产量大幅减少而价格暴涨。此外,气候因素、地方扶持及库存量大也是造成供求失衡和农产品价格波动的重要原因。

(二)新闻透视 B

滴滴快车溢价 29 元封顶,溢价合理性遭乘客质疑

"滴滴出行"APP 改变了人们传统的打车方式,利用移动互联网的特点,将线上打车、付款和线下出行的 O2O 模式完美融合,最大化节省司机和乘客双方的资源与时间,滴滴出行一时风光无限。然而为规范网租车市场,交通运输部、工信部等 7 部委联合发布《网络预约出租汽车经营服务管理暂行办法》,并在 2016 年 11 月 1 日正式实施,各地网约车的新政也在该办法的指导下相继发布和实施,普通的私家车司机成为网约车的门槛越来越高。

2017 年 3 月 8 日,滴滴出行宣布将对专车、快车的动态调价功能实行双重封顶机制,即溢价倍数和溢价金额双封顶。也就是说,今后在供需失衡时滴滴将对动态调价做倍数、加价定额双重封顶。其中快车全国动态调价封顶将不超过 29 元,溢价不超过 0.5 倍(相当于目前系统显示的 1.5 倍车费);专车全国动态调价封顶将不超过 59 元,溢价不超过 0.5 倍。以北京为例,假如乘客周六、周日在三里屯打快车遇到动态调价,如果车费本身是 100 元,溢价倍数最高不超过 0.5 倍也就是 50 元,但由于同时设置了金额封顶,因此最高加价不超过 29 元,即取溢价封顶中金额较低的一项来计算。

事实上,滴滴动态调价系统早在 2015 年 8 月开始上线,至今已维持 19 个月。当时滴滴给出的数据是,在动态调价系统上线后 4 个小时,北京市区通过滴滴快车平台叫车出行的成交订单达 70 万单,专车快车叫车成功率提高到了 82%,而在往常,下暴雨时的成功率还不到 50%。

针对动态调价系统,滴滴溢价合理性一直以来饱受争议,网络上经常有不同的声音。原本动态溢价的目的是通过加价来增加该订单对司机的吸引力,因此,动态溢价的金额最终也会按照平台与司机端的分成比例,将 8 成左右的溢价金额分成给司机。借此吸引司机更多出现在一些特定时间或特殊地点,也是对恶劣天气、偏远地区出车司机的一种奖励。

2016 年夏天暴雨时,曾有乘客向《北青报》记者反映,在下单时出现了较高的溢价。从朝阳北路石佛营前往 798 地区,下单时系统提示"需求过旺临时调价 2.7 倍",并预估价格 92.4 元,而这段路程乘坐出租车差不多 30 多元。而在 2017 年春节前夕,也有不少乘客表示,滴滴快车打车难、打车贵,由于车辆减少,经常遭遇溢价。

滴滴方面负责人曾透露,滴滴系统的动态溢价"最高不会超过 4.1 倍"。实际上,除了滴滴,神州、易到等网约车平台都有动态调价,各平台的加价幅度也不同,此前有平台曾出现过 4.2 倍的加价倍数。但无论如何,仍然有乘客质疑溢价的合理性,"明明显示周围有很多车,为什么还要溢价这么多?"

在滴滴宣布溢价封顶后,有业内人士指出,对于动态调价金额和倍数的限制在一定程度上将会制约动态调价机制对供需平衡的调节能力,因为司机也会通过评估成本和收益来判断是否值得在恶劣天气或前往部分拥堵路段接单。对此,滴滴将建立供需预警机制。基于大数据分析,对运力供需做出预测,在可预见的供需失衡到来前,通过滴滴出行 APP 对用户发出"预警"。在特殊情况下(例如春运、恶劣天气)为了保证运力满足出行需求,滴滴将根据实际情况对动态调价封顶做出临时调整方案并提前对用户进行公示,同时提醒用户提前规划

出行。

滴滴表示，随着网约车发展的逐渐明朗化，良性的市场环境将为网约车带来更灵活的价格生态。这将为消费者带来更多选择的空间，也将进一步促进行业企业严格自律，创新发展。作为网约车企业的代表，滴滴本次设立动态调价封顶和供需预警机制，有助于推动行业供需预警机制的完善发展。

资料来源：滴滴快车溢价29元封顶，溢价合理性遭乘客质疑. 人民网. (2017-3-10)［2020-6-15］. http://it.people.com.cn/n1/2017/0310/c1009-29135657.html.

【关联理论】

市场均衡是指价格水平达到使供应量等于需求量的状况，供给曲线与需求曲线的相交点称为均衡点。当均衡实现的时候，买者想买又能够购买的物品数量等于卖者想卖又能够卖的数量。但影响需求和供给的因素很多，任何一个影响供给或需求的外部事件都可能会使原有均衡打破。但在一定的条件下，动态的市场价格机制又会把供求关系导向另一个新的平衡。如何充分运用供给和需求的市场力量，来解决现实中的市场供需矛盾将体现政策设计者的智慧。

【新闻评析】

经济学原理告诉我们，商品的价格不是由其生产成本决定，而是由市场上供给与需求的相对稀缺性来决定的。当市场上某种商品供给小于需求，即该商品的市场需求得不到满足的时候，生产者就可以按照"价高者得"的逻辑销售，实现自己的利益最大化；而在利益的驱使下，大量的生产者会进入该领域，致使商品的供需关系改变，由供不应求变成供大于求，由卖方市场变为买方市场，价格必然在竞争中逐渐下降。最终在市场机制作用下，供求会逐渐恢复到一个均衡状态，市场也会实现均衡价格和均衡数量。

在以上新闻中，动态调价是滴滴基于供需原理，在供需失衡的时间段、区域内，通过价格杠杆来调节供需的手段。区域供需失衡时，滴滴后台会基于实时交通状况，计算出一个合理的建议加价倍数。可简单理解为，需求/供给的数值越大，倍数会相对越高。动态调价情况在叫车前就会告知乘客。乘客在输入起始地和目的地之后，便会看到该订单的溢价倍数、预计金额等信息，如果乘客同意该溢价倍数，才确认发出订单；如果乘客认为超出自己的预算范围，可直接取消叫车且不会收取违约金。不过乘客如果要叫车，必须同意其动态溢价金额，如不同意，则无法继续叫车。

当滴滴出行的供需处于失衡的状态时，滴滴出行利用动态议价的价格杠杆，调节了供需矛盾。一方面，对于滴滴司机来说，当某时某地出行需求的数量多于车辆的供给量时，他们当然会评估成本和收益是否值得在恶劣天气或前往部分拥堵的路段接送乘客，动态调价可以通过加价来增加该订单对司机的吸引力，借此吸引司机更多出现在一些特定时间或特殊地点。另一方面，并不是所有的用户都能接受溢价，进而使这些用户转向公共交通等其他出行方式，也可以降低特殊时间和地点的网约车用户的需求量。因此在一定程度上来看，这种加价方式是充分运用供给与需求的市场力量，使整个网约车系统正常有效运转。

针对乘客对溢价合理性的质疑，为了在充分运用市场力量的同时兼顾公平，滴滴出行推出的专快车动态调价双重封顶，以及基于大数据分析，建立供需预警机制，在可预见的供需失衡到来前,通过滴滴出行 APP 对用户发出"预警"。这些联合举措的出台和实施,将会促进滴滴动态议价机制向更加动态化和合理化的方向发展。

三、案例研究

(一) 案例研究 A

原材料供应量减少　实木地板价格持续攀升

随着人们对于环保的要求愈来愈高,实木地板普遍受到消费者的欢迎,实木地板涨价的消息也是屡见不鲜,"橡木地板每平方米涨了 20 元,其他品种也有不同程度的上涨",昨天,义乌一名地板经销商向记者透露,这是今年实木地板的第二次价格上涨。

在此之前,3、4 月份实木地板价格已涨过一次。进入 9 月,国内实木地板又掀起了新一轮的价格上涨潮,涨幅在 5%—15%,主要原因在于原材料供应量减少。

涨价单接连不断

"上个月一共接了四张调价单,全是厂家发来的涨价通知,整体幅度在 5%—15% 之间。"老金是义乌石桥头室内装饰专业街的一名经营户,其店铺经营多类实木地板。他告诉记者,今年 9 月开始,各地板厂家掀开了本轮集中调价序幕。到了 10 月,店里基本上一星期能收到一张调价通知单。地板涨价的信息在本月初召开的义乌森博会上亦有体现。一名对森博会十分关注的地板商家称,无论是厂家还是经销商,实木地板报价均逐年上涨。"这几年一直处在上涨趋势中,平均年涨幅至少有一成。"

橡木等原木价格呈现上涨趋势

市场上的实木地板种类繁多,有柚木、香花梨、圆盘豆、非洲格木等,目前比较流行的是橡木、番龙眼等。橡木主要是指美国红橡木,这也是今年市场上价格涨幅最大的实木地板品种。"主要是原材料供应不足,导致地板价格上涨。"实木材料是稀缺性资源,涨价为全球性现象。有资料显示,全球大部分地区木材价格处于高位,其中阔叶木材第三季度平均价格上涨了 1.51 美元/立方米,达 104.88 美元/立方米,同比增幅 5.8%。其中,受资源紧缺和油价上涨影响,非洲圆盘豆近期报价已从每立方米 2 600 元上涨到 3 500 元。

资料来源:原材料供应量减少 实木地板整体涨价. 慧聪家装网 (2013-11-18)[2020-5-30]. http://info.jz.hc360.com/2013/11/18120417761.shtml.

【关联理论】

使供给曲线移动的主要因素包括投入品价格、技术、预期、卖者数量等。市场的均衡是很脆弱的,任何一个影响供给和需求的外部事件都可能会使原有均衡打破,但又会逐步形成新的均衡。分析一个外部事件对市场均衡的影响时,应遵循三个步骤:第一,确定该事件是使供给曲线移动还是使需求曲线移动(或是使两者都移动);第二,确定曲线移动的方向;第三,比较新均衡与原来的均衡。

【案例解析】

供给与需求共同决定市场均衡,市场均衡又决定物品价格,以及买者所购买和卖者所生产的该物品的数量。均衡价格和均衡数量取决于供给曲线和需求曲线的位置。当某些事件使其中一条曲线移动时,市场上的均衡就改变了,从而将在买者和卖者之间产生新的均衡价格和均衡数量。

在本案例中,实际涉及原木和实木地板两个市场的均衡分析。首先,针对原木市场而言,受气候、资源紧缺和油价上涨等原因影响导致原材料供应不足,原木的供给曲线向左移动,在原木的需求曲线不发生变化的情况下,原木价格上涨自在情理之中。原木材料是稀缺性资源,涨价为全球性现象。其次,再针对实木地板市场,橡木等原木是生产实木地板的重要投入品,投入品价格发生变化是导致供给曲线移动的主要因素。因此,原木价格上涨促使实木地板的供给曲线向左移动。在实木地板的需求不发生变化的情况下,实木地板价格就会持续攀升。

(二) 案例研究 B

从"东南飞"到"回流潮",高薪能否缓解"用工荒"

又到一年开工时,企业"抢人"大战如期打响。在广州的中国南方人才市场,前来应聘的求职者寥寥无几,相比之下招聘企业的工作人员更多。从2月25日起,仅在这个人才市场,就有超过3 260家企业前来"抢人"。在广州周边的制造业重镇佛山市,人社局节后举行了首场招聘会,150家高新技术(培育)企业的3 000个岗位仅吸引了2 000人进场。春节过后,东莞市人力资源局统计的总体数据反映,尽管目前全市企业平均开工率95.71%,与去年同期相比上升1.95%,但880家企业节后空缺近11万个用工岗位,其中普工占比73%。

涨工资是企业应对年初招工难的常见对策。仍以东莞为例,东莞市人力资源局公布数据显示,企业新招普工平均工资3 375元/月,与去年同比上涨了244元/月,增幅为7.79%;技工平均工资4 475元/月,与去年同比上涨了406元/月,增幅更是达到了9.98%。现实中,愿意开出月薪5 000元的企业比比皆是。

苏宁金融研究院特约研究员江瀚多年来持续研究农民工流向,在他看来,之前农民工愿意出去务工,主要因为东部沿海地区收入比中部地区的薪水高很多。"1997年,内地一个处级公务员的工资才几百元,但一个在东莞企业打工的普通人就能挣上千元,然而现在的情况变了:一个人在沿海企业打工可能月薪6 000元,但刨去住宿和吃饭,一个月剩3 000元左右。留在内地工作一个月也能挣3 000—4 000元,并且基本上住宿不用花钱,相比之下,更多人愿意留在家乡。"江瀚表示,如果没有地域性工资的差别,一些地区就没办法吸引劳动力,这是世界劳动经济发展的一个规律。现在一方面外出务工人员考虑成本和收益均衡问题,另一方面中西部地区的机会越来越多也是一个不可忽视的变化。

从全国范围看,外出农民工跨省务工数量也在减少。《2016年农民工监测调查报告》表明,2016年流动农民工7 666万人,比2015年减少79万人,占外出农民工的45.3%,比上年下降0.6个百分点。农民工群体总量突破2.8亿,其中88.2%的新增农民工由本地人构成。这也佐证农民工越来越喜爱在家门口就业了。此外,更值得关注的是,现在留在农村本身也成为一种选择。十九大报告中明确提出乡村振兴战略,多地也推出政策吸引农民工返乡创业。例如河南已累计吸引近百万农民工返乡创业,带动近600万人就业,2018年还计划进一步优化农民工返乡创业环境,完善政策体系,扶持外出务工人员返乡下乡创业20万人,力争带动就业200万人。

工人选择返乡,他们留出来的空缺怎么办呢?企业一般花更高的工价去零工市场请临时工人,但临时工价格一般高于正常企业员工的10%。现在除了聘请临时派遣工应对,或者是聘请学生实习工应对,还有就是在职老员工介绍亲朋好友入厂,并提供介绍费或奖励金,一般给介绍人一次性现金奖励1 000元。

进入21世纪之后,从农村转移出来的农民工会越来越少。目前中国40岁以上的农民工占比已经从2008年的30%上升至2016年的46%;从年龄层次上来说,90后逐渐成为新生代工人群体的主流。第一代农民工拥有的是农业技能,第二代工人只剩下工业技能,而以90后为代表的第三代工人却多出来了知识技能,因为有了知识技能,他们工作的选择余地更大,所以外出务工,特别是进入低端制造业工厂对于新生代工人来说就不再是最好的选择。

资料来源:中国经营报,2018年3月24日。

【关联理论】

在需求不变或增加的情况下,当一种物品供给减少或不变时,该物品的价格必然上升。但反过来,提高该物品的价格却不一定能让供给增加。当由于资源约束或结构性原因使得该物品供给在短时间内无法有效增加时,提高价格对缓解供求矛盾的效果不明显。

【案例解析】

在某种意义上而言,劳动力成本上升是一种客观的、长期的趋势,也是一个国家或区域经济快速增长的体现。随着劳动力成本的上升,这些工业附加值较低、劳动密集程度高、资本与技术密集程度不足、长期处于微笑曲线底端的沿海地区企业面临的压力也会越来越大。而多年来,这些企业正是依靠充足廉价劳动力带来的比较优势获得了快速发展。但随着中国劳动力供求形势以及劳动力结构的变化,这一发展模式正变得越来越不可持续。新生代农民工与老一辈农民工相比,在学历、思想和职业诉求上都发生了相当大的变化。他们对工作的诉求除了更高的收入,还会考虑到社会保障、医疗等福利,以及工作之余的文化娱乐生活。这对企业来说意味着必须不断加大对劳动力成本的投入。

在本案例中,广东多地劳动力市场供求状况反映了一个共同的事实:即使企业提高工人工资和福利待遇,也只能缓解而不能完全解决"用工荒"难题。这些地区劳动力供求的结构性矛盾将更趋突出,这将给劳动力就业和企业人力资源配置产生重大影响。面对人力资源结构性矛盾,今后简单的劳动密集型产业发展空间肯定受限,根本出路是必须加快产业转型升级。一方面,企业应该提高劳动效率,转向用工更少、附加值更高的技术和资本密集型行业,进而推动整个产业升级与进步。另一方面,企业应该尊重劳动者,根据企业自身发展状况以及物价上涨情况调整务工人员工资,改善企业的劳动关系和员工的人际关系以及工作、生活条件,组织或开展定向的知识技能培训课程,帮助务工人员实现自身知识更新和技能迭代,才能真正吸引劳动者。

(三) 案例研究C

限价从来都是自欺欺人

1973年,阿拉伯国家发动石油攻势。石油价格一下子上涨了许多倍。当时的美国总统尼克松宣布美国进入"紧急状态"。此前,尼克松根据1970年的《经济稳定法》已经宣布冻结汽油价格。

汽油限价导致的实际结果是令人尴尬的,对这个问题的深入分析可以开始于一个问题,即消费者到加油站是想购买什么?那还用问吗,当然是去买汽油了。可是,实际答案并没有这么简单。消费者到加油站并不仅仅是去购买一种可燃液体,他们必定还要同时购买许多其他附属于汽油的有价值的属性,比如,是随到随买,还是需要排队等候;是全天 24 小时营业,还是只有白天营业;加油时是否提供其他服务,比如清洗风挡玻璃、添加润滑油;购买的是质量有保证的汽油,还是质量不那么好的汽油;等等。

  如果价格可以自由变化,那么加油站一般是不会出现严重排队现象的。如果出现排队,就意味着加油站老板可以借机提价。消费者虽然多花了钱,但实际上等于购买了"随到随买"这种他需要的服务。限价令之下,不可以提价的规定实际上取缔了"随到随买"这种服务的供应。结果就是大家只好都排队,谁也没办法随到随买。于是,1973 年以后的美国,加油站前长长的队伍就成为一个到处可见的景观。

  那时,能不能加上汽油成为无数美国人的心病。"请允许我发动我的汽车",这是当时美国报纸的一个头条标题。看来,很多人希望能购买到那种名为"随到随买"的服务,但政府阻止他们进行这种交易。

  限价令宣布前,市场中既有自助式加油站——油价较便宜,也有提供全套服务的加油站——自然油价较贵;既有仅在白天营业的加油站,也有全天 24 小时营业的加油站。限价令一出,自助式加油站纷纷消失。因为它们的价格本已很低,现在既然不能提价,自然坚持不住。而提供全套服务的加油站虽然也不能改变价格,但它们可以通过取消部分服务来事实上提高汽油价格。同样,那些原来 24 小时营业的加油站很快就只在白天营业了,否则加油站老板就要承担额外的夜班成本。任何削减服务的手段都等于抬高了实际价格。政府可以控制名义价格,但绝不可能同时控制所有相关的因素。而所有那些政府无法控制的因素,都一定会被老板用来去提高实际上的汽油价格,一直达到市场均衡价格为止。

  虽然一些有价值的服务消失了,但同时另一些服务却大幅增加了。比如加油站可以把润滑油和汽油搭配在一起销售。那些愿意在加油时一起添加高价润滑油的车主可以不必排队。汽油按政府定价,润滑油则大幅涨价,涨价的幅度一般是恰好可以弥补汽油限价造成的亏空。对此,经济学家巴泽尔讽刺地说道:"汽车在这一时期得到的润滑保养是有史以来最好的。"当然,车主们都知道,汽车得到周到细致保养的办法并不是仅有频繁更换润滑油这一种办法,多多维修也是一个好办法。结果,限价令之下,汽车好像更容易出故障了。更多的汽车被更经常地送去维修。其实并不是因为限价令造成了更多的事故和故障,而是因为每次维修以后,维修站都会把油箱加满。当然,这部分油价是计入维修费一起结算的,而政府并没有规定维修费不能涨价。其他怪现象也层出不穷。比如,大油箱越来越多——加到油的机会难得,每一次都要尽量利用;而高级汽油越来越少——又不能提价,炼油厂费那个劲干什么。

  那些主张限价令的人没有意识到,不仅仅是汽油,任何商品或者服务都是多属性的。消费者看起来只是购买了某种商品或者服务,其实,他购买的必定是围绕这种商品或服务的属性集合。同样一瓶啤酒,在街边的小店购买只要两三块钱,而在高级夜总会可能就会贵上几十上百倍,原因就在于后者包含了许多其他属性。因此,限价令注定是自欺欺人的。欺人在于,限价令造成了虚假的价格信号,搅乱了市场自发调节的过程。供应和需求都得不到准确的信息,不知道是应该增加还是应该减少,更不知道应该增加和减少的数量。而自欺在于,颁布限价令的官员自以为控制了某种商品或服务的价格,可实际上他们所控制的仅仅是名义价格而已。他们怎么可能去控制那些数量和搭配种类上都是无穷多的属性集合呢?

  欺人的结果是阻碍了市场扩大供给和减少需求的过程,使得供应紧张的局面长期存在。而自欺的结果则是造成了各种扭曲和资源浪费。消费者本来需要的服务不复存在,而消费者不那么需要的东西却在市场上盛行。大家的状况都变得更糟。

1981年1月20日,新任总统里根的就职典礼在华盛顿举行。在仪式上,里根做了就职演讲,表明他要以解除对经济的种种管制为己任。就职典礼结束之后,在去宴会的途中,里根走进总统办公室,签署了一项法令:关于解除对石油和汽油价格控制的法令。那是他作为总统行使职权的第一件事。

资料来源:限价从来都是自欺欺人. 搜狐博客(2007-7-15)[2020-6-15]. http://liziyang.blog.sohu.com/66448671.html.

【关联理论】

供求规律是人类最古老和最顽强的行为规律之一。试图战胜和压倒这个规律是根本不可能的。我们只能尊重和利用供求规律。

【案例解析】

从案例中得知,汽油的名义价格可被控制,但与汽油相关的其他有价值的属性并不受控制。这些属性不可避免地按照市场供求关系进行了调整。其中许多对消费者来说非常重要的属性实际上从市场上消失了。消费者原来购买这些属性的花费都被用来弥补限价造成的名义价格与实际价格之间的差距。

其实案例本身也反映了经济学的两大原理,一大原理是市场通常是组织经济活动的一种好方法。价格的形成并不是某些偶然过程的结果,而是隐藏在供给曲线和需求曲线背后千百万企业和消费者决策的结果。价格有平衡供求从而协调经济活动的关键作用,当决策者通过立法方式确定价格时,就模糊了通常情况下指引社会资源配置的信号。另一大原理就是政府有时可以影响市场结果。决策者进行价格控制往往是觉得市场结果不公平,价格控制的目的是想帮助一部分人,而这样做往往最后损害了这部分人的利益。如何在市场规律的指引下制定出更合理完善的政策以服务大众永远是政府的任务。

四、课外习题

(一) 术语解释

1. 需求定理
2. 正常物品
3. 低档物品
4. 供给定理
5. 均衡

(二) 单项选择

1. 下列哪一件事使手表需求曲线向右移动?( )
   A. 手表的价格下降
   B. 手表的价格上升
   C. 如果手表是正常物品,消费者收入减少
   D. 如果手表电池与手表是互补品,手表电池价格下降

2. 如果蓝色牛仔裤价格上升引起白色网球鞋需求减少,那么,蓝色牛仔裤和白色网球鞋是( )。
   A. 替代品 B. 互补品 C. 正常物品 D. 低档物品
3. 若篮球鞋价格上升引起网球鞋需求增加,那篮球鞋和网球鞋是( )。
   A. 替代品 B. 互补品 C. 正常物品 D. 低档物品
4. 如果笔记本电脑的需求曲线向右平移,其原因可能是( )。
   A. 笔记本电脑价格下降 B. 预期笔记本电脑价格下降
   C. 台式电脑价格上涨 D. 以上原因都有可能
5. 市场上某种产品存在超额需求是由于( )。
   A. 产品价格超过均衡价格 B. 该产品是优质品
   C. 该产品供过于求 D. 该产品价格低于均衡价格
6. 市场均衡要求( )。
   A. 政府平衡供求双方的力量 B. 价格与数量相等
   C. 价格保持不变 D. 市场平衡供求双方的力量
7. 在两种互补品之间,其中一种商品价格上升,会使另一种商品价格( )。
   A. 上升 B. 下降 C. 不变 D. 不确定
8. 在一般情况下,供给曲线( )。
   A. 向左上方倾斜 B. 向右下方倾斜
   C. 斜率为正 D. 斜率为负
9. 在需求不变时,一种物品的供给减少(向左移动)将会引起( )。
   A. 均衡价格和数量增加 B. 均衡价格和数量减少
   C. 均衡价格上升,而均衡数量减少 D. 均衡价格下降,而均衡数量增加
10. 下列因素除哪一种外都会使需求曲线移动?( )
    A. 消费者收入变化 B. 商品价格变化
    C. 消费者爱好变化 D. 其他相关商品价格变化
11. 假设个人电脑的供给和需求都增加,再假设个人电脑供给的增加大于个人电脑需求的增加。在个人电脑市场上,我们可以预期( )。
    A. 均衡数量增加,而均衡价格上升
    B. 均衡数量增加,而均衡价格下降
    C. 均衡数量增加,而均衡价格保持不变
    D. 均衡数量增加,而均衡价格变化无法确定
12. 如果一种物品价格低于均衡价格,则( )。
    A. 存在过剩,而且价格将上升 B. 存在过剩,而且价格将下降
    C. 存在短缺,而且价格将上升 D. 存在短缺,而且价格将下降
13. 在得出某种商品的个人需求曲线时,下列因素除哪一种外均保持不变?( )
    A. 商品本身的价格 B. 个人爱好
    C. 其他商品的价格 D. 个人收入
14. 从20世纪80年代末开始,电脑行业的生产技术发生了根本性变化。集成电路技术的发展、硬件与软件技术标准的统一、规模经济的实现与高度专业化分工使电脑的生产成本迅速下降,而质量日益提高。近年来电脑普及程度和电脑需求量大幅增

加,而电脑价格不增反降。你认为其中的主要原因是( )。
   A. 电脑的需求曲线向右移动,电脑的供给曲线向左移动,且需求曲线移动幅度更大
   B. 电脑的需求曲线向左移动,电脑的供给曲线向右移动,且需求曲线移动幅度更大
   C. 电脑的需求曲线向右移动,电脑的供给曲线向右移动,且供给曲线移动幅度更大
   D. 电脑的需求曲线向左移动,电脑的供给曲线向左移动,且供给曲线移动幅度更大
15. 完全竞争市场( )。
   A. 只有一个卖者			B. 至少有几个卖者
   C. 有许多买者和卖者		D. 有能确定自己价格的企业

(三) 判断正误

1. 如果咖啡需求减少,而供给增加了,那咖啡市场均衡价格、数量都下降。( )
2. 在竞争市场上,买者和卖者都是价格接受者。( )
3. 可口可乐价格上升,将引起百事可乐均衡价格和均衡数量上升。( )
4. 从效率标准来看,规定春运期间火车票不能上涨是一种有效率的措施。( )
5. 市场价格总是要向均衡价格趋近的。( )
6. 市场在任何情况下都是组织经济活动的好方法。( )
7. 对于正常物品来说,它的替代品价格上涨时,它的需求曲线会向右移动。( )
8. 降低价格一定会使供给量下降。( )
9. 假定其他条件不变,某商品价格下降将引起需求量的增加和供给量的减少。( )
10. 需求的变动是指商品本身价格变动所引起的该商品的需求数量的变动。( )

(四) 简答题

1. 使供给曲线移动的因素有哪些?
2. 请简述需求量变动与需求变动的不同。
3. 请简述影响需求的因素主要有哪些?
4. 请简述完全竞争市场的特征。
5. 请分析均衡变动的三个步骤。

(五) 应用题

1. 请分析需求和供给的变化对市场均衡的影响。
2. 请说明下列事件对运动衫价格的影响(即价格是上升还是下跌)。
   (1) 天旱导致棉花减产
   (2) 夹克衫降价
   (3) 年轻人认为运动衫富有朝气
   (4) 发明了新的织布机
3. 请用供求定理提出你对治理城市交通拥堵的建议。

(六) 拓展思考题

1. 据报道,台风已登陆北部沿海,可能摧毁今年的苹果收成。于是,你的朋友建议购买大量苹果储存,以后出售时可赚一大笔钱。

（1）如果这种关于台风的信息可公开获得,大家都能预期到苹果价格将会上升,那么苹果的需求和供给及其均衡价格和数量马上会发生什么变动？

（2）你能利用公开获得的信息去廉价地购买某种东西,并迅速以高价卖出吗？为什么？

2. 中国人在学习英语上花了很多精力,有人认为是巨大的浪费,他们提议英语退出高考或降分。你认为这种政策能把"英语热"降下去吗？

五、习题答案

（一）术语解释

1. 需求定理:认为在其他条件不变时,一种物品的价格上升,对该物品的需求量减少的观点。

2. 正常物品:在其他条件相同时,收入增加引起需求量增加的物品。

3. 低档物品:在其他条件相同时,收入增加引起需求量减少的物品。

4. 供给定理:认为在其他条件不变时,一种物品的价格上升,该物品的供给量增加的观点。

5. 均衡:市场价格达到使供给量与需求量相等的水平时的状态。

（二）单项选择

1. D　2. B　3. A　4. C　5. D　6. D　7. B　8. C　9. C　10. B　11. B　12. C　13. A　14. C　15. C

（三）判断正误

1. ×　2. √　3. √　4. ×　5. √　6. ×　7. √　8. ×　9. √　10. ×

（四）简答题

1.【考查要点】 影响供给的因素。

【参考答案】 投入品价格、技术、预期、卖者的数量等。

2.【考查要点】 需求量变动与需求变动的概念区分。

【参考答案】 首先,两种变动的原因不同:需求量变动是由商品本身价格变动引起的;需求变动是由除商品本身价格以外的其他因素引起的。其次,两种变动所引起的曲线变化的表现形式不同:需求量变动表现为在同一曲线上某一点的位置移动;需求变动是曲线的平移。

3.【考查要点】 影响需求的因素。

【参考答案】 收入,正常物品的需求和收入正向变化,低档物品的需求和收入反向变化;相关物品的价格,需求和替代品价格正向变化,和互补品价格反向变化;爱好,需求和爱好正向变化;以及预期、买者的数量等。

4.【考查要点】 完全竞争市场。

【参考答案】 完全竞争市场的条件主要有:产品是同质的;有很多的买者和卖者,他们都是市场价格的接受者。

5.【考查要点】 均衡变动的步骤。

【参考答案】 (1)确定该事件是使供给曲线移动还是使需求曲线移动,还是使两者都移动。(2)确定曲线移动的方向。(3)用供求图说明这种移动如何改变均衡价格和均衡数量。

(五) 应用题

1.【考查要点】 需求、供给与市场均衡。

【参考答案】 在供给和需求的相互作用下,市场会达到一个均衡的状态。当市场价格偏离均衡价格时,在市场机制的作用下,这种供求不相等的非均衡状态会逐步消失,自动恢复到均衡价格水平。具体来说,当市场价格高于均衡价格时,供给量大于需求量,出现商品过剩,一方面会使需求者压低价格,另一方面又会使供给者减少商品供给量,这样商品的价格必然下降到均衡价格水平。相反,当市场价格低于均衡价格时,需求量大于供给量,出现商品短缺,一方面迫使需求者提高价格,另一方面又使供给者增加商品的供给量,这样该商品的价格必然上升,一直上升到均衡价格的水平。(在其他条件不变的情况下,需求变动引起均衡价格和均衡数量的同方向变动;供给变动引起均衡价格和均衡数量的反方向变动。)

2.【考查要点】 影响均衡价格的因素。

【参考答案】 (1)价格上升 (2)价格下降 (3)价格上升 (4)价格下降

3.【考查要点】 供求定理的应用。

【参考答案】 (1)首先阐释行政手段,比如限购。(2)再阐释充分利用供求的规律,发挥市场的力量,利用经济杠杆,比如提高车辆购置税、对道路定价等。(3)最后比较行政手段与经济杠杆之间的优劣。

(六) 拓展思考题

1.【考查要点】 外部事件对旧均衡的破坏及新均衡的形成。

【参考答案】 (1)在苹果价格上升之前,一方面因为卖者希望以后以高价出售苹果,所以卖者现在减少供给;另一方面由于买者希望现在购买苹果,买者需求增加。价格马上上升,而交易量无法确定。

(2)不能。通常市场会迅速调整,以至于在业余的投机者能进行购买之前,价格已经变动到其新的均衡值。

2.【考查要点】 需求定理。

【参考答案】 英语是世界上使用最广泛的语言,全球大部分的资讯和研究成果都是以英语为载体的,大部分一流大学都广泛开设英语课程。只要社会对英语的要求和英语人才的需求不减,这种给英语"降温"的高考政策就是无效的。即使学校减少了课时,去社会培训机构报名的人数也会大增。

第 5 章
弹性及其应用

一、学习精要

(一) 教学目标

1. 掌握需求价格弹性的概念及其决定因素,会计算需求价格弹性。
2. 理解并掌握需求完全无弹性、缺乏弹性、单位弹性、富有弹性、完全有弹性这五种需求曲线图。
3. 能够用图表分析需求曲线的弹性与总收益之间的关系。
4. 理解并掌握需求收入弹性及需求的交叉价格弹性。
5. 掌握供给价格弹性的概念及其决定因素,会计算供给价格弹性。
6. 理解并掌握供给完全无弹性、缺乏弹性、单位弹性、富有弹性、完全有弹性这五种供给曲线图。
7. 理解并能运用供求工具分析现实生活中的一些真实案例。

(二) 内容提要

在上一章介绍供给与需求的基础上,本章将引入弹性的概念,并对供给和需求变动对均衡价格和数量的影响进行定量观察。弹性衡量买者与卖者对市场条件变化的反应程度。当研究一些事件和政策如何影响一个市场时,不仅需要讨论影响的方向,而且还需要讨论影响的大小。现实生活中,弹性可以应用于很多方面。

1. 需求弹性

(1) 需求价格弹性衡量的是需求量对价格变动的反应程度。如果一种物品的需求量对价格变动的反应很大,就说这种物品的需求是富有弹性的;如果一种物品的需求量对价格变动的反应很小,就说这种物品的需求是缺乏弹性的。

(2) 需求价格弹性的决定因素很多,主要有以下四个方面:

相近替代品的可获得性:有相近替代品的物品的需求往往较富有弹性,因为消费者从这种物品转向其他物品较为容易;

必需品与奢侈品:必需品的需求往往缺乏弹性,而奢侈品的需求往往富有弹性;

市场的定义:狭窄定义的市场的需求弹性往往大于宽泛定义的市场的需求弹性,因为狭窄定义的市场上的物品更容易找到相近的替代品;

时间范围:物品的需求往往在长期内更富有弹性。

（3）需求价格弹性的计算公式为：

$$需求价格弹性 = \frac{需求量变动百分比}{价格变动百分比}$$

需求价格弹性有时为负数，但是一般都用其绝对值来表示。需求价格弹性越大，意味着需求量对价格越敏感。

如果想计算一条需求曲线上两点之间的需求价格弹性，可以采用中点法。即

$$需求价格弹性 = \frac{(Q_2 - Q_1)/[(Q_2 + Q_1)/2]}{(P_2 - P_1)/[(P_2 + P_1)/2]}$$

（4）当弹性大于1，即需求量变动的比例大于价格变动的比例时，需求是富有弹性的；当弹性小于1，即需求量变动的比例小于价格变动的比例时，需求是缺乏弹性的；当弹性正好等于1，即需求量与价格同比例变动时，需求具有单位弹性；当弹性无穷大，即价格的极小变动会引起需求的极大变动时，需求完全有弹性；当弹性等于0，即无论价格如何变动需求量总是相同时，需求完全无弹性。

（5）价格变动对总收益的影响取决于需求的价格弹性。

当需求缺乏弹性（价格弹性小于1）时，价格与总收益同方向变动；

当需求富有弹性（价格弹性大于1）时，价格与总收益反方向变动；

当需求是单位弹性（价格弹性正好等于1）时，价格变动，总收益不变。

（6）沿着一条线性需求曲线，需求价格弹性并非一成不变。在价格低而数量高的各点上，需求曲线是缺乏弹性的；在价格高而数量低的各点上，需求曲线是富有弹性的。

（7）需求收入弹性衡量一种物品需求量对消费者收入变动的反应程度。收入提高时正常物品的需求量增加，因此其收入弹性为正数；收入提高时低档物品的需求量降低，因此其收入弹性为负数。

$$需求收入弹性 = \frac{需求量变动百分比}{收入变动百分比}$$

（8）需求的交叉价格弹性用来衡量一种物品需求量对另外一种物品价格变动的反应程度。替代品的交叉价格弹性是正数，互补品的交叉价格弹性是负数。

$$需求的交叉价格弹性 = \frac{物品1需求量变动百分比}{物品2价格变动百分比}$$

2. 供给弹性

（1）供给价格弹性衡量的是供给量对价格变动的反应程度。这种弹性往往取决于所考虑的时间长短，在大多数市场上，供给在长期中比在短期中更富有弹性。

（2）供给价格弹性的计算公式为：

$$供给价格弹性 = \frac{供给量变动百分比}{价格变动百分比}$$

（3）当弹性大于1，即供给量变动的比例大于价格变动的比例时，供给是富有弹性的；当弹性小于1，即供给量变动的比例小于价格变动的比例时，供给是缺乏弹性的；当弹性正好等于1，即供给量与价格同比例变动时，供给具有单位弹性；当弹性无穷大，即价格的极小变动会引起供给的极大变动时，供给完全有弹性；当弹性等于0，即无论价格如何变动供给量总是相同时，供给完全无弹性。

3. 供给、需求和弹性的三种应用

（1）农产品市场：在运用供求工具分析农业技术或农业政策的影响时，需要记住：对农民

有利的不一定对整个社会也有利;反之亦然。农业技术进步对农民而言可能是坏事,因为它使农民逐渐变得不必要,但对能以低价买到食物的消费者而言肯定是好事。同样,旨在减少农产品供给的政策可以增加农民的收入,但必然会以损害消费者的利益为代价。

(2) 石油市场:在运用供求工具分析石油输出国组织(OPEC)的石油价格这一案例中,我们发现供给和需求在短期与长期的状况是不同的。在短期中,石油的供给和需求都是较为缺乏弹性的,而长期供给曲线和需求曲线都更富有弹性,因此,在短期中提高油价要比在长期中更容易。

(3) 毒品市场:禁毒减少了毒品的使用,但是也会增加与毒品有关的犯罪。由于禁毒的这一负面影响,有分析家提出决策者可以通过实行禁毒教育政策,努力减少对毒品的需求而不是减少毒品的供给。

4. 结论

供求工具可以被用于不同类型的市场,它能帮助你分析影响经济的各种事件、政策。

(三) 关键概念

1. 弹性:衡量需求量或供给量对其某种决定因素的反应程度的指标。

2. 需求价格弹性:衡量一种物品需求量对其价格变动反应程度的指标,用需求量变动百分比除以价格变动百分比来计算。

3. 总收益:一种物品的买者支付从而卖者得到的量,用该物品的价格乘以销售量来计算。

4. 需求收入弹性:衡量一种物品需求量对消费者收入变动反应程度的指标,用需求量变动百分比除以收入变动百分比来计算。

5. 需求的交叉价格弹性:衡量一种物品需求量对另一种物品价格变动的反应程度的指标,用第一种物品需求量变动百分比除以第二种物品价格变动百分比来计算。

6. 供给价格弹性:衡量一种物品供给量对其价格变动反应程度的指标,用供给量变动百分比除以价格变动百分比来计算。

(四) 拓展提示

1. 在计算一条需求曲线上两点之间的需求价格弹性时,我们会发现从 A 点到 B 点的弹性似乎不同于从 B 点到 A 点的弹性,这时可以用中点法来计算弹性从而避免这一问题。无论变动的方向如何,中点法给出的答案都是相同的。无论计算需求价格弹性还是计算供给价格弹性,中点法都是很有用的一种方法。

2. 由于需求的价格弹性衡量需求量对价格的反应程度,因此它与需求曲线的斜率密切相关。拇指规则可以给我们有益的指导:通过某一点的需求曲线越平坦,需求的价格弹性就越大;通过某一点的需求曲线越陡峭,需求的价格弹性就越小。

3. 尽管线性需求曲线的斜率不变,但是弹性并不是不变的。因为斜率是两个变量变动的比率,而弹性是两个变量变动百分比的比率。线性需求曲线的例子说明,在一条需求曲线上各点的需求价格弹性不一定是相同的。

4. 由于企业的生产能力通常有一个最大值,因此,在供给量低时,供给弹性会非常高,而在供给量高时,供给弹性又会非常低。具体解释为:在供给量水平很低时,企业存在未被利用的生产能力(如厂房和设备等),价格的小幅提升使得企业利用这种闲置的生产能力是有利可图的。而随着供给量的增加,企业逐渐接近其最大生产能力。一旦生产能力得到完全利用,要想再增加产量就需要建立新工厂,要使企业能承受这种额外支出,价格就必须大幅提升,因此,供给就变得缺乏弹性。

二、新闻透视

(一) 新闻透视 A

粮价持续下跌 种得多赔得多 谷贱伤农如何解决

2017年3月5日,国务院总理李克强在《政府工作报告》中将"促进农业稳定发展和农民持续增收"列为2017年农业工作重点。自2014年起,国家开始对粮食临储收购政策进行调整,我国主要粮食市场价开始下滑,一度出现国内国外粮价倒挂现象。那么,谷贱伤农究竟应如何解决呢?

2004至2014年,是我国粮价托市收购政策促种粮"黄金十年"。柳学友是河南信阳地区最早的土地承包户。从2001年至今,他承包的土地从30多亩扩张到16 000亩,成为河南地区有名的粮食大王。17年间,他见证了种粮人的"黄金十年",也正在经历粮价下跌带来的忧虑。在河南粮食大王柳学友看来,2012年还处于种粮人的黄金时代,"2004年至2014年,是种粮人最好的十年"。从2004年起,国家对重点地区、重要粮食品种实行最低收购价政策,即粮价托市政策。当市场价格低于最低收购价时,由国有粮食购销企业按照最低收购价挂牌敞开收粮。从2008年起,国家连续上调小麦最低收购价格。截至2014年,7年间小麦价格由每斤0.7元左右上调至2014年的每斤1.18元,7年间小麦价格上涨了60%以上。追逐着种地红利,柳学友承包的土地面积不断扩张,如今承包的土地面积扩张到16 000多亩,成为河南地区有名的粮食大王。与此同时,也有农业领域外的"新手"携带资金入场。但如今面对惨淡市场,黯然离场者也并非少数。"我认识的种粮大户大概有50%已弃约退耕"。柳学友的侄子柳超(化名)也从2015年开始陆续退掉了承包的五六千亩土地。"他大学毕业就开始跟着我承包地,这两年赔了一二百万元,现在对象还没有找到,天天在家发愁。"

最低收储价下调,国内不少种粮大户开始转战高端市场。记者检索国家发改委网站发现,2015年持续7年上调临储小麦收购价格的政策止步,小麦的国家保护价出现自2006年以来首次下滑。与小麦价格相比,玉米价格更是经历了断崖式下跌——2015年,国家首次下调了已经连续七年上涨的玉米临储收购价;2016年,已执行8年的国家临储收购政策被彻底取消,实行"市场化收购加补贴"的新政策。在临储退出元年,2016年玉米价格多次探底,年末跌至10年来最低水平。虽然近年粮价下滑严重,但柳学友是"幸运"的。"其实市场对优质小麦有很大需求,我去年选了抗病害能力强的优质小麦品种,亩产900斤,小麦品质也好,所以价格高时飙到了每斤1.3元,平均比市场高出三四角钱",柳学友毫不讳言指出,2016年受小麦病害多发影响,有种粮户产量和质量双双下降,"他们一亩地赔了一二百元"。

2017年粮价还会继续下跌,谷贱伤农如何解决?2017年2月,国家发改委公布了今年稻谷最低收购价,市场首次迎来稻谷最低收购价的全面下调。"国家目前正在进行收储制度、价格形成机制的改革,2017年粮价还会继续下跌,"社科院农村发展研究所研究员李国祥说。

稻谷最低收购价下调发出的信号显示,目前国家粮食库存较高,种粮大户指望通过外部环境来改变自身困境的路子走不通了。国家一号文件提出要"重点发展强筋弱筋小麦,扩大优质小麦面积"。有业内人士指出,目前优质优价的机制还没有完全建立起来,在托市收购政策对所有小麦的托市价格相等的情况下,农民仍然更乐意种植要求低、产量高的普通小麦。国家在倒逼种粮大户转变观念、调整结构,朝着市场的需求而变化,走增效提质的道路。

资料来源:新京报,2017年3月7日。

【关联理论】

谷贱伤农是经济学的一个经典问题,说的是在农业生产活动中存在着这样一种经济现象:在丰收的年份,农民的收入却反而减少了。谷贱伤民背后的关联理论主要有两点:一是总收益是由价格乘以销售量来决定;二是总收益的变动取决于需求的价格弹性。当需求缺乏弹性(价格弹性小于1)时,价格与总收益同方向变动。

【新闻评析】

任何商品出售所获取的总收益是数量与价格的乘积,因此农民种粮收益取决于两个因素:产量和粮价。但这两个变量并不是独立的,而是相互关联的,其关联性由一条向下倾斜的对粮食的需求曲线来决定。也就是说,价格越低,需求量越大;价格越高,需求量越小。另外还要注意的是,粮食需求是缺少弹性的,也就是说,粮食的需求量对价格的变化不是很敏感。当粮价下跌时,对粮食的需求量会增加,但增加得不是很多。其基本的道理在于,粮食是一种必需品,对粮食的需求最主要是由人们对粮食的生理需求所决定的。此外,当今对大部分人来说,粮食方面的花费在全部花费中所占比例已很小了,并且还会越来越小,这也导致人们对粮价的变化反应不敏感。认识到粮食市场的这一特性后,就不难理解下面的现象:当粮食大幅增产后,农民为了卖掉手中的粮食,只能竞相降价。但是由于粮食需求缺少弹性,只有在农民大幅降低粮价后才能将手中的粮食卖出,这就意味着,在粮食丰收时往往粮价要大幅下跌。如果出现粮价下跌的百分比超过粮食增产的百分比,那么就会导致增产不增收甚至减收的状况,这就是所谓的"谷贱伤农"。

正是考虑到广大农民的种粮积极性和国内粮食市场的稳定,从2004至2014年的十年间,国家对重点地区、重要粮食品种实行最低收购价政策,即粮价托市收购政策。当市场价格低于最低收购价时,由国有粮食购销企业按照最低收购价挂牌敞开收粮。这种政策实施在当时的国情下起到了一定的积极作用,但随着国民经济发展和人民生活水平的提高,也面临着亟待解决的后续问题。因为在国家实行收储制度后,国内很多种植户都是片面追求粮食产量,而忽略粮食质量。在稻谷托市收购政策支撑下,不管产出多少稻谷都能卖给库点,忽略了市场需求在调节粮食价格方面的作用。由此造成我国稻谷种植产量居高,但是供应结构上以低端供给过多,而市场急需甚至紧缺的中高端稻谷品种却不足。2015年国家着手进行粮食托市收购改革。可以说,目前我国农村存在着卖粮难、粮价低等问题,甚至种粮大户或者说规模化经营项目都出现亏损,是粮价走向市场化的阵痛。总体而言,粮食市场价格下降的原因是多方面的:第一,我国粮食阶段性过剩,国家库存高;第二,从全球市场来看,国际粮价处于历史低位;第三,随着地租、农资成本上升,国内粮食种植成本变高。此外,我国粮食优质优价的机制尚未建立,等等。

对于现阶段的谷贱伤农问题如何解决,主要可以考虑从以下方面入手:其一,鉴于农户或经营主体都存在销售短板,政府应当大力扶持龙头企业,提供财政资金、金融政策等各方面支持,壮大新型农业经济组织,发挥其在优质优价机制中的作用。其二,农户需要逐步学会面对市场、进入市场和转移离开土地,在国家政策的支持和自身努力下快速融入一、二、三产业融合中。继续通过土地流转来扩大种植规模效益,这样土地可以进入托管、入社入股获得收入,对走出去的农民进行技能、素质、创业等方面培训和提供就业机会,通过同时二、三产业发展支撑散户农民收入持续增长。其三,国家粮食收储政策向带动农民参与产业化经营的粮食加工企业、新型农业经营主体和农民联合社、大型家庭农场倾斜,这样生产经营者才能从政策和市场上获得红利,通过市场和产业化的收入弥补粮食价格调整降低的种粮收入,确保生产经营者收入不逆转。其四,农户抱团取暖,有市场头脑的负责销售市场、有加工能力的负责加工等多种方式联合互助合作,进行农产品深加工;通过成立农机服务公司、植保公司等服务种植大户,便可以形成享受规模效益但又不造成闲置浪费的利益分享、降低成本的机制,最后共享市场红利。

(二) 新闻透视 B

研究显示:烟草税提高两倍 全球少死两亿人

吸烟有害健康,可以说是一个老少皆知的常识了。据统计,全世界约有11亿吸烟者,其中发展中国家占了70%以上。如今全球约有47%的男性和12%的女性吸烟,中国是世界上最大的烟草生产和消费国,平均每10个人中有2.5人吸烟,到了2025年全球吸烟人数将达16亿人。根据《2015年全球烟草流行报告》,各个国家烟草税高低是不同的,低收入国家为45.8%,中等收入国家为55.1%,而高收入国家为64.8%。

广义上的烟草税指的是在烟草的生产和流通环节征收的所有流转税,包括增值税、消费税以及在进口环节征收的税,也包括一些国家农业环节对烟叶征收的税,如我国的烟叶税。而狭义的烟草税则特指对烟草制品征收的消费税。吸烟劳民伤财,但仍然没有被强行禁止,这其中有烟民数量众多、解决就业和社会稳定等多方面因素,但不可否认,全世界各国都对烟草征以重税,这本身就是一项不小的财政来源。据2014年1月2日出版的《新英格兰医学杂志》报道,全世界烟草税提高两倍,将使本世纪的烟民数量减少1/3,2亿人因此得以避免因肺癌或其他疾病过早死亡。

加拿大多伦多大学公共健康学院教授、圣·迈克尔医院全球健康研究中心主任普拉巴特·杰哈说,这一策略对低收入和中等收入国家特别有效,这些国家的烟民都能负担得起最便宜的卷烟,吸烟率得以持续上升。当然,这一策略对富裕国家同样有效,法国通过对烟草征收远高于通胀的税率,1990—2005年间的卷烟消费量减少了一半。

在联合国大会和世界卫生组织2013年大会上,世界各国同意,到2025年将吸烟率降低约1/3,由吸烟导致的癌症和其他慢性疾病过早死亡率降低1/4。烟草每年导致20万名70岁以下的加拿大和美国烟民死亡,烟价翻番将可避免7万人过早死亡,并给政府的医疗保健花费提供新的收入来源。

英国牛津大学理查德·皮托教授说,在世界范围内,大约有5亿名35岁以下的儿童和成人已经或将要成为吸烟者,很少人会在目前的模式下戒掉烟瘾。各国政府正想方设法阻止人们开始吸烟并帮助已吸烟者放弃吸烟。

此外,控制烟草营销也是帮助人们戒烟的关键。英国一项独立评估得出结论,全烟害警示包装会降低卷烟的吸引力。澳大利亚从2011年起已正式实施烟害警示包装措施,新西兰也计划仿效此一措施。

资料来源:研究显示:烟草税提高两倍 全球少死两亿人.中国新闻网.(2014-1-6)[2020-5-30].http://www.chinanews.com/sh/2014/01-06/5703024.shtml.

【关联理论】

政府有时会根据需求价格弹性和需求收入弹性等经济学理论来制定并实施相关政策,通过征税来抑制相产品消费更是较为常见。即使商家可能通过提高价格将所征收的税收转移到消费者身上,但这在一定程度上还是可以达到政策制定者的目的。具体衡量征税对消费的抑制程度,是一个比较难回答的问题,因为这不仅得考虑商品本身的特性,还得考虑一个国家的经济社会环境。

【新闻评析】

需求价格弹性的例子在日常经济生活中随处可见,通过以上新闻即可窥见其中奥妙。烟草及其制品具有致瘾性,它是一种特殊商品。因此,烟草制品的消费需求弹性也不同于一般商品。在对中国烟草产业进行经济分析前,必须首先探讨关于烟草及其制品的需求弹性,这样才能奠定正确的经济分析理论基础,保证烟草产业最大限度地朝着健康的方向发展。

在致瘾前提下,尽管卷烟的致瘾性可能不同程度地影响卷烟消费者的消费理性,但总体上还是遵循一般消费物品的价格与消费之间的负相关关系。由于卷烟是致瘾物品,总的来说,它的需求属于缺乏价格弹性的。当然,卷烟的价格弹性在不同国家、不同年龄段、不同收入人群以及不同档次卷烟之间会有所不同,一般规律如下:其一,发展中国家或经济欠发达国家对卷烟需求的价格弹性比发达国家或经济发达国家对卷烟需求的价格弹性相对大一些。其二,青少年或年龄较小者对卷烟产品需求的价格弹性比成年人或年龄较长者对卷烟需求的价格弹性相对大一些。其三,低支付能力群体对卷烟需求的价格弹性比高支付能力群体对卷烟需求的价格弹性相对大一些。其四,低档卷烟的需求价格弹性比高档卷烟的需求价格弹性相对大一些。另外,根据相关研究结果显示:在高收入国家,卷烟需求的收入弹性普遍比较低,甚至为负数;而在低收入国家,卷烟需求的收入弹性普遍比较高,并且随着收入的增加,卷烟的需求量不断扩大。

《"健康中国2030"规划纲要》提出,到2030年,中国15岁以上成人吸烟率要降低到20%。在中国卷烟消费税中,既有从量征收的部分(每包烟征收固定的税),也有从价征收的部分(给出一个税率,用烟价乘以税率得出税金),但仍然以从价税为主。从价税对高价烟和低价烟实行两档不同的税率,而且从量税和从价税分别在生产出厂和批发环节征收。长期以来,关于卷烟消费税是从量征收还是从价征收,是卷烟消费税制度设计中的一个重要问题。由以上分析可知,烟草及其制品具有吸食致瘾的特性,需求价格弹性缺乏,但总体上还是遵循一般商品需求价格规律,即需求与价格的反方向关系。因此,在依照吸食烟草商品具有致瘾、致害的特点上,应该按照烟草制品的不同需求价格弹性特点对烟草业进行调控、管制。根据此前各国经验,烟草的绝对价格每提高10%,高收入国家的卷烟消费会减少4%,中低收入国家卷烟消费会降低8%。需要结合烟草的不同需求价格弹性,研究探讨对该烟草产业的不同阶段产品的征税及其他调控手段,从而在制度上保障中国烟草产业可持续发展。

(三) 新闻透视 C

高铁票价大改革：一日一价即将到来

近年来，我国铁路经历高速发展阶段，以高速铁路为代表的新兴客运方式已经成为旅客出行的主要选择。据相关资料统计显示，2017年我国铁路旅客发送量30.39亿人次，其中动车组旅客发送量17.2亿人次，占发送总量的56.4%。

2019年1月2日，中国铁路总公司总经理陆东福表示，今后铁路部门将探索构建灵活可控的高铁票价调整机制，深化一日一价、一车一价可行性研究并择机试点。铁路内部人士告诉记者，灵活调整意味着不仅是"一日一价"，未来高峰时段和非高峰时段高铁票价也有望"同日不同价"，让票价更加灵活。比如那些白日时间段较多的车次或者停靠站次少的车次可能会略微提价；那些清晨和深夜的高铁就会打折促销，拉动上座率，另外节假日和寒暑假期间这些旺季的票价也可能提升。仿照航空行业机票的定价机制，按照市场的需求强弱动态调节火车票价，也是一个现代化企业尊重市场化经济的表现。不过，陆东福坦承，铁路经营机制不灵活、价格机制不灵敏、资产资源开发利用不足的问题仍然存在，要抓住加快推动中铁总股份制改造的历史机遇，推进制度创新和经营机制转换，推动国铁企业由运输生产任务型向市场经营效益型转变。

其实早在2016年2月，根据国家发改委发布的《关于改革完善高铁动车组旅客票价政策的通知》，高铁动车票价调整机制被放开，由铁道部改制而来的中国铁路总公司被正式赋予自行定价权，动车组票价实施市场调节价，由运输企业根据市场竞争状况自主确定。但由于铁路的特殊性，铁路部门对实行浮动票价一直非常慎重。虽然这可以带来经济效益，但受调价过程中的多种因素制约，铁路的票务系统要比民航更复杂，同时，铁路还承担着公益性职能，必须摸清供给和需求，不能引起负面作用。

票价如果提升了，铁路乘客受到的服务也不会原地踏步。今后铁路部门将进一步推广应用电子客票，提升智能化服务水平。随着5G技术的黑科技加持和车载WIFI的启用，乘客反映的高铁路途中信号不稳定、过隧道无信号这些老大难的问题也将逐一解决。国有体制的改革正在稳步推进，中国铁路总公司作为国企里的"大个头"，必定走在前列，当尖兵、当先锋，勇于尝试市场化调控票价，进一步提升乘客的出行体验，方便人民的交通出行。

资料来源：科技日报，2018年4月27日。

【关联理论】

在经济学中，需求价格弹性是指商品需求对其自身价格变化的敏感程度，它表明需求对价格变动的依存关系。而需求的交叉价格弹性则是用于衡量一种物品需求量对另一种物品价格变动的反应程度的指标，用第一种物品需求量变动百分比除以第二种物品价格变动百分比来计算。对于任意两种具有某种关联的物品来说，一种物品的价格变动必然会引起另一种物品的需求量发生变化。

【新闻评析】

在客运市场中，票价对于客运需求起重要作用。假定其他因素不变，如果某种客运方式的票价上升，其客流就会转移到其他方式上；相反，如果票价下降，那么就会吸引本来采用其他客运方式的客流。显然，铁路客运需求和票价直接影响铁路客运企业的效益。

和许多行业一样,铁路运营也存在淡旺季之分。车票是稀缺资源,旺季时期,动车票源紧缺,甚至一票难求,淡季时期则出现很多剩余车票,造成资源浪费。科学灵活的"一日一价"在这种情形下出现,符合铁路自主定价和市场化发展的原则。但在票价浮动后,有一些旅客会增加出行,也有一些旅客会错开出行高峰,去乘坐相对而言不那么紧俏的车次。灵活多变的价格,使旅客可以依据自身经济能力和时间条件进行自由选择。根据票价,旅客会用脚投票。如果票价过高,根据需求的交叉价格弹性原理,人们必然会转去坐长途汽车或买打折机票,这就把更多的选择交给了市场和旅客。

目前,我国铁路已形成包括高铁、动车、直达、特快、普快等多种客运产品在内的运营体系,不同客运产品所采用的技术手段、运输工具和组织形式不完全相同,其服务质量(包括时间、价格、安全、舒适性等)有很大差别。影响客运需求的因素有很多,除了经济社会等宏观因素,最为关键的因素就是各种客运产品的服务质量。实际上,客运需求是由各类出行者进行产品选择所形成的聚集结果。在市场经济环境下,票价是铁路客运提高竞争力的重要手段,票价体系也是一个国家铁路运输市场化程度的重要标志。改变铁路客运原有定价方式,根据不同细分市场旅客需求弹性建立多级运价体系,是增加运营收入、调节市场需求的有效价格管理策略。

三、案例研究

(一) 案例研究 A

换季服装打折背后的需求价格弹性理论

商场是换季的"温度计",8月7日立秋过后,商家都已然进入"清货"模式。记者走访发现,服饰、美容、运动等多个领域新品和促销各半边天,其中服装的优惠力度最大。"全场5折、低至2折""买一送一"……各种优惠力度非常大。此外,超低价格的反季商品也纷纷上架。酷暑天,商场里的毛呢大衣、羽绒服等都遭到疯抢,这是某周末发生在利和广场拉夏贝尔服装店的一幕。当天,该店举行了反季销售4折优惠,吸引了大批市民前去抢购。据该店的销售人员介绍,当天店内销售的秋冬款有新品也有去年的过季产品,而4折的都是去年的旧款。

当然,不少商家也纷纷推出新品,薄款长袖衬衫、毛衣、卫衣等秋装都已陆续上架。"半个月前,我们已经推出了优惠活动,全场低至5折,新品9折优惠。"大信新都汇艾格的销售人员说。

为什么随着季节变换,服装大多会进行打折销售,而且折扣的力度还很大呢?而其他一些商品,比如大米、食用油等,却不会换季打折呢?这就需要从商品的需求价格弹性原理中求解。

换季的服装之所以会经常打折,就是因为它们的需求富有弹性,而且需求价格弹性非常大。因此,对其进行降价销售,一般能起到极大地提升商品销售量的效果。相反,像大米、食用油这类商品属于生活必需品,不管价格上涨还是下跌,人们都必须消费,因而需求价格弹性非常小。

资料来源:南方日报,2014年9月2日。

【关联理论】

需求价格弹性是经济学中一个使用非常广泛的概念。它指的是在一定时期内,商品需求量变动对于该商品的价格变动的反应程度,也就是商品的需求变动量与价格变动量的比值。如果某商品的需求变动量与价格变动量的比值大于1,那么就可以说该商品是需求富有弹性的商品;如果比值小于1,就说明该商品是需求缺乏弹性的商品。而总收益则会受到价格需求弹性的影响。当需求缺乏弹性(价格弹性小于1)时,价格与总收益同方向变动;当需求富有弹性(价格弹性大于1)时,价格与总收益反方向变动。因而研究不同消费者的需求情况从而制定相应的价格可以增加商家的总收益。

【案例解析】

按照需求定理,商品的需求与价格一般呈负相关关系,也就是说,商品价格的下降会带来商品需求量的增加。因此,如果是需求富有弹性的商品,那么价格的削减会促使该商品的销售量大幅度提高;而对于需求缺乏弹性的商品来说,价格的变动对市场需求量的影响并不大。换季打折促销这种活动,是针对不同消费者的需求定价的方法。服装等产品富有价格弹性,小幅度的价格变动,会带来较大幅度的需求量变化。假设服装打8折,若是该类服装富有价格弹性,那么服装的销售量涨幅将会超过20%。若是单看价格,会以为该商家利润减少,但其实对富有价格弹性的商品降价,不仅不会使其减少营业收入,反而会吸引那些本不想购买服装的消费者前来购买,最终增加了收益。

就企业而言,对商品是采取降价销售策略还是采取涨价销售策略,关键在于分析商品的需求是否富有弹性。比如,一些国际知名品牌的产品几乎从来不打折,采取高价销售策略,正是因为其产品需求比较稳定,打折销售并不是实现利润最大化的最优策略。中国也有一些电商公司做特卖,是因为其产品富有弹性,通过价格弹性优势,可以为自己寻找盈利空间。因此,认真研究消费者心理,了解市场需求,针对行业特点,制定出适合自身的价格策略,一定会给企业带来丰厚利润。

(二) 案例研究 B

TCL 王牌彩电的初期营销

TCL 王牌彩电推出市场时,我国彩电市场的消费需求正处在从小屏幕向大屏幕转变的时期,无论是已经有彩电的家庭还是准备新添置彩电的家庭,几乎都希望拥有一台大屏幕彩电。当时市场上占主导地位的大屏幕彩电都是进口产品,这些牌子的彩电质量与性能都较好,但价格也相当高,令许多家庭,尤其是工薪阶层和刚富裕起来的农民还难以接受。对于许多人来说,拥有一台大屏幕彩电,还只是可望而不可即的梦想。TCL 王牌彩电推出市场时价格仅相当于同类型进口彩电的一半,质量和性能则非常接近,因此消费者的目光纷纷投向物美价廉的 TCL 王牌彩电,使其很快在国内家电市场上走俏起来。经过两三年时间,其销量已跃居全国同行业前列,很快成为北京几家大商场销量最大的大屏幕彩电,超过了几个名牌进口彩电。

当然,仅靠价格低廉,TCL 王牌彩电不可能与质量较高的进口彩电竞争,夺得自己的市场。生产 TCL 王牌彩电的决策者们清楚地意识到这一点,他们在提高产品质量方面狠下功夫,现在 TCL 王牌彩电的开箱合格率一直位居国产彩电之首。他们还根据国内市场消费者的需要,不断改进设计,使 TCL 王牌彩电的外观不逊色于进口彩电,具备的各种功能也与同类型进口彩电相近。这样中国普通老百姓家庭能够用少于进口彩电一半的价格圆了拥有大屏幕彩电之梦,许多要配置大屏幕彩电的宾馆、卡拉 OK 厢房也堂而皇之摆上了 TCL 王牌彩电。正是这种较高的性能价格比,使 TCL 王牌彩电不仅站稳市场,还不断扩大市场,在短短的时间内成为国内家电市场令人骄傲的国产名牌。

【关联理论】

需求的交叉弹性在市场竞争中的应用。当两种商品之间存在着替代或互补关系时,一种商品的价格变动会对另一种商品需求量产生交叉影响,我们把一种商品的需求量对于另一种商品价格变化的反应程度叫作需求的交叉价格弹性,通常用一种商品需求量变动的百分比除以另一种商品价格变动的百分比来计算。

【案例解析】

需求的交叉价格弹性分析告诉我们,当商品 A 与商品 B 互为替代关系时,A、B 之间任何一种商品的价格发生变动,不仅使其本身的需求量发生变化,也会引起具有替代关系的另一种商品的需求量发生变化。如果 B 商品的价格较低,就会增加对 B 商品的需求量。这其中包括使部分原先对 A 商品的需求量转移到 B 商品中来,这样就可以提高 B 商品在市场上的竞争能力。B 商品对 A 商品的替代性愈强,A 商品的垄断地位就愈容易被削弱。生产 TCL 王牌彩电的决策者们清楚地意识到这一点,根据国内市场消费者的需要,不断改进设计,使 TCL 王牌彩电的外观不逊色于进口彩电,具备的各种功能也与同类型进口彩电相近。正是由于这种较高的质量、性能价格比,TCL 王牌彩电不仅站稳市场,还不断扩大市场,在短短的时间内成为国内家电市场令人骄傲的国产名牌。

从 TCL 王牌彩电的成功我们还可以得到两点启示。其一,对一个新产品上市的厂商来说,要想从已经被外国名牌产品占据的市场上争得自己的空间,很重要的一点就是要在市场上形成消费者对自己产品的需求,能否形成需求关键又是自己的产品是否具有替代性,而替代性又表现在性能、性能价格比是否具有明显的优势。对于新厂商来说,就是要提高自己产品在市场上的竞争力。其二,当自己的产品的质量性能与名牌产品接近时,如何定价也是很关键。如果认为自己的产品与名牌产品的质量、性能接近,就把价格定得非常接近,希望以此获得更多的利润,这并不是一种很好的策略。当需求的价格弹性较大的时候,作为替代性的商品保持较低的价格,与被替代的商品保持较大的价格距离,自己的优势就能明显体现出来,需求量也会有较大幅度的增加,也就提高了自己产品在市场的销量。另外,从生产原理看,如果定价较高,需求量较低,厂商的生产未能达到规模收益不变阶段所需的产量水平,生产要素的效益未能充分发挥,厂商也不可能获得最大的利益。

四、课外习题

(一) 术语解释

1. 弹性
2. 需求价格弹性
3. 总收益

4. 需求收入弹性
5. 供给价格弹性

(二) 单项选择

1. 一般来说,需求曲线越陡峭,越可能的情况是( )。
   A. 富有价格弹性   B. 缺乏价格弹性
   C. 单位价格弹性   D. 以上各项都不对
2. 病人对药品(不包括滋补品)的需求的价格弹性( )。
   A. >1 B. $=1$ C. <1 D. $=0$
3. 以下哪一种物品的需求可能是最缺乏价格弹性的?( )
   A. 肯德基   B. 光明酸奶   C. 火锅   D. 食品
4. 如果两种物品之间的需求交叉价格弹性是负的,那么,这两种物品很可能是( )。
   A. 奢侈品   B. 必需品   C. 互补品   D. 替代品
5. 如果一个渔民在鱼腐烂之前要以他能得到的任何一种价格把他当天捕到的鱼卖出去,那么一旦捕到了鱼,渔民的鲜鱼的供给价格弹性就是( )。
   A. 0   B. 1   C. 无限大   D. 不能判断
6. 假设某商品的需求曲线为 $Q=3-5P$,市场上该商品的均衡价格为 4,那么,当需求曲线变为 $Q=5-5P$ 后,均衡价格将( )。
   A. 大于 4   B. 小于 4   C. 等于 4   D. 无法确定
7. 若价格从 3 元降到 2 元,需求量从 8 个单位增加到 10 个单位,这时卖者的总收益( )。
   A. 增加   B. 保持不变   C. 减少   D. 无法判断
8. 使农产品供给向右移动的农业技术进步倾向于( )。
   A. 减少农民整体的总收益,因为食物的需求缺乏弹性
   B. 减少农民整体的总收益,因为食物的需求富有弹性
   C. 增加农民整体的总收益,因为食物的需求缺乏弹性
   D. 增加农民整体的总收益,因为食物的需求富有弹性
9. 需求价格弹性系数的公式是( )。
   A. 需求量与价格之比
   B. 价格下降的绝对值除以需求量增加的绝对值
   C. 需求量变化的相对值除以价格变化的相对值
   D. 需求量变化的相对值乘以价格变化的相对值
10. 如果一种物品的需求收入弹性是负的,它必定是( )。
    A. 一种奢侈品   B. 一种正常物品
    C. 一种低档物品   D. 一种富有弹性的物品
11. 在下列商品中,可以采用"薄利多销"的方法通过降价来增加总收益的商品是( )。
    A. 化妆品   B. 面粉   C. 药品   D. 以上都是
12. 如果消费者认为一种物品很少有替代品,那么该物品( )。
    A. 供给将是富有价格弹性的   B. 供给将是缺乏价格弹性的
    C. 需求将是富有价格弹性的   D. 需求将是缺乏价格弹性的
13. 当消费者的收入增加 80% 时,某商品的需求量增加 40%,则该商品极可能

是( )。
A. 必需品 B. 奢侈品 C. 低档商品 D. 吉芬商品

14. 当出租车租金上涨后,对公共汽车服务的( )。
A. 需求下降 B. 需求增加 C. 需求量下降 D. 需求量增加

15. 大白菜供给的减少不可能是由于以下哪一个因素引起的?( )
A. 气候异常寒冷 B. 政策限制大白菜的种植
C. 大白菜价格的下降 D. 化肥价格上涨

(三) 判断正误

1. 如果一种物品的需求量对该物品价格的变动敏感,可以说需求缺乏价格弹性。( )
2. 用中点法计算弹性,如果一包花生米的价格由5元上升到10元,需求量从50包减少到25包,那么花生米的需求满足单位价格弹性。( )
3. 对手机的需求应该比对苹果手机的需求更缺乏弹性。( )
4. 这个月中成药的需求应该比今年中成药的需求更富有弹性。( )
5. 需求价格弹性的定义为某种物品价格变动的百分比除以该物品需求量变动的百分比。( )
6. 如果两种物品之间的需求价格弹性是正的,这两种物品可能是互补品。( )
7. 如果一种物品的需求缺乏价格弹性,那么,其价格上升将增加那种物品的总收益。( )
8. 高血压药这类必需品的需求往往是富有弹性的。( )
9. 如果需求曲线是线性的,那么沿着这条曲线的需求价格弹性是不变的。( )
10. 如果学校食堂的需求收入弹性是负的,那么,学校食堂的菜肴就是低档物品。( )

(四) 简答题

1. 如果需求是富有弹性的,价格上升会如何改变总收益? 请解释原因。
2. 王羲之字画的供给弹性是多大?
3. 供给价格弹性在短期中更大,还是在长期中更大? 为什么?
4. 弹性如何有助于解释为什么禁毒可以减少毒品供给量,但可能增加与毒品相关的犯罪?
5. 需求价格弹性有哪五种情况?

(五) 应用题

1. 一种高级冰激凌价格为9元人民币时需求量为11吨,价格为11元时需求量为9吨。求需求价格弹性。
2. 某种商品的需求函数为$P = 200 - 10Q$,求当$Q = 5$时的弹性。
3. 价格变动引起一种物品的需求量减少了30%,而这种物品的总收益增加了15%。这种物品的需求曲线是富有弹性还是缺乏弹性? 请解释原因。

(六) 拓展思考题

1. 1990年美国国会通过法令对高档消费品(豪华汽车、游艇等)征收消费税,目的是通过这种税实现"劫富济贫"。但其结果是,富人纳税没增加多少,生产这些高档消费品的工人却受害了,于是不得不在1993年取消这种对高档消费品征收的消费税。问:政府为什么会取消这种税?

2. 请阅读以下案例材料,结合本章相关理论回答文后三个问题。

买得起打印机买不起墨盒

在打印机市场上,彩色喷墨打印机和墨盒的定价很反常,彩色喷墨打印机一台售价仅为300元人民币,价格很诱人,使得很多有计算机的用户购买了这样的打印机,人们买到打印机后再考虑买墨盒,发现一个墨盒的价格是200元人民币。墨盒的消耗量很大,消费者如果经常使用打印机,那么购买墨盒就是不可避免的,不换墨盒就不能保证画面质量,而换四个墨盒的价格比买一台彩色喷墨打印机还贵,因此消费者才感到买得起打印机买不起墨盒。

还比如人们看其他人经营一种商品十分赚钱,就也做起同样的生意来,但这是经营别人产品的替代品,势必加剧市场竞争,恐怕竞争中被淘汰的就是新进者。其实,经营畅销产品的互补品不失为一种很好的思路,有的中小企业,靠着与汽车配套的思路,生产车用地毯、车灯、反光镜等配件,结果取得了良好的经营业绩。珠海中富集团一开始是十几个农民建立的一家小企业,最初为可口可乐提供饮料吸管,后来生产塑料瓶和瓶盖。可口可乐在哪里建厂,中富集团就在哪里建配套厂。靠这种积极合作的策略,中富集团如今已发展成年销量过十几亿元的大公司。

对消费者来说,大维西服与杉杉西服提供的效用是相同的,它们是互相替代的产品。众所周知,为了提高市场占有率,两家企业不惜投入大量的金钱做广告,进行非价格竞争。但如果只注意非价格竞争而忽视价格竞争也会失去市场。如大维坚持高价格政策,杉杉采取"薄利多销"的低价格策略,西装属于富有弹性的商品,因此消费者就会由于杉杉西装价格下降增加对杉杉西装的购买,大维就会失去一部分市场份额。因此,大维应根据交叉价格弹性的特点正确判断自己的市场定位,制定合适的市场价格,预防不利于自己生存和发展的情况发生。

讨论题:
(1) 什么是需求的交叉价格弹性?
(2) 什么是互补品及替代品?
(3) 需求的交叉价格弹性原理的微观意义有哪些?

五、习题答案

(一) 术语解释

1. 弹性:衡量需求量或供给量对其某种决定因素的反应程度的指标。
2. 需求价格弹性:衡量一种物品需求量对其价格变动反应程度的指标,用需求量变动百分比除以价格变动百分比来计算。

3. 总收益:一种物品的买者支付从而卖者得到的量,用该物品的价格乘以销售量来计算。

4. 需求收入弹性:衡量一种物品需求量对消费者收入变动反应程度的指标,用需求量变动百分比除以收入变动百分比来计算。

5. 供给价格弹性:衡量一种物品供给量对其价格变动反应程度的指标,用供给量变动百分比除以价格变动百分比来计算。

(二) 单项选择

1. B 2. C 3. D 4. C 5. A 6. A 7. C 8. A 9. C 10. C
11. A 12. D 13. A 14. B 15. C

(三) 判断正误

1. × 2. √ 3. √ 4. × 5. × 6. × 7. √ 8. × 9. × 10. √

(四) 简答题

1.【考查要点】 总收益与需求价格弹性之间的关系。

【参考答案】 如果需求是富有弹性的,价格上升会使总收益减少。因为需求富有弹性,价格上升引起需求量减少得如此之多,以至于抵消了价格上涨所带来的收益,即需求量下降的比例大于价格上升的比例。

2.【考查要点】 供给价格弹性的几种情况。

【参考答案】 王羲之字画的供给价格弹性为零。因为不管字画价格怎样变动,画商们都不可能再生产出这种字画,而只能提供一个固定的数量。

3.【考查要点】 供给价格弹性的影响因素。

【参考答案】 长期中供给价格弹性更大。因为在短期中,企业不能轻易改变它们的生产规模来增加或减少一种物品的生产。因此,在短期中供给量对价格常常不敏感。在长期中企业可以扩大生产规模或进行产品调整,开发新产品,并且企业可以选择进入或退出市场。因此,在长期中供给量可以对价格做出相当大的反应。

4.【考查要点】 弹性在日常生活中的应用。

【参考答案】 (1) 禁毒政策实施会影响毒品的供给曲线,导致毒品的供给曲线向左移动,在毒品的需求曲线不发生变化的情况下,导致毒品的价格上升,而毒品的均衡数量下降。(2) 由于毒品的需求很可能缺乏弹性,毒品价格上升将导致吸毒者总支出增加。因此,那些以盗窃或者抢劫来维持吸毒习惯的瘾君子,会变本加厉地犯罪。

5.【考查要点】 需求价格弹性的分类。

【参考答案】 (1) 当 $E_d = 0$ 时,需求对价格是完全无弹性的,即需求量与价格无关,则需求曲线为一条垂直于 Q 轴的直线,其需求函数为 $Q = a(a$ 为一常数);(2) 当 $E_d = 1$ 时,需求对价格为单位弹性,即价格变化的百分比与需求量变化的百分比相等;(3) 当 $E_d = \infty$ 时,需求对价格是完全有弹性的,需求曲线为一条垂直于 P 轴的直线,其需求函数为 $P = a(a$ 为一常数);(4) 当 $0 < E_d < 1$ 时,需求对价格缺乏弹性,即需求变化的百分比小于价格变化的百分比;(5) 当 $1 < E_d < \infty$ 时,需求对价格是富有弹性的,即需求变化的百分比大于价格变化的百分比。

(五) 应用题

1. 【考查要点】 需求价格弹性的定义和公式。

【参考答案】 需求价格弹性:$E_d = -[(11-9)/(9-11)][(11+9)/(9+11)] = 1$

2. 【考查要点】 需求定理、价格弹性的定义。

【参考答案】 当 $Q = 5$ 时,$P = 200 - 10 \times 5 = 150$

由 $Q = 20 - 0.1P$,$dQ/dP = -0.1$,$E_d = -dQ/dP \times P/Q = -(-0.1) \times (150/5) = 3$

3. 【考查要点】 总收益与弹性之间的关系。

【参考答案】 该物品需求量减少的原因是其价格上涨了。因为这种物品的总收益增加了15%,需求量减少了30%,由总收益 = 价格×数量,得出该物品价格上升的比例为(1 + 15%)/(1 - 30%) = 64.29%,大于需求量减少比例(30%),所以,该物品的需求曲线缺乏弹性。

(六) 拓展思考题

1. 【考查要点】 税收与需求弹性和供给弹性之间的关系。

【参考答案】 根据经济学原理,对消费品征收的税可能由消费者承担,也可能由生产者承担。谁承担得多取决于这种物品的需求弹性与供给弹性。高档消费品需求富有弹性,即增加税收价格上升后,需求量会大量减少(改为消费其他不加税的消费品),但供给缺乏弹性,即生产者无法迅速地大幅减少生产。这样,高档消费品税收主要由生产者承担,生产这些物品的企业不堪重负,只好减少生产甚至关门,工人收入减少甚至失业。想帮助穷人的政策反而害了穷人,正是因为不了解经济学中关于税收与需求弹性和供给弹性之间关系的结果。如果洪水后小麦价格上升,那么农民群体会由于洪水而受益,因为小麦是缺乏需求弹性的物品。但是,如果受害小麦占的比重过大,使小麦市场价格上升的幅度小于小麦供给量减少的幅度,那么农民群体就会由于洪水而受害。

2. 【考查要点】 需求的交叉价格弹性及互补品和替代品。

【参考答案】 (1)需求的交叉价格弹性是指在一定时期内一种商品的需求量的相对变动对于它的相关产品的价格相对变动的敏感程度,它是该商品的需求量变动率和它的相关商品价格变动率的比值。

(2)互补品是指必须和某商品一起使用的另一种商品。替代品是指可以替代某种商品使用的另一种商品。如案例中的彩色喷墨打印机和墨盒是互补产品,大维西服和杉杉西服是替代产品。

(3)如果基本品打印机定价低,配套品墨盒定价高,根据需求的交叉价格弹性的定价原理,面对基本品,如打印机,消费者完全处于主动位置,需求弹性较大,只有定价低才能吸引消费者购买,一旦买下基本品,配套品的选择余地就小了,消费者往往处于缺乏替代品的被动地位,此时定高价就能获取较高利润。如果反过来基本品定价高结果导致消费者寥寥无几,那么配套品定价再低也失去了意义。懂得需求的交叉弹性对企业决策和个人投资有很大的帮助。总之,企业在制定产品价格时,应考虑到替代品与互补品之间的相互影响。否则,价格变动可能会对销路和利润产生不良后果。

第 6 章
供给、需求与政府政策

一、学习精要

(一) 教学目标

1. 了解税收负担如何在买者与卖者之间分摊,及税收归宿的决定因素。
2. 领会税收对买者支付的价格、卖者得到的价格和销售量的影响,及对一种物品的买者或卖者征税结果是否相同。
3. 掌握价格上限政策和价格下限政策对市场结果的影响,及其成为限制性约束的必要条件。

(二) 内容提要

第 4 章提出供求模型,第 5 章通过提出弹性的概念以提高供求模型的准确性。本章将在供求模型的框架内分析价格控制和税收两种政府政策,分析政府如何运用政策去努力改善世界。政府政策有时会产生意想不到的结果。

1. 价格上限

(1) 价格上限是某种物品或服务的法定最高价格。

(2) 若确定的价格上限高于均衡价格,它就没有限制性,即价格上限对市场没有影响,此时价格可以不受限制地变动到均衡价格。

(3) 如果确定的价格上限低于均衡价格,它就是一种限制性约束,因为它不允许市场达到均衡。此时,限制性价格上限引起需求量大于供给量,即短缺。由于存在短缺,因此就需要在大量买者中配给少量供给,并导致无效率的结果:愿意排队等待或者排在队伍前面的买者可能会得到该物品;卖者也可能根据个人偏好配给物品,如卖给其亲戚、朋友、本地人等。

(4) 在汽油和租房市场上价格上限普遍存在。限制性租金政策引起租房短缺。短期中租房的需求和供给都是缺乏弹性的,因此产生的短缺并不大。但是,在长期中,租房的供给和需求变得更富有弹性,于是,短缺就很明显了,由此还会导致排队、贿赂房东、所租的房子不清洁、住房质量降低等,正如经济学家的评价:"租金上限是毁灭一个城市的最好方法"。

2. 价格下限

(1) 价格下限是某种物品或服务的法定最低价格。

(2) 如果确定的价格下限低于均衡价格,它就没有限制性,即价格下限对市场没有影响,此时价格可以没有限制地变动到均衡位置。

(3) 如果确定的价格下限高于均衡价格,它就是一种限制性约束,因为它不允许市场达到均衡。此时,限制性价格下限引起供给量大于需求量,即过剩。为了消除过剩,卖者会要求买者关照,并卖给家人或朋友。

(4) 劳动力市场存在价格下限,即最低工资。一般来说,最低工资对年轻工人和不熟练工人的劳动力市场具有限制性约束。即在年轻工人和不熟练工人的劳动力市场上,最低工资高于其市场均衡工资,劳动的供给量大于需求量,出现失业。研究表明:最低工资上升10%使年轻工人的就业减少1%至3%,最低工资还可能引起青少年找工作并退学。

3. 税收

(1) 政府用税收筹集收入。一种物品的税收将影响其销售量以及买者支付的价格与卖者得到的价格。

(2) 向买者征税会影响市场结果:如果向买者征税,需求曲线向下移动每单位税收的大小。因此,销售量减少,买者支付的价格上升,而卖者得到的价格下降。

(3) 向卖者征税会影响市场结果:如果向卖者征税,供给曲线向上移动每单位税收的大小。因此,销售量减少,买者支付的价格上升,而卖者得到的价格下降。

(4) 无论向买者征税还是向卖者征税,结果都是一样的:销售量减少,买者支付的价格上升,而卖者得到的价格下降。在对一种物品征税之后,买者所支付的和卖者所得到的之间的差额是每单位的税收,被称为税收楔子。无论向谁征税,一旦市场达到新均衡,都是买者和卖者分摊税收负担。

(5) 税收归宿是税收负担在市场参与者之间进行分配的方式。税收归宿并不取决于是向买者征税,还是向卖者征税。税收归宿取决于供给与需求的价格弹性。税收负担更多地落在缺乏弹性的市场一方。这就是说,税收负担更多地落在当价格变得不利时不愿意离开市场的一方身上。

(三) 关键概念

1. 价格上限:出售一种物品或服务的法定最高价格。有限制性约束的价格上限会引起供不应求,即短缺。价格上限在汽油和租房市场上普遍存在。

2. 价格下限:出售一种物品或服务的法定最低价格。有限制性约束的价格下限会引起供过于求,即过剩。价格下限的一个重要例子是最低工资。

3. 税收:政府要求买者或卖者每买进或卖出一单位物品所支付的一定数量的货币。政府可以用税收筹集收入,一种物品的税收将影响其销售量以及买者支付的价格与卖者得到的价格。

4. 税收楔子:在征税之后买者支付的量和卖者得到的量之间的差额。

5. 税收归宿:税收负担在市场参与者之间进行分配的方式。税收归宿并不取决于是向买者征税,还是向卖者征税,而是取决于供给与需求的价格弹性。

(四) 拓展提示

1. 只有确定的价格上限低于均衡价格时才会引起短缺,只有确定的价格下限高于均衡价格时才会引起过剩。

2. 市场通常是组织经济活动的一种好方法,价格是隐藏在供给曲线和需求曲线背后的千百万企业和消费者决策的结果。价格有平衡供求从而协调经济活动的关键作用。当决策者通过立法方式确定价格时,他们就模糊了指引社会资源配置的信号。决策者进行价格控制是因为他们认为市场结果是不公平的,但价格控制往往损害了那些它本想要帮助的人。譬如最低工资可以帮助那些在最低工资时找到了工作的人,但伤害了那些由于最低工资而失业的人。租金控制可以帮助低收入的群体租得起房子,但降低了住房的可获得性和住房的质量。

3. 税收会引起需求曲线与供给曲线向上(或向下)垂直移动,这种思维逻辑是有益的。向买者征税会导致需求曲线向下移动,向卖者征税会导致供给曲线向上移动,移动的幅度即为每单位税收的大小。

4. 在香烟市场上,由于吸烟者有瘾,需求可能比供给更缺乏弹性。因此,香烟的税收往往使买者支付的价格上升比卖者得到的价格下降更多,结果是香烟的税收负担更多地落在香烟买者的身上。就工薪税(社会保障和医疗税)而言,由于劳动供给的弹性小于劳动需求的弹性,大部分税收负担实际由工人承担,而不是像立法者规定的那样五五平分。

二、新闻透视

(一) 新闻透视 A

茅台限价:市场不买账

据《北京商报》2017年8月6日报道,茅台公司北京片区与国酒茅台北京联谊会近期共同发布文件指出,北京片区70家茅台酒指定购买网点,将在中秋国庆两节期间拿出50%的供货量来确保零售供应,售价保持1299元不变,最大程度满足社会消费者对茅台酒的购买需求。如果消费者在指定的销售网点买不到茅台酒,该网点将受到相应处罚。此外,在北京商超零售渠道中,有超过百家网点也加入平价卖酒活动,并公开接受社会监督。

《北京商报》记者随机致电几家茅台直营店调查后得知,目前茅台酒仍处于断货、限购的状态。对于是否接到相关通知,茅台经销商则普遍回应含糊或表示尚不知情。其中一家茅台专卖店负责人表示,由于货不够卖,已经砍掉团购订单,零售客户仍然只能购买2—4瓶。且如果客户想要订购茅台酒,需要出示公司信息进行登记,以防酒商借机囤货。至于国庆中秋能否放开卖,要看厂家配货情况。

2017年以来,茅台酒始终处于有价无货、供不应求的状态,终端价格直线上涨。此次,明确公示终端销售网点、承诺直接面对消费者平价放量,可见茅台控价决心。但值得一提的是,目前部分经销商仍难摆脱无货可卖的难题,双节期间能否真正保证社会消费者的需求,仍有待观察。

据《北京青年报》2018年1月4日报道,2018年新年伊始,53度500毫升飞天茅台官方零售价格正式上调,从原来的1299元/瓶上调到1499元/瓶。但是不论是线上商城还是线下商店,茅台酒仍然处于一瓶难求的状态。经销商惜售、囤货现象严重,更有的经销商表示,飞天茅台到店后,一瓶要卖到2000元左右。而在2017年5月3日,茅台集团董事长袁仁国在茅台酒市场管理工作情况座谈会上表示,一定要守好"批发价不超过1200元、终端零售价不超过1300元"的两条红线。

另据《工人日报》2018年4月28日报道,深圳市市场和质量监管委宝安局沙井所接到举报线索,反映一家酒类销售商店在销售假冒的茅台酒。执法人员与贵州茅台酒股份有限公的假酒鉴定人员立即赶往现场进行突击检查,查获百瓶售价3 200元的假茅台。经调查,当事人销售的假冒贵州茅台酒售价为每瓶1 800元,假冒贵州茅台酒(鸡年生肖)售价为每瓶3 200元,货值金额总计达20余万元。

茅台推出了限价战略,结果呢?

资料来源:北京商报,2017年8月6日;北京青年报,2018年1月4日;工人日报,2018年4月28日。

【关联理论】

价格上限是出售一种物品或服务的法定最高价格。当市场价格达到价格上限时,根据法规不能再上升,市场价格必定等于价格上限,从而导致商品的供给量小于需求量,即出现市场短缺。在限制性价格上限政策实施情况下,市场一旦被捆绑住了,依靠价格调节配给物品的自由市场作用发挥失效,此时就会产生不利的经济现象。

【新闻评析】

经济学家认为市场通常是组织经济活动的一种好方法,因为市场经济下家庭和企业的决策通常会使社会经济福利最大化。而政府的价格控制政策限制了价格,如同把市场经济这只"看不见的手"绑起来了,使市场经济无法实现社会经济福利最大化的结果。

其实出现越限越涨的情况,是经济学供需原理作用下的必然结果。一方面供应是有一定周期的,不管是建楼房还是酿酒,都不可能无限制供应;另一方面当价格不能反映市场规律的时候供求平衡就被打破,从而进一步改变了供需关系。消费者在限价的冲动下需求大增,而供给减少,此时要么价格回到高于市场价格时的水平,要么消费者增加非货币性的成本,供求才能再次回归平衡。

假设茅台的市场价是2 000元每瓶,市场需求量为1 000瓶。生产商宣布限价1 000元每瓶,不考虑中间商,那么消费者一听到茅台酒打五折了,于是有更多的人买来做婚庆用酒、孝敬长辈和领导或者自己品尝,这样一来需求量增加到1 500瓶,供应量却缩减为500瓶,市场上有1 000瓶缺口。怎么办?这时候考虑一下供应商和分销商,经过层层加价,愿意按照限价销售的茅台酒供应量更加少了,因为利润少,分销商惜售,推出限量销售等措施。于是真正能够按照限价1 000元每瓶买到茅台酒的消费者很少。能够买到1 000元每瓶茅台酒的消费者要么手快能够抢到网上限量的,要么排队花费时间成本去购买。但如果有些消费者婚庆在即,不想花费时间成本,又急需茅台酒怎么办呢?只能加价购买。从而导致越限价商品到消费者手里越高价的尴尬局面。这是一种蕴含了经济学原理的必然现象。

(二) 新闻透视 B

业内谈取消机票价格下限:将归市场管的还给市场

2013年11月7日,民航局和发改委下发取消国内航空机票价格下限的通知——这一政策的出台为各家航空公司大力促销机票的降价行为找到了合法化的注脚。规定中称,对旅客运输票价实行政府指导价的国内航线,均取消票价下浮幅度限制,航空公司可以基准价为基础,在上浮不超过25%、下浮不限的浮动范围内,自主确定票价水平。而在此之前,中国各航空公司机票价格不得超过基准价的1.25倍,不能低于基准价的60%。

机票价格下限取消政策的出台,受到航企和旅客的普遍欢迎。价格低廉的飞机票已经越来越多。"合肥—北京1.5折165元、合肥—上海最低1.7折84元机票、厦门—武夷山0.4折只要30元的机票……"这样优惠的折扣和低价的机票着实令人心动。"双11"不仅是电商卖家的"狂欢节",航空公司显然也不甘落后。11月11日当天,南方航空公司推出了国内机票110元起、国际机票100元起的限时疯抢活动;中国国航在特价票秒杀的基础上,实行国内全航线折后再减30%的优惠;东方航空则推出了"一元抢券"活动——以1元的价格换购东航电子升舱券等。

"民航局只是把各航空公司都在做的事情合法化",一位民航业内人士对《新金融》记者说。其实在政策出来之前,各航空公司的机票价格折扣早就突破民航局的规定了,"既然管不了,又没道理对航空公司进行处罚,自然应该将本该归市场管的交还给市场。"

"对于三大航空公司来说,飞一趟国际航线亏损都在上百万元,但民航局对国际航线的票价没有限制;最赚钱的国内航线却要限制票价打折的下限,这会流失一部分旅客资源给高铁",上述人士进一步说,"保留价格上限是为了防止当机票资源紧张时航空公司坐地起价,这是出于对消费者权益的保护。"

《新金融》记者在对多家航空公司的相关负责人进行采访时了解到,尽管政策还是保留了价格管控的上限,但在定价销售方面给航空公司更强的自主性和灵活性,便于为各层次消费群体提供各类特色产品,国内航空公司对于此次出台的政策普遍持正面态度。

不过有业内人士预计,未来各航空公司的票价调整幅度并不会因此出现太大改变。国航的一位人士对《新金融》记者表示:"三大航空公司的票价制定早就形成了较为成熟的体系,一般会由市场部、销售部、网络收益部等部门根据市场需求联合提出方案,经公司商务委员会或营销委员会共同决定机票价格,不会因政策出来就随意推出低票价。"

资料来源:业内谈取消机票价格下限:将归市场管的还给市场.新浪财经.(2013-11-17)[2020-6-15].http://finance.sina.com.cn/chanjing/cyxw/20131117/091417346284.shtml.

【关联理论】

一旦政府实行有限制性的价格下限政策,即设定高于均衡价格的法定最低价格,不允许价格下降至这一价格之下,那么卖者就不能按照市场价格卖出他们想卖的所有东西,就会导致商品的供给大于商品的需求,从而引起过剩。相反,一个自由市场通过无形的价格体系发挥作用,从而优化资源配置。供过于求价格下降,供不应求价格上升,从而引导资源流向最需要的地方去。如果政府没有考虑到这一点,盲目实行价格下限政策反而会引起无效率的结果。

【新闻评析】

一旦政府实行有限制性的价格下限政策,就会导致商品的供给大于商品的需求,从而引起过剩。在以上新闻中反映的情况即为如此,对航空机票实行价格下限政策,会导致飞机乘客数量减少,而航空服务的供给不会发生太大变化,因而极易导致民航服务的过剩,即航班上座率不高。当航班上座率不高,补偿不了飞行成本的时候,航空公司也必须遵守规定不能继续降低票价招徕更多的顾客,并不得不让飞机亏本飞行,对航空业和消费者均带来不利影响。简而言之,航空业和消费者的利益均因政府价格下限政策而受到损害。政府没有考虑到这一点,盲目实行价格下限政策反而会引起无效率的结果。

取消机票价格下限,将归市场管的还给市场,不仅给消费者带来实惠,也给民航业,乃至整个大交通带来生机。

其一,对于消费者,正如新闻中提到的,取消机票价格下限后,民航公司纷纷推出了各类降价促销活动,让普通消费者享受到低廉的航空服务。

其二,对于民航业,取消机票价格下限,航空公司对机票就有了更大的定价权,这有利于提高民航业相对于高铁等运输方式的竞争力。从航空公司因为"票价低"被罚款,到取消机票价格下限,政策松绑为低成本航空市场发育带来潜在支持。由于国内民航业还存在不少垄断,航空公司竞争活力本身就受到一定的不利影响。中国民航业能否在与地面主要交通运输方式的竞争中胜出,关键是提高自身竞争力,而赋予航空公司机票自主定价权,激发航空公司的竞争意识和服务意识,是其中的关键环节。

其三,对于整个大交通,取消机票价格下限的政策,可能会倒逼高铁做出积极反应,不排除还会刺激公路客运和水运调整票价,或许也将会激活整个大交通市场。民航业的一次"小动作",激活整个交通市场,可谓由政府管制回归市场调节之经典。

(三) 新闻透视 C

上海等多地将上调最低工资标准 部分职工工资将上涨

近期,很多地方陆续调高了最低工资标准。

目前,上海、深圳、天津、北京 4 地月最低工资标准均超过了 2 000 元。其中,上海月最低工资标准 2 300 元,为全国最高;小时最低工资标准最高的是北京,为 22 元。

辽宁,最低工资标准调至最高 1 620 元/月。2017 年 12 月,辽宁省人社厅印发了《关于调整全省最低工资标准的通知》,2018 年 1 月 1 日起,全省将执行调整后的最低工资标准。各市需根据调整后的全省最低工资标准制定本市的最低工资标准。辽宁省本次调整后月最低工资标准为:一档标准 1 620 元,二档标准 1 420 元,三档标准 1 300 元,四档标准 1 120 元。小时最低工资标准为:一档标准 16 元,二档标准 14 元,三档标准 11.8 元,四档标准 10.6 元。

西藏,最低工资标准调至最高 1 650 元/月。西藏自治区人社厅宣布,从 2018 年 1 月 1 日起,西藏将现行月最低工资标准 1 400 元调整为 1 650 元。同时,将现行小时最低工资标准 13 元调整为 16 元。据西藏人社厅劳动关系处工作人员介绍,根据相关规定,最低工资不包括下列各项:用人单位支付给劳动者的非货币性补贴;延长工作时间或者加班加点工资;中班、夜班、高温、低温、低压、井下、有毒有害等特殊工作环境、条件下领取的津贴;法律法规和国家统一规定的劳动者福利待遇等。

上海,适度调整最低工资标准。据上海市人社局网站消息,上海市政府召开 2018 年人力资源和社会保障工作会议,要求今年统筹提高各类人员养老金水平,调整失业保险、工伤保险、医疗保险待遇,适度调整最低工资标准。2017 年 4 月 1 日,上海市最低工资标准从原先的 2 190 元提升至目前的 2 300 元,为国内最高。据了解,上海除了 2009 年暂缓调整最低工资水平,其余都是每年至少调一次。需注意的是,上海的最低工资不含劳动者个人依法缴纳的社会保险费和住房公积金。

安徽,适时调整最低工资标准。安徽省人社厅在新闻通气会上介绍,2018 年安徽省将适时提高最低工资标准。同时,深化机关事业单位工资收入分配制度改革,做好调整机关事业单位基本工资标准、实施地区附加津贴制度和公务员奖金制度、落实人民警察值勤津贴待遇等三项工作。安徽省最近一次调整最低工资标准是在 2015 年 11 月,调整后,最低月工资标准分为1 520元、1 350元、1 250元、1 150元4档,非全日制用工小时最低工资标准分为16元、14元、13元、12元4档。

资料来源:上海等多地将上调最低工资标准 部分职工工资将上涨.新浪上海.(2018-2-27)[2020-6-15].http://sh.sina.com.cn/news/m/2018-02-27/detail-ifyrwsqi6455027.shtml.

【关联理论】

保护价格是一国政府为了保护生产者或消费者以及国家的利益而制定的价格,包括对某些农产品的收购价格、工业品的销售价格及国际贸易中某些商品的价格规定最高限价或最低保护价,或者由政府直接或间接地将商品价格定在某一水平,其目的是平抑市场物价、保证物价相对稳定、保障人民生活安定及农民的合理收益,促进国际贸易的发展。本部分最低工资限价是为工人而实行的价格保护政策。

【新闻评析】

最低工资是指劳动者在法定工作时间或依法签订的劳动合同约定的工作时间内提供了正常劳动的前提下,用人单位依法应支付的最低劳动报酬。从经济学角度来看,最低工资是最低限价的典型例子,其目的是防止人们收入过低,特别是给低技能劳动力的一个基本的生活保障。

最低工资标准是保障劳动者本人及其赡养人口最低生活需要的工资支付保障标准。在我国,最低工资标准一般采取月最低工资标准和小时最低工资标准的形式。月最低工资标准适用于全日制就业劳动者,小时最低工资标准适用于非全日制就业劳动者。为了考察最低工资的影响,我们必须考虑劳动市场。劳动市场和所有市场一样服从于供求的力量。工人决定劳动供给,而企业决定劳动需求。在没有政策干预时,工资调整使劳动的供求平衡。在有最低工资的劳动市场,如果最低工资高于均衡水平,劳动供给量大于需求量,结果是失业。因此,最低工资增加了有工作工人的收入,但减少了那些找不到工作的工人的收入。

关于最低工资存在的合理性,即最低工资存在的利弊问题,经济学界一直存在争议。大多数中国经济研究者认为,最低工资的存在是利大于弊。究其原因有以下两点。其一,最低工资政策是增加贫穷工人收入的一种方法。目前在我国,上调最低工资标准对增加低收入职工收入,特别是促进提高低收入职工的工资水平将起到直接拉动作用。职工的失业保险金、医疗期内的病假工资、试用期工资、公益性岗位工资以及单位歇业、停产等情况下工资、生活费将随最低工资标准的调整而上涨。其二,较高的工资可能提高生产率,提高劳动力素质,减少旷工和跳槽,使强行规定的最低工资转变成效率工资,使劳动力需求曲线相应地右移,从而抵消最低工资可能导致的任何失业,以达到一种新的均衡。

三、案例研究

(一) 案例研究A

税收的归宿

"丘也闻有国有家者,不患寡而患不均,不患贫而患不安。"这是两千多年前孔子的训诫,至今还时常为人们所引用,历久而弥新,证明着其所表达的理念深入人心。这其实也并不奇怪。因为它所道出的是一种普遍的社会心理,古今一也,中外一也。虽然在不同的时期、不同的国度,人们所能理解和承受的"不均"程度并不相同。

因为如此,古往今来,"劫富济贫"一向是侠义之举,为人们所称颂。"天之道,损有余而补不足。"富人的形象历来相当负面,面目相当可憎,劫富济贫"既符天道,又合人理",拥有"广泛的群众基础"。在现代社会的经济领域,"劫富济贫"的方法很多,其中最常用的一种就是税收。

事情真是如此简单吗?在回答这一问题之前,我们先看一个真实的案例。这是发生在美国的一件事情。1990年,美国国会通过了一项新的针对游艇、私人飞机、皮衣、珠宝和豪华轿车这类物品的奢侈品税。显而易见,奢侈品税目标明确,理由充分:一般而言,只有富人才能买得起这类奢华的东西,因此对奢侈品征税看来是向富人征税的一种合理方式。但将奢侈品税付诸实践的结果却出人意料:不是消费这些奢侈品的富人,而恰恰是生产这些奢侈品的企业和工人承担了更多的税收负担。于是,到了1993年,大部分奢侈品税被废除了。

在一般人看来,向谁征税,谁就承担税收负担。向消费者征税,消费者就承担税收负担;向生产者征税,生产者就承担税收负担。对人们的这种思想,经济学家有一个形象的比喻,说税收负担就像粘蝇纸上的苍蝇,被粘在它落脚的地方,他们戏谑地称之为税收负担的粘蝇纸理论。但事实并非如此。上述真实的案例明白地表明:不是向谁征税,谁就承担税收负担。因为这里涉及一个税收归宿的问题。

税收归宿是指税收最终的负担分配。例如,假设现在政府决定对市场上的一件物品征税。比如具体向消费者征税。因为向消费者征税,其最初而且直接的影响是需求,而供给不变。不难明白,征税影响的是整条需求曲线,因为征税之后,消费者付出的代价提高了,需求减少,需求曲线向左移动,与供给曲线相交形成新的均衡价格。与没有征税时的均衡价格相比,新的均衡价格下降了。这也就意味着,在新的均衡时,卖者得到的价格下降了。这也就是说,因为征税,买者买得少了,卖者卖得少了,这一物品的市场规模萎缩了。虽然表面上消费者支付了全部税收,但卖者实际上也分担了这种税收负担。反过来,如果对生产者征税,其过程也是一样的。结论是,无论是对谁征税,最终的结果都是一样的:买者和卖者分担税收。

作为消费者,我们总希望政府向生产者收税;作为穷人,我们总希望政府向富人收税;作为员工,我们总希望政府向企业收税……总而言之,倘若要征税,最好是掏别人的口袋里的钱,而不是掏自己口袋里的。自然,这也是人之常情。但是,正如上述的分析所表明的,政府可以决定税收来自谁的口袋,但不能决定税收负担真正落在谁的头上。一旦征税,无论向谁征收,最终的结果必然是买卖双方共同负担,谁也无从逃避。其间的区别只不过是谁承担得更多一些。而这则取决于供给与需求的力量对比。还是一句老话说得好:人民支付一切税收。

【关联理论】

作为税收负担在市场参与者之间进行分配的方式,税收归宿并不取决于是向买者征税,还是向卖者征税。无论向谁征税,一旦市场达到新均衡,都是买者和卖者分摊税收负担。税收归宿取决于供给与需求的价格弹性,税收负担更多地落在缺乏弹性的市场一方,即更多地落在当价格变得不利时不愿意离开市场的一方身上。

【案例解析】

无论是向哪一方征税,最终都是由买者和卖者分摊税收负担,但买者与卖者分摊的税收负担并不平均。谁承担的税收负担更多,取决于需求和供给的价格弹性。当需求非常有弹性而供给缺乏弹性时,买者分摊的税收负担少一些,而卖者承担了大部分税收负担;当需求缺乏弹性而供给非常有弹性时,则是买者承担了更多的税收负担,而卖者分摊了小部分税收负担。也就是说,税收负担将更多地落在缺乏弹性的市场一方。为什么会这样?内在的原因其实很简单:弹性大意味着有足够的替代品,一旦某一物品因为征税而价格上升,买者或者卖者可以随时转向替代品,而这个时候,缺乏弹性的一方因为不容易离开市场,不得不承担更多的税收负担。

根据以上分析,我们可以解开文中所提到的向富人征收奢侈品税事例的困境所在。不错,购买游艇、私人飞机、皮衣、珠宝和豪华轿车的人都是富人。但对这些富人而言,这些物品大多是有弹性的,他们往往有其他的物品来替代。当游艇、私人飞机、皮衣、珠宝和豪华轿车因为征税而价格高昂时,富人们很容易转向其他替代品,比如去国外度假、去打高尔夫球等。与此相比,生产这些奢侈品的企业则不容易转产,或者在短期内不容易转产。这样,因为需求富有弹性而供给缺乏弹性,税收负担更多地由供应者承担,也就是由生产这些奢侈品的企业和工人所承担。

(二) 案例研究 B

价格控制政策的利与弊

支持价格也称最低价格,是指政府对某些商品规定的价格下限,政府这么做往往是为了防止价格过低,以示对该商品生产的支持。长期以来发达国家都对农产品实行支持价格,这一政策在一定程度上使它们的农业非常发达。以美国为例,2002 年 5 月 13 日上午,布什总统在白宫正式批准了当月上旬美国国会参众两院的新的农业政策。根据新政策,美国政府将在今后 6 年内为农业和畜牧业提供 517 亿美元的补贴。我国现在对农业实行的"保护价敞开收购"政策实际也是一种支持价格。支持价格的作用,以农业为例,从短期看支持了农业的发展,调动了农民种田的积极性,但从长期看,使农产品的供给大于需求,对过剩的农产品政府只有大量收购,使政府背上了沉重的债务负担。靠保护成长起来的事物是缺乏生命力的,如果持续采用这种支持价格,就不能从根本上改变我国农业的落后状况。另外,政府解决收购过剩的农产品的方法之一是扩大出口,这容易引起国家与国家之间为争夺世界农产品市场而进行贸易战。

限制价格也称最高价格,是指政府对某些商品规定最高上限,政府这么做往往是为了防止价格过高,控制通货膨胀。我国在计划经济时期对很多生活必需品都实行限制价格,小到柴米油盐大到住房都有规定。限制价格有利于社会平等,但从长期看,价格低不利于抑制需求,也不利于刺激供给,使本来就短缺的商品更加短缺。为了弥补供给不足部分,政府往往会采取配给制。例如我国住房长期以来实行配给制和低房租,这种政策固然使低收入者可以有房住,但事实上也造成了房屋更加短缺,住房问题几十年解决不了。改革开放以来,随着我们逐步放开公租房的房租和不断改变住房分配政策,商品房的价格由市场调节,调动了开发商建房的积极性,解决了多年来住房需求的短缺难题。

【关联理论】

价格上限是某种物品或服务的法定最高价格,如果价格上限低于均衡价格,则需求量大于供给量。由于出现短缺,卖者必须以某种方式在买者中配给物品或服务。相反,价格下限是某种物品或服务的法定最低价格,如果价格下限高于均衡价格,则供给量大于需求量。由于出现过剩,必然要以某种方式在卖者中配给买者的物品或服务需求。当决策者认为一种物品或服务的市场价格对买者或卖者不公平时,政府通常会实施价格控制。但无论实行哪一种价格控制政策,都是既有利也有弊的。

【案例解析】

市场机制是通过市场价格的波动、市场主体对利益的追求、市场供求的变化来调节经济运行的机制,是市场经济中供求、竞争、价格等要素之间的有机联系。市场机制是一个有机的整体,它的构成要素主要有市场价格机制、供求机制、竞争机制和风险机制等。亚当·斯密在《国富论》中指出,家庭和企业在市场上相互交易,它们仿佛被一只"看不见的手"所指引,并导致了合意的市场结果。

当市场失灵的时候,政府有时可以改善市场结果。本着这一目标,当决策者认为一种物品或服务的市场价格对买者或卖者不公平时,政府通常会实施价格控制。譬如欧美等国家都有农产品价格保护机制,由议会确定每年的农产品最低保护价和补贴标准,如果市场价格低于保护价,政府立即启动价格保护机制。当价格下跌过快时,政府大量收购该农产品储存,拉升价格;当价格上涨过快时,政府再把储备的农产品投入市场,加大供给量,促使价格回落。有的国家则把差价直接补贴给农民。如欧美国家一样,世界上大多数国家都对农产品市场进行干预,以此来防止出现"谷贱伤农",帮助农民收入保持稳定。但对农产品实行价格下限等保护性价格机制也会带来一些不良后果,例如开放经济背景下各国为争夺世界农产品市场而进行的贸易战。

四、课外习题

(一) 术语解释

1. 价格上限
2. 价格下限
3. 税收归宿
4. 税收楔子
5. 税收

(二) 单项选择

1. 为了使价格上限成为一种对市场的约束性限制,政府应该使它(　　)。

   A. 高于均衡价格

   B. 低于均衡价格

   C. 正好在均衡价格上

   D. 在任何一种价格上,因为所有价格上限都是限制性约束

2. 约束性价格上限引起( )。
   A. 短缺 B. 过剩
   C. 均衡 D. 短缺或过剩取决于确定的价格上限在均衡价格之上还是之下
3. 市场的哪一方更可能为价格下限而游说政府?( )
   A. 想要价格下限的既不是买者也不是卖者 B. 买者与卖者都想要价格下限
   C. 卖者 D. 买者
4. 下列哪一种情况是价格下限的例子?( )
   A. 租金控制
   B. 当汽油的均衡价格是每升7元时,把汽油的价格限制为每升5元
   C. 最低工资
   D. 以上各项都是价格下限
5. 约束性价格下限引起( )。
   A. 短缺 B. 过剩
   C. 均衡 D. 短缺或过剩取决于确定的价格上限在均衡价格之上还是之下
6. 政府为扶持农业,对农产品规定了高于其均衡价格的支持价格,政府为维持支持价格,应该采取的相应措施是( )。
   A. 增加农产品的税收 B. 实行农产品配给制
   C. 收购过剩的农产品 D. 对农产品生产者予以补贴
7. 政府把价格限制在均衡水平以下可能导致( )。
   A. 黑市交易 B. 大量积压
   C. 一部分买者低价买到了希望购买的物品数量 D. A和C都对
8. 限制价格是政府为了限制某些生活必需品的物价上涨而规定的这些产品的( )。
   A. 最低价格 B. 最高价格 C. 均衡价格 D. 垄断价格
9. 支持价格是政府为了保护某些行业收益的( )。
   A. 最低价格 B. 最高价格 C. 均衡价格 D. 垄断价格
10. 假设房租的均衡价格是每月1 000元,而政府规定租金控制是700元。由于租金控制,下列哪一种情况是不可能发生的?( )
    A. 住房短缺 B. 房东可以对公寓租赁者进行歧视
    C. 为了租到公寓要向房东行贿 D. 公寓的质量将提高
11. 当向市场上的买者征税时( )。
    A. 买者承担税收负担
    B. 卖者承担税收负担
    C. 买者与卖者的税收负担与向卖者征税时相同
    D. 税收负担主要落在买者身上
12. 在下列哪种情况下,税收负担会更多地落在市场上的卖者身上?( )
    A. 需求缺乏弹性,而供给富有弹性 B. 需求富有弹性,而供给缺乏弹性
    C. 供给和需求都缺乏弹性 D. 供给和需求都富有弹性
13. 在下列哪种情况下,税收负担会更多地落在市场上的买者身上?( )

A. 需求缺乏弹性，而供给富有弹性　　　B. 需求富有弹性，而供给缺乏弹性
C. 供给和需求都缺乏弹性　　　　　　　D. 供给和需求都富有弹性

14. 对一种消费者必需的物品征税，很可能使税收负担（　　）。
A. 更多地落在买者身上　　　　　　　　B. 更多地落在卖者身上
C. 在买者与卖者之间平等地分摊　　　　D. 完全落在卖者身上

15. 以下哪一种物品的税收负担更可能主要落在卖者身上？（　　）
A. 食品　　　　B. 娱乐业　　　　C. 服装　　　　D. 住房

（三）判断正误

1. 如果每升汽油的均衡价格是7元，而政府把每升汽油的价格上限定为8元，结果是汽油短缺。（　　）
2. 高于均衡价格的价格下限是一种限制性约束。（　　）
3. 低于均衡价格的价格上限将引起过剩。（　　）
4. 现在没有限制性的价格上限，当未来需求增加，均衡价格上升到高于规定的价格上限时，就会引起短缺。（　　）
5. 一个市场的价格下限总会引起该市场上的过剩。（　　）
6. 对手套征收10元税收总会使手套的买者支付的价格高10元。（　　）
7. 税收的最终负担会主要落在缺乏弹性的市场一方。（　　）
8. 如果药品是必需品，对药品征税的负担可能更多地落在药品买者的身上。（　　）
9. 向买者征税和向卖者征税，影响效果是相同的。（　　）
10. 最低工资有助于所有青少年，因为他们得到的工资高于没有最低工资时得到的工资。（　　）

（四）简答题

1. 如果价格上限确定为高于均衡价格，对市场价格和数量有什么影响？为什么？
2. 如果价格上限确定为低于均衡价格，对市场价格和数量有什么影响？为什么？
3. 如果价格下限确定为低于均衡价格，对市场价格和数量有什么影响？为什么？
4. 如果价格下限确定为高于均衡价格，对市场价格和数量有什么影响？为什么？
5. 如果向珠宝征收消费税，谁的税收负担可能更大一些？是珠宝的买者还是卖者？为什么？

（五）应用题

1. 请根据下图，回答下述政策对U盘市场的影响：
(1) 价格上限为90元。
(2) 价格下限为90元。
(3) 价格下限为120元。

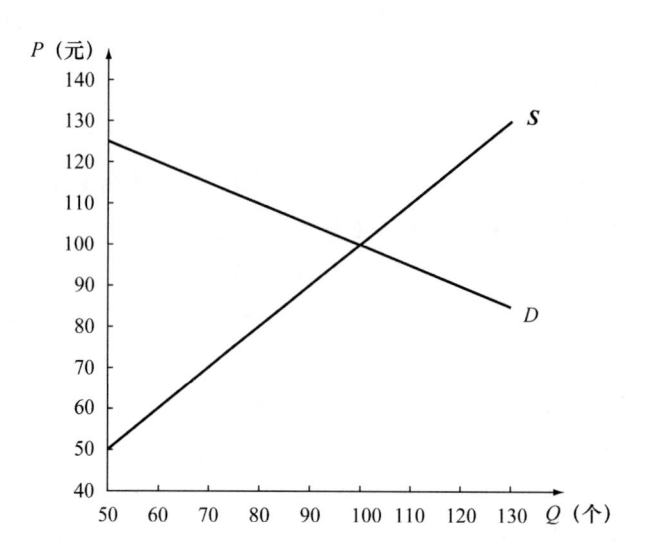

2. 电动自行车的需求表和供给表如下：

每辆自行车的价格(元)	需求量(万辆)	供给量(万辆)
5 000	1 000	15 000
4 000	2 000	12 000
3 000	4 000	9 000
2 000	6 000	6 000
1 000	8 000	1 000

（1）电动自行车的均衡价格和均衡数量是多少？

（2）如果政府实行比均衡价格高 2 000 元的价格下限。新的市场价格是多少？可以卖出多少辆自行车？

3. 如果政府对豪华游艇征收 3 000 元的税收，那么消费者所支付价格的上涨幅度是大于 3 000 元，等于 3 000 元，还是小于 3 000 元？请解释理由。

（六）拓展思考题

1. 请结合价格控制相关理论，回答以下两个问题：

（1）应该如何评价最低工资这种价格控制政策？这种政策是完美的吗？

（2）假设你是一个租房者，如果政府对房租实行价格上限，那么这项政策对你有何影响？为什么？

2. 请结合弹性及税收归宿相关理论，回答以下两个问题：

（1）假定向豪华轿车征收汽油消耗税。谁的税收负担可能更大？是豪华轿车的生产商还是消费者？

（2）如果政府通过对食物征税的方式来筹集收入，并且只向食物的卖者征收，那么最终的税负是否只加在商家的身上？为什么？

五、习题答案

(一) 术语解释

1. 价格上限:出售一种物品或服务的法定最高价格。有限制性约束的价格上限会引起供不应求,即短缺。价格上限在汽油和租房市场上普遍存在。

2. 价格下限:出售一种物品或服务的法定最低价格。有限制性约束的价格下限会引起供过于求,即过剩。价格下限的一个重要例子是最低工资。

3. 税收归宿:税收负担在市场参与者之间进行分配的方式。税收归宿并不取决于是向买者征税,还是向卖者征税,而是取决于供给与需求的价格弹性。

4. 税收楔子:在征税之后买者支付的量和卖者得到的量之间的差额。

5. 税收:政府要求买者或卖者每买进或卖出一单位物品所支付的一定数量的货币。政府可以用税收筹集收入,一种物品的税收将影响其销售量以及买者支付的价格与卖者得到的价格。

(二) 单项选择

1. B　2. A　3. C　4. C　5. B　6. C　7. D　8. B　9. A　10. D
11. C　12. B　13. A　14. A　15. B

(三) 判断正误

1. ×　2. √　3. ×　4. √　5. ×　6. ×　7. √　8. √　9. √　10. ×

(四) 简答题

1.【考查要点】 价格上限。
【参考答案】 没有影响。因为此时的价格上限是非限制性的约束,市场的结果是均衡。

2.【考查要点】 价格上限。
【参考答案】 有影响。需求量增加,供给量减少,并引起短缺。

3.【考查要点】 价格下限。
【参考答案】 没有影响。因为此时的价格下限是非限制性的约束,市场的结果是均衡。

4.【考查要点】 价格下限。
【参考答案】 有影响。需求量减少,供给量增加,并引起过剩。

5.【考查要点】 税收归宿。
【参考答案】 卖者将承担更多税收。因为税收归宿取决于供给与需求的价格弹性,税收负担更多地落在市场上缺乏弹性的一方身上,而珠宝是奢侈品,其需求富有弹性。

(五) 应用题

1.【考查要点】 价格上限和价格下限对市场结果的影响。
【参考答案】 (1) 价格降低到90元。买者的需求量是120,而卖者的供给量是90,导致短缺(确定的价格上限低于均衡价格)。

（2）均衡价格高于价格下限，因此价格下限没有限制性。$P=100$ 元，$Q=100$。

（3）价格上升到120元。买者的需求量是60，而卖者的供给量是120，导致过剩（确定的价格下限高于均衡价格）。

2.【考查要点】 价格上限和价格下限对市场结果的影响。

【参考答案】 （1）2 000元，6 000万辆。

供求量相等时（6 000万辆）的价格是均衡价格（2 000元）。

（2）4 000元，2 000万辆。

确定的价格下限高于均衡价格，引起过剩。

3.【考查要点】 税收归宿。

【参考答案】 小于3 000元。因为税收由买者和卖者分摊。税收归宿是税负在买者与卖者之间分担，并不取决于是向买者征税，还是向卖者征税。税收归宿取决于供给与需求的价格弹性。税收负担更多地落在缺乏弹性的市场一方。

（六）拓展思考题

1.【考查要点】 价格下限及价格上限。

【参考答案】 （1）价格下限是出售一种物品或服务的法定最低价格，限制性约束的价格下限会引起供给量大于需求量，或者过剩。价格下限的一个重要例子是最低工资。当确定的工资高于市场均衡工资时，劳动的供给量大于需求量，后果是失业。市场通常是组织经济活动的一种好方法。价格控制往往伤害了那些政策本想给予帮助的人——通常是穷人。最低工资可以帮助那些在最低工资时找到了工作的人，但伤害了那些由于最低工资而失业的人。

（2）价格上限是出售一种物品或服务的法定最高价格，限制性约束的价格上限会引起需求量大于供给量，或者短缺。价格上限在租房市场上普遍存在。限制性租金控制引起住房短缺。短期中住房的需求和供给都是缺乏弹性的，因此最初的短缺并不大。但是，长期中，住房的供给和需求变得更富有弹性，于是，短缺更显而易见了。这会引起排队等待公寓、贿赂房东、建筑物不清洁而且不安全，以及住房质量降低等。

2.【考查要点】 弹性及税收归宿。

【参考答案】 （1）生产商将承担更多税负。因为奢侈品的需求极富有弹性，当买者支付的价格由于税收而上升时，消费者可以很容易地将购买转向其他物品，而生产者因对市场有依赖而不能很快地降低产量，因此税收负担落在缺乏弹性的一方身上。

（2）最终税收归宿不仅仅落在商家身上。税收归宿并不取决于是向买者征税还是向卖者征税，而是取决于供给与需求的价格弹性。因为食物是必需品，需求缺乏弹性，因而一旦由于征税导致食物价格上涨时，消费者会由于不能离开市场而承担大部分税负。

第 7 章
消费者、生产者与市场效率

一、学习精要

(一) 教学目标

1. 了解福利经济学的研究对象。
2. 领会支付意愿与需求曲线之间的联系,学会用支付意愿表推导需求曲线。
3. 掌握消费者剩余的基本概念及内涵,理解价格变化对消费者剩余的影响,认识到消费者剩余是买者福利的好的衡量标准。
4. 领会生产成本(销售意愿)与供给曲线之间的联系,学会用生产成本表推导供给曲线。
5. 掌握生产者剩余的基本概念及内涵,理解价格变化对生产者剩余的影响,认识到生产者剩余是卖者福利的好的衡量标准。
6. 掌握总剩余的基本概念及内涵,理解自由市场均衡的资源配置为什么是有效率的。

(二) 内容提要

在第 4—6 章中,我们始终在供给与需求的实证框架中,探究市场的均衡数量和均衡价格及其变动问题。而本章由实证转为规范,提出福利经济学,并探讨为什么由自由市场决定的资源配置是合意的。

1. 消费者剩余

(1) 支付意愿即为买者愿意为某种物品支付的最高价格,市场上每个潜在买者都对一种物品有某种支付意愿。如果把价格再提高一点就首先离开市场的买者称为边际买者,那么需求曲线的高度可以衡量边际买者的支付意愿。

(2) 消费者剩余是买者的支付意愿减去其实际支付的量,因此消费者剩余可以用来衡量买者从参与市场中得到的利益。由于需求曲线的高度即为边际买者支付意愿的衡量,因此市场上的消费者剩余可以用需求曲线以下和价格线以上的面积来衡量。

消费者剩余 = 买者的评价 − 买者支付的量

(3) 当一种物品的价格下降时,消费者剩余由于两个原因而增加,其一是原有买者可以减少支付量而得到更多剩余,其二是新的买者因为现在的价格低于他们的支付意愿而进入市场。与此相反,当一种物品的价格上升时,消费者剩余也会由于这两个原因而减少。

(4) 我们提出消费者剩余的目的是对市场结果的合意性做出规范性判断。如果决策者想尊重买者的偏好,那么消费者剩余不失为消费者经济福利的一种好的衡量标准。经济学家普遍认为,除非吸毒等例外情况,通常假设买者是理性的,买者的偏好应该受到尊重。

2. 生产者剩余

（1）从机会成本角度，生产成本可以解释为生产者为了生产一种物品所必须放弃的所有东西的价值，包括生产者的直接支出及其对时间的评价。在某种意义上，生产成本可以看作是卖者为了生产物品所愿意接受的最低价格。如果把价格再降低一点就首先离开市场的卖者称为边际卖者，那么供给曲线的高度可以衡量边际卖者的生产成本。

（2）生产者剩余是卖者出售一种物品实际得到的量减去其生产成本，因此生产者剩余可以用来衡量卖者从参与市场中得到的利益。由于供给曲线的高度衡量边际卖者的生产成本，因此市场上的生产者剩余可以用价格线以下和供给曲线以上的面积来衡量。

（3）当一种物品的价格上升时，生产者剩余由于两个原因而增加，其一是原有卖者可以增加得到量而得到更多剩余，其二是新的卖者因为现在的价格高于他们的生产成本而进入市场。与此相反，当一种物品的价格下降时，生产者剩余也会由于这两个原因而减少。

3. 市场效率

（1）由于消费者剩余是买者从参与市场活动中得到的利益，而生产者剩余是卖者从参与市场活动中得到的利益，因此总剩余可以作为社会经济福利的衡量指标。如果资源配置使所有社会成员得到的总剩余最大化，则这种资源配置表现出效率。

总剩余 = 消费者剩余 + 生产者剩余

（2）市场中的总剩余可以表示为用买者支付意愿衡量的对物品的总评价减去卖者提供这些物品的总成本。从图形上来看，总剩余是需求曲线以下和供给曲线以上的面积。

总剩余 = 买者的评价 − 卖者的成本

（3）自由市场均衡状态的资源配置能够使总剩余实现最大化，这基于三个关于市场结果的观点：其一是自由市场把物品的供给分配给对这些物品评价最高的买者；其二是自由市场将物品的需求分配给能够以最低成本生产这些物品的卖者；其三是自由市场生产出使消费者剩余和生产者剩余的总和最大化的物品量。

（4）如果社会计划者努力靠自己而不是依靠市场力量去选择有效的资源配置，那么最优的资源配置几乎是不可能完成的。只有市场这只"看不见的手"才能考虑到有关买者与卖者的所有信息，并指引买者与卖者达到使得总剩余最大化的资源配置，从而达到按经济效率标准判断的最好结果。

4. 结论：市场效率与市场失灵

在现实世界中，市场失灵可能存在，其主要原因有以下两点：其一是市场可能非完全竞争，即可能存在市场势力，导致价格和数量背离供求均衡，从而使市场无效；其二是可能存在外部性，这种外部性无论是正的还是负的，都会导致市场福利不仅仅取决于买者的评价和卖者的成本，因而市场均衡从整个社会角度来看可能是无效率的。

（三）关键概念

1. 福利经济学：研究资源配置如何影响经济福利的一门学问。
2. 支付意愿：买者愿意为某种物品支付的最高量。
3. 消费者剩余：买者愿意为一种物品支付的量减去其为此实际支付的量。
4. 成本：卖者为了生产一种物品所必须放弃的所有东西的价值。
5. 生产者剩余：卖者出售一种物品实际得到的量减去其生产成本。
6. 总剩余：消费者剩余和生产者剩余的总和，可以表示为以买者支付意愿衡量的对物品的总评价减去卖者提供这些物品的总成本。

7. 效率:资源配置使社会所有成员得到的总剩余最大化的性质。
8. 平等:在社会成员中平均分配经济成果的性质。

(四) 拓展提示

1. 当沿着数量轴移动时,买者的支付意愿越来越低,而需求曲线的高度衡量边际买者的支付意愿,因此需求曲线向右下方倾斜;当沿着数量轴移动时,卖者的生产成本越来越高,而供给曲线的高度衡量边际卖者的生产成本,因此供给曲线向右上方倾斜。

2. 存在消费者剩余和生产者剩余的原因是在竞争市场上只有一种价格,而且所有参与者都是价格接受者。当许多买者和卖者相互作用决定唯一的市场价格时,个别买者的支付意愿会高于价格,而个别卖者的生产成本低于价格,因而一些买者得到了消费者剩余,而另一些卖者得到了生产者剩余。

3. 特别注意:要得出市场有效率的结论,必须满足一些关于市场如何运行的基本假设,因为在存在市场势力或外部性等市场失灵的情况下,市场将不能有效地配置资源。

二、新闻透视

(一) 新闻透视 A

暑期迎来出境游"热潮" 亲子游产品价格普涨 20%

随着今夏"热度"的不断上升,出境游市场也异常火热。今夏预计将有超过 3 000 万中国游客出境游,再创历史新高。来自移动社交 APP 易信的国际漫游用户通话数据显示,与清明、五一等小长假时候东南亚游受欢迎不同的是,欧洲游、北美游等长线游在暑期迎来热潮,美国、意大利、加拿大成为最受欢迎的长线出境游热门目的地;在出游主题上,亲子游、研学游超越休闲游成为暑期出游最大类别;在通话方向上,面向航空公司、OTA 在线旅行网站、银行等方向的拨打需求最高。

易信用户研究中心负责人分析表示,受交通方便、性价比高等因素影响,东南亚依然是暑期很受欢迎的热门目的地,但值得注意的是,欧美长线游在暑假迎来了强势复苏。由于暑期天气炎热,无论是国内,还是东南亚等热门国家,多地处于酷暑难耐的地区,而北欧夏季的平均气温在 15℃ 到 20℃,气温宜人,再加上暑假时间自由、欧美许多国家纷纷放宽签证政策等原因,促使欧美成为国人的出游胜地。

青岛中国旅行社欧美澳部负责人王慧娟告诉记者,七八月的欧洲、美国线路价格上涨在 1 000—3 000 元左右。今年上半年欧洲游的最低价保持在 8 000—9 000 元之间,但现在预订七八月的欧洲游价格已经上涨了 3 000 元左右。青岛中国旅行社推出的一个德法意瑞四国游一价全含产品价格已经上涨至 17 000 元,而今年上半年相同的线路价格只不过 14 000 元左右。北欧线路价格则高达 2.2 万元。新加坡也是近年来暑期亲子游的热门目的地。七八月份新加坡线路的报价均在 7 000 元以上。青岛中国旅行社亚太部负责人告诉记者,不少家长选择暑期带孩子到新加坡旅游,旅行社也针对亲子游的特点推出了相应的产品,线路中包括了夜间动物园、环球影城、新加坡国立大学、南洋理工大学等适合学生和儿童的景点。据了解,七八月份通常来说是出行的高峰期,无论是机票、住宿还是国外地接的价格都会相应上涨,因此综合下来暑期境外游的价格也相应提高。

资料来源:暑期迎来出境游"热潮" 亲子游欧美游受追捧. 搜狐新闻(2017-8-1)[2020-5-30]. http://www.eepw.com.cn/article/201708/363739.htm.

【关联理论】

市场上每个潜在买者都会对一种物品有某种支付意愿,这种支付意愿是买者愿意为某种物品支付的最高价格。而消费者剩余指的是买者的支付意愿减去其实际支付的量,在福利经济学中,可以用其来衡量消费者从参与市场中得到的利益的大小。假若商品的价格不发生变化,一旦买者的支付意愿提高,买者就可以获得更多的消费者剩余。但在买者的支付意愿提高的情况下,卖者也可能会相应地提高商品价格,从而想方设法地把消费者剩余转化为卖方利润,由此我们可以深入理解消费者剩余的去向。

【新闻评析】

消费者剩余理论在现实经济生活中具有广泛的应用。透过上述新闻,我们不禁要问,为什么暑期出境游价格会普涨20%?进入暑期,在研学游、毕业游、亲子游等旅游市场中,顾客对欧美长线游的支付意愿明显提高。按道理,如果旅行社不提高旅游服务价格,游客的消费者剩余就会增加。然而在暑期旅游旺季,多家旅行社提高了旅游服务价格,不仅欧洲团队游价格上涨,而且美洲和澳洲的团队游价格也普遍上涨。这是由于旅行社对游客支付意愿了如指掌,他们在将消费者剩余转化为卖方利润的同时,仍然不用去担心报名参加欧美游人数下跌的问题。而现实确实如此,即便价格上涨,报名参加欧美游的人数每年也同比上涨两三成左右。总而言之,这则新闻说明了一个原理,即在买方支付意愿提高的情况下,卖方可能通过提高商品价格的方式"剥夺"一部分消费者剩余。

其实,商家想方设法将消费者剩余转化为利润的例子在日常生活中比比皆是,即使小商贩也不例外。譬如某消费者在水果摊上看到刚上市的草莓,新鲜饱满的草莓激起她强烈的购买欲望,并且这种欲望溢于言表。如果水果摊的小贩发现消费者看中了他的草莓,就可能会考虑报出较高的价格。从理论上分析,消费者对草莓的较强的购买欲望表明他愿意支付更高的价格,从而有更多的消费者剩余。当消费者询问价格时,卖者可能会故意提高价格。由于消费者剩余较多,或许消费者对这个高价还比较满意,于是毫不犹豫地买下草莓。结果,消费者剩余转化为水果摊主的利润。相比之下,就对买者支付意愿的判断而言,卖草莓的小商贩主要基于察言观色,而提供欧美游的旅行社则基于长期的旅游人数统计和分析,仅此而已。

(二)新闻透视 B

中国人体器官市场需求量巨大　催生活体器官黑市

由于我国当前还没有完善的器官捐献体系,面对"供体少,患者多"的现实,一方面,很多患者不得不在痛苦的等待中逝去;而另一方面,一些"黑中介"应势而生,架起了"患者"与"活供体"之间的桥梁。活供体—中介—患者,巨大的市场需求催生出了活体器官买卖的"黑市"。

这里我们首先来听一个从活供体到中介的故事。一开始,刘宇也是一个供体、受害者。"我不想偷、不想抢,又骗不来,又没有文化。听别人说,卖器官可以换钱,就去网上搜了一下。"3月25日,25岁的刘宇在看守所里见到《方圆》记者后如是说。事情发端于2008年10月中旬。因家里要用钱,四川男子刘宇通过百度搜索到了一家收购肝、肾的中介公司的联系电话和QQ号。对方自称"高真",询问了刘宇相关的身体状况后,口头承诺45 000元买刘宇的肝。接完高真的电话,刘宇2008年12月份到了北京,一个自称是高真"小弟"的男子小李与刘宇接上了头。小李带刘宇在北京某三甲医院做完了身体检查后,安排刘宇住进了医院。手术前,小李反复叮嘱刘宇,在所有表格上的签名必须是"杨某某",与患者的关系是"父子"。在自己60%的肝脏被切走之后,刘宇如愿得到了45 000元钱。出院时,患者出于感激送别刘宇,刘宇也给这位患者留了手机号,随后在北京调养身体。这次卖肝的经历,使刘宇了解了买卖器官的全过程,他开始琢磨起这个行业的"门道"。渐渐地,刘宇约上幼时好友"黄波"和"文杰",认识了在河南淇县专养供体的"阿阳",完成了从活体供体向中介的转变。

采访中,阿阳详细解释了地下器官买卖链条。记者注意到,国务院2007年3月21日通过的《人体器官移植条例》(以下简称《条例》)中第十条规定:"活体器官的接受人限于活体器官捐献人的配偶、直系血亲或者三代以内旁系血亲,或者有证据证明与活体器官捐献人存在因帮扶等形成亲情关系的人员。"《条例》还明确要求:从事人体器官移植的医疗机构及其医务人员摘取活体器官前,应"查验活体器官捐献人同意捐献其器官的书面意愿、活体器官捐献人与接受人存在本条例第十条规定关系的证明材料"。显而易见,活体器官移植,供体与患者之间必须是"亲属关系"或是"因帮扶等形成的亲情关系"。而在刘宇的四笔"交易"中,供体与患者根本不相识,"供体"如何变成"亲属"?又是怎样通过医疗机构的审查的?"医院只认手续,手续齐全就做手术,手续不全就不做。"刘宇告诉记者,"一般先由患者家属到户籍所在地派出所开一个证明,证明内容为某某和患者之间是亲属关系;然后在身份证上做手脚,或者在身份证复印件上想办法,医院只需要患者和供体的身份证复印件;完成了以上两步,供体就可以冒充亲属填写完成医院的一系列表格"。"医院大多只做形式上的审查,这就使得不法中介有空子可钻。"结合办案实践,北京市海淀区检察院检察官邱志英透露,除刘宇、阿阳等人的案件外,该院还办理了其他三起涉及器官买卖的案件,"有的中介,不仅仅提供活体器官,还为患者办理一条龙式服务的整套假手续,刻假印章、办假身份证、伪造假证明、伪造假公证书"。

来自卫生部的数据显示,我国每年约有150万人因器官功能衰竭需进行器官移植,但每年仅有1万人左右能够得到移植治疗。各类移植需求者和供体间的比例大致为100∶1。业内人士指出,目前我国没有完善的人体器官移植分配网络体系,供需矛盾过大之下,器官移植市场乱象环生,器官买卖或变相交易的违法行为时有发生。

资料来源:中国人体器官市场需求量巨大 催生活体器官黑市.搜狐新闻.(2010-3-29)[2020-6-5]. http://news.sohu.com/20100329/n271173855.shtml.

【关联理论】

如果资源配置使总剩余最大化,我们可以说,这种配置表现出效率。经济学家普遍支持自由市场就是因为它是有效率的,市场中亚当·斯密的"看不见的手"指引买者和卖者达到使总剩余最大化的资源配置。一般来说,如果买者和卖者之间交易的一些潜在利益还没有实现,那么这种资源配置必定无效。但除了效率,公共政策还会关心平等,即市场上的各个买者和卖者是否具有相似的经济福利水平。

【新闻评析】

这则人体器官黑市交易的报道引起各方关注,残酷的事实让人触目惊心。然而,器官买卖已经不是什么新鲜的话题,在医院和网络上随处可见买卖器官的广告。围绕这个问题,基于自利的个体主义的市场交易和基于互惠的利他主义的生命捐助是两种基本的观点。在中国,《人体器官移植技术临床应用管理暂行规定》(2006)和《人体器官移植条例》(2007)都明确提出人体器官不得买卖,器官捐献应当遵循自愿、无偿的原则,活体器官接受者与活体器官捐献者之间仅限于夫妻关系、直系血亲和三代以内旁系血亲等。然而荒谬的是,现实中器官短缺创造了巨大的市场需求。据称中国的器官移植供求比例达到1∶150。

就公共政策而言,我们的社会会认为人们出卖自己的器官是非法的。从本质上说,在人体器官市场上,政府实行零价格上限。但正如任何一种限制性价格上限一样,结果导致该物品短缺。经济学家对此有两种截然相反的观点:其一是部分经济学家相信,允许人体器官自由市场存在会产生巨大的利益,因为倒卖市场,甚至是人体器官市场,也会使总剩余最大化;其二是另一些经济学家会考虑到福利在社会成员中分配的公平性问题,即自由市场会把物品的供给分配给对这些物品评价最高的买者,而这对于穷人是不公平的,人体器官市场很可能以损害穷人的利益为代价而使富人受益,因为器官只会配置给那些最愿意购买而又买得起的人。实际上由一种整体性的立场出发,在某些方面,人体器官究竟是应该作为捐赠还是应该作为商品,也并非全然对立。比如,目前的血液银行等就在一定程度上克服了这个问题。这类设置与其说是器官银行,不如说是道德银行。当然仅此远远不够。从社会的角度来看,更关键的任务在于如何消除疾病和贫困,如何倡导一种积极的生命捐助的文化,在大众参与、社会福利和公民责任等基础之上,重构透明、高效、公正的器官移植公共政策体系。

(三) 新闻透视 C

国产轿车的服务和质量尚未达到用户期望值

中国质量协会、全国用户委员会2013年12月1日公布的测评结果显示,国产轿车的产品和服务质量都与用户期望存在一定差距。2013年度全国轿车行业用户满意度指数(CACSI)的测评结果比去年略微提高了0.3分,达到71.4分。但这一数值与美国轿车行业平均78—80分的水平相比,仍有明显差距。其中,用户对国产轿车的期望指数均高于感知产品质量和感知服务质量指数,这说明国产轿车在产品及服务质量两方面都未能达到用户的期望值。而在产品及服务质量方面,最让用户不满意的当属维修收费的合理性。

用户满意度指数是一种新的质量测评方法。它以用户满意为质量标准,根据用户在购买和使用产品过程中的具体感受,将用户对产品质量的印象、预期和感知价值等诸多因素进行分析而得出结论。目前这种测评方法已被世界50多个国家采用,广泛用于生产、服务等领域。中国用户满意度指数方法,是在学习和借鉴美国用户满意度指数方法(ACSI)的基础上,根据我国国情而建立的。中国质量协会和全国用户委员会已是第二次采用这一方法对轿车行业整体质量水平进行评价。

全国用户委员会主任叶柏林指出,国产轿车的质量差距并不单纯体现在产品质量一个方面,而是综合体现在产品、服务、性价比、品牌、可靠性、售后服务等各个方面。从本次调查结果看,维修服务仍是用户最不满意的环节,也是影响全国轿车满意度指数的主要因素。在市场高速增长的同时,售后服务体系能否同步发展应引起各轿车企业的高度重视。纳入本年度测评对象的,共有上海大众、一汽大众、长安铃木、上海通用、神龙汽车、天津夏利、广州本田、吉利汽车、东风日产、安徽奇瑞、东风悦达起亚、一汽轿车等12家企业的20种车型,分别比去年增加了3家企业和7种车型。这些车型2002年的销售量占我国轿车总销量的85.6%。测评结果还显示,用户满意度的变化与产品市场占有率的变化相一致。同时,用户的品牌偏好存在显著的地域差异,产地、地区经济发展水平、流行趋势等成为用户选择品牌的地域差别因素。

资料来源:国产轿车服务和质量尚未达到用户期望值. 搜狐汽车.（2013-12-19）[2020-5-30] http://auto.sohu.com/2003/12/19/35/article217113545.shtml.

【关联理论】

用户满意度指数是根据用户对企业产品和服务质量的评价,通过建立模型而计算获得的一个指数,是一种测量顾客满意程度的经济指标。消费者剩余是买者的支付意愿减去其实际支付的量,它可以用来衡量买者从参与市场中得到的利益。用户是否满意,关键看消费者剩余的多少。消费者剩余获得的越多,用户满意度指数越高;相反,消费者剩余获得的越少,则用户满意度指数越低。

【新闻评析】

多年来,包括整车制造与零部件生产的中国汽车业的发展很大程度上依赖于政府的保护政策,比如较高的关税壁垒与进口配额制,这种保护导致行业竞争力的不足。随着中国加入WTO,国家保护政策不断削弱,中国汽车制造企业逐渐暴露于国际竞争大环境中。进口车的关税下调后,汽车的价格将由市场决定,进口汽车的价格将与同类国产车的价格逐渐趋同,市场成为决定国产轿车是否畅销的主要原因。从《中国汽车报》的这则新闻可以发现,国产轿车在产品及服务质量两方面,都未能达到用户的期望值。因此,要提升用户满意度指数,就必须从提升国产轿车的消费者剩余着手。

如何在保证生产者剩余的前提下提升国产轿车消费者剩余呢?无非是采取两种方法,其一是提升国产轿车消费者可觉察的价值,包括提高国产轿车的性能和提升国产轿车的服务质量。首先,中国整车制造企业要想真正在与国外整车制造企业竞争中占有一席之地,就应该借鉴日本、韩国等发达国家整车制造企业的发展道路,走自主发展与引进技术相结合的道路,设计和制造迎合中国汽车消费者需求的轿车车型。其次,化劣势为优势,建立良好的国产轿车售后服务体系。国产轿车的售后服务虽然从总体上讲不如国外厂家的服务,但是国产轿车的一个有利条件在于,其生产企业在全国各地设立售后服务点是可行的。其二是降低轿车的生产成本。国产轿车生产企业要从降低成本入手,在保证轿车质量的前提下,以低价提升国产轿车的消费者剩余。

三、案例研究

（一）案例研究A

消费者剩余与买东西的乐趣

我在海口时很想买一个电子词典,逛了数码商城之后,相中了一款"名人310"。逛了几家发现这一款价格都在600元以上,而且打折的余地很小。我虽然很喜欢这款电子词典,但由于价格不够理想,因此还不能下决心购买它。

到上海学习期间,我住的地方不远处也有一家数码城,有一天下午我逛街时就进去了,在电子辞书的专售柜台果然发现有"名人310"在出售,标价580元,比海口便宜一点,看了机器之后我便开始了讨价还价。售货员是一个二十出头的姑娘,人虽然很热情活泼,但价格却咬得很死。我坚持的底线是530元,当我报出来后,小姑娘的态度有了一定的变化,她说:"这个价格实在太低了,我得请示一下。"她打电话不知跟谁说了几句之后就对我说:"好了,就做给你吧!"小姑娘态度的突然转变反使我产生了一丝犹豫。因为一是我还没有货比三家,二是根据买东西的经验,小姑娘有故弄玄虚之嫌,就像有些卖主嘴里说着"您再添点吧,这价钱实在太低了,没法卖",但手里已经在给你整理东西的时候,他已经向你发出了想卖的信号一样,都是想让顾客感到自己得到了很大便宜的一种姿态而已。但我不会上当。正在不想买的当头,商场看门的大爷不耐烦地嚷嚷到:"早就下班了,要关门啦!"我正好顺水推舟地说:"唉,时间来不及了,明天再说吧!"却见柜台里的小姑娘面露遗憾之色,嘴里还说着:"不要紧,我马上给您开票,很快的!"但我已溜之大吉。

第二天一大早,我坐公交车到比较远的地方多看了几家数码商城,发现价格和昨天那家都相差无几,还有个别商场的价格赶上了海口的水平。最后我来到了一家叫"大润发"的规模很大的超市。一进超市,首先看到了一条很醒目的提示标语:"如果您在周边地区购买了比我处更便宜的同类商品,请持有关证明,大润发无条件为您补差!"看到这条承诺,我心里一下子轻松了,看来可能不虚此行。找到数码柜台后,果然看到了"名人310"。更使我惊喜的是,上面赫然标价378元! 这是我从来没有见过的低价,而且是在一家有信誉的大超市。物美价廉,我还犹豫什么? 立马决定买下。当售货员拿出机器后,我发现这不是我喜欢的颜色,而且再没有别的颜色了。我问售货员:"下午还会有别的颜色吗?"她说不清楚,因为下午不是她的班。我只好遗憾地回去了。中午休息后,我突然萌生了再去一趟"大润发"的念头。到了"大润发"后,我发现柜台换了一位小伙子,我问他:"名人310有没有淡绿色的?""有啊!"果然他边说边拿出了我最喜欢的淡绿色那款。这回大功告成,我终于如愿以偿。

资料来源:李仁君,消费者剩余与买东西的乐趣,海南日报,2004年8月25日。

【关联理论】

消费者剩余是指消费者为购买一种商品所愿意支付的货币量减去消费者实际支付的货币量。实际上,我们可以把消费者剩余理解为消费者愿意支付的心理价格与购买商品的实际支付价格之差。买者在购买商品中到底满足感如何,关键取决于消费者剩余的多少。如果消费者剩余越多,则消费者的满足感越强烈。因此,这一指标可以很好地衡量买者从参与市场中得到的利益和感受。

【案例解析】

在绝大多数市场上,消费者剩余很好地衡量了买者的经济福利。消费者剩余受到个人经济能力和支付能力的影响,同样的商品在不同消费者的心里可能有不同的支付意愿,从而形成了不同的消费者剩余。

按照消费者剩余的基本概念,可以很容易理解:在本案例中,该消费者对"名人310"电子词典的支付意愿是530元,即他愿意支付的最高价格,亦可以称为支付的底线。在买者评价确定的条件下,根据消费者剩余的计算公式(消费者剩余 = 买者的评价 - 买者支付的量),买者实际支付的价格越高,则消费者剩余越少;买者实际支付的价格越低,则消费者剩余越多。如果这个消费者在电子辞书专售柜台与小姑娘讨价还价之后,以530元的价格购买了"名人310",则他获得的消费者剩余是零。在心理满足感比较低的状态下,该消费者选择寻找借口进而溜之大吉。通过到比较远的地方搜寻其他数码商城,货比三家,该消费者发现"大润发"超市的"名人310"仅售378元,远低于他的支付意愿,并且有其最喜欢的颜色。为什么该消费者能感到如愿以偿的快乐？原因在于他通过购买"名人310"得到了152(530-378)元的消费者剩余。

（二）案例研究 B

你所购买的东西值不值？

【片段1：拍卖猫王首张专辑】 假设在拍卖会上有一张崭新的猫王首张专辑进行拍卖，你和三个猫王迷（张三、李四、王五）出现在拍卖会现场。你们每一个人都想拥有这张专辑，但每个人愿意为此付出的价格都有限。你愿意用1 000元，张三愿意用750元，李四愿意用700元，王五愿意用500元。卖者为了卖出这张专辑，从100元开始叫价。由于你们四个买者愿意支付的价格都远远高于100元，价格很快上升。当卖者报出800元时，你得到了这张专辑。要注意的是，这张专辑最后归属于对该专辑评价最高的买者。你用800元买到这张专辑，得到什么收益呢？其余三个人呢？

【片段2：商场上衣砍价】 你在商场里看中了一件上衣，价格为100元，你在购买时肯定要向卖衣服的人砍价，问80元卖不卖，卖衣服的人理解消费者的这种心理，往往会同意让些利，促使你尽快决断，否则你就会有到其他柜台看看的念头，讨价还价可能在90元成交。消费者在这个过程中就是在追求消费者剩余。在现实生活中，消费者并不总是能够得到消费者剩余的。在竞争不充分的情形下，厂商可以对某些消费者提价，使这种利益归厂商所有。有些商家甚至对所卖商品并不明码标价，消费者去购买商品时就漫天要价，然后再与消费者讨价还价。消费者要想在讨价还价中获得消费者剩余，就必须在平时注意观察各种商品的价格和供求情况，在购买重要商品时至少要货比三家并与其卖主讨价还价，最终恰到好处地拍板成交，获得消费者剩余。

【关联理论】

如果把消费者剩余理解为消费者为购买一种商品所愿意支付的货币量与消费者实际支付的货币量之差，那么在某种意义上，消费者剩余应该是消费者的一种主观心理评价。在竞争不充分的情况下，消费者有可能无法获得消费者剩余。

【案例解析】

在片段1中，你本来愿意为这张专辑出1 000元，但实际只付出800元，你得到了200元的消费者剩余。而其余的三个人在参与拍卖中没有得到消费者剩余，因为他们没有得到专辑，也没有花一分钱。我们每个人都是消费者，在买东西时对所购买的物品都有一种主观评价，由此我们可以得出：消费者剩余＝消费者愿意支付的价格－消费者实际支付的价格。在片段2中，我们可以认识到消费者剩余与生产者的定价密切相关，而生产者的定价某种程度上也受消费者剩余的影响。

总之，消费者剩余是主观的，并不是消费者实际货币收入的增加，仅仅是一种心理上满足的感觉。消费者剩余为负也不是金钱的实际损失，也只是心理上的感觉而已。这就是我们对所购买的东西说值不值的含义。

（三）案例研究 C

加强政府对垄断性行业的价格干预　增加消费者剩余

一切社会经济调节行为的最终目标是社会福利的最大化。社会福利的主要衡量指标是消费者剩余与生产者剩余之和——总剩余。在现实社会经济生活中，许多行业由于各种原因，存在消费者剩余被人为剥夺的现象。在市场经济条件下，消费者剩余被人为剥夺往往通过价格来实现。经济学中的消费者剩余是指消费者购买商品时愿意支付的最高价格和实际支付价格之差。比如，对一件衣服，消费者认为应该值 500 元，而它实际标价是 400 元，那么消费者购买这件衣服的消费者剩余是 100 元。显然，对于消费者来讲，消费者剩余越大越好。生产者出售一种商品所得到的收入减去成本就是生产者剩余，它衡量生产者从参与市场中得到的利益。比如生产者生产一辆自行车的成本是 150 元，而售价是 300 元，那么生产者剩余是 150 元。显然，对于生产者来讲，生产者剩余越大越好。从上述的分析可以看出，在市场交换过程中，对于消费者来说，商品价格越低越好，商品的价格越低，从商品交易中获得的消费者剩余就更多。对于生产者来说，商品价格越高越好，商品的价格越高，从商品生产和交易中获取的生产者剩余就越多。因此价格就成为问题的焦点。

在生产者垄断的市场条件下，企业可以通过对产量和价格的控制来实现超额利润。通过垄断定价，使消费者剩余向生产者剩余转移，导致消费者剩余减少，且减少的消费者剩余大于增加的生产者剩余，从而导致社会总剩余减少，并造成社会性损失；另外，当市场价格抬高以后，市场对产品的需求量就会减少，有的消费者面对高价只好减少消费量，有的甚至只好放弃消费，这会造成净社会福利损失。目前，我国的水、电、油等三大行业，带有明显的垄断色彩，而这三个行业却直接关系着消费者的生活，国家对这三个行业的定价也是相当关注的，并且都有一定的干预措施。但就目前情形来看，依然问题重重，比如曾出现国际油价下跌而国内油价却持续上升的现象。市场竞争中还出现了一些新形式的垄断，如技术垄断、区域市场垄断等。所有这些垄断企业的定价都直接影响消费者剩余，其中大部分是减少消费者剩余，最终导致社会总剩余减少，社会福利损失。另外，就我国目前的市场情况而言，消费者一般情况下都处于弱势地位，生产者、消费者博弈双方的力量对比极不均衡，在价格问题中受害的基本是消费者，有时吃亏了的消费者连讨个说法都很难。因此，作为政府部门，应该首先注意保护消费者利益，或者说，应更重视消费者剩余。政府应通过适当的价格干预来增加消费者的福利，保证消费者剩余。

资料来源：蓝叶瑾，加强政府对垄断性行业的价格干预　增加消费者剩余，丽水学院学报，2007 年第 6 期。

【关联理论】

要得出市场有效率的结论，必须满足一些关于市场如何运行的基本假设。因为在存在市场势力或外部性等市场失灵的情况下，不受管制的市场将不能有效地配置资源。其中，市场势力的出现意味着非完全竞争，导致价格和数量背离供求均衡，从而使市场无效。此时，公共政策有可能纠正这些问题，提高经济效率，并优化消费者剩余和生产者剩余的社会配置状态。计算消费者剩余和生产者剩余的关键在于买者支付的量（即卖者得到的量），也就是商品的价格，因此在市场失灵状态下的价格干预，理所当然成为产业或行业管制的"重心"，以及调整消费者剩余和生产者剩余的"天平"。

【案例解析】

根据现代经济学的观点,在完全竞争市场条件下,市场力量能有效地使资源的社会利用达到帕累托最优和社会福利最大化,任何价格干预只会降低社会福利。如果市场处于完全竞争条件,政府就无须进行价格干预。完全竞争市场状态的条件是:生产者和消费者的力量是平等的,双方都不能单独决定某种商品的价格;所有生产者生产的同一种商品的质量和价格毫无差别;各种生产资源可以自由地进入和退出该行业;双方都能准确无误地把握市场信息。显而易见,完全竞争市场是经济学家缔造的理想状态,对于许多行业来说,完全竞争市场往往很难实现,甚至可能出现垄断。我国部分垄断性行业获得的"超额"生产者剩余并不是竞争的产物,而是垄断的结果,是以牺牲消费者剩余为代价的。就当前的生产者与消费者关系来说,消费者处于弱势地位,政府部门要充分重视消费者剩余,促进全社会福利最大化。

加强政府价格干预,增加消费者剩余,可以从以下三个方面入手:其一,建立健全价格干预机制,为增强价格的调节功能打下坚实基础。其二,选择适当的干预手段、时机和切入点。任何干预手段都会给市场带来负面效应,当政府对干预手段、干预时机、干预切入点的选择不当,对干预力度的把握出现偏差,甚至严重违背市场运行规律时,给市场带来的是效率的低下、资源配置的劣化、市场机制的失灵、市场信号的失真,严重时会减少社会总剩余。其三,建立反应灵敏、沟通顺畅的价格信息渠道。要对价格做出适当的干预,就必须及时掌握市场价格信息,尤其要对垄断产品及与居民生活密切相关的商品价格进行监测,建立重要商品价格资料数据库,确保监测数据的连贯性、可比性;建立决策及时的预警监督机制,不断提高价格监测和预警水平,提高应对价格异常波动的能力。

四、课外习题

(一) 术语解释

1. 消费者剩余
2. 生产者剩余
3. 总剩余
4. 效率
5. 市场失灵

(二) 单项选择

1. 消费者剩余是消费者的(　　)。
   A. 实际所得　　　　　　　　　　B. 主观感受
   C. 没有购买的部分　　　　　　　D. 消费剩余部分
2. 以下关于需求曲线和支付意愿的说法中错误的是(　　)。
   A. 市场上每个潜在买者都对一种物品有某种支付意愿
   B. 需求曲线的高度衡量边际买者的支付意愿
   C. 当沿着数量轴移动时,买者的支付意愿越来越高,因此需求曲线向左下方倾斜
   D. 需求曲线以下和价格线以上的面积可以衡量一个市场上的消费者剩余

3. 消费者剩余是( )。
   A. 在需求曲线以上和价格线以下的面积
   B. 在需求曲线以下和价格线以上的面积
   C. 在供给曲线以上和价格线以下的面积
   D. 在供给曲线以下和价格线以上的面积

4. 生产者剩余是( )。
   A. 在需求曲线以上和价格线以下的面积
   B. 在需求曲线以下和价格线以上的面积
   C. 在供给曲线以上和价格线以下的面积
   D. 在供给曲线以下和价格线以上的面积

5. 一种物品的价格沿着一条不变的需求曲线下降,将( )。
   A. 增加消费者剩余   B. 减少消费者剩余
   C. 减少买者的物质福利   D. 提高市场效率

6. 一种物品的价格沿着一条不变的供给曲线下降,将( )。
   A. 增加生产者剩余   B. 减少生产者剩余
   C. 减少卖者的物质福利   D. 提高市场效率

7. 总剩余是( )。
   A. 在需求曲线以下和供给曲线以上的面积
   B. 在需求曲线以下和价格线以上的面积
   C. 在供给曲线以上和价格线以下的面积
   D. 以上说法都不对

8. 如果一个买者对一辆福特汽车的支付意愿是200 000元,而她实际以180 000元买到了这辆车,她的消费者剩余是( )。
   A. 0元   B. 20 000元   C. 180 000元   D. 200 000元

9. 如果一个卖者对一辆大众汽车的生产成本是160 000元,而其实际以180 000元卖出了这辆车,则该卖者的生产者剩余是( )。
   A. 0元   B. 20 000元   C. 180 000元   D. 200 000元

10. 假设可以购买三个相同的足球。买者1愿意为一个篮球支付300元,买者2愿意为一个篮球支付250元,买者3愿意为一个篮球支付200元。如果篮球价格是250元,将卖出多少篮球?这个市场上的消费者剩余是多少?( )
    A. 将卖出1个篮球,消费者剩余为300元
    B. 将卖出1个篮球,消费者剩余为50元
    C. 将卖出2个篮球,消费者剩余为50元
    D. 将卖出3个篮球,消费者剩余为0元

11. 假设一只新款手机的价格是4 000元。小王对一只新款手机的评价是5 000元。卖者生产一只新款手机的成本是3 000元。如果小王购买这只新款手机,整个市场的总剩余是( )。
    A. 2 000元   B. 3 000元   C. 4 000元   D. 5 000元

12. 假设一辆新自行车的价格是300元,你对一辆新自行车的评价是400元,卖者生产一辆新自行车的成本是200元。如果你购买一辆新自行车,总剩余是( )。

A. 100元　　　　B. 200元　　　　C. 300元　　　　D. 400元

13. 亚当·斯密"看不见的手"的概念表明,竞争市场的结果(　　)。
    A. 使总剩余最小化　　　　　　B. 使总剩余最大化
    C. 引起社会成员的平等　　　　D. B和C都对

14. 自由市场均衡状态的资源配置能够使总剩余实现最大化,这是基于以下哪一个关于市场结果的观点:(　　)。
    A. 自由市场把物品的供给分配给对这些物品评价最高的买者
    B. 自由市场将物品的需求分配给能够以最低成本生产这些物品的卖者
    C. 自由市场生产出使消费者剩余和生产者剩余的总和最大化的物品量
    D. 以上都是

15. 房东对粉刷每套公寓的评价取决于房子本身的质量。假设一位房东对粉刷她的五套公寓房的评价如下:对粉刷第一套公寓的评价是5 000元,对粉刷第二套公寓的评价是4 000元,对粉刷第三套公寓的评价是3 000元,对粉刷第四套公寓的评价是2 000元,对粉刷第五套公寓的评价是1 000元,如果其公寓房粉刷的价格是每套5 000元,她将粉刷(　　)套,她的消费者剩余是(　　);如果其公寓房粉刷的价格降至每套2 000元,她将粉刷(　　)套,她的消费者剩余是(　　)。
    A. 1,0;3,5 000　　　　　　　B. 1,0;4,6 000
    C. 2,1 000;3,5 000　　　　　D. 2,1 000;4,6 000

(三) 判断正误

1. 消费者剩余是买者的支付意愿减去其生产成本。(　　)
2. 如果你对一个面包的支付意愿是3元,而面包的价格是2元,那么你的消费者剩余是5元。(　　)
3. 生产者剩余衡量市场上生产者未销出的存货。(　　)
4. 如果买者是理性的,那么消费者剩余是对买者利益的一种良好衡量。(　　)
5. 竞争市场上的均衡使总剩余最大化。(　　)
6. 小丽用120元购买了一个手提包,并得到80元的消费者剩余,则她的支付意愿是200元。(　　)
7. 小芳对一本精装图书的支付意愿是150元,若图书的价格是250元,她的消费者剩余是0。(　　)
8. 存在消费者剩余和生产者剩余的原因是在竞争市场上只有一种价格,而且所有参与者都是价格接受者。(　　)
9. 在任何情况下,市场都可以有效地配置资源。(　　)
10. 由于消费者剩余是买者从参与市场活动中得到的利益,而生产者剩余是卖者从参与市场活动中得到的利益,因此总剩余可以作为社会经济福利的衡量指标。(　　)

(四) 简答题

1. 买者的支付意愿、消费者剩余和需求曲线有什么关系?
2. 卖者的成本、生产者剩余和供给曲线有什么关系?
3. 四个消费者对理发的支付意愿分别如下:甲:7元;乙:2元;丙:8元;丁:5元。四家理发店的生产成本分别如下:A:3元;B:6元;C:4元;D:2元。每个理发店只能为一个人理发。站在效率角度上,应该给几个人理发?哪个理发店应该理发?哪个消费者应该理发?可能的最大总剩余为多少?

4. 当一种物品价格发生变化时,消费者剩余和生产者剩余会发生什么变化?为什么?

5. 自由市场均衡状态的资源配置能够使总剩余实现最大化,是基于哪三个关于市场结果的观点?

(五) 应用题

1. 在一个大热天,小周感到口渴难耐,想买瓶装水喝。他对瓶装水的评价如下:第一瓶水的价值为7元,第二瓶水的价值为5元,第三瓶水的价值为3元,第四瓶水的价值为1元。如果一瓶水的价格为4元,小李会买几瓶水?小李从他的购买行为中得到多少消费者剩余?为什么?

2. 假若其他条件不变,因为某种因素发生变化,导致对面包的需求大幅增加,请问在面包市场上,生产者剩余发生什么变动?在面粉市场上,生产者剩余发生什么变动?请画图加以说明。

3. 假设猪肉的供给和需求如下:供给:$Q_s = 4P - 80$;需求:$Q_d = 100 - 2P$;其中 Q 的单位是千克,P 的单位是元/千克。(1)画出供给曲线和需求曲线。均衡价格和均衡数量是多少?(2)计算均衡时的消费者剩余、生产者剩余和总剩余。

(六) 拓展思考题

1. 某瓶装水生产厂有一台抽水机。由于抽大量的水比抽少量的水困难,随着抽水越来越多,生产一瓶水的成本增加。下面是生产每瓶水的成本:

第一瓶水的成本	1元
第二瓶水的成本	3元
第三瓶水的成本	5元
第四瓶水的成本	7元

(1) 根据以上信息推导出瓶装水生产厂的供给表。画出该厂的瓶装水的供给曲线。

(2) 如果一瓶水的价格是4元,那么瓶装水生产厂会生产并销售多少水?瓶装水生产厂从这种销售中得到了多少生产者剩余?在你的图形中标出瓶装水生产厂的生产者剩余。

(3) 如果价格上升为6元,供给量会有何变化?该瓶装水生产厂的生产者剩余会有何变化?在你的图形中标出这些变化。

2. 在中国北方许多大城市,由于水资源不足,居民用水紧张,请根据边际效用递减原理和消费者剩余理论,设计一种方案供政府来缓解或消除这个问题,并回答与这种方案有关的下列问题:(1)对消费者剩余有何影响?(2)对生产资源的配置有何有利影响?(3)对城市居民的收入分配有何影响?是否有什么补救的办法?

五、习题答案

(一) 术语解释

1. 消费者剩余:买者愿意为一种物品支付的量减去其为此实际支付的量。

2. 生产者剩余:卖者出售一种物品实际得到的量减去其生产成本。
3. 总剩余:消费者剩余和生产者剩余的总和,可以表示为用买者支付意愿衡量的对物品的总评价减去卖者提供这些物品的总成本。
4. 效率:资源配置使社会所有成员得到的总剩余最大化的性质。
5. 市场失灵:市场不能进行资源优化配置的一种状态。

(二) 单项选择

1. B 2. C 3. B 4. C 5. A 6. B 7. A 8. B 9. B 10. C
11. A 12. B 13. B 14. D 15. B

(三) 判断正误

1. × 2. × 3. × 4. √ 5. √ 6. √ 7. √ 8. √ 9. × 10. √

(四) 简答题

1. 【考查要点】 支付意愿、消费者剩余和需求曲线的相关性。

【参考答案】 (1)支付意愿即为买者愿意为某种物品支付的最高价格。如果在价格和数量的坐标系中画出买者第一单位的支付意愿值,再画出第二单位的支付意愿值,以此类推,就得到了一种物品的市场需求曲线。(2)如果把价格再提高一点就首先离开市场的买者称为边际买者,那么需求曲线的高度可以衡量边际买者的支付意愿。(3)消费者剩余是买者的支付意愿减去其实际支付的量,需求曲线以下和价格线以上的面积可以衡量一个市场上的消费者剩余。

2. 【考查要点】 卖者的成本、生产者剩余和供给曲线的相关性。

【参考答案】 (1)成本可以看作卖者为了所生产物品所愿意接受的最低价格。如果在价格和数量的坐标系中画出卖者第一单位的生产成本,再画出第二单位的生产成本,以此类推,就得到了一种物品的市场供给曲线。(2)如果把价格再降低一点就首先离开市场的卖者称为边际卖者,那么供给曲线的高度可以衡量边际卖者的生产成本。(3)生产者剩余是卖者出售一种物品实际得到的量减去其生产成本,因此生产者剩余可以用来衡量卖者从参与市场中得到的利益。由于供给曲线的高度衡量边际卖者的生产成本,因此市场上的消费者剩余是价格线以下和供给曲线以上的面积。

3. 【考查要点】 对消费者剩余与生产者剩余的理解。

【参考答案】 (1)站在效率角度上,应该给3个人理发,分别是丙、甲和丁;(2)应该有3个理发店理发,分别是D、A和C;(3)可能的最大总剩余为:(7+8+5) - (3+4+2) = 11元。

4. 【考查要点】 物品价格与消费者剩余、生产者剩余。

【参考答案】 (1)当一种物品的价格下降时,消费者剩余由于两个原因而增加,其一是原有买者可以减少支付量而得到更多剩余,其二是新的买者因为现在的价格低于他们的支付意愿而进入市场。与此相反,当一种物品的价格上升时,消费者剩余也会由于这两个原因而减少。

(2)当一种物品的价格上升时,生产者剩余由于两个原因而增加,其一是原有卖者可以增加得量而得到更多剩余,其二是新的卖者因为现在的价格高于他们的生产成本而进入市场。与此相反,当一种物品的价格下降时,生产者剩余也会由于这两个原因而减少。

5.【考查要点】 自由市场均衡的评价。

【参考答案】 (1)自由市场把物品的供给分配给对这些物品评价最高的买者;(2)自由市场将物品的需求分配给能够以最低成本生产这些物品的卖者;(3)自由市场生产出使消费者剩余和生产者剩余的总和最大化的物品量。

(五) 应用题

1.【考查要点】 对消费者剩余的理解和计算。

【参考答案】 (1)小李会买2瓶水,因为小李对瓶装水的支付意愿即他愿意为瓶装水支付的最高价格,只有当瓶装水的实际价格低于其支付意愿时,才会发生购买行为;(2)小李买第一瓶水的消费者剩余为:7-4=3元,买第二瓶水的消费者剩余为:5-4=1元,因此获得的总的消费者剩余为4。

2.【考查要点】 生产者剩余及其变化。

【参考答案】 (1)由于对面包的需求大幅增加,在其他条件不变的情况下,面包的价格会上升,面包市场上的生产者剩余增加;(2)由于面包产量上升,它的生产要素面粉的需求量也会上升。在其他条件不变的情况下,面粉价格上升,面粉市场上的生产者剩余增加。图略。

3.【考查要点】 消费者剩余、生产者剩余和总剩余。

【参考答案】 (1)均衡价格是30元/千克,均衡数量是40千克(图略);(2)均衡时的消费者剩余是400元,生产者剩余是200元,总剩余是600元。

(六) 拓展思考题

1.【考查要点】 消费者剩余、生产者剩余和总剩余。

【参考答案】 (1)根据以上信息推导出瓶装水生产厂的供给表如下:

价格	供给量
7元或以上	4
5—7元	3
3—5元	2
1—3元	1
1元以下	0

(2)如果一瓶水的价格是4元,该瓶装水生产厂会生产并销售2瓶水。该厂从这种销售中得到的生产者剩余为4元。

(3)如果价格上升为6元,供给量为3瓶水。瓶装水生产厂的生产者剩余增加9元。

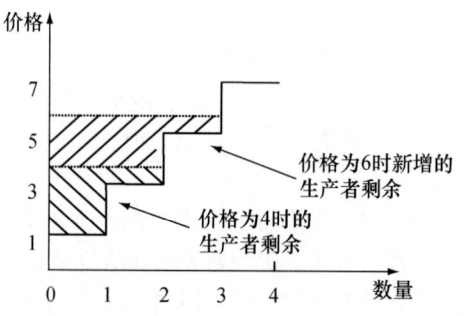

2.【考查要点】 综合运用边际效用递减规律与消费者剩余理论。

【参考答案】 政府可用提高自来水使用价格的方法来缓解或消除居民用水紧张的问题,因为如果自来水价格提高,一方面,用户会减少(节约)用水;另一方面,可刺激厂商增加自来水的生产或供给,其结果将是自来水供应紧张的局面得到缓解或消除。(1)自来水使用价格提高后,用户实际支付的货币总额增加,用消费者愿意支付的货币总额与实际支付的货币总额之间差额衡量的消费者剩余将会减少。(2)对生产资源配置的有利影响是节约了用水,可以使有限的水用于人们更需要的用途上,从而使水资源得到更合理更有效的利用。(3)如果城市居民收入不变,因自来水价格提高所引起的支出的增加必然会降低居民的实际收入。补救的方法有可选择性地给居民增加货币工资或给予价格补贴。

第8章
应用:税收的代价

一、学习精要

(一) 教学目标

1. 了解税收的政治和经济意义。
2. 熟悉税收的福利效应,即税收如何影响消费者剩余、生产者剩余和总剩余。
3. 理解税收带来的无谓损失以及决定无谓损失的因素,掌握税收变动对无谓损失和税收收入的影响。

(二) 内容提要

本章将运用第7章所学到的福利经济学内容来分析在第6章已经涉及的税收问题,包括税收的无谓损失、决定无谓损失的因素,以及税收变动时的无谓损失和税收收入等重点内容。也可以说,本章是把前两章学过的内容结合起来,分析税收对福利的影响。

1. 税收的无谓损失

(1) 税收相当于在买者支付的价格和卖者得到的价格之间打入一个楔子。由于这种税收楔子,买者支付的价格上升,卖者得到的价格下降,销售数量或者说市场规模缩小。

(2) 税收无论是向买者征收,还是向卖者征收,其效果都一样。政府不能决定由谁来承担税收负担。税收负担最终是由买者承担还是由卖者承担取决于商品的供给弹性和需求弹性的大小。如果商品的供给弹性较大,意味着生产者退出市场更容易,则税收负担将更多落在消费者身上;如果商品的需求弹性较大,意味着消费者退出市场更容易,则税收负担将更多落在生产者身上。比如向奢侈品消费者征税,由于奢侈品的消费富有弹性,最终的税收负担实际上落在了生产奢侈品的普通工人身上。

(3) 假若市场上买者得到的利益用消费者剩余来衡量,卖者得到的利益用生产者剩余来衡量,社会从税收得到的公共利益用政府税收收入来衡量,那么可以使用消费者剩余、生产者剩余和政府税收收入的变化来衡量福利变动。

(4) 税收会导致消费者剩余减少,生产者剩余减少,税收收入增加,但买者和卖者遭受的损失大于政府筹集到的税收收入,或者说政府筹集到的税收收入不足以补偿由征税而引起的买者和卖者的福利损失,从而导致整个社会的总剩余减少,因此税收会给整个社会的总体福利带来无谓损失。

(5) 之所以会产生无谓损失,实质是因为税收使买者和卖者不能实现某些贸易的好处。税收使消费者支付的价格高于没有税收时的市场均衡价格,因而减少了消费量;同时税收使生产者得到的价格低于没有税收时的市场均衡价格,因而减少了供给量。市场交易量的减少使买者和卖者无法获得充分的利益,从而引起整个社会的净福利损失。

2. 决定无谓损失的因素

(1) 由于无谓损失是由市场交易量减少所引起,而在税收规模一定的前提下,市场交易量的变化程度取决于供给和需求的价格弹性,因此无谓损失的大小取决于商品需求和供给的价格弹性。

(2) 在税收规模一定时,商品需求和供给的价格弹性越大,生产者或消费者越容易退出市场,从而引起市场交易量的减少越多,则税收的无谓损失也就越大。

3. 税收变动时的无谓损失和税收收入

(1) 随着税收规模(税率)的增加,无谓损失也在随之增加,但无谓损失增加的速度更迅速。当需求曲线和供给曲线均为线性时,无谓损失的增加将为税收增加倍数的平方。

(2) 随着税收规模(税率)的增加,税收收入先增加,然后再减少。原因在于税收收入是税率与交易量的乘积,因此税收收入取决于两个因素:税率和交易量(税基)。在开始阶段,税收规模增加使得从每一单位中得到的税收收入大于它减少的销售额,但在某一时点之后这种情况正好相反。拉弗曲线展现了税收收入随税收规模(税率)变动而变动的情况。

4. 结论

税收以两种方式给市场参与者带来成本:

(1) 资源从买者和卖者转向政府;

(2) 税收扭曲激励及市场结果。

(三) 关键概念

1. 税收:指政府为了提供公共服务及公共财政,依照法律规定,对个人或组织无偿征收货币或资源的总称。

2. 福利经济学:研究资源配置如何影响经济福利的学问。

3. 无谓损失:市场扭曲(例如税收)引起的总剩余减少。

4. 地下经济:一些人从事非法经济活动,或从事可以逃税的暗中支付工资的工作,经济学家把这种情况称为地下经济。

5. 拉弗曲线:由美国经济学家阿瑟·拉弗于1974年提出。该曲线表明,随着税收规模的扩大,税收收入先增加,但随着税收规模越来越大,市场收缩也非常大,以至于税收收入开始减少。

6. 供给学派经济学:20世纪80年代,美国总统里根将减税作为其施政纲领。他认为当时美国税收如此高,以至于不鼓励人们努力工作。减税将给人们适当的工作激励,这种激励又会提高经济福利,甚至可以增加税收收入。由于降低税率是要鼓励人们增加他们供给的劳动数量,因此,拉弗和里根的观点就以供给学派经济学而闻名。

(四) 拓展提示

1. 税收是经济学中十分重要的议题。其实质是将居民收入转化为政府收入。历史上,税收常常引起政治动荡。英国国王不受限制的征税权引发国内资产阶级革命,向美国殖民地征收印花税引发美国的独立战争。中国历史上的朝代更迭常常也是因苛捐杂税引起。但在现实中,税收对国民经济也有至关重要的影响,如对某种商品或活动课税,会影响微观经济主体行为,影响产业的发展;关税水平会影响对外贸易和国际关系;对外资企业的税收政策会影响国际投资;个人所得税水平会影响居民可支配收入,影响消费需求;税收决定政府的财政收入,而其收支状况会影响宏观经济政策;等等。

2. 税收会改变社会成员间的福利分配,其对消费者福利的影响取决于商品的需求弹性,对生产者福利的影响取决于商品的供给弹性。除此之外,税收会通过减少交易量导致净福利损失,这种损失即为税收的无谓损失。无谓损失的度量可以由减少的消费者剩余和减少的生产者剩余之和减去政府得到的税收收入来计算得到。

3. 税收是维持政府运行、保持社会秩序所必需的;同时税收的种类和规模会在很大程度上影响社会不同群体的利益,改变人们的经济激励,从而影响社会的经济潜能发挥。税收扭曲激励主要体现在:税收提高买者支付价格,从而减少需求量;税收降低卖者得到价格,从而减少供给量;市场缩小至最优水平之下,卖者不能生产并销售对买者利益大于生产者成本的所有物品量。税收因此常常成为政治争论的焦点,甚至引起政治变革。

4. 政府征税时通常会确定何种税率最优,即能使税收收入最大化的税率。对政府增加税收收入而言,税率不是越高越好。由于税收收入是税率与交易量的乘积,因此它取决于两个因素:税率和交易量(税基)。由于税率提高会减少交易量,因此税率并不是越高越好,而是有个适度值,在这个水平上会使得税收收入最大化。

5. 供给学派认为,由于过高的税率会阻碍经济活动,因此某些情况下减税甚至可以经由鼓励人们更多工作来扩大经济规模,从而增加政府税收收入。理论上,当经济处于拉弗曲线的右侧,即极高的税收严重抑制了经济和交易活动时,减税是可以达到增加税收收入的效果的。

二、新闻透视

(一) 新闻透视 A

化妆品消费税政策调整 取消对普通化妆品征收消费税

2016年9月30日,财政部、国家税务总局下发《关于调整化妆品消费税政策的通知》,自2016年10月1日起,取消对普通美容、修饰类化妆品征收消费税,将"化妆品"税目名称更名为"高档化妆品",征收范围包括高档美容、修饰类化妆品、高档护肤类化妆品和成套化妆品,税率调整为15%。高档美容、修饰类化妆品和高档护肤类化妆品是指生产(进口)环节销售(完税)价格(不含增值税)在10元/毫升(克)或15元/片(张)及以上的美容、修饰类化妆品和护肤类化妆品。

实际上,经济之声《天下财经》栏目2014年6月就已经报道,财政部正在考虑将化妆品的税目分类界定为高档化妆品和一般化妆品,一般化妆品可能将不再征收消费税。在财政部部长楼继伟向全国人大常委会作2013年中央决算报告和中央决算草案时,提到未来几年实施的财税改革重点和方向,继续完善消费税改革方案就是其中的重要内容。好事多磨,时隔两年之后,关于调整化妆品消费税的政策终于落地。

财政部财政科学研究所税收政策研究室主任孙钢认为,调整的原则是把一部分已经成为日常生活用品的消费品移出征税范围,同时把高污染、高能耗和奢侈品纳入征税范围。孙钢说:"原则是扩大消费税的征收范围。把一些高档消费品、对环境有污染的产品放进来,另外把老百姓日常的日用品拿出去。真正把消费税作为对高档消费品和奢侈品或者是对环境污染起抑制作用的税种。"

长期以来,国内销售的化妆品要征收30%的消费税,这就使得化妆品价格总体偏高,公司白领郭小姐认为,现在一般化妆品已经是日常消费品了。在她看来,对化妆品征收消费税,就应该区别对待,消费税应该主要是针对奢侈品征收,而日常购买的护肤品只是一种日常消费,没有必要征那么高的税。

资料来源:我国不再征收一般化妆品30%消费税.新浪新闻中心.(2017-8-1)[2020-6-5].http://news.sina.com.cn/c/2014-06-30/002830440832.shtml.

【关联理论】

在税收规模一定时,商品需求和供给的价格弹性越大,生产者或消费者越容易退出市场,从而引起市场交易量减少越多,则税收的无谓损失也就越大。理论上来说,税收带来的无谓损失越大,对小政府的呼声就越大。但在现实中,由于税收还具有消费导向功能,因而政府征税的商品并不一定是无谓损失小的商品。

【新闻评析】

在税收规模(税率)一定的前提下,供给和需求的价格弹性越大,税收的无谓损失越大。但需要注意的是,一种商品是必需品还是奢侈品,其结论可能随着人们消费观念和收入水平的变化而发生改变。在本新闻中,随着时间的推移和人们生活水平的提升,一般化妆品由以前的奢侈品转变为现在的日常消费品,因此其需求价格弹性越来越小,相应地需求曲线变得越来越陡峭。假若税收规模(税率)不变,则针对一般化妆品征税所带来的无谓损失越来越少。从理论上来说,税收带来的无谓损失越少,对大政府的呼声就越大。但在现实中,由于税收还具有消费导向功能,政府征税的商品并不一定是无谓损失小的商品。为了适度限制高档化妆品消费,鼓励一般化妆品消费,真正把消费税作为对高档消费品和奢侈品或者是对环境污染起抑制作用的税种,才是财政部取消对普通美容、修饰类化妆品征收消费税,并下调高档美容、修饰类化妆品、高档护肤类化妆品和成套化妆品税率的真正目的。

(二) 新闻透视 B

新闻片段1:西班牙剧院门票增值税飞涨 剧院面临生存危机

近日,一份研究报告称,西班牙政府从2012年9月开始调增的剧院门票增值税导致剧院门票价格飞涨。在调增门票增值税随后的4个月,与前一年同期相比,西班牙剧院观众人数下降了1/3,剧院收入也下降了约33%,并且裁减了600个相关工作岗位。

据了解,随着西班牙经济危机的日益加深,西班牙政府从2012年9月开始将剧院门票增值税税率由8%提高到21%。此举是为了增加政府收入,减少迅速增长的公共赤字。普华永道会计师事务所研究结果表明,增值税提高直接导致西班牙艺术产业的年收入减少约1 000万欧元。西班牙戏剧艺术部门把税负增加视为"悲剧性的和毁灭性的",并且要求政府马上废止新的增值税税率。

由于门票增值税调增,加上得不到地方政府提供的资金支持,一些剧团开始转向购买廉价的设备以及维持更小的演员阵容来寻求生存,舞台的独白成为流行时尚,因为这样做才会使成本更低。

西班牙最有名气的剧院也已经成为牺牲品。马德里皇家歌剧院在2012—2013演出季的预算被削减了1/3。由于演出费用太昂贵,他们被迫取消计划于今年夏天演出的莫扎特的《魔笛》。巴塞罗那歌剧院为了减少支出不得不把它的上个演出季缩短了2个月。"现在情况糟糕透了,门票增值税的增加会把像我们这样的小型剧院扼杀掉。"西班牙加泰罗尼亚剧院经理表示。还有一些小型剧院开始想方设法绕过门票增值税来吸引观众。

新闻片段2:法国进口增值税提高 艺术品市场受到重大波动

据法国《费加罗报》网站7月7日报道,法国进口增值税的提高使艺术品市场受到冲击。为应对冲击,画廊经营者、艺术品收藏家和艺术品拍卖行首次联合起来。

随着进口增值税的提高,法国艺术品市场的风险也在加大。此前已有过一次增税,即2012年1月1日由之前的5.5%提升到7%,而如今增值税将于2014年1月1日从7%提高到10%。

法国三大主要艺术品传播机构(法国国家艺术品拍卖行、法国艺术展览委员会、法国国家艺术品收藏家工会)首次采取一致行动。因情况紧急,部分解决措施已经递交国民议会,但议案还需通过2014年金融法案的讨论才能得以实施。该报告显示,法国艺术品市场不断失去在国际市场中的参与度,目前只有大约5%,国际市场主要被美国、中国、英国等国家主导。而进口增值税的提高又为已经非常脆弱的艺术品市场带来致命的打击。

让-皮埃尔表示:"我们并非要求保护富人的利益,但现已观察到70%的艺术品已经离开法国市场,增值税的提高只会加速艺术品的流失。"弗兰克说:"这与关税已无太大差别,而19.6%的进口商品为艺术品。"卖主并不能提前知晓买主国籍,就为艺术品保留带来风险。法国人需要支付高额的进口增值税,而外籍人士则无须支付。

纪尧姆·赛鲁迪表示:"我们并不认为这样的措施就可以带来公共财政情况的好转。我们曾说服美国收藏家在巴黎拍卖,因为巴黎的艺术产业远远比纽约或者伦敦更加兴盛。"他举例说明:2007年被苏富比拍卖行卖出的弗朗西斯·培根的作品《坐着的女人》被一位不愿意透露姓名的竞拍者买走,以1 220万欧元成交,当时的增值税为5.5%,最终费用合计1 370万欧元。竞拍者同时支付了竞拍价格、购买手续费、交易增值税和进口增值税。纪尧姆·赛鲁迪补充道:"我几乎可以肯定如果进口增值税率是10%而不是5.5%,那么顾客就绝不会选择巴黎。"以此看来,税率的提高会对艺术品市场带来极大的冲击,相关政策亟待出台。

资料来源:法国进口增值税提高 艺术品市场受到重大波动.中国网新闻中心.(2013-7-9)[2020-6-5].http://news.china.com.cn/world/2013-07/09/content_29367039.htm.

【关联理论】

与市场均衡时相比,税收会提高买者支付的价格,降低卖者得到的价格,由此带来交易量的减少,造成相关市场和行业的缩减。税率过高时,如果还有替代市场,那么高税率甚至会导致相关市场萎缩或消失,从而对相关行业造成损害。

【新闻评析】

西班牙为了增加政府税收收入、减少赤字而提高剧院门票增值税,从8%提高到21%,导致观众人数下降1/3,剧院收入也下降1/3,工作岗位大量减少。根据税收理论,收税会导致无谓损失。对消费者而言,由于观看演出属于文化休闲活动,不是生活必需,且有很多替代,比如看电影、听音乐、看球赛等,因此其需求弹性很大。除了特别忠诚的剧院爱好者,很多观众都属于边际消费者,大幅提高的门票价格会使他们离开这个市场,因此产生了很大的无谓损失。对剧院而言,它的供给较无弹性,场地和演员的维持费用即固定成本很高;一旦节目排好,多一位观众引起的边际成本几乎为零。因此,观众的流失会极大地减少剧院的纯利润。因此,税收负担主要落在剧院即供给者一方。短期内,为了削减成本,剧院会减少演出场次,缩减演员阵容,使演出质量降低。长期内,如果一直需要以更高的票价来观看更低质量的演出,更多观众会离开,更多剧院会关门,对该行业造成毁灭性打击。而政府暂时获得的增加的税收收入不仅难以弥补当下的社会总福利损失,更难以弥补该政策对剧院行业带来的持久的损害。

法国增加对艺术品的进口增值税,相当于买者为进口的艺术品支付了更高的价格,效果等同于增加艺术品的进口关税。由于艺术品价值昂贵,增加的税收将是一笔很大的附加支出,可能会降低购买者的购买意愿从而降低拍卖价格。在有多个国家的拍卖市场可以选择的情况下,艺术品的供给者(拍卖者)可能更愿意选择其他国家的市场,在那里交易成本更低,有更多非法国籍的潜在买家(他们不用支付高昂的进口增值税),因此能拍到更好的价格。由于历史和文化传统,艺术品拍卖和收藏在法国是一个重要的行业,但是政府提高进口增值税的政策可能会极大损害法国艺术品市场在国际上的竞争力,而这类独特市场的培育和再建是比较困难的。

以上两例都是政府为了解决国内迫在眉睫的赤字问题,而对一些特殊行业(通常是奢侈类消费的行业)增税。西班牙和法国都是欧盟国家,近期都在想办法增加税种和提高税率。一方面是国内经济不景气使得税收减少、支出增加,另一方面是为了满足欧盟对其成员的财政要求,即赤字低于 GDP 的 3%。但政府必须考虑到的一点是,无论是演出市场还是艺术品市场,税收增加都使消费者支付的价格高于没有税收时的市场均衡价格,因而减少了消费量;同时税收使生产者得到的价格低于没有税收时的市场均衡价格,因而减少了供给量。市场缩小至最优水平之下,市场交易量的减少使买者和卖者无法获得充分的利益。税率过高时,如果还有替代市场,那么高税率甚至会导致相关市场萎缩或消失,从而对相关行业造成损害,政府在实施增税政策之前,应该准备好相关措施加以应对。

三、案例研究

(一) 案例研究 A

王先生雇保姆

王先生想请一个保姆做家佣,但他属于工薪阶层,为此他最多愿意支付每月 430 元的工资给保姆。周小姐以前每月卖报纸仅有 400 元的收入,现在希望能找到一份清闲而且不用风吹雨淋的工作,看到王先生的招聘广告,她非常愿意尝试。最后他们达成协议,王先生每月支付 420 元的工资请周小姐做家佣。这样一来,从这份工作中,王先生可以节省 10 元,周小姐比她原先的工作多赚 20 元。但是拿工资是要上税的,周小姐拿了 420 元的工资,必须上交 50 元的工资税。这样一计算,王先生至少要付周小姐 450 元才能达到她以前的收入水平,但王先生支付的底线是 430 元。权衡后,周小姐最终放弃了这份工作,王先生也不打算再雇用保姆。

【关联理论】

税收引起无谓损失,实质是因为税收使买者和卖者不能实现某些贸易的好处。这就是说税收扭曲了激励,因为税收使消费者支付的价格高于没有税收时的市场均衡价格,因而减少了消费量;同时税收使生产者得到的价格低于没有税收时的市场均衡价格,因而减少了供给量。市场规模缩小至最优水平之下,而且卖者不能生产并销售对买者的利益大于生产者成本的所有物品量。总之,无谓损失是潜在贸易好处的损失。

【案例解析】

政府向某一产品征税,不管这项税收是向生产者征收还是向消费者征收,最后都是由生产者和消费者分担——生产者得到的价格下降,消费者支付的价格上升,税收在买者支付的价格和卖者得到的价格之间打入了一个"楔子"。由于这个"楔子",这种产品的销售量低于没有税收时应该达到的水平,也就是说,市场规模收缩了。由于市场规模收缩,生产者和消费者受到的福利损失之和要大于政府得到的税收。

为什么会出现社会总福利减少这样的"无谓损失"?这是因为人们对各种激励做出理性的反应。税收提高了买者的价格而降低了卖者的价格,买者和卖者对这种负面激励的理性反应便是少消费和少生产。于是,市场规模缩小到其最优水平之下,资源配置的效率降低了。市场交易量的减少使买者和卖者无法获得充分的利益,从而引起整个社会的净福利损失。由于税收,在税收交易量与均衡交易量单位之间的物品没有被售出;买者对于这些单位物品的评价高于生产它们的成本,因此税收使一些对买者和卖者都有利的交易未能实现。随着税收增加,市场规模进一步减小,在某一点上税收如此之高,以至于它大于或等于从第一单位中得到的潜在剩余,在那一点,税收就成为禁止性税收,因为它消灭了市场(此时政府根本得不到收入)。

(二) 案例研究 B

法国应该进一步提高税收吗?

以下是 2013 年关于法国提高税收的五则报道:

法国:提高税收负面效果显现

法国全国统计和经济研究所(INSEE)最新公布的数据显示,法国税收占国内生产总值(GDP)的比重由前一年的 43.7% 增至 44.9%,创下 1999 年以来新高,但在缺少经济增长和失业率上升的情况下,提高税收并不能完全抵消收入减少和开支增加的不足,反而造成法国人购买力 30 年来首次出现下降,储蓄率降低。

根据 INSEE 的统计数字,去年法国人购买力下降 0.4%,为 1984 年以来首次下降。INSEE 指出,近两年税收大幅增加是购买力下降的主因,去年法国工资增长了 0.3%,家庭补贴增加了 0.9%,但不抵税收增幅(5.3%)。购买力下降加上失业率上升,也影响到法国人的储蓄,一些家庭取出储蓄的钱来维持其日常开销,这使得去年法国储蓄率由年初的 16.2% 降至年底的 15.6%。

法国:高税率阻碍经济增长

据统计,法国去年税收占 GDP 的比重比 2009 年增加 2.8 个百分点,相当于给企业和家庭增加了 500 亿欧元税收,而出于降低财政赤字需要,今年法国税收将继续增加,预计年底将达到 GDP 的 46.3%，再度刷新历史纪录。2014 年情况也不乐观，经济增长乏力，法国财政捉襟见肘，财政预算缺口或达 60 亿欧元，奥朗德增加对富人的征税和提高增值税能否弥补财政缺口还是未知数，未来两年还要减少数百亿欧元赤字，税收压力在不断加大。

法国审计法院认为，法国应停止不断加重税收的做法，不能因财政收支失衡就一味增加税收。审计法院院长迪埃·米古指出，法国已没有再增加税收的余地，应该从削减公共开支上想办法。他认为，法国的税收已经很高，这使法国竞争力受到损害，法国应改变不断增税的做法。一些经济专家认为，靠提高税收来降低财政赤字是不能持久的，这会影响法国的竞争力以及对外资的吸引力，税收过重会影响经济增长。

法国：政府在税收上的回旋余地已不大

据欧盟动态 8 月 26 日消息，欧委会副主席兼经济与货币事务委员雷恩表示，新的降低法国预算赤字的措施必须与削减政府支出挂钩，任何新的税收政策将"有损经济增长，不利于创造就业机会"。与欧洲其他国家紧缩政策不同，奥朗德政府强调通过高税收而非削减开支来实现预算平衡。雷恩指出，法国税率水平已经达到令人害怕的程度。

面对降低税收、提高购买力的呼声，奥朗德总统在最近讲话中表示会注意购买力问题。他宣布，2014 年除已定下要提高增值税以外，政府不会再提高其他税收，提高增值税也是为给企业减税筹措资金。奥朗德希望通过节省开支来降低税收压力。他说，过去三四十年，政府开支一直不断增加，今年政府开支将同 2012 年持平，明年政府开支将首次下降，低于 2013 年。可以看出，仅靠税收解决不了财政赤字问题，政府在税收上的回旋余地已不大。

法国：进入"税负猛于虎"时代

法国将进入"税负猛于虎"的时代，民众出现严重的纳税厌烦情绪。"富人税"逼走了不少名人，"环保税"又惹来了"农民起义"。据法国生产者协会介绍，新征的环保税将对 3.5 吨以上车辆预先加收税金，这将导致运输成本上升 5%—10%，而在难以让消费者对涨价买单的情况下，农户将不得不自行消化成本上升的苦果。该协会预测，环保税将对整个农业生产链带来负面影响，并进一步削弱法国农产品的竞争力。

从 10 月 22 日开始，法国各地农民连番举行抗议活动：南方普罗旺斯沙龙的农民将设置在公路上的载重卡车电子登记仪拔起，装到拖拉机上，然后在公路上采取蜗牛式缓行，以此抗议在他们看来不得人心的环保税；大巴黎地区 50 多个农民向驾车人散发生菜，因为环保税相当于每棵生菜涨价 5 欧分；此外，在布列塔尼地区，近千名示威者与警察发生冲突。为此，有人预测，如果政府强行征税，类似的"农民起义"会蔓延至法国其他地区，民族主义可能因此抬头。

欧盟：法国税收政策已经接近可承受范围临界点

据外媒报道，欧盟委员会主席巴罗佐在 11 日接受媒体采访时提到，尽管法国的财政预算"总体是令人满意的"，但是"法国现在的财政政策已经到达了可承受范围的临界点。""法国是欧盟范围内对企业征收最高税的国家，这将对经济增长和就业带来问题"，巴罗佐这样表示。他同时敦促法国"减少公共开支"。

据报道，欧盟委员会将于 15 日对欧元区国家为稳定欧元所采取的措施进行评价。此前，国际信用评级机构标准普尔公司 8 日宣布，再度下调法国长期主权信用评级，将法国长期主权信用级别从"AA＋"降至"AA"，理由是法国失去了财政行动空间，无法实施改革。失业率居高不下就是明证。

【关联理论】

拉弗曲线表明,政府税收收入随税率的提高先上升后下降,即过高的税率会抑制经济活动而减少政府的收入。一般来说,税率越高政府的税收就越高,所以提高税率可以增加政府的收入。但是,如果税率的提高超过一定限度,企业的经营成本提高,他们会减少投资,甚至会退出这个地区,从而造成政府征税基础的缩小,政府税收的总量因此减少。拉弗曲线的重要启示在于,财政不能为增加税收而一味提高税率,必须审时度势,将税率保持在适当的水平,否则可能会引起消费不振、投资乏力、失业上升,并给经济增长蒙上阴影。

【案例解析】

我们都知道有"苛政猛于虎"之说。我国漫长的历史上有许多因朝廷挥霍或开支控制不善等各种原因引起国库空虚,从而加重赋税,导致民不聊生而引发百姓反抗,造成朝代更迭的例子。在现代社会,人们可以通过重新选举政府来改变施政方向,尤其在发达国家,很少会出现通过暴力来更替政府的情况。同时由于有较为完善的失业保险和医疗、养老保障制度,因此绝大部分人能够享有基本的生活保障,使我们能够拥有和平社会。但是要真正长期维持这种保障支出,靠的不是高税收,而是人们的努力工作和经济的持续增长。

欧洲的高税收已经在很大程度上减弱了人们的工作意愿,收入高的人被课以重税,低收入者或无收入者反而享受很高的补贴和救济金,这使得人们缺乏工作激励,而且在经济不振的情况下更多的人主动或被动离开劳动市场,更少的人要养活更多的人,从而需要征更重的税,形成恶性循环。各方舆论普遍认为法国目前的税率已到危险边缘,不仅无益于增加政府收入,减少赤字,还会损害国内的长期经济增长。对许多欧洲国家的政府而言,要解决目前的困境不能通过一味加重税收,开征各种新品种税收或从富人那里征收更多,而必须考虑削减开支,减少政府的沉重负担。必要的保障是需要的,尤其对社会的弱势人群,但必须通过合理的制度加强人们的工作激励,促进经济增长,恢复政府的良性运转;而不是相反,通过惩罚努力工作的人来补贴不工作的人。

政府可以通过税收适当协调社会的财富分配,但税收不能创造财富,只有对工作的激励才能创造更多财富,支撑理想的保障体系。政治家对选民的过度迎合不一定能导致正确的政策措施,因为总是存在个体利益和整体利益的不一致,短期利益和长期利益的不一致,这就使得大多数民众的意见和愿望并不总是对的。在国家困难的时候,政治家可以向富人征收一次性税收,也可以同时削减一些福利开支,但不能依靠不断提高对企业和个人的税收,打击经济主体的积极性,使经济状况进一步恶化。休养生息才是提高未来收入的好方法。

同时,欧盟对其成员国的硬性财政要求,即要求赤字占 GDP 比例低于 3%,在各国经济状况不佳时会雪上加霜,这类似于国际货币基金组织代表的发达国家要求处于经济危机中的发展中国家政府实行紧缩性财政政策,加剧了衰退程度并延缓了复苏时间。美国的税收水平远低于欧洲,其原因在于美国许多经济学家和政治家都很了解拉弗曲线,认为只有减税才可以促进企业增加投资和工人增加劳动供给,带来经济增长。但美国在减税的同时,并未同时削减庞大的政府支出,从而导致庞大的政府赤字,此前美国政府"关门事件"反映的就是反对党反对总统的一项扩大医疗保险覆盖面的政策,认为相关政策加重了政府的财政负担,会进一步扩大政府赤字。美国高度依赖国际资本流入,并且寄希望于国内经济复苏和增长会带来更多的税收从而能够自动缩减其赤字规模。

世界上各国对其税收收入和政府支出各有不同的政策,要同时兼顾收支平衡、税收公平、民生保障和经济增长,确实非常困难。但至少,政府不应使自己处于拉弗曲线的右侧,导致各方利益相继下降。

(三) 案例研究 C

国内奢侈品降价了,你还代购吗?

众所周知,全球购买奢侈品最便宜的地方目前仍旧是欧洲地区。欧元区的西班牙、意大利、法国都是传统的购物圣地,与中国的平均价差都超过了20%,加上当地对外国人的退税政策,对中国消费者而言,在欧洲购买奢侈品更加划算,而在美国购买奢侈品的价格优势就要弱上一截。2016年,英国脱欧公投让英镑汇率急速跳水,到2017年10月创下新低,继而英国也成了购物天堂。

多年来,中国奢侈品代购生意红火的原因是多方面的。许多中国人相信,同样的产品,在国外买的品质更好,而且人民币升值也使得中国消费者购买力增强。中国电子商务研究中心分析师莫岱青说,国内之所以热衷代购,是因为一直以来中国对奢侈品征收高额进口关税。例如,中国对化妆品征收50%的关税——化妆品是最主要的代购商品种类之一。此外,进口奢侈品还要征收17%的增值税。

为了给奢侈品代购降温,把中国的消费者留在本土消费,近几年来中国政府连续发布一系列消费刺激政策,包括扩大进口促进跨境贸易,并在2015年6月1日和2016年10月1日分别调低涉及服装、鞋、护肤品、化妆品、香水等多个品类商品的进口关税。同时,国家将会对跨境电子商务网站从国外购买的货物开征关税,单次海外购物免税额度是2 000元,全年累计额度是2万元,超出以外都会征收关税。这些政策多多少少打击了中国顾客寻找代购的消费热情。不时有人抱怨自己通过电商平台下单购买的奢侈品被扣在海关,因此不得不前去补缴税金。

国际奢侈品牌也越来越多地重新考虑在中国的市场定价策略。部分品牌主动出击,先后调整全球价差,以免沦落为开在中国的展示厅或试衣间。领头的是香奈儿——2015年3月,它首次尝试将部分产品的中国售价调低20%,同时照常上涨欧洲价格,以便达到最终全球价差不大于5%的目标。力度之大一时间让当时中国的店铺里挤满了前来抢购的顾客,甚至让不少专柜出现了卖空断货的情况。先后加入调价阵营的还有泰格豪雅、卡地亚、迪奥等品牌。这个名单至今还在扩充中。博柏利上月公开第三财季报告后提到品牌自去年11月起就开始调整香港和内地的产品售价,目标是让两地价差维持在15%以内。

奢侈品行业资深观察人士做了一个抽样调查,范围涉及全球100个品牌以及超过千余个样品在不同国家(或地区)的定价。她们发现,与2011年相比,2017年中国奢侈品国内外整体平均价差由2011年的68%缩小至16%,差幅整整缩小了52个百分点。随着各大奢侈品牌不断调整在中国内地的零售价格,中国香港、澳门地区曾经拥有的价格优势大大降低,而日本和韩国的价格优势也很微弱,有些被监测的品类与产品价格甚至高于中国内地,只有其本土产品才具有一定的价格优势。差价的缩小让部分消费者愿意在国内购物消费,这促使了本地奢侈品市场的回暖。

资料来源:国内奢侈品降价了,你还代购吗? 国际时尚汇. (2017-7-23)[2020-6-5]. https://www.sohu.com/a/159349831_556767.

【关联理论】

税收是政府为了履行政府职能、提供公共服务、进行转移支付等而向民众征集的收入。它会对一国的政治和经济产生重大影响。它会影响商品的销售价格、企业支付的薪资水平以及人们获得的可支配收入，具有财富再分配功能。在开放经济条件下，人们的消费目的地有了更多的选择。

【案例解析】

奢侈品行业专家保拉·舒克拉对奢侈品这样定义：最初低收入者没有能力消费，而精英们能够消费的商品即为奢侈品。实际上，奢侈品是一个相对的概念，随着人们生活水平的提高，有些商品已经由奢侈品变成了中档商品甚至普通商品，而且奢侈品消费划分不仅仅包括具体商品，还可以是某种服务。我国官方没有专门的"奢侈品税"，而是针对不同的商品，依据各自的特性在税率上进行区分。如在我国海关税则中，对"高档手表"的界定为"价格在1万元以上"；进口轿车的税率划分则是依据发动机排气量，排气量4升以上的车型税率高达40%，3到4升的车辆也有25%的税率。因此，部分专家认为，综合进口税率过高是国内外奢侈品价差的主要"推手"，特别是对奢侈品征收高额进口关税，是奢侈品代购业红火的主要原因。

世界奢侈品协会的调查显示，中国早在2012年就已经超过日本，成为全球第一大奢侈品消费国。通过政府连续发布一系列消费刺激政策，2017年中国奢侈品销售增速远超全球平均水平和全球主要消费市场。相关数据显示，2018年中国人全球奢侈品消费额达到1457亿美元，增长7%，占全球奢侈品市场的42%。其中，境外消费奢侈品1073亿美元，增长率为4%；境内总消费额384亿美元，增长率为17%，消费外流仍非常严重，仍有74%的奢侈品购买行为发生在中国境外。中国境内奢侈品市场占全球奢侈品市场的份额提高至11%，比2017年增长一个百分点，中国市场消费回暖趋势明显，但是因为房市低迷、股市不好、失业增加等原因，中国消费者消费信心受到严重影响，2018年下半年奢侈品消费力明显减弱。

透过上述报道及相关分析，我们可以发现：仅仅依靠提高奢侈品税率，并不能从根本上抑制奢侈品消费；应当因势利导，在尊重奢侈品市场发展规律的前提下，适当降低奢侈品税率以促进国内奢侈品消费市场发育。如果不适当降低关税，消费者就可能会选择"用脚投票"——到欧洲采购奢侈品，或者通过代购方式获取奢侈品，导致部分购买力转向国外。可取的做法是，通过降低相关税率（入关涉及关税、增值税和消费税等）把消费引入国内，在国内产生税源。也就是说，适当降低奢侈品进口税可以促进国内奢侈品消费市场的发育。此外，针对奢侈品消费，在适当降低奢侈品税率以促进国内奢侈品消费市场发育的同时，还需要在政府的消费政策、价格政策、消费信贷政策、税收优惠政策、产业政策以及舆论的鼓励与引导下，发挥引导性消费热点的支撑力，积极地引导公众理性的消费方向，提高消费者的生活水平和消费质量。

四、课外习题

（一）术语解释

1. 税收
2. 福利经济学

3. 无谓损失
4. 拉弗曲线
5. 供给学派经济学

(二) 单项选择

1. 以下关于税收的说法中,错误的是(　　)。
   A. 在买者支付的价格和卖者得到的价格之间打入一个楔子
   B. 提高了买者为该物品支付的价格,降低了卖者从该物品得到的价格
   C. 无论是对买者还是对卖者征税,结果都一样
   D. 增加了购买与销售的数量

2. 无谓损失的大小不取决于(　　)。
   A. 物品的需求弹性　　　　　　　　B. 物品的供给弹性
   C. 物品的价格　　　　　　　　　　D. 税率

3. 政府应该对哪些物品或服务征税以获得它需要的税收收入?(　　)
   A. 价格高的物品或服务　　　　　　B. 价格低的物品或服务
   C. 需求弹性大的物品或服务　　　　D. 无谓损失最小的物品或服务

4. 下列哪项不能证明劳动供给较有弹性?(　　)
   A. 人们从事全职工作　　　　　　　B. 工人可以调整工作时间,比如加班工作
   C. 一些家庭有第二个赚钱人　　　　D. 许多老年人可以选择什么时候退休

5. 劳动所得税往往会鼓励(　　)。
   A. 工人工作时间更短　　　　　　　B. 第二个赚钱者留在家里
   C. 提前退休　　　　　　　　　　　D. 以上各项都对

6. 政府对哪种食品或饮料征税引起的无谓损失最大?(　　)
   A. 大米　　　　B. 面粉　　　　C. 牛奶　　　　D. 酒精饮料

7. 以下哪项有助于改善交通拥堵?(　　)
   A. 汽车进口关税下降　　　　　　　B. 政府补贴电动汽车
   C. 地铁票价提高　　　　　　　　　D. 政府对汽油征税

8. 以下哪项税收对改善收入分配的作用最小?(　　)
   A. 对豪车征收高额交通税　　　　　B. 香烟税
   C. 房地产税　　　　　　　　　　　D. 个人所得税

9. 随着税收规模增加,哪项结果不是必然的?(　　)
   A. 税收收入增加　　　　　　　　　B. 均衡价格上升
   C. 销售量减少　　　　　　　　　　D. 无谓损失增加

10. 对生产者征税,哪类生产者最可能将税收负担完全转嫁给消费者?(　　)
    A. 奢侈品的生产者　　　　　　　　B. 垄断商品的生产者
    C. 有很多替代品的商品的生产者　　D. 必需品的生产者

11. 对哪种商品征税,短期内该商品的供给减少最多?(　　)
    A. 汽车　　　　B. 钢铁　　　　C. 粮食　　　　D. 服装

12. 哪种政府税收不会造成无谓损失?(　　)
    A. 关税　　　　　　　　　　　　　B. 消费税

C. 金融交易税 　　　　　　　　D. 庇古税

13. 补贴是与征税相反的政策。关于补贴,以下哪种说法是不对的?(　　)
   A. 补贴降低了市场均衡价格
   B. 补贴使交易量增加
   C. 补贴增加了社会总福利
   D. 对生产者的补贴只使生产者受益,消费者没有受益

14. 如果一种物品的税收增加一倍,税收的无谓损失将会(　　)。
   A. 仍然不变　　　　　　　　　B. 增加一倍
   C. 增加三倍　　　　　　　　　D. 可能增加或减少

15. 表示税收规模和政府得到的税收收入之间关系的图形被称为(　　)。
   A. 负担曲线　　B. 税收曲线　　C. 拉弗曲线　　D. 里根曲线

(三) 判断正误

1. 当对商品征税时,卖者得到的价格上升了。(　　)
2. 当税收规模增加时,政府的税收收入增加。(　　)
3. 如果商品的供给缺乏弹性,则税收负担主要由卖者承担。(　　)
4. 政府向买者征税,税收负担就由买者承担。(　　)
5. 税收造成无谓损失是因为税收使人们不能实现一些贸易的好处。(　　)
6. 拉弗曲线描述的是税收规模与无谓损失之间的关系。(　　)
7. 供给学派认为减税可以增加政府收入。(　　)
8. 在劳动边际税率较高的国家,人们工作较少。(　　)
9. 一种没有无谓损失的税不能增加任何政府收入。(　　)
10. 不增加政府收入的税也不会有任何无谓损失。(　　)

(四) 简答题

1. 当对一种物品征税时,消费者剩余和生产者剩余会发生什么变动?
2. 请画出对某种物品征收销售税的供求图,说明无谓损失。
3. 供给弹性与需求弹性如何影响税收的无谓损失?
4. 为什么专家对劳动税无谓损失大小的看法不一致?
5. 当税收增加时,无谓损失和税收收入会发生什么变动?

(五) 应用题

1. 假设政府通过对每件小商品 A 征收 0.01 元的税而筹集了 1 亿元的税收收入,又通过对每件小商品 B 征收 0.1 元的税而筹集了另外 1 亿元的税收收入。如果政府对小商品 A 的税率翻一番,而取消对小商品 B 的征税,政府的税收收入是多了、少了,还是不变?请解释原因。

2. 小镇的旅馆房间价格为每天每间 100 元,一般每天租出去 1 000 个房间。
(1) 为了增加收入,市长决定对旅馆租出去的每个房间收取 10 元的税。在征税之后,旅馆房间的价格上升到 108 元,租出去的房间减少为 900 间。计算这种税为小镇筹集到多少收

入,以及税收的无谓损失。

(2) 市长现在把税收翻一番,即增加到20元。旅馆房间的价格上升到116元,租出去的房间减少为800间。计算税收增加后的税收收入和无谓损失。税收收入和无谓损失是原来的两倍、大于两倍、还是小于两倍?请解释原因。

3. 假设以下供给和需求方程描述了一个市场:

$$Q_S = 2P$$
$$Q_D = 300 - P$$

(1) 求解均衡价格和均衡数量。

(2) 假设对买者征收税收 T,因此,新的需求方程式是 $Q_D = 300 - (P + T)$。求解新的均衡。卖者得到的价格、买者支付的价格和销售量会发生什么变动?

(3) 税收收入是 $T \times Q$。用你对(2)的答案求解作为 T 的函数的税收收入。

(4) 求解作为 T 的函数的无谓损失(提示:税收的无谓损失是供给曲线和需求曲线之间三角形的面积。无谓损失三角形的底是 T,高是有税收时的销售量与无税收时的销售量之差)。

(六) 拓展思考题

1. 有一天上完经济学课以后,你的朋友说对食物征税是筹集收入的一个好方法,因为食物的需求是完全无弹性的。从什么意义上说,对食物征税是筹集税收收入的好方法?从什么意义上说,它并不是筹集税收收入的好方法?

2. 19世纪的经济学家亨利·乔治认为,政府应该对土地征税高税收,他把土地的供给视为完全无弹性的。

(1) 乔治认为,经济增长增加了对土地的需求,并使富有的地主以损害组成市场需求一方的佃农的利益为代价越来越富。画图说明这个观点。

(2) 谁承担了土地税的负担——是土地所有者还是佃农?请解释原因。

(3) 这种税的无谓损失是大还是小?为什么?请做出解释。

(4) 今天许多城镇都按房地产的价值征税。为什么以上有关乔治的土地税的分析并不适用于这种现代税收?

五、习题答案

(一) 术语解释

1. 税收:指政府为了提供公共服务及公共财政,依照法律规定,对个人或组织无偿征收货币或资源的总称。

2. 福利经济学:研究资源配置如何影响经济福利的学问。

3. 无谓损失:市场扭曲(例如税收)引起的总剩余减少。

4. 拉弗曲线:由美国经济学家阿瑟·拉弗于1974年提出。该曲线表明,随着税收规模的扩大,税收收入先是增加,但随着税收规模的进一步加大,市场收缩也非常大,以至于税收收入开始减少。

5. 供给学派经济学:20世纪80年代,美国总统里根将减税作为其施政纲领。他认为当时美国税收如此高,以至于不鼓励人们努力工作。减税将给人们适当的工作激励,这种激励又会提高经济福利,甚至或许可以增加税收收入。由于降低税率是要鼓励人们增加他们供给的劳动数量,因此,拉弗和里根的观点就以供给学派经济学而闻名。

(二) 单项选择

1. D 2. C 3. D 4. A 5. D 6. D 7. D 8. B 9. A 10. B
11. D 12. D 13. D 14. C 15. C

(三) 判断正误

1. × 2. × 3. √ 4. × 5. √ 6. × 7. √ 8. √ 9. × 10. ×

(四) 简答题

1.【考查要点】 衡量消费者剩余和生产者剩余。

【参考答案】 当对一种物品征税时,买者支付的价格上升,消费者剩余减少;卖者得到的价格下降,生产者剩余减少。

2.【考查要点】 税收对生产者、消费者、政府、社会总福利的改变。

【参考答案】 图略。无谓损失是供给曲线和需求曲线之间的小三角形,是由于交易量减少而产生的、无法由政府筹集的税收收入弥补的损失。

3.【考查要点】 供求弹性对无谓损失的影响。

【参考答案】 供给弹性越大,税收导致的供给量的减少越多,无谓损失越大。需求弹性越大,税收导致的需求量的减少越多,无谓损失也越大。

4.【考查要点】 劳动的供给弹性与劳动税无谓损失的关联。

【参考答案】 这是由于专家对劳动的供给弹性的假设不同。一些专家认为劳动的供给缺乏弹性,因此劳动税引起的无谓损失很小;另一些专家认为劳动的供给较富有弹性,因此劳动税引起的无谓损失很大。

5.【考查要点】 税率变化对无谓损失和税收收入的影响。

【参考答案】 当税收增加时,无谓损失增加,并且无谓损失的增加要快于税收规模的增加。税收增加时,税收收入先增加,然后随着税收规模的进一步加大,市场收缩非常之大,以至于税收收入开始减少。

(五) 应用题

1.【考查要点】 税率提高对税收收入的影响。

【参考答案】 少了。原因是提高对小商品 A 的税率会导致商品 A 销售量减少。税收收入等于税收规模乘以销售量,现在的税收规模为 0.02 元,但销售量低于之前的 100 亿件,税收收入也就低于 2 亿元。

2.【考查要点】 无谓损失的计算方法。

【参考答案】 (1) 小镇筹集到的税收收入为 9 000 元,税收引起的无谓损失为 500 元。

(2) 税收增加后的税收收入为 16 000 元,无谓损失为 2 000 元。收入小于原来的两倍,无谓损失大于原来的两倍。原因在于,税收收入等于税收规模乘以销售量,新的税收规模为原来的两倍,但新的销售量小于从前,因此乘积小于两倍。无谓损失等于1/2乘以税收规模乘以销售量减少量,新税收规模是原来的两倍,但新销售量的减少量增加了(由减少100间变为减少200间),使得乘积大于2倍。

3.【考查要点】 征税对均衡价格和数量的影响。
【参考答案】

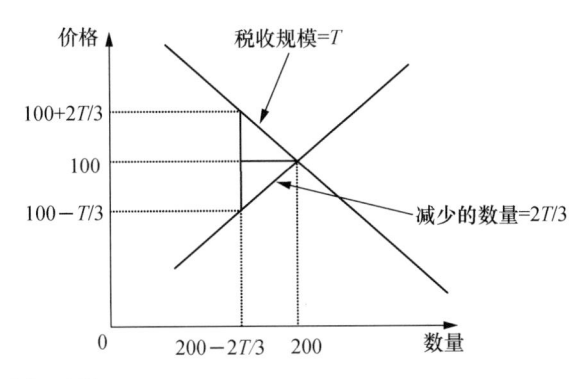

(1) $P^* = 100$,$Q^* = 200$。

(2) $P^* = 100 - \frac{T}{3}$,$Q^* = 200 - \frac{2T}{3}$;卖者得到的价格下降,为 $100 - \frac{T}{3}$,买者支付的价格上升,为 $100 + \frac{2T}{3}$,销售量下降,为 $200 - \frac{2T}{3}$。

(3) 设 R 为税收收入,则 $R = T \times Q^* = 200T - \frac{2T^2}{3}$。

(4) 设 D 为无谓损失,则 $D = \frac{1}{2} \times T \times \left[200 - \left(200 - \frac{2T}{3}\right)\right] = \frac{T^2}{3}$。

(六) 拓展思考题

1.【考查要点】 需求弹性对无谓损失的影响。
【参考答案】 对食物征税是一种好方法,是因为食物的需求完全无弹性,对食物征税几乎不会减少消费量,不会引起无谓损失。对食物征税不是一种好方法,是因为由于食物的需求完全无弹性,那么税收负担就会完全落在消费者身上,食物的供给者几乎不受影响。此外,穷人的食物消费占其总消费比例较高,因此食物税收占其收入比例也较高,而占富人的收入比例极小,因此该税收不利于改善收入分配,缺乏公平性。而且,现实中,由于食物经过加工而产生了不同的价值,其价格取决于营养、卫生状况、精细程度、口感等,这些因素使得食物的需求具有了一定的弹性。对食物征税,会使消费者选择廉价的、粗劣的食物,扭曲了市场,产生了无谓损失。

2.【考查要点】 供给和需求弹性决定由谁承担税收负担,也决定无谓损失的大小。
【参考答案】 (1)经济增长使土地需求增加,而土地供给无弹性,因此推高土地租赁价格,使富有的地主更富,而佃农租地的成本上升。图略。

(2) 土地税的负担由土地所有者承担。因为税收负担会落到缺乏弹性的一方,土地的供给完全无弹性,于是土地所有者完全承担了税负。

(3) 没有无谓损失。因为土地的供给没有弹性,土地税并不改变土地市场供给,所以没有无谓损失。

(4) 现代的房地产税中虽然包含了土地税,但房地产的供给还是比较有弹性的;相对而言,房地产的需求作为普通民众的住房需求,比较缺乏弹性。而且房地产税征收主要是在保有环节,因此房地产税主要是由拥有住房的普通消费者承担,所以不宜收取高额税收,这与从前对地主的主要用于租赁交易的土地征税是不同的。此外,按房地产的价值征税,会使得对普通房产的所有者征税少,对豪宅所有者征税多,也有一定的税收公平性。

第 9 章
应用:国际贸易

一、学习精要

(一) 教学目标

1. 理解一国进出口贸易的决定因素。
2. 考察在国际贸易中谁获益谁受损,理解贸易的赢家和输家。
3. 理解比较贸易的好处与贸易的损失,并能够分析关税的福利影响。
4. 领会各种限制贸易的观点。

(二) 内容提要

第 7 章介绍了资源配置如何影响经济福利,第 8 章把福利经济学的内容运用于税收,而本章紧接着将福利经济学这一分析工具运用于进出口贸易的研究。这里对国际贸易的分析不仅仅局限于第 3 章对比较优势和贸易好处的简单分析,而是会详细探讨一国进口或出口的主要决定因素,并深入研究在一国进口或出口一种物品时,既有赢家,也有输家,但赢家的利益始终大于输家的损失。因此对自由贸易的限制,诸如关税等,必然会引起无谓损失。

1. 决定贸易的因素

(1) 如果一种物品的世界价格高于国内价格,那么该国生产该物品具有比较优势,如果允许自由贸易,则该国应出口该物品。

(2) 如果一种物品的世界价格低于国内价格,那么外国生产该物品具有比较优势,如果允许自由贸易,则该国应进口该物品。

2. 贸易的赢家和输家

(1) 对于出口国而言:当一国允许贸易并成为一种物品的出口国时,国内该物品的生产者状况变好,而国内该物品的消费者状况变坏。在赢家收益超过输家损失的意义上,贸易使得一国的经济福利增加。

(2) 对于进口国而言:当一国允许贸易并成为一种物品的进口国时,国内该物品的消费者状况变好,而国内该物品的生产者状况变坏。在赢家收益超过输家损失的意义上,贸易使得一国的经济福利增加。

(3) 关税是对在国外生产并在国内销售的物品征收的税(本章专指进口关税)。关税提高了物品的价格,减少了国内需求量,增加了国内供给量。因此,关税减少了进口量,并使得国内市场向没有贸易时的均衡移动。

(4) 关税增加了生产者剩余,增加了政府收入,但减少了消费者剩余。由于消费者剩余的减少量大于生产者剩余与政府收入的增加量之和,因此关税减少了总剩余,从而引起无谓损失。

(5) 进口配额确定了在国外生产并在国内销售的一种物品数量的限额,如政府采取分配数量有限的进口许可证的方式。与关税一样,进口配额通过减少进口量的措施提高该物品的国内价格,减少了国内消费者的福利,增加了国内生产者的福利,产生了无谓损失。

3. 各种限制贸易的观点

(1) 工作岗位论:即与其他国家进行贸易消灭了国内的一些工作岗位。但自由贸易在摧毁进口部门无效率的工作岗位时,也在一国有比较优势的出口部门和行业创造了更有效率的工作岗位。

(2) 国家安全论:出于对国家安全的合理考虑,一些行业应该受到避免国际竞争的保护。这种观点的最大问题是,它有陷入被过度使用的风险。尤其是这种观点是出自行业代表时,更应谨慎看待。

(3) 幼稚产业论:认为新兴产业有时应实行暂时性贸易限制,以有助于该产业的成长,直至其成熟得足以与国外产业进行竞争。但究竟选择哪一个新产业进行保护是艰难的抉择,并且保护并不是一个幼稚产业成长所必需的。

(4) 不公平竞争论:认为其他国家为特定行业提供了一些不公平的优势,诸如补贴、税收减免或轻松的管制环境等。但在这种情况下,进口国消费者的好处将大于该国生产者的损失,这对于一个国家的整体是有利的。

(5) 作为讨价还价筹码的保护论:贸易限制的威胁会使其他国家放弃已经实行的贸易限制。但是这种讨价还价策略可能会失败,一旦威胁起不到作用,做出威胁的国家就必须让步或减少贸易,这两种结果无论对哪一个国家都是不利的。

4. 结论

大多数经济学家支持自由贸易。他们认为自由贸易是一种有效配置资源的方法,并提高了两国的生活水平。各国之间的自由贸易使得他们可以享受比较优势的利益,并从贸易中获益。

(三) 关键概念

1. 国际贸易:世界各国(地区)之间货物和服务的交换,是各国(地区)之间分工的表现,反映了世界各国(地区)在经济上的相互联系。

2. 世界价格:一种物品在世界市场上的通行价格。

3. 比较优势:如果一个国家在本国生产一种产品的机会成本(用其他产品来衡量)低于在其他国家生产该种产品的机会成本,则这个国家在生产该种产品上就拥有比较优势。

4. 关税:一国海关根据该国法律规定,对通过其关境的进出口货物课征的一种税收。根据征税物品的进出口流向,关税可以分为进口关税和出口关税。

5. 自由贸易:国家取消对进出口贸易的限制和障碍,取消对本国进出口商品的各种优待和特权,对进出口商品不加干涉和限制,使商品自由进出口,在国内市场上自由竞争的贸易政策。

6. 贸易壁垒:对国外商品和服务交换所设置的人为限制,主要是指一国对外国商品和服务进口所实行的各种限制措施。

7. 关税的无谓损失:政府征收关税之后,增加了生产者剩余,增加了政府收入,但减少了消费者剩余,消费者剩余的减少量超过生产者剩余与政府收入的增加量的部分即为关税的无谓损失。

(四) 拓展提示

1. 关税会引起无谓损失,仅仅是因为关税是一种税。与大部分税收一样,它扭曲激励并使稀缺资源配置背离其最优水平。关税的无谓损失产生于两个原因,其一是过度生产,即关税引起价格上升从而导致生产者生产其成本高于世界价格的数量;其二是消费不足,即关税引起价格上升从而导致消费者不能消费其评价高于世界价格的数量。

2. 在进出口贸易的背后,如果赢家补偿输家,那么贸易肯定可以使每一个人的状况变好。但在实际上,赢家很少支付补偿,因此输家通常会反对自由贸易,这是各种限制贸易观点之所以产生的根源。但相对而言,生产者比消费者更容易组织起来游说政府,因而限制自由贸易的国家通常会限制进口,而不限制出口。

3. 绝大多数经济学家认为,没有可靠的经济学观点反对自由贸易。唯一无法用经济学反驳的反对自由贸易的观点是"国家安全论",因为这种观点并非基于经济学而是基于其他战略目标。除了基于经济福利的标准所带来的利益,国际贸易还会带来其他一些经济利益,诸如自由贸易增加了可供消费者消费的品种的多样性,使得企业可以通过规模经济降低成本,使得市场更具有竞争性,有利于人们加强思想交流并有助于技术扩散。

二、新闻透视

(一) 新闻透视 A

美国退出"TPP"意味着什么?

2017年1月23日,新任的美国总统特朗普签署行政命令,正式宣布美国退出跨太平洋伙伴关系协定(TPP)。同日,白宫发言人斯派塞在例行新闻发布会上表示,签署这一行政命令标志着美国贸易政策进入新的时期,即特朗普政府未来将与美国盟友及其他国家发展双边贸易机会。

贸易便利化是升级版自贸区谈判的核心内容。历经十余年谈判才运行实施的自贸区协议,其优惠政策被企业利用的水平最高只能达到20%左右,主要障碍就是一些便利化措施落实不到位。美国退出"TPP",对本就不振的全球贸易而言无疑弊大于利。新一届美国政府缘何刚刚上台就退出"TPP",这对世界又意味着什么?

所谓的"还惠于民"进行中

2017年1月20日,美国新任总统特朗普在国会大厦宣誓就职,正式成为第45任美国总统。当日美国总统特朗普的就职演说再次将问题直指民众与精英阶层的矛盾——美国积极参与的全球化进程正在"撕裂"自己。长期以大财团利益为上的全球化政策正在不断侵吞美国本土制造企业和民众应有的利益。表面繁荣的背后,产业空心化的恶果却始终在由美国本土企业和人民承担。退出"TPP",意味着美国放弃了把控亚太贸易一体化的可行手段,但如特朗普所言,此举也为美国制造业消除了巨大的威胁。不难理解,退出"TPP"只是备受广大民众支持的特朗普"还惠于民"的第一步。而其实,类似从"全球贸易"退为"双边贸易"的艰难转型并非仅在美国上演。

逆境行思：如何弥补"全球化"裂痕

推动全球化进程需要新的引擎，而今，伴随发达国家贸易保护主义等思潮渐成气候，世界的"全球化"进程正在面临严峻威胁。如何在投身"全球化"进程中趋利避害，已是各国在面临严峻形势背景下必须思考的问题。尽管部分发达国家正在调整自身的贸易政策，但相互联系、相互开放、相互依存依旧是时代大潮。而新的形势给予新兴市场国家更大的发展平台，正如习主席在达沃斯论坛中指出：经济全球化进程并非十全十美，也存在不足之处，给世界带来了一些新问题。但不能就此全面否定经济全球化，而是要适应和引导好经济全球化。新的形势呼唤新的任务，坚持推动全球化与世界经济发展，用新思维构建未来世界经济增长蓝图。

资料来源：退出"TPP"："贸易保护主义"抬头下的世界如何"全球化"？中国军网．（2017-1-27）[2020-6-5］．http://www.81.cn/jmywyl/2017-01/27/content_7469386.htm.

【关联理论】

贸易使得一国的经济福利增加，可以从两个方面来加以解释。其一，当一国允许贸易并成为一个物品的出口国时，国内该物品的生产者状况变好，而国内该物品的消费者状况变坏。在赢家收益超过输家损失的意义上，贸易使得一国的经济福利增加。其二，当一国允许贸易并成为一个物品的进口国时，国内该物品的消费者状况变好，而国内该物品的生产者状况变坏。在赢家收益超过输家损失的意义上，贸易使得一国的经济福利增加。在进出口贸易的背后，如果赢家补偿输家，那么贸易肯定可以使每一个人的状况变好，但实际上情况并非如此，因此一国内有可能会出现反对贸易的声音。

【新闻评析】

贸易可以使得一国总的经济福利增加，因为无论是进口还是出口，赢家收益始终超过输家损失。由于在实际中赢家很少给予输家补偿，因此输家通常会反对自由贸易，这是各种限制贸易观点之所以产生的根源。但相对而言，生产者比消费者更容易组织起来游说政府，因而限制自由贸易的国家通常会限制进口，而不限制出口。对于工会组织较为发达的国家，当部分生产者的利益在贸易中受损时，生产者还可以通过工会向政府施压。此时政府面临着税收、就业、稳定等一系列经济和社会问题困扰，因此这些国家政府在种种压力下，更容易出台限制进口的贸易政策。

在本新闻中，为何新一届美国总统刚刚上台就宣布美国退出"TPP"呢？特朗普并非不知道自由贸易对美国的好处，但最终为何任由贸易保护思潮泛滥？其中关键原因在于，政府政策制定受到美国在国际贸易中可能的输家——美国制造业企业界反对贸易游说的影响。客观地说，尽管对美贸易中其他国家确实有市场开放度不够、产品低价倾销、工程质量和产品质量低等一些问题，但这些绝不能作为美国政府反对贸易的理由。历史经验表明，过度的保护虽然可以在短期内使某些企业受益，但普通消费者的利益必然受损。只是由于消费者的损失过于分散且难以量化，因此消费者的声音很难集中到达政府决策机构。

面对贸易保护主义盛行的不利国际环境，中国必须统筹国内国外两个大局。当今世界，和平、发展、合作、共赢始终是主旋律。在全球生产要素流动日益自由、市场融合程度持续加深的背景下，跨境供应链、产业链、价值链加速整合，资源配置效率不断提高，规模经济效应不断增强，各国机遇共享、风险共担、命运与共的利益交融关系会更加紧密。中国既要在国际大局中保证自身利益，也要在国际舞台凸显责任；既要让国内大局与国际大局接轨，更要让国际的利好带动国内发展,将成果更多惠及国内民众。部分国家的社会危机深刻表明,发展成果由人民创造,不还惠于民只能引起社会问题,因此必须将国内国际的发展成果在收入分配等制度上有所体现,兼顾国内就业、福利等问题。中国只有慎重打好国内国际牌,才能弥补美国逆贸易自由化带来的经济全球化裂痕,促进对外贸易和国民经济可持续健康发展。

(二) 新闻透视 B

印度的贸易保护主义与金砖国家的贸易自由化

虽然中国表示希望金砖五国"用一个声音说话"反对贸易保护主义。但事实上,印度与俄罗斯的贸易保护主义色彩很浓。

贸易保护主义即为用关税和非关税措施限制贸易,尤其是限制进口的政策措施。我们可以从多个视角观察印度的贸易保护主义措施。从世界贸易组织(WTO)的《贸易政策审议报告》中涉及的关税税率和国内税看,2015年印度最惠国简单平均税率为13%,非农产品的平均税率为9.5%。除关税外,印度还对进口产品征收抵消性税、附加税和教育税,抵消性税率一般为12.5%,附加税率为4%,教育税率为2%。从WTO谈判进程看,印度争取本国利益的作用显著。比如,2007年7月,多哈农产品谈判在进入形成最终草案阶段时,因为印度与美国在特殊保障机制方面的分歧导致谈判失败。2014年8月,WTO《贸易便利化协定》议定书未能按计划如期通过,印度在谈判中就本国粮食储备和粮食补贴的强硬立场,是造成该协议受挫的主要原因。直到2016年2月,印度政府才批准《贸易便利化协定》。

从区域合作和双边经贸关系看,据说印度在考虑退出"区域全面经济伙伴关系协定"(RCEP)。印度出于担心中国廉价商品冲垮国内制造业,以及与东南亚国家在服务业劳务输出上不能达成共识,对该协定的态度越来越不积极。此外,印度是全世界对华发起反倾销调查最多的国家。1995年至2016年,印度共对华发起193起反倾销案件。中国商务部数据显示,2016年中国遭遇的贸易救济调查案件中,立案数量最多的国家是印度。《印度时报》报道,2016年印度财年中印双边贸易额达707亿美元,中国获得的贸易顺差高达526亿美元。这自然引起印度相关企业的不满,频频向政府申请发起反倾销相关调查。印度在对待中国企业"市场经济待遇"问题上追随欧美,根据其国内法规定,只要有一个WTO成员在反倾销调查中以"非市场经济待遇"对待中国产品,印度也可以这样做。

资料来源:联合早报,2017年9月11日。

【关联理论】

重商主义限制进口,鼓励出口,其目的是积累金银财富。而主张保护贸易的目的则是提高创造财富的能力,即保护国内市场以促进生产力发展,这与早期重商主义的目的有很大区别。

【新闻评析】

自由贸易和贸易保护主义一直是国际经济领域争论不休的话题,然而随着经济全球化的日益深入,近期贸易保护主义反而转为盛行。本新闻向我们展示了现实世界中发展中国家和地区限制贸易的情况与原因,从中不难看出,贸易保护行为产生于一个国家产业发展壮大的过程中,尤其是更多地服务于幼稚产业发展和壮大。

与此同时,印度贸易保护主义政策也向我们说明了一个事实:发展中国家抑或是非贸易强国,对本国产业和企业的保护也是大量存在的。对幼稚产业的保护历来是各国限制进口、排斥国外竞争者的相对合理的理由。该理论认为如果没有政府的扶植和保护,全面开放市场引入国际竞争只会使本国产业在未成长起来之前就被跨国企业压垮;当然,少数企业能在贸易保护下形成一定的开发创新能力并保持市场竞争力,但并不能确保保护这些行业的收益就真的大于消费者因贸易限制而遭受的损失。而且发展中国家对国内工业的保护绝不应是无限期的,否则将会出现保护落后和保护低效率的结局。有些被保护了一定时期的工业部门,当其产品价格已低于国外同类产品的价格时,可以降低保护程度或完全撤除保护,让其进入国际市场自由竞争。

总体而言,金砖国家真正把贸易自由化落到实处还有相当长的路要走。但是,印度认同了《金砖国家领导人厦门宣言》中倡导的"继续坚决反对保护主义",这又应当如何解释呢?事实上,贸易自由化已经成为全球治理的一个"政治正确"的标准,贸易保护主义当然是"政治不正确",所以各国都高举贸易自由化大旗。即便是美国总统特朗普实际奉行贸易保护主义,但表面上还是在拥护贸易自由化。贸易自由化始终是国际经济发展的主潮流,但是贸易保护主义也确实在短期可以为部分选民带来实惠,从而为政治家带来一定的政治资本。这就是贸易谈判艰巨的原因,也是自由贸易一定要用规则锁定的原因。即使重新谈判自由贸易协定,还必须走规定的程序。因此,金砖国家的自由贸易区有着广阔的发展前景,但金砖国家贸易自由化之路也必定在摸索中艰难前行。

三、案例研究

(一) 案例研究 A

雅诗兰黛今起降价 四年内中国区第四次调价

2019年5月1日起,雅诗兰黛公司将下调旗下全线品牌的部分护肤、彩妆和香氛产品建议零售价。此次价格调整是为响应中国政府从4月1日起下调增值税税率的政策。作为雅诗兰黛集团的旗舰品牌,雅诗兰黛从5月1日起部分护肤及彩妆产品的价格有所下调,其中红石榴高光水400毫升从590元下调至520元,降幅超过10%。

事实上,这已经是雅诗兰黛公司近年来在中国区的第四次价格下调了。2015年6月1日,我国降低了部分服装、鞋靴、护肤品、纸尿裤等日用消费品的进口关税税率,平均降幅超过50%,其中,护肤品的进口关税由5%降低到2%。此后,2015年7月1日,雅诗兰黛公司发布声明,自7月1日起下调旗下众多品牌的建议零售价。

2016年9月30日,财政部下发《关于调整化妆品消费税政策的通知》,要求取消对普通美容、修饰类化妆品征收消费税,将"化妆品"税目名称更改为"高档化妆品"。此后,2017年1月5日起,雅诗兰黛公司下调了旗下品牌,包括雅诗兰黛、倩碧、魅可、芭比波朗、祖·玛珑、Tom Ford和Michael Kors等部分彩妆和香氛产品的建议零售价。

2018年3月,为响应政府下调关税和消费税的举措,雅诗兰黛集团再次在中国区下调旗下300多个护肤、彩妆和香氛产品的建议零售价。

在以往,国外护肤品和化妆品在我国的售价远远高于原产国或其他地区。巨大价格差异也催生了海淘、代购业务的兴起。同时,各大电商平台纷纷推出的跨境销售服务,也成为品牌专柜和旗舰店的强劲竞争对手。有业内人士认为,护肤美妆业"巨头"雅诗兰黛的多次降价,一方面是为响应国家税率调整的政策,另一方面也是一种应对市场变化的价格策略。面对渠道竞争,高端护肤品和化妆品受到海外消费和其他渠道的"冲击",缩小价格差以吸引更多消费者"回流"成为品牌的迫切需求。同时,"降价潮"带来了话题性,也的确会激发一部分消费者特别是年轻消费族群的购买欲。因此,国外品牌一而再、再而三的降价,也被视为顺势又务实的选择。

资料来源:雅诗兰黛今起降价 四年内中国区第四次调价.新浪财经.（2019-5-1）[2020-6-5]. http://finance.sina.com.cn/world/2019-05-01/doc-ihvhiewr9332746.shtml.

【关联理论】

关税是对在国外生产并在国内销售的物品征收的税。一旦政府征收进口关税,国内价格上升到世界价格,其高出量就是关税。关税提高了物品的价格,减少了国内需求量,增加了国内供给量,因此,关税减少了进口量,并使得国内市场向没有贸易时的均衡移动。

【案例解析】

进口关税是一个国家的海关对进口货物征收的关税。各国已不使用过境关税,出口税也很少使用,通常所称的关税主要是指进口关税。征收进口关税会增加进口货物的成本,提高进口货物的市场价格,影响外国货物的进口数量。因此,各国都以征收进口关税作为限制外国货物进口的一种手段。适当地使用进口关税可以保护本国工农业生产,也可以作为一种经济杠杆调节本国的生产和经济的发展。从关税对经济福利的影响来讲,由于关税提高了物品价格,减少了国内需求量,增加了国内供给量,因此,关税减少了进口量,并使得国内市场向没有贸易时的均衡移动。关税增加了生产者剩余,增加了政府收入,但减少了消费者剩余。由于消费者剩余的减少量大于生产者剩余与政府收入的增加量之和,因此关税减少了总剩余,从而引起无谓损失。

经国务院关税税则委员会研究提出并报国务院批准,自2015年6月1日起,中国将降低部分护肤品、西装、短筒靴、纸尿裤等日用消费品的进口关税税率,平均降幅超过50%。由此很容易推断出,中国关税下调必然导致进口产品在国内销售价格的降低。雅诗兰黛降价的声明,只不过是顺应中国政府降低关税税率的必然举措而已。未来出现更多的化妆品、服饰等进口产品的跟风降价潮,也是大势所趋。一旦出现这样的变化,随着进口产品价格逐渐向世界市场靠近,国内消费者剩余逐渐增加,而国内生产者剩余逐渐减少,关税所带来的无谓损失将会越来越小。

（二）案例研究 B

联想与 IBM 的比较优势

彼之砒霜,我之蜜糖。这是2005年联想收购IBM PC业务的真实写照。借此,IBM甩掉了一个巨大的包袱,而联想则在其后不断攀升,直至在去年整体行业下滑14%的情况下逆势增长,登顶PC王座。今天,这一幕再次上演。联想集团将以23亿美元收购IBM x86服务器硬件及相关维护服务。为何彼时的PC业务和今日的x86服务器会被IBM视为包袱?

IBM给自己的定位,用流行词语来概括,就是"高大上"。从这一定位出发,IBM所做的产品,必须是独一份、无可替代、可以拥有充分定价权的,也就是IBM在这类产品中具备

"比较优势"。

2012年下半年,英特尔高管戴安·布莱特曾表示,在服务器领域,原本最大的客户越来越倾向于自制自用。这就是未来的服务器市场与PC市场的不同:PC市场依旧保持着品牌厂商出售产品、用户购买产品的采购模式,而服务器市场,未来则是用户提出产品要求甚至亲自设计,厂商只是共同设计、代为加工。

在代加工时代,客户所需要的是高硬件技术水平和较低的价格。尽管IBM积累的多项独门技术是赢得客户的法宝,但在代加工时代以代工为主的富士康也会参与到对IBM服务器的竞购之中。

而联想对Think系列所做的手术,已经证明了联想具备将IBM的技术进行选择吸收,并降低成品价格的能力,这就是联想的"比较优势"。实际上,联想或许可以定位成服务器市场的Zara或H&M。这之中的逻辑或许很简单:软件时代,PC乃至x86服务器的市场依旧是存在的。与其把更多力量放在一个自己并不熟悉的领域,不如把依旧存在的这一市场做好。只要做到这一环节的巨无霸,就同样可以获得良好的回报。更何况,x86服务器是未来云计算基础架构的主力。

资料来源:第一财经日报,2014年1月24日。

【关联理论】

每个企业或国家在国际分工中所处的位置,从某种程度上来看都是基于这个企业或国家的比较优势。贸易可以使社会上每个人都获益,因为它使人们可以专门从事他们具有比较优势的活动。从机会成本的角度来考察生产过程,厂商需要将生产要素投向收益最大的项目,避免生产的浪费,从而达到资源配置的最优状态。

【案例解析】

比较优势比较的是每个生产者的机会成本。某种东西的机会成本是为了得到它而必须放弃的东西,某个生产者生产一种物品的机会成本越小,就说明该生产者在生产这种物品上具有比较优势。IBM依托其强大的研发能力,在技术水平和产品质量方面具有强大优势。而联想在技术选择、成本控制以及渠道管理等方面具有优势,尤其是其背后繁荣而巨大的中国市场,为其支撑起了强大的需求。IBM剥离了比较劣势产品,得到了最需要的现金流从而转向开发其具有比较优势的产品和服务;联想得到了国际市场,并且可以继续吸收和利用IBM在笔记本电脑上的技术,提升自身品牌形象。在面对英特尔、三星等强大竞争对手的激烈竞争中,IBM和联想二者作为竞争对手都不具有绝对优势,但是二者联合,各展所长,充分发挥各自比较优势,就能拥有更强的国际竞争力。

比较优势适用的范围很广,既适用于个人、企业,又适用于国家。贸易的好处来自基于比较优势的专业化生产,其扩大了经济蛋糕的总量。只要贸易价格居于两者生产这种物品的机会成本之间,两者的消费就可能会超出原有生产可能性边界。联想集团将收购IBM x86服务器硬件及相关维护服务,主要是因为IBM生产x86的机会成本太大,具有比较劣势。从机会成本的角度来考察,两者的合作需要将生产要素投向收益最大的项目,从而避免生产的浪费,达到资源配置的最优。除非两者在生产两种物品上具有相同的机会成本,否则一方就会在一种物品上具有比较优势,而另一方会在另一种物品上具有比较优势,它们各自生产自己具有比较优势的物品,降低生产成本,提高生产效率,使二者的联合成为"强强"联合,发挥"1+1>1"的效果。

四、课外习题

(一) 术语解释

1. 世界价格
2. 比较优势
3. 关税
4. 自由贸易
5. 关税的无谓损失

(二) 单项选择

1. 2018年某国进口总额为540亿美元,出口总额为550亿美元,则该国当年贸易差额是( )
   A. 逆差10亿美元　　　　　　　　B. 逆差1 090亿美元
   C. 顺差10亿美元　　　　　　　　D. 顺差1 090亿美元

2. 如果一种物品的世界价格高于国内价格,该国生产该物品具有比较优势,如果允许自由贸易,则该国应( )该物品。
   A. 出口　　　　　　　　　　　　B. 进口
   C. 既不进口也不出口　　　　　　D. 以上都不对

3. 如果一种物品的世界价格( )国内价格,外国生产该物品具有比较优势,如果允许自由贸易,则该国应进口该物品。
   A. 高于　　　　　　　　　　　　B. 低于
   C. 等于　　　　　　　　　　　　D. 以上都不对

4. 如果中国对某种进口产品征收进口关税,则会增加其( )。
   A. 国内需求量　　　　　　　　　B. 国内供给量
   C. 从国外的进口量　　　　　　　D. 向国外的出口量

5. 当一国允许贸易并成为一种物品的出口国时,国内该物品的生产者状况( ),而国内该物品的消费者状况( )。在赢家收益超过输家损失的意义上,贸易使得一国的经济福利( )。
   A. 变坏　变好　增加　　　　　　B. 变好　变坏　减少
   C. 变好　变坏　增加　　　　　　D. 变好　不变　增加

6. 当一国允许贸易并成为一个物品的进口国时,国内该物品的生产者状况( ),而国内该物品的消费者状况( )。在赢家收益超过输家损失的意义上,贸易使得一国的经济福利( )。
   A. 变坏　变好　增加　　　　　　B. 变好　变坏　减少
   C. 变好　变坏　增加　　　　　　D. 变好　不变　增加

7. 关税( )了生产者剩余,( )了政府收入,但( )了消费者剩余。由于消费者剩余的减少量( )生产者剩余与政府收入的增加量之和,因此关税减少了总剩余,从而引起无谓损失。

    A. 增加　减少　减少　大于　　　　B. 减少　增加　减少　大于

    C. 增加　增加　减少　小于　　　　D. 增加　增加　减少　大于

8. 市场的哪一方更可能为价格下限而游说政府?(　　)

    A. 想要价格下限的既不是买者也不是卖者　　B. 买者与卖者都想要价格下限

    C. 卖方　　　　　　　　　　　　　　　　D. 买方

9. 如果甲国生产一单位粮食需要90人一年的劳动,生产一单位纺织布料需要70人一年的劳动;乙国生产一单位粮食需要110人一年的劳动,生产一单位纺织布料需要130人一年的劳动,根据比较优势理论,则(　　)。

    A. 甲国应生产并出口粮食,乙国应生产并出口纺织布料

    B. 甲国应生产并出口纺织布料,乙国应生产并出口粮食

    C. 甲国应进口粮食和纺织布料

    D. 乙国应进口粮食和纺织布料

10. 以下关于进口配额制的说法,错误的是(　　)。

    A. 进口配额确定了在国外生产并在国内销售的一种物品数量的限额

    B. 与关税一样,进口配额通过减少进口量的措施提高了该物品的国内价格

    C. 进口配额减少了国内消费者的福利,增加了国内生产者的福利

    D. 进口配额制不会影响福利,因而不会产生无谓损失

11. 认为其他国家为自己的行业提供了一些不公平的优势,诸如补贴、税收减免或轻松的管制环境等,这是(　　)的观点。

    A. 工作岗位论　　　　　　　　　　　B. 国家安全论

    C. 幼稚产业论　　　　　　　　　　　D. 不公平竞争论

12. 一个国家的贸易条件是(　　)。

    A. 其出口价格指数与进口价格指数之比

    B. 其进口价格指数与出口价格指数之比

    C. 其工资与价格指数之比

    D. 其生产成本机会

13. 如果一个生产者有市场势力(可以影响市场上产品的价格),则自由市场解(　　)。

    A. 是平等的　　　　　　　　　　　　B. 是有效率的

    C. 是无效率的　　　　　　　　　　　D. 使消费者剩余最大化

14. 由于生产者能比消费者更好地组织起来,因此可以预期,政治压力往往会引起(　　)。

    A. 自由贸易　　　　　　　　　　　　B. 进口限制

    C. 出口限制　　　　　　　　　　　　D. 以上各项都不对

15. 以下是用来支持自由贸易观点的是(　　)。

    A. 自由贸易在摧毁进口部门无效率工作岗位的同时,也在一国有比较优势的出口部门和行业创造了更有效率的工作岗位

    B. 出于对国家安全的合理考虑,一些行业应该受到避免国际竞争的保护

C. 对新兴产业应实行暂时性贸易限制,以有助于该产业的成长,直至成熟得足以与国外产业进行竞争

D. 贸易限制的威胁会使其他国家放弃已经实行的贸易限制

(三) 判断正误

1. 当对一种物品征税时,政府得到的收入正好等于税收引起的消费者剩余和生产者剩余的损失。( )
2. 相对而言,消费者比生产者更容易组织起来游说政府,因而限制自由贸易的国家通常会限制出口,而不限制进口。( )
3. 如果一种物品的世界价格高于国内价格,该国生产该物品具有比较优势,如果允许自由贸易,则该国应出口该物品。( )
4. "奖出限入"是保护贸易政策的基本特征。( )
5. 在进出口贸易的背后,如果赢家补偿输家,那么贸易肯定可以使每一个人的状况变好。在现实中,确实也是这样的。( )
6. 自由市场是有效率的,因为它把产品配置给支付意愿低于价格的买者。( )
7. 管理贸易政策是介于自由贸易和保护贸易之间的一种对外贸易政策,是一种协调和管理兼顾的国际贸易体制。( )
8. 关税的无谓损失产生于两个原因,其一是过度生产,其二是消费不足。( )
9. 关税减少了进口量,并使得国内市场向没有贸易时的均衡移动。( )
10. 唯一无法用经济学反驳的反对自由贸易的观点是"国家安全论",因为这种观点并非基于经济学而是基于其他战略目标。( )

(四) 简答题

1. 决定进口和出口贸易的因素是什么?
2. 从贸易的赢家和输家的意义上,如何理解贸易使得一国的经济福利增加?
3. 何谓关税?它为什么会引起无谓损失?
4. 什么是进口配额?比较它与关税对一国经济的影响。
5. 作为限制贸易的观点,如何理解作为讨价还价筹码的保护论?

(五) 应用题

1. 香蕉是世界四大水果之一,在国际鲜果市场上占有很重要的地位。目前世界上香蕉年产量在100万吨以上的国家有印度、厄瓜多尔、菲律宾、中国、巴西、印度尼西亚、泰国等,总共不到20个。从香蕉贸易情况分析,多数香蕉生产国均以内销为主,仅有少量出口。香蕉进口以欧洲和北美洲经济发达国家为主,亚洲的日本和韩国进口量也较大。

(1) 中国只占世界香蕉市场的一小部分。请画出不参与国际贸易时中国的香蕉市场供需图。标出均衡价格、均衡数量和生产者剩余、消费者剩余。

(2) 假设世界香蕉市场价格低于中国,中国开放香蕉国际贸易。请标出新的均衡价格、消费量、国内生产量、进口量。国内生产者剩余和消费者剩余如何变化?总剩余增加还是减少?

2. (1) 没有国际贸易时,世界啤酒价格低于德国啤酒价格。假设德国进口的啤酒只占世界市场一小部分,在适当的表中列出生产者剩余、消费者剩余和总剩余。

(2) 假设非正常洋流导致世界啤酒的主要成分新西兰啤酒花减产,这会对德国生产者剩余、消费者剩余和总剩余有何影响?谁得利?谁受损?如果从德国整体看呢?

3. 设想全球经济包括两个国家:北国和南国。每个国家生产两种产品:面包和葡萄酒。每个国家各自有50个工人,且在生产上除劳动力外,没有投入方面的要求。假设两个国家都是市场经济,但是在起初都没有参与对外贸易。在北国,如果将所有人力投入生产面包,每天能生产50个面包;如果将所有人力投入生产葡萄酒,每天能生产50瓶酒;北国也可以用部分劳动力生产面包,部分劳动力生产葡萄酒。南国生产两种产品的效率较低,如果使用其所有劳动力生产面包,一天最多能生产10个面包;如果使用所有劳动力生产葡萄酒,则可以生产30瓶葡萄酒。假定各国在生产面包和葡萄酒数量上发生变化时,生产机会成本无变化。

(1) 画出各个国家的生产可能性边界。在各自的经济中,一个面包交换一瓶酒的比率是多少?

(2) 在生产面包上,哪个国家具有比较优势?在生产葡萄酒上呢?哪个国家倾向于出口面包?哪个国家倾向于出口葡萄酒?

(3) 现在假设不同国家间可以进行相互贸易。假定葡萄酒对面包的国际相对价格是1/2(比如,一瓶葡萄酒可以交换1/2个面包)。北国将生产什么产品?说明各个国家从贸易中的获益情况。

(六) 拓展思考题

1. 1993年11月5日《纽约时报》报道,许多美国中西部小麦农场主反对北美自由贸易区,数量几乎和赞成北美自由贸易区的玉米农场主一样多。为了使问题简单化,假设美国是小麦和玉米生产小国,而且如果没有北美自由贸易区,美国将不能进行国际贸易。

(1) 请据此分析美国小麦价格比世界市场高还是低?玉米呢?

(2) 整体考虑,北美自由贸易区对美国农场主是好事还是坏事?对消费者呢?对整个美国呢?

五、习题答案

(一) 术语解释

1. 世界价格:一种物品在世界市场上的通行价格。

2. 比较优势:如果一个国家生产一种产品的机会成本(用其他产品来衡量)低于其他国家生产该产品的机会成本,则这个国家在生产该种产品上就拥有比较优势。

3. 关税:一国海关根据该国法律规定,对通过其关境的进出口货物课征的一种税收。根据征税物品的进出口流向,关税可以分为进口关税和出口关税。

4. 自由贸易:国家取消对进出口贸易的限制和障碍,取消对本国进出口商品的各种优待和特权,对进出口商品不加干涉和限制,使商品自由进出口,在国内市场上自由竞争的贸易政策。

5. 关税的无谓损失:政府征收关税之后,增加了生产者剩余,增加了政府收入,但减少了消费者剩余,消费者剩余的减少量超过生产者剩余与政府收入的增加量的部分即为关税的无谓损失。

(二) 单项选择

1. C 2. A 3. B 4. B 5. C 6. A 7. D 8. C 9. B 10. D
11. D 12. A 13. C 14. B 15. A

(三) 判断正误

1. × 2. × 3. √ 4. √ 5. × 6. × 7. √ 8. √ 9. √ 10. √

(四) 简答题

1.【考查要点】 贸易的决定因素。

【参考答案】 如果一种物品的世界价格高于国内价格,该国生产该物品具有比较优势,如果允许自由贸易,则该国应出口该物品。如果一种物品的世界价格低于国内价格,外国生产该物品具有比较优势,如果允许自由贸易,则该国应进口该物品。

2.【考查要点】 贸易的赢家和输家。

【参考答案】 当一国允许贸易并成为一种物品的出口国时,国内该物品的生产者状况变好,而国内该物品的消费者状况变坏。在赢家收益超过输家损失的意义上,贸易使得一国的经济福利增加。当一国允许贸易并成为一种物品的进口国时,国内该物品的消费者状况变好,而国内该物品的生产者状况变坏。在赢家收益超过输家损失的意义上,贸易使得一国的经济福利增加。

3.【考查要点】 关税及其无谓损失。

【参考答案】 (1) 关税是对在国外生产并在国内销售的物品征收的税。关税提高了物品的价格,减少了国内需求量,增加了国内供给量。因此,关税减少了进口量,并使得国内市场向没有贸易时的均衡移动。(2) 关税增加了生产者剩余,增加了政府收入,但减少了消费者剩余。由于消费者剩余的减少量大于生产者剩余与政府收入的增加量之和,因此关税减少了总剩余,从而引起无谓损失。(3) 关税的无谓损失产生于两个原因,其一是过度生产,即关税引起价格上升,从而导致生产者生产其成本高于世界价格的数量;其二是消费不足,即关税引起价格上升,从而导致消费者不能消费其评价高于世界价格的数量。

4.【考查要点】 进口配额及其与关税的比较。

【参考答案】 (1) 进口配额是对在国外生产而可以在国内销售的物品的数量限制。(2) 进口配额的经济影响与关税的经济影响基本相似。无论是关税还是进口配额都减少进口数量,提高该物品的国内价格,减少国内消费者福利,增加国内生产者福利,并引起无谓损失。(3) 这两种类型的贸易限制的唯一差别是:关税增加了政府收入,而进口配额创造了许可证持有者的剩余。如果政府对进口许可证收费,那么关税和进口配额就更相似了。但实际上,用进口配额限制贸易的国家很少通过出售进口许可证来这样做。

5.【考查要点】 作为讨价还价筹码的保护论。

【参考答案】 贸易限制的威胁会使其他国家放弃已经实行的贸易限制。但是这种讨价还价策略可能失败,一旦威胁起不到作用,做出威胁的国家就必须让步或减少贸易,这两种结果无论对哪一个国家都是不利的。

(五) 应用题

1. 【考查要点】 国际贸易对生产者剩余、消费者剩余的影响。

【参考答案】 (1) 如下图所示,当不参与国际贸易时,中国香蕉市场的均衡价格为 P_D,均衡数量为 Q_1,生产者剩余为 $B+D$,消费者剩余为 A。

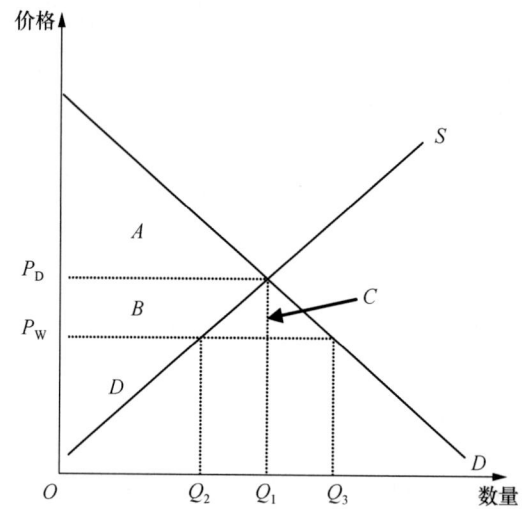

(2) 如果开放香蕉国际贸易,如上图所示,新均衡价格是世界价格 P_W,新消费量是 Q_3,国内生产量是 Q_2,进口量是 Q_3-Q_2。生产者剩余、消费者剩余及总剩余的变化见下表。

	消费者剩余	生产者剩余	总剩余
进口前	A	$B+D$	$A+B+D$
进口后	$A+B+C$	D	$A+B+D+C$
变化	$+(B+C)$	$-B$	$+C$

2. 【考查要点】 贸易福利。

【参考答案】 假设非正常洋流导致世界啤酒的主要成分新西兰啤酒花减产,世界啤酒的价格上升,则德国生产者剩余增加,而德国消费者剩余减少。从整体上来看,德国受损。具体分析如下表所示,相应字母所代表的面积见下页图。

	德国		
	消费者剩余	生产者剩余	总剩余
灾前年份	$A+B+C+D$	E	$A+B+C+D+E$
灾后年份	$A+B$	$C+E$	$A+B+C+E$
变化	$-(C+D)$	$+C$	$-D$

3. 【考查要点】 生产可能性边界、比较优势理论与对外贸易。

【参考答案】 (1) 各个国家的生产可能性边界见图。北国:1 瓶葡萄酒 = 1 个面包;南国:1 瓶葡萄酒 = 1/3 个面包

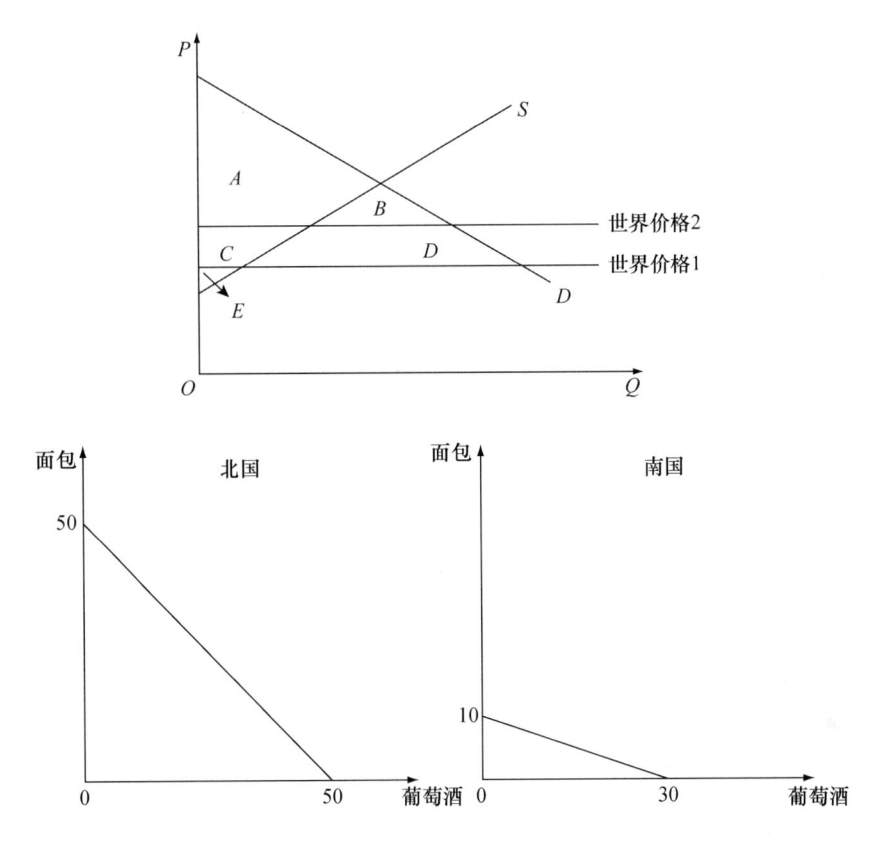

（2）北国在生产面包上具有比较优势，因此出口面包。南国在生产葡萄酒上具有比较优势，因此出口葡萄酒。

（3）北国将生产面包。只要两个国家以介于两国机会成本之间的价格进行交易，两国都将获益。北国生产1瓶葡萄酒的机会成本是1个面包，南国生产1瓶葡萄酒的机会成本是1/3个面包，而贸易价格定为1瓶葡萄酒可以交换1/2个面包，因此两国在贸易中均可以获益。南国和北国从贸易中的获益如下图所示：

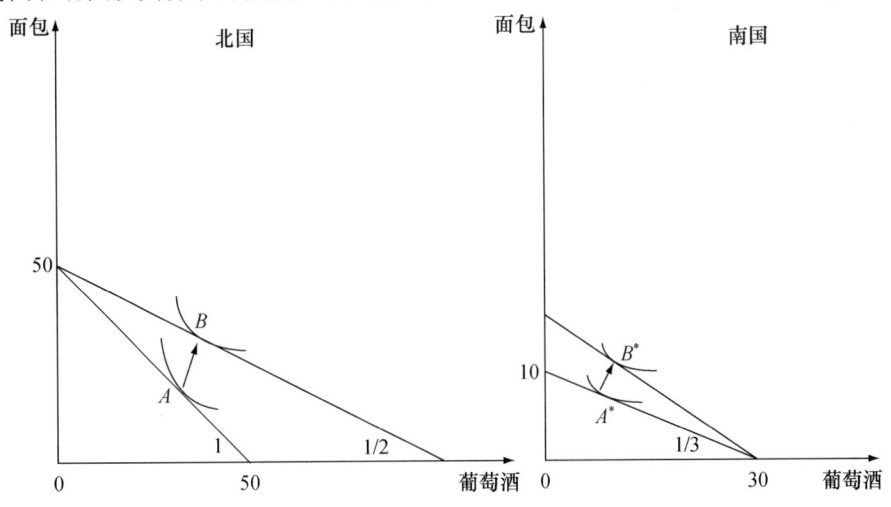

第9章　应用：国际贸易　▶143

（六）拓展思考题

1.【**考查要点**】 两国贸易框架下的消费者剩余、生产者剩余及贸易福利。

【**参考答案**】 （1）美国小麦价格高于世界市场。小麦农场主之所以反对，是因为如果开放市场，小麦价格将降到世界价格，影响其收益。而玉米正好相反。

（2）对小麦农场主是坏事，对玉米农场主是好事，整体很难说是好事还是坏事。对小麦消费者是好事，对玉米消费者是坏事，整体很难说是好事还是坏事。而对美国整体，肯定是好事。

第 10 章
外部性

一、学习精要

(一) 教学目标

1. 了解什么是外部性,正负外部性的区分。
2. 领会外部性对市场效率的影响。
3. 掌握处理外部性问题的各种私人解决办法和政府政策。
4. 理解科斯定理及其在解决外部性问题中的运用。

(二) 内容提要

外部性是一个人的行为对旁观者福利的无补偿的影响。如果这种影响是有利的,就称为正外部性。如果这种影响是不利的,则称为负外部性。正外部性的例子包括对历史建筑的修复和对新技术的研究,负外部性的例子包括能耗和噪声的污染。本章主要论述外部性的分类和各种来源,以及针对外部性的公共政策和私人解决办法。

1. 外部性和市场无效率

(1) 市场使市场上买者与卖者的总剩余最大化,而且这通常是有效率的。但是,如果市场出现了外部性,那么市场均衡就不能使整个社会的总利益最大化,从而市场可能是无效率的,此时也许需要用政府政策来提高效率。

(2) 外部性的两种类型:正外部性引起总剩余最大化的最优数量大于市场产生的均衡数量,比如教育这类物品给人们带来的收益大于给教育买者带来的那些收益,从而教育的社会价值大于私人价值。负外部性引起总剩余最大化的最优数量小于市场产生的均衡数量,比如当生产一种物品产生了污染时,它给社会带来的成本超过了生产企业的成本,从而生产的社会成本大于私人生产成本。

(3) 外部性内在化可以改变激励,从而使人们考虑到自己行为的外部效应。为了使外部性内在化,政府可以使用税收和补贴,以使供给曲线和需求曲线分别移动到真实社会成本曲线或社会评价曲线的位置,这样均衡数量与最优数量相等,使市场变得有效率。负外部性可以用税收内在化,正外部性可以用补贴内在化。

(4) 高技术生产对其他生产者引起的正外部性称为技术溢出效应。一些经济学家认为,这种溢出效应非常普遍,政府应该制定产业政策以促进技术行业进步。另一些经济学家则持怀疑态度。

2. 针对外部性的公共政策

(1) 命令与控制政策是规定或禁止(限制)某种行为的管制。管制者为了建立有效的规则,必须了解一个行业所有的细节及可供选择的技术。如果某种污染的成本特别高,那么最好的方法就是完全禁止这种行为。

(2) 以市场为基础的政策是使个人激励与社会效率一致,其中一种用于纠正负外部性的税被称为矫正税或庇古税。矫正税可以以低于管制的成本减少负外部性,因为税收在本质上是为一种负外部性(比如污染)制定了一个价格,与其他的税不同,矫正税提高了效率,而不是降低了效率。

(3) 另一种以市场为基础的政策是可交易的污染许可证,这种政策允许许可证的持有者有某种污染量。减少污染成本较高的企业愿意为许可证支付高价格,减少污染成本较低的企业则出售它们的许可证,并减少自己的污染。这种方法类似于矫正税,矫正税确定污染的价格,可交易的污染许可证确定污染的量。在污染市场上,两种方法都可以实现有效率的结果,且优于命令与控制政策,因为它们以较低的成本减少污染,从而增加了清洁环境的需求量。

3. 外部性的私人解决方法

(1) 道德规范和社会约束:人们做正确的事,并不扔垃圾。

(2) 慈善行为:人们捐款给环保组织、大学等。

(3) 利用利己并引起有效整合的私人市场:养蜂人与苹果园主合并,并使企业生产更多苹果和更多蜂蜜。

(4) 利用利己并签订受影响各方合同的私人市场:苹果园主和养蜂人可以就共同生产的最优苹果量和蜂蜜量达成协议。

(5) 科斯定理认为如果私人各方可以无成本地就资源配置进行谈判,则外部性可以通过私人办法解决。但是私人各方往往由于交易成本的存在而不能达成有效的协议,如果交易成本大于潜在的利益,就不会有私人解决外部性的有效方法。

(三) 关键概念

1. 外部性:一个人的行为对旁观者福利的无补偿的影响。
2. 正外部性:一个人的行为对旁观者有有利影响的情况。
3. 负外部性:一个人的行为对旁观者有不利影响的情况。
4. 社会成本:私人成本和外部成本之和。
5. 外部性内在化:改变激励,以使人们考虑到自己行为的外部效应。
6. 矫正税:旨在引导私人决策者考虑由负外部性引起的社会成本的税收。
7. 科斯定理:认为如果私人各方可以无成本地就资源配置进行协商,他们就可以自己解决外部性问题的观点。
8. 交易成本:各方在达成协议与遵守协议过程中所发生的成本。

(四) 拓展提示

1. 当买者和卖者之间的交易直接影响第三方时,这种影响称为外部性。像污染这样的负外部性引起社会最优数量小于市场生产的数量。像技术溢出效应这样的正外部性引起社会最优数量大于市场生产的数量。为了解决这个问题,政府可以对有负外部性的物品征收等于外部成本的税,并对有正外部性的物品给予等于外部收益的补贴。

2. 受外部性影响的人有时可以用私人方式解决问题。例如,当一个企业为另一个企业提供了外部性时,两个企业可以通过合并把外部性内在化。此外,利益各方也可通过签订合约来解决问题。根据科斯定理,如果人们可以没有成本地谈判,那么他们总可以达成一个资源有效配置的协议。但是在许多情况下,利益各方达成协议是困难的,因此科斯定理并不适用。

3. 当私人各方不能适当地解决污染这类外部性问题时,政府往往就出现了。有时政府通过管制行为阻止社会无效率的活动。有时政府用庇古税使外部性内在化。还有的时候政府发放许可证,例如政府可以通过发放有限数量的污染许可证来保护环境。这种方法引起的结果与对污染征收庇古税大体上相同。

二、新闻透视

(一) 新闻透视 A

共享单车没落,谁之过?

2018年10月9日,一份疑似滴滴对ofo的投资意向书在网上流传。意向书对新董事会任命等均有规定。针对这份说得"有板有眼"的意向书,ofo再次否认"收购"之说,但却让卖身"罗生门"事件越演越烈。与随时处在辟谣第一线的ofo类似,数月前"卖身"美团的摩拜也一直未被看好。在两大企业盛况不再的当下,历时3年的共享单车"嘉年华"宣告结束。在这之前,已有悟空单车、町町单车、小蓝单车、3V bike、酷骑单车、小鸣单车等共享单车企业接二连三离场,留下了一堆废铜烂铁。从2015年在全国陆续铺展开来到如今,共享单车第一个报废高峰期已经到来。共享单车堆积如山的照片屡见不鲜,最初带给我们的震惊也已不再。而据不完全统计,全国共享单车投放总量已达2 000万辆,这2 000万辆单车报废后,会产生30万吨废金属,相当于5艘航空母舰钢结构的重量。共享单车"嘉年华"结束了,还留下了一堆官司和不知所措的供应商。谁来处理?谁来买单?

最被人熟知的就是上海凤凰与ofo之间的"爱恨情仇"。上海凤凰9月1日公告,公司控股子公司凤凰自行车因与东峡大通买卖合同纠纷,近日向北京市第一中级人民法院提起诉讼,要求东峡大通支付总计6 815.11万元的拖欠货款及186.52万元的违约金。这折射的正是共享单车如今面临的困境。

较之于上海凤凰,还有更多的制造企业"敢怒不敢言"。浙江省自行车协会副秘书长陈春芳说:"浙江的自行车制造企业几乎全军覆没,共享单车的行业变迁对上游制造企业的影响相当大。"杭州天驭自行车有限公司就是其中之一:空无一人的车间,一排排共享单车的半成品,花费数百万元采购的崭新的生产设备,这样的场景多少有些凄凉。

共享单车没落,谁之过?"过山车"后静下来,留下更多的是思考。而浙江工业大学教授、交通专家吴伟强似乎对共享单车的未来更悲观。他甚至表示,共享单车自诞生以来,概念就是有问题的。事实上,共享单车解决的是一部分人的出行问题,在吴伟强的观察中,共享单车解决的问题远远小于其产生的问题。"共享单车解决了一部分老百姓的出行要求,却导致整个城市陷入单车围城的困境,这完全不符合城市未来的发展方向。此外,共享单车还体现了城市管理的倒退。共享单车的乱停放占用了大量的社会资源,而单车企业也没有拿出钱来购买这部分被占用的社会资源,甚至还要政府出钱来处理,这本身就是不合理的。"

从效仿作用上来说,共享单车为其他创业者带来的影响同样不佳。吴伟强介绍,共享单车企业树立了一个"为了企业发展就可以随意占用社会资源、大量挪用用户押金"的形象,这对其他创业者来说是一个很坏的导向作用。

资料来源:共享单车没落,谁之过? 每日商报.（2018-10-16）[2020-6-5]. https://zjnews.zjol.com.cn/zjnews/hznews/201810/t20181016_8489816.shtml.

【关联理论】

外部性是指某个经济主体的行为对其他主体产生正面或负面影响,但施加这种影响的主体却未因此获得补偿或付出代价,如果对其他主体的影响是有利的,称为正外部性;如果是不利的,称为负外部性。庇古认为这种外部性是市场运行的必然结果。当外部性存在时,市场处于失灵状态,资源配置无法达到帕累托最优。将负的外部性内在化可以从政府和市场两方面入手。

【新闻评析】

共享经济是产能过剩背景下形成的新型经济业态,可定义为:借用互联网共享平台,以使用权共享为特征,整合海量资源以满足个性需求的经济形态总和。依据商品来源不同,我国现有的共享经济形式可分为:以共享单车为代表的新增资源类和以顺风车为代表的闲置资源类。共享产品面向大众,承担着出行、住宿、餐饮、家居等多种服务职能,一方面为消费者带来便利,对市民生活及城市环境产生正面影响;另一方面也存在一系列由市场失灵带来的负面影响,比如共享单车的搭便车问题、顺风车的交通安全问题等。可见,共享经济所面临的现实情境与外部性理论十分契合。

共享经济的正外部性主要体现在以下几方面:从使用效益上看,"新选择"节约了消费者的时间成本。由此,共享产品便衍生出使用价值,即消费者有更多时间去创造其他领域的经济价值和社会效益。从资源效益上看,共享模式提高了资源的利用效益。一方面,共享模式打破了固有的产权观念,将所有权与使用权分离,强化使用权共享。相比于传统交易,共享模式用更少的资源满足了用户的需求。另一方面,共享模式使得闲置产能能够重复交易,可以提高资源使用效益。从环境效益上看,共享理念转变了群众的消费观。随着共享经济的壮大,共享理念有助于群众形成环保观念,在一定程度上能够改善城市的环境。从经济效益上看,"新业态"激活了传统制造业。现阶段,国内形成大规模交易量的共享经济形式主要是新增资源类。仅共享单车领域就产生了上百万辆单车的制造需求,由此激发了传统自行车产业转型升级的动机。

共享经济的负外部性主要体现在以下四点:其一是低门槛隐患。在共享经济规模加速扩大的同时,不可避免地出现规则真空地带,参与门槛降低、行业不成熟等因素容易引发市场混乱,而且共享企业的监管水平、运营能力等也往往滞后于其经济规模的增长速度。一旦缺乏约束,供需双方的不规范交易现象就会发生,如 Airbnb 房屋出租后遭房客损坏等。其二是道德困境。共享经济本质上是一种陌生人经济,然而当前供需双方共享精神不足、利己意识仍占主导,使其容易陷入道德困境,例如网约车司机危害乘客人身安全事件,共享单车消费者违规骑行、无序停放、损毁单车等,严重影响市民生活、城管部门工作以及市容市貌。其三是信息风险,即技术局限下的用户信息安全问题。2017年国际安全极客大赛已经证实多款共享单车云端存在逻辑漏洞,用户财产及信息安全都存在受损风险。其四是经济冲击。共享经济的迅猛发展,意味着产业利益格局的重新划分,对自行车销售者、出租车司机等传统经济从业者造成了负面影响。以上新闻中共享单车的没落,也显著反映了共享经济负外部性的存在。

如何将共享经济的负外部性内在化呢？首先，需要建立健全多方共治的结构框架。不仅政府要制定、落实相关的公共政策，市场也要采取相应的解决方式，如明晰产权、规范道德等。依照"治理主体多元化、理清各主体权责、多元主体实现良性互动"的顺序，逐步推进公共组织、企业、市民大众共同参与的治理框架。其次，需要建立健全内在化机制，实现短期措施与长期规划的结合。一方面，各主体应着力强化监管措施，旨在短期内遏制共享经济的负外部性。另一方面，从长远角度上，实现共享经济的立法、政策统筹协调等顶层设计与城市整体设计等基层规划相融合。

（二）新闻透视 B

汽车社会如何平衡负外部性

2013年6月14日召开的国务院常务会议部署《大气污染防治行动计划》十条措施，其中与汽车有关的措施包括提升燃油品质，限期淘汰黄标车；建议修订《大气污染防治法》等法律；大力发展公共交通；加大排污费征收力度；加强国际合作，大力培育环保、新能源产业；将重污染天气纳入地方政府突发事件应急管理，根据污染等级及时采取重污染企业限产限排、机动车限行等措施。记者认为，这些有针对性的举措反映了社会对汽车负外部性的平衡。

举例来说，城市车流中一辆车多堵1分钟，对1 200个开车的人来说，就意味着多20个小时的开车时间。把这个"小模板"套到北京这样的机动车超过500万辆的汽车社会中，汽车负外部性产生的社会成本是非常惊人的。

对于如何平衡汽车的负外部性，记者认为首先要搞清楚其产生的原因并有针对性地"下药"。例如，国内长期以来存在油品升级滞后于汽车排放升级速度的问题，核心矛盾在于油品，对此要有针对性地尽快提升成品油品质，否则，即使明天就"一刀切"让全国的轻型汽车和重型商用车都提升到相当于欧洲五号的排放标准，对大气质量也起不到相应的改善作用。

此外，对汽车负外部性的平衡政策还要尽可能在"治理"过程中减少再次形成的负面效应。例如，记者注意到，为了治理拥堵，越来越多的城市在早晚高峰限制外地车进城，这造成汽车的流动性受到限制，给物流和人流造成的隐性社会成本未必比拥堵成本低。反观欧盟申根国家，即使从法国巴黎开到德国柏林，也一路畅通没有限制，这种便利给汽车社会带来的收益更大。

对汽车负外部性的平衡最重要的一点是地方政府要多用市场之手调节，少用行政强制手段干预。记者认为，这也与当前政府改革的大方向吻合。地方政府部门要意识到，私家车是有明确产权和使用权的商品，并且消费者购买私家车缴纳了各种高昂的税费，在权利和污染、拥堵和治理的平衡过程中，市场经济提供了"多一点市场含量"的可能，这道题应该是有解的。当然，解题的过程会是复杂的，也需要创造和积累各方面的条件，包括人们消费观念的转变，这些都要有个过程，但只要提前给出一个带有确定性的大方向，并一点一点做起来，人们的行为就会逐步出现一个主动的调适过程。

资料来源：新闻分析：汽车社会如何平衡"负外部性"．中国新闻网．（2013-6-16）［2020-6-5］．http://www.chinanews.com/auto/2013/06-16/4931777.shtml．

【关联理论】

外部性往往会引起市场的无效率，私人市场在解决这些外部性方面的有效性如何？科斯定理指出,如果私人各方可以无成本地就资源配置进行协商,那么私人市场就总能解决外部性问题,并有效地配置资源。但当利益各方人数众多时,达成有效率的协议就尤其困难,因为协调每个受影响者的成本太高昂。当私人市场无效时,就需要政府发挥作用。

【新闻评析】

外部性是一个经济主体的经济活动对另一个经济主体所产生的有害或有益的影响。汽车作为一种商品,在使用过程中难免会产生拥堵、排放污染等负外部性。如何平衡汽车在使用过程中所产生的负外部性呢?可以依靠私人市场自行解决或者依靠政府的公共政策来解决,但是十全十美的效果往往是很难达到的。一个汽车社会是否"聪明",关键就在于如何建立有效的制度,尽可能消除、平衡负外部性。在污染这个外部性问题中,既存在许多污染的制造者,也存在许多污染的受害者,把所有污染制造者和所有污染受害者聚集起来并商讨一个协议的解决办法会由于交易成本太高而无法实现,而且当有很多人进行协商时,交易成本经常高于从解决外部性中得到的收益。在这种情况下,解决外部性的私人方案就变得不可行。当私人协商无效时,政府可以通过直接管制,比如制定法律、税收和补贴、可交易的许可证等方式来解决这些外部性问题。

在上述新闻中,汽车日益增多带来的各种负外部性以及日益严重的环境污染问题用私人解决办法无法消除,必须通过政府政策来纠正。地方政府要多用市场之手调节,少用行政强制手段干预。除此之外,启动对《大气污染防治法》的执法检查,在此基础上考虑修订这部法律,为治理环境污染提供法律保障,这也是政府政策纠正负外部性的一种有效措施。2013年9月国务院出台的《大气污染防治行动计划》十条措施,其中吸纳了不少人大代表和环境与资源保护委员会提出的建议,比如提高油品质量、控制煤炭消耗总量、加强大气监测和公布等。

三、案例研究

(一)案例研究 A

当火车驶过农田的时候

20世纪初的一天,列车在绿草如茵的英格兰大地上飞驶,车上坐着英国经济学家庇古。他边欣赏风光边对同伴说:列车在田间经过,机车喷出的火花(当时是蒸汽机)飞到麦穗上,给农民造成了损失,但铁路公司并不用向农民赔偿。这正是市场经济的无能为力之处,称为"市场失灵"。

1971年,美国经济学家乔治·斯蒂格勒和阿门·阿尔钦同游日本。他们在高速列车(这时已是电气机车)上见到窗外的农田,想起了庇古当年的感慨,就问列车员,铁路附近的农田是否因受到列车的影响而减产。列车员说,恰恰相反,飞速驰过的列车把吃稻谷的飞鸟吓跑了,农民反而受益。当然铁路公司也不能向农民收"赶鸟费",这同样是市场经济无能为力的地方,也称为"市场失灵"。

资料来源:中国经济时报,2000年7月7日。

【关联理论】

微观经济学的中心理论旨在说明在完全竞争的市场条件下,价格对经济的调节作用可以使整个经济实现一般均衡。但在现实经济中,价格在很多场合不能自发实现资源的有效配置,不可避免会出现市场失灵的现象,而外部性就是导致市场失灵的一个重要方面。当出现市场失灵时,就需要政府采取相应政策来使社会福利趋于最大化。

【案例解析】

同样一件事情在不同时代与地点的结果往往不同,两代经济学家的感慨也不同。但从经济学的角度看,无论火车通过农田的结果如何,其实说明了同一件事:市场经济中的外部性与市场失灵的关系。

外部性又称外部效应,指某种经济活动所产生的对无关者的影响。也就是说,这种活动的某些成本并不由从事这项活动的当事人(买卖双方)承担,这种成本被称为外在成本或社会成本。同样,这种活动的某些收益也不由从事这项活动的当事人获得,而由与这项活动无关的第三方获得,这种收益被称为外在收益或社会收益。在前一种情况下,这种外部性被称为负外部性;在后一种情况下,被称为正外部性。正外部性的标准例子是果园旁边的蜜蜂养殖场,蜜蜂在果园里四处飞舞采集花蜜,不仅使蜜蜂养殖者得到收益,而且也为果树传播了花粉,从而提高了果园的产量。负外部性的标准例子是沿着一条河建立的化工厂和养鱼场,化工厂排放的废水给河流带来了污染,使下游的养鱼场产量下降,而且化工厂的产量越大,给养鱼场带来的外在成本越大。

列车对农田的影响也是外部性的例子。在庇古所看到的情况下,铁路公司列车运行对农业生产带来的损失并不由铁路公司和客户承担,而由既不经营列车也不使用列车的农民承担,即存在负外部性,有外在成本或社会成本。与这种情况类似的还有化工厂和造纸厂等对河流或空气的污染、吸烟者对环境及非吸烟者的危害。在斯蒂格勒和阿尔钦所看到的情况下,高速运行的列车在客观上起到了"稻草人"的作用,给农业生产带来好处。但铁路公司并不能对此收费,收益由与列车运行无关的农民无偿获得,即存在正外部性,有外在收益或社会收益。类似的例子有养蜂人到果园放蜂采蜜,同时为果园实现了授粉,但果园主不必为此交费,大学培养出人才,这些人才对经济增长所做的贡献由全社会分享,等等。在有外部性的情况下,由买卖双方供求决定的价格不能使资源配置最优化。在这个例子中也就是说,这时列车运行的次数并不能使社会经济福利最大化。在庇古所看到的负外部性情况下,通过税收提高运费,并把税收补贴给农民,减少运行会更好地消除不利影响;在斯蒂格勒和阿尔钦看到的正外部性情况下,通过给铁路公司补贴降低运费,增加运行会增加有利影响。

(二) 案例研究 B

实施《太湖流域管理条例》

《太湖流域管理条例》(以下简称《条例》)在2011年11月1日开始施行,第一次在流域尺度纳入了污染减排总量控制制度,第一次将"水污染防治、优化产业结构、调整产业布局和制定水污染防治特别排放限值"等宏观和微观管理手段紧密结合,第一次将推广精准施肥、生物防治病虫害等先进适用的农业技术以及开展清洁小流域建设纳入条例。太湖流域位于长江三角洲的核心区域,改革开放以来逐步发展成为我国经济、文化、科技最为发达的地区之一。然而,随着工业化和城镇化的快速发展,太湖流域水环境面临着严峻挑战:湖面萎缩、河道淤塞、污染加剧、水质恶化等问题日趋严重,环太湖开发项目日益增多,流域水域、岸线缺乏统一规划,圈圩、围湖造地未得到有效治理,这些问题都意味着迫切需要依法加强对太湖流域的保护治理。

据介绍,《条例》重点突出了饮用水安全、水污染防治和水资源保护。《条例》用十分之一多的条款,明确了饮用水从"源头"到"龙头"的安全保障、预警应急要求;《条例》用超过一半的条款,详细规定了太湖流域水污染防治的各项要求;《条例》用两章的篇幅对防汛抗旱、水域、岸线等水资源保护做了非常具体的规定。除了上述三个要求和规定,《条例》还明确了生态补偿的各项要求,将环境污染责任保险列入其中,提出了针对农民的环境保护补贴政策;明确了区域限批要求,对未完成总量控制计划、跨界断面和入湖河道断面未达标、未拆除和关闭违法设施、因违法批项目造成供水安全事故的地区,要实施区域限批;并规定了国务院环境部门要定期开展太湖流域水污染调查和评估,国务院有关部门要对水资源保护和水污染防治目标责任执行情况进行年度考核等。

总的来说,《条例》从生产、生活和生态三个方面对太湖流域管理做出了全方位规定,涉及了工业生产、居民生活、禽畜养殖、农业种植、船舶运输、防汛抗旱、岸线保护、植树造林、增殖放流,等等,这是目前在污染防治方面最全的水污染防治。条例规定了严于其他地区要求的工业生产禁止行为;要求流域内减少化肥和农药使用量;合理确定水产养殖规模,组织清理太湖围网养殖;畜禽养殖场要对废弃物进行无害化处理;禁止运输剧毒物质、危险化学品的船舶进入太湖;禁止在可能直接影响湖水水质的范围内设置水上餐饮经营设施、建设高尔夫球场等;禁止在太湖岸线内圈圩或者围湖造地;要求在太湖岸线,饮用水水源保护区周边和主要入太湖河道岸线一定范围内,合理建设生态防护林;实行禁渔区和禁渔期制度等。为解决操作性问题,《条例》对各项工作规定得非常具体。《条例》还规定了排污单位的责任等。

资料来源:摘自《太湖流域管理条例》.中华人民共和国国务院令【第604号】(2011-9-15)[2020-6-5]. http://www.gov.cn/zwgk/2011-09/15/content_1948417.htm.

【关联理论】

由于一些领域存在外部性,使得无法实现帕累托最优的资源配置状态,也就是说外部性降低了经济效率,对此就要进行纠正,使之尽量达到资源配置的帕累托最优状态。外部性的纠正主要有命令与控制政策和以市场为基础的政策两种措施。

【案例解析】

外部性是指一个经济主体的行为影响了其他经济主体,却没有为之承担应有的成本或没有获得应有补偿的现象。在具有外部性的领域,市场机制不能发挥调节作用,即市场失灵,无法实现帕累托最优的资源配置状态。

外部性造成市场失灵的根本原因是私人的边际成本和社会的边际成本不相等,同时,私人的边际收益和社会的边际收益不相等。例如义务教育、环境治理、公共医疗服务等是具有正外部性的产品,在这些领域,提供者往往没有得到全部成本的补偿,更谈不上获得正常的利润。对于提供正外部性产品的私人企业,其产品的提供量必将低于社会的需求量,不能达到资源配置帕累托最优状态所要求的供给量,也就是具有正外部性的产品存在供给不足。而在具有负外部性的领域,例如对于排污企业,企业仅仅负担生产成本并在销售产品时得到补偿,而排污造成的环境问题给全社会带来外部成本,因此企业的产量越大,社会的福利损失就越大,也就是说具有负外部性的企业产量必将大于资源配置帕累托最优的产量。

既然外部性降低了经济效率,就要进行纠正,使之尽量达到资源配置的帕累托最优状态。外部性的纠正主要有命令与控制政策和以市场为基础的政策两种措施。政府管制的经济学解释就是要将私人企业的外部成本内部化,消除外部性,提高资源的配置效率。政府对外部性的纠正首先是进行行政管制:禁止某些行为;规定采用新技术;规定排放标准。上面介绍的《太湖流域管理条例》的实施正是运用政府管制进行外部性纠正的典型案例。其次是经济管制:征收庇古税和进行补贴;排污产权交易。如果能清楚地界定产权,也可以通过科斯定理解决污染问题。

(三) 案例研究 C

解决两个企业争端的办法

在一条河的上游和下游各有一个企业,上游企业排出的工业废水经过下游企业,造成下游企业的河水污染,为此两个企业经常争吵,上游与下游企业各自都强调自己的理由,怎样使上游企业可以排污,下游企业的河水不被污染呢?对此,经济学家科斯拿出两个好办法,即一是两个企业要明确产权;二是两个企业可以合并。

【关联理论】

虽然外部性往往会引起市场的无效率,但解决这个问题并不总是需要政府行为,在一些情况下根据科斯定理,人们可以采取私人解决方法,最终使得每个人的状况都变好。私人市场往往可以通过各方的利己来解决外部性问题,一种方法是明确产权,另一种方法是利益各方签订合约。

【案例解析】

负外部性行为,即一个人的行动对别人所产生的破坏作用,也许很小,但当每个人都受到激励并采取类似的行动时,总的作用可能影响很大,此时如何消除外部性进而合理配置资源就成为外部性理论的基本课题。科斯定理是经济学家科斯提出通过产权制度的调整,将商品有害的外部性市场化和内部化的方法。

在上述案例中,按照科斯定理有两个办法来解决这一问题。一是两个企业要明确产权;二是两个企业可以合并。明确产权后上游企业有往下游排污的权利或者下游企业有河水不被污染的权利。如果规定后者,即下游企业有河水不被污染的权利,那么上下游企业进行谈判,上游企业要想排污需给予下游企业一定的赔偿,上游企业会在花钱治污与赔偿之间进行选择。总之,只要产权界定清晰并可转让,那么市场谈判和交易就可以解决负外部性问题,私人边际成本与社会边际成本就会趋于一致。除明确产权外,还可以采用使有害的外部性内部化的办法。按照科斯定理,将这两个企业合并成一家,通过产权调整使有害的外部性内部化,必然减少上游对下游的污染,因为是一个企业,有着共同的利益得失,所以上游企业对下游企业的污染会减少到最小限度,即让上游生产的边际收益等于下游生产的边际成本。

四、课外习题

(一) 术语解释

1. 外部性
2. 外部性内在化

3. 交易成本
4. 矫正税
5. 科斯定理

(二) 单项选择

1. 某一经济活动存在负外部性是指该活动的( )。
   A. 私人成本大于社会成本　　　　B. 私人成本小于社会成本
   C. 私人收益大于社会收益　　　　D. 私人收益小于社会收益

2. 外部性是( )。
   A. 归市场上买者的收益
   B. 归市场上卖者的收益
   C. 一个人的行为对旁观者福利的无补偿的影响
   D. 对企业外部顾问支付的报酬

3. 负外部性引起( )。
   A. 一种物品的社会成本曲线高于供给曲线(私人成本曲线)
   B. 一种物品的社会成本曲线低于供给曲线(私人成本曲线)
   C. 一种物品的社会价值曲线高于需求曲线(私人价值曲线)
   D. 以上各项都不是

4. 正外部性引起( )。
   A. 一种物品的社会成本曲线高于供给曲线(私人成本曲线)
   B. 一种物品的社会价值曲线高于需求曲线(私人价值曲线)
   C. 一种物品的社会价值曲线低于需求曲线(私人价值曲线)
   D. 以上各项都不是

5. 工厂排放废气导致的对健康的影响属于下述情况中的( )。
   A. 私人成本　　　　　　　　　　B. 外部成本
   C. 内部成本　　　　　　　　　　D. 不属于上述任何一种情况

6. 为了使负外部性内在化,合适的公共政策应是以下( )。
   A. 禁止所有引起负外部性的物品的生产
   B. 政府控制引起外部性的物品的生产
   C. 补贴这种物品
   D. 对这种物品征税

7. 政府实行产业政策是( )。
   A. 为了使与工业污染相关的负外部性内在化
   B. 为了使与技术进步行业相关的正外部性内在化
   C. 为了有助于刺激解决技术外部性的私人方法
   D. 向高技术行业发放可交易的技术许可证

8. 当李明在拥挤的城区买了一辆汽车时,这就引起了( )。
   A. 有效率的市场结果　　　　　　B. 技术溢出效应
   C. 正外部性　　　　　　　　　　D. 负外部性

9. 根据科斯定理,下列哪种情况私人双方可以自己解决外部性问题?( )

A. 受影响的各方在谈判中有相等的权利

B. 受外部性影响的一方有不受影响的初始产权

C. 没有交易成本

D. 有大量受影响的各方

10. 为了使正外部性内在化,可采取的公共政策应是(　　)。

　　A. 禁止生产引起外部性的物品

　　B. 政府生产物品直至增加一单位的价值为零

　　C. 补贴这些物品

　　D. 对这些物品征税

11. 印染厂会产生空气污染,因此印染行业的均衡价格(　　)。

　　A. 和产量相对于社会最优水平而言都太高了

　　B. 相对于社会最优水平而言太低,而其产量相对于社会最优水平而言又太高了

　　C. 相对于社会最优水平而言太高,而其产量相对于社会最优水平而言又太低了

　　D. 是最优的,但存在过度供给

12. 小王和小李住在同一间宿舍里,小王对大声放音乐的评价为100元,小李对安静的评价为150元,以下哪一种表述是正确的?(　　)

　　A. 小王继续大声放音乐是有效率的

　　B. 只要小李有安静的产权,小王停止大声放音乐就是有效率的

　　C. 只要小王有大声放音乐的产权,小王停止大声放音乐就是有效率的

　　D. 无论谁有声音大小的产权,小王停止大声放音乐都是有效率的

13. 甲和乙住在同一间房间里,甲对大声放音乐的评价为100元,乙对安静的评价为150元。如果甲有大声放音乐的权利,并且假设没有交易成本,下列哪一种关于这个外部性问题有效解决方法的表述是正确的?(　　)

　　A. 甲将支付乙100元,而且甲将停止大声放音乐

　　B. 乙对甲支付在100—150元之间,甲将停止大声放音乐

　　C. 甲将支付乙150元,甲继续大声放音乐

　　D. 乙对甲支付在100—150元之间,甲将继续大声放音乐

14. 污染的矫正税(　　)。

　　A. 确定了污染的价格　　B. 确定了污染量

　　C. 决定了污染权的需求　　D. 削弱了进一步减少污染的技术创新的激励

15. 可交易的排污许可证(　　)。

　　A. 确定了污染价格　　B. 确定了污染量

　　C. 决定了污染权的需求　　D. 削弱了进一步减少污染的技术创新的激励

(三) 判断正误

1. 正外部性是一种归市场上买者的外部收益,而负外部性是一种归市场上卖者的外部成本。(　　)

2. 如果一个市场引起负外部性,社会成本曲线在供给曲线(私人成本曲线)之上。(　　)

3. 如果一个市场引起正外部性,社会价值曲线在需求曲线(私人价值曲线)之

下。（　　）

4. 根据科斯定理,外部性总是要求政府为了使外部性内在化而进行干预。（　　）

5. 如果市场引起负外部性,那么矫正税将使市场向更有效率的结果变动。（　　）

6. 税收总是使市场更无效率。（　　）

7. 如果交易成本大于受影响各方对外部性达成协议的潜在收益,就没有解决外部性的私人方法。（　　）

8. 矫正税确定了污染的价格,而可交易的污染许可证确定了污染量。（　　）

9. 大多数经济学家不喜欢给污染环境定价的想法。（　　）

10. 在任何一种既定的污染需求曲线下,管制者可以用矫正税或发放可交易的污染许可证达到同样的污染水平。（　　）

(四) 简答题

1. 针对外部性的两种公共政策是什么？描述这些政策。经济学家偏爱哪一种？为什么？
2. 矫正税是降低了还是提高了效率？为什么？
3. 解决外部性的私人方法有哪些类型？
4. 外部性的产生是因为个人没有意识到其行动的结果。你是否同意这种观点？请解释。
5. 为了鼓励一个行业生产社会最优的产量,政府应该对产出征收等于产出边际成本的单位税,这种观点是否正确？请解释。

(五) 应用题

1. 近年来,广场舞在城市中逐渐流行开来。在温州市中心鹿城区,共有900多个"广场舞大妈"的"活动中心",这些活动中心一方面为中老年人提供了有利于身心健康的好场所,另一方面也因噪声污染而使附近居民不堪其扰。2014年4月,在温州市发生的一件事在网络上引发不小关注:一个居民小区的业主委员会花26万元买来"高音炮","还击"旁边广场上广场舞的噪声。请结合科斯定理解释这件"以噪制噪"的怪事。

2. 排污费既可以是付给政府的,也可以由损害者直接向受到外部性伤害的一方支付赔偿。在这两种安排下,受害者可能会有哪些行为出现？

3. 假设生活在首都机场附近的人对安静的评价是25亿元。

(1) 如果航空公司使飞机消除噪声的成本是35亿元,政府规定飞机必须消除噪声是有效率的吗？为什么？

(2) 如果航空公司使飞机消除噪声的成本是15亿元,政府规定飞机必须消除噪声是有效率的吗？为什么？

(3) 假设没有交易成本,再假设人们有权要求安静。如果航空公司使飞机消除噪声的成本是15亿元,那么私人解决这个问题的方法是什么？

(4) 假设没有交易成本,再假设航空公司有权制造噪声。如果航空公司使飞机消除噪声的成本是15亿元,那么私人解决这个问题的方法是什么？

(5) 假设航空公司使其飞机消除噪声的成本是15亿元。如果用私人方法解决噪声问题要增加15亿元交易成本,那么可以用私人方法解决这个问题吗？为什么？

(六) 拓展思考题

1. 科斯定理的内容和结论成立的条件是什么？它对存在外部性的经济行为有何意义？
2. 在居民住宅占去了一个城镇的东部后，有几家厂商定位在城镇西部。每家厂商生产相同的产品，并在生产中排放有害气体，对社区的居民产生不利影响。
   (1) 厂商为什么会产生外部性？
   (2) 你认为私下讨价还价能够解决这一外部性问题吗？请解释。
   (3) 社区可能会怎样决定空气质量的有效水平？

五、习题答案

(一) 术语解释

1. 外部性：一个人的行为对旁观者福利的无补偿的影响。
2. 外部性内在化：改变激励，以使人们考虑到自己行为的外部性。
3. 交易成本：各方在达成协议与遵守协议过程中所发生的成本。
4. 矫正税：旨在引导私人决策者考虑由负外部性引起的社会成本的税收。
5. 科斯定理：认为如果私人各方可以无成本地就资源配置进行协商，那么他们就可以自己解决外部性问题的观点。

(二) 单项选择

1. B   2. C   3. A   4. B   5. B   6. D   7. B   8. D   9. C   10. C
11. B   12. D   13. B   14. A   15. B

(三) 判断正误

1. ×   2. √   3. ×   4. ×   5. √   6. ×   7. √   8. √   9. ×   10. √

(四) 简答题

1. 【考查要点】 针对外部性的公共政策。
   【参考答案】 命令与控制政策是禁止某种行为的管制。以市场为基础的政策使人们的激励与社会效率一致。经济学家偏爱以市场为基础的政策，因为这些政策更有效率，而且为进一步减少外部性提供了激励，比如通过技术进步减少污染。

2. 【考查要点】 矫正税。
   【参考答案】 矫正税通过使供给曲线或需求曲线移动到真实社会成本曲线或价值曲线，调整市场解等于最优或有效率的解，提高了效率。

3. 【考查要点】 外部性的私人解决方法。
   【参考答案】 道德规范和社会约束、慈善行为、受影响企业的整合，以及受影响企业之间的合同。

4. 【考查要点】 外部性产生的原因。
   【参考答案】 不同意。不是人们没有意识到，而是他们没有被要求去考虑和承担他们行为的后果。当一个生产者或消费者以不能直接在市场中反映出来的方式影响其他人的生产或消费活动时,就出现了外部性。

5.【考查要点】 外部性。

【参考答案】 错误。尽管税收可能激励企业生产社会最优的产量,但是税收应该等于边际外部成本,而不是边际私人成本。企业将通过生产使价格等于边际成本的产量来最大化其利润。当存在负外部性时,从社会角度而言,一个企业的边际私人成本太低,因而产量过多,通过设定税收等于边际外部成本,可以增加厂商的总边际成本,厂商将考虑所有成本,减少产量至社会最优水平。

(五)应用题

1.【考查要点】 外部性和科斯定理。

【参考答案】 科斯定理认为如果私人各方可以无成本地就资源配置进行谈判,则外部性可以通过私人办法解决。但是私人各方往往由于交易成本的存在而不能达成有效的协议,如果交易成本大于协议潜在的收益,就不会有私人解决外部性的有效方法。针对本案例来说,恰恰说明居民享受安宁所带来的潜在收益大于交易成本,因而"高音炮"成功"制裁"了广场音乐。尽管广场周边居民用高音喇叭"以噪制噪"不足取,但却是面对公共政策不能很好解决外部性问题时的无奈之举。

2.【考查要点】 纠正市场失灵的办法。

【参考答案】 受害者的行为要根据具体情况做具体分析。根据实际情况来看,当受害者可以直接获得伤害赔偿时,他们更倾向于投诉排放废气的工厂,并提出索赔要求,有时候甚至会试图夸大所受伤害。从理论上讲,排污费制度下的产量水平会趋近社会最优水平。

3.【考查要点】 外部性与科斯定理。

【参考答案】 (1) 不是,因为纠正负外部性的成本大于受影响方对它的评价。

(2) 是的,因为对安静的评价大于消除飞机噪声的成本。

(3) 航空公司可以花 15 亿元消除飞机噪声,否则就需要用 25 亿元购买制造噪声的权利,因此航空公司将选择用 15 亿元消除飞机噪声。

(4) 受影响的居民可以支付 15 亿元使航空公司消除飞机的噪声,因为他们对安静的评价是 25 亿元,大于 15 亿元。

(5) 不可以,因为交易成本 15 亿元大于潜在的收益,潜在的收益是安静减去消除飞机噪声的成本,即 25 亿元减去 15 亿元,为 10 亿元。

(六)拓展思考题

1.【考查要点】 科斯定理。

【参考答案】 科斯定理指出:在不存在交易成本的情况下,只要产权是明确的,那么市场交易能够达成帕累托有效的配置,并且初始产权的分配不影响市场的均衡配置。它的结论成立有两个重要的条件:一是不存在交易成本,二是产权被明确界定。科斯以前,人们认为市场交易在外部性存在的情况下便不能发挥作用,庇古等传统经济学家认为这时只能由政府干预来解决问题,因此提出征税(或补贴)的办法。但是这种办法对信息的要求非常高,事实上政府很难得到关于企业私人成本的信息,更难针对各个不同的企业征收不同的从量税,因此实施可行性很低。根据科斯定理,政府并不需要去替企业考虑它们的成本问题,而只需在一开始把产权划分清楚,并且只要不存在交易成本,不论产权怎样划分都不会影响效率。当然该方法同样有其局限性,因为交易成本为零也只是一种理想情况,现实中总是存在各种交易成本,因此在具体政策上还要考虑交易成本的大小。

2.【考查要点】 外部性。

【参考答案】 (1)因为厂商在生产中排放的有害气体损害了居民的身体健康,增加了社会成本,而这种成本又不能在市场中反映出来,因此就存在厂商生产的负外部性。

(2)私下讨价还价不能有效解决这一外部性问题。因为社区居民对城镇西部的空气并不具有清洁权,在这种情况下,讨价还价是无效率的。

(3)社区可以就其受到的损失对厂商提起诉讼,要求赔偿损失,并且要求厂商根据近况安装减少污染的设备,从而使社会收益最大化,达到空气质量的有效水平。

第 11 章
公共物品和公共资源

一、学习精要

(一)教学目标

1. 领会不同类型物品的划分标准,特别是公共物品和公共资源之间的主要区别。
2. 掌握公共物品的定义和特征,并理解由此带来的搭便车问题以及成本—收益分析难题。
3. 掌握公共资源的定义和特征,并理解由此产生的公地悲剧问题。
4. 学会运用国防、基础研究、反贫困等重要的公共物品的实例,以及清洁的空气和水、拥堵的道路、野生动物等重要的公共资源的实例。
5. 理解在公共物品和公共资源的情况下产权界定的重要意义。

(二)内容提要

第 10 章探讨了外部性的各种来源,以及针对外部性的公共政策和私人解决方法。作为公共部门经济学的核心章节,本章将外部性的分析框架加以延伸,重点分析公共物品和公共资源。对于这些难以对其进行定价(或者说没有价格)的物品,因为存在正外部性或负外部性,所以消费和生产的私人决策会引起无效率的资源配置,而政府政策有可能潜在地解决市场失灵并增进经济福利。

1. 不同类型的物品

(1) 在考虑经济中的各种物品时,可以根据以下两个特征,即排他性和消费中的竞争性,对物品进行分类。前者指一种物品具有的阻止一个人使用的特性,后者指一个人使用一种物品将减少其他人对该物品的使用的特性。

(2) 根据排他性和消费中的竞争性等两大特征,可以将经济中的各种物品划分为私人物品、公共物品、公共资源和俱乐部物品等四种类型。其中,私人物品具有排他性和消费中的竞争性,公共物品既无排他性又无消费中的竞争性,公共资源具有消费中的竞争性但无排他性,俱乐部物品具有排他性但无消费中的竞争性。市场运行最适用于既有排他性又有消费中的竞争性的物品,而不适用于其他类型的物品。

2. 公共物品

(1) 除了没有消费中的竞争性,公共物品还没有排他性,因而极易带来搭便车问题,即得到一种物品的收益而避免为其付费。一方面,由于生产者不能阻止不付费的人消费这种物品,企业没有生产公共物品的激励;另一方面,由于消费者也不能把给他人带来的收益考虑在内,其不能消费有效率的数量。

(2)由于搭便车问题的存在,私人市场无法提供公共物品,但政府可以潜在地解决这个问题。如果政府确信一种公共物品的总收益大于其总成本,政府就可以借税收手段来提供这种物品,从而使每个人的状况都变得更好。

(3)一些物品可以在公共物品和私人物品之间转换,其关键取决于环境,即环境不同可能导致其在是否具有排他性上具有完全相反的结果。公共物品的例子很多,三种最重要的公共物品是国防、基础研究和反贫困。

3. 公共资源

(1)与公共物品一样,公共资源也没有排他性,但是它同时又具有消费中的竞争性,因而极易带来一个新问题,即由于消费者不考虑自身消费对他人的负面影响,公共资源往往被过度使用。

(2)公地悲剧的产生是因为外部性,即当一个人使用公共资源时,他就减少了其他人享用这种资源的数量或者降低了其他人使用这种资源的质量。公地悲剧非常好地说明了从整个社会角度来看,为什么公共资源的使用大于其合意水平。

(3)针对公地悲剧寓言,可能的解决办法有通过对羊征税把外部性内在化、拍卖数量有限的牧羊许可证,或者把土地出售给每个家庭。因此,为了解决公共资源的过度消费问题,避免出现公地悲剧,政府可以通过税收或管制来减少公共资源的消耗,或者直接把公共资源变为私人物品。

4. 结论:产权的重要性

对公共物品和公共资源而言,市场不能有效地配置资源,主要原因是没有明确界定的产权,即某些有价值的东西并没有在法律上明确归谁所有或归谁控制。当产权缺失引起市场失灵时,政府潜在地实施出售污染许可证、管制私人行为或提供公共物品等政策,就可以解决这些问题并使资源配置更有效率。

(三)关键概念

1. 排他性:一种物品具有的可以阻止一个人使用该物品的特性。
2. 消费中的竞争性:一个人使用一种物品将减少其他人对该物品的使用的特性。
3. 私人物品:既有排他性又有消费中的竞争性的物品。
4. 公共物品:既无排他性又无消费中的竞争性的物品。
5. 公共资源:有消费中的竞争性但无排他性的物品。
6. 搭便车者:得到一种物品的利益但避免为此付费的人。
7. 成本—收益分析:比较提供一种公共物品的社会成本与社会收益的研究。
8. 公地悲剧:一个说明从整个社会角度来看,为什么公共资源的使用大于其合意水平的寓言。

(四)拓展提示

1. 尽管可以根据排他性和消费中的竞争性等两大特征,将经济中的各种物品划分为四种类型,但各种类型之间的界限有时是模糊的。因为在消费中有没有排他性或竞争性,往往只是一个程度问题。环境和条件的差异可能导致物品在有竞争性或无竞争性、有排他性或无排他性之间进行转换,从而在物品类型的划分上产生完全不同的结果。比如灯塔或焰火,既可以是公共物品,也可以是私人物品,其关键取决于能否把受益者排除在使用这种物品之外,而不是看这种物品到底是由谁来提供。但是就我们的目的而言,把物品划分为四类是有帮助的。

2. 公共物品和公共资源的相同点在于它们都没有排他性,即它们都是免费的。不同点在于前者没有消费中的竞争性,而后者有竞争性。正因如此,公共物品往往生产不足,而公共资源往往过度消费。

3. 政府是否应该提供公共物品,需要进行成本—收益分析,即比较提供一种公共物品的社会成本与社会利益。但与私人物品不同的是,当评价是否应该提供或提供多少公共物品时,由于"说谎者问题"的存在,获取真实收益数据并进行定量分析尤为困难。因此,成本—收益分析并没有提供价格信号,任何得出的有关公共物品的成本和收益的结论充其量只是近似而已。

4. 有很多公共资源的例子,如清洁的空气和水、拥堵的道路、野生动物等。在几乎所有的例子中,都可能产生与公地悲剧一样的问题:私人决策者过分地使用公共资源。政府通常采用对私人行为进行管制或者收费的方法来减轻过度使用的问题。

二、新闻透视

(一)新闻透视 A

"售卖空气"侵蚀了公共资源的属性

2012年8月11日,陈光标在南京一场环保宣传活动中透露,他将于9月17日在北上广设立流动专卖店售卖新鲜空气,每瓶售价4元至5元。陈光标称,新鲜空气将装在易拉罐中,深吸三口就可以感受到心情舒畅、头脑清醒。

陈光标"售卖新鲜空气"这样的行为之所以被民众认为荒诞离奇,关键就在于这种把公共资源私有化的行为本身背离了公共资源的供给宗旨,也因此,这样一种有损公共利益的做法在一开始就受到了民众的质疑。

尽管公共物品的生产和维护同样需要成本,但这种成本具有外部性,商家本身并不能借此获利,更不能把成本转嫁到消费者身上。况且,这种动辄5元一罐的空气,如果在还没有被证明其质量是否合格之前,就敢漫天要价,不仅有违商品的定价机制,而且也有借机敛财之嫌。

基于对公共资源属性的认知偏差,不管是"老天爷下雨要收费"的怪诞事件,还是"黑龙江规定风能太阳能属于国家"等备受争议的焦点,早已暗含着含混不清的与民争利行为。然而,企业和地方政府的职能异化固然是导致公共资源私有交易的重要因素,但相关部门对于公共资源缺乏有效监督和约束,亦是造成此类事件发生的重要因素。

在3D动画喜剧《老雷斯的故事》里,老雷斯和其他居民驱逐了自私自利的空气商人,将种子种了下去,不久大地又恢复了生机。而在现实中,我们又该怎样应对这种贩卖空气的行为?虽然我们目前无法给出具体的回答,但可以肯定的是,破除这场精心策划的商业炒作,显然还需要依靠政府的职能。

资料来源:"售卖空气"侵蚀了公共物品的属性. 中国网. (2012-8-13) [2020-6-15]. http://www.china.com.cn/news/txt/2012-08/13/content_26215695.htm.

【关联理论】

公共资源不具有排他性,即想使用公共资源的任何一个人都可以免费使用。但与此同时,公共资源在消费中又具有竞争性,即一个人使用公共资源就减少了其他人对它的使用。由于这种负外部性,公共资源往往被过度使用。在这种情况下,如果不能明确产权,就必须充分发挥政府的调控和管制功能。

【新闻评析】

针对清洁的空气和水等公共资源,由于它没有排他性但有竞争性,再加上明确地界定产权在技术和法律处理上均十分困难,市场配置资源的功能往往失效。在私人市场上,没有人拥有清洁的空气,因此没有一个人能对污染空气的人收费,结果导致人们过度地污染或过度地使用清洁的空气。由此,才会出现陈光标意欲在北上广设立流动专卖店售卖新鲜空气的新闻事件。商业炒作从来都不乏社会因素的诱因。事实上,若不是此次商家抓住了民众对于空气质量担忧的心理,单凭陈光标一人的独台唱戏和炒作,还不能引起如此轩然大波。所以说,从这个角度来讲,仅仅把陈光标的个人行为当成是"售卖空气"的推手,还远远未能看到事物的本质。

环境恶化是现代的"公地悲剧"。尽管陈光标"售卖空气"的个人行为一定程度上可以引起社会对抵制污染和环境保护的反思,但这种做法并不能从根本上解决诸如清洁的空气等公共资源的供给问题。从经济学角度来讲,相对于其他商品而言,清洁的空气没有排他性但有竞争性,事实上已经决定了这种物品是独立于私人物品和公共物品之外的公共资源。由于空气对人的生命维持发挥特殊作用,其生产和消费不能简单地以市场方式解决。因为尽管没有人怀疑清洁的空气是有价值的,但人们很难给它确定一个价格。政府应通过管制、对污染活动征收矫正税或者出售污染许可证等方式,改善空气质量,由此才能让这种看似荒诞的售卖空气的行为逐渐消除。

(二) 新闻透视 B

浙江省启动基础研究能力提升行动计划 青年科研人才迎大波福利

2018年1月17日下午,第七届浙江省自然科学基金委员会第三次全体会议在浙江省科技厅召开,会议报告了2017年工作总结和2018年工作思路。会议提出我省将实施基础研究能力提升行动计划,不仅要在重点领域进行突破,还要进一步壮大人才队伍,同时举行了两大联合基金的签约仪式。

会上,浙江省科技厅厅长、省自然科学基金委员会主任委员周国辉充分肯定了近年来我省基础研究工作取得的显著成效。他表示,近年来我省基础研究的投入大幅增长,基础研究成果丰硕、量质并举,同时在支撑基础研究的平台建设方面也取得重大突破。周国辉同时指出,我省基础研究工作仍存在重大源头创新不足、重大基础研究平台不足、基础研究与应用研究的融通不足以及科技管理服务水平有待提高的四大短板。在我省自然科学基金成立30周年之际,他要求省自然科学基金要做好创新源头的顶层设计,形成基础研究领域"大投入"的格局,加快人才集聚培养以及加强科技服务改革创新,为推进"两个高水平"建设提供强大的创新原动力。

据悉,五年来我省自然科学基金经费从2012年的1亿元增长到2017年的1.92亿元,增幅达92%,年均增长达17.4%。我省获得国家自然科学基金的项目数与经费保持持续增长,每年获国家基金资助经费均超过10亿元。同时,我省基础研究更是出现了一批具备重大科学价值和社会影响力的原创成果。

会上,省自然科学基金委员会办公室主任吴正光还介绍了即将启动的基础研究能力提升行动计划,计划实施将以重点领域突破和人才队伍培养为核心。

在重点领域突破方面,我省将深入推进"两化融合"联合基金等重大项目的组织实施,将人工智能作为联合基金支持的重点领域,依托之江实验室、超重力试验装置等重大基础研究平台,力争率先在信息科学、工程材料科学、医学科学等领域取得突破。

在壮大人才队伍方面,将坚持省自然科学基金面向青年科研人才的定位和目标,提出2019年度我省对于45岁以下的中青年科研人员立项数将达到85%以上,杰出青年科学基金项目支持强度提升至70万元。

资料来源:我省提出基础研究能力提升行动计划 中青年科研人才将迎大波福利. 浙江政务服务网. (2018-1-18)[2020-6-15]. http://www.zjnsf.gov.cn/h/01/news_view.aspx? appid = GUDFAE49AA9261EE09DC27B9F499FED7F4C.

【关联理论】

除了非竞争性,公共物品还具有非排他性,因而极易带来搭便车问题。一方面,由于生产者不能阻止不付费的人消费这种物品,企业没有生产公共物品的激励;另一方面,由于消费者也不能把给他人带来的利益考虑在内,其不能消费有效率的数量。由于搭便车问题的存在,私人市场无法提供公共物品,但政府可以潜在地解决这个问题。如果政府确信一种公共物品的总收益大于总成本,政府就可以借助税收手段来提供这种物品,从而使每个人的状况变得更好。

【新闻评析】

在评价有关知识创造的适当政策时,区分一般性知识与特定的技术知识是很重要的。对特定的技术知识而言,专利可以赋予发明者对其创造的知识在一定时期内具有排他性。例如发明了一种高效电池后可以申请专利,因此,发明者得到了他的好处。与此相反,一般性知识是公共物品。如果一位数学家证明了一个新定理,那么该定理将成为人类知识宝库的一部分,任何人都可以免费使用。由于基础研究创造的知识大多属于一般性知识,因此我们也可以把基础研究看作公共物品。追求利润的企业将大量支出用于开发特定的技术知识,以便获得专利并出售,但他们用于基础研究的支出并不多,他们的激励是搭其他人创造的一般性知识的便车。结果在没有任何公共政策的情况下,社会在基础研究领域投入的资源就会太少。

正如以上新闻中的浙江省一样,我国大部分省份在重大源头创新、重大基础研究平台、基础研究与应用研究的融通以及科技管理服务水平等方面均存在较大缺陷。受经费数量及划拨方式等所限,我国科研工作者中的自由探索氛围有待进一步增强,这些因素都与我国自主创新能力及国家竞争力密切相关。由于搭便车问题的存在,私人市场无法提供公共物品,但政府可以潜在地解决这个问题。如果政府确信一种公共物品的总收益大于总成本,它就可以借助税收手段来提供这种物品,从而使每个人的状况变得更好。正因为这样,政府努力以各种方式提供基础研究这种公共物品。在"十三五"期间,浙江省提出开展前沿基础科学研究、布局重点基础研究领域、提升人才培养支持力度、注重民生领域基础研究、促进科研资源融合集聚等五项重点任务,正是浙江省政府部门在提供基础研究这种公共物品时所进行的探索和实践。

（三）新闻透视 C

限牌后杭州又出治堵新招　停车费 2014 年 8 月 25 日起正式涨价

2014 年 7 月 24 日，杭州市政府召开新闻发布会，通报停车收费改革方案及措施，出台《关于进一步加强和完善杭州市区机动车停放收费管理办法》。据悉，该办法将于 2014 年 8 月 25 日起施行，由市物价局负责牵头组织实施。

近年来，杭州机动车保有量呈持续快速增长态势，截至 2014 年 6 月已达 120 万辆，其增速已经远远快于停车泊位建设速度，停车矛盾不断加剧。据有关部门统计，目前杭州市区机动车停车泊位总数约为 52 万个，停车泊位缺口达 60 余万个，总量严重不足，平均每辆车不到 0.5 个泊位。与此同时，道路停车泊位使用基本处于饱和状态。2013 年我市道路停车泊位利用率为 78.3%，泊位周转率为 3.7 次/泊位·日，其中核心区域利用率为 89.4%，周转率为 4.3 次/泊位·日。今年 4—6 月份，停车矛盾进一步突出，道路停车泊位利用率为 78.8%，泊位周转率为 3.8 次/泊位·日，其中核心区域利用率为 91.6%，周转率为 4.5 次/泊位·日，停车泊位使用已处于饱和状态，难以满足不断增长的停车需求。在停车泊位不足的情况下，停车稍微无序或等待即形成堵塞，进而严重影响主干道车辆的分流通行，加剧了主干道交通的拥堵。

杭州市物价局通过借鉴兄弟城市经验、公开征求社会意见并展开民意调查后，制定了《关于进一步加强和完善杭州市区机动车停放收费管理办法》。据悉，新版停车收费方案按照"中心区域高于非中心区域，路内高于路外，非居住区高于居住区，白天高于夜间，长时间高于短时间，景区旅游旺季高于平时"的六高六低原则，对停车收费标准实行差别化收费管理。同时，对道路停车实行阶梯式计费方式，以体现停车时间越长收费标准越高、加快流转、提高泊位利用率的原则。对停车矛盾突出的实行政府定价的停车场，经营者提出申请经市价格主管部门确认，也实行阶梯式计费方式。

相比现行的停车收费方案，新版方案对收费区域也进行了重新划分：把现行一级区域内停车矛盾更为突出的区域，再划出来列为核心区域，并实行较高的收费标准，形成三个等级的道路停车收费区域。同时，停车收费区域划分并非一成不变，会建立动态调整机制，根据交通状况和泊位供求状况，由交警、城管、物价等部门提出调整意见，报市政府批准后实施。另外，道路停车收费的单位计费时间从 1 小时缩短为半小时。同时把停车场首小时之后的单位计费时间也从 1 小时缩短为半小时。

记者查看了新版的收费方案发现，该办法主要提高了核心区域停车收费标准，其他区域收费标准则基本保持稳定，具体如下：

（1）杭州市区现行道路停车收费标准为一级区域 6 元/小时、二级区域 4 元/小时。这次出台的新办法较大幅度地提高了核心区域的停车收费标准，保持一、二级区域首小时的停车收费标准不变，适当提高首小时后的收费标准：核心区域首小时内 5 元/半小时、首小时后 6 元/半小时；一级区域首小时内 3 元/半小时、首小时后 4 元/半小时；二级区域首小时内 2 元/半小时、首小时后 3 元/半小时；夜间道路停车仍实行计次收费，标准由现行每次 4 元调整为 5 元。

（2）实行政府定价的停车场[具有垄断性质的配套停车场、公共（益）性单位配套停车场、政府财政性资金投资的公共停车场]停车收费标准由现行最高5元/小时调整为核心区域低于10元/辆·小时,一级区域、二级区域则维持现行收费水平。

(3) 杭州西湖风景名胜区内停车场和道路停车泊位的收费标准在法定节假日、旅游旺季双休日期间实行上浮。同时,为鼓励自驾车游客通过换乘进入景区,旅游集散中心(换乘中心)对换乘进入风景区的游客,实行小型车辆凭换乘凭据免费停放的政策。

(4) 住宅小区停车应当以优先解决业主车辆停放、保证业主的基本停车需求、疏通小区交通为前提,保持住宅小区地面包月停车100元/辆、配套停车库包月停车360元/辆不变。适当调整小区内地面临时停车收费标准,调整为3元/小时,全天按不超过4小时计。小区周边道路包月停车收费标准由现行80元/辆提高到120元/辆。

资料来源:限牌后杭州又出治堵新招 停车费8月25日起正式涨价. 浙江在线. (2014-7-24) [2020-6-5]. http://zjnews.zjol.com.cn/system/2014/07/24/020160051.shtml.

【关联理论】

如同道路一样,停车泊位既可以是公共物品,也可以是公共资源。如果停车泊位不拥挤,那么一个人使用停车泊位就不影响其他人使用,在这种情况下,停车泊位的使用无竞争性,停车泊位是公共物品。但是在现实中,中国绝大多数城市的停车泊位都是拥挤的,那么停车泊位的使用就会引起负外部性,此时停车泊位就变为公共资源了。由于这种负外部性,公共资源往往被过度使用。政府可以通过管制或税收以减少公共资源消耗来解决这个问题。

【新闻评析】

其实不仅仅在杭州,北京、广州、乌鲁木齐等大中城市均采取过提高停车费的相关政策,更有甚者,2012年9月福州市电动车停车费成倍上涨,曾一度将福州带入舆论漩涡。正如地方道路的情况那样,有时停车费并不是一种百分之百令人满意的解决办法,因为停车收费本身也存在着较高的成本。但是,国内不少城市发现,提高停车费是减少停车泊位拥挤的一种极为有效的方法。我们对提高停车费的认识至少应该包括以下四点:

其一,政府解决停车泊位拥挤采取提高停车费的措施,其本质是解决拥堵外部性的矫正税。与车辆限行、限购这些强制性行政政策相比,提高公共资源的使用成本也是调节机动车出行和缓解交通拥堵的一种通常做法。当停车位作为公共资源面临紧缺时,充分利用价格杠杆的调节作用,通过差别化服务收费,减少车辆停放时间,减轻中心城区停车压力,引导人们转变出行方式,可以在一定程度上缓解城市中心区停车难的状况。

其二,之所以能够把提高停车费作为解决公共资源过度使用的一种手段,是因为停车泊位作为公共资源具有"公共属性"。机动车停车费关乎城市居民的切身利益,其作为政府公共服务内容,不能完全依赖市场化,也不应动辄依靠价格杠杆。在提高停车费之前,应就杭州新版停车方案采取六高六低原则、单位计费时间从1小时缩短至半小时、核心区域停车超1小时翻一番等具体措施,做好充分的调研和论证。

其三,目前舆论关注的一个很重要的问题是,政府作为公共资源的代言人所收取的停车费被最终用于何处,差别化收费增加的财政收入是否取之于民而用之于民。面对种种质疑,相关部门不妨以停车收费大调整为契机,坦诚大方地将停车收费明细、用途等向社会公示,让停车费成为一笔真正对社会有益、让公众放心的"明白账"。只有这样,提高停车费等治堵新招才能得到公众的理解和支持,相关政策调整才能真正落到实处。

其四,对一个城市来说,治理交通拥堵是一个系统工程,仅仅依靠停车收费改革方案及措施,可能只会起到"头痛医头,脚痛医脚"的局部效果。"治堵"需要多措并举,包括城市交通规划合理布局,充分挖潜开发泊位,提高科学管理城市道路能力等。除此之外,还需要不断完善城市基础设施建设,逐步强化公共交通运营条件,提高包括地铁在内的城市公共交通出行效率。

三、案例研究

(一) 案例研究 A

中国农村反贫困过程中的政府作用

反贫困是当今世界各国面临的共同课题,包括发达国家和发展中国家在内都存在不同程度的贫困现象。改革开放以来,中国政府为缓解和消除农村贫困,投入了大量人力、物力和财力,取得了巨大的成就。农村贫困发生率由1978年的30.7%降到2000年的2.5%以下,一些集中连片的长期贫困地区整体解决了温饱问题,就是最贫困的"三西"地区,经过多年的开发建设,贫困状况也大为缓解。由于中国在"十二五"规划的第一年将贫困标准上调到人均纯收入1500元,因此采用新标准计算,截至2009年,中国农村贫困人口减少为3597万人,贫困发生率为3.6%。

当前我国农村贫困问题呈现出一些新的特征。一是表现为结构性与阶层化特征。在地区分布的结构性趋势上,东部贫困户比例最小,中部次之,西部最大;阶层化特征则表现为纯农业户是成为贫困户比例最高的社会阶层,而且持久性贫困也主要发生在农村住户当中。二是脱贫难度明显加大。随着反贫困战略的实施,农村贫困规模和贫困发生率明显下降,但近年来我国反贫困所取得的成效呈递减的趋势。三是反弹压力增加。还有相当一部分农村住户的人均收入处于较低水平,接近贫困边缘,受到气候、经济波动等不确定因素的影响,会出现新的贫困。造成当前贫困问题的根源可归结如下:首先,能力贫困仍然是导致现阶段中国农村贫困的最重要因素,主要表现为家庭人口规模仍然比较大、受教育程度显著较低等;其次,物质性经济资源的贫困也是农村贫困的重要影响因素,主要表现在贫困农村生态环境恶劣、经济基础薄弱、经济结构单一等方面;再次,一些社会排斥因素在现阶段农村贫困发生中也扮演着不可忽视的角色。

扶贫工作实践经验表明,政府在反贫困工作中具有独特的优势,一是政府可以利用层级行政管理体制,自上而下建立强有力的反贫困组织体系和层层负责的制度;二是政府可以利用其公共权力,通过行政干预,运用行政、经济、法律、思想教育等综合措施推动扶贫开发的进程;三是政府可以通过宏观调控职能,调动所掌握的人、财、物等资源,有组织、有计划、大规模地实施扶贫开发;四是政府可以利用其强大的资源动员能力,最大限度地动员和组织党政机关、企事业单位定点挂钩扶贫,动员发达地区对口帮扶贫困地区。

当前反贫困仍然是政府的一项重要职能,政府在反贫困工作中仍然要发挥主导作用,具体来说应扮演好以下几种角色:一是政府应当好"政策制定者",完善国家扶贫战略和政策体系。政府作为扶贫政策的制定者,应针对我国农村贫困问题的新特征及经济、社会大环境的变化,不断调整、完善国家扶贫目标、重点和政策体系。二是政府应当好"教育投资者",提高贫困人口文化素质。大力发展农村教育,尤其是增加西部欠发达地区的农村教育投资,可以促进教育的各种功能发挥,提高贫困地区人们的能力,促进贫困人口的发展,达到反贫困的目的。三是政府应当好"服务提供者",提供有效的公共产品与服务。目前农村公共产品与服务供给普遍短缺,不利于农业和农村经济的稳定发展,也制约了农民收入的增加。如何建立符合农村经济发展需要的公共产品供给体系,已成为农村社会经济发展中的重要问题。四是政府应当好"权益保护者",保障农村贫困人口的基本权利,减少社会排斥。政府应保障农村贫困人口的基本权利,减少社会排斥,让个人享有将其经济资源用于消费、生产或交换的机会;将教育、社会保障等公共资源平等地进行社会安排;让人们充分享有社会交往所需要的信息;让遭遇天灾人祸或其他突发性困难的人、收入在贫困线以下的人、年老残疾的人得到救助等。五是政府应当好"监督者",为农村反贫困提供制度保障和法律依据。政府应尽快制定国家反贫困法,确定反贫困的法律依据和制度保障,明确各相关主体的权利和义务责任等,这是保证反贫困治理效率的基础和前提,从而使反贫困逐步走向依法治理和可持续治理的轨道。

资料来源:赵敬丹、李娜,中国农村反贫困过程中政府作用研究,辽宁大学学报(哲学社会科学版),2011年第1期。

【关联理论】

许多政府计划的目的是帮助弱势群体,如福利制度为一些贫困家庭提供少量收入,食品券计划为低收入家庭提供食物购买补贴,而政府住房计划使人们更能住得起房子。这些反贫困计划通过向那些经济上较为富裕的家庭征税来提供资金。反贫困是一种公共物品,使每个人生活在一个没有贫困的社会中。由于存在搭便车问题,通过私人慈善活动来消除贫困也许无法实现,但政府行为可以解决这个问题。

【案例解析】

反贫困是一种公共物品,原因在于它不仅没有竞争性,而且没有排他性。前者体现在,一个人享受在没有贫困的社会的生活,并不会减少其他任何一个人对这种生活的享受;后者体现在,一旦消除了贫困,就无法阻止任何人从这个事实中获得愉悦感。结果是,人们会有一种搭其他人慈善事业便车的倾向,不做出贡献而享受消除贫困带来的利益。由于存在搭便车问题,也就不可能通过私人慈善活动来消除贫困,但政府行为可以解决这个问题。通过向那些经济上较为富裕的家庭征税来提高穷人的生活水平可以使每个人的状况变得更好。穷人状况变好,是因为他们现在可以享受更高的生活水平;而纳税人状况变好,是因为他们现在生活在一个没有贫困的社会中。

本案例在提及当前我国农村贫困问题呈现出新的特征之后,重点论述政府在中国农村反贫困过程中所起到的重要作用。正因为反贫困是一种公共物品,所以反贫困需要政府主导。贫困主要涉及的是公平问题,对于解决贫困问题,政府短期可以通过直接的方式,给贫困者以物质上的救济,满足其基本生存和生活需要;政府长期可以通过间接的方式,为贫困者提供基本的教育、医疗、就业、养老等保障以及相应的政策倾斜。市场经济体制要求,政府应在不影响市场正常运行的前提下,在公共产品与服务、外部性、自然垄断、贫富差距、宏观经济波动、信息供给等市场失灵的方面履行职能。政府扶持是我国反贫困政策体系的核心,一般通过财政手段和金融工具发挥作用,主要是公共财政。因为同其他宏观减贫手段相比,公共财政的减贫能力最强,可发挥作用的工具最多,而其他减贫手段均不能够独立运用,必须在公共财政的辅助下才能起到最终效果。有不少专家认为,中国模式反贫困的核心要素是政府主导下的财政减贫。公共财政在减贫方面发挥的作用是全面的、直接的、灵活的,公共财政内在的特征决定了其能够充分发挥减贫的优势,这对于减贫任务来说是不可或缺的。当然,除了政府,还应引导市场主体和社会成员积极参与,实现政府、市场和社会的协调配合,从而提高反贫困的质量和速度。

(二) 案例研究 B

为什么鲸会有灭绝的危险?

一个美国人平均每年消费牛肉73磅,猪肉59磅,鸡肉63磅,但是谁也没有听说过这种消费可能导致对牛、猪或鸡的灭绝的担忧。一般来说没有多少美国人吃鲸肉,然而在日本等一些国家,鲸肉被视为佳肴。1986年,由于担心鲸可能灭绝,一项暂停商业猎鲸的国际法规出台。为什么同样一个市场系统可以保证产出足够的牛、猪和鸡,但却偏偏威胁到某些种类的鲸的生存呢?

经济学家从财产权着手进行分析。农民拥有他所养殖的食用牲畜,将这些动物视为自己的财产,因此觉得有必要好好照看它们,增加存栏数量。与此相反,鲸不属于任何国家或个人,换言之,它是世界共有的财产。于是,一方面大家都知道捕鲸可以赚大钱,因而不少人蜂拥而上;另一方面保护和繁殖鲸类则由于缺乏直接经济利益而乏人问津。这个模式被称为"共有财产的悲剧"。如果一样东西属于大家,例如海洋,那么每个人都有经济上的激励去加以开发利用,却没有人有经济上的激励去加以保护。

当然,不仅仅是鲸面临这样的问题。在美国,共有草原上的美洲野牛濒于灭绝就是另外一个例子。要解决这一问题,许多情况下需要全社会联合起来,通过创造经济激励或制定法律法规来保护资源,避免因过度开发而导致破坏。

有时甚至法规也不足以产生作用。就在限制商业捕鲸相关法规通过的1986年,某些国家似乎一夜之间出现了动物学研究的热情,急切希望对鲸加以"研究"。1987年,日本宣布增加其"科研用鲸"的数量,几乎是该国原有商业消费量的一半!同时,在日本的高额悬赏吸引下,本身并不属于鲸类消费国的冰岛也跃跃欲试,准备将其大部分的"科研用鲸"制成冻肉运往日本。

资料来源:斯蒂格利茨,《经济学》小品和案例,中国人民大学出版社,1998。

【关联理论】

依据消费中的排他性和竞争性两大特征,可以将经济中的各种物品划分为私人物品、公共物品、公共资源和俱乐部物品四种类型。其中,私人物品具有排他性和竞争性,而公共资源具有竞争性但无排他性。市场运行最适用于既有排他性又有竞争性的私人物品,而不适用于其他类型的物品。针对公共资源,由于没有排他性从而导致存在负外部性,私人市场无法提供有效率的结果。

【案例解析】

为什么同样一个市场系统可以保证产出足够的牛、猪和鸡,但却偏偏威胁到某些种类的鲸的生存呢?或者说,为什么鲸的商业价值是对鲸的威胁,而牛、猪和鸡的商业价值却是它们的护身符呢?关键原因在于鲸是公共资源,而牛、猪和鸡是私人物品。由于鲸在大海里畅游而不属于任何人,每个捕鲸者都会尽可能多地捕杀它们,以便在物质上获得高额回报。与此相反,牛、猪和鸡生活在私人所有的农场里,每个农场主都尽最大努力来维持自己农场里家禽和家畜的数量,因为他可以从这种努力中得到利益。

政府试图用法律来解决鲸的问题,但有时甚至法规也不足以产生作用。正如案例中提到的,就在限制商业捕鲸法规通过的第二年,日本宣布大幅增加其"科研用鲸"的数量,导致并不属于鲸类消费国的冰岛准备将其大部分"科研用鲸"制成冻肉运往日本。海洋是受管制最少的公共资源之一,由于海洋如此浩瀚,实施任何协议都非常困难,这也是捕鱼权经常成为毗邻国家紧张局势的根本原因。但世界上许多国家都濒临海洋,因此任何一种解决方法都要求在拥有不同价值观的各国之间进行国际合作。只有全人类联合起来,制定跨国界的经济激励或法规保护资源,才能避免海洋资源因过度开发而遭到破坏。

(三) 案例研究 C

学生宿舍打水问题

学生宿舍的开水一般由学校水房统一供应,需要用水的时候学生自己去打。由于很多时候学生宿舍距离水房比较远,大家平时又忙着上课,宿舍经常出现没有开水的现象。偶尔有同学打水回来,也常常是自己没来得及用就被别的同学用完了。久而久之,宿舍便出现了"三个和尚没水喝"的窘态。

【关联理论】

在很多情况下,市场没有有效地配置资源,是因为没有很好地建立产权。这就是说,某些有价值的东西并没有在法律上确定有权使用它的所有者。要提高公共资源的利用效率,要么采取一定的管制,要么将公共资源变成私人物品,最终采用哪一种要比较交易成本。诺思指出:"制度是一系列被制定出来的规则、守法程序和行为道德规范,它旨在约束福利效益最大化的利益主体。"虽然制度变迁有时会损害一部分人的利益,但从整个社会角度出发,还是要选择交易成本低的制度,使资源得到有效配置。

【案例解析】

开水在日常生活中属于必需品,可为什么最后却没人愿意打水呢?这个问题的产生,归根结底在于产权不明晰。为了明晰开水的产权,我们有必要区分私人物品和公共资源。私人物品具有排他性和竞争性,而公共资源具有竞争性但无排他性。开水在使用上既具有排他性又具有竞争性,在产权上应该是私人物品,但却长期以来被当作公共资源使用,于是由于产权不明晰便引发一系列问题。其一,机会主义行为。打开水缺乏激励机制,用开水又缺乏约束机制,导致宿舍成员都指望搭便车,使用别人打的开水,存在明显的机会主义倾向。其二,不能有效配置资源。在开水被当作公共资源使用时,宿舍成员经常在供水不足的情况下,将大量开水用于洗漱或浪费,以致其他成员常常连喝的水都找不到,因此使用效率极其低下。其三,产生博弈行为。如果在完全信息博弈假定下建立一个支付矩阵来分析在现有条件下宿舍成员的博弈行为,我们很容易发现最终的纳什均衡可能是宿舍成员均不打水,因为没有一个人愿意主动偏离均衡状态而使自己蒙受利益损失。

针对打开水问题,我们可以认识到,明晰产权和制定新的制度是最迫切的要求。为了解决宿舍无人打水的问题,宿舍成员可以在确定开水私有的前提下,达成轮流打开水的协议,并通过谈判建立相应的激励与约束机制。

首先,明晰产权。要提高公共资源的利用效率,要么采取一定的管制,要么将公共资源变成私人物品,最终采用哪一种要比较交易成本。在这里,采取管制的交易成本比较大,因为为避免很小的损失要付出大得多的谈判费用,比如为使打水承诺完全实现而引起的约束成本、合作各方为校正错误而引起的争吵成本等。为了节约这些交易成本,不如考虑将公共资源变为私人物品。只有明确开水是私人物品,从保护自身利益出发,其所有者在使用时才会考虑成本,从而将开水用到最该用的地方,并减少浪费行为,使私人效率和宿舍整体效率相统一。

其次,合作使每个人过得更好。理性人考虑机会成本与边际成本。打开水最大的机会成本在于花费在往返路上的时间。在体力允许的情况下,多打一壶开水的边际成本是很低的。在水是私人物品的明确产权前提下,如果采取轮流打开水的制度,宿舍成员的收益都会比较高。我们需要有一个能满足彼此效益最大化的制度,使宿舍成员普遍感觉到,遵守新制度的期望效用将大于现有制度的效用,这时理性人会考虑选择合作。

最后,通过谈判建立激励和约束机制。科斯定理告诉我们一个潜在的逻辑,即通过法律制度能够消除私人之间达成协议的障碍。这既可以使私人对资源配置的不一致行为所造成的损害最小,又可以使阻碍私人在资源配置问题上达成合作的障碍最低。由于宿舍成员就打开水问题进行协商的交易成本是比较低的,因此可以通过建立一种新的制度,解决宿舍成员在打水问题上的矛盾。甚至还可以建立风险的制约机制使激励和约束相统一,譬如规定签订协议的成员不打水就不能用水、一次不打水就需要加打两次水,否则强制退出等。

四、课外习题

(一) 术语解释

1. 排他性
2. 竞争性
3. 公共物品
4. 公地悲剧
5. 搭便车者

(二) 单项选择

1. 一个人使用一种物品将减少其他人对该物品的使用的特性即为(　　)。
   A. 竞争性　　　　B. 排他性　　　　C. 非竞争性　　　　D. 非排他性
2. 如果一种物品不能阻止一个人使用,则这种物品具有(　　)。
   A. 竞争性　　　　B. 排他性　　　　C. 非竞争性　　　　D. 非排他性
3. 公共物品具有(　　)。
   A. 竞争性和排他性　　　　　　　　B. 竞争性和非排他性
   C. 非竞争性和排他性　　　　　　　D. 非竞争性和非排他性
4. 私人物品具有(　　)。
   A. 竞争性和排他性　　　　　　　　B. 竞争性和非排他性
   C. 非竞争性和排他性　　　　　　　D. 非竞争性和非排他性
5. 公共资源具有(　　)。

A. 竞争性和排他性　　　　　　　　B. 竞争性和非排他性
C. 非竞争性和排他性　　　　　　　D. 非竞争性和非排他性

6. 政府提供的物品(　　)是公共物品。
   A. 一定　　　　B. 不都　　　　C. 大部分　　　　D. 少部分

7. 如果上游工厂污染了下游居民的饮水,按科斯定理,(　　),问题就可以妥善解决。
   A. 不管产权是否明确,只要交易成本为零
   B. 只要产权明确,且交易成本为零
   C. 只要产权明确,不管交易成本多大
   D. 不论产权是否明确,交易成本是否为零

8. 私人市场难以提供公共物品是因为(　　)。
   A. 公共物品问题　　　　　　　　B. 竞争性问题
   C. 公地悲剧　　　　　　　　　　D. 搭便车问题

9. 得到一种物品的收益但避免为此付费,被称为(　　)。
   A. 逆向选择　　　　　　　　　　B. 搭便车问题
   C. 公地悲剧　　　　　　　　　　D. 道德陷阱

10. 假设一条路边的 20 户居民每家对道路两旁安装路灯的评价都是 300 元,而安装路灯的成本是 4 000 元。下列哪一种表述是正确的?(　　)
    A. 安装路灯无效率
    B. 每户居民花 300 元在自己家门前的那一段道路安装路灯是有效率的
    C. 政府向每户居民征收 200 元税收并给这条道路安装路灯是有效率的
    D. 以上各项都不对

11. 以下各项中,(　　)是公共物品,而(　　)是公共资源。
    A. 国防　野生动物　　　　　　　B. 基础研究　反贫困
    C. 清洁的空气和水　基础研究　　D. 拥堵的道路　国防

12. 以下关于公共物品的说法,不正确的是(　　)。
    A. 由于搭便车问题,私人市场无法提供公共物品,但政府可以潜在地解决这个问题
    B. 如果政府确信一种公共物品的总收益大于总成本,政府就可以借税收手段来提供这种物品,从而使每个人的状况变得更好
    C. 一些物品可以在公共物品和私人物品之间转换,其关键取决于环境,即环境不同可能导致某些物品在是否具有排他性上得出完全相反的结果
    D. 公共物品的例子很多,如国防、基础研究、反贫困、清洁的空气和水等都是公共物品

13. 假设汽车驾驶员要系安全带的规定使得其一生中的死亡概率从 0.5% 下降至 0.4%,而相应安全带的成本是 600 元,则当人的生命价值为(　　)元时,政府规定驾驶员系安全带才是最有效率的。
    A. 600　　　　B. 6 000　　　　C. 60 000　　　　D. 600 000

14. 当政府运用成本—收益分析帮助决定是否提供一种公共物品时,以下说法正确的是(　　)。
    A. 运用成本—收益分析的目的是比较提供公共物品的社会成本与社会收益的大小
    B. 当评价一种公共物品是否应该提供或提供多少时,由于"说谎者问题"的存在,获

取真实收益数据并进行定量分析尤为困难

C. 成本—收益分析并没有提供价格信号,所得出的公共物品的成本和收益的任何结论充其量只是近似而已

D. 以上都正确

15. ( )往往生产不足,而( )往往过度消费。
   A. 公共物品 公共资源
   B. 公共资源 公共物品
   C. 私人物品 公共资源
   D. 公共资源 私人物品

(三) 判断正误

1. 在消费上或使用上具有竞争性和排他性特征的物品叫公共物品。( )
2. 公共物品与正外部性相关是因为,公共物品的潜在买者在做出是否购买公共物品的决策时,忽视了这些物品向其他消费者提供的外部收益。( )
3. 由政府提供的物品都是公共物品。( )
4. 市场运行最适用于既有排他性又有竞争性的物品,而不适用于其他类型的物品。( )
5. 政府应当不断通过财政支出来提高高速公路的安全性,直至没有因车祸引起的死亡为止。( )
6. 由于搭便车问题的存在,私人市场无法提供公共物品,政府也无法解决这个问题。( )
7. 由于消费者不考虑自身消费对他人的负面影响,公共物品往往被过度使用。( )
8. 公地悲剧非常好地说明了从整个社会角度来看,为什么公共资源的使用大于其合意水平。( )
9. 依据竞争性和排他性等两大特征,可以将经济中的各种物品划分为私人物品、公共物品、公共资源和俱乐部物品等四种类型。( )
10. 当产权缺失引起市场失灵时,政府潜在地实施出售污染许可证、管制私人行为或提供公共物品等政策,就可以解决这些问题并使资源配置更有效率。( )

(四) 简答题

1. 私人物品、公共物品、公共资源和俱乐部物品的划分标准是什么?市场运行最适用于哪类物品?而不适用于哪类物品?
2. 公共物品与公共资源的相同点和不同点在哪里?为什么公共物品往往生产不足,而公共资源却往往消费过度?
3. 对公众来说,粮食比广场更重要,但政府向公众提供广场而很少提供粮食,原因是什么?为什么野牛几乎绝种了,而黄牛永远不可能绝种?
4. 公共资源如何与负外部性相关?建立个人产权如何有助于消除与公共资源相关的问题?
5. 什么是公共物品的成本—收益分析?为什么进行这样的分析很重要但又十分困难?

（五）应用题

1. 一些物品可以在私人物品、公共物品、公共资源和俱乐部物品等四种类型之间转换，其关键取决于环境，即环境不同可能导致某些物品在是否具有排他性和竞争性上得出完全相反的结果。请根据竞争性和排他性等特征，确定以下物品是私人物品、公共物品、公共资源，还是俱乐部物品。

（1）广播电视信号和有线电视信号

（2）私人池塘中的鱼和海洋中的鱼

（3）与艾滋病相关的基础研究和可以获得专利的治疗艾滋病的特殊研究

（4）请根据道路是否拥堵和是否收费，试将道路这种物品的类型进行详尽划分。

2. 请利用公共资源及外部性相关理论，对以下事实给出你的一个经济学解释。

（1）大多数高速公路边都有垃圾，而人们的院子里却很少有垃圾。

（2）部分发达国家地铁系统在上下班高峰期的收费高于其他时间。

3. 电视和广播信号可以被无数观众接收而不会降低其他信号消费者的接收质量，但向任何一个信号的消费者收费都是不可能的。请解释电视和广播是哪一种物品。私人企业会提供这种类型的物品吗？自从媒体发明以来，私人公司开始在不向信号接收者收费的情况下提供电视和广播，这又如何解释？

（六）拓展思考题

1. 为进一步开发乡土旅游资源，中国西部某山区的一个乡村正在争论是否修建一条从乡村到县城的四级公路。乡政府对村民进行民意调查发现，5万村民中平均每个人对四级公路的评价为60元，而修建四级公路的成本是200万元。

（1）假设民意调查的信息是准确的，修建这条四级公路有效率吗？

（2）在什么条件下，民营企业会修建这条公路？

（3）民营企业有可能修建这条公路吗？为什么？

（4）乡政府应该修建这条路吗？平均每个村民的税会因这条公路增加多少？

（5）可以肯定修建这条四级公路是有效率的吗？把成本—收益分析作为决定是否提供一种公共物品的工具会遇到哪些困难？

2. 仔细阅读以下新闻报道，运用公共物品或公共资源相关理论回答文后两个讨论题。

偷猎致越南极濒危物种爪哇犀牛完全灭绝

据国外媒体报道，世界野生生物基金会和国际犀牛基金会经过为期两年的监测分析后，近日发表研究报告正式宣布，越南境内极濒危物种爪哇犀牛已完全灭绝。2010年4月，越南最后一头爪哇犀牛被发现死于偷猎行为，其犀牛角被残忍砍掉。

2009年和2010年，世界野生生物基金会和国际犀牛基金会连续两年在越南吉仙国家公园对爪哇犀牛的粪便进行监测并提取样本进行分析。分析结果显示，2010年4月死亡的爪哇犀牛是越南最后一头爪哇犀牛，越南境内爪哇犀牛呈灭绝状态。越南吉仙国家公园是越南境内唯一已知的爪哇犀牛栖息地。世界野生生物基金会越南负责人特兰·提明·希恩表示："越南最后一头爪哇犀牛已死亡，越南又失去一种自然遗产。"

世界野生生物基金会最新报告认为，偷猎是导致越南最后一头爪哇犀牛死亡的主要原因。2010年4月,这头爪哇犀牛被发现死于吉仙国家公园中,其腿部被一颗子弹打中,犀牛角被砍掉。

世界野生生物基金会警告称:"吉仙国家公园对珍稀野生动物的保护不力,是导致爪哇犀牛灭绝的根本原因。非法捕猎可能会继续威胁越南其他珍稀野生动物的未来生存。"世界野生生物基金会大湄公河区域物种项目负责人尼克·考克斯表示:"越南爪哇犀牛的悲剧是物种灭绝危机的象征。"

考克斯认为,越南对爪哇犀牛栖息地的保护措施以及对偷猎行为的打击力度都不足以挽救爪哇犀牛。"这种情况如果继续下去,毫无疑问将会导致越南其他许多物种的灭绝。"此前,爪哇犀牛曾经被认为已经在亚洲大陆灭绝。直到1998年,有人在吉仙国家公园附近地区捕获一头爪哇犀牛,人们后来才又陆续发现少量的爪哇犀牛。

爪哇犀牛是一种极濒危动物。在印度尼西亚一个小型国家公园中,总共也只有50头爪哇犀牛。世界野生生物基金会认为,亚洲市场对犀牛角的需求每年都在增加,因此当务之急就是对印度尼西亚爪哇犀牛种群实施有效的保护。

此外,世界野生生物基金会还声称,越南境内的其他许多珍稀物种,如老虎、亚洲象和暹罗鳄等,都处于灭绝的边缘。

资料来源:偷猎致越南极濒危物种爪哇犀牛完全灭绝. 科易快讯. (2011-10-26)[2020-6-5]. https://www.1633.com/about/newsdetail_190165_1.html.

讨论题:(1) 与公共资源相关的外部性通常是正的还是负的?自由市场上的公共资源的使用量通常大于还是小于有效率的使用量?

(2) 为什么严重的偷猎致使越南极濒危物种爪哇犀牛完全灭绝?偷猎致使爪哇犀牛完全灭绝,这种行为是理性的吗?请做出解释。

五、习题答案

(一) 术语解释

1. 排他性:一种物品具有的可以阻止一个人使用该物品的特性。
2. 竞争性:一个人使用一种物品将减少其他人对该物品的使用的特性。
3. 公共物品:既无排他性又无竞争性的物品。
4. 公地悲剧:一个说明从整个社会角度来看,为什么公共资源的使用大于其合意水平的寓言。
5. 搭便车者:得到一种物品的利益但避免为此付费的人。

(二) 单项选择

1. A   2. D   3. D   4. A   5. B   6. B   7. B   8. D   9. B   10. C
11. A   12. D   13. D   14. D   15. A

(三) 判断正误

1. ×   2. √   3. ×   4. √   5. ×   6. ×   7. ×   8. √   9. √   10. √

(四) 简答题

1. **【考查要点】** 物品的竞争性和排他性等两大特征。

【参考答案】 经济中的私人物品、公共物品、公共资源和俱乐部物品等四种类型物品的划分标准是竞争性和排他性等两大特征。其中，私人物品具有排他性和竞争性，公共物品具有非排他性和非竞争性，公共资源具有竞争性和非排他性，俱乐部物品具有排他性和非竞争性。市场运行最适用于既有排他性又有竞争性的物品，而不适用于其他类型的物品。

2. **【考查要点】** 公共物品和公共资源的相同点与不同点。

【参考答案】 （1）公共物品和公共资源的相同点在于它们都有非排他性，即它们都是免费的。不同点在于前者有非竞争性，而后者有竞争性。

（2）除了非竞争性，公共物品还具有非排他性，因而极易带来搭便车问题，即得到一种物品的收益而避免为此付费。正因为生产者不能阻止不付费的人消费这种物品，企业没有生产公共物品的激励，因此公共物品往往生产不足。

（3）与公共物品一样，公共资源也具有非排他性，但它同时又具有竞争性，因而极易带来一个新问题，即由于消费者不考虑自身消费对他人的负面影响，公共资源往往被过度使用，从而产生公地悲剧。

3. **【考查要点】** 私人物品与公共物品、公共资源。

【参考答案】 （1）粮食既具有竞争性，又具有排他性，属于私人物品，因此完全可以由市场有效率地提供；广场往往既无竞争性，又无排他性，属于公共物品，关于公共物品的消费和生产的私人决策会引起无效率的资源配置，而由政府提供更有效率。

（2）因为野牛是公共资源，每个打猎者都追求自身的最大利益，而没有考虑他的行为对他人的影响，因而野牛往往被过度消费；黄牛是私人物品，在私有制和利润动机驱使下，黄牛以社会最有效率的价格和数量生产并销售，因而可以摆脱灭绝的威胁。

4. **【考查要点】** 公共资源与产权制度。

【参考答案】 （1）公共资源具有非排他性，即它是免费的，但由于它又具有竞争性，一旦消费者可以无成本地消费却又不用考虑消费对他人的负面影响，即不考虑公共资源使用所具有的负外部性，那么公共资源就往往被过度使用。

（2）人们消费公共资源的原因在于收益为正而成本为零。建立个人产权，确定了资源的所有者，就实现了有成本地使用资源，并产生社会的最优价格，因此可以消除与公共资源相关的问题。

5. **【考查要点】** 公共物品的成本—收益分析及其困难所在。

【参考答案】 （1）公共物品的成本—收益分析，即比较提供一种公共物品的社会成本与社会收益的研究。

（2）如果政府确信一种公共物品的总收益大于总成本，政府就可以借助税收手段来提供这种物品，从而使每个人的状况变得更好。因此公共物品的成本—收益分析非常重要。

（3）与私人物品不同的是，当评价一种公共物品是否应该提供或提供多少时，由于"说谎者问题"的存在，获取真实收益数据并进行定量分析尤为困难。因此，成本—收益分析并没有提供价格信号，所得出的公共物品的成本和收益的任何结论充其量只是近似而已。

(五) 应用题

1. **【考查要点】** 私人物品、公共物品、公共资源和俱乐部物品等四种类型物品的划分标准。

【参考答案】 (1) 广播电视信号具有非排他性和非竞争性,即无法排除不付费者,且增加一个观众看电视并不减少其他观众的收益,因此广播电视信号是公共物品。有线电视信号具有排他性和非竞争性,即有线电视公司可以排除不付费者,且更多的房子接上电缆并不减少其他消费者的收益,因此有线电视信号是俱乐部物品。

(2) 私人池塘中的鱼具有竞争性和排他性,是私人物品;海洋中的鱼具有竞争性和非排他性,是公共资源。

(3) 与艾滋病相关的基础研究具有非竞争性和非排他性,即一旦有新知识被发现,更多的人可以从知识中获益,并不减少其他知识消费者的收益,且知识公开则无法排除不付费者,因此与艾滋病相关的基础研究是公共物品;可以获得专利的治疗艾滋病的特殊研究具有排他性和非竞争性,即该知识的使用者增加并不减少其他消费者的收益,但一旦获得专利之后,其他消费者就不能利用治疗艾滋病的特殊研究成果,因此可以获得专利的治疗艾滋病的特殊研究是俱乐部物品。

(4) 道路是这四种物品中的哪一类,取决于道路是否拥堵,以及它是否收费。考虑不同的情形,有四种可能性:① 不拥堵也不收费:公共物品;② 不拥堵但收费:俱乐部物品;③ 拥堵但不收费:公共资源;④ 拥堵也收费:私人物品。

2.【考查要点】 私人物品与公共资源。

【参考答案】 (1) 高速公路边的环境是公共资源,因其具有非排他性,人们会随意使用,同时它又具有竞争性,人们在使用时会对他人产生不利的影响,即会产生负外部性,因此高速公路边经常会有垃圾。而人们的院子是私人物品,具有排他性和竞争性,人们在使用时要比较成本和收益,因此自家院子里很少有垃圾。

(2) 地铁中的拥堵是一种负外部性,上下班高峰期比平时拥堵得多,其外部性也远远大于平时,解决这种问题的办法是上下班高峰高收费,从而激励非上班乘地铁族改变时间表或选择其他交通工具。

3.【考查要点】 公共物品的非排他性和非竞争性。

【参考答案】 (1) 电视和广播具有非排他性和非竞争性,因此它们都是公共物品。私人企业不会提供,因为他无法排除不付费者使用这种类型的物品。

(2) 自从媒体发明以来,私人公司可以对电视和广播节目中插播的商业广告收费,因此私人公司能够在不向信号接收者收费的情况下提供电视和广播。

(六) 拓展思考题

1.【考查要点】 公共物品的成本—收益分析。

【参考答案】 (1) 有效率,因为总收益是 5 万×60 = 300 万元,而成本是 200 万元。

(2) 只有这条四级公路可以作为收费道路来修建,使得这条路具有排他性,并且是一个有利可图的项目,民营企业才会修建这条路。

(3) 可能。因为在西部某山区农村,相对比较容易使道路限制进入或者说阻止不付费者使用,即有非常大的可能让这条路具有排他性。

(4) 乡政府应该修建这条路,平均每个村民的税会因这条路增加 40 元。

(5) 不能肯定修建这条四级公路一定是有效率的。由于"说谎者问题"的存在,即那些经常使用道路的人高估其收益,而很少使用的人低估其收益,因此获取真实收益数据并进行定量分析是很困难的。

2. 【考查要点】 公共资源与公地悲剧。

【参考答案】 (1) 与公共资源相关的外部性一般都是负的。在这个例子中就是这样,人们的过度捕猎,导致濒危物种爪哇犀牛完全灭绝,生态系统遭受严重破坏。自由市场上的公共资源的使用量通常大于有效率的使用量。

(2) 因为爪哇犀牛属于公共资源,具有非排他性和竞争性,即很难阻止爪哇犀牛被偷猎,而每个偷猎者都追求自身的最大利益,偷猎者在偷猎时不考虑自身行为对他人的负面影响,因此可能会存在严重偷猎致使越南极濒危物种爪哇犀牛完全灭绝。对偷猎者个人来说,仅从经济人角度来看,可能是理性的;但从整个社会角度来看,这种公共资源的使用已经大大高于其合意水平,导致出现公地悲剧。

第 12 章
税制的设计

一、学习精要

(一) 教学目标

1. 了解中央政府与地方政府财政收入来源及财政支出组成。
2. 领会税收与效率之间的关系,掌握税收导致的无谓损失。
3. 领会税收与公平之间的关系,掌握税收归宿对于公平的影响。
4. 掌握税收的效率与公平之间的取舍关系。

(二) 内容提要

本章建立在以前各章学习过的税收内容的基础上,主要论述美国政府如何筹资和支出,以加深我们关于税收的研究。税收对于每一位国民而言都是不可或缺的。政府以向公民、法人单位等不同主体收税的方式使资金汇聚到政府财政部门,并将这些资金用于解决市场经济过程中的外部性问题和弥补市场经济不足。但是税收本身对市场行为存在扭曲的倾向,产生了无谓损失;同时税收给不同主体带来的负担也影响着公平原则。可见,政府税制的设计必须要兼顾效率与公平的双原则。

1. 美国政府的财政概况

(1) 美国政府的税收占国民收入的比例较高,同时必须注意到,随着经济中收入的增长,政府从税收中得到的收入增长得更快。在全球主要国家的横向比较中,美国政府的税收比例低于北欧等国家,高于亚洲、拉美等国家。

(2) 美国联邦政府税收收入占据了美国约三分之二的总税收。这些数额庞大的税收通过各种方式进行筹集,又通过各种方式进行支出,以此弥补市场失灵的状况。

(3) 美国联邦政府最大的税源来自个人所得税,个人所得税的税率采用累进制;其次是社会保险税;再次则是公司所得税。美国联邦政府最大的财政支出是社会保障,体现出政府在解决市场经济外部性问题上的作用;其次是医疗、国防、净利息等支出项目。

(4) 美国联邦政府的财政收入与财政支出之间的差额称为预算赤字或预算盈余,分别指总收入小于总支出和总收入大于总支出两种情况。

(5) 美国州与地方政府税收收入占据了全部税收的 40% 左右,这些税收是州与地方政府行使政府职能的重要保障。州与地方政府的税收来源中最重要的是销售税和财产税,这两项占全部税收收入的三分之一以上;其次是个人所得税和公司所得税;再次是联邦政府的转移支付等。在支出方面,教育是州与地方政府最主要的支出去向,其次是医疗。

2. 税收和效率

税收制度的主要目标是筹集政府收入。当在许多不同的税制方案中选择时,决策者有两个目标:效率与平等。设计良好的税收制度需要避免以下两种成本,并使之最小化:税收因扭曲人们做出的决策而导致的无谓损失;纳税人在遵照税法纳税时承担的管理负担。

(1) 税收的无谓损失是纳税人经济福利的减少超过了政府筹集到的收入的部分。因此无谓损失是当人们根据税收激励,而不是根据他们买卖的物品与服务的真实成本与收益配置资源时,税收引起的无效率。

(2) 税制设计作为一种有政府导向的激励制度,必然会带来纳税主体行为的扭曲。在这种扭曲的过程中容易造成以合理合法形式进行"避税"的行为。这种行为的存在使得税法变得越来越复杂,复杂的税制设计会导致税收的管理负担加重,从而增加了纳税人依法纳税的成本。

(3) 经济学家用平均税率和边际税率两种指标衡量所得税的效率与平等程度。其中平均税率是指支付的总税收除以总收入,边际税率是指增加1美元收入所支付的额外税收。这两种指标中后者是衡量所得税无谓损失的重要指标。

(4) 定额税是指对每个人等量征收的税收。这种税收从效率角度来说是最佳的,但在考虑到税收的平等目标时则不再是最佳的。

3. 税收与平等

(1) 受益原则是认为人们应该根据他们从政府服务中得到的利益来纳税的思想。

(2) 支付能力原则是认为应该根据一个人可以承受的负担来对这个人征税的思想。支付能力原则得出了平等观念的两个推论:纵向平等和横向平等。其中纵向平等是主张支付能力更强的纳税人应该缴纳更多税收的思想;横向平等是主张有相似支付能力的纳税人应该缴纳等量税收的思想。

(3) 税收归宿即研究谁承担税收负担,是评价税收平等性的核心问题。根据税法依法纳税的纳税人并不一定就是税收的最终承担方,这是因为税收本身扭曲了市场行为,其间接影响也必须被考虑在内。

4. 结论:平等与效率之间的权衡取舍

(1) 平等和效率是税制设计的两个最重要的目标,但这两个目标往往是相互冲突的,因此在税制设计过程中必须针对不同目标有所侧重地进行权衡。

(2) 在政治争论过程中,税制的目标很容易被当作获得政治选票的工具。

(三) 关键概念

1. 预算赤字:政府支出大于政府收入。
2. 预算盈余:政府收入大于政府支出。
3. 平均税率:支付的总税收除以总收入。
4. 边际税率:增加1美元收入所支付的额外税收。
5. 定额税:对每个人等量征收的税收。
6. 受益原则:认为人们应该根据他们从政府服务中得到的收益来纳税的思想。
7. 支付能力原则:认为应该根据一个人可以承受的负担来对这个人征税的思想。
8. 纵向平等:主张支付能力更强的纳税人应该缴纳更多税收的思想。
9. 横向平等:主张有相似支付能力的纳税人应该缴纳等量税收的思想。

10. 比例税:高收入纳税人和低收入纳税人缴纳收入中相同比例的税收。
11. 累退税:高收入纳税人缴纳的税收在收入中的比例低于低收入纳税人的这一比例。
12. 累进税:高收入纳税人缴纳的税收在收入中的比例高于低收入纳税人的这一比例。

(四) 拓展提示

1. 税收对于政府的正常运行具有重要的意义,因此对于所有政府而言,税收都是很重要的工作。政府税收作为政府财政收入的重要来源,是政府在消除市场失灵过程中的一种重要保障。政府税收的支出主要用于提供公共物品,如国防、教育等。

2. 税收对于市场行为具有扭曲的作用,这种影响既包括直接的影响,也包括间接的影响。其中直接的影响引出关于效率的讨论,而间接的影响则引出关于平等的讨论。

3. 政府进行税制设计时不可能完全兼顾税收的平等与效率,只能根据特定时期的特定情况在两者之间进行有益的权衡取舍,因此一般来说,政府的税收制度会根据形势不同而出现变化或反复。

二、新闻透视

(一) 新闻透视 A

2016 年中央政府财政收支情况

2016 年,各级财政部门积极会同税务、海关等部门认真落实党中央、国务院决策部署,依法加强收入征管,全国财政收入完成预算目标;组织各部门进一步加强支出预算管理,各项重点支出得到较好保障。

一、全国一般公共预算收支情况

(一) 一般公共预算收入情况

1—12 月累计,全国一般公共预算收入 159 552 亿元,比上年增长 4.5%。其中,中央一般公共预算收入 72 357 亿元,同比增长 4.7%,同口径增长 1.2%;地方一般公共预算本级收入 87 195 亿元,同比增长 4.2%,同口径增长 7.4%。全国一般公共预算收入中的税收收入 130 354 亿元,同比增长 4.3%;非税收入 29 198 亿元,同比增长 5%。

主要收入项目情况如下:国内增值税 40 712 亿元,同比增长 30.9%;国内消费税 10 217 亿元,同比下降 3.1%;企业所得税 28 850 亿元,同比增长 6.3%;个人所得税 10 089 亿元,同比增长 17.1%;进口货物增值税、消费税 12 781 亿元,同比增长 2%;出口退税 12 154 亿元,同比下降 5.5%;车辆购置税 2 674 亿元,同比下降 4.2%;房地产契税 4 300 亿元,同比增长 10.3%;土地增值税 4 212 亿元,同比增长 9.9%;非税收入 29 198 亿元,同比增长 5%。

2016 年,全国一般公共预算收入增长 4.5%,仍延续增幅逐年回落的走势。主要原因如下:一是政策性减收较多。2016 年全面推开的"营改增"试点为近年来减税规模最大的政策措施;同时,清理涉企收费、扩大部分行政事业性收费免征范围等也带来一定减收。二是经济下行产生的滞后影响。三是部分收入 2015 年基数较高,如金融业税收和部分非税收入等。

（二）一般公共预算支出情况

1—12月累计，全国一般公共预算支出187 841亿元，比上年增长6.4%。分中央和地方看，中央一般公共预算本级支出27 404亿元，同比增长7.3%；地方财政用地方本级收入、中央税收返还和转移支付资金等安排的支出160 437亿元，同比增长6.2%。

从主要支出项目情况看：教育支出28 056亿元，增长6.8%；科学技术支出6 568亿元，增长12%；文化体育与传媒支出3 165亿元，增长2.9%；社会保障和就业支出21 548亿元，增长13.3%；医疗卫生与计划生育支出13 154亿元，增长10%；城乡社区支出18 605亿元，增长17.1%；农林水支出18 442亿元，增长5.9%；住房保障支出6 682亿元，增长4.3%；债务付息支出4 991亿元，增长40.6%。

二、全国政府性基金收支情况

（一）政府性基金收入情况

1—12月累计，全国政府性基金收入46 619亿元，比上年增长11.9%。分中央和地方看，中央政府性基金收入4 178亿元，同比增长2.6%；地方政府性基金本级收入42 441亿元，同比增长12.9%，其中国有土地使用权出让收入37 457亿元，同比增长15.1%。

（二）政府性基金支出情况

1—12月累计，全国政府性基金支出46 852亿元，比上年增长11.7%。分中央和地方看，中央政府性基金本级支出2 890亿元，同比下降4.3%；地方政府性基金相关支出43 962亿元，同比增长13%，其中国有土地使用权出让收入相关支出38 406亿元，同比增长16.8%。

资料来源：2016年财政收支情况. 中华人民共和国国库司.（2017-1-23）[2020-6-5]. http://gks.mof.gov.cn/tongjishuju/201701/t20170123_2526014.htm.

【关联理论】

税收对政府运作和解决市场失灵问题具有重要意义，也是推动社会改革的重要经济保障。政府财政收入的来源具有多样性，但其中最关键的是税收。而政府财政支出对象也有多样性，其中最关键的是国防等公共物品的提供。

【新闻评析】

从中国财政部公布的2016年财政收支情况来看，中国政府财政收入增长率为4.5%。政府财政收入来源中按金额大小排列前五名分别为：国内增值税（40 712亿元），非税收入（29 198亿元），企业所得税（28 850亿元），进口货物增值税、消费税（12 781亿元），出口退税（12 154亿元）。中国财政收入的组成部分与美国不同，这是与中国的国情相符合的。由于中国目前对于个人所得税的相关申报和征收制度不完善，个人所得税并不能成为政府财政收入的主体。国有企业的利润等收入都属于政府的非税收入，但这部分的金额较为庞大。地方税种收入主要依附于土地的转让与使用。

中国政府在2016年财政支出总额为187 841亿元。可以看出，中国政府在2016年财政支出中教育支出排名第一（28 056亿元），这与教育具有公共物品的特征是相符的；第二是社会保障和就业支出（21 548亿元），这与政府关注民生并强调就业的政策指导是相联系的。

从2016年中国政府的财政收支情况来看，税收对于国家持续稳定发展具有重要的意义，同时税制的设计过程中也必须考虑到政府所侧重的目标，并涉及政府在当前特定时期的工作倾向。

(二) 新闻透视 B

税负重不重,关键看效率

中国社会科学院财经战略研究院日前发布名为《将全面深化财税体制改革落到实处》的报告。报告认为,中国公共财政收入达到12.9万亿元,人均宏观税负接近万元。而公共财政收入仅是衡量"宏观税负"各指标中口径最小的一个。为此,报告建议,财税改革跟每个人的利益密切相关,破除利益格局牵绊、将财税改革落到实处在当下尤为重要。

"人均万元税负"高不高?居民和企业的税负重不重?说实话,这个问题很难回答,尤其对现阶段的中国来说,很难找到正确的答案。一方面,这是官方能够统计和公开的税负,难以统计和无法公开的"税负"有多少,可能没有一个部门说得清。另一方面,税收的效率如何,是最关键的问题。如果税负重一点,效率很高,倒也无妨,毕竟高效率的税收能够产生高效率的收益,从而缓解税负沉重带来的矛盾和压力。

如何来判断税收效率的高低呢?一般情况下就是看税收收入的使用,亦即税收形成以后如何分配,如何使用。如果使用效率高,税收的作用就大,反之则小。要知道,在相同的社会事务和公共需要下,税收的使用效率越低,需要的税收就越多,对企业和居民的压力也越大。相反,税收的使用效率越高,需要的税收越少,对企业和居民的压力就越小,税负也会逐步降低。

中国现阶段在税收使用方面的效率是很难令人满意的。从1994年实行分税制到现在,财政收入持续二十多年高速增长,但财政困难的局面一点也没有改变,公共服务、公共产品等仍然十分短缺,可见"三公"经费等非效率性支出对税收使用的影响有多大,税收使用的效率是何等低下,造成的客观税负有多重。所以,如何提高税收的使用效率,是在下一步财税改革中必须高度重视并切实加以解决的一道难题。

资料来源:北京青年报,2014年2月17日。

【关联理论】

税收的主要目的是使政府有足够的经济保障完成对市场的完善,进而体现社会效率与公平。在税收征收和支出过程中并不存在直接的、简单的对应关系,征收与支出的效率应当是政府在制定税收政策时首要考虑的问题。

【新闻评析】

税收对于纳税人而言是一项支出,但通过政府的有效运作之后会转化为纳税人的福利收入,这是政府税收重要性的体现,也是弥补市场失灵的重要体现。但是政府的税收收入与支出这两个环节中并不存在简单的对应关系。在收入与支出的转化过程中必然存在着损耗,这些损耗就是税收效率低下的表现。政府的高效管理与运作必须依靠政府税收收入与支出的高效率转化。

目前中国税收收入与支出过程中还存在着一些问题与不足,比如非税收收入、高额的非生产性"三公"经费支出等项目。另外,中央与地方税收分配比例上也存在着不合理的地方,主要体现在部分地方政府财政困难,无法有效进行政府运作。以上各种情况都直接导致了中国税收的使用效率下降,这就意味着纳税人的税收并没有有效转化为纳税人的福利收入。这两者的失衡才是衡量中国纳税人税收负担重与不重的关键指标,而不能仅仅以纳税绝对额进行衡量。从中国的实际情况来看,税收效率的高低、税负的轻重,远不是税收资金的分配和使用那么简单。税收政策的合理性和各种非税收行为的合法性,比税收资金的分配和使用更加重要。如果这些方面的问题不解决,那么即使税收资金的分配和使用再合理,也无法使税收的效率真正得到提高。就非税收行为的合法性而言,如果经济生活中存在大量的非税收行为,特别是不合法的非税收行为,那么不仅企业和居民的负担会大大加重,税收政策的效率也会大打折扣。也正因如此,有关"人均万元税负"高不高、重不重的问题,也就不需要在数据上做文章,而应当从效率上下功夫。效率高,则不重;效率低,则很重。

(三) 新闻透视 C

应给巨额年终奖开征"暴利税"

据《现代快报》报道,2014年1月21日,河南柘城某地产公司全体员工举行"2013年度硕果分享大会"。现场发放工资、奖金总额共达1 100万元,有的员工最多发200万元,直接用麻袋装现金。每到年底,媒体上难免要晒一晒年终奖金,但与往年相比,今年的晒法似乎格外刺眼,比如把钱码得像城墙一样发钱,很难不让观者顾影自怜,此次拿麻袋装钱,同样让人五味杂陈。对很多几百元奖金都得不到保证的职工,应是不小的心理冲击。

究竟是什么样的企业能发如此高的年终奖?可以肯定的是,这些企业一定有极佳的业绩,它们当中的绝大多数要么垄断,要么暴利,其中不乏房地产公司和证券公司等。很少听说过哪家普通的企业敢如此"烧钱",对于绝大多数职工来说,钱虽然很不经花,但来得也很不容易,别说拿麻袋装钱,哪怕工资涨几百元,也会让他们高兴好一阵子。

不管某些企业晒出高额年终奖的目的是什么,也许仅仅是按捺不住内心的喜悦,没想要伤害谁,而实际的效果是,它加剧了社会的不平等感。也许人们无权要求福利好的企业保持低调,也不该怀疑他们的钱来路不正,但至少可能提出疑问,他们都依法纳税了吗?如此暴利的原因能不能都光明正大地摊上桌面?

即使一切都经得起怀疑,有人拿麻袋装奖金,有人连一麻袋白菜也没有,仅从缩小贫富差距这一点出发,税收的调控手段也应该出手。给巨额的年终奖开征"暴利税",不仅符合税收的本意,而且比个人所得税和遗产税等税种有更为合理的开征理由。

资料来源:应给巨额年终奖开征暴利税. 现代金报. (2014-1-27) [2020-6-5]. http://news.163.com/14/0127/02/9JIFQ14100014Q4P.html.

【关联理论】

政府在税制设计的过程中需要兼顾效率与平等两个原则,这两个原则在本质上存在着冲突与矛盾,同时两者之间也存在着相互替代的关系。因此政府在税制设计过程中必须针对不同时期的不同情况,从经济发展和社会稳定等多方面进行综合考虑,对税收的效率与平等两个目标进行权衡取舍,找到两者之间的平衡点。

【新闻评析】

年终奖的多少并不直接决定职工的工作动力和热情,但却间接地影响着职工的工作。年终奖与公司的经营状况直接挂钩,因此年终奖的纵向比较过程中又产生出了一个新的疑问:为什么有些公司的盈利高得离谱,而有些企业却业绩不佳?

针对这个问题,我们不能仅从企业本身的经营能力进行比较,因为在充分的自由竞争市场环境中各行业的利润率是趋同的,不存在超额利润,因此对这个疑问的解答就必须放在非自由竞争环境(也就是垄断环境)中进行考虑。先不论垄断本身是否是有效率的形式,仅仅从是否平等方面进行考虑,就会发现问题所在。垄断形成了事实上的进入与退出障碍,这些障碍的存在阻碍了资源的流动和有效配置,也很容易形成社会不稳定因素。因此从平等的原则出发考虑时,征收"暴利税"是一个可以考虑的手段。但是"暴利税"本身也会扭曲市场行为,如果征收不当则不仅无法体现平等原则,还有可能会影响效率。

三、案例研究

(一) 案例研究 A

让个税收得更公平

李克强总理在《政府工作报告》中说:"政府工作的根本目的,是让全体人民过上好日子。"改革怎么改? 过上好日子就是一个衡量标准。今天的人大新闻发布会,财政部部长楼继伟关于个税新动向的表述,就是不折不扣的改革红利。楼部长说:"把分项征收改成综合所得税,简单地提高起征点的做法并不公平,不能体现每个家庭的差异。一个人一个月挣五千块钱不多,自己生活还不错,但是一个人挣五千块钱同时还要养一个孩子就很艰难。"

个税改革的方向是什么?肯定是公平和正义。这些年来,代表委员每年都会提个税改革的提案建议,尤其是起征点太低引起广泛关注:个人所得税在某种意义上已经沦为"工薪税",甚至被戏称为"雁过拔毛"。全国政协委员贾康多次表示,目前中国的税负集中在中等收入和中下收入阶层,富裕阶层的税负相对外国来说显得太轻了。

楼部长的回答很给力,因为个税的问题并不仅仅是起征点的问题,简单提高还会有失公允,但采用综合征收,那么公平性就得到更多保障。如果按照工资所得征收个人所得税,"一刀切"看似公平,但一个有负担的家庭和一个没有负担的家庭,对税收的感受完全不一样。

改革从哪里开始? 就从老百姓最关心的领域开始。在楼部长的表述里,老百姓更期待"马上改革"带来"马上实惠"。毕竟,综合所得税的制度设计是一个系统工程,需要有一个庞大的信息共享平台来支撑,在不动产的全国联网登记都没有实现的今天,几时才能迈出第一步呢? 个税改革的好愿景,别让老百姓看起来像是"远水"。

至于个税的公平性,两会还提供了更多的视角。政协委员李稻葵认为现有税收体制没有把资本所得纳入进来,而这个世界上最多的收益就是资本所得而不是劳动所得。因此,个税改革的前路还会有很多"深水区"。但是,有着让老百姓过上好日子的指向,改革肯定会得民心、顺民意。

资料来源:让个税收得更公平. 新浪新闻中心. (2014-3-7)[2020-6-5]. http://news.sina.com.cn/o/2014-03-07/070029644976.shtml.

【关联理论】

税制设计支付能力原则中的纵向平等更能够体现目前社会稳定的需求。纵向平等要求支付能力更强的纳税人缴纳更多税收,这种简单的思想是一种牺牲部分效率而得到部分平等的体现。效率与平等之间的转化是一种帕累托最优化的过程,在这个过程中必须不断完善相关的制度或基础性工作。

【案例解析】

就目前来说,中国不具备将个人所得税作为政府财政收入第一来源的条件。但是个人所得税的征收作为体现平等的重要手段,在中国目前的社会环境中具有重要的作用。

目前中国针对个人所得税的争议主要集中于一点:穷人与富人在征税过程中没有明显区分,不能体现纵向平等的思想。因此仅仅提高个税起征点并实行累进税制不能完全解决这一问题。这是因为提高个税起征点并不能够将低收入群体完全排除在征税群体之外,而对于高收入群体的纳税金额并没有本质的影响。而且在中国目前并不明确的财产和收入登记体制下,高收入群体总能够找到合理的避税路径与条件,累进税制在中国目前并没有达到设计之初的目的。

为了能够体现出社会主义制度的优越性和尽可能地体现平等原则,就必须解决这个问题。人大代表提出的以家庭为单位进行征税,而不是以个人为单位进行征税的方法相对能够体现纵向平等思想。当然这种个人所得税的征收方式也必须以纳税人财产和收入透明为前提,如果这个前提条件无法满足,那么以家庭为单位征收个人所得税的做法也会像累进税一样,对社会平等没有多大改善。

(二) 案例研究 B

税制改革为实体经济添能量

盛夏时节,山东康平纳集团智能绿色印染车间里安静整洁,这个年产 2 万吨纱线的车间,却仅需要 1 名工人操控设备。不仅如此,与传统染色生产方式相比,车间纱线染色一次合格率由 80% 提高到 98% 以上,吨纱节水 70%、节约用工 80%。

"得益于税制改革为企业腾出的宝贵资金,公司对原有设备进行了智能升级,新上'筒子纱染色智能工厂'项目。"公司董事会秘书蔺永高告诉记者,5 月份公司产品增值税税率已由 17% 降为 16%,别看只有 1 个点的降幅,两个月来已经为企业节约资金 126 万元,预计全年将减税 530 万元,加上公司享受高新技术企业税收优惠等政策,预计全年能减负 1 800 万元。

"税收优惠带来的不仅是真金白银,更给了我们前行的动力。"蔺永高说,公司 7 月份刚刚签约新泰康平纳智能染色工厂项目,建成达产后,年产色纱 20 万吨,实现销售收入约 70 亿元,将成为山东省内最大的色纱生产、交易平台。

今年以来,国家把减税降费作为推动实体经济健康发展的重要举措,全年预计将减负超过 1.1 万亿元。5 月 1 日起,作为我国第一大税种的增值税正式下调税率,制造业、交通运输业等的增值税税率分别从 17% 和 11% 降至 16% 和 10%,并实施统一增值税小规模纳税人标准等改革,全年将为企业减负 4 000 亿元。

宝山钢铁股份有限公司是钢铁行业的龙头企业,税率下调后企业预计今年不仅将减少增值税 1.2 亿元,还将节约以增值税为税基的城建税等附加税费超过 2 700 万元。北京奔驰汽车有限公司预计因税率下调,今年将减少税费合计 2.2 亿元,有利于企业进一步盘活资金。今麦郎面品有限公司预计税率下调后每 100 元收入的利润会增加 0.86 元,增幅约 35%,企业盈利能力显著提高。

国家税务总局近日公布的最新数据显示,截至 5 月 31 日,增值税税率调整共涉及增值税一般纳税人 895 万户,与税率调整前相比,改革首月实现净减税 348 亿元,减税幅度 8.57%。其中制造业减税获益最大,改革首月,制造业 252 万户增值税一般纳税人整体实现净减税 141

亿元,减税幅度8.77%,减税金额占到所有行业减税总额的40%以上。

"税率下调带来实实在在的减税,减下去的是税负,提上来的是生产力,深圳全市有34.59万纳税人将因此受益。"深圳市税务局货物和劳务税部门负责人毕立明对记者说,制造业作为深圳市支柱产业,去年税收占全市比重达到27.7%,税收规模在全行业中位列第一,增值税改革将成为深圳实体经济发展的重要推动力。

作为新能源汽车行业的"领头羊"之一,比亚迪汽车工业有限公司高度重视新产品、新技术的研发应用。"我们大概测算了一下,17%的增值税税率降至16%后,预计全年能收到4800万元的减税'红包'。"公司财务部经理钱扬俊提到这次增值税改革时说,"这相当于为我们增加了8%左右的科技研发费用投入空间,我们更有底气搞技术创新了,对于企业提升自身核心竞争力、快速融入新市场、新行业有着十分重要的意义。"

"今年是减税红利深度释放的一年,随着政策措施持续加码,一些过去阻碍减税效用发挥的问题将被解决掉,让减税'红包'精准落袋。"国家税务总局税收科学研究所所长李万甫表示,从实施两个多月来的情况看,深化增值税改革释放的减税效应,让企业有更充裕的流动资金投入智能化、数字化等新经济领域,推动互联网、大数据、人工智能等新一代信息技术与制造业深度融合,成为先进制造业高质量发展的助推器。

资料来源:税制改革为实体经济添能量.中华人民共和国中央人民政府网.(2018-7-20)[2020-6-5].http://www.gov.cn/zhengce/2018-07/20/content_5307858.htm.

【关联理论】

税收是政府的特征,也是政府发挥其功能的条件保障。政府税收存在无谓损失,带来无效率,因此政府在税收方面的制度设计不得不考虑效率原则。此外,政府是市场的重要补充,也是现代经济社会良性发展的调控者,因此在税收制度设计上还要考虑公平原则。鉴于此,政府需要根据特定时期的具体条件在两者之间进行有益的权衡取舍。

【案例解析】

政府在税制设计过程中必然会面临效率与平等两个目标之间的权衡取舍。两个目标之间的权衡取舍主要是由于人们对两个目标的侧重不同,因此在不同历史时期,税制设计或改革必然有不同的结局。我国经济发展过程中企业的发展非常关键,企业的快速良性发展不仅给政府提供更多的税收收入供社会支出,同时也提供了更多的就业机会,提高了人们的收入水平。但是就现阶段来说,我国企业通过参与国际分工取得的福利正变得越来越少,难度越来越大,同时企业也面临着设备更新换代、技术水平提升等问题,这些问题的解决都要依靠充裕的资金支持,融资难一度成为企业发展的重要瓶颈。在这样的背景下,税制改革必将成为我国实体经济发展的重要推动力。

目前我国政府税制改革主要从调整增值税入手,尽管调整的比例并不大,但是企业可以省下更多的资金用于技术研发、技术引进、员工培训等,并以此为基础提高生产效率,重新在国际分工中占据有利地位。综合来看,本次增值税改革主要是从效率的角度出发。从本案例的具体内容我们也可以了解到,许多典型企业都从增值税改革中取得了实实在在的好处,这些节约下来的税金都用于企业提升生产能力和效率。企业有更高的生产能力和产出效率,才能够有效满足政府设计的一系列目标,包括节能减排等。近期国家将继续实施积极财政政策,落实好减税降费各项措施,这对于推进供给侧结构性改革、扩大进口、消费升级等意义重大,实体经济的成本将继续得到有效降低,转型升级的动力也将更加充足。在改革完善增值税的同时,重点降低制造业、交通运输业等行业税负,有望使减税措施取得更加明显的经济效果,既满足了实体经济增长的迫切需要,也成为高质量发展的重要动力。

四、课外习题

(一)术语解释

1. 边际税率
2. 横向平等
3. 纵向平等
4. 受益原则
5. 支付能力原则

(二)单项选择

1. 下面哪一项按从大到小的顺序列出了美国联邦政府的税收收入来源?(　　)
   A. 个人所得税、公司所得税、社会保险税
   B. 公司所得税、个人所得税、社会保险税
   C. 个人所得税、社会保险税、公司所得税
   D. 社会保险税、个人所得税、公司所得税

2. 下面哪一项按从大到小的顺序列出了美国联邦政府的支出项目?(　　)
   A. 社会保障、医疗、国防、净利息
   B. 国防、净利息、社会保障、医疗
   C. 国防、净利息、医疗、社会保障
   D. 净利息、社会保障、国防、医疗

3. 如果联邦政府有预算赤字,那么是下列哪种情况?(　　)
   A. 政府支出大于政府收入　　B. 政府收入大于政府支出
   C. 政府收入与政府支出相等　D. 政府工作人员过剩

4. 小王对一件衬衫的评价为40元。如果价格为35元,小王会购买一件衬衫,并产生5元的消费者剩余。如果因税收使衬衫的价格上升至45元,则小王不会购买衬衫。这个例子证明了什么?(　　)
   A. 税收的管理负担　　B. 横向平等
   C. 税收的无谓损失　　D. 受益原则

5. 一种有效率的税收应该符合什么条件?(　　)
   A. 以纳税人可能的最低成本筹集收入　B. 使税收的无谓损失最小化
   C. 使税收的管理负担最小化　　　　　D. 以上各项都正确

6. 以下哪一种税是最有效率的税收?(　　)
   A. 比例所得税　　B. 累进所得税
   C. 消费税　　　　D. 定额税

7. 累进税制是指下列哪一种情况?(　　)
   A. 边际税率低的税制

B. 边际税率高的税制

C. 高收入纳税人纳的税多于低收入纳税人

D. 高收入纳税人收入中纳税的百分比高于低收入纳税人

8. 税收的支付能力原则提出,如果要使税制纵向平等,税收就应该是什么情况?( )

　　A. 累退的　　　　B. 累进的　　　　C. 定额的　　　　D. 比例的

请用以下税制信息回答第9—10题。

月收入(元)	税收额(元)
10 000	1 000
20 000	2 000
30 000	5 000
40 000	10 000

9. 月收入为2万元的纳税人的平均税率是多少?( )

　　A. 0　　　　　　B. 5%　　　　　　C. 10%　　　　　　D. 20%

10. 月收入从3万元增加至4万元的纳税人的边际税率是多少?( )

　　A. 0　　　　　　B. 16.7%　　　　C. 37.5%　　　　　D. 50%

11. 以下关于税收和效率的说法,错误的是( )。

　　A. 当在许多不同的税制方案中选择时,决策者有两个目标:效率与平等

　　B. 税制设计作为一种政府有导向的激励制度,必然会引起纳税主体行为的扭曲

　　C. 复杂的税制设计会导致税收的管理负担加重,从而增加纳税人依法纳税的成本

　　D. 定额税是指对每个人等量征收的税收。这种税收从效率角度来说是最佳的,但在考虑到税收的平等目标时则不再是最佳的。

12. 边际税率是( )。

　　A. 缴纳的总税收除以总收入　　　　B. 增加1美元收入缴纳的额外税收

　　C. 边际工人缴纳的税收　　　　　　D. 总收入除以缴纳的总税收

13. 美国联邦政府最大的税源来自个人所得税,个人所得税的税率是( )。

　　A. 累退的　　　B. 定额的　　　C. 累进的　　　D. 比例的

14. 用来判断税制纵向平等的合适税率为( )。

　　A. 平均税率　　B. 边际税率　　C. 横向税率　　D. 比例税率

15. 下面哪种税会得到税收的受益原则的支持?( )

　　A. 为国防支付的累进所得税　　　　B. 为道路支付的汽油税

　　C. 为教育体系支付的财产税　　　　D. 以上各项都是

(三) 判断正误

1. 国防支出是政府转移支付的一个例子。( )

2. 边际税率是判断某种税制在多大程度上扭曲了经济决策的一种合适的税率。( )

3. 定额税是平等的,但没有效率。( )

4. 公司承担了公司所得税的负担。( )

5. 如果支付能力相似的纳税人实际上支付的税额也相等,那么这个税制就是横向平等

的。（　　）

6. 消费税是无效率的。（　　）
7. 纳税人的税收负担大于政府得到的收入。（　　）
8. 支付能力原则认为人们应根据他们从政府服务中得到的收益纳税。（　　）
9. 纵向平等主张支付能力更强的纳税人应缴纳更多税收。（　　）
10. 如果政府有预算赤字，就意味着政府支出大于政府收入。（　　）

（四）简答题

1. 定额税有效率吗？请解释你的答案。为什么我们在现实世界中很少看到定额税？
2. 公司所得税真的是由公司承担吗？请解释你的答案。
3. 受益原则和支付能力原则有什么不同？哪一个强调纵向平等？
4. 请简述税收的无谓损失。
5. 横向平等是什么意思？为什么说横向平等很难应用于现实世界？

（五）应用题

1. 假设政府对3万元以下的收入征收20%的税，对3万元以上的所有收入征收50%的税，请填写下表：

收入（元）	缴纳的税收（元）	平均税率（%）	边际税率（%）
10 000			
20 000			
30 000			
40 000			
50 000			

2. 一些地方政府不对大米、黄油这类必需品征收销售税，另一些地方政府则对其征收销售税。讨论免征销售税的好处。讨论中要考虑效率和平等。
3. 请举出富有的纳税人应该比贫穷的纳税人多纳税的两种观点。

（六）拓展思考题

1. 假设你与朋友对中国的税负情况进行讨论，当你们知道2018年中国人均税负约为1.5万元的时候，你的朋友说："如果维持政府运行需要每个人缴纳1.5万元的税收，那么我们给每个人都开出一张1.5万元的账单而取消复杂的税收制度，事情会变得更简单。"请问：
   (1) 你的朋友所建议的税收方式是哪一种类型？这种类型的税收有什么优势？
   (2) 税收平等的"受益原则"支持这种类型的税收吗？请解释你的答案。
2. 把以下各项筹资计划作为受益原则或支付能力原则的例子进行分类。
   (1) 许多国家级自然景点要求观光者购买门票。
   (2) 地方财产税用于支持地方义务教育。
   (3) 机场信托基金会对出售的每张机票收税，并用这些钱来改善机场和空中交通控制系统。

五、习题答案

(一) 术语解释

1. 边际税率:增加1美元收入所支付的额外税收。
2. 横向平等:主张有相似支付能力的纳税人应该缴纳等量税收的思想。
3. 纵向平等:主张支付能力更强的纳税人应该缴纳更多税收的思想。
4. 受益原则:认为人们应该根据他们从政府服务中得到的收益来纳税的思想。
5. 支付能力原则:认为应该根据一个人可以承受的负担来对这个人征税的思想。

(二) 单项选择

1. C 2. A 3. A 4. C 5. D 6. D 7. D 8. B 9. C 10. D
11. D 12. B 13. C 14. A 15. D

(三) 判断正误

1. × 2. √ 3. × 4. × 5. √ 6. × 7. √ 8. × 9. √ 10. √

(四) 简答题

1.【考查要点】 税收的效率。
【参考答案】 有效率。与定额税相关的边际税率是零,因此定额税并不扭曲根据边际量做出的决策,从而没有引起无谓损失。它很少使用是因为它是累退的,不符合公平原则。

2.【考查要点】 税收归宿。
【参考答案】 不是。公司所得税向公司征收,但只有人在纳税。税收负担实际上在公司的股东、员工和顾客之间分摊。

3.【考查要点】 受益原则和支付能力原则的区别
【参考答案】 受益原则认为人们应根据他们从政府服务中得到的收益纳税。但是支付能力原则认为应根据一个人所能承受的负担来对这个人征税。后者强调纵向平等,因为纵向平等主张支付能力更强的纳税人应缴纳更多税收。

4.【考查要点】 税收的无谓损失。
【参考答案】 当税收激励不是根据物品与服务的真实成本与收益配置资源时,税收就会引起无谓损失。

5.【考查要点】 横向平等的概念。
【参考答案】 横向平等是指主张有相似支付能力的纳税人应该缴纳等量税收的思想。这一原则面临的问题是什么因素可以决定两个纳税人是相似的。纳税人在许多方面都有所不同,为了评价税收是不是横向平等,必须决定哪些差别与纳税人的支付能力是相关的,哪些是不相关的,这些相关关系的确定是复杂而困难的。它不仅涉及经济学问题,还涉及价值观问题,因此很难说确定的结果是否公平。

(五) 应用题

1.【考查要点】 平均税率与边际税率。

【参考答案】

收入(元)	缴纳的税收(元)	平均税率(%)	边际税率(%)
10 000	2 000	20	20
20 000	4 000	20	20
30 000	6 000	20	20
40 000	11 000	27.5	50
50 000	16 000	32	50

2.【考查要点】 平等与效率之间的权衡取舍。

【参考答案】 从效率方面看,对大米、黄油这类必需品免税是有效率的。这类物品的交易将不会受到税收的扭曲,没有无谓损失,社会总剩余可能达到最大化。从公平方面看,穷人对这类生活必需品的支出在他们的收入总额中所占的比重大于富人,对这类物品免税,穷人受益更多,因此这项政策是公平的。

3.【考查要点】 受益原则和支付能力原则。

【参考答案】 受益原则认为人们应该根据他们从政府服务中得到的收益来纳税。通常富人从公共服务中受益多,他们应该多纳税。支付能力原则认为应该根据一个人所能承受的负担来对这个人征税。显然,富人的财务承受能力强于穷人,富人应该多纳税。

(六) 拓展思考题

1.【考查要点】 各类税收制度的优点与不足。

【参考答案】 (1)你的朋友提出的是定额税。这是最有效率的税收,因为它的边际税率为零,因此它不扭曲激励,带来的管理负担最小。

(2)不支持。如果富人从警察和国防这类公共服务中得到的利益更多,那么,他们缴纳的税收也应该更多。

2.【考查要点】 受益原则与支付能力原则。

【参考答案】 (1)受益原则。谁到国家级自然景点观光的次数多,谁就多支付门票费用。(2)支付能力原则。财产多的人多交税,支持义务教育。(3)受益原则。谁乘飞机的次数多,谁就更多地享用了机场设施,谁就要多出钱来维修和改善这些设施。

第13章
生产成本

一、学习精要

(一) 教学目标

1. 理解总收益、总成本和利润之间的关系，掌握经济利润与会计利润之间的不同。
2. 领会生产函数的概念，掌握边际产量递减规律，学会从生产函数推导总成本曲线。
3. 掌握成本的各种衡量指标，包括固定成本与可变成本、平均固定成本与平均可变成本、平均成本与边际成本等。
4. 熟悉典型企业的成本曲线形状，掌握这些曲线之间的公共特征和内在联系。
5. 理解短期成本和长期成本之间的关系，掌握规模经济与规模不经济等基本概念。

(二) 内容提要

本章主要介绍生产成本及相关的各种成本曲线，第14—17章以这些成本曲线为基础，展开竞争市场、垄断市场、垄断竞争市场和寡头市场中企业行为的分析。

1. 什么是成本

(1) 总收益、总成本和利润。企业的目的是利润最大化，这是企业决策的依据。企业从销售其产品中得到的货币量称为总收益，即企业生产的产量乘以其出售价格。总成本相对比较复杂。经济学家眼中的企业生产成本是该企业生产其物品与服务的所有机会成本。企业的总收益减去总成本就是利润。

(2) 作为机会成本的成本。获取某种东西所需要支付的成本，就是为了得到该物品所放弃的东西，这种所放弃的东西的总和就是为了得到该物品所付出的机会成本。其中，需要企业支付货币的机会成本被称为显性成本，不需要企业支付货币的机会成本被称为隐性成本。企业经营的总成本是显性成本和隐性成本之和。

(3) 作为一种机会成本的资本成本。在企业的隐性成本中，已经投资于企业的金融资本的机会成本是非常重要的一项内容。在这一点上的讨论则进一步体现了经济学家与会计师对生产成本的衡量差异。

(4) 经济利润与会计利润。由于经济学家和会计师对生产成本的不同衡量，致使利润的得出也不一样。企业的总收益减去生产所销售物品与服务的总机会成本(显性的与隐性的)是经济学家衡量的企业的经济利润。企业的总收益仅仅减去企业的显性成本是会计师衡量的企业的会计利润。由此我们会发现，由于隐性成本被会计师忽略，通常情况下会计利润大于经济利润。

2. 生产与成本

(1) 生产函数。 生产一种物品的投入量与该物品产量之间的关系被称为生产函数。在生产过程中，每增加一单位投入所引起的产量增加叫作边际产量。对边际量的考虑是一个理性人理解企业决定雇用多少工人和生产多少产量的关键。若一种投入的边际产量随着投入量的增加而减少，那么这种特征被称为边际产量递减。边际产量递减也反映在生产函数中。生产函数的斜率体现为每增加一个单位的劳动投入时，企业产量的变动，即衡量一个工人的边际产量。随着工人数量的增加，工人的边际产量减少了，因此生产函数趋于平坦。

(2) 从生产函数到总成本曲线。 以横轴表示产量，纵轴表示总成本，对应的数据所形成的图形被称为总成本曲线。相比于生产函数，我们会发现两者就像是一枚硬币的两面。产量的增加会使总成本曲线越来越陡峭，同时，产量的增加却使生产函数越来越平坦。但导致这两种曲线不同走势的原因是同一个。

3. 成本的各种衡量指标

(1) 固定成本与可变成本。 从总成本的数据中，我们得出了几种相关的成本衡量指标。不随着产量变动而变动的成本称为固定成本。换句话说，企业在不生产的情况下也要发生的成本就是固定成本。与之相对应的，随着企业产量的变动而变动的成本称为可变成本。固定成本与可变成本之和就是企业的总成本。

(2) 平均成本与边际成本。 由总成本的基本组成可以推演出平均总成本是平均固定成本与平均可变成本之和。换言之，总成本除以产量被称为平均总成本，用数学表示即是：平均总成本 = 总成本/产量（$ATC = TC/Q$）。同理，固定成本除以产量就是平均固定成本；可变成本除以产量则是平均可变成本。平均总成本体现的是普通一单位产品的成本，我们可以从中理解总成本在所生产的所有单位中平均分摊。企业改变其生产水平所影响的总成本变动则用边际成本来解释。额外一单位产量所引起的总成本的增加称为边际成本。数学表达式为：边际成本 = 总成本变动量/产量变动量（$MC = \Delta TC/\Delta Q$）。从边际成本上我们能知道多生产一单位产量引起的总成本变动。

(3) 成本曲线及其形状。 企业的成本曲线大都具有如下三个特征：第一，随着产量增加，边际成本最终一定会上升。当产量已经相当高时，额外增加一个工人的边际产量很小，这也意味着额外增加一个产品的边际成本很大。第二，平均总成本曲线是 U 形的。由于固定成本被分摊到单位产品上，所以平均固定成本随着产量的增加而下降，平均可变成本一般随着产量的增加而增加。平均固定成本与平均可变成本之间的拉锯战使平均总成本曲线呈现为 U 形。第三，边际成本曲线与平均总成本曲线在平均总成本的最低点相交。U 形曲线底端对应的使平均总成本最小的产量被称为企业的有效规模。只要边际成本小于平均总成本，平均总成本就下降；只要边际成本大于平均总成本，平均总成本就上升。边际成本曲线与平均总成本曲线相交于有效规模点。

4. 短期成本与长期成本

(1) 短期与长期平均总成本之间的关系。 首先，总成本在固定成本和可变成本之间的划分取决于时间范围。其次，企业的很多决策在短期中是固定的，但放眼长期则是可变的，所以企业的长期成本曲线不同于其短期成本曲线。长期平均总成本曲线是比短期平均总成本曲线平坦得多的 U 形曲线。同时，所有短期成本曲线都在长期成本曲线上或以上。

(2) 规模经济与规模不经济。 长期平均总成本随产量增加而减少的特性是因为规模经济。长期平均总成本随产量增加而增加的特性是因为规模不经济。规模经济的产生是因为较高产量水平允许在工人中实现专业化,专业化可以使工人更精通于某一项工作。在生产水平低时,企业从扩大规模中获益正是因为更高程度的专业化可以让其获利,而且协调问题不尖锐。规模不经济的产生是由于任何一个大型组织都存在一定的协调问题。

5. 结论

企业的成本曲线是企业决策的依据,通过成本曲线就能发现企业是如何做出生产和定价决策的。

(三) 关键概念

1. 总收益:企业出售其产品所得到的货币量。
2. 总成本:企业用于生产的投入品的市场价值。
3. 利润:总收益减去总成本。
4. 显性成本:需要企业支出货币的投入成本。
5. 隐性成本:不需要企业支出货币的投入成本。
6. 经济利润:总收益减总成本,总成本包括显性成本与隐性成本。
7. 会计利润:总收益减总显性成本。
8. 生产函数:用于生产一种物品的投入量与该物品产量之间的关系。
9. 边际产量:增加一单位投入所引起的产量增加。
10. 边际产量递减:一种投入的边际产量随着投入量增加而减少的特征。
11. 固定成本:不随着产量变动而变动的成本。
12. 可变成本:随着产量变动而变动的成本。
13. 平均总成本:总成本除以产量。
14. 平均固定成本:固定成本除以产量。
15. 平均可变成本:可变成本除以产量。
16. 边际成本:额外一单位产量所引起的总成本的增加。
17. 有效规模:使平均总成本最小的产量。
18. 规模经济:长期平均总成本随产量增加而减少的特性。
19. 规模不经济:长期平均总成本随产量增加而增加的特性。
20. 规模收益不变:长期平均总成本在产量变动时保持不变的特性。

(四) 拓展提示

1. 显性成本和隐性成本之间的区别是经济学家与会计师在分析经营活动时的重要区别的一种体现。研究企业如何做出生产和定价决策是经济学家所关注的问题,决策的制定不仅仅需要考察显性成本,而且还需要考虑隐性成本,这两种成本都是经济学家衡量企业成本时所要考虑的。然而,对会计师而言,只有出现在账本上的流入或流出的货币才是他们要考虑的,这些货币对应的成本是显性成本。

2. 经济学家和会计师看待"利润"的角度不同,有时候在会计师看来盈利的项目在经济学家的眼中却可能不值得投资。例如,李某是某公司销售部经理,年薪10万元,存入银行可得利息 0.5 万元。现李某决定开一家便利超市,将自己所拥有的一间店面房作为超市营业用房,原店面房租收入 5 万元,还需要雇用 5 名员工。经营 1 年后,账目如下:总收入:25 万元;原材料成本:6 万元;雇员工资:3 万元;水电杂费:1 万元;总(显性)成本:10 万元;会计利润=总收入－总显性成本=25－10=15 万元。但是这一会计利润不能准确反映企业的经济状况,因为它忽略了隐性成本:李某提供了劳动力、金融资本和店面,发生了隐性成本(放弃的收入)。其中,放弃的薪金收入:10 万元;放弃的利息收入:0.5 万元;放弃的租金收入:5 万元;总隐性成本:15.5 万元;经济利润=会计利润－总隐性成本=15－15.5=－0.5 万元。可见在一个会计师看来有利可图的企业,在经济学家看来可能是无利可图。

3. 机会成本是指为了得到某种东西而所要放弃的另一些东西的最大价值;也可以理解为在面临多种选择方案的决策时,被舍弃的选项中的最高价值;从生产角度而言,还可以指企业把相同的生产要素投入其他行业当中可以获得的最高收益。在生活中,有些机会成本可用货币来衡量。例如,农民在获得更多土地时,如果选择养猪就不能选择养鸡,养猪的机会成本就是所放弃的养鸡的收益。但有些机会成本往往无法用货币衡量,例如是在图书馆看书学习还是享受电视剧带来的快乐之间的选择。利用机会成本概念进行经济分析的前提条件是:资源稀缺且有多种用途,资源可以自由流动并已经得到充分利用。

4. 边际产量递减和边际成本递增是一枚硬币的两面,这也说明了生产函数图形与总成本曲线的变化趋势为什么正好是相反的。更加接近现实的边际产量递减规律是,随着投入量的增加,一开始边际产量递增,但投入量增加到一定数量之后,再增加投入量,边际产量出现递减的特征。因为生产函数图形的斜率即为边际产量,又由于边际产量先增后减,因此符合更加接近现实的边际产量递减规律的生产函数图形应该是先陡峭后平坦。另外,由于边际产量先增后减,因此多生产一单位产量所需要增加的成本会先减小,之后越来越大,即边际成本先减后增。由于总成本曲线的斜率即为边际成本,因而总成本曲线一定是先平坦再陡峭。

5. 在短期,一部分生产要素如厂房、机器、借入资本等的投入量是固定的,不会随产量的变动而变动,这部分要素称为固定要素。购买固定要素的费用就是固定成本。固定成本按一定比例分摊记入成本。另一部分要素如劳动、原材料等的投入量随着产量的变动而变动,这部分要素称为可变要素。支付可变要素的费用就是可变成本。要素价格既定的条件下,在短期,固定成本不变,可变成本随着产量的变动而变动。

6. 长期平均成本曲线与短期平均成本曲线在最低点相切。由于规模经济或规模不经济的存在,长期平均成本曲线与短期平均成本曲线并不相切于短期平均成本曲线的最低点。可以明确的是:首先,长期平均成本不可能高于短期平均成本。其次,因为短期平均成本曲线最低点的切线一定是水平的,我们不妨认为长期平均成本曲线是由这一个个切点附近极短的切线段衔接而成,那么,衔接出来的结果只能是水平直线,也就是规模报酬不变时的情形。当规模报酬递增或规模报酬递减时,是无法形成长期平均成本曲线的。

二、新闻透视

（一）新闻透视 A

2018 年考研人数增长 37 万，往届考生增幅达 21.5%

2018 年全国硕士研究生招生考试初试今日开考，据教育部最新数据，2018 年考研报考人数再次出现新增长，达到 238 万，较 2017 年的 201 万考生增长 37 万，增幅达 18.4%。考研报考人数和增幅均创历史新高，这一变化的出现与中国经济文化软硬实力的提升密切相关，人们对高等学历的关注度与需求度在未来一段时间还会持续提升。与此同时，考研报考人数与招生计划之间的矛盾愈发明显。

随着中国经济文化软硬实力的提升，人们对高等学历的关注及需求在不断上升。自 2016 至 2018 年，考研报考人数连续 3 年上涨，且增幅逐年提高，其中，四川、云南、广西三省今年报考人数增幅分别达到 46%、29%、27%，居全国前列。同时，女生考取研究生的比例不断提高，从 2007 年的 48% 增长至 2016 年的 55%，女生逐渐上升成为研究生主流群体。

2018 届全国普通高校毕业生为 820 万人，较去年增长 25 万，再创新高。严峻的就业形势及经济文化软硬实力提升后对就业大势的影响，将促使"考研热"持续升温，而"提升学历、日后从事学术科研工作、更换专业"也是应届本科生选择考研的重要考虑因素。综合多维度考量，考研仍是高校毕业生的一大热门选择。

教育部数据显示，2018 年考研报名考生中，应届考生为 131 万人，比去年增加 18 万人，增幅为 15.9%；往届考生为 107 万人，比去年增加 19 万人，增幅达到 21.5%，比应届考生增幅高出近 6 个百分点。同时，全球化、互联网化的就业生态，促使学历渐渐成为优质就业和升职加薪的瓶颈，因此越来越多的在职人士需要求学"充电"。

另据北京市教育考试院研招数据显示，在报考北京招生单位的考生中，14.61 万人报考学术硕士（以下简称"学硕"），占 45.3%；17.67 万人报考专业硕士（以下简称"专硕"），占 54.7%，专硕考生比例连续 2 年超学硕。专硕学制短、培养目标侧重实践、就业预期较好，加之国家在高等教育政策方面的导向，促使专硕培养规模壮大及认可度提升。对于不少无意学术研究但又想提升就业竞争力和综合能力的同学来说，专硕无疑是高性价比之选。

考研背后动力何在？记者在武汉各个高校随机采访了 30 多名考研学子，发现本科生考研的原因各不相同，如考进名校提升就业竞争力；换感兴趣的专业，完成职业梦想；热爱学术研究，提升科研能力；自己想努力完成家人的期待；也有的是因为工作不好找，先读几年书边走边看。其中，绝大部分学生都提到了"就业压力"这一点。

资料来源：经济参考报，2017 年 12 月 23 日。

【关联理论】

获取某种东西是需要支付成本的，这个成本就是为了得到该物品所放弃的东西。这种所放弃的东西的总和就是为了得到该物品所支付的机会成本。在经济学中，机会成本是指当把一定的经济资源用于生产某种产品时放弃的另一些产品生产上最大的收益。机会成本的概念不仅在企业决策时需要考虑，而且在我们的日常生活中也有很广泛的应用。

【新闻评析】

机会成本是经济学原理中的一个重要概念,指的是当把一定的经济资源用于生产某种产品时所放弃的生产另一些产品的最大收益。在进行新投资项目的可行性研究或者新产品开发时,乃至在我们日常生活决策或人生抉择中,都存在机会成本问题。机会成本为正确合理的选择提供了逻辑严谨、论证有力的答案。在进行选择时,力求机会成本小一些,是经济活动最重要的准则之一。

毕业生对于到底是否选择考研,可以运用机会成本的概念来加以分析。从机会成本的角度来看,毕业生对于考研及读研的全部成本除了这个过程中的所有花费,还包括不读研而参加工作所带来的收入和所积累的工作经验以及可能获得的发展机会等。只要我们从经济学角度考虑这个问题,就会发现读研的全部成本比我们通常意义上理解的要大得多。

(二) 新闻透视 B

东南亚国家真的能够替代中国制造业吗?

受中美贸易战影响,近几个月来,关于一些公司将制造业从中国转移到东南亚从而规避美国关税的言论引起人们关注。事实是否如此? 中美贸易战给中国制造业带来的实际影响究竟有多大?

美国采购中介公司 Sourcify 的负责人内森·雷斯尼克告诉《环球时报》记者,近期有很多美国客户正在考虑或者已经把生产线转移到东南亚地区,一部分是因为中国的劳动力成本过高,另一部分则是因为美国对中国进口商品加征 25% 的关税,这会让从中国出口美国的产品变得更昂贵,而企业无法承担这些额外费用。这些转移生产线的公司都属于劳动密集型产业,主要集中在工业、消费品和农业领域。6 月 15 日,美国政府发布加征关税的商品清单,将对从中国进口的约 500 亿美元商品加征 25% 的关税,其中对约 340 亿美元商品自 2018 年 7 月 6 日起开始实施加征关税措施。

雷斯尼克表示,他此前和几十个位于广东、浙江和福建的工厂签订了代工合同,涉及生产首饰、服装、寝具和注入模型。现在他正在把代工地点转移到越南、柬埔寨、印度、泰国、菲律宾的工厂。"在越南,平均每个工人的工资是中国的 1/3。所以,中国劳动力成本上涨是生产线外移的主要原因,而中美贸易战则加速了这一趋势",雷斯尼克说道。

近期还有一些国内外大型企业正在把工厂从中国迁往其他地区。据《南华早报》报道,总部位于中国香港的嘉里物流已经把生产线从中国内地转向马来西亚。美国《福布斯》杂志报道称,美国玩具制造商孩之宝首席执行官布莱恩·戈德纳 7 月表示,由于担心可能产生的关税费用,孩之宝未来会把更多工厂转移出中国,并且"不断在全球范围内扩展第三方工厂"。该公司网站上的消息显示,目前其大部分第三方供应商和工厂都在中国。

《南华早报》引述香港青年工业家协会执行委员会会长陈婉珊的话称,近年来,不少制造商都在讨论把生产线从中国转移出去,但很少有实际行动。而中美不断升级的贸易摩擦更像一个催化剂,让不少生产商开始考虑在越南或马来西亚建第二个工厂。报道称,近几个月来,询问越南地产的客户正在急速攀升。地产咨询公司 Ashton Hawks 的一位主管表示,中美贸易战后,越南的房地产生意变得更好了。

不过,雷斯尼克强调"在中国,产业链非常完备。比如你要在广州做服饰,可以到中大瑞纺布匹市场去买原材料,通过顺丰快递在 48 小时之内就把原材料送到工厂进行样本生产,然后批量加工。这已成为标准化操作,非常高效。"他说:"现在已经把产业链转移到东南亚的美国公司,虽然享受到便宜的劳动力成本,但很多公司还是要从中国进口原材料,然后在当地加工,这对于它们的供应链来说是个负担。"雷斯尼克补充道:"在中国,厂家可以从任何地方发货,很快就能出口到美国。而在东南亚国家如越南,到美国的货运路线只有几条,且花费时间更长。"

  飞象网 CEO 项立刚对《环球时报》表示,虽然东南亚的人工成本平均是中国的1/5,但"绝不可能"所有工厂因为美国加税就都转移到东南亚。在有一定技术要求的行业,如空气净化器,代工厂既要有生产能力,能保证大批量、有质量地出货,还要有一定的资金能力事先垫付生产。同时,代工厂所在城市需要有配套,也就是大量相关产业的上下游供应商,还要有强大的基础设施支持,即从供电、交通到通信,都能保证产品快速运出去,及时交货,赶上市场热点,减少资金占压。项立刚说:"这种产业链是一个复杂庞大的体系,它的形成至少需要20年,还要有稳定的政治和充足的人才做基础。东南亚国家现在并不具备这样的能力,如果都在东南亚生产,很多行业因此增加的负担费用肯定会超过美国征收的25%的关税。"

  资料来源:东南亚国家真的能够替代中国制造业吗? 网易号.(2018-8-6)[2020-6-5]. https://dy.163.com/article/DOI26RIG0525NLAD.html.

【关联理论】

  评价一个企业的投资决策是否最优,需要对显性成本和隐性成本进行多方位的全面考核。企业的生产成本中包括该企业生产其物品与服务的所有机会成本,一些企业生产的机会成本显而易见,我们把它叫作显性成本;也有一些企业生产的机会成本不明显,我们把它叫作隐性成本。

【新闻评析】

  企业的目标是实现利润最大化。而利润=总收益-总成本。其中,企业从销售其产品中得到的货币量称为总收益,企业为购买投入品所支付的货币量称为总成本。相对总收益而言,总成本的衡量与计算较为复杂。经济学家认为企业的生产成本包括生产其产出的所有机会成本,既包含显性成本,又包括隐性成本。

  显性成本是指厂商在生产要素市场上购买或租用所需要的生产要素的实际支出,即企业支付给企业以外的经济资源所有者的货币额,例如支付的生产费用、工资费用、市场营销费用等,它们是有形的成本。一些直观的显性成本能直接体现在财务账本上,很容易引导企业的投资决策。而隐性成本是厂商自己所拥有的且被用于企业生产过程的那些生产要素的总价格,是一种隐藏于企业总成本之中、游离于财务审计监督之外的成本。因而相对于显性成本来说,隐性成本不仅隐蔽性大,而且难以避免且不易量化。

  但是评价一个企业的投资决策是否最优,需要对显性成本和隐性成本进行多方位的全面考核。正如上述材料中提到的服饰企业的服装生产线,若搬到东南亚,因为东南亚国家具有成本优势,所以在劳动力成本上会得到一定的改善,但是部分东南亚国家在供应链上不成熟,不可避免地会产生将原材料和半成品从中国运输到这些国家的额外交通成本,并且因此会带来安全性和稳定性上的不确定,也会导致额外的成本开销。而中国虽然劳动力成本上升,但是中国不仅在供应链和基础设施上具有很大优势,而且经济社会稳定,是很多东南亚工厂无法比拟的。因此,关于企业生产地点转移等重大抉择必须全面考虑和衡量所有相关成本因素,否则就可能得出错误的结果。

(三) 新闻透视 C

新闻片段 1：揭秘亚马逊股价繁荣的背后：关注经济利润

据美国《财富》杂志 12 月 24 日报道，当下媒体中所盛行的股市故事便是"亚马逊的股价之谜"。亚马逊的股价不断创下历史新高，但美国的《纽约时报》《大西洋月刊》《石板》杂志和彭博等指出，亚马逊并没有取得可观的收入，并且在第三季度中惨遭亏损，但是与此同时，亚马逊股价却突破 400 美元再创新高。

虽然亚马逊的每股收益近三年一直在下降，但这对投资者而言并不是最重要的。研究表明，投资者最关心的是经济利润，但这一项却并不包含在财务报告中。经济利润考虑了一个企业所需要的所有资本成本，投资者希望看到有增长潜力的经济利润，只把每股收益视为注脚。而自 2000 年以来，亚马逊的经济利润就一直增长良好。

会计规则要求，花在研发和广告上的钱必须完全从利润中扣除，而企业人都知道，这样的支出是真正的投资，并且将在投资过程中得到回报。所以在计算经济利润时，研发和广告花销被视为资本支出，并分别在五年和三年中摊销。

亚马逊的 CEO 杰夫·贝索斯在过去五年中将用于研发和广告的资金涨了六倍，在会计规则下，这些大量的支出会严重减少每股收益，但在经济利润中却影响很小，正如 EVA Dimensions 创始人贝内特·斯图尔特的解释，亚马逊正在"加速无形资产投资以及自营能力和品牌实力，以提升其长期价值"。

新闻片段 2：众谈种猪企业的成本控制

2014 年 3 月 25 日，首届中国种猪营销峰会暨"金猪奖"颁奖典礼在长沙召开，峰会主题为种猪营销"微时代"破局与创新。在下午进行的互动论坛上，台湾福昌集团董事长杨正宏、广西柯新源集团总裁杨厚德、正邦集团农牧产业集团副总裁兼加美公司总经理马新民、佳和农牧有限公司总经理李朝阳、上海祥欣畜禽有限公司总经理韩雪峻、美国谢福种猪基因总裁克莱德·谢福等国内外多家核心育种企业负责人在论坛上围绕"种猪企业的成本"话题，进行了深入探讨。

低迷行情下种猪企业更应做好售后服务

当前养猪行情低迷，种猪企业也不免受到影响。说到应对措施，杨厚德认为，应该把更多精力放到售后服务这一块来，帮助客户提高生产指标，降低生产成本。杨厚德说："在低迷行情下，种猪的需求也在大规模下降，很多商品猪场购买种猪的计划已经全部或部分取消，在这种情况下，种猪企业的应对措施，也就是在销售这一块尽量少投入一点。目前在柯新源，一个销售人员一年的开支在 50 万元到 80 万元之间，应对行情低迷的情况，我们只有做到少投入。如果把大量的人力、精力、物力投入种猪市场上面，对种猪企业来说，可以说是雪上加霜。现在，我们业务人员的主要精力还是放在售后服务这一块，帮助引种企业解决生产方面的困难，另外，服务以前的客户也很重要。"

种猪企业要注重优化人力资源成本

很多业内人士认为，种猪企业对人力资源成本控制没有足够重视，致使企业人力资源成本长期居高不下，严重影响了企业的经济效益。对此，参与论坛的嘉宾也深有感触。李朝阳在谈到种猪企业人力资源成本的控制上首先说道:"人力资源成本的问题是个老大难问题,第一是人难招,第二是人力资源的价格也越来越高,所以我们谈到用有限的人力资源成本去发挥更大的效益。在人力资源成本的优化上,团队的建设非常重要,首先是要选择合适的员工,否则会造成人力资源成本的浪费;其次要重视员工的培训,如技能的培训、企业文化的培训,否则团队就会失去战斗力;再次是薪酬设计要科学,考核机制要发挥作用。"

注重数据管理在成本控制中的重要性

谈到企业成本控制,绝大部分种猪企业都会想到采取强化内部管理降低成本的办法,因而数据化精益管理的优势就凸显出来。国外的种猪企业在这方面已经远远走在中国前面,那么他们到底精细化到哪个地步了呢？克莱德·谢福首先说道:"在美国,数据的记录在生猪饲养过程中非常重要,早在20世纪80年代,美国就开始记录种猪的各种数据。数据的记录对种猪场的生产选择至关重要,比如说,在育肥车间,一头种猪的数据记录可以告诉饲养员一头猪大概吃多少,能长多快,由此饲养员可以通过这些数据来进行饲养。另外,通过数据可以知道种猪喂养的饲料消耗量是多还是少,并且能够找到问题的症结。"

【关联理论】

企业的总收益减去生产所销售物品与服务的总成本(显性的与隐性的)是经济利润,企业的总收益仅仅减去企业的显性成本是会计利润,两者之间的联系与区别常常是影响企业制定未来策略的重要原因。经济学家眼中的经济利润常常低于会计师眼里的会计利润,但也可能出现例外。成本控制是企业根据一定时期预先建立的成本管理目标,由成本控制主体在其职权范围内,在生产耗费发生以前和成本控制过程中,对各种影响成本的因素和条件采取一系列预防和调节措施,以保证成本管理目标实现的管理行为。成本控制是企业实现利润最大化的重要环节。

【新闻评析】

在分析企业经营决策时,经济利润是一个非常重要的因素。因为经济利润是企业供给物品与服务的动机。要使企业继续经营即企业有利可图,经济利润需为正或者至少为零。非负的经济利润则说明该企业的总收益弥补了全部机会成本,这个成本包括显性成本和隐性成本。相反,若企业的经济利润为负,企业就出现了经济亏损,如果没有改变相关条件,该企业最后就只有倒闭退出该行业的结局。

经济利润,而不是会计利润,是企业供给物品与服务的动机,衡量一个企业是否值得投资的最重要因素是经济利润的多少。正是由于对隐性成本的忽略,会计利润往往高于经济利润。在新闻片段1中,亚马逊看似直接投入了很多货币,使得财务报表不是很漂亮,但这些为长远目标投入的成本在未来带来的价值却将会远远大于眼前的利益损失。也就是说,在总收益中把企业的生产成本以及花在研发和广告上的费用全部当作显性成本一次性完全扣除之后,亚马逊的会计利润数据可能并不理想,但是如果把研发和广告花销视为资本支出,并分别在五年和三年中摊销,最终算得的经济利润数据可能反而比会计利润高,但这一项却并不包含在财务报告中。考虑到亚马逊的经济利润有增长潜力,投资者不那么重视每股收益也就不难理解了。

在企业实现利润最大化的过程中,成本控制处于极其重要的地位。成本控制的过程是运用系统工程的原理对企业在生产经营过程中发生的各种耗费进行计算、调节和监督的过程,也是一个发现薄弱环节、挖掘内部潜力、寻找一切可能降低成本途径的过程。科学地组织实施成本控制,可以帮助企业改善经营管理,转变经营机制,全面提高企业素质,使企业在市场竞争的环境下生存、发展和壮大。控制成本是每一个企业都要考虑的问题,在新闻片段2中,低迷行情下种猪企业通过改善售后服务,注重优化人力成本及营销成本,改良人力资源薪酬制度,使得劳动力成本发挥了尽可能大的作用,此外注重数据管理在成本控制中的重要性可以增加企业附加值,从而为企业实现利润最大化目标服务。

三、案例研究

(一) 案例研究 A

王永庆的成功之路——规模经济

台塑集团老板王永庆被称为"主宰台湾的第一大企业家""华人经营之神"。王永庆不爱读书,小学时的成绩总在最后10名之内,但他吃苦耐劳、勤于思考,终于成就了一番事业。王永庆大概也没有读过什么经济学著作,但他的成功之路却符合经济学原理。

王永庆的事业是从台塑生产塑胶粉粒PVC开始的,当时每月仅产100吨。王永庆知道,要降低PVC的成本只有扩大产量,所以扩大产量、降低成本,是成功打入世界市场的关键。于是,他冒着产品积压的风险,把产量扩大到1 200吨,最终以低价格迅速占领了世界市场。王永庆的成功正在于他敢于扩大产量,当时台塑产量低是受台湾市场需求有限制约的。王永庆敏锐地发现,这实际陷入了一种恶性循环:产量越低成本越高。打破这个循环的关键就是提高产量,降低成本。当产量扩大到月产1 200吨时,可以用当时最先进的设备与技术,成本大幅度下降,就有了进入世界市场、以低价格与其他企业竞争的能力。

近年来,全世界掀起一股企业合并之风。企业合并往往就是为了扩大规模,实现最适规模。合并之风最强劲的是汽车、化工、电子、电信这些产量越多、收益增加越多的行业。世界500强企业也以这些行业居多。对这些行业的企业而言,"大的就是好的"。但千万别忘了《红楼梦》中王熙凤的一句话:"大有大的难处。"一个企业大固然有许多好处,但也会引起一些问题。这主要是指随着企业规模扩大,管理效率下降,管理成本增加。一个大企业也像政府机构一样会滋生官僚主义。同时,企业规模大也会缺乏灵活性,难以适应千变万化的市场。所以,"大的就是好的"并不适用于一切企业。当企业规模过大引起成本增加、效益递减时就存在内在不经济,发生规模收益递减。对那些大才好的企业来说,要特别注意企业规模大引起的种种问题,王永庆在扩大企业规模和产量的同时,注意降低建厂成本、生产成本和营销成本,并精减人员,提高管理效率,这对他的成功也很重要。对那些未必一定要大的轻工、服务类行业的企业来说,"小的也是美好的"。船小好调头,在这些设备、技术重要性较低,而适应市场能力较强的企业中,应不盲目追求规模。甚至有些大企业也因管理效率低而拆分,美国IBM公司就曾一分为三。

王永庆不爱读书而成功并不是普遍规律。对更多的企业家来说,读一点经济学,按经济规律办事还是可以事半功倍的。所以,王永庆让他儿子到美国学习。

资料来源:梁小民,微观经济学纵横谈,三联书店,2000年。

【关联理论】

长期平均总成本随着产量增加而减少的特性是因为规模经济。在产量水平低的时候,企业往往有规模经济。长期平均总成本随产量增加而增加的特性是规模不经济。在产量水平高的时候,企业往往有规模不经济。长期平均总成本随产量增加而保持不变的特征是规模收益不变。

【案例解析】

王永庆扩大产量、降低成本的做法正好符合经济学中的规模经济原理。规模经济旨在说明各种生产要素增加,即生产规模扩大对产量或收益的影响。当生产规模扩大的比率小于产量或收益增加的比率时,就是规模收益递增。当生产规模扩大的比率大于产量或收益增加的比率时,就是规模收益递减。当这两种比率相等时,则是规模收益不变。

企业生产规模变动对产量或收益的正面影响可以用规模经济理论加以解释。规模经济实质上可以看作一个企业规模扩大时由自身内部引起的效率提高或成本下降。这种效率的提高主要来自三个方面。第一,可以利用更先进的专业化设备,实现更精细的分工,提高管理效率,从而使每单位产品的平均成本下降。特别应该强调的是,许多大型专用设备只有在达到一定产量水平时才能使用,而这些设备的使用会使平均成本大幅度下降。或者说,只有在达到一定产量水平时,平均成本才能最低。第二,规模大的企业有力量进行技术创新,而技术创新是提高效率、降低成本的重要途径。第三,大批量销售不仅在市场上具有垄断力量,足以同对手抗衡,而且降低了销售成本。王永庆的成功正在于他敢于扩大产量,实现规模收益递增。当一个企业的产量使得平均成本最低时,企业就充分利用了规模收益递增的优势,或者说实现了最适规模。应该说,不同行业中最适规模的大小是不同的。一般而言,重工业、石化、电力、汽车等行业的最适规模都很大。这是因为在这些行业中所用设备先进、复杂,最初投资大,技术创新和市场垄断程度都特别重要。王永庆经营的化工行业正属于这种最适规模大的行业,所以规模的扩大带来了收益递增。

但是企业在发展的时候也不要一味贪大,因为"大有大的难处",大企业或许会导致规模不经济。根据经济学原理,当企业产量水平低时有规模经济,产量处于中等水平时规模收益不变,在产量水平高时有规模不经济。规模经济的产生是因为较高的产量水平允许在工人中实现专业化,而专业化可以使工人更精通某一项工作从而提高效率。规模不经济的产生则是由于任何一个大型组织中都可能存在协调问题,这主要是因为随着企业规模扩大,管理效率下降,管理成本增加。同时,企业规模大也会使企业缺乏灵活性,难以适应千变万化的市场。所以,"大的就是好的"并不适用于一切企业,这是企业在发展过程中尤其要注意的地方。其实企业并不应一味求大或求小,而是应以效益为标准。那种盲目合并企业,以追求进500强的做法往往事与愿违,绑在一起的小舢板绝不是航空母舰。王永庆的成功不在于台塑大,而在于台塑实现了规模收益递增的最优规模。

(二) 案例研究 B

自制还是外购?

宏泰公司是一家生产家电的企业,在零件自制还是外购决策中碰到一个权衡取舍的问题。该企业每年需用 A 部件 8 000 只,它既可以利用一台闲置的设备自制,自制时发生边际生产成本,每只90元;也可以外购,外购该零件每只进价100元,但外购时可将此闲置设备出租,每年租金10万元,请问宏泰公司是自制还是外购合算?

【关联理论】

选取某方案的机会成本是被放弃方案可以带来的收益。在决策中,比较两个方案的总成本大小,当某方案的总成本(包括机会成本在内)大于另一方案的总成本时,则该方案较差而另一方案较优。

【案例解析】

本案例的决策方法是比较两个方案的总成本大小,总成本小者为优。如果采用自制方案,除了发生边际生产成本,还由于闲置设备的使用,失去了将其出租的可能。如果采用外购,则可以将此闲置设备出租,获取每年10万元租金,因此设备租金是自制方案的机会成本。可列式计算两个方案的总成本。

自制方案总成本:

    边际生产成本: 8 000×90=720 000元

    机会成本: 100 000元

    合计总成本: 820 000元

外购方案总成本:8 000×100=800 000元

由于外购方案总成本低于自制方案总成本,因此外购更合算。

(三) 案例研究 C

马尔萨斯与边际报酬递减规律

经济学家马尔萨斯在其《人口论》中得出了一个著名论断:随着人口的膨胀,越来越多的劳动耕种土地,地球上有限的土地将无法提供足够的食物,最终劳动的边际产出与平均产出下降,但又有更多的人需要食物,因而会产生大的饥荒。马尔萨斯的一个主要依据便是边际报酬递减定律。

在马尔萨斯看来,世界人口增加比例会大于食物供给增加比例。除非能够说服人们少要孩子——马尔萨斯并不相信人口可以由此得到控制——否则饥荒将在所难免。根据他的分析,在土地供给数量和人口增加的条件下,每个额外生产者耕作的土地数量不断减少,他们所能提供的额外产出会下降;这样虽然食物总产出会不断增加,但是新增农民的边际产量会下降,因而社会范围内人均产量也会下降。

幸运的是,历史证明马尔萨斯的悲观预言并没有成为现实。20世纪以来科学技术在农业生产领域的广泛应用,极大地改变了许多国家(包括发展中国家,如印度)的食物生产方式,劳动的平均产出因而上升。这些进步包括高产抗病的良种、更高效的化肥、更先进的收割机械,等等。在第二次世界大战结束后,世界上总的食物生产的增幅总是或多或少地高于同期人口的增长。粮食产量增长的源泉之一是农用土地的增加,但这并不是粮食产量增长的最大动力。例如,1961—1975年,非洲农业用地所占的百分比从32%上升至33.3%,拉丁美洲则从19.6%上升至22.4%,在远东地区,该比值则从21.9%上升至22.6%。但与此同时,北美的农业用地则从 26.1% 降至 25.5%，西欧由 46.3% 降至 43.7%。显然，粮食产量的增加更大程度上是由于农业技术的改进，而不是农业耕种土地面积的增加。

资料来源：卢锋，经济学原理（中国版），北京大学出版社，2002 年。

【关联理论】

经济生活中投入与产出之间存在一个重要规律：边际收益递减规律。这一规律表明，给定技术水平和其他投入不变的条件，某一投入不断增加所带来的边际产量最终会越来越小。边际收益递减规律发生作用的一个重要原因是不同投入对产量发生影响在客观上依赖于它们之间的互补性关系。

【案例解析】

在马尔萨斯生活的时代，工业化进步尚未能提供成熟的可以替代耕地的农业技术，如果该技术成为可能，就能够大幅度提高耕地亩产，克服人多地少、食物生产边际收益递减带来的困难。从实证分析角度看，马尔萨斯的理论建立在边际收益递减规律基础之上，对于观察工业化特定阶段的经济运行矛盾具有历史认识价值。换言之，如果没有现代农业技术的出现和推广，如果没有外部输入食物或向外部输出人口的可能性，英国等欧洲一些国家的工业化确实会面临马尔萨斯陷阱所描述的困难。马尔萨斯观察暗含了农业技术不变与人均占有耕地面积下降这两个假设条件。如果实际历史和社会经济状况满足或接近这两个条件，马尔萨斯陷阱作为一个条件预测是有效的。例如，马尔萨斯陷阱对于认识中国经济史上的某些现象具有分析意义。在我国几千年的传统农业历史中，农业技术不断改进，但没有突破性进步；在没有战乱和大范围饥荒的正常时期，人口长期增长率远远高于耕地面积增加速度。由于越来越多的人口不得不在越来越小的人均耕地面积上劳作，劳动生产率和人均粮食产量难免下降。农业的边际收益递减规律作用，加上其他一些因素（如制度因素导致的分配不平等、外族入侵等）影响，可能是我国几千年传统农业社会周期振荡的重要原因。

然而，马尔萨斯陷阱作为一个无条件预测是错误的。近现代世界经济史告诉我们，过去 200 多年间，农业科学技术不断取得革命性突破，与马尔萨斯生活的时代相比发生了根本性变化，与他暗含的假设条件完全不同。化肥、机械、电力和其他能源、生物技术等现代技术和要素投入，极大地提高了农业劳动生产率，使农业和食品的增长率显著超过人口增长。从历史事实看，马尔萨斯理论是对边际收益规律的不适当运用。如果说马尔萨斯当年的分析还有某种历史认识价值，那么形形色色的现代马尔萨斯预言则完全是错误的。

理解边际收益递减规律这一经济学规律应注意以下三点：第一，如同自然科学规律一样，边际收益递减规律具有普遍适用的一般性，其作用独立于不同社会制度、价值标准和意识形态。无论是什么经济制度，在其他投入不变时持续增加某种投入，终究会出现边际收益递减的结果。第二，边际收益递减规律表述中包含了"技术水平"不变的限制条件。从长期看，技术进步能够改变生产函数，使得同样的劳动投入带来更多产出。从历史经验看，近现代农业科技进步大大提高了农业劳动边际产量。由于从长期看技术进步具有加速性质，因而农业劳动投入在长期内可能带来不断增加的边际产出。然而劳动随着技术进步在大跨度历史时期带来不断上升的边际产量，与短期内边际收益递减规律相互作用，二者并不矛盾。边际收益递减规律是指在给定技术条件下个单位投入要素增加发生边际收益递减，因而往往是指短期时间范围内发生的现象，而技术进步通常只有在长期才能发生作用。第三，这一规律表述有"最终"二字。也就是说，某一种投入的边际收益并非自始至终递减，它可能在一定范围内呈现增加趋势。为什么会发生边际收益递增？一个原因是边干边学提高了效率。例如，随着工作时间增加，工人对于某种工作任务变得更加熟悉，由于熟能生巧，或者由于改进了操作方式，劳动边际产量上升。另一种可能原因是某种投入数量增加导致投入方式或结构改变。例如，工人进行挖沟作业，当资本投入增加到一定规模时，可以利用挖土机作业，资本边际生产能力有可能得到提高。然而，边际收益递增趋势或迟或早会到达一个数量临界点，此后边际收益会递减。

四、课外习题

（一）术语解释

1. 利润
2. 显性成本
3. 边际产量
4. 可变成本
5. 规模经济

（二）单项选择

1. 假如厂商生产的产量从 1 000 单位增加到 1 002 单位，总成本从 2 000 美元上升到 2 020 美元，那么它的边际成本等于(　　)。
   A. 10 美元　　　　B. 20 美元　　　　C. 2 020 美元　　　　D. 2 美元
2. 下面哪一项是正确的？(　　)
   A. 当边际成本大于平均成本时，平均成本下降
   B. 当边际成本小于平均成本时，平均成本上升
   C. 当平均成本最大时，边际成本等于平均成本
   D. 当平均成本最低时，边际成本等于平均成本
3. 如果连续地增加某种生产要素，在总产量达到最大时，边际产量曲线(　　)。
   A. 与纵轴相交　　　　　　　　B. 经过原点
   C. 与平均产量曲线相交　　　　D. 与横轴相交
4. 一个农场雇用工人的工作时间从 7 000 小时增加到 8 000 小时，小麦产量从 140 000 蒲式耳增加到 155 000 蒲式耳，则额外一小时的边际产量是(　　)。
   A. 5　　　　B. 10　　　　C. 15　　　　D. 20
5. 微观经济学中短期与长期的划分取决于(　　)。
   A. 时间长短　　　　　　　　B. 企业可否调整生产规模
   C. 企业可否调整产量　　　　D. 企业可否调整产品价格
6. 下图是一个厂商的长期平均成本曲线，假设要素同比例变化，BC 段表示(　　)。
   A. 规模经济　　　　　　　　B. 规模收益不变
   C. 规模不经济　　　　　　　D. 无法确定
7. 随着产量的增加，短期平均固定成本(　　)。
   A. 增加　　　　B. 不变　　　　C. 减少　　　　D. 不能确定

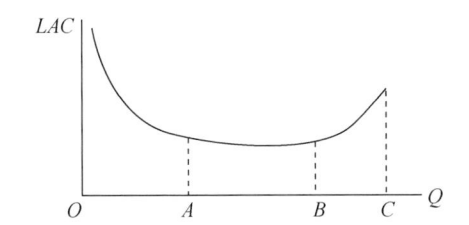

8. 下列说法中正确的是( )。
   A. 只要总产量增加,边际产量一定增加
   B. 只要边际产量减少,总产量一定减少
   C. 边际产量曲线必定交于平均产量曲线的最高点
   D. 只要边际产量减少,平均产量也一定减少
9. 当其他生产要素不变,而一种生产要素连续增加时,( )。
   A. 总产量会一直增加   B. 总产量会一直减少
   C. 边际产量会一直增加   D. 边际产量会有一最大值
10. 某厂商每年从企业的总收入中取出一部分作为自己管理企业的报酬,这部分报酬属于( )。
    A. 显性成本   B. 隐性成本   C. 经济利润   D. 正常利润
11. 企业购买生产要素所引起的成本为( )。
    A. 显性成本   B. 隐性成本   C. 固定成本   D. 机会成本
12. 边际成本曲线达到最低时( )。
    A. 边际产量最大   B. 平均可变成本最小
    C. 总成本最大   D. 平均成本最小
13. 短期内,在每一产量上的边际成本值应该( )。
    A. 是该产量上的总可变成本曲线的斜率,但不是该产量上的总成本曲线斜率
    B. 是该产量上的总成本曲线的斜率,但不是该产量上的总可变成本曲线斜率
    C. 既是该产量上的总成本曲线的斜率,又是该产量上的总可变成本曲线斜率
    D. 以上都不对
14. 对经营者而言,( )投入最有可能是一个企业的固定成本。
    A. 电费   B. 材料费   C. 办公设备   D. 工资支付
15. 当雇用第七个工人时,每周产量从 100 单位增加到 110 单位,当雇用第八个工人时,每周产量从 110 单位增加到 118 单位,这种情况是( )。
    A. 边际产量递减   B. 边际成本递减
    C. 规模收益递减   D. 边际效用递减

(三) 判断正误

1. 总收益等于企业出售其物品所得到的货币值。( )
2. 支付给工人的工资是生产的隐性成本的例子。( )
3. 如果总收益是 100 美元,显性成本是 50 美元,隐性成本是 30 美元,那么会计利润等于 50 美元。( )
4. 如果有隐性成本,会计利润将大于经济利润。( )

5. 当一个生产函数变得平坦时,边际产量增加。(   )

6. 如果一个企业在同等规模的工厂内雇用更多工人,它最终会经历边际产量递减。(   )

7. 如果一个企业的生产函数表现出边际产量递减,相应的企业总成本曲线将随产量扩大而变得平坦。(   )

8. 固定成本加可变成本等于总成本。(   )

9. 平均总成本是总成本除以边际成本。(   )

10. 当边际成本低于平均总成本时,平均总成本必定下降。(   )

(四) 简答题

1. 经济利润与会计利润的区别是什么?
2. 请解释生产函数和总成本曲线之间的关系。
3. 企业管理人员的薪水是固定成本还是可变成本?为什么?
4. 在典型的企业中,边际成本曲线的形状是什么样的?
5. 一个企业在规模收益不变的区域运营。如果企业扩大生产,短期中平均总成本会发生什么变动?为什么?长期中平均总成本会发生什么变动?为什么?

(五) 应用题

1. 假定某企业的短期成本函数是 $TC(Q) = Q^3 - 10Q^2 + 17Q + 66$。

(1) 请指出该短期成本函数中的可变成本部分和固定成本部分。

(2) 请写出下列相应的成本函数:$TVC(Q)$、$AC(Q)$、$AVC(Q)$、$AFC(Q)$ 和 $MC(Q)$。

2. 假设生产某产品的边际成本是 $MC = 3Q^2 - 8Q + 100$,若生产 5 单位产品时总成本是 595,求总成本函数、平均成本函数、可变成本函数以及平均可变成本函数,并作图表示典型的总成本曲线、平均成本曲线、平均可变成本曲线、边际成本曲线之间的关系。

3. 营业性渔民注意到了下列钓鱼时间与钓鱼量之间的关系:

小时	总产量(磅)
0	0
1	10
2	18
3	24
4	28
5	30

(1) 用于钓鱼的每小时的边际产量是多少?

(2) 用这些数据画出渔民的生产函数。请解释其形状。

(3) 渔民的固定成本为 10 美元(钓鱼竿),他每小时时间的机会成本是 5 美元。请画出渔民的总成本曲线并解释它的形状。

4. 请根据下表中某企业的既定成本数据推算其他数据。

Q	FC	VC	TC	AFC	AVC	AC	MC
0		0					
1		10					
2	6	18					
3		24					
4		28					
5		34					
6		42					
7		52					
8		67					

(六) 拓展思考题

1. (1) 假设你自己拥有并经营一家企业。如果利率上升,并且另一个企业向你提供一份收入是你认为自己在劳动市场上价值三倍的工作。你的会计利润会发生什么变化？你的经济利润会发生什么变化？你更可能还是更不可能继续经营你的企业？

(2) 当一个小企业扩大其经营规模时,为什么它首先经历规模收益递增？当同一个企业增长到一定阶段之后,为什么经营规模的继续扩大会引起规模收益递减？

2. 请结合以下两个案例,回答两个问题。

案例1:在土地上施肥量越多越好吗？

早在1771年英国农学家阿瑟·杨格就用在若干相同的地块上施以不同量肥料的实验,证明了肥料施用量与产量增加之间存在着边际产量递减的关系。这不是偶然的现象而是经验性规律。假如农民在一亩土地上撒一把化肥能增产1公斤,撒两把化肥能增产3公斤,但之后从某一时刻开始,一把一把化肥的增产效果会越来越差,过的施肥量甚至导致土壤板结,粮食减产。

边际产量递减规律是从社会生产实践和科学实验中总结出来的,在现实生活的绝大多数生产过程中都是适用的。如果是边际产量递增,那么全世界有一亩土地就能养活全世界所有的人,那才是不可思议的。

案例2:中国人养活自己靠农业技术进步

边际产量递减规律早在18世纪就由经济学家提出。有人把这一规律应用到农业领域却描述出一幅人类前景悲惨的画面来：因为耕地等自然资源毕竟是有限的,要增产粮食最终只能依靠劳动力的增加,但边际产量递减规律表明,劳动力投入带来的边际粮食产量递减,于是人口不断增长的必然结果是,人类越来越不能养活自己。无独有偶,1994年,一位叫莱斯特·布朗的人重复类似悲观的预言,发表了一本题为《谁来养活中国》的小册子,宣称人口众多的中国将面临粮食短缺,进而引发全球粮价猛涨的危机。杞人忧天的布朗大概不知道袁隆平的名字,他利用科学技术发明了杂交水稻,使每亩单产达到了405公斤。中国有出色的农业科学家,中国人养活自己靠农业技术进步。布朗先生实在是用错了边际产量递减规律。要记住边际产量递减规律成立是有条件的。

著名经济学家克拉克曾指出:"知识是唯一不遵守收益递减规律的工具。"如美国微软公司为开发第一套视窗软件投入了5 000万美元,其额外生产上千万套只需复制即可,成本几乎可以不计,但仍能以与第一套同样的价格发行,这样,在新经济部门,就出现了不同于传统产业部门的"边际效益递增"的情况。

讨论题:(1) 比较接近现实的边际产量递减规律是什么?请结合案例1进行阐述。
(2) 边际产量递减规律有其适用条件吗?请结合案例2加以说明。

五、习题答案

(一) 术语解释

1. 利润:总收益减去总成本。
2. 显性成本:需要企业支出货币的投入成本。
3. 边际产量:增加一单位投入所引起的产量增加。
4. 可变成本:随着产量变动而变动的成本。
5. 规模经济:长期平均总成本随产量增加而减少的特性。

(二) 单项选择

1. A   2. D   3. D   4. C   5. B   6. C   7. C   8. C   9. D   10. A
11. A   12. A   13. C   14. C   15. A

(三) 判断正误

1. √   2. ×   3. √   4. √   5. ×   6. √   7. ×   8. √   9. ×   10. √

(四) 简答题

1.【考查要点】 经济利润与会计利润的理解。
【参考答案】 经济利润是总收益减显性成本和隐性成本。会计利润是总收益减显性成本。

2.【考查要点】 生产函数和总成本曲线的关系。
【参考答案】 总成本曲线反映了生产函数。当一种投入表现出边际产量递减时,由于投入增加量增加的产量越来越少,生产函数越来越平坦。相应地,随着生产量增加,总成本曲线越来越陡峭。

3.【考查要点】 固定成本的理解。
【参考答案】 是固定成本,因为支付给管理人员的薪水不随产量变动而变动。

4.【考查要点】 边际成本曲线的理解。
【参考答案】 一般来说,边际成本曲线是U形的。在产量极小时,由于允许工人专业化生产,企业往往会经历边际产量递增,因此,边际成本下降。在某一点时,企业将经历边际产量递减,而且边际成本曲线将开始上升。

5.【考查要点】 短期成本和长期成本的理解。

【参考答案】 在短期中生产设备的规模是固定的,因此,当增加工人时,企业将经历收益递减和平均总成本递增。在长期中,企业将同时扩大工厂规模和工人数量,而且,如果企业经历了规模收益不变,平均总成本就将在最低时保持不变。

(五) 应用题

1.【考查要点】 短期成本中的可变成本与固定成本、成本函数。
【参考答案】
(1) $VC = Q^3 - 10Q^2 + 17Q$;$FC = 66$。
(2) $TVC(Q) = Q^3 - 10Q^2 + 17Q$
$AC(Q) = TC(Q)/Q = (Q^3 - 10Q^2 + 17Q + 66)/Q = Q^2 - 10Q + 17 + 66/Q$
$AVC(Q) = TVC(Q)/Q = Q^2 - 10Q + 17$
$AFC(Q) = FC/Q = 66/Q$
$MC(Q) = \mathrm{d}TC(Q)/\mathrm{d}Q = \mathrm{d}(Q^3 - 10Q^2 + 17Q + 66)/\mathrm{d}Q = 3Q^2 - 20Q + 17$

2.【考查要点】 边际成本与成本曲线的理解。
【参考答案】 由于 $MC = \mathrm{d}TC/\mathrm{d}Q$,故 $TC = Q^3 - 4Q^2 + 100Q + C$
由已知条件 $Q = 5$ 时 $TC = 595$,代入上式可得 $C = 70$,因此,

$$TC = Q^3 - 4Q^2 + 100Q + 70$$
$$AC = TC/Q = Q^2 - 4Q + 100 + 70/Q$$
$$VC = TC - FC = Q^3 - 4Q^2 + 100Q$$
$$AVC = VC/Q = Q^2 - 4Q + 100$$

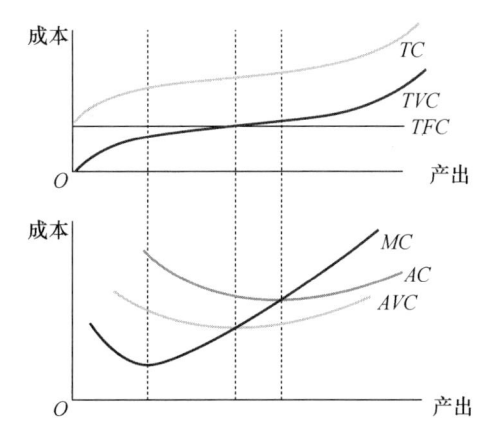

3.【考查要点】 边际产量与生产函数。
【参考答案】 (1) 用于钓鱼的每小时的边际产量分别是 10、8、6、4、2 磅鱼。
(2) 渔民的生产函数曲线随着钓鱼所花的小时数增加变得越来越平坦,这是因为渔民钓鱼的边际产量具有递减的特性。

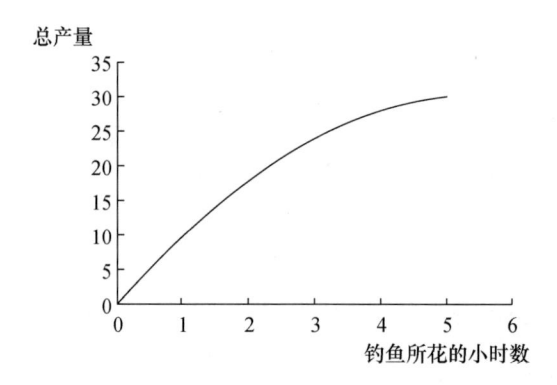

(3) 总成本曲线呈向上翘的形状,是因为随着产量增加,边际产量递减,总成本曲线变得陡峭。

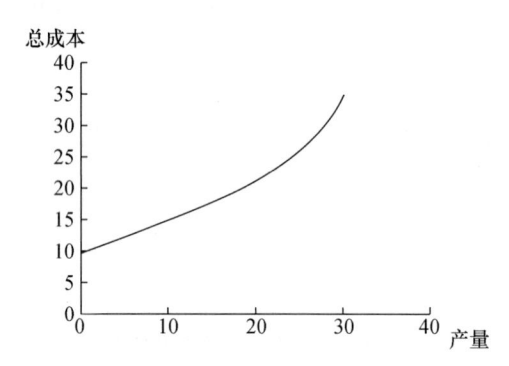

4.【考查要点】 成本的各种衡量指标。
【参考答案】

Q	FC	VC	TC	AFC	AVC	AC	MC
0	6	0	6	—	—	—	—
1	6	10	16	6	10	16	10
2	6	18	24	3	9	12	8
3	6	24	30	2	8	10	6
4	6	28	34	1.5	7	8.5	4
5	6	34	40	1.2	6.8	8	6
6	6	42	48	1	7	8	8
7	6	52	58	0.86	7.43	8.29	10
8	6	67	73	0.75	8.37	9.12	15

(六) 拓展思考题

1.(1)【考查要点】 经济利润和会计利润的含义及其运用。

【参考答案】 会计利润不变,而经济利润减少,因为显性成本不变,而隐性成本增加——投资的货币的机会成本和时间的机会成本均增加。我更可能放弃经营自己的企业,因为经营企业更加无利可图。

(2)【考查要点】 规模经济与规模不经济及其产生原因。

【参考答案】 规模经济的产生是因为较高产量水平允许在工人中实现专业化,专业化可以使工人更精通某一项工作。在生产水平低时,企业从扩大规模中获益正是因为更高程度的专业化可以让其获利,而且协调问题不尖锐,因而长期平均总成本一开始逐渐下降。当企业继续扩大规模时,由于大型组织固有的协调问题,企业产生规模不经济,长期平均总成本开始逐渐增加。

2.【考查要点】 边际产量递减规律的理解及其应用。

【参考答案】 (1)用两种(或两种以上)生产要素相结合生产一种产品时,如果其中一种要素是可以变动的,那么在其他条件不变的情况下,随着这一可变要素连续地等量增加,其边际产量开始时会出现递增的现象,但在达到一定数量后,会呈现递减现象。这就是比较接近现实的边际产量递减规律。从案例1很容易发现,肥料施用量与产量增加之间存在着一定关系。比较接近现实的边际产量递减规律提示我们,在一定的条件下,高投入未必带来高产出,因此要注意投入的合理限度,寻找最佳的投入数量。在固定的土地上,随着化肥用量的增加,一开始每增加一单位化肥带来的产量增加越来越多;当化肥用量增加到与土地面积形成最佳配比之后,再增加化肥用量,当然还是会增产的,但其增产效果会越来越差,即每增加一单位化肥带来的产量增加可能会越来越少;一旦化肥用量超过土地的承载力,过量的施肥甚至导致土壤板结,粮食减产,即每增加一单位化肥带来的产量不是增加而是减少了。

(2)案例2则揭示出,在运用边际产量递减规律时尤其要注意一个重要的问题,即边际产量递减规律适用的条件是技术水平不变(其他条件也不变),这时随着某一可变要素连续地等量增加,其边际产量开始时会出现递增的现象,但在达到一定数量后,会呈现递减现象。如果技术等其他条件发生了变化,如信息技术等高科技产业以知识为基础,而知识具有可共享、可重复使用、可低成本复制、可发展等特点,对其使用和改进越多,其创造的价值越大,边际产量反而会出现递增的情况。

第 14 章
竞争市场上的企业

一、学习精要

(一) 教学目标

1. 掌握竞争市场的概念,深入理解竞争市场的主要特征。
2. 掌握企业利润最大化的条件,掌握竞争市场中企业的产量决策。
3. 理解停止营业、退出和进入市场的条件,掌握沉没成本并能将其应用于实际问题的分析。
4. 深入理解竞争企业的短期停止营业决策和长期进退市场决策,掌握竞争企业的短期供给曲线和长期供给曲线。
5. 掌握竞争市场的短期供给曲线和长期供给曲线,理解短期与长期的需求移动。

(二) 内容提要

在经济学中,市场是由买卖双方组成的。根据市场中买卖双方的数量多少及交易的产品是否同质,可以将市场结构分为竞争市场、垄断竞争市场、寡头垄断市场和垄断市场四种不同的类型。本章以上一章所提出的成本曲线为依据,主要分析竞争市场中企业的决策行为。

1. 什么是竞争市场?

(1) 竞争市场的三个主要特征是:其一,市场中存在大量的买方和卖方;其二,每个卖方提供的物品大体上是相同的;其三,企业可以自由进入或退出市场。

(2) 在竞争市场中,买卖双方都是价格接受者,即单个买方或卖方都不能影响市场价格,市场价格由所有买方和卖方共同决定。

(3) 在竞争市场中,单个企业增加或减少产量并不会影响市场价格,企业的边际收益和平均收益都等于市场价格。

2. 利润最大化与竞争企业的供给曲线

(1) 竞争市场中企业利润最大化的条件是边际收益等于边际成本。当边际收益大于边际成本时($MR > MC$),企业增加产量能够增加利润;当边际收益小于边际成本时($MR < MC$),企业减少产量能够增加利润;当边际收益等于边际成本时($MR = MC$),企业实现了利润最大化。

(2) 由于边际收益等于市场价格($MR = P$),当市场价格上涨时,会导致边际收益大于边际成本,此时根据利润最大化原则,企业会增加产量,一直到边际成本增加到与新的边际收益(市场价格)相等时为止($MC = MR = P$)。沿着边际成本曲线往上走,市场价格上涨,企业的产量增加;沿着边际成本曲线往下走,市场价格下降,企业的产量减少。因此,企业的边际成本曲线决定了企业在任何一种价格时愿意供给的物品数量,企业的边际成本曲线就成了竞争企业的供给曲线。

(3) 并不是企业的整条边际成本曲线都是供给曲线。在短期中,只有市场价格高于平均可变成本($P > AVC$),企业才继续生产,不会停止营业;在长期中,只有市场价格高于平均总成本($P > ATC$),企业才继续生产,不会退出市场。反之,当市场价格低于企业的平均可变成本($P < AVC$),企业会做出暂时停止生产的决策;当市场价格低于企业的平均总成本($P < ATC$),企业会做出退出市场的决策。当长期市场价格大于平均总成本时,企业将做出进入该市场的决策,因为进入该市场是有利可图的。因此,竞争企业的短期供给曲线是指在平均可变成本曲线之上的那一部分边际成本曲线,竞争企业的长期供给曲线是指在平均总成本曲线之上的那一部分边际成本曲线。

(4) 企业根据利润最大化原则进行产量的决策,在短期,企业可能获得正的经济利润、负的经济利润或零利润。当市场价格高于平均总成本时,企业将获得正的经济利润,经济利润额 $= (P - ATC) \times Q$;当市场价格低于平均总成本时,企业将亏损,亏损额 $= (ATC - P) \times Q$;当市场价格等于平均总成本时,企业获得零利润,此时企业自有生产要素按市场价格获得回报。在长期,随着企业自由进入和退出市场,市场中的企业都只能获得零利润。

3. 竞争市场的供给曲线

(1) 在短期中,市场上企业的数量是固定的,因为企业不能迅速进入或退出市场。因此在短期中,市场供给曲线只是每个价格时市场上每家企业供给量的简单加总而已,也即是各个企业平均可变成本曲线之上的边际成本曲线的水平加总。

(2) 由于单个企业的边际成本曲线向右上方倾斜,因此短期市场供给曲线也向右上方倾斜。

(3) 假设所有企业都有相同的成本曲线,如果市场中的企业获得正的经济利润,新企业就将进入市场,从而增加市场供给量,并引起市场价格一直下降到经济利润为零为止;如果市场中的企业出现亏损,一些现有企业将退出市场,从而减少市场供给量,并引起市场价格一直上升到经济利润为零为止。因此,正是由于企业可以自由进入和退出市场,导致在长期中仍然留在市场中的企业获取的经济利润为零。

(4) 由于利润 $= (P - ATC) \times Q$,因此只有当 $P = ATC$ 时,利润才等于零。也可以说,只有当价格与平均总成本相等时,企业的进入或退出过程才结束。价格既要等于边际成本($P = MC$),又要等于平均总成本($P = ATC$),那么必有边际成本等于平均总成本($MC = ATC$)。因此,在可以自由进入和退出的竞争市场的长期均衡中,企业在平均成本的最低点进行生产,即企业在其有效规模上运营。

(5) 对于处在长期均衡中的企业而言,由于 $P = MC$,该企业实现了利润最大化;由于 $P = ATC$,该企业的经济利润为零。此时,新企业没有进入市场的激励,现有企业也没有离开市场的动力。

(6) 根据对企业行为的上述分析,我们可以确定市场长期供给曲线。在可以自由进入和退出的市场上,只有一种价格与零利润一致,那就是等于最低平均总成本的价格。因此,长期市场供给曲线必然是最低平均总成本价格的水平线($P = ATC$)。由于此时有足够的企业可以满足所有需求,因此竞争市场的长期供给曲线完全富有弹性。

(7) 一般情况下,长期市场供给曲线完全富有弹性,但它会由于两个原因而向右上方倾斜。其一是一些用于生产的资源数量可能是有限的。行业中企业数量增多将引起现有企业的成本随着供给量增加而增加，从而引起价格上升。其二是不同企业可能有不同的成本。为了吸引新的和效率不高的企业进入市场，价格就应该增加到能弥补效率不高企业的成本的水平，此时长期中边际企业仅仅获得零经济利润，而效率较高企业的经济利润为正。

（8）无论如何，由于企业在长期中可以比短期更容易进入和退出，因此长期市场供给曲线比短期市场供给曲线更富有弹性。

4. 结论：在供给曲线背后

供给决策基于边际分析，边际分析向我们提供了一种竞争市场中的供给曲线理论，由此可以加深我们对市场结果的理解。

（三）关键概念

1. 竞争市场：有许多交易相同产品的买者和卖者，以至于每一个买者和卖者都是价格接受者。

2. 平均收益：总收益除以销售量。

3. 边际收益：增加一单位销售量引起的总收益变动。

4. 停止营业：指由于当前的市场条件而在某个特定时期不生产任何东西的决策，停止营业是暂时的，企业在停止营业期间同样要支付固定成本。

5. 退出市场：指企业离开市场的长期决策，说明企业不再返回到市场中，此时企业不存在固定成本的支出。

6. 沉没成本：已经发生而且无法收回的成本。

（四）拓展提示

1. 在竞争市场中为什么买卖双方都是价格接受者，而不能影响市场价格？原因与竞争市场的特征有关。第一，由于竞争市场中存在大量的买方和卖方，每个买方或卖方的交易量只占整个市场交易量非常小的比重，单个卖方增加或减少产量、单个买方增加或减少购买量，都几乎对市场的供需没有影响，因此不能影响市场价格；第二，由于竞争市场上交易的物品相同，任何一个卖方想以高于市场价格的价格出售物品都会卖不掉；同时任何一个买方想以低于市场价格的价格购买物品都将买不到，因为按照市场价格，卖方可以卖出所有的物品，买者可以买到需要的物品。因此单个买方或卖方只能以市场价格进行交易，即都是市场价格的接受者。

2. 当市场价格低于平均可变成本时，企业将停止营业；只要市场价格高于平均可变成本，企业将继续营业。此时市场价格虽然高于平均可变成本，但可能会低于平均总成本，企业继续营业会导致亏损，那企业为什么还要继续营业呢？因为停止营业是企业做出的一个短期决策，在短期中企业存在固定成本，不管是否停止营业，企业都需要支付固定成本，因此，只要市场价格高于平均可变成本，企业都可以减少亏损，此时亏损额将小于固定成本；而如果企业停止营业，亏损额将等于固定成本。所以企业在短期是否停止营业是根据市场价格与平均可变成本的比较而不是与平均总成本的比较。当然，如果市场价格长期低于平均总成本，企业长期就会亏损，因而企业就会退出市场了。

3. 在竞争市场长期均衡时，所有企业都只能获得零利润，那为什么企业还愿意留在市场中呢？因为零利润是指经济利润为零，当经济利润为零时企业的总收益等于总成本，总成本既包括企业购买生产要素的支出,也包括投入自有生产要素的机会成本。因此,零利润是扣除自有生产要素的机会成本之后算出的,说明企业中自有投入的生产要素已经按照市场价格获得回报。也可以说,零利润均衡补偿了企业所有者的时间和货币投资。理论上,在所有竞争市场中,企业的长期经济利润都是零,因此企业就没有退出所在市场的动力了。

4. 短期内市场需求增加,导致市场价格上涨,企业将获得短期正的经济利润,但不会长期持续。因为当一个竞争市场中的企业可以获得正的经济利润(超额利润)时,在长期就会有新的企业进入,增加市场供给,使市场价格下降,直到市场中企业的正的经济利润消失,市场又回到了长期均衡状态,与最初的长期均衡状态相比,此时物品的产量和销售量都增加了,而市场价格维持不变。值得注意的是,新的长期均衡价格与最初的长期均衡价格相同是有条件的,实际上有两个原因可能使新的长期均衡价格要高于之前的均衡价格。第一个原因是一些用于生产的资源数量可能是有限的,随着产量的提高,生产成本会增加,市场价格也会相应增加;第二个原因是不同企业可能有不同的成本,进入新市场的企业将面临更高的生产成本,也使市场价格上升。

5. 尽管完全竞争市场在现实经济生活中几乎不存在,但研究完全竞争市场类型仍有其积极的意义。分析完全竞争市场,有利于建立完全竞争市场类型的一般理论,当人们掌握了完全竞争市场类型的理论及其特征以后,就可以用它们指导自己的市场决策。例如,生产者就可以在出现类似情况时(如作为价格的接受者时)做出正确的产量和价格决策。更重要的是,分析完全竞争市场可以为研究其他市场类型提供借鉴。例如,在对垄断市场、垄断竞争市场和寡头垄断市场中竞争与效率问题进行比较研究的过程中,完全竞争市场类型的理论可以作为一个衡量标准起到借鉴作用。

二、新闻透视

(一) 新闻透视 A

新闻片段1:全球小麦价格步入下跌期

近一段时间,全球小麦市场的价格小幅下跌,延续之前的跌势。业内人士预计,国际原油价格下跌和美元飙升给国际小麦价格造成下跌压力,未来小麦价格仍难以上涨,跌幅约为8%。

目前,芝加哥期货交易所(CBOT)的2014年3月软红冬小麦期约与之前相比下跌了2.75美分,报收530美分/蒲式耳;堪萨斯城期货交易所(KCBT)的3月硬红冬小麦期货报收564美分/蒲式耳,与之前相比下跌了13美分;明尼阿波利斯谷物交易所(MGEX)的3月硬红春小麦报收576美分/蒲式耳,与之前相比下跌了8.50美分。

不仅仅是国际小麦价格下跌,国内各地区的小麦价格与之前相比均有所下降。据了解,目前,湖北黄石、山东聊城、四川绵阳、吉林辽源、山西运城、福建三明、广西柳州、河南开封、陕西汉中、重庆万州、湖南衡阳、江苏无锡、广东清远、云南大理等地小麦价格均降至每斤0.95到1.05元不等。

未来全球小麦价格将会呈现什么样的走势?对此,中国科学院预测科学研究中心发布的《2015年全球大宗商品价格预测报告》指出,在全球经济复苏疲弱、美元逐渐走强的基本情况下,2015年全球大宗商品价格较2014年将明显下跌。报告预测,农产品方面,2015年全球主要农产品的产量和库存有望继续增加,从而抑制农产品价格;CBOT小麦、玉米和大豆均价将分别为540、390和950美分/蒲式耳,同比分别下跌约8%、7%和21%。

资料来源:全球小麦价格步入下跌期. 金融界资讯.(2015-2-9)[2020-6-5]. http://finance.jrj.com.cn/2015/02/09094318837343.shtml.

新闻片段2:稳中偏弱 农户该出手时就出手

据了解,自1月中旬以来,受春节临近的影响,面粉销售保持稳中转好态势,但与往年同期相比,情况并不乐观,各地小麦价格行情比往年同期都有所下降。春节后天气逐渐转暖,不利于面粉储存,因此需求很难出现好转。建议农户该出手时就出手。

监测数据显示,当前河南中等白麦采购成本在2 540元/吨左右,特一粉出厂价3 130元/吨,麸皮价格在1 660元/吨左右,加工每吨小麦费用180元,理论利润预估仅为15元/吨,利润薄弱。

普通小麦的情况不容乐观,优质小麦又如何呢?市场调查结果显示,2013年和2014年,国内优质小麦价格连续两年表现较为坚挺。2014年夏粮收购期间,优质小麦价格不仅上涨迅猛,部分地区甚至还出现了抢购现象。而2015年以来,尽管普通小麦价格稳中略显偏弱,但优质小麦价格坚挺的态势并没有受到影响。

优质小麦行情稳定可喜,但近日,随着一条消息的发布,优质小麦商们慌了神,1月21日,国家临储进口小麦重返拍卖市场,有关部门决定将开启进口小麦竞价销售。由于国外进口的小麦质量好,因此人们担心本来还不错的国内优质小麦会受到影响,价格出现下滑。卓创资讯分析师李红超认为,本次交易计划销售进口小麦138 740吨,实际成交81 304吨,成交率为58%。对于整个小麦市场来说,8万吨不算多,尚不能对全国小麦市场造成影响。

这样说来,拍卖进口小麦并不会广泛影响到优质小麦市场,种植户们也不必过分担心。而说到普通小麦行情偏弱,李红超认为,政策方面的影响暂时不用考虑,主要原因还在供需方面。李红超说:"主要还是受下游需求影响,因为目前距离春节还有三周的时间,但是整个面粉行业表现并不是太好,按照往年惯例,春节之前是一个备货时期,面粉厂进入一个消费旺季,面粉厂开机应开到八成甚至全开,但是在今年面粉厂开机还是在一半左右。"

由此看来,面粉行业的萧条,导致小麦采购量减少,价格也就呈现出了偏弱态势。那么,小麦后期市场将如何发展变化?李红超认为,春节后天气逐渐转暖,不利于储存面粉,因此需求很难出现好转。建议农户该出手时就出手。

资料来源:近期小麦价格预测:稳中偏弱 农户该出手时就出手. 央广网(2015-2-7)[2020-6-5]. https://m.askci.com/chanye/33923.html.

【关联理论】

完全竞争市场是指竞争充分而不受阻碍和干扰的一种市场结构。在这种市场类型中,资源可自由流动,信息具有完全性,买卖人数众多,买者和卖者是价格的接受者。完全竞争市场是一种非常理想化的市场结构,在现实中,小麦、大豆等农产品市场比较接近完全竞争市场。

【新闻评析】

在实践中往往很难具备完全竞争市场的所有前提条件,因此完全竞争市场在现实经济中很难出现。只有农业生产等极少数行业比较接近完全竞争市场,因为在农业生产中农户的数量多而且每个农户的生产规模一般都不大,这使得每个农户生产的农产品产量在整个农产品总产量中所占的比例都极小,因而每个农户的生产和销售行为都无法影响农产品的市场价格,农户只能接受农产品的市场价格。也就是说,如果有的农户要提高其农产品的出售价格,农产品的市场价格不会因此而提高,其最后结果只能是自己的产品卖不出去。如果农户要降低自己农产品的出售价格,农产品的市场价格也不会因此而下降,虽然该农户的农产品能以比市场价格更低的价格较快地销售出去,但不可避免地要遭受很大的经济损失。这样,农户降低其农产品价格的行为就显得毫无实际意义了。

通过对以上两则新闻片段的分析,我们能够更好地理解完全竞争市场的特征,特别是加深对完全竞争市场上买卖人数众多以及买卖双方都是"价格接受者"等的认识。由于生产小麦的农户数量众多,而消费小麦的家庭数量也很多,因而小麦市场上有众多的生产者和消费者。也正因为存在着大量的农户和家庭,与整个市场的生产量(即销售量)和购买量相比较,任何一个农户的生产量(即销售量)和任何一个家庭的购买量所占的比例都很小,因而,他们都没有能力影响小麦市场的产量和价格。所以,任何农户或家庭的单独市场行为都不会引起市场产量和价格的变化,他们只能接受整个小麦市场上所有农户生产形成的小麦供给和所有家庭消费形成的小麦需求共同决定的市场价格。

通过对新闻片段1的分析,可以更好地理解完全竞争市场上产品价格的决定因素。在此新闻中,我们很容易发现,国际和国内小麦价格之所以出现下降趋势,说到底都是因为整个小麦市场供求发生变化,并非由单个农户和家庭所左右。首先,国际小麦价格为何会下降?这是因为美元飙升和国际原油价格下跌给国际小麦价格造成下跌压力。近日来,美元汇率创下了近11年半以来的新高,即美元汇率大幅上涨,削弱了美国农产品的出口竞争力,尤其是小麦,对小麦市场形成利空。此外,美国纽约期货交易所原油市场价格大幅下跌也拉低了小麦的价格,目前3月交货的轻质原油合约报收45.59美元/桶,2月交货的轻质原油合约报收48.69美元/桶。其次,国内小麦价格为何会下降?近期国内小麦价格下降的原因有两方面,一方面是面粉加工企业不景气。2015年面粉市场整体销售较往年偏弱,面粉加工企业开工率不高。这既有人们生活水平提高、消费结构发生变化、面粉需求增速减缓的因素,也与中国经济增速放缓的大背景有很大关系;另一方面,随着小麦玉米比价的反转,饲用替代优势也已基本消失,饲料企业大多停止了小麦采购,小麦市场的需求又重新走向单一。

通过对新闻片段2的分析,可以更好地理解完全竞争市场中供需双方的行为及其选择。由于完全竞争市场上有许多企业,每个企业所生产的某种产品都是同质的,也就是在产品的质量、性能、外形、包装等方面都是无差别的,以至于任何一个企业都无法通过使自己的产品与他人产品具有不同之处来影响价格而形成垄断,从而享受垄断利益。对于消费者来说,无论哪一个企业的产品都是同质无差别产品,以至于众多消费者无法根据产品的差别而形成偏好,从而使生产这些产品的生产者形成一定的垄断性而影响市场价格。由于春节后天气逐渐转暖,不利于储存面粉,受下游需求影响,尽管面粉销售保持稳中转好态势,但与往年同期相比,小麦采购及需求状况并不乐观,因此专家认为中国小麦市场上,普通小麦价格行情稳中偏弱,建议农户该出手时就出手,也就不难理解了。当然,尽管1月21日国家有关部门决定开启进口小麦竞价销售,并对国内优质小麦市场形成竞争态势,但由于进口小麦产量在整个小麦市场中所占比重并不高,因此尚不能对全国小麦市场造成影响,优质小麦价格坚挺的态势依然会维持下去。经过此番分析,优质小麦种植农户的销售行为倒可以有更加宽裕的选择。

(二) 新闻透视 B

超市 24 小时营业、健身房自助　南京部分商家试水"午夜场"

夜风中柴火小馄饨的鲜香、马台街上绵延的喧嚣夜市……在南京人的记忆中,这些深夜影像随着城市发展进程已渐渐褪去颜色。如今,在深夜,加班的人群走出公司大门,除了酒吧、卡拉 OK,还有什么新选择？日剧中那些让人暖心暖胃的"深夜食堂"离南京还有多远？商场能不能不再晚上十点就关门？记者近日进行了探访。

- 商家约四成收入来自晚上,夜间 10 点之后消费是短板

10 年前,南京奥体万科光明城市小区楼下有一个 24 小时便利店,但它只坚持了不到一年,就提前到晚上 10 点关门,原因是"成本太高难以消化"。10 年后,人们的夜间活动频繁起来,晚归的人渴望街角的小店能"亮"起来,一支冰激凌或一碗热腾腾的泡面,就能让黑漆漆的夜晚变得有幸福感。而现实是,南京大部分商场晚上不到 10 点就开始播放"回家"的萨克斯音乐,饭店不到晚上 9 点就"只出不进"。加班的人想吃夜宵,选择很有限,不去 24 小时营业的麦当劳、海底捞,就只有烧烤、龙虾店。

南京发展夜间经济领导小组办公室设在市商务局。该局人士告诉记者,市商务局对南京夜间经济做了一次调研:在南京,商场大约 40% 的销售来自晚上 6 点到 10 点;超市类 50% 销售来自晚上 6 点之后;餐饮占比更多,70% 以上来自夜间。可以说,做夜间经济南京有一定基础,需要重点加强的是晚间 10 点以后的消费。

以前南京人的夜间活动模式是"美食+购物+电影",而现在增加了健身、逛书店、逛景点等新的需求。发展夜间经济,必须根据南京自身特色挖掘潜力。

- 超市 24 小时营业、健身房自助,部分商家试水"午夜场"

对于百姓需求的变化,市场是反应最灵敏的。去年,让南京年轻人兴奋的一件事是,24 小时便利店罗森来了。在"吃货"心目中,罗森就像家门口的"深夜食堂",随时能吃到串烧、甜品、寿司、饭团。

苏果好的便利店营业时间在悄悄延长。苏果好总部人士介绍,目前南京已经有约 200 家 24 小时苏果好的便利店,大部分在核心商圈的主干道。效益好的店晚上 10 点到凌晨 5 点的销售额占全天的 20% 左右。超市体量小,比较灵活,而对于大型百货商场来说,开午夜场就存在巨大障碍了。算经济账,大商场通宵营业收支难以平衡,这让商家对"深夜商场"持观望状态。南京市商务局人士表示,"深夜商场"能满足部分人群的夜间需求,可以根据实际情况对部分楼层、部分柜台延长营业时间。

在这方面,夫子庙的商业综合体"水平方"率先试水。南京水平方总监介绍,商场首次引进自助健身店铺,店铺无人值守,可自助健身。深夜十一二点,加班结束的白领们可以提着健身包,走进 24 小时自助"乐刻健身房",先用微信二维码在自动售货机上刷一瓶矿泉水,接着选一台跑步机热身。

- 由"点"汇聚成"片",提升夜间经济吸引力

为解决深夜经济运营成本问题,南京市目前给出两条思路:一是鼓励科技引领,推动自助结算应用,推广无人店;另一个是推动夜间经济聚集,由点连成片,集聚人气。

对于商场、超市来说,夜间支出成本最大的是人力,一批超市开始尝试无人店。2017 年 11 月,缤果盒子无人便利店正式入驻南大和园小区,24 小时销售饮料、零食、日用品等。2017

年12月，欧尚无人便利店进驻嘉业阳光城小区。近日，苏果无人便利店即将进驻黄埔大厦。苏果总部介绍，作为苏果的首家无人便利店，该店主打生鲜、休闲食品，此外还提供共享充电宝、彩票机、共享雨伞、"丰巢"快递自取、自主洗衣、共享打印等服务。

深夜餐饮怎么做？市商务局人士分析："南京的深夜餐饮以烧烤、大排档为主，分布很散。如果将夜宵店、深夜商场、夜晚演出等集结成片，营造氛围，一定会有更多市民愿意夜晚出门。"以南京市鼓楼区为例，今年，该区将加大对湖南路商圈的升级改造，结合地铁运营时间和消费特点，推进湖南路地下商业8.7万平方米地铁换乘夜市招商工作，并批量引进营业时间至午夜凌晨时段的"白加黑"业态，全力打造"不夜湖南路"。

资料来源：南京日报，2018年1月23日。

【关联理论】

停止营业指的是由于当前的市场条件而在某个特定时期不生产任何物品的短期决策。在短期内，企业的边际收益虽然小于平均成本，但如果大于平均可变成本，企业不会停止营业。在短期，企业做出是否停止营业的决策，不应受固定成本的影响。

【新闻评析】

在商业同质化严重的环境下，各大商业机构都纷纷提出打造差异化产品或服务。不少购物中心为了打造经营特色，除了定位差异、业态差异、品牌差异，甚至还会推出时间差异，利用时间差全天候满足不同需求的消费者。现在国内越来越多的行业也在跨界进入这个领域。大型超市通宵营业在国外早已出现，在本新闻中的南京也有大型超市尝试进行通宵营业，这其中的原因只是"更好地服务周边顾客"这么简单吗？答案当然不是的。俗话说"无利不起早"，没有哪个商家愿意赔本赚吆喝。除了某些商家为了特定目的而进行短期的通宵营业，大型超市的通宵营业变成常态里面肯定大有文章。这其中的原因可以用停止营业和沉没成本的理论进行解释。不管超市晚上是否进行通宵营业，都需要支付固定成本，主要包括场地租金、设备折旧等，这些也是沉没成本，在进行是否通宵营业的决策时不应该考虑进去。通宵营业期间只要可变成本不超过总收益，那么进行通宵营业就是理性的决策。值得注意的是，通宵营业除了带来销售收入增加，还可以产生其他好处，如通宵营业期间可以"检查产品有效期、开展变价工作、整理货架、跟进补货、清洁地面卫生"等，这些也是促使大型商场、健身房、书店等决定通宵营业的重要原因。

2017年7月，马云的第一家无人超市在杭州开门营业。扫码进店、选购点单、自动支付，依托于支付宝强大的无线支付能力，马云与娃哈哈集团董事长宗庆后已经联手宣布，未来几年将在全国开张10万家无人超市。除了感叹无人购物的便利，我们更应关注这种无人经营模式成本的变化。据相关资料显示，平均一个人一天可以管理十家这种无人超市，这将对传统零售行业形成巨大冲击。随着为商家提供身份核验、风险防控、支付结算等多种服务的无人值守技术的引入，门禁、会议室、售货柜、洗衣房等都无需服务员，通过支付宝扫码或人脸识别即可完成。一旦更先进的生物识别、计算机视觉、VR支付技术、智能客服、智能理财、车险图像定损等技术逐渐得到开发和运用，无人值守技术方案还可以进行有效拆分，既可以支持综合办公空间，也可以单点支持无人零售店、无人健身房、无人KTV等，这种现代化技术的变革将会带来营业模式的深刻变化，商场通宵营业所承担的可变成本将会大大下降，更多商场可以尝试颠覆传统八小时商业场景，我国夜间经济有望迎来蓬勃发展的大好机遇。

(三) 新闻透视 C

区域乳企突围困局:同质化竞争加剧 亟待知识产权保护

近日,燕塘乳业向同城"兄弟"风行乳业发起的一场诉讼,撕开了广东乳业市场白热化竞争的一道口子。就在前段时间,同样是在广州市天河区人民法院,晨光乳业将温氏食品及其下属的温氏乳业告上法庭,指后者涉嫌侵犯了晨光乳业的"供港"商标专用权。

《每日经济新闻》记者注意到,在广东四家本土乳企暗战背后,是同质化、同区域的市场博弈。广东某知名乳企一位不愿具名的高层领导对记者坦言,液态奶的竞争格局有两个特点,一是产品结构相差无几,二是销售市场高度重叠,"尤其是区域品牌,全方位对垒"。

燕塘乳业和风行乳业是同时存在于广州市场超过60年的乳企,却在2017年因风行乳业推出的新品而直接"开战"。引起燕塘乳业不满的是风行乳业的两款新品包装。燕塘乳业代理律师认为,其产品所使用的包装装潢以一侧倾倒牛奶并溅起奶花为整体元素,具有独特的创意,能够被消费者所识别,是知名商品所特有的包装装潢。"燕塘乳业大概从2008年开始使用这种包装,而风行乳业在2017年开始使用高度相似的包装。像这次出现的产品一样、包装又相似的情况,消费者很多时候也会出现混淆甚至误购。"陈先生是多个乳业品牌的一级经销商,其中就包括广东本土品牌燕塘和风行。在他代理品牌的十多年里,区域品牌面临的竞争越来越严峻。

事实上,由于在产品结构和产品品类上高度相同,乳企之间时有不正当竞争发生。2016年,伊利诉蒙牛"未来星营养果汁酸奶饮品"在产品包装、装潢的组成要素、设计风格、产品名称方面与其"QQ星营养果汁酸奶饮品"产品相同或近似,作为同类产品,极易使公众混淆和误认。经法院审理,认定蒙牛公司构成对伊利公司的不正当竞争,判决停止侵权,并承担215万元的经济赔偿和合理开支费用。

记者注意到,燕塘乳业和风行乳业的主打产品是鲜奶和酸奶。乳业专家宋亮此前列举的数据显示,目前国内生产常温酸奶的企业有40—50家,品牌多达上百种,市场竞争异常激烈,但也趋于饱和。"行业特性就是这样,很多直接竞争的品牌在产品、口味上都相差不大。"前述高层领导也对记者举例称,特仑苏与金典、纯甄与安慕希、未来星与QQ星,不仅是区域品牌,就连伊利、蒙牛、光明这样布局全国的大品牌在产品结构上差别也不大。

企业呼吁保护知识产权。在此局面下,燕塘乳业选择了通过起诉风行乳业不正当竞争来进行维权。燕塘乳业相关人士回复记者称,2017年来被风行乳业模仿相似装潢的两款产品,是燕塘乳业的拳头产品,合并营收贡献率占公司总营收的20%以上。

"由于产品被竞争对手模仿,给消费者造成了较大的混淆误认,所以我公司陆续不断地接到来自400客服电话、官方网站留言、公众号留言及经销商转交的消费者反映投诉。"该人士表示,公司就此侵权行为多次尝试与风行乳业沟通未果,才决定拿起法律武器来进行维权。

实际上,真正愿意站出来维权的企业并不多。前述乳业高层领导对记者直言,行业的研发成本不高,但口味、包装比较容易模仿,并形成"爆款"跟随效应。由于维权难度大、持续周期长,企业往往不愿意耗费太多精力去打官司。"乳品与其他快消饮品一个明显的区别,就是如果包装相似,那么很容易给消费者造成视觉混淆。"他进一步称,由于打官司要进行大量复杂的举证,大部分原创企业不愿意通过诉讼来维权,这也导致行业长期保持同质化竞争的局面。

不过，燕塘乳业相关人士在接受记者采访时并不认同这样的说法。该相关人士称，作为高新技术企业，公司在产品研发创新方面一直加大投入，单是2016年的研发投入就达到3 100多万元，用于新品研发及装潢设计等，力求差异化。其进一步表示，燕塘乳业坚持走司法途径维护企业和消费者利益，也是企业长期以来实施创新驱动、走差异化路线的必然选择，而一个切实维护知识产权、健康规范的市场环境才能使行业持续良性发展。

资料来源：每日经济新闻，2018年1月2日。

【关联理论】

在理论上，完全竞争市场即为有许多交易相同产品的买者和卖者，以至于每一个买者和卖者都是价格接受者的市场。一个市场中，企业数量越多、出售产品的同质化越严重，该市场越接近于竞争市场。但在实际中，除了大米等农产品市场比较接近完全竞争市场，多数市场都不具备完全竞争市场的特征。因此，企业需要差异化经营，并加强知识产权保护，才能获取超额利润（部分参见垄断竞争的内容）。

【新闻评析】

乳制品行业是包括以生鲜牛羊乳及其制品为主要原料，经加工制成的产品的行业。随着乳制品市场容量的不断扩增，消费者的消费水平和选择标准也明显提高。近年来我国乳制品行业竞争愈加激烈，差异化和品质安全成为乳制品市场竞争的焦点。随着近年价格战的持续上演和原材料、物流、人力等成本上涨的多重夹击，乳制品整体毛利率呈现进一步下滑的趋势。在这种情况下，缓解竞争压力、提高产品利润率成为乳制品企业面临的最大难题。但从总体来看，乳制品市场依旧未能走出同质化竞争的怪圈。许多产品包装规格相近，宣传形式相似，让消费者很难真正区分其中的差异。我国的乳制品市场还有很大的发展空间，各乳制品企业一定要有自己的特色，差异化、特色化，并注重产品知识产权的保护，才有可能获得超过行业平均的利润。

从乳制品的种类来进行行业细分，可以分为液态奶、酸奶、奶粉、奶酪等。中国的液态奶、酸奶、奶粉市场较为成熟，奶酪市场现在处于萌芽状态。总体而言，我国乳制品行业处于一个全国性大企业竞争激烈，地方性中小企业填补空缺两种竞争方式并存的竞争格局。在市场资本的推动下，行业集中度不断提高，竞争日渐加剧，价格竞争正在蚕食行业利润，数量化扩张空间正在减少，产业已经进入阶段性成熟期。新竞争者的进入势必会打破已有的平衡，引发现有竞争者的竞争反应，现有竞争者也就不可避免地需要调入新的资源用于竞争，因此导致收益降低。国内乳制品行业的三大巨头伊利、蒙牛和光明拥有绝对的资本优势，其中，伊利多年来稳占乳业行业霸主宝座，总体销售业绩略胜一筹。不过伊利、蒙牛和光明的竞争已从初级的同质化产品价格竞争，转入消费市场细分，寻求差异化、创新化发展，开发各种功能奶、高端奶，以此来区分同质化产品，提高产品附加值和避免价格战。

此外，乳制品消费的特性决定了全国性品牌和区域性品牌在细分市场各有优势。全国性品牌拥有全国范围内的市场营销、资金支持、引导行业标准、产业布局完整等优势；区域性品牌具有良好的本地客户认知与接受度、奶源供应充足、地方政策支持等优势，并且其产品和服务能更好地满足区域内消费者的需求。伊利和蒙牛借助常温奶实现全国化布局成为乳制品行业龙头，莫斯利安作为光明差异化的常温明星产品实现快速增长。而地方性乳业品牌以供应本地的新鲜产品为主，一般都控制了本地奶源，通过传统渠道将新鲜产品送达用户。随着人们消费水平的逐步提高，消费者对乳制品的消费观念有所转变，高端奶成为乳制品市场的新宠。国内一线品牌伊利、蒙牛也不断地开拓牧场,改进技术,积极地向高端市场靠拢。最后,在乳制品行业发展史上,每一次技术创新都会促进乳品质量的提高和产量的扩大,以移动互联网为基础而形成的微营销也在改变着乳制品市场差异化的竞争格局。

三、案例研究

(一) 案例研究 A

互联网电视市场重燃价格战 行业发展需注重内外兼修

近年来,互联网智能电视发展如火如荼,而其价格战从未消逝。2014 年 1 月 15 日,某品牌针对大屏市场再次祭出价格屠刀,发布"两倍性能,三分之一价格"70 英寸超级电视 Max70,并同时宣布 60 英寸 X60 价格由 6 999 元降至 4 999 元。

不过,互联网智能电视企业的超低价格能持续多久,又如何找到赢利点也是市场及投资者所关心的。有专家称,Max70 和 X60 价格优势十分明显,将有利于其抢占市场。不过,对比传统企业销售的产品来说,这一价格在硬件方面肯定不赚钱,而在内容收费和广告方面短期难以出现爆发式增长的情况下,其战略能维持多久是一个未知数。虽然短期内价格战或许会带动企业的知名度和竞争优势,但是行业发展不仅仅体现在对市场价格的把控上,也需要对行业有整体布局。

2013 年,电视媒体的根基开始被撼动。小米推出小米电视,此外还有其他如爱奇艺、优酷等都在尝试进入互联网电视这个领域。据了解,此次 Max70 采用高通骁龙 4 核 1.7GHz 处理器,屏幕选用 10 代线原装 SDP 面板,搭载最新智能操作系统,产品硬件定价为 8 999 元。《北京商报》记者调查发现,目前市面上 70 英寸电视价格一般在 16 000—25 000 左右,按此计算,Max70 的价格相当于将市场价腰斩一半。对于这种低价做法,业内普遍持质疑态度。

其实,在 2013 年,互联网电视价格战就开始打响。40—50 英寸互联网电视从 2013 年前半年的 6 999 元降到 4 999 元,再到 2 999 元、2 499 元,目前最低的是 1 999 元。在易观国际分析师卓赛君看来,互联网企业的加入,有利于加速智能电视行业的洗牌与发展进程。目前的价格战对于整体智能电视产业来说是有正面意义的,会加速智能电视的普及以及提高消费者对智能电视的认知,也会缩短市场成熟周期。

互联网电视价格战已悄然打响。包括小米、同洲等在内的新兴厂商扎堆进入,搅局中国智能电视市场。虽然小米等新兴厂商的销售量在短期内无法与传统电视大厂抗衡,但其新的智能电视运营模式,将对中国平面电视市场在价格竞争、管道变迁和品牌格局等方面产生较大的冲击,值得产业链厂商密切关注。从当前的情况看,传统电视媒体行业正经受新媒体的巨大冲击。而在业界的期待中,电视的互联网化或将拉回被电脑和手机抢走的用户。有业内人士称,不少消费者购买电视都会以小米的价格作为参照,这么一对照,传统电视机的价格就显得很高了。

如今,智能电视行业的竞争已从一个简单的硬件制造转变成了生态系统的建设,在这个领域,仅凭硬件公司或仅凭互联网公司单打独斗都难以完成,必须有企业能合作打通整个产业链才能驱动整个产业的发展。智能电视是内容与硬件的集合体,目前进入智能电视产业的互联网企业、硬件制造商和传统电视厂商,在竞争上各有所长,可通过资源硬件整合实现优势互补,从而形成互利共赢的局面。

资料来源:通信信息报,2014年1月22日。

【关联理论】

完全竞争市场即为有许多交易相同产品的买者和卖者,以至于每一个买者和卖者都是价格接受者的市场。一个市场中,企业数量越多、出售产品的同质化越严重,该市场越接近于竞争市场,企业需要差异化经营,才能获取超额利润(部分参见垄断竞争的内容)。

【案例解析】

在目前国内的互联网电视(智能电视)市场,由于对良好前景的预期,有越来越多厂家开始进入或准备进入,如小米、同洲、爱奇艺、优酷等。但是互联网电视同质化比较严重,导致竞争激烈,厂商获取竞争优势的主要方法还只是停留在"拼价格""拼硬件"等层面,在建立"内容服务"方面还有很长的路要走。因此,我们可以把国内互联网电视市场近似地看作竞争市场,一方面做互联网电视的厂商越来越多,没有哪一家能取得主导地位,另一方面互联网电视同质化比较严重,许多厂商只能靠牺牲利润换取规模。互联网电视还是比较新鲜的事物,将来会不会走"山寨手机""上网本""平板电脑"的老路,很大程度上取决于厂商的互联网电视"生态系统"建设,即能否提供优质的、差异化的内容服务。

传统电视媒体通过高成本的电视内容和几乎是唯一的家庭终端,创造了不可替代的强大传播优势。当传统电视家庭终端的垄断地位被新型的互联网电视所冲击时,电视内容将直接面对互联网上海量视频内容及包括游戏、社会化媒体等内容在内的竞争,而不再具有强制性和垄断性。可以预见,在这样的环境中,电视媒体的价值一定会被稀释并逐渐下降。智能电视纵然前景广阔,但是未来的全面普及还存在许多问题,价格战虽然能给消费者带来一定的价格优惠,但是如果持续打价格战,必定造成产品质量、服务质量等相关方面产生"折扣"。行业发展需要的是合理的、适度的前进,一方面,用户使用习惯的培养还需要一个过程,另一方面,用户体验将成为企业获胜的关键所在。

(二) 案例研究 B

绍兴柯桥轻纺城面料:同质化竞争是死路 差异化竞争才是出路

国际市场不景气,国内市场需求萎缩,今年的纺织品生意并不好做。近几年,越来越多的国际时装品牌开始将面料采购目标转向位于绍兴柯桥的中国轻纺城,但是,与上海、广州等一线城市相比,轻纺城的面料价格相对略低,产品同质化是原因之一。"绍兴纺织企业的很多面料重复率太高,相似度太大,随便拿一款面料出来,十多家公司都有,不适合高端品牌个性化的发展需求,而一些国外面料企业,仅纱线就有几千种,不仅选择余地大,而且能满足个性化需求。"绍兴永盛工贸有限公司董事长傅国庆道出了其中的原因。

"只有在某一面料领域时刻占据引导地位,并不断地推陈出新,与常规产品拉开距离,才能得到国际时装品牌的关注,成为高端面料供应商。"傅国庆认为,国内一些致力于生产高端面料的企业几乎无一例外都在产品差异化上做着文章。

傅国庆认为,随着纺织品外销市场的受阻,纺织品内销市场的竞争将更加激烈。傅国庆说,近几年,面料行业产能出现过剩,市场订单的增量远低于行业产能的增长速度,各面料企业产品同质化现象十分明显,各企业在市场订单争夺中大打价格战,致使全行业利润率严重下滑,企业在自相残杀中也遍体鳞伤。要在激烈的竞争中保持平稳发展,必须要有自己的特色。实行差异化策略是永盛公司现在乃至将来的经营战略,也是企业的核心竞争力所在。为此,该公司将加大科技开发投入,培养优势产品,打响产品品牌,提升产品口碑,最终扩大市场占有率。

资料来源:轻纺城面料:同质化竞争是死路 差异化竞争才是出路.浙江在线.(2012-6-26)[2020-6-15]. http://zjnews.zjol.com.cn/05zjnews/system/2012/06/26/018607338.shtml.

【关联理论】

完全竞争市场由大量的买方和卖方组成,并且交易的产品同质化。如果竞争市场上存在自由进入与退出,那么这将是一种"实现长期均衡"的强大力量,处在完全竞争市场中的企业长期只能获得零利润。在现实中,完全竞争市场很少存在,因为几乎没有一个市场能够满足完全竞争市场的三个条件。企业要获得更高的利润,需要进行差异化经营。

【案例解析】

低端面料由于同质化严重,并且有大量的厂家在生产,因此低端面料市场可以近似地看作竞争市场。理论上,竞争市场中的企业只能获得零利润,实际中这些企业的利润也非常微薄,还容易出现亏损。现在许多面料厂商已经认识到开发差异化面料的迫切性。只有建立自有品牌、走差异化经营之路,低端面料厂家才有可能走出困境。

随着品牌观、差异化定位意识的转变,面料企业越来越认识到只有开发出差异化的产品才能掌握价格上的主动权,从而维持企业的生命,也就是说,必须摒弃以往的低端仿造与只卖"大路货"的经营思路,开始注重差异化产品的开发。不论是为了应对市场生存挑战,还是为了建设企业品牌,面料的差异性开发都显得越来越重要。为了获得具有个性化、能充分体现品牌设计风格的面料产品,不少面料企业开始尝试同服装企业进行面料产品的合作开发,服装设计师在面料研发阶段就参与进来,将自己的理念充分地传达给面料设计师,这样一来就可以从原料、工艺、花型、色彩、手感等多方面来打造符合设计师需要的产品,既满足了服装企业的面料需求,还减少了面料企业的开发成本,降低了研发投产的风险。

(三) 案例研究 C

材料1:在线教育市场趋于火热 同质化成发展硬伤

2017年12月5日,百度教育公布了其过去一年的成绩:月度活跃用户数为5.4亿,其中移动端3.4亿,PC端2亿。如今在线教育已然进入爆发式增长阶段,但同质化也成为其发展过程中的硬伤。

据中国互联网络信息中心今年8月发布的《中国互联网络发展状况统计报告》,截至今年6月,我国在线教育用户规模达1.44亿,较2016年年底增加662万人,半年增长率为4.8%;在线教育用户使用率为19.2%,较2016年年底增加0.4个百分点。用户规模的增长,一定程度上拉动了在线教育的市场需求。

在不断扩大的市场需求下,在线教育市场规模前景广阔。市场的升温,也催生出在线教育的投资热潮。目前进入在线教育市场的,既有互联网平台,也有拓展到线上的传统教育机构。而不少创业公司也紧追风口,趁势起飞,出现了类似猿题库、作业帮等题库工具类应用。

不过，由于参与者甚多，在线教育也不可避免面临同质化的硬伤。一方面是内容同质化，另一方面则是商业模式同质化。因此，不少平台为抢占市场，选择从宣传入手，大打"师资牌"，以教师资历为诱饵吸引用户，由此也引发了不少行业乱象。今年8月，新东方被爆出师资资历掺假。此后，猿辅导、作业帮在师资方面的宣传，也引发舆论质疑。

花里胡哨的宣传只能糊弄用户一时，却难以长久。在线教育要从同质化中破局，仍需找准品牌及市场的定位。

资料来源：电商报，2017年12月8日。

材料2：打破在线教育同质化 哒哒英语树立企业标杆

近年来，在在线教育这个大蛋糕面前，聚集了越来越多的食客，但是随着赛道竞争者越来越多，在线教育机构同质化的现象越来越严重，行业发展的瓶颈期已经到来。但是在一众企业中，哒哒英语却走出不一样的发展道路，差异化经营让这家成立仅四年的企业，迅速成为行业领先者。

在线少儿外教英语哒哒英语创始人郅慧告诉芥末堆，在这个极其分散的市场，做出差异点非常重要。同时，郅慧也认为，尽管经历了几年的发展，但目前还并没有任何企业在C端积累下足够的品牌优势。

从2013年起步至今，行业整体的上涨让郅慧明显感受到，现在的消费者已经和原先不同。互联网的渗透率在不断提高，家长对此的认知开始不同了，不再认为孩子在互联网上只能玩游戏。

依照M. Rogers的"创新扩散曲线"，人们对于在互联网上跟随外教学习这一"新生事物"的接受度，才刚到前15%的"前驱者"阶段。"所以现在大家对品牌的认知还是很弱，但好处在于市场空间非常大。"对于未来，郅慧做出了比较乐观的判断。但她同时也强调，接下来将是品牌塑造的关键时期，必须要用差异化的定位和服务来建立品牌认知。

"同质化"的市场里，差异化怎么做？尽管在线外教英语被大多数人认为差异不大，但其实每家企业都有不同的细节区别。郅慧认为，这些细节正是差异化竞争的关键。

在教师制度上，大部分在线外教平台都采用约课制，并不固定教师。而哒哒英语则坚持老师与学生固定搭配，每周固定上课时间。相比于约课制，固定学生、固定上课时间的模式在教师运营上显然更有难度。为此，哒哒英语开发了为老师和学生进行排课的专门系统，极大地提高了运营效率。

在系统研发上，郅慧还选择了自主研发。对于为此投入资源的原因，郅慧解释道，语言学习中的细节是第三方无法提供的，所以必须自己花资源来做研发。

哒哒英语也没有选择常规的线上流量广告和线下的公交、地铁、楼宇广告，而是与湖南卫视的明星亲子综艺节目《妈妈是超人》合作，希望以更精准的方式触达目标用户，也就是孩子的妈妈。目前来看，这样做的效果很好。

目前，哒哒英语保持着20%左右的月增长。对于盈利，郅慧并不寄望于降低获客成本，或者用降低课程质量的方式提升毛利，而是希望用质量保证续单率，做好口碑。

哒哒英语独家主推一对一固定外教模式授课，固定师生关系，最大限度地保障了孩子的学习效果，而极具市场影响力的营销推广方式，更体现了哒哒英语在运营方面的独特之道。

在突破同质化的道路上,哒哒英语不断创新,成为行业新的标杆。

【关联理论】

市场结构的差别决定了在这些市场经营的企业的定价与生产决策。对竞争企业而言,边际收益等于物品的价格。竞争市场的一个非常重要的特征是每个卖方提供的物品大体上是相同的,否则竞争企业不可能充当价格接受者。一旦市场上不同企业之间的产品出现了差异,无论这种差异是来自产品质量还是来自服务质量,这种市场都可能偏离完全竞争市场的结构。

【案例解析】

互联网教育市场从无到有,从少数厂商提供产品到大量厂商提供相类似的产品,逐步形成了竞争市场,具有竞争市场的特征。由于大量厂商生产同质化严重的产品,厂商为了卖出更多产品以扩大规模,只能以比竞争对手更低的价格出售。厂商之间互相竞争的结果使网联网教育产品价格逐渐走低,利润也越来越薄。在竞争市场中的厂商为了能在竞争中脱颖而出,需要差异化定位,创建强势品牌,靠过硬的质量和服务来赢得消费者。

完全竞争和垄断是市场结构的极端形式,但是大部分市场介于这两种极端之间,兼具竞争与垄断的成分。一旦互联网教育市场的竞争向纵深发展,即关注以质量为核心的产品质量、服务质量、价格竞争、市场美誉度等,互联网教育市场就可能会由竞争市场转向垄断竞争市场,这是因为存在产品差异,即每个企业的产品都略有差别。这种差别使每个卖者都拥有一定的决定自己价格的能力,此时企业面临一条向右下方倾斜的需求曲线,而不是水平的需求曲线。

四、课外习题

(一)术语解释

1. 竞争市场
2. 边际收益
3. 停止营业
4. 退出市场
5. 沉没成本

(二)单项选择

1. 以下哪一项不是竞争市场的特征?(　　)
   A. 市场有大量的买者和卖者　　B. 市场中交易的物品相同
   C. 厂商可以自由进入或退出市场　　D. 厂商在长期可以获得正的经济利润
2. 以下哪一个市场可以近似地看作是竞争市场?(　　)
   A. 铜　　B. 可乐　　C. 房地产　　D. 卡车
3. 如果处在竞争市场中的企业产量翻一翻,那么(　　)。
   A. 物品不能全部卖出去　　B. 利润也会翻一翻
   C. 总收益也会翻一番　　D. 以上都错

4. 对于竞争企业来说,边际收益等于( )。
   A. 边际成本　　　　　　　　　　B. 平均收益
   C. 物品的市场价格　　　　　　　D. 以上都对

5. 竞争企业利润最大化的条件是( )。
   A. 边际收益等于边际成本　　　　B. 边际收益等于平均总成本
   C. 边际收益等于平均可变成本　　D. 边际收益等于平均固定成本

6. 如果竞争企业的生产水平处在边际收益等于边际成本上,那么( )。
   A. 增加产量可以提高利润　　　　B. 减少产量可以提高利润
   C. 维持产量可以获得最大利润　　D. 暂时停止营业

7. 在短期中,竞争企业的供给曲线是( )。
   A. 平均总成本曲线以上的那段边际成本曲线
   B. 平均可变成本曲线以上的那段边际成本曲线
   C. 平均总成本曲线中向右上方倾斜的那段
   D. 平均可变成本曲线中向右上方倾斜的那段

8. 在长期中,竞争企业的供给曲线是( )。
   A. 平均总成本曲线以上的那段边际成本曲线
   B. 平均可变成本曲线以上的那段边际成本曲线
   C. 平均总成本曲线中向右上方倾斜的那段
   D. 平均可变成本曲线中向右上方倾斜的那段

9. 一家杂货店在以下哪种情况下应该在晚上关门?( )
   A. 仍然开业的总成本大于仍然开业带来的总收益
   B. 仍然开业的总成本小于仍然开业带来的总收益
   C. 仍然开业的可变成本大于仍然开业带来的总收益
   D. 仍然开业的可变成本小于仍然开业带来的总收益

10. 长期市场供给曲线的特征是( )。
    A. 总是比短期市场供给曲线富有弹性　B. 总是比短期市场供给曲线缺乏弹性
    C. 与短期市场供给曲线有同样的弹性　D. 总是完全有弹性

11. 在长期中,只要销售物品的价格低于( ),部分企业就将退出市场。
    A. 边际收益　　　　　　　　　　B. 平均收益
    C. 边际成本　　　　　　　　　　D. 平均总成本

12. 如果市场上所有企业都有相同的成本结构,而且市场上一种物品生产所用的投入品容易得到,那么该物品的长期市场供给曲线应该是( )。
    A. 完全有弹性　　　　　　　　　B. 完全无弹性
    C. 富有弹性　　　　　　　　　　D. 缺乏弹性

13. 如果生产一种物品所需要的一种投入品供给有限,以致该行业扩大引起市场上所有现有企业的成本增加,那么该物品的长期市场供给曲线可能是( )。
    A. 完全有弹性　　　　　　　　　B. 完全无弹性
    C. 向右上方倾斜　　　　　　　　D. 向右下方倾斜

14. 如果一种物品的长期市场供给曲线是完全有弹性的,在长期中该物品需求增加将引起( )。

A. 物品市场价格上涨,同时市场中企业数量维持不变
B. 物品市场价格不变,同时市场中企业数量增加
C. 物品市场价格不变,同时市场中企业数量维持不变
D. 物品市场价格上涨,同时市场中企业数量增加

15. 在竞争市场长期均衡时,企业的经营状态是(　　)。
A. 在平均总成本的最低点　　　　B. 边际收益与边际成本相交点
C. 在最佳生产规模上　　　　　　D. 以上都对

(三) 判断正误

1. 市场上有许多买者和卖者以及交易相同的物品是竞争市场的特征。(　　)
2. 竞争企业边际收益等于市场价格。(　　)
3. 如果一个竞争企业出售了三倍于原来的产量,则它的总收益增加量通常少于原来的三倍。(　　)
4. 当企业生产的产量达到边际收益等于边际成本时,企业可以获得正的经济利润。(　　)
5. 如果在企业现有的产量水平时,边际成本大于边际收益,那么企业减少产量反而能增加利润。(　　)
6. 一个竞争企业的短期供给曲线是位于平均总成本曲线以上的那段边际成本曲线。(　　)
7. 一个竞争企业的短期供给曲线是位于平均可变成本曲线以上的那段边际成本曲线。(　　)
8. 在竞争市场上,单个买方可以影响市场价格。(　　)
9. 在长期中,竞争市场中的所有企业都只能获得零利润。(　　)
10. 在短期中,竞争企业可能获得正的经济利润,也可能亏损。(　　)

(四) 简答题

1. 请简述完全竞争市场的三个特征。
2. 你到肯德基花9.5元买了一对肯德基香辣鸡翅。在吃了一口之后,你觉得很难吃。你的同学建议你吃完它,因为你已经付钱了。你应该继续吃完还是不吃了?原因呢?
3. 一个竞争企业的短期供给曲线是如何构成的?请解释。
4. 在什么条件下,长期市场供给曲线向右上方倾斜?
5. 考虑一个竞争市场上的某个企业,如果它的产量翻了一番,总收益会如何变动?为什么?

(五) 应用题

1. 汽油、休闲装、小麦、家用电器和自来水等市场可能是竞争市场吗?请解释。
2. 校外小餐馆是个竞争性行业,小餐馆老板是个追求利润最大化的人。他索要的价格是1份套餐27元。他每天的总成本为280元,其中30元是固定成本。在假期,他每天只能卖出10份套餐,再无其他销售收入。在假期他会停止营业吗?在长期他会退出市场吗?为什么?

3. 考虑某竞争市场中的一家追求利润最大化的企业,它的当前产量为100单位。它的平均收入为10元,平均成本为8元,固定成本为200元。它的利润为多大?它的边际成本为多大?它的平均可变成本为多大?该企业的有效率规模是大于、小于还是恰好等于100单位?

(六) 拓展思考题

1. (1) 为什么短期市场供给曲线向右上方倾斜,而长期市场供给曲线是完全有弹性的?

(2) 为什么在竞争市场的长期均衡时,所有企业都处在有效规模状态?

2. (1) 完全竞争市场是指竞争充分而不受任何阻碍和干扰的一种市场结构,尽管完全竞争市场在现实经济生活中几乎是不存在的,但研究完全竞争市场类型仍有其积极的意义。你认为完全竞争市场有哪些作用?又有哪些缺陷?

(2) 请运用完全竞争市场理论对以下案例进行评述:

3年301家书店关门 传统书商如何过冬

近几年来,在电商冲击及电子阅读分流背景下,不少传统实体书店图书销量持续下滑、连年亏损。前日,重庆市解放碑精典书店,店内各个角落都有低头选书、看书的人,不少人直接席地而坐,书店中央的座位一座难求。但与书架前人气爆棚的场景不同,书店门口的收银台前却格外冷清。在选书区,《重庆商报》记者发现,部分读者在小本子上记录着图书名;还有部分年轻读者则用手机扫描图书封面,连接电商网页。在半小时内,仅4名读者买书,其中1人买的是杂志。这样的情景也在江北重庆购书中心、沙坪坝区西西弗书店等上演。

记者对20名各年龄段读者调查发现,28.57%的人超过1年没进过书店;52.38%的人选择网购图书或看免费电子书;23.81%的人选择在传统书店选、试读,再网购。精典书店总经理杨一告诉记者,从2007年开始,书店销量每年同比下降10%—20%,如今日销售额降幅已达50%。部分书店没能撑下去,国内最大的民营连锁书店——光合作用书店也在2011年关门。倒下的不只是光合作用书店。昨日,记者从重庆市文化委员会规划发展处了解到,2009年,重庆市有5139家实体书店;到2012年,减少到4838家。3年时间,301家书店消失,平均每个月超过8家书店关门。

"图书的利润本来就相当低,网购价连成本都不够。目前,国内大型图书网购平台打折卖书,只是为吸引流量。"杨一表示,传统书店的图书,正价销售利润都不高,更不敢打折。西西弗书店重庆地区运营负责人康女士也表示,网络购书、网上阅读必然对实体书店形成冲击。易观智库提供的数据显示,2013年第二和第三季度,国内B2C图书出版物市场交易分别达36亿和39亿元,同比增长42.2%和34.4%。其中,当当网、亚马逊中国、京东等占了大头。杨一告诉记者,精典书店解放碑八一路店占地600多平方米,租金每5年涨一次。租金和人员工资均占书店全部图书定价总额的十几个百分点,再加上会员购书打折,利润基本上没了。"上世纪90年代,在重庆大街小巷随处可见大大小小的书店,如今高额的租金将书店、书摊都吓垮了。"市作协副主席、重报集团出版公司总经理李元胜则表示,昂贵的房租和繁重的税费也是传统书店的生存难题。

2008年入渝的西西弗在重庆已开了4家书店,今年还要开2家。"网络阅读有其优势,但也有不足。书店的物理空间、阅读氛围、书友间面对面的交流,网络就不能提供。"康女士表示,西西弗不会靠折扣赢得读者,而是会不断提升文化生活体验。目前,西西弗书店由书店、咖啡馆、创意产品区三部分构成。主业始终是图书,并不断扩展经营思路,满足书友日益复杂的消费需求。"西西弗模式的核心是'以书会友',书店、信息集成是外延。"康女士告诉记者,2013年重庆西西弗书店共举办了130场文化活动,如新书签售、品酒会、明星见面会等,通过书店吸引读者交流互动。李元胜认为:"未来,小而美的独特气质书店可在市场竞争中脱颖而出。"传统书商们希望通过自救扭转亏损的局面,同时也期待遏制电商无限制打折卖书的行为。

资料来源:重庆商报,2014年1月24日。

五、习题答案

(一) 术语解释

1. 竞争市场:有许多交易相同产品的买者和卖者,以至于每一个买者和卖者都是价格接受者。

2. 边际收益:增加一单位销售量引起的总收益变动。

3. 停止营业:指企业由于当前的市场条件而在某个特定时期不生产任何东西的决策,停止营业是暂时的,企业在停止营业期间同样要支付固定成本。

4. 退出市场:指企业离开市场的长期决策,说明企业不再返回到市场中,此时企业不存在固定成本的支出。

5. 沉没成本:已经发生而且无法收回的成本。

(二) 单项选择

1. D　2. A　3. C　4. D　5. A　6. C　7. B　8. A　9. C　10. A
11. D　12. A　13. C　14. B　15. D

(三) 判断正误

1. √　2. √　3. ×　4. ×　5. √　6. ×　7. √　8. ×　9. √　10. √

(四) 简答题

1.【考查要点】 竞争市场的特征。

【参考答案】 市场上有许多买者和许多卖者;各个卖者提供的物品大体上是相同的;企业可以自由地进入或退出市场。

2.【考查要点】 沉没成本。

【参考答案】 不吃了;因为已经付了的钱属于沉没成本,不应该影响当前的决策。

3.【考查要点】 竞争企业的短期供给曲线。

【参考答案】 一个企业的短期供给曲线是企业平均可变成本曲线以上的那段边际成本曲线,因为企业的利润在 $P = MC$ 时最大,而且,在短期中,固定成本是无关的,企业应该只弥补其可变成本。

4.【参考要点】 竞争市场的长期供给曲线。

【参考答案】 长期市场供给曲线向右上方倾斜的条件是生产所需要的一种投入品的供给是有限的,或者企业有不同的成本。

5.【考查要点】 竞争企业的总收益。

【参考答案】 总收益也翻了一番;因为单个企业增加产量不会影响市场价格,企业还是以原来的价格卖出2倍数量的物品,因此总收益也会翻一番。

(五) 应用题

1.【考查要点】 竞争市场的特征。

【参考答案】 汽油市场是竞争市场,因为该市场有许多买方和卖方,且卖方的物品几乎相同;休闲装市场不是竞争市场,因为不同厂商生产的休闲装的品牌、质量、款式等存在差异;小麦是竞争市场,因为该市场有许多买方和卖方,且卖方的物品几乎相同;家用电器不是竞争市场,因为不同厂商生产的家用电器的品牌、质量、设计等存在差异;自来水不是竞争市场,因为卖方数量通常只有一家。

2.【考查要点】 停止营业和退出市场。

【参考答案】 短期不会停止营业,因为每天收入270大于可变成本250;长期会退出市场,因为每天总收益小于每天总成本。

3.【考查要点】 竞争企业的利润。

【参考答案】 200;6;6;大于。

(六) 拓展思考题

1.(1)【考查要点】 短期市场供给曲线和长期市场供给曲线。

【参考答案】 在短期中,企业不能退出或进入市场,因此短期市场供给曲线是现有企业向右上方倾斜的边际成本曲线的水平相加。但是在长期中,如果价格高于或低于最低的平均总成本,企业就将进入或退出市场,这使价格总要回到每个企业的平均总成本的最低点,但市场总供给量会随着企业数量增加或减少。因此,市场长期供给曲线是水平的,即完全有弹性。

(2)【考查要点】 竞争市场的长期均衡。

【参考答案】 在长期均衡时,企业必须获得零利润,以使企业不能进入或退出该市场,处于有效规模状态。当$P=ATC$时就出现了零利润,而且对竞争企业来说,$P=MC$决定了生产水平,只有在平均总成本最低点时,才有$P=ATC=MC$。

2.(1)【考查要点】 完全竞争市场的作用及缺陷。

【参考答案】 ① 完全竞争市场的作用:其一是促使微观经济运行保持高效率。完全竞争市场全面排除了各种垄断和各种限制,完全依据市场的调节运行,因而可以促使微观经济运行保持高效率。其二是促进生产效率的提高。完全竞争市场可以促使生产者以最低成本进行生产,从而提高生产效率。因为在完全竞争市场条件下,每个生产者都只能是市场价格的接受者,因而他们要想使自己的利润最大化,就必须以最低的成本进行生产。其三是增进社会利益。完全竞争市场中的竞争,在引导生产者追求自己利益的过程中,也有效地促进了社会的利益,这是亚当·斯密的重大发现及著名论断。其四是提高资源的配置效率。在完全竞争市场条件下,资源能不断地自由流向最能满足消费者需要的商品生产部门,资源在不断的流动过程中实现了在不同用途间、不同效益间和在生产过程的不同组合间的有效选择,使资源发挥出更大的效用,从而也就会大大提高资源的配置效率与配置效益。其五是消费者及消费需求满足的最大化。在完全竞争市场条件下,价格趋向等于生产成本。因而,在许多情况下,它可以形成对消费者来说最低的价格,而且完全竞争市场条件下的利润比其他非完全竞争市场条件下的利润要小,所以在纯粹竞争的情况下,获利最大的是消费者。同时,完全竞争市场还可以使消费需求的满足趋向最大化。

② 完全竞争市场的缺陷:其一是现实的市场经济难以全面具备完全竞争市场的所有前提条件,因此,完全竞争市场在实践中很难出现。完全竞争市场只是西方经济学家在研究市场经济理论过程中的一种理论假设,是他们进行经济分析的一种手段和方法。例如,在现实经济中,即使进入市场非常自由,由于其他各个方面条件的限制和影响,进入市场中的企业也不可能无限多,即使市场中已存在大量的企业,这些企业也只能是小企业。其二是完全竞争市场也会造成资源的浪费。在完全竞争市场条件下,自由进入使效率更高、产品更能适合消费者需求的企业不断涌进市场,而那些效率低、产品已不能适应消费者需求的企业则不断地被淘汰退出市场。由于在这个过程中,相对落后企业的设备与劳动力在仍然可以发挥作用的情况下被迫停止使用,这样必然造成宝贵的物质资源和劳动力资源的浪费。

(2)【考查要点】 完全竞争市场的三大特征及其理解。

【参考答案】 完全竞争市场的三个主要特征是:其一,市场中存在大量的买方和卖方;其二,每个卖方提供的物品大体上是相同的;其三,企业可以自由进入或退出市场。图书销售市场可以近似地看作完全竞争市场,表现为卖方数量很多,产品同质化明显。市场上许多书店,虽然书店规模有大有小、有连锁的也有独立经营的,书的品种有多有少,但是消费者一般都可以通过不同的书店买到相同的书,因此每家书店都会提供基本相同的价格折扣。在一些大型电商企业还没有开始网上售书之前,传统实体书店都能够维持经营。但在网上书店以更高的折扣吸引购书者而获得迅速发展时,由于网上书店的价格优势,传统书店难以持续经营。这是因为,只要是同一个出版社出版的某种图书,不管从哪个渠道购买,得到的图书都是一样的。因此,理性的消费者会寻找价格最低的购买渠道。由于网上书店的许多优势,使其同样的图书比实体书店有更低的价格,造成了实体书店大量顾客流失,一些书店由于持续亏损而不得不关门,退出图书市场。传统实体书店的经营每况愈下,要持续经营下去就需要探索差异化经营的有效途径。

第 15 章
垄　断

一、学习精要

(一) 教学目标

1. 理解垄断的基本概念,领会垄断形成的三个主要原因。
2. 掌握垄断行为的影响,即垄断者如何做出生产和定价决策,以及他们如何对经济福利产生影响。
3. 理解价格歧视的内涵,掌握完全价格歧视和不完全价格歧视对经济福利的影响。
4. 掌握四种针对垄断问题的公共政策,包括反托拉斯法、管制、公有制以及不作为等。

(二) 内容提要

如果一个企业是其产品唯一的卖者,而且其产品并没有相近的替代品,那么这个企业就是一个垄断企业。作为论述企业行为和产业组织的五章中的第三章,本章再次运用第 13 章中提出的成本曲线,说明一个垄断企业的生产数量和定价决策,以及政府对待垄断的态度和相应管制手段。

1. 为什么会产生垄断?

垄断产生的基本原因是进入壁垒,而进入壁垒又有三个形成原因:其一是垄断资源,即单个企业拥有生产某种产品所需要的关键资源;其二是政府管制,即政府给予单个企业排他性地生产某种物品或服务的权利;其三是生产流程,即某个企业能以低于大量生产者的成本生产产品,从而产生自然垄断。

2. 垄断者如何做出生产与定价决策

(1) 垄断企业面临着向右下方倾斜的产品需求曲线。垄断企业可以通过选择数量和买者愿意支付的价格来选择需求曲线上任何一种价格—数量组合。

(2) 垄断企业在每卖出一单位商品时必须降低价格,即它必须降价才能售出更多的数量,而这会使边际收益低于其物品的价格。与竞争企业一样,垄断企业通过生产边际收益等于边际成本($MR = MC$)的产量来实现利润最大化。由于边际收益曲线在需求曲线之下,垄断企业通过最大化产量和需求曲线来确定其收取的价格。

(3) 对于竞争企业而言,由于企业面临的需求曲线是完全有弹性的,因此 $P = MR$,利润最大化的均衡要求 $P = MR = MC$。但对垄断企业而言,$P > MR$,因此利润最大化的均衡要求 $P > MR = MC$。因此竞争市场上的价格等于边际成本,而垄断市场上的价格大于边际成本。

(4) 与竞争企业相同,垄断企业利润为 $(P - ATC) \times Q$,即每单位平均利润乘以销售量。

3. 垄断的福利代价

(1) 如果一个垄断企业要生产社会有效产量,即通过生产所有买者评价大于或等于生产成本的产量而使总剩余最大化,那么它必须生产边际成本曲线与需求曲线相交的产量水平。但实际上,垄断企业选择的是边际收益曲线和边际成本曲线相交的产量水平,而垄断企业的边际收益曲线总在总需求曲线下方,因此垄断企业生产的产量低于社会有效产量。

(2) 垄断企业生产的产量低于社会有效产量,从而使垄断企业可以收取高于边际成本的价格,因此垄断会引起无谓损失。原因在于在垄断高价时,消费者不能购买评价高于垄断企业成本的产量。

(3) 垄断产生的无谓损失与税收产生的无谓损失基本相似,而且垄断企业的利润类似于税收收入。不同点在于政府得到了税收收入,而垄断企业得到了垄断利润。由于垄断企业得到的利润只是从消费者剩余转变为生产者剩余,因此垄断利润并不是一种社会成本。垄断的社会成本是当垄断企业生产的产量低于社会有效产量时引起的无谓损失。

4. 价格歧视

(1) 垄断企业(以及其他具有市场势力的企业)试图通过对有更高支付意愿的消费者收取更高的价格来增加利润,通常表现为以不同价格向不同顾客出售同一种物品,这种行为被称为价格歧视。

(2) 因为在向每个顾客收取接近其个人支付意愿的价格时,垄断者的利润会增加,所以价格歧视是利润最大化垄断企业的理性决策。

(3) 由于价格歧视下的垄断企业的产量会超过其在垄断定价时的结果,尽管此时增加的剩余(减少的无谓损失)均由生产者而不是消费者获得,但也可以认为价格歧视可以增进经济福利。

(4) 完全价格歧视指的是垄断企业向每个顾客收取的价格完全等于其支付意愿,此时由于生产并消费有效产量,因而没有无谓损失,但总剩余以利润的形式全部归垄断企业所拥有。

5. 针对垄断的公共政策

垄断不能有效配置资源,其主要原因在于垄断企业不仅生产的产量少于社会最优产量,而且收取的价格高于边际成本。政府决策者通常会用四种方式解决垄断问题以增进社会福利:

(1) 用反托拉斯法增强竞争:用反托拉斯法等法律使所涉及行业更具竞争性,如阻止减少竞争的合并或合谋、为增强竞争而分解极大的公司等。由于规模经济可能存在,因而政府实施这些法律时可能会遇到决策困境。

(2) 管制:自然垄断的情况下,政府机构不允许这些公司收取他们想收取的任何价格,而是对价格进行管制,方式主要有垄断企业的边际成本定价法和平均成本定价法两种。

(3) 公有制:把一些私人垄断企业变为公共企业,此时政府不是管制由私人企业经营的自然垄断,而是自己经营自然垄断。这在欧洲许多国家是常见的,主要在电话、供水、电力等公用事业领域。经济学家对私有制的偏爱大于公有制,因为私有制有更大的激励使得成本最小化。

(4) 不作为:每一项减少垄断的政策都有其缺点。因此,政府不去设法纠正垄断定价的无效率也不失为一种解决垄断的策略。

6. 结论:垄断的普遍性

(1) 从公共政策角度看,垄断企业生产少于社会有效率的数量,并收取高于边际成本的价格,因此垄断引起无谓损失。在某些情况下,垄断企业可以通过价格歧视来减少这种无效率。但在另一些情况下,需要政策制定者发挥积极作用。

(2) 因为大多数企业对他们收取的价格都有某种控制力,因此在某种意义上来说,垄断是普遍的,垄断势力只不过是一个程度问题,但有相当大的垄断势力的企业是很少的。

(三) 关键概念

1. 垄断企业:作为一种没有相近替代品的产品的唯一卖者的企业。
2. 自然垄断:由于一个企业能以低于两个或更多企业的成本向整个市场供给一种物品或服务而产生的垄断。
3. 价格歧视:以不同价格向不同顾客出售同一种物品的经营做法。
4. 完全价格歧视:垄断企业对每位顾客收取的价格正好等于该顾客的支付意愿的情况。
5. 套利:在一个市场上以低价购买一种物品,而在另一个市场上以高价出售该物品,并从价格差中获利的过程。
6. 政府管制:具有法律地位的、相对独立的政府管制者(或机构),依照一定的法规对被管制者(主要是企业)所采取的一系列行政管理与监督行为。

(四) 拓展提示

1. 垄断企业是其市场上唯一的卖者。当一个企业拥有一种关键资源,当政府给一个企业排他性地生产一种物品的权利,或者当一个企业可以比许多同行企业以较低成本供给整个市场时,垄断就产生了。因此,在界定是否出现垄断时,不仅要看某一企业在市场上的占有率,更重要的是看其产品在市场上的可替代性和竞争力。

2. 垄断企业可以选择产量,并找出买者愿意支付的价格,或者垄断企业可以选择价格,并找出买者将购买的数量。这就是说,垄断企业仍然要服从于其物品的需求曲线。如果高价格和高产量的组合并不在垄断企业所面临的需求曲线上,那么垄断企业就不能选择这种组合。

3. 成为垄断企业并不能保证能赚到利润。例如我们每个人都可以在镶金的教科书这一领域成为垄断者,但其成本高到可能没有利润。类似地,得到一种物品的专利并不能保证你享有未来的利润。

4. 完全价格歧视描述垄断企业完全了解每位顾客的支付意愿,并对每位顾客收取不同价格的情况。在现实中,价格歧视是不完全的。与单一价格的垄断结果相比,不完全价格歧视可能增进、减少市场总剩余,或使市场总剩余不变。但唯一可以确定的结论是,价格歧视增加了垄断利润。

5. 部分政府对垄断企业采取边际成本定价法,即要求垄断企业的价格等于其边际成本。但由于自然垄断下的平均总成本递减,而边际成本小于平均总成本,因此一旦管制者要求自然垄断者收取等于边际成本的价格,价格必将低于平均总成本,从而导致垄断企业处于亏损状态。管制者可以用两种方式对这一问题做出反应,其一是补贴垄断企业,即由政府承担边际成本定价固有的亏损,但由于政府要通过税收筹集资金,因而又会引起税收本身的无谓损失;其二是采取平均成本定价法,即允许垄断企业收取高于边际成本的价格,要求受管制的价格等于平均成本,垄断企业正好获得零经济利润,但此时不仅会引起无谓损失,而且不能有效激励垄断企业降低成本。

二、新闻透视

（一）新闻透视 A

滴滴出行收购优步中国是否涉嫌垄断？

2016年8月1日，互联网专车平台滴滴出行（以下简称"滴滴"）宣布，与优步全球（Uber）达成战略协议，滴滴将收购优步中国的品牌、业务、数据等全部资产。双方达成战略协议后，滴滴和优步全球将相互持股，成为对方的少数股权股东。

优步全球将持有滴滴5.89%的股权，相当于17.7%的经济权益，优步中国的其余中国股东将获得合计2.3%的经济权益。同时，滴滴创始人兼董事长程维将加入优步全球董事会。优步创始人特拉维斯·卡兰尼克也将加入滴滴董事会。滴滴并未公布其对优步全球的持股比例。根据彭博社之前的报道，滴滴投资10亿美元，占优步全球估值680亿美元的1.47%。优步中国和滴滴合并后的新公司，估值将达到350亿美元。

由于滴滴和优步中国在中国专车出行市场的份额较大，外界普遍认为这一交易需要经过中国商务部的反垄断审批。2008年发布的《国务院关于经营者集中申报标准的规定》规定，若参与集中的所有经营者上一年度在中国境内营业额合计超过20亿元人民币，并且至少两者在中国境内的营业额均超过4亿元人民币，或者参与集中的所有经营者上一会计年度在全球范围内营业额合计超过100亿元人民币，并且其中至少两个经营者在中国境内的营业额均超过4亿元人民币，需要进行申报。

具体就滴滴收购优步中国而言，主要看两家企业上一年度的营业额总和是否超过20亿元，每家是否超过4亿元。如果达到这个标准，需要事先申报并通过审查，否则不能收购。值得注意的是，滴滴与优步中国的营业额指的是企业自己的收入，而不是平台上的交易额，因为订单中的交易金额全部或者大部分属于网约车司机，而不属于平台，不能计算为企业收入。

"核心问题是经营额算法问题"，上海大邦律师事务所知识产权律师游云庭在接受《第一财经》记者采访时表示，一种算法是用户付给滴滴和优步中国的车费都算经营额，那么两家公司合并就触发了反垄断申报。还有一种算法，将司机车费扣掉只算服务费，服务费本身是很低的，就不触及经营者集中问题。而根据目前滴滴开具的发票来看，所有费用都包含在内，或已触发反垄断申报。但反观互联网市场多起并购事件都未触发反垄断申报，游云庭认为背后的逻辑在于这些企业都是在亏损严重的情况下达成合并，即便达到申报标准，两家公司的合并目的是减少低于成本价销售等恶性竞争行为，因此也有很大机会通过反垄断审查。也有观点认为，从公开数据来看，滴滴2015年在华净收入超过60亿元人民币，超过所有经营者在华收入的申报标准20亿元；但优步中国2015年会计年度净收入可能不足4亿元——若这一数据属实，那么滴滴收购优步中国将无须申报反垄断审查。

资料来源：滴滴收购 Uber 中国 是否涉及反垄断. 新浪财经. (2016-8-1)[2020-5-30]. http://finance.sina.com.cn/chanjing/gsnews/2016-08-01/doc-ifxunyxy6234885.shtml.

【关联理论】

垄断产生的基本原因是进入壁垒，其他企业不能进入市场并与现有企业竞争。在理论上，如果一个企业是其产品唯一的卖者，而且其产品并没有相近的替代品，那么这个企业就是一个垄断企业。垄断企业是"价格制定者",而不是"价格接受者"。在实践中,分析垄断和反垄断问题很关键的标准是该企业在所在行业是否具有一定的市场势力以及是否存在滥用市场支配地位的情况。

【新闻评析】

在理论上,竞争企业接受市场给定的价格并选择供给量,以使价格等于边际成本。与此相反,垄断企业收取高于其边际成本的价格。而在实践中,我们在分析垄断和反垄断的问题时,很关键的标准是看该企业在所在行业是否具有一定的市场势力,且是否足以影响价格甚至滥用市场支配地位,以至于不能有效地配置资源。在以上新闻中,滴滴出行收购优步中国是否属于垄断,具体可以从三个方面来综合考虑:

第一,市场份额不能作为判断是否形成垄断的唯一标准。以高速发展的智能手机市场为例,诺基亚最多曾占领市场接近70%的份额,但随着苹果、三星以及国内的华为、小米等相继推出,诺基亚已然退出智能手机竞争的第一梯队。实际数据显示,滴滴与优步合并后虽然在网约车市场目前份额较高,但网约车只占到整个出行市场的少数份额,还有公共交通系统等众多其他选择。

第二,评估收购行为到底是为了减少恶意竞争,还是为了阻止其他企业进入市场参与竞争。如果允许其他企业参与竞争,哪怕市场份额很高,也不能认定为垄断。一种观点认为,虽然滴滴收购优步后在国内网约车市场有很高市场份额,但竞争仍然存在。除了滴滴,还有神州专车、易到用车等,消费者仍然可以选择更便宜的平台体验服务,因此,收购行为并没有阻止其他企业进入市场参与竞争。此外,还有观点认为,滴滴收购优步的重要目的之一是减少恶意竞争。多年来,中国专车市场通过补贴乘客和司机来培育壮大市场,因此需要更多的资本投入。在滴滴收购优步中国之前,两家公司相继展开补贴政策,以致1元钱就能打一次车。在滴滴收购优步中国之后,公司将会避免低价无效竞争格局,将更多精力倾注于服务质量和价值提升上。

第三,评估该企业是否利用垄断势力并滥用市场支配地位。中国出租汽车产业联盟秘书长在2017年接受媒体采访时表示,在网约车领域,滴滴和优步中国两者相加的市场份额已经超过90%。更重要的是,它们利用其在市场上的优势地位调价,带有较大随意性和不透明性,因此需要进行监管。但也有观点认为,目前网约车行业参与企业比较多,滴滴收购优步中国并没有支配整个出行的定价权,因此滴滴收购优步中国的垄断行为结论,有待进一步进行反垄断调查。

(二) 新闻透视 B

迟福林:建议2到3年内垄断改革应有重大突破

迟福林认为,中共十八届三中全会决定提出的"使市场在资源配置中起决定性作用"是一个历史性突破:不仅会牵动经济体制改革,也将倒逼全面改革。

"市场决定"的经济增长

我国未来5—10年的经济增长,将取决于能否使市场在资源配置中发挥决定性作用,能否通过转型改革释放增长潜力。其一,释放增长潜力关键在市场。13亿人的消费大市场是我国的突出优势。初步估算,到2020年,我国潜在消费需求将达到50万亿元左右;加上引致的投资需求,内需总规模有望达到上百万亿元。这将为实现7%—8%的中速增长奠定重要基础。把增长潜力转化为现实的经济动力,关键是全面激发市场活力。例如,我国农村市场被公认是全球经济版图上少有的一个亮点。能否把这个大市场激活,取决于市场在农村土地资源配置中是否起决定性作用。农村土地虽然有一定的特殊性,但在严格规划和用途管制的前提下,其配置应主要由市场决定。建议把赋予农民长期而有保障的土地财产权作为农村土地制度改革的重大任务,争取尽快出台赋予农民更多财产权和建立城乡统一建设用地市场的实施方案。其二,未来2—3年市场化改革要有大的突破。建议1—2年内资源要素的市场化改革要有实质性进展,2—3年内垄断改革应有重大突破,显著提高石油、电力、铁路、电信、公共资源以及包括金融在内的服务业等领域向社会资本开放的水平。

"市场决定"的有为政府

"市场决定"不是不要政府,而是需要一个尊重市场规律的有为、有效、有力、有责的政府。其一,建立公平竞争导向的宏观调控体系。要把宏观调控与行政审批职能严格分开,与财政金融体制改革有机结合,建立以独立货币政策和公共财政政策为主的宏观调控体系。其二,尽快出台负面清单与权力清单。要以负面清单管理界定政府边界,倒逼行政审批改革;中央政府应尽快制定和公布负面清单和权力清单;鼓励支持有条件的地方先行试验。其三,推动地方政府向公共服务主体回归。建议明确把地方政府由市场竞争主体转向公共服务主体作为行政体制改革的重大任务;以建立公共服务导向的中央地方财税关系为目标,尽快形成新一轮财税体制改革的行动方案;以废除GDP政绩考核体系为重点,尽快形成地方政府经济行为的制度约束。

"市场决定"的法治建设

形成各类市场主体公平公正参与市场竞争的新格局,重在把过多、过滥干预市场的公共权力关进法治的笼子里。其一,建设法治化的营商环境。尽快出台国家层面改善法治营商环境的综合方案;尽快形成相关的立法、司法改革的行动计划,实质性提升投资者的稳定预期;尽快修改完善市场主体准入与监管的法律法规。其二,推进由行政监管为主向法治监管为主的转变。从实践看,只要行政审批与市场监管合为一体的体制不改变,市场监管的效果就会大打折扣。要把行政审批与市场监管严格分开,改变以审批取代监管的现实情况;有效整合市场监管的行政资源,组建权威性、综合性的市场监管机构;把反行政垄断作为实施《反垄断法》的重点。其三,推动经济司法"去地方化"。受地方利益驱动,地方政府干预经济司法、导致司法不公的现象具有一定普遍性。建议实行中央地方双重法院体制:中央层面的法院体系主要负责经济案件审理;一般民商事案件与治安刑事案件仍由地方法院审理。

"市场决定"牵动影响改革全局,并将伴随着一场更深刻的思想解放:它意味着政府主导型经济的增长方式非改不可,这对于市场主导下加快政府职能转变、更好地发挥政府作用有重大影响;它意味着权力配置资源导致机会不平等、权利不平等的问题非改不可,这对于形成公平竞争的市场环境有重大影响;它意味着官本位、权力寻租、经济特权的问题非改不可,这对于抑制消极腐败、突破利益固化的藩篱有重大影响。我们有责任为推动这一具有历史性意义的全面改革竭心尽力。

资料来源:迟福林:"市场决定"牵动影响改革全局. 中国法院网(2014-3-07)[2020-6-5]. https://www.chinacourt.org/article/detail/2014/03/id/1225837.shtml.

【关联理论】

与竞争市场相比,垄断市场不能有效地配置资源,这是因为垄断生产的产量小于社会合意的产量,收取的价格高于其边际成本。政府决策者会采取公共政策解决垄断问题:(1)用反托拉斯法等努力使垄断行业更有竞争性;(2)管制垄断企业的行为;(3)把一些私人垄断企业变为公共企业;(4)不作为。

【新闻评析】

垄断不能有效地配置资源,在以上新闻中,政府运用了针对垄断的公共政策——促进竞争及管制垄断企业的行为。迟福林所指"使市场在资源配置中起决定性作用",即要加大行业竞争性,充分发挥市场机制,并建议2到3年内垄断改革应有重大突破,具体来说有以下两层含义:

一是政府加大"市场决定"的强度,政府适当放权,政企分开,使市场在资源配置中真正发挥决定性作用。如在严格规划和用途管制的前提下,赋予农民更多财产权;在有约束的前提下,充分发挥政府公共服务主体的功能。

二是努力加大垄断行业自身的竞争性,充分并有效配置市场资源。首先,将社会资本引入现有垄断行业,让全社会共同参与行业竞争,如提高石油、电力、铁路、电信、公共资源以及包括金融在内的服务业等领域向社会资本开放的水平。近年来,政府部门不断鼓励民营资本通过兼并重组等方式进入垄断行业竞争性业务领域,提高产业国际竞争力。此外,还须加强资源要素市场化,紧盯垄断改革实质性进度。其次,用法治加强行业竞争。政府充分认识到,用权力来配置资源会产生各方机会不平等、权利不平等的问题,不利于建立公平竞争的市场环境。应该在增强竞争的同时,有效整合市场监管的行政资源,并组建权威性、综合性的市场监管机构。

(三) 新闻透视 C

papi 酱怒怼"双11",你被"价格歧视"了吗?

小明想在"双11"买价值399元的卫衣。已付定金20元,且定金有三倍膨胀活动,但活动时间是0点至2点,2点以后定金可以抵用50元。此外有付尾款前500免定金活动,同时该店铺有满399减20和满299减10的优惠券,其规则是"定金+尾款-定金膨胀优惠金额"大于或等于"优惠券使用门槛"。还有一种满379减20和满279减10的折扣券,其规则是"尾款-定金膨胀优惠金额"大于或等于"折扣券面额"。但优惠券和折扣券只能选一种。那么小明最后买到这件卫衣最少需要多少钱?

如果说往年"双11"还是拼手气、拼手速、拼网速,那么2017年的"双11"拼的是算数能力和阅读理解能力。除了打折、满减等常用手段,今年众商家的促销活动,可谓是推陈出新,错综复杂。如预售、定金膨胀优惠金、满减红包、直降红包、返现券等优惠券以及7天或30天保价政策……似乎不做足功课,就很难获得较大幅度的优惠,想"剁手"都难了。

2017年11月6日,微博知名大V"papi酱"发布了一则吐槽天猫"双11"的视频。该视频引发了广大网民的共鸣,发布仅一小时,就达到5万的转发量。如此惊人的转发量,与papi酱对天猫"双11"的深刻体会是脱离不开的。本次天猫"双11"不仅优惠券的领取方式十分复杂,就连商品页也十分烦琐,各种领红包、减免方式让无数网友丧失了购物热情。

首先papi酱在视频中吐槽了淘宝"双11"复杂的优惠券领取机制。不同于普通的定时开启、限量或者限时抢优惠,今年天猫"双11"的红包分为满减红包、火炬红包、群战队红包以及捉猫猫红包。火炬红包的领取方式非常耗费人际关系,需要将红包发给朋友,并由朋友帮助点亮。papi酱用一段表演讽刺了火炬红包的领取机制是多么费事以及多么耗费人际关系。而群战队红包的优惠领取流程更加严格,需要500个淘气值大于等于1 000的人全部加入一个小组才能瓜分一个红包,而且如此费心费事且条件苛刻的红包本应奖励丰富,但实际就算群战队达到抢红包的标准,每个人平均也只能分到8块钱。

　　本次天猫"双11"众多商家还参与了预购的模式,即预先交定金,"双11"当天不用抢货也能享受折扣的购物模式。但本次天猫"双11"不仅商品页面非常混乱,同时会使用各种晦涩词语,而且通过限时、限人数等方式来区分优惠的程度,让用户难以看懂最终售价。不少用户表示,看完天猫"双11"的商品宣传,觉得不会奥数就不配购物。也有不少人放弃了这场"数学考试",直接向客服咨询商品最终价格是多少。但还有一部分网民表示看不懂,不买了。此外,天猫"双11"活动期间,大多商家都会为消费者提供店铺优惠券,但优惠券的使用条件十分苛刻,使得消费者只能挑一些不是很喜欢的东西来凑单,从而获得优惠券的减免资格。

　　当然,这一切都是商家的套路。有专家称,电商巨头的行径是非常符合经济学原理的,这个原理叫"价格歧视"。

　　我们假设有这样一个超市,在没有实施价格歧视时,商品按标签统一定价,对所有消费者都按同一个价格出售。很快,超市管理员发现汽水卖不动,为了促销,定了一套规则:原价5元的汽水,现在可以买3瓶套装,定价13元。这时可能就有不少人,原本只想买一到两瓶甚至不打算买汽水,也多加钱买了三瓶汽水的套装。这就叫二级价格歧视,管理员并不知道消费者是什么人,也不知道消费者的喜好和能力如何,但通过区别化设计产品和定价,就将那些爱占便宜的、怕吃亏的、哪怕买回去不喝也先囤起来的消费者吸引了过来,从而将更多的消费者剩余转化为商家的利润。

【关联理论】

　　价格歧视是指企业以不同价格把同一物品卖给不同顾客。现实中垄断企业可以通过多种不同方式掌握客户的支付意愿,并对每位顾客收取不同价格。对于一个实行价格歧视的企业来说,它一定具有某种市场势力,并具备分析不同消费者群体的不同商品需求弹性的手段。

【案例解析】

　　在经济学中,消费者愿意接受的价格主要取决于消费者的支付意愿,而支付意愿又由边际效用决定。消费者买到的第一件产品通常被认为边际效用最大,随着获得产品数量的增加,效用价值递减,当增加的数量足够多以后,很可能效用甚至为负,消费者开始讨厌这种商品了。这是站在消费者角度看到的问题,如果站在生产者一方会看到什么呢？生产者要让自己获得的利润足够大,但是很多时候又不能降低生产成本,那么他唯一能做的就是提高价格,但是提高价格的前提必须是消费者愿意购买你的产品,而你为了实现这一点就必须提高消费者的消费意愿,也就是要使消费者对你产品的期望效用加大。每年的"双11"已经成为国内最大的线上购物节,很多消费者都积蓄"能量"在这一天"抢实惠",而商家正是成功利用优惠活动将时间成本不同或者说支付意愿不同的消费者加以区分,从而对消费者有效实施价格歧视。

　　在以上新闻中,商家给优惠设置重重障碍,目的就是通过各种活动区分不同支付意愿的消费者。由于每个人的消费需求及收入水平有差异,有些消费者为了能购买到便宜的商品,愿意额外付出"看规则、抢红包、算数字、交定金、熬夜秒杀、快递爆仓、半个月收不到货"等一系列时间成本,这种购买行为需要耗费买家大量的时间和精力,因此此类消费者属于"时间价值小于优惠券价值"类型的消费者,此时商家通过出售限时限量打折商品吸引这些顾客,而买家则需要耗时抢单。当然也存在另一类消费者,宁愿多花钱也懒得搜集优惠券,他们即属于"时间价值大于优惠券价值"类型的消费者。企业通过区分消费者是否愿意付出时间成本或被限制选择权等手段窥视其支付意愿,并依据消费者不同的支付意愿给予不同的商品价格,这就是典型的价格歧视,由此,商家将原本属于消费者的福利转化成生产者剩余和商家的利润。

三、案例研究

(一) 案例研究 A

银行业的蓝鲸怪象:中国银行业的"暴利"与改革

如今的中国银行业,就像一条慵懒的蓝鲸,蓝鲸是地球上生存过的体型最大的动物(中国银行业的利润占全球银行业总利润的 20% 以上,中国工商银行市值全球第一),靠吃食物链底层的磷虾(银行利润 70% 以上来源于利差)维持自身一百多吨的身体(2011 年,中国银行业金融机构的总资产达到 113.28 万亿元,商业银行净利润超过万亿元大关,达到 10 412 亿元)。

银行利润 70% 以上来源于利差。过去 5 年,在中国银行业的利润中,利息净收入和手续费及佣金收入一直都是主要来源。2007—2010 年,16 家上市银行利息净收入占营业收入的比重,最低为 70%,最高甚至达到 101%;中间业务普遍在 20% 以下,大部分都在 10% 以下。而据全球银行与金融机构分析库 Bank Scope 的统计,对于欧美甚至东盟地区的商业银行来讲,息差占比一般只有 50%—60%,中间业务则都在 20% 以上。2010 年,中国 GDP 占世界比重只有 9.5%,但中国银行业利润却占到了全球银行业总利润的 20% 以上,这意味着中国银行业从实业获取的利润远远超过了国际水平。

两头食利的"金融创新"。中国的上市银行"两头食利":一方面通过压低储户的存款利率,直接向存钱的老百姓"收税";另一方面银行还发明出"手续费""财务顾问费"等"中间业务",对老百姓进行变相"盘剥",这种"金融创新"能力想必已远超西方银行业。

银行业体制改革未完成。近日,银监会主席尚福林在其署名文章中直指过去几年中国银行业存在的痼疾,在他看来,"规模大不等于竞争力强,利润高不等于机制好,网点多不等于服务优,一些银行在许多方面不同程度地存在管理回潮和改革不够深入的问题"。尚福林坦言,通过改革,银行业曾改变了单纯的"存款考核",强化综合效益管理,但近年来又开始追求单纯的规模扩张;曾经被精简了的机构、缩短了的管理链条,近年来又开始增机构、抢地盘。

扩张下的两大隐患,不要垄断要竞争。在如今信贷资源稀缺的情况下,银行业的经营思路也逐步由"以量补价"向"以价补量"转变。在这一过程中,更加暴露出银行业的"为富不仁"。银行高速扩张正在给金融体系埋下不稳定的隐患。广东金融学院代院长陆磊认为,资产扩张至少造成了两大隐忧:对资本的极度消耗、银行资产质量和拨备压力的激增。中国人民银行研究生部教授吴念鲁坦言,为了建立多层次的资本市场和充分竞争的金融体系,需要打破国有金融企业的垄断。市场竞争将使得商业银行存款与贷款之间的利差逐步缩小,从而使商业银行源自信贷业务的利润在总利润中的比例也逐渐减小。

在杨志荣看来,未来银行业的改革路线图应该是这样的:第一步,开放民间资本进入发展村镇银行和社区银行。实际上,与其让民间资本隔离在体制之外无法监管还不如让其进入银行业,反而更有利于监管并降低系统性金融风险。如此一来,金融空白村镇也可实现全覆盖,而这正是大型商业银行不愿意参与的。第二步,在金融市场开放的同时推动利率市场化改革(否则很可能会加强现有银行谈判地位导致利差更为畸形),促进银行市场竞争能力的提高。第三步,逐步释放金融衍生工具创新,让银行得以发展贷款业务之外的产品和服务创新。第四步,支持银行业走出去,结合中国商品出口和海外投资向海外释放过剩的货币,继而填补欧洲银行主导的国际贸易融资,推动人民币国际化。

资料来源:中国银行业的"暴利"与改革.经济网.(2012-3-30)[2020-6-15]. http://www.ceweekly.cn/2012/0330/21746.shtml.

【关联理论】

垄断要付出福利代价。垄断企业生产的产量低于社会有效产量,从而使垄断企业可以收取高于边际成本的价格,由于垄断企业得到的利润只是从消费者剩余转变为生产者剩余,因此垄断利润并不是一种社会成本。垄断的社会成本是当垄断者生产的产量低于社会有效产量时引起的无谓损失。

【案例解析】

根据以上案例资料可知,中国四大国有商业银行(中行、工行、建行、农行)占市场比例较高,且该相关市场并未形成充分的竞争;另外,我国的银行市场准入并没有完全放开,四大国有商业银行牢牢控制金融服务市场,由此看出中国银行业已存在垄断行为。其垄断形成的主要原因是政府行政及制度上的垄断。其一是银行业的价格管制。当前人民银行的基准利率是各商业银行一年期存贷款利率,人民银行的这种利率管制其实是完全剥夺了商业银行自主风险定价的权力。因为"存款利率的上限管理及贷款利率的下限管理"模式,国内商业银行无论对存贷款如何定价都能够保证其利润水平在一定的区间。其二是信贷规模的管制。政府会计划商业银行的信贷规模,而不是银行根据自己的风险定价来确定。其三是银行准入管制。目前国内银行许可经营需要通过审批,得到银监会发的牌照,而商业银行的行政审批还较严格。

中国银行业已存在垄断行为,而垄断要付出福利代价。垄断企业生产的产量低于社会有效产量,从而使垄断企业可以收取高于边际成本的价格。由于在垄断高价时,消费者不能购买评价高于垄断企业成本的产量,因此垄断会引起无谓损失。银行业垄断产生的无谓损失与税收产生的无谓损失基本相似,而且垄断企业的利润类似于税收收入。不同点在于政府得到了税收收入,而银行业垄断企业得到了垄断利润。由于银行业垄断企业得到的利润只是从消费者剩余转变为生产者剩余,因此银行业垄断利润并不是一种社会成本。银行业垄断的社会成本是当垄断企业生产的产量低于社会有效产量时引起的无谓损失。银行业垄断付出的福利代价主要体现在以下两点:其一是中国银行业的"暴利"。银行一方面从储户中取得廉价资金,另一方面通过企业对实体经济中的有限资金进行争夺以抬高实际贷款利率,从而形成中国银行利润70%以上来源于利差的局面。而从中外银行盈利模式的对比来看,目前中国银行业与西方发达国家的商业银行在收入结构上差距明显。国际一流银行的收入主要来自中间业务收入和表外业务,而国内商业银行的收入和盈利来源几乎就是利息收入。其二是中国银行业服务质量欠佳。实际上这也是因为"暴利"已经开始侵蚀中国银行业本就艰难的改革动力,导致银行业服务差、收费高、项目多,老百姓对银行业服务普遍评价不高。

我国商业银行垄断由来已久,要想彻底解决这一问题,还要通过以下四个渠道:(1)通过制定细则,不断健全和完善相关法律法规;目前我国尚无与金融统计整体工作相适应的专门法规,人民银行会同银保监会、证监会在研究国内外相关统计法规和国内上位法的基础上,起草《金融统计管理条例》,报国务院审定后实施。(2)适度放宽设立商业银行的行政审批条件,让更多的外资银行进入中国的商业银行市场,引入有效的竞争机制,打破现存的垄断局面。(3)应当进行利率市场化改革,放松对民间金融的过度管制,适度发展小额贷款公司,让民间金融也能真正走到阳光下与商业银行展开公平的竞争。(4)信贷规模交由企业自己根据风险定价确定,使市场机制不断完善成熟。通过大胆尝试,小心求证,中国商业银行在金融领域的特权才会逐渐消除,中国商业银行的"暴利"才会终结,服务质量才能得到有效提升。在这四点里,最关键的是中国银行的利率市场化改革,即打破大银行垄断的僵局,引入民营资本参与金融创新,构建银行业多元化生态系统。

(二) 案例研究 B

电信、联通承认价格歧视　将提速降资费

"电信、联通两巨头涉嫌反垄断案"自曝光以来又有重大进展。电信、联通昨日在官方网站同时发出声明,称已向发改委提交要求"中止"反垄断调查的申请,并承认企业在互联互通以及价格上确实存在不合理行为,同时承诺整改,将提升网速并降低宽带资费。发改委昨日证实已经收到两公司提交的中止调查申请,目前正按照《反垄断法》审理。

承认存在价格歧视

发改委反垄断局副局长此前表示,发改委对于电信、联通两公司的调查主要是针对两点:一是两公司自身没有实现互联互通,二是两公司对于与自身有竞争关系的企业给予歧视性价格。从电信和联通的声明来看,两企业都承认了此前发改委指出的针对不同宽带接入商的价格歧视情况。两家公司的声明中均提到,自查中发现在向互联网服务提供商提供专线接入业务方面,"价格管理不到位、价格差异较大"。

承诺提速降资费

电信和联通随后承诺,将进一步规范互联网专线接入资费管理,实现充分互联互通。电信还表示,将梳理现有协议,适当降低资费标准,此外,还将尽快与联通、铁通等骨干网运营商进行扩容。由于电信和联通在宽带接入领域内的垄断造成用户市场资费难以下降的问题,两家公司也在声明中承诺,"十二五"期间,将大幅提升光纤接入普及率和宽带接入速率。电信拿出了具体实施时间表,"五年内公众用户上网单位带宽价格下降35%左右,并立即着手实施"。

首例针对央企调查

由于此案是我国《反垄断法》自2008年生效以来,首例执法机构对具有行业垄断色彩的央企发起的调查,自曝光以来就受到舆论的极大关注。一位了解该项调查的权威知情人士对《新京报》记者表示:"从两公司的声明来看,可以说两公司都承认了发改委指出的垄断行为问题。如果没有这项调查,这么多年来这两家企业也不可能会主动表态实现互联互通,更不可能表示将与铁通实现互通。这意味着此前两家企业的垄断地位将被彻底打破,实现互联互通后,电信、联通和铁通将成为真正的竞争对手,这是一个巨大的改变。"

追问

其一,中止调查后是否可以重启?由于两家企业并未就消除垄断行为给出明确的时间

表。电信仅表示,"将尽快与中国联通、中国铁通等骨干网运营商进行扩容,降低与中国铁通的直联价格"。而中国联通的公告则更为模糊,只称"将进一步提升互联网互联互通质量",对于整改具体措施以及具体达到什么效果也未明确表述。其二,宽带资费下调多少合理?电信在声明中承诺五年内使公众用户上网单位带宽价格下降35%左右,并立即着手实施。而联通对于究竟下调多少资费则完全没有提及。对于宽带价格水平究竟下调多少合理,不少网友表示应该给出一个公开透明的解决方案。社科院信息化研究中心理事高红冰认为,宽带成本的下降不应是线性的,而应是指数型的,电信承诺的资费降价水平太保守了。北京邮电大学教授阚凯力则指出,此价格只是电信和发改委讨价还价的方案,若打破垄断引入市场竞争者,降价的幅度要大得多。

观点延伸

垄断背后有体制原因。对于两电信巨头昨日的表态,电信业专家项立刚表示,两家公司认错并承诺整改,就是向发改委表态,希望能"握手言和",未来发改委与这两家公司和解的可能性比较大。由于电信和联通在宽带接入市场具有垄断地位,因此就算罚款也无法达到平衡市场的效果。宽带接入市场背后有更深层次的机制和体制问题。虽然很多电信和广电行业专家及学者都呼吁,通过发展更多的宽带骨干网运营商打破电信和联通的垄断,但是,发改委没有此权限,只有工信部才能发放全国固网运营牌照。北京邮电大学教授阚凯力认为,解决垄断唯一行之有效的方法就是增加宽带骨干网运营商数量。这从电信业改革中引入联通和电信经营手机业务,打破移动的一家独大就可以看出竞争的效力。

资料来源:电信联通承认价格歧视,将提速降资费.互联资讯.(2011-12-3)[2020-6-5].http://news.cnbb.com.cn/shehui/2011_12_03_420035.html.

【关联理论】

在许多情况下,企业会以不同价格把同一种物品卖给不同顾客,这种做法通常被称为价格歧视。对于一个实行价格歧视的企业来说,它一定具有某种市场势力,从而可以通过分析物品需求的不同弹性,实现利润最大化。

【案例解析】

在以上案例中,联通和电信具有极大的市场势力,已属于宽带领域的垄断者。在我国宽带市场中,网络铺设最广的就是电信和联通,且在宽带接入领域里,95%的互联网国际出口带宽、90%的宽带互联网接入用户、99%的互联网内容服务商都集中在这两家企业手中。发改委已基本查明了电信和联通在互联网接入市场上共占有2/3以上的市场份额,因而两家企业肯定是具有市场支配地位的。在这种情况下,两家企业利用市场支配地位,对跟自己有竞争关系的竞争对手给出高价,对与自己没有竞争关系的企业给出的价格优惠一些,这种行为构成了价格歧视。

实行价格歧视的垄断企业,使对物品评价大于边际成本的顾客都买了物品,并收取了其愿意支付的价格,所有互惠的贸易都得以进行,垄断生产者以利润的形式获得市场剩余。电信和联通通过足以支配市场的地位,实行对不同客户收取不同价格的行为,伤害了消费者的利益。对消费者来说,最重要的是降低收费标准、提升上网速率,消除垄断行为。国家发改委督促电信和联通继续整改宽带接入领域的垄断问题,整改期限为3至5年。发改委的反垄断调查体现了政府在垄断出现时所发挥的监管作用,真正维护了消费者的合法权益。

(三) 案例研究 C

三级价格歧视如何完成对市场的分割?

价格歧视是指企业在出售完全一样的或经过差异化的同类产品时,对不同的顾客索取不同的价格。由于这些价格并不完全反映其产品的真实价值,因此价格歧视运用了非线性定价策略。价格歧视如果被垄断者所用,依靠其垄断地位采取高于单一价格的歧视性高价时,将会造成对消费者的掠夺,使社会福利受到损失,同时会削弱竞争,进一步加强垄断。这一行为应当受到政府部门的禁止和管制。但在垄断市场上,在具有较多竞争对手、竞争激烈的行业里,价格歧视以各种各样的灵活形式被广泛运用。价格歧视是一种有效的价格策略,不仅有助于增强企业竞争力,实现其经营目标,并且顺应了消费者的心理差异,满足了消费者多层次的需要。根据歧视程度的高低,价格歧视可以分为一级、二级和三级。

其中,三级价格歧视就是同一产品对不同消费群体制定不同的价格,从市场分割中增加收入。经济学家认为,垄断者的定价公式取决于需求价格弹性,即价格与需求价格弹性有关。因此,通过分割市场便能根据各市场中的不同情况分别定价,小的市场收取较高的价格,大的市场收取较低的价格。

民航客票的定价

在民航客票定价中,航空公司将潜在的乘机者划分为两种类型(相当于将客票销售分割成两个市场)。一类是因公出差人员、私企公司高级职员等。他们对乘机时间要求较高,对票价不计较。因而,对他们可收取相对高的票价,而在时间上给予优惠,允许他们提前一天订票。另一类是收入较低的旅行人员、淡季出游者等。这部分人群对时间要求不高,但在乎票价。对于他们,在票价上可相对较低,而在时间上可以对航空公司有利。这样,可以充分利用民航的闲置客运能力,增加公司收益。若不进行市场分割,实行单一的较高票价,就会把这部分潜在的消费者推出客运市场,飞机的闲置客运能力便不能产生效益,这对公司是不利的。

优惠券的发放

优惠券的发放也体现了三级价格歧视分割市场的效应。一些食品或化妆品的生产厂商经常会发一些附着在产品广告或报纸杂志上的优惠券,消费者剪下它们,再次购物时即可享受优惠,相当于对这部分消费者降低了价格。为什么不直接降价,而要采用发放优惠券的形式呢?原因在于,并非所有的消费者都会领取优惠券,只有对价格反应敏感的消费者才会这么做,即他们的需求价格弹性较高。这样,厂商便对其中需求价格弹性较高的一组实施了优惠措施,从而把潜在的消费者变成现实的客户,扩大了销售,增加了收益。

电影院的区别票价

电影院的区别票价也体现了三级价格歧视的应用。影院的上座率在节假日与平时不一样。若采用单一票价,则非黄金时段的消费者必然大幅减少。因此,影院根据三级价格歧视的原理分割市场,在不同的时段,收取不同的票价。此举能够调动那些需求价格弹性较高的消费群体的积极性,刺激消费。而从电影经营单位(生产者)的角度看,随着顾客的增加,分摊在每个顾客身上的成本降低,低于所收取的价格,因此,生产者剩余也是存在的。所以,三级价格歧视有利于增加社会福利。

【关联理论】

三级价格歧视是指企业根据某种特定的标准将客户进行分类,明确每位客户属于哪个类别,并针对不同的消费者群体采取逆弹性法则,对需求价格弹性大的消费者索取低价,对需求价格弹性小的消费者索取高价。三级价格歧视是最常用的价格歧视手段。在实践中,企业往往利用品牌差异、产品差异并结合其他营销手段来达到三级价格歧视的目的。

【案例解析】

实施价格歧视有利于扩大市场销售量,增加生产者剩余和消费者剩余,在一定程度上克服了垄断造成的市场效率低下的弊端。因而,它是一种积极的措施,对市场是有利的,其价格的形成也是符合市场运行规律的。当然,实施价格歧视,必须在《价格法》的指导下正确进行,要力戒因滥用价格歧视而干扰以至妨害市场的正常运行。

根据歧视程度的高低,价格歧视可以分为一级、二级和三级。一级价格歧视又称完全价格歧视,是指企业根据每一个买者对产品可能支付的最大货币量(买者的保留价格)来制定价格,从而获得全部消费者剩余的定价方法。由于企业通常不可能知道每一个顾客的保留价格,因此在实践中不可能实行完全的一级价格歧视。二级价格歧视是指企业根据不同消费量或者"区段"索取不同的价格,并以此来获取部分消费者剩余。数量折扣是二级价格歧视的典型例子。一级价格歧视和二级价格歧视分别使厂商全部和部分攫取了消费者剩余,并将这部分消费者剩余转化为利润。但另一方面,一级价格歧视和二级价格歧视实现了均衡价格等于边际成本的资源有效配置原则,达到了利润最大化的要求。三级价格歧视是指企业将其顾客划分为两种或两种以上的类别,对每类顾客索取不同的价格。三级价格歧视是最普遍的价格歧视形式。二级价格歧视和三级价格歧视的不同主要在于,三级价格歧视利用了关于需求的直接信息,而二级价格歧视则是通过消费者对不同消费包的选择,间接地在消费者之间进行挑选。当然,并不是在所有情况下企业都可以实行价格歧视策略。在完全竞争市场上,每个企业都是价格的接受者,价格歧视就不可能实现。在三级价格歧视中,买方的需求价格弹性越大,卖方收取的价格就越低;买方的需求价格弹性越小,卖方收取的价格就越高。通过这种方法,垄断卖方就从需求价格弹性小的买方那里获取了更多消费者剩余。比如,有的旅游景点对外地游客和本地游客实行价格歧视,对外地游客收取较高的价格,对本地游客收取较低的价格。显然,价格歧视使产品的卖方尽可能多地获益,因为通过价格歧视,原本属于产品买方的消费者剩余被转移到了卖方那里。但是,按照经济学家的分析,价格歧视在经济上却是有效率的,也就是说,价格歧视是满足帕累托标准的,通过价格歧视,卖方获取的最大收益等于社会福利最大化的值。如果垄断的卖方实行统一价格,虽然也能达到一个最大的收益,但却小于社会福利最大化的值,因而在经济上是无效率的。当然,价格歧视要行得通,垄断的卖方必须能对买者的不同特征进行有效的区分和分割。这种不同的特征可能是买者的需求强度不同,也可能是购买量不同,或者是需求价格弹性不同,关键是要对这种不同进行有效区分和分割。

四、课外习题

(一) 术语解释

1. 垄断企业
2. 自然垄断
3. 政府管制

4. 价格歧视
5. 套利

(二) 单项选择

1. 下列不能成为一个垄断行业进入壁垒的是( )。
   A. 垄断利润　　　B. 立法　　　　C. 专利权　　　　D. 资源控制
2. 以下最不可能成为垄断者的是( )。
   A. 一个小镇上唯一的一名电工　　　B. 娃哈哈集团
   C. 某地区的电力公司　　　　　　　D. 某地区的自来水公司
3. 下列哪种垄断的垄断势力最弱( )。
   A. 自然垄断　　　B. 垄断竞争　　C. 寡头垄断　　　D. 行政垄断
4. 下列哪一个领域最接近于完全竞争市场? ( )
   A. 钢铁　　　　　B. 通信　　　　C. 汽车　　　　　D. 大米
5. 如果一个价格垄断者对农民收取低价,那么,他( )。
   A. 相信农民的需求是富有弹性的　　B. 相信农民的需求是缺乏弹性的
   C. 想使农民的需求曲线移动　　　　D. 认为关心农民福利对经营有利
6. 如果愿意,一个垄断者可以通过( )使它的总收益达到最大。
   A. 最小化的成本
   B. 最大化的利润
   C. 同时达到 A 和 B
   D. 确定一个价格,使之与它的产品单位需求弹性相一致
7. 若一个垄断厂商能以 2 元销售 500 个单位产品,以 1 元销售 1 000 个单位产品,那么,它获得的边际收益是( )。
   A. 1 元　　　　　　　　　　　　　B. -1 元
   C. 0 元　　　　　　　　　　　　　D. 依上述资料不能计算
8. 一个垄断厂商降低价格必然( )。
   A. 增加边际收益　　　　　　　　　B. 增加总收益
   C. 减少边际收益　　　　　　　　　D. 减少总收益
9. 垄断厂商利润最大时,( )。
   A. $P = MR = MC$　　　　　　　　　B. $P > MR = AC$
   C. $P > MC = AC$　　　　　　　　　D. $P > MR = MC$
10. 与竞争企业相同,垄断企业利润为( )。
    A. 每单位成本乘以销售量　　　　　B. 每单位平均利润乘以销售量
    C. 每单位边际利润乘以销售量　　　D. 以上都不是
11. 以下哪种不属于价格歧视? ( )
    A. 同一部电影在团购网站和电影院售价不同
    B. 学生在春节期间购买火车票的学生票
    C. 老人用老年证乘坐公共汽车
    D. iPhone 产品的价格在推出时与一年后有所不同
12. 一家影院垄断了一部微电影的放映权,成人与儿童对这部电影的需求弹性分别为

−2和−4。如果这家电影院对成人与儿童收取不同的票价,那么,利润最大化的成人票价格为( )。

    A. 儿童票价的 2 倍　　　　　　　　B. 儿童票价的一半

    C. 儿童票价的 1.5 倍　　　　　　　D. 儿童票价的 1/5

13. 如果边际收益大于边际成本,一个垄断者应该( )。

    A. 增加产量

    B. 减少产量

    C. 保持产量不变,因为当边际收益大于边际成本时利润最大

    D. 提高价格

14. 如果完全垄断厂商在两个分割的市场中具有相同的需求曲线,那么垄断厂商( )。

    A. 可以实行差别价格　　　　　　　B. 不能实行差别价格

    C. 既能也不能实行差别价格　　　　D. 上述都不对

15. 以下哪一项不是垄断企业实施价格歧视的条件( )。

    A. 必须有不同类的消费者

    B. 不同类消费者的价格弹性必须不同

    C. 转售非常困难

    D. 垄断企业必须面对一条有弹性的需求曲线

(三) 判断正误

1. 垄断企业可以任意定价。( )
2. 垄断企业出现亏损是不可能的。( )
3. 自然垄断产生的原因之一是规模经济。( )
4. 价格歧视就是价格差别。( )
5. 完全竞争市场上的厂商是价格决定者。( )
6. 把一些私人垄断企业变为公共企业是解决垄断问题的方法之一。( )
7. 企业实行价格歧视会阻止某些市场势力。( )
8. 垄断能产出使福利最大化的产量水平。( )
9. 所有的垄断都应被反对。( )
10. 旅游景点对老人和学生以及一般人收取不同的门票费用时,该旅游景点就是在实行价格歧视。( )

(四) 简答题

1. 垄断产生有哪三个主要原因?
2. 请解释说明中国国家电网公司为什么会形成垄断。
3. 自然垄断与市场规模之间有什么联系?
4. 为什么垄断企业没有供给曲线?
5. 如何理解垄断企业所面临的需求曲线就是整个市场的需求曲线?

(五) 应用题

1. 已知某垄断企业的成本函数为 $TC = 0.5Q^2 + 10Q$,产品的需求函数为 $P = 90 - 0.5Q$。求利润最大时的产量、价格和利润。

2. 武汉黄鹤楼的门票采取差别价格政策,国内游客的票价为 2 元,国外游客的票价为 5 元,试用价格歧视及相关理论分析以下两个问题:
   (1) 为什么武汉黄鹤楼的门票采用差别价格政策?
   (2) 在什么样的条件下实行这种政策才能有效?

3. 垄断企业一定能保证获得超额利润吗?如果在最优产量处亏损,它在短期内会继续生产吗?

(六) 拓展思考题

1. (1) 价格歧视有时也被称为差别定价,它是有一定价格控制能力的企业对同一成本的产品向不同的购买者收取不同的价格,以实现利润最大化的一种途径。请问根据市场销售条件的不同,价格歧视可以划分为哪三种形式?
   (2) 消费者平常在消费中往往都有这样的感受,即同样的产品,大商场的价格一般要比小集市上贵很多,甚至同一个品牌的差别不大的产品在大商场的价格是小集市的价格的两倍。是不是大商场卖的产品价值比小集市的高呢?明显不是的。本案例中所描述的情况属于哪一类价格歧视呢?为什么价格差异这么大?

2. 相关数据显示,目前全球的收费公路总长约 14 万公里,其中 10 万公里在中国,占总公里数的七成。中国高速公路收费高于欧洲数倍,如此高昂的费用,在经济运行中会起到推高商品成本的作用,甚至推高物价和造成通胀,严重阻碍中国经济发展。《澳门日报》2014 年 1 月 6 日刊文说,上海停止沪嘉高速公路收费并将所有高速公路计费起价减半,具有带头与示范作用,可供其他地区借鉴,希望能引领全国出现一股停止和降低公路收费的潮流。请回答以下两个问题:
   (1) 中国高速公路属于垄断行业吗?它是如何形成垄断的?
   (2) 我们应该如何全面看待这一现象?

五、习题答案

(一) 术语解释

1. 垄断企业:作为一种没有相近替代品的产品的唯一卖者的企业。
2. 自然垄断:由于一个企业能以低于两个或更多企业的成本向整个市场供给一种物品或服务而产生的垄断。
3. 政府管制:具有法律地位的、相对独立的政府管制者(或机构),依照一定的法规对被管制者(主要是企业)所采取的一系列行政管理与监督行为。
4. 价格歧视:以不同价格向不同顾客出售同一种物品的经营做法。
5. 套利:在一个市场上以低价购买一种物品,而在另一个市场上以高价出售该物品,并从价格差中获利的过程。

(二) 单项选择

1. A   2. B   3. B   4. D   5. A   6. D   7. C   8. C   9. D   10. B
11. D   12. C   13. A   14. B   15. D

(三) 判断正误

1. ×   2. ×   3. √   4. √   5. ×   6. √   7. ×   8. ×   9. ×   10. √

(四) 简答题

1.【考查要点】 垄断产生的原因。

【参考答案】 垄断产生的三个主要原因是企业垄断资源、政府专利和自然垄断。

2.【考查要点】 垄断形成的原因。

【参考答案】 中国国家电网公司是政府创造的垄断。

3.【考查要点】 自然垄断与市场规模大小。

【参考答案】 自然垄断是某些产品和服务由单个企业大规模生产经营比多个企业同时生产经营更有效率的现象,如自来水、电力供应、电信、邮政等。由于存在着资源稀缺性和规模经济效益、范围经济效益,此时市场规模不足以容纳更多的企业,形成一家公司(垄断)或极少数企业(寡头垄断)的概率很高。

4.【考查要点】 垄断企业的供给曲线。

【参考答案】 垄断企业是价格制定者,而不是价格接受者。问这类企业在任意一个既定价格下生产多少是没有意义的,因为垄断企业在选择供给量的同时确定价格,也就是说,垄断企业决定供给时要与需求相联系,因此我们不谈论垄断企业的供给曲线。

5.【考查要点】 垄断企业的需求曲线。

【参考答案】 垄断企业所面临的需求曲线就是市场的需求曲线,它是一条向右下方倾斜的曲线,即垄断企业的销售量和市场价格呈反方向变动。这条向右下方倾斜的需求曲线表示垄断企业可以通过改变销售量来控制市场价格:以减少销售量来抬高价格,以增加销售量来降低价格。

(五) 应用题

1.【考查要点】 垄断企业利润最大化及其计算。

【参考答案】 垄断利润最大化的条件是 $MR = MC$。

已知 $TC = 0.5Q^2 + 10Q$,则 $MC = Q + 10$;

又知 $TR = P \times Q = (90 - 0.5Q) \times Q = 90Q - 0.5Q^2$,则 $MR = 90 - Q$;

因为 $MR = MC$,所以 $90 - Q = Q + 10$,因此

$Q = 40$,

$P = 90 - 0.5Q = 90 - 0.5 \times 40 = 70$ 元,

利润 $\pi = TR - TC = (90Q - 0.5Q^2) - (0.5Q^2 + 10Q) = 80Q - Q^2 = 1\,600$ 元

2.【考查要点】 价格歧视的具体理解。

【参考答案】 (1) 采用差别价格政策的目的是获得更多利润。

(2) 一般必须具备三个条件:第一,市场存在不完善性;第二,市场需求价格弹性不同;第

三,市场之间有效分割。

3.【考查要点】 垄断企业的短期行为。

【参考答案】 垄断企业并不保证一定能获得超额利润,能否获得超额利润主要取决于社会需求。如果该产品的需求者能接受垄断企业制定的大于平均成本的价格,那么该企业能获得超额利润。如果该产品的需求者只能接受小于平均成本的价格,那么该企业会发生亏损。出现亏损后在短期内既有可能继续生产,也有可能停止生产。在短期内,若产品价格低于平均成本,但只要还高于平均可变成本的最低点,生产就会继续进行下去。但如果价格低于平均可变成本的最小值,则该企业将会停止生产,如不停止生产,损失会更大,不仅损失全部固定成本,而且可变成本的一部分也无法弥补。

(六) 拓展思考题

1.(1)【考查要点】 价格歧视的三种形式。

【参考答案】 (1) 其一是一级价格歧视,即厂商可以根据消费者在每一单位产品上愿意并且能够给出的最高价格来确定每单位产品的价格,采用这种定价方法可以把消费者剩余全部转化为垄断超额利润。其二是二级价格歧视,即厂商把需求曲线分成不同的几段,然后根据不同的购买量来确定不同的价格,这样可以把一部分消费者剩余转变为超额利润。其三是三级价格歧视,即厂商对不同市场的不同消费者实行不同的价格,它可将高价市场的消费者剩余转变为超额利润。

(2) 本案例的情况属于三级价格歧视,它是最普遍的一种价格歧视形式。可以通过分割市场对各市场中的不同消费者分别定价,对需求价格弹性大的消费者索取低价,对需求价格弹性小的消费者索取高价,即小集市市场收取较低的价格,大商场市场收取较高的价格,以实现企业利润最大化目标。

2.【考查要点】 垄断的界定。

【参考答案】 (1) 中国高速公路是垄断。目前收费公路大都带有垄断性,公路使用者与公路经营者的话语权并不平等,公路经营者往往滥用市场势力,制定出垄断高价。

(2) 我国高速公路收费多而且高,大大增加了运输成本,成为妨碍经济发展的因素。高速公路本来是公共设施,应有公众福利特征,但在中国却无法体现。在中国,高速公路是高回报的投资领域,成为地方政府重要的税收来源,因此,取消或大幅削减路桥收费也并不容易处理,当中需要平衡各方利益。但最终还是要以长远发展为基本考量,加强城乡市场流通体系建设,提高流通效率,降低物流成本。财政部也提出要全面清理规范公路收费,减轻企业和社会负担。

第 16 章
垄断竞争

一、学习精要

(一) 教学目标

1. 领会垄断竞争与寡头的区别,掌握垄断竞争的特征。
2. 理解垄断竞争市场的短期均衡和长期均衡,会比较垄断竞争下和完全竞争下的市场结果,考察垄断竞争结果是否合意。
3. 掌握为什么在长期中垄断竞争企业生产的产量少于社会有效规模。
4. 掌握制造差异化产品的常见方式,理解经济学家们对广告、品牌效应的争论。

(二) 内容提要

前两章讨论了两种极端的市场结构形式——完全竞争与垄断。但许多行业的市场结构既不适用于完全竞争模式,又不适用于垄断模式。一些行业中的企业都为满足差不多同样的需求而竞争,但每个企业都提供独特的、略有差异的产品来满足这种需求。结果,与竞争企业面临一条在市场价格上的水平需求曲线不同的是,这些企业面临一条向右下方倾斜的需求曲线。本章的垄断竞争模式是对它们最好的描述。

1. 在垄断和完全竞争之间

(1) 完全竞争和垄断是市场结构的极端形式,但是大部分市场介于这两种极端之间,兼具竞争与垄断的成分。经济学家把这一类市场结构称为不完全竞争。不完全竞争主要有两种形式,即寡头和垄断竞争。寡头是只有几个提供相似或相同产品的卖者的市场结构。垄断竞争是存在许多出售相似但不相同产品的卖者的市场结构。

(2) 垄断竞争需要满足三个条件:许多卖者、产品差异和自由进出。其一是许多卖者(与完全竞争相同),即有许多企业在争夺相同的顾客群体,例如一条美食街上有许多卖者,一个受欢迎的度假胜地有许多旅馆。其二是产品差异(与垄断相同),即每个企业的产品都略有差别。这种差别使每个卖者都拥有一定的决定自己产品价格的能力,所以企业面临一条向右下方倾斜的需求曲线。其三是自由进出(与完全竞争相同),即拥有自己差异化产品的企业可以自由进入或退出市场,因而经济利润降为零。

(3) 在理论上,可以将以上四种市场结构的特点总结为:垄断只有一家企业;寡头有几家出售相似或相同产品的企业;垄断竞争有许多出售有差别产品的企业;完全竞争有许多出售相同产品的企业。

2. 差别产品的竞争

(1) 产品差异化使得每个卖者面临的需求曲线向右下方倾斜。因此垄断竞争企业与垄断企业类似,利润最大化的规则是选择生产边际收益等于边际成本的产量,然后用其需求曲线决定与其产量一致的价格。在短期中,价格高于平均总成本则企业获得利润;价格低于平均总成本则企业有亏损。

(2) 当企业获得利润时,会激励新企业进入市场,新企业的进入会增加整个市场的供给,从而降低每个企业的利润水平;当企业亏损时,一些旧的企业会退出市场,企业的退出会减少整个市场的供给,从而导致每个企业的亏损逐渐减少。只有每个企业在利润最大化的产量水平上获得零利润时,所有进入和退出才会停止。垄断竞争企业的长期均衡有以下两个特点:其一是利润最大化要求边际成本等于边际收益,价格大于边际成本($P > MR = LMC = SMC$),这点与垄断相似;其二是由于自由进出使得单个企业的经济利润为零,要求价格等于平均总成本($P = AR = LAC = SAC$),这点与竞争相似。

(3) 某种程度上垄断竞争下和完全竞争下的长期均衡很相似,但两者也有需要注意的区别。第一,垄断竞争市场生产能力过剩。垄断竞争企业在其平均总成本曲线向下倾斜的部分进行生产,所以对应产量小于企业在平均总成本最低点时的产量,这种未能生产使平均总成本最小(达到有效规模)的产量的情况称为生产能力过剩;但是完全竞争企业在有效规模上生产。第二,垄断竞争市场价格高于边际成本。垄断竞争企业收取高于其边际成本的价格,多售出一个产品就意味着利润增加;完全竞争企业收取等于其边际成本的价格。

(4) 垄断竞争无效率的来源之一是价格高于边际成本。由于价格加成,顾客评价高于边际成本(但低于价格)的一些产品无法被购买,这属于无谓损失。无效率的来源之二是市场上的企业数量并不是理想数量。新企业进入市场时只考虑自己的利润,但引起了两种外部效应。物品多样化外部效应:新产品进入创造消费者剩余,此为正外部效应;抢走业务外部效应:引起其他企业失去顾客和利润,此为负外部效应。所以垄断竞争不具备完全竞争的全部合意的福利特点,不能确保总剩余最大。但是没有一种简单易行的公共政策来改善市场结果。

3. 广告

(1) 企业往往会为强调自己的产品差异并吸引消费者而做广告。经济学家对广告的社会价值存在争论。广告批评者认为广告是为了操纵消费者偏好,创造本不存在的消费欲望。通过广告增加产品差别意识和提高品牌忠诚度使需求更缺乏弹性,由此企业能收取高于边际成本的价格加成。广告辩护者认为广告向顾客提供了充分信息,可以促进竞争,消费者通过了解价格差来选择支付较低的价格。

(2) 广告与品牌密切相关。品牌批评者认为品牌使消费者感受到实际并不存在的产品差别。而品牌支持者认为品牌可以保证产品是高质量的,因为品牌提供了产品质量的信号,给企业保持高质量的激励。

4. 结论

垄断竞争同时具有垄断与完全竞争的特点。许多市场,例如餐饮、电影等都是垄断竞争市场。垄断竞争下的资源配置并不是合意的,但一般政策制定者也无法改善。

(三) 关键概念

1. 寡头:只有几个提供相似或相同产品的卖者的市场结构。

2. 垄断竞争:存在许多出售相似但不相同产品的卖者的市场结构。
3. 产品差异:每个企业生产的产品至少与其他企业生产的这种产品略有不同。
4. 自由进出:企业可以无限制地进入或者退出市场的状态。
5. 边际成本:额外一单位产量所引起的总成本的增加。
6. 生产能力过剩:在垄断竞争下,企业产量小于使平均总成本最小的产量。
7. 有效规模:使平均总成本最小的产量。

(四) 拓展提示

1. 垄断竞争企业在短期中能赚到经济利润,但在长期中不能赚到经济利润。
2. 长期均衡中,所有进入和退出只有在企业获得零利润时才会停止。因此在长期均衡时企业面临的需求曲线必定与平均总成本曲线相切,价格等于平均总成本,且利润为零。
3. 垄断竞争市场上的每个企业都有过剩的生产能力。生产的产量都低于最小平均总成本下的产量。每个企业都收取高于边际成本的价格。
4. 垄断竞争没有完全竞争所有合意的福利特点,存在由高于边际成本的价格加成引起的无谓损失。此外,企业的数量(以及产品的种类)可能过多或过少。
5. 垄断竞争理论描述了现实经济中的许多市场,然而并没有给政策制定者提供多少能够用来促进市场配置资源的方法。

二、新闻透视

(一) 新闻透视 A

基金销售机构进入垄断竞争时代

按照证监会公开的基金销售机构名录,截至 2014 年 1 月,共有 227 家获得批准的基金销售机构,其中包括商业银行 91 家、证券公司 98 家、保险公司 1 家、证券投资咨询机构 6 家,以及独立基金销售机构 31 家。

根据东方财富半年报,截至 2013 年 6 月,东方财富旗下基金销售平台天天基金网共上线 51 家基金公司的 995 只基金,上半年销售额为 21.79 亿元,在"基金超市"模式的第三方销售机构中遥遥领先,同时平台取得服务业务收入 1 027 万元,占公司营业总收入比率达到 13.31%。公告同时显示,公司推出的现金管理工具"活期宝"业务,从 6 月 26 日至 7 月 18 日,共计实现申购交易 8 万余笔,销售额累计为 16.48 亿元。业内人士表示,在基金和网络加速融合的情况下,基金第三方销售机构将迅速进入垄断竞争时代。

在基金销售额大幅增加带来的良好预期等因素带动下,东方财富的股价得以大幅飙升。进入 2013 年以来,东方财富就开始了股价飙升之路,根据前复权价计算,股价从年初的 4.7 元左右上涨到 7 月 22 日的 18.35 元,涨幅高达 295.47%,在所有 A 股中仅次于掌趣科技,盘中一度达到 19.19 元,距离历史股价最高点仅一步之遥。

在东方财富天天基金网基金销售额大幅增加的同时,部分基金第三方销售机构则难掩尴尬,这些机构或因为市场推广不力,或因为网络流量不多等因素,销售额迟迟没有明显提升。业内人士分析,在众多基金第三方销售机构中,除了诺亚正行等以线下销售为主的机构以外,大部分以"基金超市"为主要模式的销售机构将迅速进入垄断竞争阶段。

"按照目前东方财富的销售情况来看,基金第三方销售机构之间开始出现分化,以基金超市模式为主的销售机构,会很快进入垄断竞争阶段,预计会像门户网站那样,在经过最初几年发展后只剩下新浪、搜狐、腾讯和网易等为数不多的几家。"相关人士如此表示。但是,对于其他的基金销售机构,并不意味着日子难过,尤其在北上广深以外城市的销售机构,会成为区域性市场,凭借前期客户积累和线上线下良好互动,过上"小而美"的日子,但要成为全国性的基金销售机构则会非常困难。

基金销售机构目前的销量分化情况,主要与其销售渠道相关。据了解,天天基金网基金销售额较高,与东方财富网高流量相关,该网站用户访问量和用户黏性指标均较高,在垂直财经网站中处于领先地位,高流量给基金潜在投资者带来了接触基金产品的机会。而在其他第三方基金销售机构中,基金销售额不高大多数也是受制于流量。例如数米基金、好买基金和众禄基金,尽管投顾服务做得不错,签约基金公司产品也很多,也均推出了类似于余额宝一样的产品,但是受制于流量限制,销售额并没有质的提升。据了解,目前这些销售机构正在和流量较大的网络平台洽谈合作,希望通过高流量平台增加与投资者接触的机会,以提升基金产品的销售。

资料来源:中国证券网,2013年7月22日。

【关联理论】

垄断竞争市场描述了一个有许多出售相似但不相同产品的卖者的市场结构,每家企业都生产和出售相似但不相同的产品。垄断竞争具有许多卖者、产品差异和进出自由三个基本特点。因为这些市场中企业的产品相似却不相同,所以企业面临一条向右下方倾斜的需求曲线。垄断竞争市场上的企业通过产品差别化来保持并扩大市场份额。

【新闻评析】

基金销售机构是指依法办理基金份额的认购、申购和赎回的基金管理人以及取得基金代销业务资格的其他机构。按照证监会公开的基金销售机构名录,截至2014年1月,共有227家获得批准的基金销售机构。

垄断竞争具有众多卖者、产品差异和进出自由三个基本特点。基金市场基本满足这三个特点,可以近似看成垄断竞争市场。上述新闻中227家基金销售机构的数据表明,在基金市场中基金销售机构数量众多,基金产品的供应者较多,它们都在争夺相同的顾客群体,也就是国内的投资者。为了吸引投资者购买自己的基金产品,这些基金机构进一步加大了新业务、新产品的推广力度,强调自己的基金产品与其他竞争基金销售机构的产品有差异,比如保本、风险低、年收益高、手续费低等。通过这些差别化策略来吸引投资者购买自己的基金产品,形成对各个独特基金产品市场的垄断。不过基金市场的准入需要证监会批准,所以有一定的门槛设置。但是自2013年,中国证监会就《公开募集证券投资基金管理人管理办法》(以下简称《办法》)征求意见,拟降低基金公司准入门槛,放松基金公司股东同业经营限制。当《办法》正式通过后,基金市场准入门槛将较之以前更低,也会促进更多第三方基金销售机构涌入,参与到竞争中。

（二）新闻透视 B

垄断竞争市场中的普洱茶迈入洗牌升级时代

2018年10月29日,为期四天的中国(昆明)国际茶产业博览会在昆明国际会展中心谢幕。虽有众多云南的茶企参加,但像大益、茶马司、龙生、下关茶厂、六大茶山、滇红集团等一些知名的茶企和近几年发展突出的茶企明星,并未参加这场"家门口"的盛会。反而是一些新生代茶企如古树人家、书剑、廖氏普洱、吉普号、书院熟茶、勐傣、俊仲号、龙马同庆号、老曼峨、茗纳百川、芒嘎拉等高调参加,一些拥有原料优势的小茶企如丰云号、傣江茶源、七彩景迈山等也积极参加,这些小茶企以原料求发展,探水波诡云谲的普洱茶市场,显示了云南普洱茶已经悄然进入到洗牌升级的时代。

记者从有关方面了解到,目前云南省茶叶种植面积619.5万亩,茶叶年总产量38.7万吨,其中普洱茶产量13.9万吨,红茶产量8万吨,绿茶产量7万吨,综合产值达742.8亿元。

普洱茶近十年风生水起,成为全国各地茶展的主力军。"无普洱难成展"似乎成为业界展览的一个风向。而围绕普洱茶泡制的器皿、储贮、装饰以及关于普洱茶的文化、茶艺、医疗保健、培训、包装、印刷、宣传等也风光无限,显示了普洱茶良好的发展前景以及其对关联产业的带动力。

实际上,早期的普洱茶,作为一种边销产品,并没有像今天那么细分。由于那时候大众对普洱茶的认知粗浅,普洱茶鲜叶采摘基本采用混采,普洱茶价格也相对较低。后来,普洱茶市场升温,刺激一些大厂、品牌企业大规模生产,提高产量。因此,代工、工业化生产、各种品质一般的原材料掺杂生产的现象极为普遍。

现在,随着大批消费者对食品安全及品质要求的提升,相当一批精益求精的茶企发展壮大,古树、单株、高杆、山头茶等成为中高端市场的引领者。私人定制、专采、单采、私藏茶正日渐兴起,使普洱茶的品质得到了极大的提升。而对过去那些以规模产量和低价批发赢得市场的普洱茶企来说,一场生存考验正在来临。如果缺乏优越的品质和准确的市场定位,它们面临的生死存亡也并非耸人听闻。缘于此,一些过去颇有声名的茶企,在今年春茶期甚至没有收茶。而一些看好云南普洱茶市场的资本,欲以资金规模来抢占市场。但缺乏高端的山头古树资源,在这个以差异化和品质化要求日渐高企的时代,这些资本的未来也并不为业界看好。重新洗牌和升级的时代正在来临。

资料来源:普洱茶迈入洗牌升级时代. 东方资讯.（2018-11-02）[2020-6-6］. https://mini.eastday.com/a/181102154737332.html.

【关联理论】

市场结构要说明的是企业所面临的市场竞争环境。按照市场竞争程度不同,经济学家通常把市场结构分为完全竞争、垄断、垄断竞争和寡头四种类型。一般认为,垄断竞争的市场结构主要特征有三个:一是行业中的企业数量多,二是企业进出行业是自由的,三是各企业生产的同种产品是有差别的。在这三个特征中,前两个特征是属于竞争性的,最后一个特征是属于垄断性的,垄断竞争就是竞争性和垄断性的一种结合。

【新闻评析】

普洱茶企业的产品竞争非常接近垄断竞争市场的三个特征,可以认定为其属于垄断竞争市场,具体可以从以下方面加以分析：

其一,普洱茶企业数量多。早在2014年,云南省已有茶叶初制所（厂）8 000多个,精制茶企1 000家,产值千万元以上的茶企170多家,亿元以上的茶企24家。从县域看,2017年年初,仅普洱市宁洱县就有茶叶初制所120个、小作坊250余户、精制茶企46家。可见,大多数普洱茶企业的产量只占市场总供给量的很小部分。因此,一家普洱茶企的行为对市场不会有很明显的影响,每个企业在决策时都可忽略因自己的行为而引起的其他茶企的反应。

其二,普洱茶企业进出行业自由。普洱茶企业的组织结构主要是小农户家庭经营和国营、集体茶场、民营企业并存经营的格局,其中又以小农户家庭经营居多。加上除名山古树茶价格居高外,其余大都收购成本较低,吸引了较多的投资者进入。普洱茶栽培、采摘、加工方法简便易行,这种生产方式助推了普洱茶企业进出行业的自由。茶叶加工的机械化是茶叶商品化程度的标志。众多的普洱茶企业还不能实现从采摘到生产的全程机械化加工,作坊式生产的大量存在使得普洱茶生产标准很难统一和规范,这也使得普洱茶企业进入市场壁垒较低。也就是说,普洱茶生产者可以随时参加生产,随时退出生产,人为障碍较小。

其三,普洱茶企业生产的产品是有差别的。普洱茶是以云南省一定区域内云南大叶种晒青茶为原料,采用特定工艺,经过后发酵或蒸压加工形成的散茶和紧压茶,因制法不同分为生茶、熟茶等。但由于普洱茶区基本属于山地气候,垂直气候差异大,同时受海拔、土壤、光照、气候、雨量等因素影响,加上树龄、施肥、采摘节令、制作工艺、存放方式以及冲泡手法的区别,使得不同卖家的普洱茶风格迥异、香气多样、口感有别,从而吸引不同消费者的购买兴趣,保持其在市场中的份额或垄断地位。

普洱茶垄断竞争市场的结构属性,决定了普洱茶企业为取得竞争优势,会采取低成本、价格竞争、产品差异化、促销等基本竞争策略。通过以上新闻也可以看出,差异化和品质化正日益成为普洱茶企业洗牌升级的主频道,这是由垄断竞争市场的本质属性所决定的。

三、案例研究

（一）案例研究A

中国洗发水市场：差异求胜

洗发水是个人护理用品中的一个大品类,而中国是世界上洗发水生产量和销售量最高的国家。随着越来越多的中外企业不断进入,洗发水市场的竞争也愈演愈烈。当前,洗发水品牌数量之多,可谓铺天盖地。市场上现已有超过2 000个洗发水企业,品牌3 000多个。新品牌希望以强大的广告攻势迅速争得一席之地;老品牌则力图通过市场细分进一步扩大战果。同时洗发水功能逐渐延伸并细分,从最初的清洁头发的功能,逐步延伸和细分到护理、营养、滋润等多种功能,以吸引不同需求的消费者。

广告宣传向来在洗发水市场居于重要地位。洗发水的广告大战日渐激烈,促销、公关方式多种多样。那么企业为什么会不惜巨额代价狂做广告呢？广告的目的是借助于非价格竞争手段来改变消费者的主观需求曲线,因为通过广告可以影响消费者对产品的偏好。企业可以通过广告让更多的消费者了解自己产品的特色,从而能够提高产品的差异性,增加潜在消费者的数量,进而增加其需求,将需求曲线向右移动。企业形成了品牌特色以后,别的企业就很难用价格手段来掠夺客户了。

此外洗发水企业都在为自己的产品塑造鲜明的品牌个性。品牌就像一个人,有自身的形象和内涵,代表了独特的文化品格和精神气质。在企业与消费者不断进行沟通的过程中,企业使品牌产生差异并逐步深化品牌定位。例如宝洁为其各子品牌的定位就已广泛深入人心:飘柔所代表的是青春、智慧,面对挑战时富有自信的现代女性;海飞丝所代表的是为人理性、思想实际,更乐意与人亲近的现代女性;沙宣所代表的是活跃、富有时尚吸引力的都市女性;潘婷所代表的是自信、优雅的职业女性。另一方面,广告可以将产品品质、创新能力的承诺传达给消费者,从而建立可信赖的企业品牌形象。

我国洗发水市场经过多年的发展已经逐步成熟。在这种情况下,单凭一个产品、一个广告就想从市场上获得丰厚的利润已不可能。想"进",就必须充分研究市场,分析竞争对手。洗发水市场上的佼佼者之所以能保持领先地位,正是因为它们能够准确把握不同消费群体的不同需求,并将这些认识融入产品,形成不同的品牌形象,进而准确地传达给消费者,最终获得广泛认同。

资料来源:谷俊,中国洗发水市场调研报告,医学美学美容(财智),2008年第10期。

【关联理论】

垄断竞争市场中的企业可以无限制地进出,众多企业在同一个市场上提供相似但不完全相同的产品。垄断竞争企业除了可以通过调整销售价格(和相应地调整销售量),即采取价格竞争策略来实现利润最大化,还可以通过展开广告竞争和品牌竞争等非价格竞争手段来谋取更多的利润。

【案例解析】

在经济学原理中,产品差异化这一条件是决定垄断竞争市场中存在垄断性的重要原因,因为产品的差异造成了无穷多的独特的产品市场,企业在其所处的市场中具有控制能力,形成对各个独特产品市场的垄断。

洗发水行业内部竞争激烈。导致行业内部竞争加剧的原因有以下四个:其一是行业增长缓慢,对市场份额的争夺激烈。其二是竞争者数量较多,从宝洁、联合利华、花王等跨国企业到雨洁等中国本土企业,不断有新企业进入市场。其三是竞争对手提供的产品或服务大致相同。各企业生产的洗发水基本功能相同,只有在护理、营养、滋润等功能细分上略有不同。其四是某些企业为了规模经济的利益,扩大生产规模,市场均势被打破,产品大量过剩,企业开始诉诸削价竞销。在这种情况下,洗发水企业广泛采用多元化、多品类、多品牌发展策略,不断细分市场,各竞争品牌在不同档次、不同功效、不同型号、不同价位上均推出产品。企业在面对新老企业、品牌之间竞争的同时也要面对不同细分品类、系列的竞争,而且竞争已经从产品层面上升到品牌、宣传、渠道、优惠促销等各个营销层面,广告宣传和品牌树立成为企业竞争的重点。

研究洗发水行业市场竞争情况,有助于洗发水行业内的企业认识行业的竞争激烈程度,并掌握自身在洗发水行业内的竞争地位以及竞争对手的情况,为制定有效的市场竞争策略提供依据。企业可以通过广告增加产品的差异性,减轻竞争对手的威胁。一旦自己的产品有了明显的特色,消费者就会对其产生一定的品牌忠诚度,其他产品难以替代,使得需求价格弹性变小,需求更缺乏弹性,需求曲线变陡。此外广告与品牌关系密切。品牌提供了产品质量的信号,将产品品质、企业创新能力的承诺传达给消费者,同时给企业保持高质量的激励,因此品牌在一定程度上可以保证产品是高质量的。

(二) 案例研究 B

电信市场中的垄断竞争企业如何应用价格歧视战略?

一般情况下,垄断企业很容易实现差别定价,但对于占市场大多数的垄断竞争企业,也有很多企业成功运用了价格歧视战略的方法。那么,电信市场中的垄断竞争企业如何应用价格歧视战略?主要有品牌差异、产品差异和服务差异等三种策略。

品牌差异

随着我国电信市场竞争的日益激烈,电信运营商的品牌竞争将成为焦点,客户对运营商品牌和服务(产品)的忠诚度将成为竞争的核心。如中国移动、中国联通建立了"全球通""神州行""如意通"等产品品牌,中国网通建立了"情传万家"服务品牌。但从总体上看,由于对消费者目标群体的细分程度不够,电信服务(产品)细分品牌的建立仍不够充分,还存在对一些品牌的宣传力度不足、客户认知度不高的问题。规模较大的电信运营企业可以实施多品牌策略,拥有多个品牌,形成品牌群。这样可以利用不同的品牌、针对不同档次的消费者制定出不同的价格。如果企业规模较小,难以支撑多个品牌,也可以在一个品牌下采用多个品种、推出多个系列。只要产品有差别,并将有差别的产品个性化,形成不同品种或不同系列,利用品种或系列之间的不同就可对消费者进行分别定价。只有通过对主品牌和细分品牌的宣传,实现客户对不同品牌价值认知的差异,才能最终实现差异化定价策略。

产品差异

电信语音业务经过多年的发展已进入成熟期。与此同时,由于电信技术不断发展,新业务层出不穷,形成了多种技术并存,业务多层次、多样化以及不同业务市场相互促进和竞争的格局。各种电信增值业务和数据业务将在电信市场竞争中发挥越来越重要的作用。电信运营企业可以通过新业务研发和业务组合实现电信服务(产品)的差异,进而实现差异化定价。如全球最成功的移动数据服务提供商之一日本的DoCoMo就号称拥有1000多项移动增值业务。为了实现最大收益,DoCoMo采取了分步收入的模式和分客户群进行定价管理的方法,其差异化收费和差异化服务大大增加了用户数量、用户忠诚度和用户使用率,提高了企业的经济效益。这些成功的经验值得中国电信运营企业借鉴。

服务差异

通过提供差异化的、不同等级的服务满足不同客户的服务需求(如为大客户提供个性化服务,为普通客户提供规范化服务等),电信运营企业可以实现价格的差异化。超越通信业务的服务和产业链服务联盟是电信运营企业服务创新的探索方向。根据"二八理论"对大客户实行个性化服务、建立客户经理负责制是开发和稳定大客户市场的关键。中国联通在这方面做了尝试和努力。通过建立各级大客户中心,中国联通为大客户提供上门服务、综合业务"一站式服务",以及交通港站和海关绿色通道等通信业务以外的服务,受到了大客户的欢迎。

资料来源:根据相关案例库资料改编和整理。

【关联理论】

由于存在产品差异,垄断竞争市场中每个企业的产品相似但又略有差别。这种差别使每个卖者都拥有一定的决定自己产品价格的能力,所以企业面临一条向右下方倾斜的需求曲线。在实践中,垄断竞争市场中的企业往往利用品牌差异、产品差异、服务差异并结合广告等其他营销手段来达到价格歧视的目的。

【案例解析】

价格歧视是指企业在出售完全一样的或经过一定差异化的同类产品时,对不同的顾客索取不同的价格。由于这些价格并不完全反映产品的真实价值,因此价格歧视运用了非线性定价策略。除了垄断市场,在垄断竞争市场上,价格歧视也以各种各样的灵活形式被广泛运用。它是一种有效的价格策略,不仅有助于增强企业竞争力和实现其经营目标,而且顺应了消费者的心理差异,满足了消费者多层次的需要。垄断竞争企业要实现价格歧视,首先要找出能造成价格差异的因素。这些差异的因素既可以是内部因素的差异,即产品价值的差异,也可以是顾客感觉上的差异,即同一种产品价值给人不同的主观感受。在实践中,垄断竞争市场中的企业往往利用品牌差异、产品差异、服务差异并结合广告等其他营销手段使消费者感受到实际中可能并不存在的产品差别,从而达到实现价格歧视并获取最大利润的目的。

(三) 案例研究 C

中国审计市场结构——垄断竞争

审计市场竞争态势是指目前中国审计市场所处的一种竞争状态,通常用审计市场结构类型及特征来表示。审计市场竞争态势不是一成不变的,它随审计市场内外部环境的变化而变化,但在一定期间内相对稳定。根据经济学中对产品市场结构的分类和特征的描述,审计市场结构也可分为完全竞争、垄断竞争、寡头和垄断四种类型,其特征也符合各类市场结构所应具备的特征。我们可以根据这些特征来判断中国审计市场结构的类型,进而推断出中国审计市场的竞争态势。现阶段中国审计市场特征如下:

其一是中国审计市场上会计师事务所数目众多。近年来,中国注册会计师行业迅猛发展。截至 2010 年 12 月 31 日,在中国审计市场上共有会计师事务所 7 785 家(含分所 795 家),其中具有证券期货相关业务资格的事务所 53 家,执业注册会计师 96 498 人,非执业会员 86 349 人,事务所的总体实力不断增强;注册会计师行业所服务的企业达到 300 多万家,审计服务市场也在不断扩大。据统计,2010 年度中国注册会计师全行业收入超过 375 亿元,同比增长 18%,审计服务收入不断增长。在中国审计市场上,事务所(市场供给者)数目众多,且有大量的需求者,进而使中国审计市场在供需双方的博弈中,多数情况下是客户在选事务所而不是事务所在选客户,事务所间的市场竞争异常激烈,最终导致任何一家事务所("四大"除外)都没有太大的市场份额。

其二是审计报告形式上无差别,实质上却有明显的质量差异。按照《中国注册会计师执业准则》的要求,各家事务所无论审计哪家客户、收取多少审计费用、花费多少审计时间、耗费多少人力、实施多严密的审计程序、收集多少充分的审计证据,最终提供的审计产品即审计报告中的审计意见不外乎无保留意见、带强调事项段的无保留意见、保留意见、否定意见和无法表示意见等几种类型,且不同类型审计意见的审计报告在格式、用语、表述方式等方面均是标准格式。从形式上看,同一类型的审计报告属于无差别产品。但是,从实质上看,不同规模的事务所,特别是"四大"与国内其他事务所之间出具的审计报告却有明显的差别,这种差别主要体现在品牌与审计报告附加值等方面。这可能就是国内审计市场特别是证券审计市场的一些大的或重要的优质客户宁愿出高额的审计费用也要去聘请"四大"进行年报审计的主要原因之一。另外,这种实质上的差异还体现在"四大"所提供的审计服务整体服务价值较高上,如较高的声誉和审计质量等。这说明在中国审计市场由不同事务所提供的审计报告实质上仍然存在许多真正的差别,因此,在中国审计市场上审计产品的差异化是客观存在的。

其三是审计市场进入机制的改进。经济学中的进入壁垒是指新企业进入一个产业的各种阻碍因素。进入壁垒影响企业进入与退出的难易程度,当进入壁垒很大时,这个产业的企业就很少,竞争的压力就很有限;相反进入壁垒越低,进入者越容易进入,竞争程度就越高。对审计市场而言,进入壁垒主要包括资格准入、规模经济以及法律制度等因素。目前中国审计市场的进入壁垒主要体现在事务所资格准入方面,包括从业资格、合伙人资格和执业领域资格等方面的限制。在事务所执业领域资格方面,中国目前只对从事证券、期货相关业务的事务所提出了较高的资格要求,具体根据2007年4月9日证监会和财政部发布的《关于会计师事务所从事证券、期货相关业务有关问题的通知》的规定执行。该通知提高了市场准入门槛,有助于会计师事务所做大做强。中国目前对从事一般审计业务的事务所并无特别要求,均按《注册会计师法》的规定执行。当然注册会计师行业是一个知识、技术密集型的行业,进出并非完全自由,还是有相对较为严格的限制。

综上所述,目前中国审计市场已基本具备垄断竞争市场的特征,属于垄断竞争的市场。而在世界上最发达、最成熟的审计市场中,审计市场集中度却在不断提高,审计市场结构也在不断变化,呈现出一种寡头垄断的市场竞争态势。

资料来源:陈艳萍,中国审计市场竞争态势:完全竞争还是垄断竞争?会计研究,2011年6月。

【关联理论】

垄断竞争市场描述了一个有许多出售相似但不相同产品的卖者的市场结构。垄断竞争市场一般具有以下特点:其一是许多卖者,有许多企业争夺相同的顾客群体;其二是产品差异,每个企业生产的一种产品至少与其他企业生产的这种产品略有不同;其三是企业可以自由进出市场。由于产品存在差异,垄断竞争企业拥有一定的市场势力,即面临向右下方倾斜的需求曲线。

【新闻评析】

由于注册会计师向投资者和社会公众提供的是一种特殊的服务"产品",因此,审计市场属于服务类产品市场。本案例描述了中国审计市场的三个特点,并详细分析了每一个特点的具体表现,最后得出中国审计市场结构为垄断竞争市场的结论。

基于垄断竞争市场的三个特点,上述案例相应地分析了中国审计市场的提供者。首先,针对许多卖者这一特点,案例提到中国审计市场上会计师事务所数目众多,说明在该市场上提供产品的生产者非常多,并且有很多的消费者。其次,案例分析了产品本身,不同规模的事务所提供的产品实际存在质量差异,以"四大"为代表的国际性事务所提供的审计报告质量更好。这表明从形式上看,同一类型的审计报告属于无差别产品,但是从实质上看仍有区别,这就造成了产品差异化。最后,针对审计市场中的进出门槛,案例认为尽管中国的审计市场并非完全自由进出,但中国目前只对从事证券、期货相关业务的事务所提出了较高的资格要求。随着相关制度的完善与成熟,中国审计市场会逐渐提高进出门槛,促进市场的有序竞争、健康发展,实现审计资源的有效配置,进一步优化审计市场结构。

四、课外习题

(一)术语解释

1. 垄断竞争
2. 寡头

3. 产品差异
4. 自由进出
5. 有效规模

（二）单项选择

1. 下列哪种产品最不可能在垄断竞争市场上出售？（   ）
   A. 汉堡包　　　　　B. 啤酒　　　　　C. 电子游戏　　　　D. 棉花
2. 下列哪一项不属于垄断竞争的特点？（   ）
   A. 自由进出　　　　B. 许多卖者　　　C. 产品差异化　　　D. 长期经济利润
3. 垄断竞争市场上的需求曲线走向为（   ）。
   A. 向右下方倾斜的　　　　　　　　　B. 水平的
   C. 向左下方倾斜的　　　　　　　　　D. 垂直的
4. 关于完全竞争、垄断竞争和垄断，下列说法错误的是（   ）。
   A. 三者在短期中都能赚到经济利润
   B. 完全竞争下能生产福利最大化的产量，而垄断竞争和垄断下则不能
   C. 三者在长期中都不能赚到经济利润
   D. 垄断竞争下企业不是价格接受者
5. 在短期中，如果垄断竞争市场上价格高于平均总成本，企业就（   ）。
   A. 有利润且有企业退出市场　　　　B. 有利润且有企业进入市场
   C. 有亏损且有企业退出市场　　　　D. 有亏损且有企业进入市场
6. 垄断竞争企业选择的产量在边际成本等于（   ）。
   A. 边际收益处，然后用供给曲线决定与这种产量相一致的价格
   B. 平均总成本处，然后用需求曲线决定与这种产量相一致的价格
   C. 边际收益处，然后用需求曲线决定与这种产量相一致的价格
   D. 平均总成本处，然后用供给曲线决定与这种产量相一致的价格
7. 如果下图所描述的垄断竞争企业在利润最大的产量水平上生产，会（   ）。
   A. 产生利润　　　　　B. 产生亏损
   C. 产生零利润　　　　D. 产生利润或亏损取决于企业选择生产多少数量

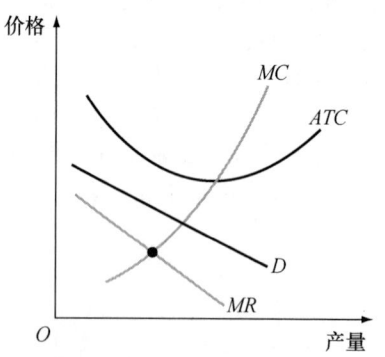

8. 在长期中，上图所示的垄断竞争市场将（   ）。
   A. 吸引新生产者进入市场，使现有企业面临的需求曲线右移
   B. 吸引原生产者退出市场，使现有企业面临的需求曲线右移

C. 吸引新生产者进入市场,使现有企业面临的需求曲线左移
D. 吸引原生产者退出市场,使现有企业面临的需求曲线左移

9. 如下图所示的垄断竞争企业( )。
   A. 在长期中产生零利润   B. 在短期中产生亏损
   C. 在短期中产生利润   D. 根据图形难以决定是有利润还是亏损

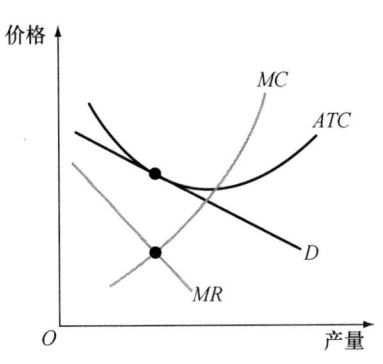

10. 垄断竞争无效率的一个来源是( )。
    A. 价格高于边际成本,剩余由买者再分配给卖者
    B. 垄断竞争企业在长期中赚到了经济利润
    C. 价格高于边际成本,一些买者评价高于生产成本的物品生产不出来
    D. 垄断竞争企业生产的产量大于其有效规模

11. 以下哪一种关于垄断竞争企业的生产规模和定价决策的说法是正确的?( )
    A. 有过剩生产能力并收取等于边际成本的价格
    B. 在有效规模上生产并收取等于边际成本的价格
    C. 在有效规模上生产并收取高于边际成本的价格
    D. 有过剩生产能力并收取高于边际成本的价格

12. 以下哪一类企业最有可能把收益中相当大的百分比用于广告宣传?( )
    A. 完全竞争企业   B. 工业品制造企业
    C. 有高度差别的消费品生产企业   D. 无差别商品的制造企业

13. 下列哪一项没有作为广告支持者的观点被提出来?( )
    A. 广告促进了竞争
    B. 广告为艺术家提供了创造性的出路
    C. 广告为消费者提供了产品信息
    D. 广告为新企业提供了从现有企业吸引顾客的手段

14. 下列哪一种企业做广告的激励最小?( )
    A. 冰箱制造商   B. 餐厅
    C. 护肤品生产者   D. 原油批发者

15. 品牌的支持者认为品牌( )。
    A. 给企业维持高质量的激励   B. 提供了产品质量的信息
    C. 在不同的经济体制中都适用   D. 以上各项都对

(三) 判断正误

1. 垄断竞争是存在几家出售相似物品的企业的市场结构。（   ）
2. 寡头是存在许多出售相似但不同物品的企业的市场结构。（   ）
3. 与垄断企业类似，垄断竞争企业面临一条向右下方倾斜的需求曲线。（   ）
4. 像一个完全竞争行业中的企业一样，一个垄断竞争行业中的企业愿意以任何等于或高于边际成本的价格出售产品。（   ）
5. 在垄断竞争企业达到长期均衡时，企业得到零利润，此时没有新企业进入的激励也没有原企业退出的激励。（   ）
6. 垄断竞争市场上长期均衡的特点之一为价格等于平均总成本。（   ）
7. 垄断竞争市场具有完全竞争市场所具有的全部合意的特点。（   ）
8. 即使看起来没有包含什么物品信息的广告也是有用的，因为它提供了有关物品质量的信号。（   ）
9. 广告是一种社会浪费，因为广告仅仅增加了生产一种物品的成本。（   ）
10. 广告的批评者认为广告限制了竞争；广告的支持者认为广告促进了竞争，并降低了消费者的价格。（   ）

(四) 简答题

1. 不完全竞争的两种类型分别是什么？请分别描述。
2. 描述垄断竞争的三个特点。哪些特点像垄断？哪些特点像完全竞争？
3. 垄断竞争企业如何选择使其利润最大的产量和价格？
4. 垄断竞争的长期均衡有效率吗？请解释。
5. 请分别阐述支持广告和品牌的观点。

(五) 应用题

1. 把下列市场分为完全竞争、垄断和垄断竞争市场，并解释。
   (1) 花生酱；
   (2) 电力市场；
   (3) 矿泉水；
   (4) 蔬菜市场；
   (5) 酒店。
2. 斯帕克是牙膏市场中众多的企业之一，它处于长期均衡。
   (1) 画出表示斯帕克的需求、边际收益、平均总成本与边际成本曲线的图形。请标出斯帕克利润最大化的产量和价格。
   (2) 斯帕克的利润是多少？请解释原因。
   (3) 用图形说明从购买斯帕克牙膏中所得的消费者剩余。
   (4) 如果政府强迫斯帕克在有效率的产量水平上进行生产，企业会发生什么变动？顾客数量会发生什么变动？
3. 请结合本章理论对下面例子中的广告进行客观评述。
   (1) 宣传羽绒服保暖效果的广告；

(2) 宣传波司登羽绒服保暖效果的广告；

(3) 宣传吃维 C 片的益处的广告；

(4) 宣传吃养生堂维 C 片的益处的广告；

(5) 说明一个水管工或者电工从业时间的广告。

(六) 拓展思考题

1. 30 年前,美国的肉鸡市场是完全竞争的。后来,美国第四大家禽公司——珀杜饲养集团公司董事长弗克兰·珀杜以他的名字为品牌销售肉鸡,并迅速占领了相当一部分美国市场。

(1) 你认为珀杜如何创造了肉鸡的品牌？他这样做的好处是什么？

(2) 社会从有品牌的肉鸡中得到了什么好处？社会的损失是什么？

2. 泰诺止痛药的制造商做了大量的广告,并拥有非常忠诚的顾客。与此相比,无品牌止痛药的生产者不做广告,他们的顾客购买无品牌止痛药只是因为价格低。假设泰诺止痛药和无品牌止痛药的边际成本是相同的,且保持不变。

(1) 画出表示泰诺止痛药的需求、边际收益和边际成本曲线的图形。标出泰诺的价格以及高于边际成本的价格加成。

(2) 按(1)的要求画出无品牌止痛药生产者的图形。这两个图形有什么不同？哪个公司有更多的价格加成？请解释原因。

(3) 哪个公司有认真控制质量的更大激励？为什么？

五、习题答案

(一) 术语解释

1. 垄断竞争:存在许多出售相似但不相同产品的卖者的市场结构。

2. 寡头:只有几个提供相似或相同产品的卖者的市场结构。

3. 产品差异:每个企业生产的一种产品至少与其他企业生产的这种产品略有不同。

4. 自由进出:企业可以无限制地进入或者退出市场的状态。

5. 有效规模:使平均总成本最小的产量。

(二) 单项选择

1. D   2. D   3. A   4. C   5. B   6. C   7. B   8. B   9. A   10. C
11. D   12. C   13. B   14. D   15. D

(三) 判断正误

1. ×   2. ×   3. √   4. ×   5. √   6. √   7. ×   8. √   9. ×   10. √

(四) 简答题

1. 【考查要点】 不完全竞争的类型。

【参考答案】 不完全竞争的两种类型分别是寡头和垄断竞争。寡头是只有几个提供相似或相同产品的卖者的市场结构。垄断竞争是存在许多出售相似但不相同产品的卖者的市场结构。

2.【考查要点】 垄断竞争的特点。

【参考答案】 垄断竞争具有三个特点:许多卖者、产品差别和自由进出。(1)许多卖者:有许多企业在争夺相同的顾客群体。例如一条美食街上有许多卖者,一个受欢迎的度假胜地有许多旅馆。(2)产品差异:每个企业的产品都略有差异。这种差异使每个卖者都拥有一定的决定自己产品价格的能力,所以企业面临一条向右下方倾斜的需求曲线。(3)自由进出:拥有自己差异产品的企业可以自由进入或退出市场,因此经济利润降为零。其中,许多卖者、自由进出这两个特点更靠近完全竞争,而产品差别更靠近垄断。

3.【考查要点】 垄断竞争市场中的企业利润最大化规则。

【参考答案】 选择使 $MC=MR$ 的产量(边际成本曲线与边际收益曲线的交点所对应的产量),再用需求曲线找出与这一产量相对应的价格。

4.【考查要点】 垄断竞争与社会福利。

【参考答案】 没有效率。因为价格高于边际成本,存在生产不足。市场上企业的数量不是理想的,可能过多或过少,因为进入市场时会引起正外部性(如产品多样性)和负外部性(如抢走业务)。

5.【考查要点】 广告和品牌的作用。

【参考答案】 广告提供了产品价格等销售信息,是新企业吸引顾客的手段,并可作为高质量产品的信号。品牌提供了关于物品质量的信息,并向生产者提供了保持高质量的激励。

(五) 应用题

1.【考查要点】 完全竞争、垄断和垄断竞争市场三者的概念、特点区分。

【参考答案】 (1)花生酱属于垄断竞争市场。因为存在生产不同质量和特征的产品的品牌。

(2)电力市场属于垄断市场。因为只能向一个企业购买。

(3)矿泉水市场属于垄断竞争市场。因为有许多生产矿泉水的企业,并且每一个企业生产的矿泉水在包装、品牌上都有所不同,即产品存在一些差异。

(4)蔬菜市场属于完全竞争市场。因为蔬菜市场产品同质化,出售的都是相同的产品。

(5)酒店市场属于垄断竞争市场。因为许多酒店都在提供相似但又有差别的住宿服务。

2.【考查要点】 垄断竞争下长期均衡状态的市场特点。

【参考答案】 (1)如下图所示:

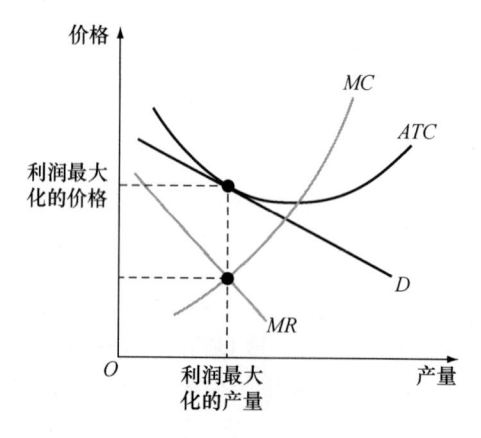

（2）斯帕克的利润是零。因为牙膏市场是一个垄断竞争市场,如果现存市场中的企业有利润,那么就会吸引其他企业进入该市场,使得市场上牙膏产品增多,价格下降;如果现存市场中的企业亏损,那么部分企业会退出,使得市场产量减少,价格上升。所以在长期均衡下价格等于平均总成本,企业利润为零,市场上不再有企业进出。

（3）如下图所示:

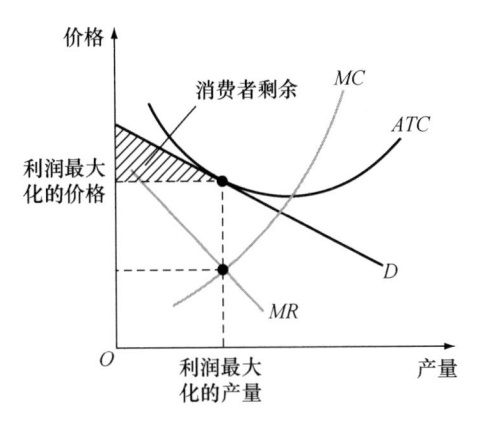

（4）如果政府强迫斯帕克在有效规模水平上进行生产,企业会亏损,长期下去企业将退出市场。同时因为在有效规模水平上生产,产量上升导致价格下降,顾客会得到更多的消费者剩余,顾客数量增加,但长期下去顾客可能会因企业的退出而买不到斯帕克产品。

3.【考查要点】 广告的经济作用。
【参考答案】 （1）广告具有经济作用。因为这类广告着眼于羽绒服的保暖作用。
（2）广告是经济上的浪费。因为这类广告强调波司登的羽绒服强于其竞争品牌的羽绒服,但这两类产品在保暖上是没差别的。
（3）广告具有经济作用。因为这类广告是着眼于维C片对身体带来的保健作用。
（4）广告是经济上的浪费。因为这类广告强调养生堂的维C片强于其竞争品牌的维C片,但这两类产品在给消费者带来的保健作用上是没差别的。
（5）广告具有经济作用。因为从业时间的长短给潜在的顾客提供相关服务质量的信息。

（六）拓展思考题

1.【考查要点】 品牌的作用;品牌给社会带来的好处与损失。
【参考答案】 （1）珀杜通过以他的名字为他所销售的肉鸡命名,使自己的肉鸡区别于其他生产者提供的肉鸡,从而创造了肉鸡的品牌。他这样做的好处是:由于他的产品与其他产品有了差别,他就不再是一个单纯的价格接受者,而可以收取高于边际成本的价格了。
（2）品牌本身是一种质量的保证与承诺,消费者可以根据品牌比较可靠地选择高质量产品,品牌也是生产者维护自己产品质量的激励,这是社会从品牌肉鸡中得到的好处。品牌鸡的出现使肉鸡市场竞争减弱,品牌鸡的生产者可以收取有价格加成的价格,整个社会资源会有浪费,这是社会的损失。

2.【考查要点】 垄断竞争市场的长期均衡;品牌的激励作用。
【参考答案】 （1）如下图所示:

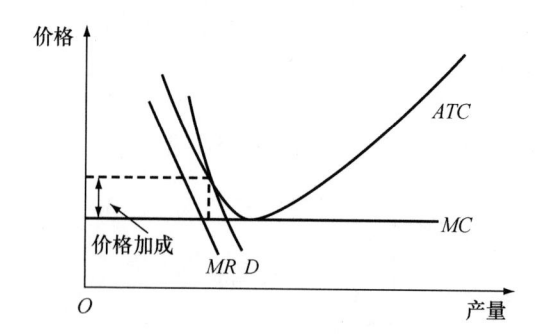

[图：价格-产量图，显示ATC、MC曲线，MR、D曲线，标注"价格加成"]

(2) 如下图所示：

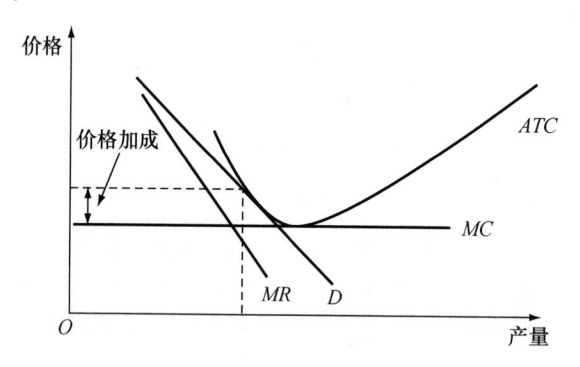

[图：价格-产量图，显示ATC、MC曲线，更富有弹性的MR、D曲线，标注较小的"价格加成"]

与(1)相比,(2)的需求曲线更富有弹性,厂商所得到的价格加成更少。因为泰诺的生产者做了大量的广告,所以其产品在消费者心目中有了与其他止痛药不同的地位,拥有非常忠诚的顾客。这使得它的需求曲线比较缺乏弹性,生产者可以收取较多的价格加成。无品牌止痛药不做广告,也没有固定的消费群体,顾客只是因为价格低才买它。因此,无品牌止痛药的需求曲线比较富有弹性,生产者不能收取很多的价格加成,否则就会失去大量顾客。

(3) 泰诺公司更有认真控制质量的激励。因为一旦顾客发现泰诺产品有质量问题,公司苦心营造起来的品牌和信誉就会毁于一旦,而且,消费者很有可能从此不再信任该公司的产品。泰诺公司不但可能失去高的价格加成,而且可能失去大部分市场。泰诺公司因质量问题所付出的代价比无品牌止痛药的制造商会大得多。因此,泰诺公司会尽力去维护自己的品牌。

第 17 章
寡　头

一、学习精要

(一) 教学目标

1. 掌握寡头市场的基本特征,以及寡头市场可能出现的结果,理解寡头市场引起与垄断市场同样结果的条件。
2. 理解因徒困境的定义及其在寡头市场和其他情况下的运用,了解如果博弈可以反复进行,那么因徒困境的结果是否会改变及其原因。
3. 理解反托拉斯政策如何促进寡头市场的竞争并降低垄断,考察看似价格勾结的经营做法是否有合理的商业目的。
4. 掌握纳什均衡、占优策略等博弈论的基本知识及其在寡头市场中的应用。

(二) 内容提要

第 14 章和第 15 章分别讨论了市场结构中的两种极端形式——完全竞争和垄断。在竞争跟垄断之间的市场结构称为不完全竞争。第 16 章论述不完全竞争市场中的垄断竞争,而本章则讨论不完全竞争市场中的寡头。在寡头这种市场结构中,只有几个提供相似或相同物品的卖者。与竞争和垄断市场不同,寡头市场中任何一家企业的决策都会影响市场上其他企业的定价和生产决策,因而寡头企业相互依存。

1. 只有少数几个卖者的市场

(1) 双头是只有两个企业的寡头。勾结是市场上的企业之间就生产的产量或收取的价格达成协议。卡特尔是联合起来行事的企业集团。如果双头勾结并形成一个卡特尔,市场就仿佛是一个垄断者,而且两个企业分割垄断利润。寡头之间常常不能合作,因为反托拉斯法禁止勾结,或者因为寡头利己而难以在如何分割利润上达成一致。

(2) 没有约束性协议时,每个寡头在其他企业生产水平既定的情况下使自己的利润最大化。纳什均衡是在所有其他主体选择的策略为既定的情况下,相互影响的经济主体各自选择自己最优策略的情况。纳什均衡是一种寡头均衡。当寡头单独为了个人利润最大化选择生产水平时,其产量大于垄断的生产水平,但小于竞争的生产水平,而且收取的价格低于垄断价格,但高于竞争价格。

(3) 寡头数量越多,则越难形成一个卡特尔,并像一个垄断企业那样行事。寡头在选择使自己利润最大化的产量时,需要综合考虑产量效应和价格效应之后才能做出是否多生产一单位产品的决策。产量效应是由于价格高于边际成本,那么在现行价格时多销售一单位就将增加利润。价格效应是多生产一单位增加总销售量,但它将降低价格,并减少所有已销售出去的其他单位的利润。

(4) 针对寡头企业,如果产量效应大于价格效应,寡头将多生产一单位,并一直增加产量,直至这两种效应平衡为止。寡头市场上卖者数量越多,价格效应越小,因此产量水平越高。随着寡头市场上卖者的数量越来越多,价格越来越接近于边际成本,而且数量越来越接近于社会有效水平。当有大量企业时,价格效应会完全消失,且市场变为完全竞争。

2. 合作经济学

(1) 囚徒困境是两个被捕的囚徒之间的一种特殊"博弈",它说明了为什么即使合作有利于双方,但合作仍然是困难的。这个博弈适用于寡头,因为寡头企业合作总会使其状况变好,但它们往往无法合作。

(2) 囚徒困境的内容是:两个罪犯被抓住了。如一个坦白而另一个保持沉默,则坦白者获得自由,而沉默者被长期囚禁。如果两个人都坦白,他们各自得到一个中期的刑期。如果两个人都保持沉默,他们每个人都只会有很短的刑期。如果这两个罪犯可以合作,那么最优策略是每个人都保持沉默。但是,由于他们在被捕以后不能保证合作,每个人的最优策略都是坦白,即坦白是占优策略。占优策略是指在博弈中,无论其他参与者选择什么策略,对一个参与者都为最优的策略。

(3) 囚徒困境的道理可以运用于寡头。如果两个寡头合作起来保持低产量并分享垄断利润,那么它们的状况都会更好。但是,在达成协议之后。每个人的占优策略都是违约并生产多于它们协定的产量,以增加自己个人的利润。结果反而是两个人的利润都减少。利己使维持合作变得困难。

(4) 合作难以维持,但并非不可能。如果博弈反复进行,或许可以解决囚徒困境,并维持协议,从而"一报还一报"的简单策略可以带来更大的合作可能性。

(5) 囚徒困境还可以运用于军备竞赛和公共资源。前者指每个国家都希望世界和平,但占优策略是加强军备,导致世界更不安全;后者指共同限制对公共资源的使用对公众应该更加有利,但占优策略是过分使用资源,导致共同利益受损。

3. 针对寡头的公共政策

若寡头之间合作,则会导致产量减少和价格提高,因此政府决策者就努力使寡头市场上的企业竞争而不是合作。1890年的《谢尔曼反托拉斯法》和1914年的《克莱顿法》都是针对寡头的政策,均把价格勾结视为违法。但一些经济学家认为某些看似价格勾结的经营做法或许有其合理的商业目的,譬如转售价格维持、掠夺性定价、搭售等。

4. 结论

寡头介于垄断和竞争之间,囚徒困境说明即使合作符合寡头的利益,但也难以维持。通常情况下,决策者会用反托拉斯法来反对价格勾结,但是反托拉斯法在其他领域的应用存在较大争议。

(三) 关键概念

1. 寡头:只有少数几个卖者提供相似或相同产品的市场结构。
2. 双头:只有两个卖者的寡头。
3. 博弈论:研究在策略状况下人们如何行为的理论。
4. 勾结:市场上的企业之间就生产的产量或收取的价格达成协议。

5. 卡特尔:联合起来行事的企业集团。

6. 纳什均衡:相互作用的经济主体在假定所有其他主体所选策略为既定的情况下选择他们自己最优策略的状态。

7. 囚徒困境:两个被捕的囚徒之间的一种特殊"博弈",说明为什么甚至在合作对双方都有利时,保持合作也是困难的。

8. 占优策略:无论其他参与者选择什么策略,对一个参与者都为最优的策略。

(四) 拓展提示

1. 形成寡头市场的主要原因有:某些产品的生产必须在相当大的生产规模上进行才能达到最好的经济效益,行业中的几家企业控制了生产所需的基本生产资源的供给,政府的扶植和支持等。由此可见,寡头市场的成因和垄断市场很相似,只是在程度上有所差别。

2. 相互依存是寡头市场的基本特征。因为厂商数目少而且它们各自占据的市场份额大,所以一个厂商的行为会影响对手的行为以及整个市场。因此,每个寡头在决定自己的策略时,都非常重视对手对自己这一策略的态度和反应。也就是说,作为寡头的厂商是独立自主的经营单位,具有独立的特点,但是它们的行为又互相影响、互相依存。这样,寡头厂商可以通过各种方式达成共谋或协作,形式多种多样,可以签订协议,也可以暗中保持默契。

3. 寡头的市场结构有一点与垄断竞争相类似,即它既包含垄断因素,也包含竞争因素。但相对而言,它更接近于垄断的市场结构,因为少数几个企业在市场中占有很大的份额,使这些企业具有相当强的垄断势力。寡头行业可按不同方式分类。根据产品是同质的还是有差别的,可以分为两类,前者有时被称为纯粹寡头,后者则被称为有差别的寡头。此外,还可以按厂商的行动方式分为有勾结行为的(合作的)寡头和独立行动的(不合作的)寡头。

4. 寡头通过形成一个卡特尔并像垄断者一样行事以使自己的总利润最大化。当寡头单独为了个人利润最大化选择生产水平时,其产量大于垄断的产量,但小于竞争的产量,而且收取的价格低于垄断的价格,但高于竞争的价格。寡头市场上企业数量越多,产量和价格就越接近于完全竞争市场的水平。

二、新闻透视

(一) 新闻透视 A

云计算市场的寡头垄断局面日益加剧

一周之内,四大云业务巨头公司先后发布财报。亚马逊的云业务(AWS)依然跑在了最前面,以 174 亿美元排在首位。微软、谷歌、阿里巴巴也没有放慢步伐。阿里云去年累计的营收超过了百亿元;微软的云业务(Azure)最新一个财季增长幅度高达 98%;而在谷歌,云计算也成为其继广告收入后的第二波增长动力之一。市场分析人士认为,在 2017 年第四季度,云计算市场较上年同期增长了 46%,在很大程度上是由四个巨头的增长所驱动的。但正因为如此,云计算市场的寡头垄断局面也越来越明显。

根据亚马逊最新公布的财报,2017 年四季度,AWS 净销售额为 51 亿美元,前几个季度分别为36.61亿美元、41亿美元、45.84亿美元。以此计算,AWS去年净销售额达到了174亿美元。亚马逊在中国的竞争对手阿里巴巴在2月1日美股盘前发布了2017年第四季度财报,数据显示,阿里云当季收入同比大增104%至35.99亿元。在此前的三个季度中,这块业务的季度营收分别为21.63亿元、24.31亿元和29.75亿元。以此计算,去年阿里云的营收累计达到了112亿元。而谷歌母公司Alphabet发布的财报显示,2017年第四季度Alphabet总营收为323.23亿美元,较上年同期的260.64亿美元增长24%。在财报会上,谷歌CEO桑达尔·皮查伊表示,根据公开数据,2017年谷歌云服务平台是全球扩张最快的主要公共云服务平台。微软也发布了2018财年第二季度财报。微软在该季度营收为289.18亿美元,比上年同期增长了12%。

这些公司在中国的战略却有些不同。在2017年11月举行的2017微软技术暨生态大会上,纳德拉充分展示了微软云在中国市场的野心。据纳德拉透露,微软云Azure将会在未来6个月里扩容3倍,而Azure Stack混合云、SQL Server 2017等服务也会陆续在中国市场推出。而谷歌却缺席中国市场。这是由于谷歌在中国没有云服务区,其为企业提供云服务就存在一定障碍。同样经历了一番波折的还有亚马逊的云业务AWS。2013年的时候亚马逊以前店后厂的模式在中国落地,以北京为前店,宁夏中卫为后厂,由光环新网和网宿科技提供IDC和ISP。但是,后来因为合作商光环新网迟迟未拿到云计算运营牌照,AWS不得不向光环新网出售物理基础设施以"曲线合规"。不过,好消息是,光环新网在2017年年末时终于获得了工信部颁发的《增值电信业务经营许可证》,这也意味AWS有望短时间内在中国市场大面积落地。

相比于上面几家,阿里云在中国市场的推进显然顺利很多。IDC此前发布的数据显示,阿里云2017年上半年IaaS营收为5亿美元,占据47.6%的中国市场份额。2017年,阿里云和中国联通宣布相互开放云计算资源,2018年2月1日,两家的合作再升级,"沃云Powered by AlibabaCloud"云平台上线,宣布向联通31个省级公司全部开放。

根据市场调研机构Synergy Research Group的最新数据,2017年第四季度,云计算基础设施服务市场较上年同期增长了46%,达到130亿美元,超过了前三个季度的增长率。该机构认为,在很大程度上,云市场的快速扩张是由四大巨头的高速增长所驱动的。Synergy Research Group和另一家市场分析公司Canalys的数据显示,在2017年第四季度,亚马逊AWS仍然是本季度的主要云供应商,占全球市场份额的32%。微软、谷歌和IBM分别占市场的14%、8%和4%,阿里云约占到3%—4%。五家公司共占到了全球的六成市场份额。

Synergy Research Group首席分析师兼研究总监John Dinsdale表示,云计算增长率在2017年年底会有所提升,且数据表现强于预期,这说明市场驱动力十分强劲。市场垄断在进一步加剧。高盛此前的一份报告预测,到2019年,中小云计算厂商的市场份额将从如今的25%萎缩至2%,未来云计算市场将由亚马逊AWS、微软云、谷歌云和阿里云形成寡头垄断。

资料来源:财报上的云计算战场:巨头们的垄断加剧.第一财经网.(2018-2-5)[2020-6-15]. http://www.sohu.com/a/220977019_313745.

【关联理论】

寡头之间常常不能合作,因为反托拉斯法禁止勾结,或者因为寡头利己而在如何分割利润上难以达成一致。没有约束性协议时,每个寡头在其他企业生产水平既定的情况下都会首先使自己的利润最大化。寡头市场上卖者数量越多时,价格效应越小,因此,产量水平越高。随着寡头市场上卖者的数量越来越多,价格越来越接近于边际成本,而且产量越来越接近于社会有效水平。寡头企业缺乏合作对寡头本身不利,但从整个社会的角度反而是好的。

【新闻评析】

寡头是只有少数几个提供相似或相同产品的企业的市场结构。根据相关预测,未来云计算市场很可能由亚马逊 AWS、微软云、谷歌云和阿里云形成寡头垄断。这种寡头局面对普通消费者而言有利有弊。如果寡头企业间相互合作,并形成一个卡特尔,市场就仿佛是一个垄断者,价格和产量维持在垄断水平,而且寡头企业分割垄断利润。此时,消费者将不得不支付较高的价格购买物品或服务,这使得消费者福利受到不利影响。但是,寡头也许不能合作,因为反托拉斯法禁止勾结,或者如同囚徒困境所反映的道理,即使合作是互利的,但利己使寡头维持合作变得困难。当寡头单独为了个人利润最大化选择生产水平时,其产量大于垄断的生产水平,但小于竞争的生产水平,而且收取的价格低于垄断价格,但高于竞争价格。此时,对普通消费者而言,其能在企业间的激烈竞争中享受到更优惠的价格和更完善的服务。

从企业的角度看,相互分工、相互配合可以提升规模效应,进一步降低成本,提高经营效益以及长期竞争力,尤其是在前沿高科技领域,企业过于分散就无法集中技术与资金,很难形成大规模创新,适度的垄断反而可以通过高利润的方式吸引投资者进入,从而提高技术创新的概率。亚马逊 AWS、微软云、谷歌云和阿里云在自身集聚资源的同时,在相互竞争状态下,极大地促进了平台及相关技术的发展,有助于繁荣全球云计算产业体系的形成。

(二) 新闻透视 B

互联网寡头之争,能给我们带来什么呢?

最近爆出腾讯入股京东的消息之后,网友们纷纷认为,BAT(百度、阿里、腾讯)三大寡头的资源之战即将在今明两年内全面爆发,并达到高潮。

在腾讯入股京东之前,腾讯和京东各自都没有和阿里系一争高低的资本。腾讯有资源,但是不善于运营,电商这块一直做不起来,虽然和阿里是一个级别的寡头,但是在电商方面,阿里从来没有把腾讯的电商业务当成竞争对手。而京东虽然在电商方面确实做得不错,但是资源不足,不管是在用户群还是在资金方面难以和阿里相比,这种情况下,阿里方面虽然比较重视作为第二大电商平台的京东,但是也可以不放在眼里,毕竟阿里巴巴方面占据绝对优势。但是腾讯和京东走到一起,却是阿里不希望看到的局面,因为腾讯有和阿里一样的用户群,可以为京东导入巨大的流量,而且资金方面,腾讯作为一方可以和阿里相提并论的老大,对京东方面也是一个强有力的支撑,所以阿里方面必须全力应对,以保证所拥有的利益不会受到侵害。

那么互联网寡头之争会对我们这些普通人有什么好处呢?这就要从它们争夺的目标开始说起,每一次资源方面的争夺战,其实就是为了抢占用户,谁拥有了用户的支持,谁就能够赢得胜利。

首先,巨头开始争夺资源的时候,可以让普通大众都得到实惠。它们如果真正开始争夺地盘,最先会在价格战方面进行,因为人们在别的情况都相同时,会选择比较便宜实惠的,所以它们一旦开战,必定会尽可能在价格上做文章,那时人们应该能买到物美价廉的东西。

其次,对于一些导流网站会加大支持力度。在互联网摸爬滚打的"站长"朋友都知道,淘宝为了限制一些导流网站,从美丽说、蘑菇街开始大力封杀淘宝客网站,前一阵更是给淘宝客导流的中间环节加入了一个中间页面——爱淘宝,使小商家、淘宝客以及用户都感觉到很不方便。笔者认为,淘宝可能是想进一步扩大利润,减少淘宝客收入,但是在京东大规模进攻的条件下,淘宝也许会再度启用淘宝客为淘宝商家引流,因为这个时候谁丢失客户,谁就有可能失败。而京东方面估计也会采取一些用导流网站进行导流的策略,毕竟现在是资源争夺战,主要任务是抢占商家和买家。总之,估计淘宝和京东方面均会给出足够好的条件让一些淘宝客站长加盟自己的阵营,到时候就看各位淘宝客的眼光了。

最后,会提供更好的服务。对比一下京东及淘宝的优势和劣势可以发现,京东方面主打的招牌就是京东上不会卖假货,而淘宝在这方面却做得很不足,很多网友反映,现在的淘宝都快成为假货集中营了,但相信淘宝以后会在这方面有所改观。而淘宝的优势是固有流量很大,在淘宝上卖东西要比在其他地方容易得多,所以淘宝商家多,货品全。在京东方面恰好相反,虽然京东承诺没有假货,但卖家都是一些大的卖家(京东主要做的是B2C),商品价格比较高,而且京东流量要少很多,所以货不好卖,卖的人就少,导致货不全,结果恶性循环。但是以后情况估计会改变,京东肯定也会做出一定的动作,招揽更多的货源和买家去京东。

那么对普通大众来说最好的情况是什么呢?无论如何,京东即使获得腾讯的全力支持也没有办法直接干掉阿里,毕竟阿里在电商这一块的老大位置一时半会不会被撼动。最好的情况就是京东和腾讯的联姻可以抢占电商的一小部分市场份额,让阿里系有一些压力,只有有了竞争,人们才可以得到更多的实惠,这个实惠不一定是由价格战带来的直接利益,因为价格战导致卖家利益受损,最终也会伤害到所有人的利益。现在随着人们生活水平的提高,消费者需要更好的服务,有了竞争,谁都想多抢占这块蛋糕,所以互联网寡头之争必定给人们带来更好的服务,更多的创新。让我们等着这一天的到来吧。

资料来源:互联网寡头之争,能给我们带来什么呢? IDC资讯.业界动态. (2014-6-22) [2020-6-6]. http://5778.861.cn/news/html/hangyezixun/yejied/2014/0622/143012.html.

【关联理论】

寡头之间常常不能合作,因为反托拉斯法禁止勾结,或者因为寡头利己而在如何分割利润上难以达成一致。没有约束性协议时,每个寡头在其他企业生产水平既定的情况下使自己的利润最大化。寡头市场上卖者数量越多,价格效应越小,因此产量水平越高。随着寡头市场上卖者的数量越来越多,价格越来越接近于边际成本,而且产量越来越接近于社会有效水平。寡头企业缺乏合作对寡头不利,但从整个社会的角度来看反而是好的。

【新闻评析】

寡头是只有少数几个提供相似或相同产品的企业的市场结构。腾讯入股京东导致电商行业寡头局面——BAT(百度、阿里、腾讯)——形成。这种寡头局面对普通消费者而言有利有弊,但市场竞争程度的提升给消费者带来的结果一定是利大于弊。譬如在淘宝上购物遇到的假货会减少,而在京东上购物的货品会更齐全,消费者选择余地增加,而且无论淘宝还是京东都会提供更好的服务。这些会使消费者福利大大提高。

三、案例研究

(一) 案例研究 A

雷克航空公司的搏斗

1977年,一个冒失的英国人弗雷迪·雷克闯进航空运输市场,开办了一家名为"雷克"的航空公司。他经营的是从伦敦飞往纽约的航班,票价是135美元,远远低于当时的最低票价382美元。毫无疑问,雷克公司一成立便生意不断,1978年雷克荣获大英帝国爵士头衔。到1981年"弗雷迪爵士"的年营业额达到5亿美元,简直让他的对手们(包括一些世界知名的老牌公司)气急败坏。但是好景不长,雷克公司于1982年破产,从此消失。

雷克公司出了什么事?原因很简单,包括泛美、环球、英航和其他公司在内的竞争对手们采取联合行动,一致大幅降低票价,甚至低于雷克。一旦雷克消失,它们的票价马上回升到原来的高水平。更严重的是这些公司还达成协议,运用各自的影响力量阻止各大金融机构向雷克公司贷款,使其难以筹措借以抗争的资金,进一步加速了雷克公司的破产。

但"弗雷迪爵士"并不甘心,他依照美国反垄断法提出起诉,指责上述公司联手实施价格垄断,为了驱逐一个不愿意接受其"游戏规则"的公司,竟然不惜采用毁灭性价格来达到目的。1985年8月,被告各公司以800万美元的代价同雷克公司达成庭外和解,雷克公司随即撤回起诉。1986年3月,泛美、环球和英航三大公司一致同意设立一项总值3 000万美元的基金,用于补偿在雷克公司消失后的几年中,以较高票价搭乘这几家公司的航班飞越大西洋的20万旅客的损失。

资料来源:斯蒂格利茨,《经济学》小品和案例,中国人民大学出版社,1998年。

【关联理论】

当一个企业降价,打算把竞争对手挤出市场,以便自己成为垄断者并大大提价时就出现了掠夺性定价。掠夺性定价是一种不公平的低价行为,实施该行为的企业占有一定的市场支配地位,具有资金雄厚、生产规模大、分散经营能力强等竞争优势,所以有能力承担暂时故意压低价格的利益损失,而一般的中小企业势单力薄,无力承担这种牺牲。严格意义上的掠夺性定价的案例并不多见,其往往与兼并、合谋、价格操纵和卡特尔等因素纠缠在一起。

【案例解析】

若某企业以降价的方式将竞争对手挤出市场,从而使得自己成为垄断者,并且最后不断提高价格,那么这就是掠夺性定价。掠夺性定价是以排挤竞争对手为目的的故意行为,实施该行为的企业以低于成本的价格销售其产品,会造成短期的利益损失,但是这样做的目的是吸引消费者,以此为代价挤走竞争对手,行为人用一定时间达到目的后,会提高销售价格,独占市场。《中华人民共和国反垄断法》第十七条明确规定禁止具有市场支配地位的经营者从事滥用市场支配地位的行为,其中第二款"没有正当理由,以低于成本的价格销售商品"所指的行为被通称为"掠夺性定价"。

严格意义上的掠夺性定价的案例并不多见,其往往与兼并、合谋、价格操纵和卡特尔等因素纠缠在一起。在雷克航空公司的案例中,泛美、环球、英航和其他公司在内的竞争对手们采取联合行动,一致大幅降低票价,甚至低于雷克公司。而且这些公司还达成协议,运用各自的影响力量阻止各大金融机构向雷克公司贷款,使其难以筹措借以抗争的资金,进一步加速了雷克公司的破产。一旦雷克公司消失,这些公司的票价马上回升到原来的高水平。实际上,这种降价行为即为掠夺性定价,因为这种降价的目的是把竞争对手雷克公司赶出航空运输市场,并在赶出雷克公司后又提高机票价格。但"弗雷迪爵士"依照美国反垄断法提出起诉之后,被告各公司以 800 万美元的代价同雷克公司达成庭外和解,泛美、环球和英航三大公司一致同意设立高达 3 000 万美元的基金用于补偿在雷克公司消失几年中旅客的损失。

和解和赔款并不等于认罪。从技术上讲,法院并没有认定"弗雷迪爵士"是被垄断价格驱逐出航空市场的。泛美、环球等组成的价格联盟已经明显地透露出威胁信号,那就是如果其他任何人企图加入跨越大西洋的航空市场来分一杯羹,必须认真考虑到其中可能面临的破产危险。之后再也没有其他公司尝试提供低廉的越洋机票,至少没有做到雷克公司做到的地步。包括泛美、环球、英航和其他公司在内的企业之间的这种价格联盟,其实质就是一个卡特尔,市场仿佛就是一个垄断者,价格和产量维持在垄断水平,而且寡头企业分割垄断利润。因此,消费者将不得不支付较高的价格购买物品或者服务,消费者是最终的受害者。因此,各国政府决策者都用反托拉斯法来限制寡头企业的垄断行为,努力使寡头市场上的企业相互竞争而不是合作。

(二) 案例研究 B

学术界象牙塔里的串谋

1989 年 8 月,美国司法部对美国最有声望的 23 所私立大学进行调查。原因是据说它们参与了提高学费和限制给学生经济资助的阴谋活动。

在学费方面,它们被指控在学费上涨前交流有关信息。例如,哈佛大学的一位行政人员告诉他的耶鲁大学的同行,哈佛大学打算在下一学年把学费提高 6%。于是,耶鲁大学就可以利用这一信息以及从其他名牌大学得到的累积信息来确定自己的学费水平。

经济资助的问题则相对复杂一些。多年来,美国名牌大学的代表常在一起开会协调对申请过两个以上大学的优秀学生进行经济资助的金额。结果,学生们从每个学校得到的资助金额基本上是相同的。这样一来,就使得最优秀的学生的资助减少了。

资料来源:H. 克雷格·皮得森,W. 克里斯·刘易斯,管理经济学,中国人民大学出版社,2004 年。

【关联理论】

正式勾结在一起共同运作的一群企业被称为卡特尔,它谋取利益的通常做法是限制其成员的产量以抬高价格。一个稳定的卡特尔组织必须要在其成员对价格和生产水平达成协定并遵守该协定的基础上形成。如果合作的潜在利益是大的,那么卡特尔成员将有更大的意愿来一起解决他们组织上的问题。这一点对企业如此,对社会上的其他组织亦是如此。

【案例解析】

在寡头市场中,企业之间的激烈竞争往往会导致价格下降和利润减少。因此,寡头企业总是希望避免价格竞争。其中一个办法就是进行勾结,操纵价格,即按垄断的价格水平或者接近垄断的价格水平定价,以获取高额垄断利润。如果寡头企业勾结并形成一个卡特尔,市场就仿佛是一个垄断者。在这个"垄断"市场上,所有寡头企业分割垄断利润。

尽管在形成协议和瓜分利润上会有许多困难,但成功的勾结对所有参与企业都有很大的好处,因此,寡头企业之间就自然有产生勾结的倾向。但这种勾结也是十分脆弱的。一方面,通过勾结,企业可以避免价格竞争,从而增加利润;另一方面,每个企业都有牺牲价格联盟其他成员的利益,并通过制定稍低的价格从而增加市场份额来提高自己利润的动机,这样一来寡头之间的联合就会破裂。卡特尔必须具有提高行业价格的能力。只有在预计卡特尔会提高价格并将其维持在高水平的情况下,企业才会有加入的积极性。高校也是一样。案例中提到美国最有声望的23所私立大学,为了提高学费和限制给学生提供经济资助,会在学费涨价前交流有关信息,并开会协调对申请过两个以上大学的优秀学生进行经济资助的金额。美国这些大学的行为和企业的勾结行为的性质是一样的,都是对市场进行操纵价格的卡特尔,司法部对美国最有声望的23所私立大学进行调查也是基于这一原因。由于寡头企业操纵市场价格的行为会降低效率并损害消费者利益,因此世界各国都会施行反托拉斯法来改善这种不合意的结果。

(三) 案例研究 C

两国之间的贸易博弈

假设世界上有A、B两个国家之间存在贸易关系。如果A国采取低进口关税政策,B国也采取低进口关税政策,则A国收益1 000亿元,B国收益1 000亿元;如果A国采取低进口关税政策,B国采取高进口关税政策,则A国收益400亿元,B国收益1 200亿元;如果A国采取高进口关税政策,B国采取低进口关税政策,则A国收益1 200亿元,B国收益400亿元;如果A国采取高进口关税政策,B国也采取高进口关税政策,则A国收益700亿元,B国收益700亿元。如下表所示,A、B两个国家的收益取决于它们所选择的贸易政策。

		A国	
		低进口关税	高进口关税
B国	低进口关税	A国收益1 000亿元 B国收益1 000亿元	A国收益1 200亿元 B国收益400亿元
	高进口关税	A国收益400亿元 B国收益1 200亿元	A国收益700亿元 B国收益700亿元

在A、B两个国家之间的贸易博弈中,A国和B国是否有占优策略?存在纳什均衡吗?如果两国一致同意降低进口关税,你认为这样做合乎理性吗?

【关联理论】

占优策略指的是无论其他参与者选择什么策略,对一个参与者都为最优的策略。纳什均衡又称为非合作博弈均衡,是在所有其他主体选择的策略为既定的情况下,相互影响的经济主体各自选择自己最优策略的情况。纳什均衡并不意味着博弈双方达到了一个整体的最优状态,在一个博弈中可能有一个以上的纳什均衡,但囚徒困境中有且只有一个纳什均衡。

【案例解析】

在本案例中,A国和B国的占优策略都是实行高进口关税。也就是说,无论A国选择高进口关税还是低进口关税,B 国的最优策略都是高进口关税;同理,无论 B 国选择高进口关税还是低进口关税,A 国的最优策略也都是高进口关税。

  纳什均衡是在所有其他主体选择的策略都为既定的情况下,相互影响的经济主体各自选择自己最优策略的情况。实际上,纳什均衡指的是参与人的这样一种策略组合,在该策略组合上,任何参与人单独改变策略都不会得到好处。换句话说,如果在一个策略组合上,当所有其他人都不改变策略时,没有人会改变自己的策略,则该策略组合就是一个纳什均衡。在本案例中存在纳什均衡,即两个国家都实行高进口关税政策。实际上 A 国和 B 国已陷入囚徒困境,即 A 国和 B 国均采取低进口关税政策会对两个国家产生更大的贸易好处,然而现实却是它们都选择高关税政策,利己使得合作变得困难。囚徒困境所反映出的深刻问题是,人类的个人理性有时能导致集体的非理性——聪明的人类会因自己的聪明而作茧自缚。也就是说,如果两国一致同意降低进口关税,那么才是最合乎理性的。

四、课外习题

(一) 术语解释

1. 寡头
2. 勾结
3. 卡特尔
4. 囚徒困境
5. 占优策略

(二) 单项选择

1. 网球市场只有四个卖家,这个市场是(　　)。
   A. 竞争的　　　　B. 垄断的　　　　C. 寡头　　　　D. 垄断竞争
2. 存在少数几个出售相似或相同产品的卖者的市场结构是(　　)。
   A. 完全竞争　　　B. 垄断　　　　　C. 寡头　　　　D. 垄断竞争
3. 如果寡头进行勾结,并成功地形成一个卡特尔,市场结果(　　)。
   A. 和垄断市场结果一样　　　　　　B. 和完全竞争市场结果一样
   C. 是有效的,因为合作提高了效率　D. 纳什均衡
4. 假设存在一个使其利润最大化的寡头,如果额外生产单位产品的产量效应大于价格效应,那么这个寡头(　　)。
   A. 应该退出该行业　　　　　　　　B. 应该生产这一单位产品
   C. 不应该生产这一单位产品　　　　D. 有最大利润
5. 随着寡头市场上卖者的数量越来越多,寡头市场看起来更像(　　)。
   A. 垄断　　　　B. 垄断竞争　　　C. 完全竞争　　　D. 卡特尔
6. 当一个寡头单独地选择使其利润最大化的生产水平时,则它生产的产量(　　)。
   A. 大于垄断市场的水平,而小于竞争市场的水平
   B. 小于垄断市场的水平,而大于竞争市场的水平
   C. 大于垄断或竞争市场的水平

D. 小于垄断或竞争市场的水平

7. 当一个寡头单独地选择使其利润最大化的生产水平时,则它收取的价格( )。
   A. 大于垄断市场的水平,而小于竞争市场的水平
   B. 小于垄断市场的水平,而大于竞争市场的水平
   C. 大于垄断或竞争市场收取的价格
   D. 小于垄断或竞争市场收取的价格

8. 随着寡头市场上卖者数量增加,( )。
   A. 勾结更可能发生　　　　B. 市场上的价格会越来越偏离边际成本
   C. 市场上的产量会越来越少　D. 市场上的价格会越来越接近边际成本

9. 在寡头市场中,每一家企业都是在其他所有对手的策略既定时选择其最优策略。这种情况被称为( )。
   A. 勾结　　　B. 卡特尔　　　C. 纳什均衡　　　D. 占优策略

10. 囚徒困境的理论可以用于解释( )。
    A. 完全竞争市场　　　　B. 垄断市场
    C. 垄断竞争市场　　　　D. 寡头市场

11. 如果卡特尔解体,结果将是( )。
    A. 价格上升,产量下降　　　B. 价格上升,产量上升
    C. 价格下降,产量上升　　　D. 价格下降,产量下降

12. 某小镇上只有两家蛋糕店,下表表明它们可能获得的利润。每一家企业都可以自由选择营业多长时间。请用囚徒困境的理论回答张三和李四的占优策略:( )。

		张三的蛋糕店	
		长时间营业	短时间营业
李四的蛋糕店	长时间营业	李四得到 14 万元 张三得到 14 万元	李四得到 18 万元 张三得到 12 万元
	短时间营业	李四得到 12 万元 张三得到 18 万元	李四得到 16 万元 张三得到 16 万元

   A. 两家都短时间营业
   B. 两家都长时间营业
   C. 张三长时间营业,而李四短时间营业
   D. 张三短时间营业,而李四长时间营业

13. 在第 12 题两家蛋糕店的例子中,如果张三和李四勾结使其利润最大化,并且两人可以多次进行上述博弈,并对违背协议者进行处罚。根据囚徒困境的理论,这个博弈可能的结果是( )。
    A. 两家都短时间营业
    B. 两家都长时间营业
    C. 张三长时间营业,而李四短时间营业
    D. 张三短时间营业,而李四长时间营业

14. 下述哪种市场更接近于寡头市场( )。
    A. 自来水　　　B. 小麦　　　C. 香烟　　　D. 小说

15. 囚徒困境说明了( )。
    A. 维持互利的合作是很容易的
    B. 维持互利的合作是很困难的
    C. 做错事要坦白,因为坦白从宽
    D. 做错事不能坦白,因为要接受严厉的惩罚

(三) 判断正误

1. 寡头是存在许多出售相似但不相同物品的卖者的市场结构。( )
2. 当寡头企业相互合作时,这通常对整个社会是好的。( )
3. 当寡头勾结并形成一个卡特尔时,市场的结果类似于完全竞争市场引起的结果。( )
4. 寡头市场上企业数量越多,市场结果越接近于垄断市场。( )
5. 一个寡头的占优策略是:无论其他寡头做什么,与团体合作并维持低生产。( )
6. 寡头市场的独特特点是一个卖者的行为对市场上所有其他卖者的利润都有主要影响。( )
7. 当寡头企业相互合作时,这通常对合作企业是好的。( )
8. 纳什均衡产生的价格和数量比卡特尔产生的价格和数量更接近于竞争市场。( )
9. 原油市场是寡头市场的一个例子。( )
10. 在一个寡头市场上,合作容易维持,因为合作使每个企业的利润最大。( )

(四) 简答题

1. 如果寡头勾结并形成一个卡特尔,那么寡头市场的结果是什么?请加以解释。
2. 如果寡头勾结起来,它们的状况会更好,但为什么它们往往无法合作?
3. 如果寡头勾结起来,整个社会的状况会变好,还是会变差?为什么?有哪些方法可以阻止寡头之间的合作?
4. 什么是囚徒困境?囚徒困境和寡头市场有什么关系?
5. 寡头市场和垄断市场的价格、产量有什么不同?寡头市场和完全竞争市场的价格、产量有什么不同?

(五) 应用题

1. 请用囚徒困境的知识解释国家之间的军备竞赛。
2. 什么是掠夺性定价?经济学家如何看待掠夺性定价?为什么?
3. 什么是转售价格维持?请举例加以说明。

(六) 拓展思考题

1. 张三和李四是两个寡头企业的总经理,在决定企业是扩张还是维持现状时面临如下情形:

		张三的决策	
		企业扩张	企业维持现状
李四的决策	企业扩张	张三得到2 000万元 李四得到3 000万元	张三得到2万元 李四得到8 000万元
	企业维持现状	张三得到3 000万元 李四得到1万元	张三得到4 000万元 李四得到6 000万元

(1) 张三有占优策略吗？为什么？
(2) 李四有占优策略吗？为什么？
(3) 此时有没有纳什均衡？如果有的话,是什么？请解释原因。

2. 在商业活动中会出现各种囚徒困境的例子。以广告竞争为例,假设两个公司互相竞争,两个公司的广告互相影响,即一个公司的广告若被顾客接受则会夺去对方的部分收入。若两者同时期发出质量类似的广告,则收入增加很少但成本增加明显。但若不提高广告质量,生意又会被对方夺走。这两个公司可以有两种选择,一是互相达成协议,减少广告的开支(合作),二是增加广告开支,设法提升广告的质量,压倒对方(背叛)。一般来说,这两家公司会选择怎么做？为什么？

五、习题答案

(一) 术语解释

1. 寡头:只有少数几个卖者提供相似或相同产品的市场结构。
2. 勾结:市场上的企业之间就生产的产量或收取的价格达成的协议。
3. 卡特尔:联合起来行事的企业集团。
4. 囚徒困境:两个被捕的囚徒之间的一种特殊"博弈",说明为什么甚至在合作对双方都有利时,保持合作也是困难的。
5. 占优策略:无论其他参与者选择什么策略,对一个参与者都为最优的策略。

(二) 单项选择

1. C   2. C   3. A   4. B   5. C   6. A   7. B   8. D   9. C   10. D
11. C   12. B   13. A   14. C   15. B

(三) 判断正误

1. ×   2. ×   3. ×   4. ×   5. ×   6. √   7. √   8. √   9. √   10. ×

(四) 简答题

1.【考查要点】 勾结与寡头市场的结果。

【参考答案】 勾结是指市场上的企业之间就生产的产量或收取的价格达成协议。卡特尔是联合起来行事的企业集团。如果寡头勾结并形成一个卡特尔,那么此时寡头市场的结果和垄断市场一样,寡头企业分割垄断利润,生产水平被限制在垄断时的水平。

2.【考查要点】 寡头企业合作困境。

【参考答案】 如果两个寡头合作起来保持低产量并分享垄断利润,那么它们的状况都会更好。但是,在达成协议之后,每个企业的占优策略都是违约(无论其他企业是违约还是遵守协议),并生产多于它们协定的产量,以增加自己的利润。结果是寡头企业的利润都减少,利己使维持合作变得困难。

3.【考查要点】 勾结及反托拉斯法。

【参考答案】 如果寡头勾结起来,那么整个社会的状况会变差。寡头通过形成一个卡特尔并像垄断者一样行事以使自己的总利润最大化,此时整个市场产量降低,而且价格提高。可以利用反托拉斯法阻止企业之间的勾结,因为反托拉斯法使企业之间的勾结行为变成非法。

4.【考查要点】 囚徒困境。

【参考答案】 囚徒困境是两个被捕的囚徒之间的一种特殊"博弈",它说明了为什么即使合作有利于双方,但合作仍然是困难的。在囚徒困境的例子中,尽管囚徒双方若可以合作并保持沉默,则均会有很短的刑期,但双方的占优策略都是坦白。囚徒困境以下述方式运用于寡头:同一市场上的寡头在力图达到垄断结果时的博弈类似于两个处于囚徒困境中的囚徒的博弈。如果寡头企业合作起来保持低产量并分享垄断利润,它们的状况都会更好。但是,在达成协议之后,每个人的占优策略都是违约,并生产多于它们协定的产量,因而利己使寡头企业维持合作变得困难。

5.【考查要点】 寡头与垄断、完全竞争之间的比较。

【参考答案】 如果寡头企业单独选择利润最大化的产量,则寡头价格低于垄断价格,高于完全竞争价格;产量高于垄断产量,低于完全竞争产量。

(五) 应用题

1.【考查要点】 囚徒困境及其应用。

【参考答案】 囚徒困境是两个被捕的囚徒之间的一种特殊"博弈",它说明了为什么即使合作有利于双方,但合作仍然是困难的。囚徒困境理论可应用于军备竞赛等领域的分析。如果两个国家都裁军,彼此都会更好,但每个国家的占优策略都是加强军备。

2.【考查要点】 掠夺性定价。

【参考答案】 掠夺性定价是指为了把竞争对手挤出市场,以便自己成为垄断者而采取的一种降价行为。一些经济学家认为,这种行为是不可能的,因为受伤害最大的正是实行掠夺性定价的企业。

3.【考查要点】 转售价格维持。

【参考答案】 转售价格维持或公正贸易是指一个制造商要求其零售商收取某种特定价格。例如,如果某电视公司以 800 元/台的价格把电视机批发给零售商,同时要求零售商以 1 000 元/台的价格出售给顾客,那么就可以认为该电视公司在进行转售价格维持。

(六) 拓展思考题

1.【考查要点】 占优策略和纳什均衡的理论和应用。

【参考答案】 (1) 张三没有占优策略。如果李四选择企业扩张,张三也应该选择企业扩张。如果李四选择企业维持现状,张三也应该选择企业维持现状。

（2）李四有占优策略。占优策略是无论其他参与者选择什么策略,对一个参与者都为最优的策略。无论张三选择企业扩张还是维持现状,李四的最优策略都是企业扩张。

（3）纳什均衡是在所有其他主体选择的策略为既定的情况下,相互影响的经济主体各自选择自己最优策略的情况。此时有纳什均衡,是两个企业都选择扩张。因为李四将选择其占优策略(企业扩张),所以,张三也选择企业扩张。

2.【考查要点】 囚徒困境及其应用。

【参考答案】 最终相互竞争的两家企业都花费大量资金用于广告宣传,希望以此能抢夺对方的市场,但双方广告的作用相互抵消,结果两家企业的利润最终因为投放广告的成本而下降。因为即使合作有利于双方,但合作仍然是困难的。若两家企业不信任对方,背叛成为支配性策略,则必将陷入广告战,而广告成本的增加损害了双方收益,这就是囚徒困境。在现实中,要两个互相竞争的企业达成合作协议是较为困难的,多数都会陷入囚徒困境。

第18章
生产要素市场

一、学习精要

(一) 教学目标

1. 理解劳动需求是一种派生需求,掌握竞争的、利润最大化企业的劳动需求的决定因素;掌握为什么边际产量值曲线就是劳动需求曲线,以及哪些事件将引起劳动需求曲线移动。

2. 领会劳动供给背后的家庭决策,理解劳动供给曲线为什么向右上方倾斜,以及哪些事件将引起劳动供给曲线移动。

3. 理解为什么均衡工资等于劳动的边际产量值,掌握劳动市场均衡工资如何受外部事件的影响,会根据劳动需求或劳动供给的变动分析劳动市场均衡的变化。

4. 考察一种要素供给的变动如何改变所有要素的收入,以及一种要素供给的变动如何改变其他要素的边际产量值。

5. 领会劳动市场和其他生产要素市场之间的相似性,掌握要素供求理论在土地、资本市场的运用及其拓展。

(二) 内容提要

生产要素是用来生产物品和服务的投入,劳动、土地和资本是其中最重要的投入。本章是论述劳动市场经济学中的第一章,其主要目的是基于劳动市场的研究,提出一个生产要素市场的分析框架,为包括劳动、土地和资本在内的生产要素市场提供理论基础。

1. 劳动的需求

(1) 我们分析的基本逻辑在于,劳动的价格(工资)由劳动的供给与需求决定。假设物品市场和劳动市场都是完全竞争的,且企业的目标是利润最大化,而劳动的需求是一种派生需求,即劳动的需求取决于企业在物品市场上供给物品的决策。

(2) 为了推导劳动需求,首先必须确定劳动的使用如何影响企业生产的产量。生产函数表示用于生产一种物品的投入量和该物品产量之间的关系,而劳动的边际产量表示在所有其他要素投入不变时,增加一单位劳动所增加的产量。生产函数表现出边际产量递减,即随着投入量增加,这种投入所带来的边际产量递减的特征。

(3) 企业在考虑要不要多增加一个工人时,需要对比增加这个工人所额外带来的成本和收益。额外带来的成本是工资,由于劳动市场是竞争的,因此工资既定,而额外带来的收益可以用边际产量值表示。边际产量值是一种投入的边际产量乘以该物品的价格,边际产量值的另一个名称是边际收益产量。由于物品市场是竞争的,无论生产和销售多少产量,价格由整个市场决定并保持不变,因此随着投入量增加,边际产量和边际产量值同时减少。

(4) 当边际产量值大于工资时,增加一个工人是有利可图的。当边际产量值小于工资时,减少一个工人是有利可图的。因此,一个竞争的、利润最大化的企业雇用的工人数要达到劳动的边际产量值等于工资的那一点为止,边际产量值曲线是竞争的、利润最大化企业的劳动需求曲线。

(5) 由于劳动的需求曲线是劳动的边际产量值曲线,因而引起劳动的边际产量值变动的任何因素发生变化都会导致劳动需求曲线的移动,包括物品价格、技术变革及其他要素供给等三种情况。其一是物品价格,即物品价格上升增加边际产量值,从而导致劳动需求曲线向右移动;物品价格下降减少边际产量值,从而导致劳动需求曲线向左移动。其二是技术变革,即技术进步会增加劳动的边际产量,从而导致劳动需求曲线向右移动。其三是其他要素的供给,即生产中与劳动同时使用的要素供给的增加会提高劳动的边际产量,导致劳动需求曲线向右移动;反之向左移动。

2. 劳动的供给

(1) 劳动的供给产生于个人在工作和闲暇之间的权衡取舍。向右上方倾斜的劳动供给曲线意味着,人们对工资增加的反应是少享受闲暇和多工作。劳动供给曲线并非在所有情况下都向右上方倾斜,但在这里我们假设它向右上方倾斜。

(2) 导致劳动供给曲线发生移动的事件主要包括以下三点:其一是爱好变动,即对工作态度的改变,如人们更愿意外出工作而不是留在家里;其二是可供选择机会的变动,即如果在其他劳动市场上出现了更好的机会,则原市场上的劳动供给将减少;其三是移民,即当移民进入某个国家时,该国的劳动供给曲线将会向右移动。

3. 劳动市场的均衡

(1) 在竞争的劳动市场上,工资调整使劳动的供给与需求平衡,此时,工资等于劳动的边际产量值。任何一个改变劳动供给或需求的事件必定改变均衡工资,并等量地改变边际产量值,因为这两个量必定相等。

(2) 请记住以下两个劳动市场均衡变动的例子:其一,若对一个行业中企业生产的物品需求增加,那么这将引起该物品价格上升和劳动的边际产量值增加,引起劳动的需求增加,劳动的需求曲线向右移动,最终必将提高均衡工资和劳动的边际产量值及就业水平。其二,移民引起本国劳动供给增加,劳动的供给曲线向右移动,最终必将降低均衡工资和劳动的边际产量值及就业水平。

(3) 劳动需求分析表明,工资等于劳动的边际产量值。生产率高的工人的工资收入高于生产率低的工人。此外,实际工资增加与生产率提高息息相关。美国的统计数据支持这一结论,当生产率迅速增长时,实际工资也会跟着迅速增加。

4. 其他生产要素:土地和资本

(1) 企业的生产要素分为三类——劳动、土地和资本。其中,资本是用于生产物品和服务的设备和建筑物的存量。一种要素的租赁价格是在一个有限时期内使用该生产要素所支付的价格,而一种要素的购买价格则是无限期地拥有该生产要素所支付的价格。

(2) 由于工资是劳动的租赁价格,劳动市场与其他生产要素市场的分析具有相似性,可以把要素需求理论运用于土地和资本市场。对于土地和资本市场,企业要把雇用量增加到要素的边际产量值等于要素的租赁价格时为止,因此每种要素的需求曲线是该要素的边际产量值曲线。

（3）资本通常由企业所拥有，而不由家庭直接拥有。资本收入往往先支付给企业，然后再以利息的形式支付给借给企业钱的家庭，以股利的形式支付给在企业拥有股权的家庭。此外，企业还保留一些资本收入，以购买更多资本，这一部分资本收入被称为留存收益。无论资本的收入如何分配，其总价值都等于资本的边际产量值。

（4）土地和资本的购买价格取决于它引起的租赁收入流。因此，土地或资本的购买价格取决于那种要素当前的边际产量值和预期未来会有的边际产量值。由于边际产量递减，供给充足的要素边际产量低，从而价格也低；而供给稀缺的要素边际产量高，价格也高。但当一种要素供给变动时，它还影响其他要素市场，因为在生产中要同时使用这些要素。

5. 结论

本章所提出的劳动、土地、资本如何得到报酬的理论被称为新古典分配理论。它表明，一种要素的收入量取决于供给与需求，一种要素的需求取决于其边际生产率。在均衡时，每种要素的价格都等于其边际产量值。

（三）关键概念

1. 生产要素：用于生产物品和服务的投入。
2. 派生需求：由企业供给另一种物品所派生出的对一种生产要素的需求。
3. 劳动的边际产量：增加一单位劳动所引起的产量增加量。
4. 边际产量递减：一单位投入的边际产量随这种投入量增加而减少的性质。
5. 边际产量值：一种投入的边际产量乘以该产品的价格。
6. 资本：用于生产物品和服务的设备和建筑物。
7. 要素的租赁价格：在一个有限时期内使用某生产要素所支付的价格。
8. 要素的购买价格：无限期地拥有某生产要素所支付的价格。

（四）拓展提示

1. 生产要素是在生产经营活动中利用的各种经济资源的统称，一般包括土地、劳动、资本、技术和信息等。市场经济要求生产要素商品化，即以商品的形式在市场上通过市场交易实现生产要素的流动和配置，从而形成各种生产要素市场。生产要素市场的培育和发展，是发挥市场在资源配置中的基础性作用的必要条件。

2. 竞争的、以利润最大化为目标的企业在某要素的边际产量值等于其租赁价格这一点上使用该要素，支付给每种要素的价格的调整使该要素的供求趋于平衡。由于要素需求反映了该要素的边际产量值，在均衡时每种要素根据其对物品和服务生产的边际贡献得到报酬。由于生产要素是同时使用的，因此，任何一种要素的边际产量都取决于可以得到的所有其他要素量。因此，一种要素数量的变动会影响所有要素的边际产量和均衡收入。

3. 对于一个竞争的、利润最大化的企业，一种要素的需求与其产出的供给密切相关，因为生产函数把投入和产出联系在一起。如果 W 是工资，MC 是边际成本，MPL 是劳动的边际产量，则 $MC = W/MPL$，即边际产量递减与边际成本递增相对应。而一个竞争的、利润最大化的企业雇用的工人数要达到劳动的边际产量值等于工资的那一点为止，即 $P \times MPL = W$。整理该式，即为 $P = W/MPL$。因此，很容易得出 $P = MC$。因此，当一个竞争企业雇用的劳动达到边际产量值等于工资的那一点时，产量就达到价格等于边际成本的那一点。

二、新闻透视

(一) 新闻透视 A

AI 人才需求集中于一线城市,七成从业者月薪过万

当人工智能(AI)站上时代的风口时,AI 从业者的高薪传闻不绝于耳。这一行业真实的薪资水平到底如何?智联招聘最新公布的一份报告显示,近七成 AI 人才的薪资水平在月薪 1 万元以上,约有 1% 的人才月薪在 5 万元以上。

这份名为《2017 人工智能就业市场供需与发展研究报告》(简称《报告》)称,AI 人才需求和供给均集中于一线城市。今年以来 AI 人才需求呈现了爆发式的增长,由于 AI 技术门槛高且难以通过短时间的学习掌握,企业在追逐人才时常处于被动的状态,《报告》预计,今后该行业薪资将继续上涨。

2017 年,AI 人才需求呈现爆发式的增长。随着人工智能在实践上的不断突破,越来越多的创业型公司也加入 AI 相关业务的创业大潮中,这一发展窗口催生了大量的人才需求。根据智联全站大数据,2017 年第三季度人工智能人才需求量相较 2016 年第一季度增长了 179%,是 2016 年第一季度人才需求量的近 3 倍。在人工智能人才呈现巨大缺口的市场状况下,这类企业给予人才的薪酬普遍高于全国平均水平。智联招聘 2017 年秋季在线数据显示,全国 37 个主要城市的平均薪酬为 7 599 元/月。而在 AI 行业,企业在招聘时给出的薪酬预算中,有 33.7% 集中于 10 001—15 000 元/月;27.7% 集中于 8 001—10 000 元/月;26.7% 集中于 15 001—25 000 元/月,远高于全国平均水平。这也表明,高薪是企业面临人才供给压力时给出的最为直观的吸引条件。

从该行业从业者的实际薪酬来看,拥有 AI 技能的人才现阶段薪酬区间主要集中于 10 001—15 000 元/月,占比 40%;8 001—10 000 元/月占比 34%;15 001—25 000 元/月占比 20%。《报告》称,虽然这些薪酬已属于高薪,但与企业给出的薪酬预算来看,依然有上升空间,15 001—25 000 元/月、25 001—35 000 元/月的招聘缺口最大,这体现了 AI 岗位尤其是中高端岗位,企业一时用高薪也难招到合适的人才,也从侧面表明拥有 AI 技能的存量人才薪酬持续看涨。

智联招聘 CEO 郭盛表示,近两年来,高科技、共享经济等热门行业的工资涨幅非常快,AI、大数据方面的高精尖人才,国内给出的工资甚至会高过硅谷。人才垄断在 AI 行业中也非常明显。虽然 AI 企业中创业公司数量较多,但人才数量的绝对值远低于头部大企业。存量的 AI 人才主要集中于华为、联想、IBM 以及 BAT 等行业巨头,其中华为的存量人才占比最高,为 30%。

从地域来看,人工智能的人才需求岗位主要集中在北上广深等热门一线城市,北京占据绝对需求,占总需求量的 30%。AI 人才在城市分布与需求端上基本匹配,但在供需状态上各有不同,其中北京、上海、深圳人才供给占比多于需求占比,广州、杭州的人才供给少于需求占比,人才紧缺的程度更高。

资料来源:AI 人才需求集中于一线城市,七成从业者月薪过万. 第一财经日报. (2017-12-11) [2020-6-6]. https://tech.qq.com/a/20171211/003152.htm.

【关联理论】

生产要素市场类似于商品与服务市场，但对生产要素的需求是一种派生需求，即是企业向商品市场供给物品的决策派生出来的。很显然，从劳动的需求取决于企业在商品市场上供给商品的意义上来说，劳动需求也是一种派生需求。

【新闻评析】

派生需求是由阿尔弗雷德·马歇尔在其《经济学原理》一书中首次提出的经济概念，是指对生产要素的需求，意味着它是由对该要素参与生产的产品的需求派生出来的，又称"引致需求"。具体地说，产品市场上的需求和生产要素市场上的需求具有很不相同的性质。在产品市场上，需求来自消费者。消费者为了直接满足自己的吃、穿、住、行等需要而购买产品，因此，对产品的需求是所谓的"直接"需求。与此不同，在生产要素市场上，需求不是来自消费者，而是来自厂商。厂商购买生产要素不是为了自己的直接需要，而是为了生产和出售产品以获取收益。更进一步来看，厂商通过购买生产要素进行生产并从中获得收益，部分要取决于消费者对其所生产的产品的需求。如果不存在消费者对产品的需求，则厂商就无法从生产和销售产品中获得收益，从而也不会去购买生产资料和生产产品。例如，如果没有人去购买汽车，就不会有厂商对汽车工人有需求；对医生和护士的需求，则受到对保健服务的需求的影响。由此我们可以理解，厂商对生产要素的需求是从消费者对产品的直接需求中派生出来的。

AI人才需求取决于AI公司在AI产品市场上供给AI产品的决策。AI产品的概念是从传统意义上的"产品"延伸而来的，是指应用AI技术的商品，它是满足AI用户需求和欲望的无形载体。简单来说，AI产品就是指网站为满足用户需求而创建的用于运营的功能及服务，它是网站功能与服务的集成。互联网公司AI领域劳动需求的快速增长，主要原因在于AI产品市场上AI产品及相关服务的大幅增加。因此，对AI行业的劳动需求是一种派生需求，即是由AI企业向商品市场供给物品的决策派生出来的。随着对AI产品及服务的需求迅速增加，必然导致AI行业的劳动需求大幅飙升。据领英近日发布的《全球AI领域人才报告》显示，截至2017年，基于领英平台的全球AI领域技术人才数量超过190万，其中美国相关人才总数超过85万，高居榜首，而中国的相关人才总数也超过5万人，位居全球第七。然而，这些AI人才仍不能满足互联网行业的需求。目前互联网行业中最稀缺的就是AI人才，国内的供求比例仅为1∶10，供需严重失衡。工信部教育考试中心副主任周明曾在2016年向媒体透露，中国人工智能人才缺口超过500万人。正因为如此，甚至很多行业巨头会用月薪几十万招聘人工智能顶级人才。

（二）新闻透视 B

如何看待制造业的薪资上涨

根据最新官方数据，2012年中国私营部门工资增长14%，高于2011年12.3%的增速，招聘活动也愈加活跃，这表明中国政府正致力于让国内老百姓更富裕，提高国内消费者购买力。然而，在这段时间，中国经济增速却从9.3%下降到7.8%，似乎劳动力成本上升会损害企业盈利能力和出口竞争力。已有人士担心，中国制造业的主导地位有可能会被邻近国家所取代，从而给整体经济发展带来风险。

最近，新一代中国领导人加大力度扶持就业。最近的国务院常务会议要求各地通过拓宽就业渠道、鼓励自主创业、开展就业帮扶等措施，为应届毕业生搭建就业"绿色通道"。与此同时，增加就业和提高工资水平也是中国领导人关注的重点。

中国国家统计局数据表明，自2008年以来，中国制造业工资水平已经上涨了71%。但据世界银行估计，中国劳动生产率大约以每年8.3%的速度提高。也就是说，劳动生产率的提高仅抵消了一小部分工资上涨所带来的压力。随着劳动力成本上升，全球零售商开始寻求可以替代中国的生产地，孟加拉国、柬埔寨和越南等国家的服装制造业规模都得到了扩大。

随着劳动力成本上升，中国制造业传统优势逐渐减弱，2012年工业利润总体处在萎缩状态，出口增速从2011年的20.3%降至7.9%。虽然在海外直接投资方面，中国仍是获得海外直接投资最多的发展中国家，2013年中国吸引了1 120亿美元的外商直接投资，但这一数字同比下降了3.7%。包括亚洲最大的服装连锁品牌优衣库、皮货连锁企业Coach和鞋类制造商Crocs在内的多家国外制造商纷纷将制造业务从中国撤离到邻近劳动力成本较低的国家。

摩根大通中国经济学家朱海斌表示，目前房地产、基础设施和服务业就业岗位的大幅增加为中国经济提供了支撑，但如果中国主要制造业继续低迷，利润不增长，工资上涨也将难以为继。

然而一些专家却对此持有乐观态度，认为无须担忧中国劳动力成本上升可能使其失去制造业优势。供应链的联动、强大的基础设施，以及进入中国市场的宽广渠道都是中国制造业发达的优势。虽然利润率受到了挤压，大多数在中国运营的制造商仍然能够盈利。奈特不认为制造商在逃离中国，在中国生产的优势仍然非常强大。

总的来说，一方面，只有薪资水平提高，中国消费者购买力才能提高，从而才能拉动内需，摆脱经济对出口和投资作为拉动力的依赖。另一方面，又要控制劳动力成本上升对制造业造成的损害，因为制造业低迷不能为薪资提高带来持续动力。

资料来源：如何看待制造业的薪资上涨．一览·深圳．（2014-6-6）［2020-6-6］．http://0755.job1001.com/ViewArticle.php? id=49771.

【关联理论】

当边际产量值大于工资时，增加一个工人是有利可图的。当边际产量值小于工资时，减少一个工人是有利可图的。因此，一个竞争的、利润最大化的企业雇用的工人数要达到劳动的边际产量值等于工资的那一点为止。

【新闻评析】

依据均衡工资决定理论可知，制造业的均衡工资水平最终必然取决于制造业企业雇用工人的边际产量值，而边际产量值是劳动的边际产量乘以该物品的价格。在包含制造业产品价格的国内物价上升有限的前提下，制造业的均衡工资水平也就取决于制造业企业雇用工人所带来的边际产量了。

在制造业低迷的背景下，技术进步放缓，企业多雇用一个工人所带来的边际产量没有太大变化，则其边际产量值几乎维持不变，因而在理论上应该导致制造业的均衡工资水平上涨缓慢。但根据中国国家统计局数据，2008年以来中国制造业工资水平已经上涨71%，而中国的劳动生产率大约以每年8.3%的速度提高，也就是说，边际产量值的提高仅抵消了一小部分工资上涨所带来的压力。因此，如果中国主要制造业继续低迷，工资上涨也将难以为继，即制造业低迷不能为工资提高带来持续动力。中国政府要在扶持工资水平的同时，控制制造业成本。而对于企业来说,面对这样的两难处境,实行升级转型是不可避免的大趋势。短期内抓紧内需扩大的机遇,实现短期盈利以得到足够资金更好地发展。长期来说,需要从技术革新、先进管理等方面寻求低成本以外的优势,从而大幅提高企业雇用一个工人所带来的边际产量值,并从长远可持续方向提高自身竞争力。

当然,在政策层面,制造业的工资上涨有一个重要的目标在于,政府可能想通过提高制造业的工资水平实现中国经济的再平衡。由于工资水平的增速超过了经济其他领域,部分家庭获得的社会财富比重也在增大。这样就有希望借此带动消费水平的提升,帮助中国经济摆脱对出口和投资作为增长动力的依赖。但我们必须关注的是,工资上涨过快也可能会伤害制造业。工资上涨现象是好事,它能改善收入分配,但是过快的上涨也意味着有过多的制造业企业会变得困难。在任何时候,如果工资增长"过快",甚至超过了GDP或者企业积累的增速,分配秩序就已经失衡,造成伤害在所难免。

(三) 新闻透视 C

多地再现"用工荒" "抢人大战"愈演愈烈

据经济之声《天下财经》报道,春节假期结束,返乡的人们重又回到工作岗位,眼下多地再现"用工荒",各地使出浑身解数吸引人才,"抢人大战"愈演愈烈。

各地"抢人大战"打响。正月初八,湖南人才市场已经一片熙熙攘攘。在昨天举行的湖南省2017年春季大型人才招聘会上,一些沿海企业跨区域招聘,以"高福利"吸引应聘者就业。三一集团有限公司珠海分公司这两年才成立,年前跳槽、人员流动数量大,现在多个分公司都在为珠海招人,人才缺口达200多人。为了更快地缓解用工荒,三一集团亮出高薪。材料编程员月薪5 500到7 500元,焊工月薪6 000到8 500元,车工、钻工等岗位也比本地用工工资标准高出一截。企业焦急,但是应聘者却相对淡定,现在大多数是求职者挑选企业,求职者的观望情绪浓重,签约成功的数量并不多。

为了尽快填补各企业人才空缺,河南郑州市将举办近百场现场招聘会。记者在郑州市农村人力资源市场看到,不少企业纷纷打出管吃管住高薪招聘的牌子,但并没有吸引到多少求职者。一些企业招聘负责人告诉记者,现在年轻人更向往干净体面的白领生活,相对不愿意涉足服务行业以及工厂企业的岗位。

各地频现"用工荒"、企业打响"抢人大战"的背后,是我国流动人口数量进一步下降的大趋势。国务院近日印发的《国家人口发展规划》指出,我国人口转移势头有所减弱,预计到2020年,流动人口有2亿人以上;到2030年,流动人口规模减少到1.5亿到1.6亿人。国家统计局的数据也显示,2016年我国流动人口数量比2015年减少了171万人,尤其是农村向城镇移民的脚步已经明显放缓。

外来人口数量下降,对城市发展意味着什么?上海金融与法律研究院研究员聂日明认为人口的高密度是支撑城市繁荣的必要条件。当然,对不同城市,国家有不同的考量。《国家人口发展规划》就提出,要严格控制超大城市和特大城市人口规模,有序引导人口向中小城市集聚,推动人口合理集聚,城市人口的调控应该和城市社会经济发展阶段相匹配。

复旦大学人口研究所副所长任远表示,调控人口规模的同时,也要完善流动人口权益保障的相关制度,摆正两者之间的关系。社会保障应该服务于人的迁移和流动,支持人的迁移和流动。此外,我国中小城镇的发展也面临着人口流动的挑战。据不完全统计,截至2016年

5月,全国县以上新城、新区超过3 500个,规划人口达34亿。以后,这些新城、新区谁来住?西部、西南部几个地市规划部门负责人接受采访时坦言,他们的一个重要任务就是抢人。而在专家看来,要"抢人"需要硬实力,很多中小城镇城镇化和产业化脱节,没有产业就没有就业,再加上公共服务供给不足,造成中小城镇仍在"失血"。在流动人口持续下降的大背景下,城市首先要练好"内功"。

复旦大学公共经济研究中心主任石磊认为中小城市应注重人口规模的适当扩大,强化服务业对经济增长的贡献率,强化劳动力供给条件来稳定经济增长。要考虑的问题包括:第一,城市的社会保障能否有效、稳定、可持续地提供;第二,城市未来提供就业机会的空间有多大。中小城市的人口规划要实事求是,稳步发展。

资料来源:多地再现"用工荒""抢人大战"愈演愈烈. 央广网. (2017-2-5) [2020-6-15]. http://finance.cnr.cn/txcj/20170205/t20170205_523557299.shtml.

【关联理论】

引起劳动的边际产量值变动的任何因素发生变化都会导致劳动需求曲线的移动,包括物品价格变动、技术变革以及其他要素供给变动等情况,导致劳动供给曲线发生移动的事件主要包括爱好变动、可供选择机会的变动以及移民等情况。劳动需求曲线或者劳动供给曲线的移动均会导致劳动市场均衡发生改变,即劳动的均衡数量及工资水平出现变化。

【新闻评析】

在本新闻中,我国"用工荒"问题开始显现,招工难背后是劳动力市场的短缺,其根本原因在于民工劳动需求稳中有增,而民工劳动供给却大幅减少,也就是民工劳动供给大幅向左移动,从而导致民工均衡数量下降,而民工工资水平上涨。其中民工劳动需求稳中有增的原因是物品价格上涨和技术进步,而民工劳动供给大幅减少的原因在于爱好变动、可供选择机会的变动以及移民等。例如,随着产业转移的加快,当地制造业迅速崛起,地方政府每年都出台政策,努力留住本地青壮年劳动力,鼓励家门口创业就业,当地劳动市场有更好的工作机会可以解释可供选择机会的变动。

工业化中后期以新型劳资关系和社会保障的完善为特征,全社会劳动力工资上涨是必然趋势,转型经济体都会经历劳动力从富余向短缺突变的"刘易斯拐点"。这个拐点的到来有助于倒逼人口政策的调整,如多个省市已经对计划生育政策进行灵活调整,"二胎"问题开始破冰。"刘易斯拐点"对推进传统产业优化、促进企业在员工待遇和福祉上的改进有积极作用,也有利于促进劳动密集型产业转型升级。当然,要解决"民工荒"问题,必须从根本上加快转变经济发展方式,通过终身教育提高全民劳动技能,同时要打破户籍藩篱,破除城乡自由流动壁垒,让农民公平而有尊严地融入城市。

三、案例研究

(一) 案例研究 A

华为的神话与坦桑尼亚的效率工资

在深圳,华为公司新建的华为城分为生活区、科研开发区和生产厂房三个部分,由来自美国、德国和中国香港地区的工程师规划和设计。这个设施齐全、技术先进、环境优美的现代化工业城为员工提供了"比这个城市的其他人相对优越的生活和待遇"。华为是个创造神话的企业。它不仅创造了超过20亿元的年销售额,而且创造出一批敬业高效、贴着"华为创造"标签的华为人。3万名华为员工用自己的全部青春和热情,日复一日地过着两点一线的生活。据猎头公司介绍,摩托罗拉和贝尔等外资企业要想挖华为的人很难,但华为要挖它们的人就容易多了。其中,钱是重要的因素。一名刚毕业的硕士生可拿到10万元的年薪;一位刚工作两年、本科毕业的技术或市场人员可派发8万股内部股票;一个总监级的员工(约占公司人数的2%),平均拥有300万的内部股票。总之,高薪和巨大的持股计划,使得华为员工都很关心公司的市场前景和发展,也使他们愿意用自己的努力创造企业的神话。

类似的情况还可以考虑东非坦桑尼亚的经验。1964年,坦桑尼亚的大部分工人在大种植园工作,而且和非洲的普遍情况一样,这些工人大都是移民,每年要从种植园回农村家乡几次,工人生产效率低,工资也不高。坦桑尼亚独立后,政府宣布种植园工人的工资提高3倍。种植园主预言这将是一场灾难,因为这会使他们支付的劳动价格大幅上升甚至导致种植园破产。但政府根据效率工资理论预言,高工资将带来高效率和稳定的劳动力。结果政府的预言是正确的。例如,在效率工资政策之下,西沙尔麻(一种可用于制作绳子和纤维的坚韧的白色纤维)的整体产量增加了4倍。其原因并非所得到的实物资本发生了变化,而是种植园主雇用了更积极且更有技术的工人。但是,工资提高几年之后,坦桑尼亚西沙尔麻行业的就业从12.9万人减少到4.2万,这说明效率工资会增加失业。

资料来源:根据相关案例库资料改编和整理。

【关联理论】

在完全竞争的市场条件下,厂商使用要素的原则是利润最大化,竞争企业在它雇用的劳动的工资等于劳动边际产量值时实现利润最大化,也就是此时要素价格等于使用要素的"边际收益",即边际产量值。在竞争的劳动市场上,工资调整使劳动的供给与需求平衡,当均衡工资被打破时,必然会改变劳动供给或劳动需求。

【案例解析】

在上述华为公司和坦桑尼亚的例证中可以看出,公司支付给员工的工资(或收入水平)高于市场上的平均工资水平,其目的在于给工人以激励,从而提高工人的生产率,但是这个工资水平不应该高于华为使用劳动这种要素的均衡工资。从经济学的角度进行分析,原因可归结为以下两个方面:

第一,在完全竞争的条件下,厂商使用要素的原则是利润最大化,当使用要素的"边际成本"即要素价格等于使用要素的"边际收益"即边际产量值时,厂商使用的要素数量为最优要素数量。根据上述厂商使用要素的一般原则,可得到厂商对要素的需求曲线。该需求曲线与边际产量值曲线重合。要素需求曲线反映要素价格与要素使用量成反方向变化,并且当要素价格变化时,要素的边际产量值也随之变化。回到上面的例子中,公司支付较高的工资就会得到更有生产效率的工人,其创造的边际产量值也就更高。

第二,效率工资理论认为,雇主可通过增加工资得到更有效率的劳动。对此,马歇尔也曾经说过:"高工资的劳动一般来说是有效率的,因此不是昂贵劳动。"这是因为通过提供效率工资:①可招收到高素质的工人;②工人会努力工作,从而效率会更高;③可减少偷懒,因为偷懒的风险太大;④工人的流动性小。

总之,效率工资是企业激励机制的一个重要组成部分。支付高工资可降低劳动总成本,提高生产效率,从而为企业创造更多的利润。

(二) 案例研究 B

普通劳动者工资该怎么涨?

今年前9个月,北京、上海、江苏等9个省市宣布上调最低工资标准,平均涨幅10.7%。一些企业提出:调高工资增加了企业的用工成本,是不是与"降成本"的大方向背道而驰?也有专家担心,工资增长过快可能促使企业通过机器换人来降成本,最终不利于劳动者。

工资增长多少算合适?中国劳动学会副会长苏海南认为工资跑赢CPI是工资正常增长的底线,否则劳动者实际工资下降,日子会越过越差。工资跑赢GDP,是让百姓分享经济发展成果的题中应有之义。除了比照CPI、GDP,判断工资是不是过快增长还有一个参照系,即劳动生产率。如果工资快速增长、而同期劳动生产率提高得更快,那么总体上就不会对企业的劳动力成本、对特定经济体的劳动力比较优势造成影响,也就不能说工资涨得过快。

人社部劳动工资所的研究报告显示,改革开放以来,我国制造业劳动生产率快速增长,长期显著高于工资增速。考察"十一五""十二五"期间,我国城镇单位在岗职工(非私营)平均工资年均实际增长约为10.2%,比同期第二、三产业全员劳动生产率年均增速略低。如果把城镇私营企业职工的工资增长状况考虑进去总体估算,那么第二、三产业职工平均工资增速与同期第二、三产业劳动生产率增速基本相当。不过,近三四年来城镇私营小企业的确出现了工资增速高于劳动生产率增速的情形。分析原因,主要是劳动力供求出现变化,促使劳动力价格提高,此外还有"补历史欠账"的因素,毕竟在很长一段时间里工资增速偏缓。

降成本不能只盯着工资。统计数据显示,劳动报酬占国民总收入(GNI)的比重从2008年的48.5%上升到2013年的51.1%。2005年至2013年,制造业用工成本占总成本的比重在5.5%—6.8%区间内小幅波动,近两年呈上升之势。许多企业抱怨"再这么一个劲儿地涨工资,企业真的受不了"。

苏海南表示,经济发展的目的是不断改善人民生活,这一点不能动摇。而给企业减负,不只是涨降工资的问题。企业和员工在财富分配上不是绝对对立的,眼下关键是一要努力提高劳动生产率,二要采取措施降低那些附着在工资上的其他用工成本,比如进一步下调社保费率等,让企业在提高劳动生产率的基础上有更多空间给劳动者涨工资,形成良性循环、劳资双赢。

涨工资要把握好"度"。要注重使工资增长与经济增长相匹配、与劳动生产率提高相匹配。工资的变动由市场发挥主要作用,同时政府也应做好调控。从市场因素看,经济增速虽然放缓,但仍处于中高速增长的区间,"蛋糕"在继续做大,这为今后涨工资奠定了坚实基础。从政府调控看,在"共享发展"的理念引导下,党和国家更加重视改善百姓生活,城乡居民继续增收是大势所趋。但是,一些领域出现了工资增长快于劳动生产率提高的现象,为改变这种趋势,主要是要在技术创新、工艺流程、管理水平、人员培训方面下功夫,以推动劳动生产率提高,同时合理安排工资增速。

提高劳动生产率,同样是企业降低用工成本的选择。在制造业企业,"机器换人"已成潮流。鸿富锦的负责人介绍说,该企业正在大力推进生产自动化,其中一个车间投入 1.5 亿元引入手机打磨自动化生产线,过去需要约 1 000 名员工,现在只需 100 人左右。

资料来源:人民日报:劳动者工资水平仍偏低 该怎么涨工资? 界面. (2016-11-18)[2020-6-15]. https://www.jiemian.com/article/966588.html.

【关联理论】

生产要素的报酬一般也是由市场中该生产要素的供给与需求决定的。而劳动作为一种生产要素,其价格就是由劳动的供给与需求决定的。劳动供求分析表明,工资等于劳动的边际产量值。生产率高的工人比生产率低的工人赚得多,实际工资增加与生产率提高相关。

【案例解析】

经济学十大原理之一是,一国的生活水平取决于它生产物品和服务的能力,即生活水平取决于生产率。劳动需求理论也表明,工资等于用劳动的边际产量值衡量的生产率。简言之,生产率高的工人其工资也高,生产率低的工人其工资也低。实际工资增加与生产率提高相关,美国等相关国家的数据支持这一结论。当美国生产率迅速提高时,实际工资增长也比较快。正如上述案例所表明的,涨工资,当务之急是提高劳动生产率。如何提高劳动生产率?主要方法包括以下几方面:一是促进技术进步,政府或企业应该鼓励各种技术创新活动;二是不断加强教育和培训,提高职工本身的各种素质,如技术操作水平、学习能力、责任心等;三是对员工采取各种有效的激励措施,激发和调动员工的工作积极性、创造性;四是加强企业文化建设,以文化为纽带,把不同经历、不同年龄、不同知识层次的人组织起来,为共同目标去努力工作。

近年来各界一直有忧虑,担心机器换人会减少就业机会,最终影响劳动者的收入。实际上,目前的机器换人主要是企业在招工难、用工贵的背景下所采取的变相应对措施。机器可能会替代一部分流水线上的劳动力,但新设备的操作、维护也需要人,由此将派生出新的劳动力需求。理论研究和实证研究均表明,技术进步和产业升级将带来更高的产值增长,从而保证了就业增加,同时还会增强产业间的关联性,衍生出新的行业和就业岗位,新岗位的工资水平、就业质量往往有所提升。当然,在这一过程中必须对劳动力加强培训教育,使劳动力素质不断提高并适应市场需求。总之,生产要素的报酬一般也是由市场中该生产要素的供给与需求决定的,生产率提高带来劳动边际产量值的上升,最终必然体现在工人工资水平的增长上。

四、课外习题

(一) 术语解释

1. 生产要素
2. 派生需求
3. 劳动的边际产量
4. 边际产量递减
5. 边际产量值

(二) 单项选择

1. 最重要的生产要素是（　　）。
   A. 货币、股票和债券　　　　　　B. 水、地球和知识
   C. 管理、财务和营销　　　　　　D. 劳动、土地和资本
2. 劳动的边际产量值是（　　）。
   A. 物品价格乘以劳动的工资　　　B. 劳动的工资乘以劳动量
   C. 物品价格乘以劳动的边际产量　D. 劳动的工资乘以劳动的边际产量
3. 对一个竞争的、利润最大化的企业，资本的需求曲线是企业的（　　）。
   A. 资本的边际产量值曲线　　　　B. 生产函数
   C. 边际成本曲线　　　　　　　　D. 资本的供给曲线
4. 劳动的供给减少，将导致（　　）。
   A. 增加劳动的边际产量值，并提高工资
   B. 减少劳动的边际产量值，并降低工资
   C. 增加劳动的边际产量值，并降低工资
   D. 减少劳动的边际产量值，并提高工资
5. 农用拖拉机供给减少产生的影响，下面哪一项不可能出现？（　　）
   A. 拖拉机的边际产量值增加　　　B. 农用土地的租金率下降
   C. 农业工人的工资下降　　　　　D. 农业工人的工资上升
6. 对一个企业物品的需求减少，会导致（　　）。
   A. 企业和所用要素的经济状况都变坏
   B. 企业的经济状况改善，但企业所用要素的经济状况变坏
   C. 企业的经济状况变坏，但企业所用要素的经济状况改善
   D. 企业和所用要素的经济状况都改善
7. 草莓需求增加会产生一些影响，下面哪一项不可能出现？（　　）
   A. 草莓的价格上升　　　　　　　B. 摘草莓的工人的边际产量值增加
   C. 摘草莓的工人的工资增加　　　D. 雇用的摘草莓工人人数减少
8. 如果生产要素市场、物品和服务市场都是完全竞争的，企业追求利润最大化，那么，在市场均衡时每种生产要素赚到（　　）。
   A. 相等的产量份额　　　　　　　B. 政治过程分配的量
   C. 等于物品价格乘以其产量　　　D. 其边际产量值
9. 竞争的、利润最大化的企业应该雇用工人达到这样的情况：（　　）。
   A. 劳动的边际产量值等于工资
   B. 工资、资本租赁价格和土地租赁价格都相等
   C. 工资大于资本租赁价格
   D. 工资小于土地租赁价格
10. 自行车价格下降会导致对自行车工人的需求（　　）。
    A. 向右移动，工资增加　　　　　B. 向左移动，工资增加
    C. 向右移动，工资减少　　　　　D. 向左移动，工资减少
11. 如果资本由企业直接拥有，而不是家庭直接拥有，那么资本收入可以采用以下任何

一种形式,除了(　　)。

A. 股票　　　B. 留存收入　　　C. 利息　　　D. 股利

12. 如果发生瘟疫,会对生产要素的价格产生影响,(　　)最有可能出现。

A. 工资上升,土地租金上升　　　B. 工资上升,土地租金下降

C. 工资下降,土地租金下降　　　D. 工资下降,土地租金上升

13. 根据下表回答,当企业雇用工人数量从2个增加到3个时,劳动的边际产量是(　　)。

劳动工人的数量	每小时的产量
0	0
1	10
2	18
3	24
4	28
5	30

A. 0　　　B. 6　　　C. 12　　　D. 10

14. 根据下表回答,如果物品的价格是每单位30元,当企业雇用的工人数量从3增加到4时,劳动的边际产量值是(　　)。

劳动工人的数量	每小时的产量
0	0
1	10
2	18
3	24
4	28
5	30

A. 10　　　B. 50　　　C. 70　　　D. 120

15. 根据下表回答,如果利润最大化企业在一个竞争市场上以每单位20元出售其物品,而且在竞争市场上以每小时80元雇用劳动,则企业应该雇用(　　)。

劳动工人的数量	每小时的产量
0	0
1	10
2	18
3	24
4	28
5	30

A. 3个工人　　　B. 5个工人　　　C. 4个工人　　　D. 1个人

(三) 判断正误

1. 可以把生产要素的需求看作派生需求,因为它由企业在另一个市场上供给物品的决策派生出来。( )
2. 对于一个竞争的、利润最大化的企业而言,一种要素的需求曲线是该要素的边际产量值曲线。( )
3. 如果土地的均衡租金增加了,那么土地的边际产量值就必定增加了。( )
4. 网球需求的增加将增加网球工人的边际产量值。( )
5. 手机需求的增加会改善手机生产企业和技术工人的经济状况。( )
6. 资本的边际产量值是资本的边际产量乘以其所生产的物品的价格。( )
7. 资本供给增加将提高资本的边际产量和资本的租赁价格。( )
8. 提高一种生产要素边际产量值的唯一方法是提高这种生产要素所生产的物品的价格。( )
9. 劳动供给减少降低了劳动的边际产量值,降低了工资,减少了就业。( )
10. 生产要素是劳动、土地和货币。( )

(四) 简答题

1. 劳动的需求曲线和劳动的边际产量值曲线有何联系?
2. 为什么劳动需求曲线向右下方倾斜?
3. 哪些因素会使劳动需求曲线向右移动?
4. 哪些因素会使劳动供给曲线向右移动?
5. 一种要素数量的变动会影响所有要素的边际产量和均衡收入吗?

(五) 应用题

1. 假设大学入学人数增加,那么这将引起教材需求的增加。在教材出版中所用到的劳动和资本市场会发生什么变动? 为什么?
2. 你的姑妈自己创业开了一家蛋糕店,这家蛋糕店雇用了3个工人,工人每天的工资是90元,每个蛋糕卖5元。如果你的姑妈追求利润最大化,她雇用的最后一个工人的边际产量值是多少? 这个工人的边际产量是多少?
3. 如果把大量的林地改造为农业用地,那么,
(1) 农用土地的边际产量和租赁价格会发生什么变动?
(2) 对农业工人市场产生什么样的影响? 农业工人的边际产量和工资会发生什么变动?

(六) 拓展思考题

1. 假设政府要求所有人每天吃一个苹果,以改善身体素质。
(1) 该项政策如何影响苹果的需求和均衡价格?
(2) 该项政策如何影响摘苹果的工人的边际产量、边际产量值和工资?
2. 请说明以下每个事件对电脑制造业的劳动市场的影响。
(1) 政府为每个大学生购买电脑。
(2) 更多的大学生选学计算机专业。

(3) 电脑企业建立新的工厂。

五、习题答案

(一) 术语解释

1. 生产要素:用于生产物品和服务的投入。
2. 派生需求:由企业供给一种物品所派生出的对一种生产要素的需求。
3. 劳动的边际产量:增加一单位劳动所引起的产量增加量。
4. 边际产量递减:一单位投入的边际产量随这种投入量增加而减少的性质。
5. 边际产量值:一种投入的边际产量乘以该产品的价格。

(二) 单项选择

1. D　2. C　3. A　4. A　5. D　6. A　7. D　8. D　9. A　10. D
11. A　12. B　13. B　14. D　15. C

(三) 判断正误

1. √　2. √　3. √　4. √　5. √　6. √　7. ×　8. ×　9. ×　10. ×

(四) 简答题

1.【考查要点】 劳动的需求曲线和劳动的边际产量值曲线之间的联系。

【参考答案】 当边际产量值大于工资时,增加一个工人是有利可图的;当边际产量值小于工资时,减少一个工人是有利可图的。因此,一个竞争的、利润最大化的企业雇用的工人数要达到劳动的边际产量值等于工资的那一点为止。由于边际产量值曲线决定了企业在每种工资时将雇用多少工人,因此边际产量值曲线是竞争的、利润最大化企业的劳动需求曲线。

2.【考查要点】 劳动需求曲线的形状。

【参考答案】 边际产量值曲线是竞争的、利润最大化企业的劳动需求曲线。边际产量值是一种投入的边际产量乘以该物品的价格。由于物品市场是竞争的,因此无论生产和销售的产量是多少,物品价格是不变的。随着越来越多的劳动增加到生产过程中,劳动的边际产量递减,边际产量值也递减,因此劳动需求曲线向右下方倾斜。

3.【考查要点】 劳动需求曲线的影响因素。

【参考答案】 由于劳动需求曲线是劳动的边际产量值曲线,因而引起劳动的边际产量值变动的任何因素发生变化都会导致劳动需求曲线的移动,包括物品价格变动、技术变革以及其他要素供给变动等三种情况;其一是物品价格变动,即物品价格上升增加边际产量值,从而导致劳动需求曲线向右移动;其二是技术变革,即技术进步会增加劳动的边际产量,从而导致劳动需求曲线向右移动;其三是其他要素供给变动,即生产中与劳动同时使用的要素供给的增加会提高劳动的边际产量,导致劳动需求曲线向右移动。

4.【考查要点】 劳动供给曲线的影响因素。

【参考答案】 导致劳动供给曲线移动的因素主要包括以下三点:其一是爱好变动,即对工作态度的改变,如人们更愿意外出工作而不是留在家里,那么市场上的劳动供给将增加;其二是可供选择机会的变动,即如果在其他劳动市场上出现了更少的机会,则原市场上的劳动供给将增加;其三是移民,即当移民进入某个国家时,该国的劳动供给曲线会向右移动。

5.【考查要点】 要素数量变动与边际产量和均衡收入。

【参考答案】 要素需求可以反映该要素的边际产量值。在均衡时,每种要素根据其对物品和服务生产的边际贡献得到报酬。因为生产要素是同时使用的,任何一种要素的边际产量都取决于可以得到的所有其他要素量,所以一种要素数量的变动会影响所有要素的边际产量和均衡收入。

(五) 应用题

1.【考查要点】 劳动与资本市场的均衡分析。

【参考答案】 由于教材需求增加导致教材价格上升,导致教材出版中所用到的劳动和资本的边际产量值增加,劳动和资本的需求曲线向右移动,从而导致工资和租金率上升。

2.【考查要点】 竞争企业利润最大化的条件及边际产量值的概念。

【参考答案】 一个竞争的、利润最大化的企业雇用的工人数要达到使劳动的边际产量值等于工资的那一点为止,即 $P \times MPL = W$ 成立时。因此,如果你的姑妈追求利润最大化,她雇用的最后一个工人的边际产量值应该等于工资90元。根据边际产量值的定义(一种投入的边际产量乘以该物品的价格),由于每个蛋糕的价格是5元,因此这个工人的边际产量是18。

3.【考查要点】 土地市场及劳动市场的均衡变动分析。

【参考答案】 (1) 根据对土地市场的供求分析,把林地改造为农业用地,会增加农用土地的供给,即农用土地的供给曲线右移,从而减少了农用土地的边际产量和租赁价格。

(2) 根据对农业劳动市场的供求分析,农用土地供给的增加提高了劳动的边际产量,并使劳动的需求曲线向右移动,从而工资上升。

(六) 拓展思考题

1.【考查要点】 物品市场与生产要素市场相结合的均衡变动分析。

【参考答案】 (1) 该项政策将增加苹果需求,即苹果需求曲线右移,从而苹果的均衡价格和数量都增加。

(2) 因为摘苹果的工人的边际产量不变,根据边际产量值是一种投入的边际产量乘以该物品的价格,由于苹果价格上升,导致摘苹果的工人的边际产量值上升。因为边际产量值曲线即为竞争的、利润最大化企业的劳动需求曲线,因此摘苹果的工人的劳动需求曲线向右移动,均衡工资上升。

2.【考查要点】 物品市场与生产要素市场相结合的均衡变动分析。

【参考答案】 (1) 该项政策将增加电脑需求,即电脑需求曲线右移,从而电脑的均衡价格上升。边际产量值是一种投入的边际产量乘以该物品的价格,电脑价格上升会使电脑的边际产量值上升。边际产量值曲线是竞争的、利润最大化企业的劳动需求曲线,边际产量值曲线右移,即电脑制造业对劳动的需求曲线右移,从而均衡工资上升,就业增加。

(2) 该项事件意味着电脑制造业的劳动供给将增加,因此,劳动市场的均衡工资会下降。

(3) 该项事件将增加资本供给,从而增加电脑制造业劳动的边际产量和边际产量值,即劳动需求曲线右移,均衡工资上升。

第19章
收入与歧视

一、学习精要

(一) 教学目标

1. 领会工资报酬如何会因工作特点不同而不同,掌握决定均衡工资的若干因素。
2. 理解教育的人力资本理论与信号理论,考察为什么在某些职业中少数超级明星能赚到极高的收入。
3. 掌握工资上升到供求均衡水平之上的原因,了解为什么衡量歧视对工资的影响是困难的。
4. 掌握何谓歧视经济学。理解什么时候市场力量可以为歧视提供一种自然的补救方法,而什么时候又不可以。

(二) 内容提要

本章的目的是扩展在第 18 章中提出的新古典劳动市场理论,并超越第 18 章的供求模型框架,以有助于解释我们在经济中看到的悬殊的工资差别。本章主要内容包括两大部分,其一是决定均衡工资的若干因素,其二是歧视经济学。

1. 决定均衡工资的若干因素

一般理论认为工资由劳动供给与劳动需求决定。劳动需求反映了劳动的边际生产率,在均衡时,每个工人都得到了他在生产物品与服务过程中的边际贡献的价值。要想真正理解社会生活中所看到的收入之间的巨大差别,必须突破这个一般框架,更准确地考察什么因素决定了不同类型劳动的供给与需求。工人和工资的特点会影响到劳动供给、劳动需求和均衡工资,主要体现在:

(1) 补偿性工资差别主要是指不同工作的非货币特性所引起的工资差别。

(2) 人力资本的多寡也会影响收入,人力资本较多的工人的平均收入高于人力资本较少的工人。

(3) 能力、努力和机遇虽然很难衡量,但是它们在决定工资的过程中非常重要。

(4) 教育的信号理论也可以解释为什么受教育多的人往往比受教育少的人赚得多,此理论认为受教育多的人得到高工资并不是因为教育提高了其生产率,而是因为他们能把教育作为一种向雇主显示他们高能力的信号。

(5) 超级明星现象可以解释一定市场上同一职业存在的巨大收入差距。

(6) 最低工资法、工会和效率工资都会使工资上升到均衡工资之上。

2. 歧视经济学

(1) 歧视是工资差别的另一个来源。

(2) 劳动市场上的歧视对不同工人群体的收入确实有影响,但是影响有多大却难以衡量,即经济学家对工资差别有多少是由歧视所造成的看法并不一致。经济学家唯一一致的结论是:由于不同群体之间平均工资的差别部分反映了人力资本和工作特性的差别,因此这些差别本身并不能说明劳动市场上到底存在多大歧视。

(3) 有些人把歧视性工资差别归咎于雇主,经济学家对此看法持怀疑态度,因为他们相信,竞争性市场经济的利润动机对雇主的歧视提供了一种自然的矫正方法。由于在与那些既对赚钱感兴趣又关心歧视的企业的竞争中,只对赚钱感兴趣的企业处于优势地位,因此没有歧视的企业会取代有歧视的企业。

(4) 利润动机是消除歧视性工资差别的强大动力,但也存在着对这种矫正能力的限制,其中两个重要的因素是顾客偏好与政府政策。

(三) 关键概念

1. 补偿性工资差别:为抵消不同工作的非货币特性而产生的工资差别。
2. 人力资本:对人的投资的积累,如教育和在职培训。
3. 工会:与雇主谈判工资和工作条件的工人协会。
4. 罢工:工会有组织地从企业撤出劳动。
5. 效率工资:企业为了提高工人的生产率而支付的高于均衡工资的工资。
6. 歧视:对仅仅由于种族、民族、性别、年龄或其他个人特征不同的相似个人提供不同的机会。

(四) 拓展提示

1. 用供给和需求解释不同劳动者的工资差别。人和工作的特点会对每个劳动市场上的劳动供给、劳动需求,以及均衡工资产生影响,譬如教育、经验和努力工作提高了工人的边际生产率值,增加劳动需求,进而会提高他们的工资。而工作的不合意性、教育支出和从事某项工作要求的能力的提高则会减少愿意并能够从事某种工作的工人数量,也就是市场上的劳动供给减少,进而也会提高这类工作者的工资。还可以用供求理论来解释超级明星现象。由于超级明星可以同时通过电视、电影、音乐 CD 等来满足每一位顾客,因此他们的边际产量就极大,从而对他们的劳动需求也极大,所以超级明星可能会有天文数字般的收入。

2. 不同群体的工资差别本身并不能解释劳动市场上到底存在多大歧视,因为不同群体之间平均工资的差别还部分反映了人力资本和工作特征的差别。在某种程度上,工资差别是对工作特性的补偿。当然,有时候工资会高于均衡工资,这种差别可能主要是由于最低工资法、工会和效率工资三个原因。

3. 竞争市场包含了一种自发矫正雇主歧视的方法,这种矫正方法被称为利润动机。如果一些工人的工资由于与边际生产率无关的原因而低于另一工人群体,那么非歧视企业将比歧视企业盈利更多。在与关心歧视的企业的竞争中,只关心赚钱的企业处于优势,因此不进行歧视的企业取代了进行歧视的企业。也就是说,企业的利润最大化行为可以减少歧视性工资差别,竞争的市场以这种方法提供了解决雇主歧视的合理措施。

4. 工资差别的另一个来源是补偿性工资差别。一些经济学家提出,平均而言,女性从事的工作比男性轻松,而且这个事实解释了男性与女性之间的部分收入差别。例如,女性更可能当秘书,而男性更可能当卡车司机。秘书与卡车司机的工资差别部分取决于这两种工作的工作条件。由于这些非货币内容是难以衡量的,因此,要确定补偿性工资差别在解释我们所观察到的工资差别中的实际重要性也是困难的。

二、新闻透视

(一) 新闻透视 A

学历越高收入就越高吗?

"211"和"985"是每个高三考生的梦想,现在又多出了个"双一流",为何非要上"211""985""双一流"呢?说得通俗点,就是别人都知道,这些高校一听就都是高大上的学校。而这个"别人",对于考生和家长来说,往往就是用人单位。"211""985"的学生就业真的好吗?学历高真的收入也会高吗?今天华夏高考网编就带大家看一看网友们"扎心"的回答。

网友一:

基本上是这样的,虽然不否认有人读书读废了,但大部分读出来找到了合适工作的学生收入都挺不错。本科生就不说了!本科以上学历研究生和博士,就大学教师这个行业来说,一天就那么一两堂课,其他时间自由,搞个科研项目,一下来又有赚的,还可以做兼职,轻轻松松的一个月就好几万不成问题!……还有其他的,有学历有能力升职加薪都比较快,学费读几年书出来打拼一两年就赚回来了,所以有机会有条件还是读吧!如今就职要求越来越高了,有时候学历低连竞争机会都没有,其他的还能谈什么?

网友二:

是的。相对来说是。学历越高,薪酬起点也会相对高点。比如一些报道所说的,大专生起薪 4 000 元左右,本科生起薪大概 6 000 元,研究生或以上起薪 8 000 元以上。另外,一些大公司虽然表面上说学历不重要,但是它们的招聘行动却出卖了它们。当然,虽然学历不能完全代表能力,但是在一定程度上,还是有很多人认为学历就是素质高低的代表。一句话,如果你想得到高薪,学历高算是一条捷径。

网友三:

在目前的社会状态下,这个问题的答案不见得是肯定的。学历越高,直接好处是获得的机会是越多和越好的,学历在国内依旧是敲门砖,但是入门容易,晋升难,关键还在于高学历的人是否具备高能力。而学历低,不见得待遇就低,现在已经不是一纸定输赢的年代,只要你有能力,有目标,坚持下去,机会总是会眷顾努力的人。

网友四:

说实话影不影响主要看你做什么了,如果你进入公司肯定是有影响的,因为大公司都有学历要求,没有学历的人自然就要吃亏了,待遇差,干得不开心。但是你可以做些不需要那么高学历的工作,比如做销售员或者是自己开个店,收入不差而且还自由啊。我就是开服装店的,每天过得很自由,一年也有 20 多万的收入。我特别不喜欢进厂,因为受管制不舒服,所以就自己干了。

网友五：

学历的高低只代表你过去的某一个阶段,过去比某些人的价值高,不代表你现阶段的价值也比别人高,所以在这样一个价值交换的角度上来思考问题,就知道一个人的饭碗的安全性,在于个人现在所产生的价值,而不在于他过去的价值有多高,只有能够不断产生价值的个体,其饭碗才足够安全。

网友六：

学历越高能跨过的门槛也就越高,大部分门进去以后靠的是经验、才能、人际等,是没有贡献就淘汰,竞争很残酷。

资料来源:学历越高收入就越高吗？网友真相了……华夏高考网（2017-10-21）[2020-5-30]. https://www.sohu.com/a/197670909_419880.

【关联理论】

理论上讲,决定劳动工资收入水平的因素较多,其中之一就是受教育程度。一般认为,受教育程度越高,劳动收入水平越高;反之亦然。但是在现实中肯定会有一些偶然因素或其他因素的影响,导致受教育程度高反而收入水平低的情况。不过这并不能否认教育对劳动收入的正向影响力。

【新闻评析】

学历与能力哪个重要的话题一直被人们提起,大家较为一致的观点是能力大于学历。但是就目前的现实来看,能力与学历孰优孰劣的讨论标准似乎慢慢在统一,那就是收入水平。因此学历和能力哪个重要的讨论可以直接用收入水平的高低来衡量和比较。不可否认的是,学历是现代社会就业的必要条件,这也是目前高等教育普及的结果。案例中的众多网友也普遍持有这种观点。但是部分网友甚至媒体都在鼓吹这是一种新的就业歧视,希望或呼吁取消"学历论能力"的评价模式。这种观点看似有理,但在现实中却很难实现。

能力固然是就业单位较为看重的,但是在劳动就业市场上,就业单位与劳动力之间存在典型的信息不对称,此时就存在类似于"柠檬市场"的效应,即双方在没有更多信息的情况下尽可能地压低对对方的评价。这样的结果对双方都是不公平的,因此需要根据更多的信息来对对方给出评价,其中就业单位对劳动力的评价主要来源于学历这一信息。尽管有失偏颇,但是一般来说,学历越高者,能力也越高。接受过系统专业教育的劳动力一般学习能力较强,尽管在短时间内无法形成生产力,但是长期来看生产力的增幅较大,就业单位仍可以取得比较好的最终生产力。

（二）新闻透视 B

记者调查遂宁各行业工资收入

收入高不高　晒晒你的工资表

近日,网上曝出农民工年薪 10 万元的新闻,这让大家对自己的工资收入水平到底如何产生了浓厚兴趣。记者随即对遂宁一些行业的工资及待遇进行了调查。通过调查发现,随着供需关系的变化,社会各行业工资变化很大,农民工及服务行业的收入翻倍增加,而教师、公务员等传统职业工资增长幅度较小。

医生月薪6 100元

工作状态：李杨毕业于川北医学院，是遂宁市区某医院负责影像诊断的医生。10年来，他从一名普通的医生成为一名主治医生，现在每月的基本工资是1 100元，绩效工资5 000元左右，收入看起来不错，但其中的艰辛只有李杨自己清楚。"早上8点至晚上6点都在看各类CT片子，分析诊断。平均4天轮一次班，每次24小时全天在院，除8小时工作时间外随时还有重大病情诊断，节假日随时还会有被占用的可能。"除了工作忙碌外，李杨还必须利用业余时间不断学习、考证。光有各类证件还不行，医生职业的特殊性还需要外出进修深造。10年里，李杨外出进修了2次，每次1年左右，收入自然也受到了一定影响。

教师月薪3 300元

工作状态：莫老师是市内某中学的语文老师。每天6点30分起床，陪学生们早自习，一天平均有2节课。因为当了班主任，她每天晚上9点学生下晚自习后才能回家。虽说教师寒暑假加起来大概有3个月假期，但也常常要补课。莫老师的工资由三个部分构成：岗位工资＋薪级工资＋绩效工资（课时费），每个月大概有3 300多元。

公务员月薪2 500元

工作状态：2012年年底，小田参加了应届大学生国家公务员考试，进入遂宁某局级单位。小田告诉记者，他第一个月的工资不到2 100元（扣除保险和住房公积金后）；第二个月因补发了一部分拿到了2 500多元。小田的工作时间为每天早上8:00—12:00，下午2:00—6:30，主要工作是将文件上传下达、写各种材料配合上级检查。"有时候也很忙，比如7月和8月，我们经常要在外面执法检查，有段时间是天天检查。在双休日，特别忙碌的时候也会加班。"

理发师月薪6 000元

工作状态：林林做美发造型师，每月的工资旺季1万多元，淡季4 000多元，平均每月6 000元左右。林林说，每天他接待的顾客最多时有五六十人，最少时也有二三十人，主要是给他们剪发做造型。"总体是忙碌的，每天早上从9点或10点开始一直要工作到晚上9点，而且一周只有一天休息。"由于法定节假日正是市民消费的高峰期，因此他常常没法陪家人。林林每年至少有四五次外出培训学习的机会。

农民工月薪6 000元

工作状态：唐坤从20多岁就开始出门打工，主要是贴瓷砖。唐坤说，他现在的工资是200元钱一天，一般从早上8点前开始上班，中午可休息2个小时，下午6点多下班，工资都是按天结算。因为唐坤技术过硬，有些包工头在请他做事时会让其负责工程的技术指导。这样的话，他每天的工资会比一般的工人高出100元。除了自己手上的工作，他还要负责安排和指导工地上其他人做事。

银行职员月薪4 000元

工作状态：蒋涛是市内某银行的员工，每天早上8:30准时上班，中午休息2个半小时，下午6点下班。蒋涛说这是单位规定的上下班时间，实际上加班是常有的事，有时还会通宵加班。蒋涛每个月发到手的钱不多，但其他福利待遇好，住房公积金一年就有3万多元，年终还能领5万元左右，一年的工资算下来有10多万元。

资料来源：遂宁日报，2013年9月13日。

【关联理论】

在理论上，决定均衡工资的因素有若干，不同个体之间的工资差别具有多种解释。一方面，个人和工作的特点影响每个劳动市场上的劳动供给、劳动需求及均衡工资。另一方面，补偿性工资差别,人力资本,能力、努力和机遇,最低工资法、工会和效率工资等因素也会使得不同行业和不同个体之间的工资存在差别。

【新闻评析】

在理论上,不同个体之间的工资差别可以解释为对工作特性(如艰苦、乏味等)的补偿、累积的人力资本、受教育年限和经验、能力和努力(甚至机遇)、教育显示的"信号"、最低工资法、工会和效率工资等,在一定程度上还可以归于种族、性别或其他因素的歧视。

在上述新闻中,记者调查的遂宁6个不同行业工作人员的工资收入差距在某种程度上是中国社会不同行业收入之间差距的一个缩影。行业企业间差距、城乡间差距、地区差距、高管和普通职工差距这四方面的工资收入差距是我国当前工资收入差距的主要体现。一般来说,有五种因素对中国的收入差距形成重要影响:其一,劳动者提供的劳动数量和质量有差别,这是决定工资水平及工资差距的核心因素。技术含量比较高的复杂劳动、生产流程中责任大的岗位等往往工资要高一些。其二,商品市场及价值规律会对劳动差别产生放大或缩小的扭曲作用,比如经济效益好的企业的员工可能工资会高一些。其三,人力资源市场会对工资产生调节作用,供大于求的劳动者劳动力价格会偏低,供不应求的劳动者劳动力价格会偏高。其四,生产要素市场的调节作用也不小。在"强资本弱劳动"的时代,资本要素在财富分配中所得份额相对较多,劳动要素在财富分配中所得份额相对较少。其五,国家收入分配制度政策大环境会起导向作用。一方面要反对平均主义,允许一部分人先富起来;另一方面要警惕贫富分化,缩小收入差距,实现共同富裕。

(三) 新闻透视 C

2017届文科类经管类专业薪资有优势

日前,麦可思公布《最新文、理、工科十大专业就业解析》,文科类经管类专业求职、薪资更具优势,工科类电气信息类专业人才需求旺盛,理学类信息与计算科学专业就业综合表现较好。

经管类专业求职更具优势

数据显示,在2017届就业量较大的前10个人文社科类本科专业中,就业率最高的专业是财务管理(94.2%)和市场营销(94.1%)。月收入方面,经管类专业相对更具优势。十大人文社科类专业中薪资优势较为明显的专业包括金融学(5 094元)、市场营销(4 839元)和国际经济与贸易(4 590元)。

工科类电气信息类专业人才需求旺盛

数据显示,2017届就业量较大的前10个工科类本科专业中,电气信息类专业(包括计算机科学与技术、电气工程及其自动化、软件工程、自动化、电子信息工程、通信工程)无论是就业率还是月收入,优势都较为明显。其中软件工程专业表现尤其突出。这说明工科类电气信息类专业人才需求旺盛。

信息与计算科学专业就业佳

2017届就业量较大的前10个理学类本科专业中,信息与计算科学的综合表现较好,其就业率(92.7%)、月收入(5 454元)、就业满意度(71%)均处于前列,但工作与专业相关度较低,仅为57%。

事实上从数据分析可以看出,2017届理学类专业学生毕业后从事与专业相关工作的比例整体偏低,为64%。没能"学一行干一行"的理科生中,29%是因为"专业相关工作不符合职业期待",因为"专业工作岗位招聘少"的比例也较高,为27%。未能学以致用的理科生中近三成因为岗位需求少,这个现象从侧面反映出目前高校在专业设置上可能存在不合理的情况,同时也启发相关学科在培养中应注意学生综合素养的提升。

该机构建议,学生从入校初期就建立起职业生涯规划意识是有必要的。填报志愿时不能只从就业率和薪资来选择专业,考生和家长可结合个人兴趣和爱好综合考量进行选择。并且,不同大学专业优势不同,考生和家长应深入了解意向大学的情况后再做决定。另外,填报志愿时要拉开梯度,不宜全报热门专业。

资料来源:2017届文科类经管类专业薪资有优势.华晨商报.(2018-6-23)[2020-6-6].http://news.sina.com.cn/o/2018-06-23/doc-iheirxye2265770.shtml.

【关联理论】

劳动市场理论认为,当其他因素保持不变时,劳动力的工资水平根本上取决于劳动市场的供给与需求。劳动市场供大于求时,劳动力工资水平下降;劳动市场供不应求时,劳动力工资水平上升。劳动需求取决于社会发展,而劳动的供给则取决于每个人的专业选择。

【新闻评析】

伴随着社会分工的高度细化,专业化的培训和教育是现代劳动力必须经历的学习阶段,也是劳动力供给的重要过程,同时劳动需求方也更看重劳动力接受专业教育的程度和水平。但是就目前情况来看,一般学生至少要经历大学本科教育四年时间才能进入劳动市场,因此有效预测四年后的劳动市场需求是高考后专业报考的重要前提条件,或者说更宽广的专业空间才是未来占据就业优势的关键。

本新闻认为2017届文科类经管类专业毕业生的薪资水平更具优势,其中金融学、市场营销和国际经济与贸易专业成为人文社科类就业薪资水平前三名。这与当前我国经济发展水平在特定阶段呈现的特殊需求是相关的。但是如果现在仍以这些专业作为高考报考的优先专业,期待四年后毕业时能够取得较好的薪资水平,那么这样的想法是不合理的。现在就业需求旺盛会导致报考本专业的潜在劳动力增多,因此四年后的就业市场上该专业的劳动力供给会上升,一旦该专业的劳动力就业需求没有较大的提升,那么该专业的劳动力毕业后的薪资水平就有可能会降低;反之亦然。

三、案例研究

(一) 案例研究 A

漂亮的收益

美国经济学家丹尼尔·哈莫米斯与杰文·比德尔在1994年第4期《美国经济评论》上发表了一份调查报告。根据这份调查报告,漂亮的人的收入比长相一般的人的高5%左右,长相一般的人的收入又比丑陋一点的人的高5%—10%左右。为什么漂亮的人收入高?经济学家认为,人的收入差别取决于人的个体差异,即能力、勤奋程度和机遇等的不同。漂亮程度也是这种差别的表现。

个人能力包括先天的禀赋和后天培养的能力,长相与人在体育、文艺、科学方面的天分一样是一种先天的禀赋。漂亮属于天生能力的一个方面,它可以使漂亮的人从事其他人难以从事的职业(如当演员或模特)。漂亮的人少,供给有限,自然市场价格高,收入高。漂亮不仅仅是脸蛋和身材,还包括一个人的气质。在调查中,被调查者普遍认为漂亮实际是包括外形与内在气质的一种综合。这种气质是人内在修养与文化的表现。因此,在漂亮程度上得分高的人往往也是文化高、受教育程度高的人。两个长相接近的人,也会由于受教育水平不同而表现出不同的漂亮程度。所以,漂亮是反映人受教育水平的标志之一,而受教育是个人能力的来源,受教育多,文化高,收入水平高就是正常的。漂亮也可以反映人的勤奋和努力程度。一个工作勤奋、勇于上进的人,自然会打扮得体,举止文雅,有一种朝气。这些都会提高一个人的漂亮得分。漂亮在某种程度上反映了人的勤奋,与收入相关也就不奇怪了。最后,漂亮的人机遇更多。有些工作,只有漂亮的人才能从事,因此漂亮往往是许多高收入工作的条件之一。就是在所有人都能从事的工作中,漂亮的人也更有优势。漂亮的人从事推销更易于被客户接受,当老师会更受学生热爱,当医生会使病人觉得可亲,所以,在劳动市场上漂亮的人机遇更多,雇主总爱优先雇用漂亮的人。有些人把漂亮的人机遇更多称为一种歧视,这也不无道理。但有哪一条法律能禁止这种歧视?这是一种无法克服的社会习俗。两个各方面条件大致相同的人,由于漂亮程度不同,得到的收入不同。一般来讲漂亮的人的收入高于长相一般的人。

这种由漂亮引起的收入差别,即漂亮的人比长相一般的人多得到的收入称为"漂亮津贴"。收入分配不平等是合理的,但应有一定限度,如果收入分配差距过大,甚至出现贫富两极分化,那么就会既有损于社会公正的目的,又成为社会动乱的隐患。因此,各国政府都在一定程度上采用收入再分配政策以纠正收入分配中较为严重的不平等问题。

资料来源:根据相关案例库资源改编和整理。

【关联理论】

天生的能力、努力和机遇是决定收入差距的关键因素。微观经济理论认为,劳动收入是个人收入中的主要组成部分,它取决于个人所提供的劳动的质量与数量。而个人提供的劳动数量与质量又与个人的能力、努力程度及机遇有关,个人的长相不同在某种程度上正反映了这种差别。也有一种观点认为,以貌取人是一种歧视,这种歧视在劳动市场上也是造成工资收入差距的因素,这一点在现实当中无法回避。

【案例解析】

天生的能力、努力和机遇有助于解释工资差别。一些人比另一些人聪明而强壮,他们由于天生的能力而得到高报酬。一些人比另一些人工作更努力,他们由于努力而得到高报酬。漂亮也许是天生的能力,也许是一个聪明的人努力使自己外表更具魅力的一个信号,这种信号说明这个人在其他事情上也能获得成功,使某种职业的生产率更高。

在本案例中调查显示漂亮的人的收入比长相一般的人高5%左右,长相一般的人的收入又比丑陋一点的人高5%—10%左右。人的收入差别取决于人的个体差异,即能力、勤奋程度和机遇等的不同,漂亮程度正是这种差别的表现。那么"漂亮值钱"怎么来解释呢?按照上述分析,我们大致可以从以下三个方面得到可能的解释:其一,长相是一种天赋,它可以提供高质量的劳动,而且具有漂亮外貌的劳动的供给本身就是稀缺的;同时长相又与后天培养的能力有关,因为某人漂亮还包括她的气质和修养,而这又取决于其所受的教育(学习与经验积累),因此漂亮的外貌本身也是决定生产率和工资的内在能力之一。其二,外貌是对其他类型能力的间接衡量。其三,现实生活中确实存在很多喜欢"以貌取人"的人,虽然受教育年限、经验和工作特性都像理论所预期的那样影响收入,但仍有许多收入差别不能用经济学家可以衡量的东西来解释,因此有些经济学家把无法解释的变动解释为天生的能力、努力和机遇,而漂亮的人可能在某些方面更胜一筹。

(二) 案例研究 B

美国不同教育程度人群收入差距有多大?

在美国,接受过大学教育的人的一生工作收入要比高中毕业的人多出百万美元,这一趋势在20世纪70年代就已显现,到了20世纪90年代,由于高科技产业的兴起和经济全球化,社会对高科技、商业管理人才的需求量大增,大学毕业生收入增长的幅度远远超过高中毕业生收入增长的幅度,也使得教育与收入成正比成为普遍现象。

教育程度与收入成正比是社会发展的趋势,这也反映出21世纪经济发展中高科技产业和管理人才对社会生产力提高所起的重要作用,劳动密集型产业虽然可以为文化程度不高的人群提供大量就业机会,但在竞争力和经济产值上却难以成为朝阳工业。美国人口普查局和许多机构的研究表明,民众接受教育的程度越高,其收入也就越高,这一趋势从20世纪末就开始变得更加突出。根据美国人口普查局的统计,在1992年美国约有60%的高中毕业生进入大学。虽然人们进入大学的动机不一样,但其中最引人注目的动机是期待在接受高等教育后能够奠定自己未来的经济地位。教育的经济价值是什么,过去很少有人谈及,似乎一谈及教育的经济价值就是忽略了教育培养人才的真正目的。但在全球经济陷入危机、大学生失业率攀升、大学生工资向体力劳动者靠近的时候,教育作为最宝贵的人力资源投资,如果没有回报率或是回报率极低,社会就应当去反思,因为这是关系到人的素质的大问题。教育的经济价值是指一个人高中毕业或是大学毕业,他在这种教育中所得到的附加值,也就是教育与收入的关系以及这两者关系的结果对人力资源素质的影响。在2000年,美国人的教育水平按统计学的意义来说已经很高,25岁以上的成年人有84%高中毕业,26%的人有大学以上学位。相比之下,在1975年,25岁以上的成年人有63%高中毕业,14%的人有大学以上学位。越来越多的人获得大学学位表明,受过高等教育的人更易于进入收入较高的行业,而教育程度的不同也使人们在收入上拉开差距。

在美国25—65岁的人群中,他们的平均年收入为34 700美元,其中没有高中毕业的人群平均年收入为23 400美元,高中毕业生的平均年收入为30 400美元,上过大学但没有毕业者的平均年收入为36 800美元,大专毕业生的平均年收入为38 200美元,大学毕业生的平均年收入为52 200美元,硕士毕业生的平均年收入为62 300美元,博士毕业生的平均年收入为89 400美元,而像医生、律师这样职业性学位获得者的平均年收入为109 600美元。在过去30多年,接受不同教育程度的人群在收入上的差距明显拉大。在1975年,一个全职大学毕业生的年收入是一个全职高中毕业生的1.5倍,到1999年,这一比例上升到2.6倍。这一方面反映出接受高等教育的人数增多,另一方面说明就业市场更加青睐接受过高等教育的毕业生。而随着新兴产业的发展,具有高技能的人才愈加具有竞争力,而且其收入也大幅提高。受教育程度的不同,不仅会产生短期的收入差异,而且更重要的是对人一生的收入产生较大的影响。2000年美国人口普查局在对教育程度与收入情况经过统计后预测,在人的一生中(按工作40年计算),一个大学毕业生的总收入会比一个高中毕业生的高出近百万美元。一个没有高中毕业的人,其一生的收入约为100万美元,高中毕业生一生的收入约为120万美元,上过大学但没有毕业的人一生的收入约为150万美元,大专毕业生一生的收入约为160万美元,大学毕业生一生的收入约为210万美元,硕士毕业生一生的收入约为250万美元,博士毕业生一生的收入约为340万美元,职业性学位获得者一生的收入约为440万美元。

资料来源:美国不同教育程度人群收入差距有多大.新浪教育.(2009-9-15)[2020-6-6]. http://edu.sina.com.cn/a/2009-09-15/1730177564.shtml.

【关联理论】

人力资本是对人的投资的积累,最重要的人力资本类型就是教育。一般而言,人力资本较多的工人的平均收入高于人力资本较少的工人。企业——劳动需求者——愿意向教育水平高的工人支付更高的工资,因为受教育程度高的工人有着较高的边际生产率。工人——劳动供给者——只有在受教育能得到回报时才愿意支付受教育的成本,因为任何理性人在决策时都会进行成本—收益的衡量。因此,从供给和需求的角度可以很容易地说明为什么教育提高了工资。

【案例解析】

人力资本虽然没有物质资本那么具体,但是对经济生产同样非常重要,它在决定工资收入差别中的作用同样不容小觑。人力资本较多的工人的平均收入高于人力资本较少的工人,累积人力资本的收益是很高的,而且过去20年来一直在增加。当前我们已经进入知识型社会,无论从哪个角度来说,知识都能给人们带来好处,收入就是最明显的表现。不管是在上述案例中的美国,还是在我们所处的中国,不同学历从业者收入差距还是比较明显的。

与所有的资本形式一样,教育代表着为了提高未来生产率而在某一时点的资源支出。但与对其他资本形式的投资不同,教育投资是与一个特定的人相联系的,这种联系使教育成为人力资本。虽然学历不等于个人工作能力,但是不得不承认,受过高等教育及学历较高的人,接受新知识快,有较强的适应能力,工作能力也明显较强。受教育程度与收入成正相关的趋势也越来越明显,尤其是在当今世界由传统经济走向知识经济的时代,这种趋势更加明显。许多研究证明,过去20年来,高技能工人与低技能工人之间的收入差距一直在扩大。实际上,受教育程度较高的工人与受教育程度较低的工人之间的工资差别可以被看作对受教育成本的补偿性工资差别。

(三) 案例研究C

案例片段1:博士生论文——女性每高1厘米工资最高涨2.2%

相貌和收入到底有没有关系?署名为华中科技大学管理学院的江求川和张克中在一篇论文中通过复杂的数学计算给出答案:女性身高每增加1厘米其工资收入会提高1.5%—2.2%。

1984年出生的江求川在该校读博三,主要研究人口老龄化和收入分配。他昨日告诉记者,之所以做"美貌经济学"的研究,是因为感到现实中部分企业存在外貌歧视的问题。

整个研究根据中国健康和营养调查数据库(CHNS)中的城镇居民收入和体检数据,以身高、体重这两个重要的外表特征为指标,通过建立数学公式多次计算和推导,得出了身高和体重的变化对个人工资收入的具体影响。

研究期间,他们对9 788个样本数据进行了多次筛选。最后用于数据推导计算的只有1 300个样本,其中748位男性和552位女性。样本中男性和女性受访者的平均身高分别约为168.8厘米和158.8厘米,平均体重分别为68.8千克和57.8千克。

通过严谨的计算和分析,研究最后得出的主要结论是:我国劳动力市场对女性的外表特征存在明显歧视。身材"偏胖"对女性的工资收入和就业都有显著的负面影响;女性身高每增加1厘米,其工资收入会提高1.5%—2.2%。在不同收入水平上,身高和体重对收入的影响存在差异,身材对中等收入阶层女性的收入影响最为明显。身材对男性就业和收入的影响并不明显。

资料来源:博士生论文:女性每高1厘米工资最高涨2.2%. 新浪教育. (2013-8-15) [2020-6-6]. http://edu.sina.com.cn/l/2013-08-15/0801231902.shtml.

案例片段2:澳职场性别歧视严重 高水平工作均由男性控制

9月5日是男女同工同酬日。职场性别歧视问题在澳大利亚明显存在。据澳大利亚"新快网"9月5日报道,澳大利亚"工作场合性别平等管理局"(Workplace Gender Equality Agency)宣称,产业隔离和"无意识的偏颇"正导致澳大利亚人的工资性别差异越来越大,女性如果希望获得和同工男性一样的收入,需要每个财政年多干64天。

工作场合性别平等。管理局主席康维说:"这里存在着赤裸裸的歧视,一些歧视可能是无意识的,另一些则是有意识的。薪水存在性别差异,有时候在于薪酬的制定,有时候则通过其他方面影响薪酬。一些组织可能会给从事同样岗位的澳男女同样的工资,但更大范围内的薪酬性别差异之所以存在,是因为妇女通常难以任职高级管理岗位,而大多处于低收入的岗位中。高水平的工作全部由男性控制,这意味着妇女必须跨过更多的障碍才能获得同样的薪酬。在以女性为主的产业里,工人们的薪酬通常低于那些男性为主的产业。"

最近澳大利亚统计局的数据显示,澳大利亚男女薪酬的性别差异达到了10年的新高。自1994年开始统计该数据以来,女性的薪酬和从事同样工作的男性薪酬差别达到18.2%。据统计局称,澳大利亚全职工人的平均周薪是1 559.1澳元(约合8 942.8元人民币),而女性仅仅是1 275.9澳元(约合7 318.4元人民币)。在过去的12个月内,男性的平均薪酬增加了2.9%,而女性仅仅增加了1.9%。

研究还显示,大部分女性很早就开始经历薪酬差异的问题。来自澳大利亚毕业生组织Graduate Careers Australia的报告显示,2013年大学毕业女生的平均起薪是5.16万澳元(约合29.6万元人民币),而男性是5.5万澳元(约合31.5万元人民币)。而差别最大的行业是建筑和工程,达到6 500澳元(约合3.7万元人民币)。妇女的养老金水平也较低,平均退休金仅仅是男性的三分之一。

联邦政府和企业正面临着处理这一性别薪酬差异的关键阶段。Economic Security 4Women组织主席玫普说,让更多年轻女性进入非传统的行业,比如采矿、建筑等,是帮助处理这一问题的关键,妇女没有理由回避这些产业的工作。

资料来源:澳职场性别歧视严重 高水平工作均由男性控制. 长江商报. (2014-9-6) [2020-6-6]. http://news.163.com/14/0906/01/A5E2G73200014Q4P.html.

【关联理论】

劳动市场理论中的歧视是指对仅仅由于种族、宗教、性别、年龄或其他个人特征不同的相似个人提供不同的机会。当市场向那些仅仅因为种族、宗教、性别、年龄或其他个人特征不同的相似个人提供不同的工作机会或者不同的工资水平时就出现了歧视。但劳动市场上的歧视对不同群体的收入影响大小是不定的。

【案例解析】

歧视是一个很敏感但又经常被谈论的话题,性别、种族、相貌歧视是工资差别众多原因中较为常见的。工资会由于歧视程度的不同而不同,歧视对工资差别的影响有多大难以衡量,目前没有统一的意见,但是不可否认的是由各种歧视造成的"同工不同酬"现象在各国都存在。

通过对案例片段1的分析,我们发现,作者的调查在一定程度上说明了我国劳动市场上存在一定歧视。而案例片段2则揭示不仅仅在我国,在世界上其他国家亦如此,劳动市场上存在因性别、身高、相貌等而使得获得的报酬和机会不同。造成这种歧视现象的原因有很多,比如现有信息技术不够导致信息成本过高影响甄选,女性生理原因以及传统社会文化因素带来的附着成本,还有就是现行的法律法规难以起到保障的作用,维权成本太高,等等。女性工作者在工作时与男性待遇差距扩大,如果将女职工提前退休所带来的收入以及相关社会福利待遇减少的状况综合考虑,那么男女收入的实际差距会更大。不仅如此,在不同收入水平上,身高和体重对收入的影响存在差异,身材对中等收入阶层女性的收入影响较大。这种劳动力市场对女性的外表特征存在明显歧视,不只是在中国,这一现象都存在。我国反对性别歧视的法律法规不完善,不能适应新的就业形势的要求及目前劳动就业形势发展的需要。但是,社会终归在进步,随着各国相关立法的逐步完善,已有很多在工作中受到歧视的人勇于拿起法律武器来维护自己的正当权益。

四、课外习题

(一) 术语解释

1. 人力资本
2. 补偿性工资差别
3. 工会
4. 歧视
5. 效率工资

(二) 单项选择

1. 如果一个在煤矿工作的人的收入高于一个有相似背景和技能、但在安全工作岗位上工作的人,那么(   )。
   A. 我们有对煤矿之外的工人歧视的证据
   B. 我们观察到了补偿性工资差别
   C. 煤矿工人应该比其他工人有更多人力资本
   D. 煤矿工人必定比其他工人更有魅力

2. 根据教育的人力资本理论,教育(   )。
    A. 增加了人力资本和工人的工资
    B. 只有助于企业把工人分为高能力工人和低能力工人
    C. 对工人的人力资本没有影响
    D. 可以使任何一个工人成为超级明星

3. 根据教育的信号理论,教育(   )。
    A. 增加了人力资本和工人的工资
    B. 只有助于企业把工人分为高能力工人和低能力工人
    C. 对工人的人力资本没有影响
    D. 可以使任何一个工人成为超级明星

4. 在一个完全竞争市场上,以下哪一项最不可能是持久性歧视工资差别的来源?(   )
    A. 顾客   B. 政府
    C. 雇主   D. 以上各项都可能

5. 在最近二十年间,美国熟练工人与非熟练工人的工资差距(   )。
    A. 缩小了   B. 扩大了
    C. 保持相同   D. 先扩大后缩小

6. 以下哪一种关于有魅力的工人与没有魅力的工人收入的说法是正确的?(   )
    A. 有魅力的人往往赚得少,因为人们会认为有魅力的人浅薄,而且更容易自我欣赏,从而生产率低
    B. 有魅力的人往往赚得少,因为有魅力的人通常人力资本少
    C. 有魅力的人往往赚得多,因为他们实际上可能有更高的边际产量值
    D. 有魅力的人往往赚得多,因为他们通常有更多的人力资本

7. 美国非熟练工人相对工资下降可能是由于(   )。
    A. 可以得到的非熟练工人人数由于工人所受教育少而相对增加
    B. 可以得到的非熟练工人人数由于到美国的移民增加而相对增加
    C. 非熟练工人的需求由于工人所受教育少而相对减少
    D. 非熟练工人的需求由于技术进步和国际贸易增加而相对减少

8. 以下哪一种职业更可能产生超级明星的收入?(   )
    A. 最好的医生   B. 最好的教授
    C. 最好的会计师   D. 最好的作家

9. 当一个雇主向只根据个体的以下特征不同而向其提供不同机会时,不能认为是歧视(   )。
    A. 种族   B. 性别   C. 生产率   D. 年龄

10. 一个市场要成为支持超级明星的市场,它必须具有以下哪一个特征?(   )
    A. 必须包括职业运动员
    B. 每位顾客都想要最优的生产者提供的物品,而且必须存在最优的生产者能以低成本向每位顾客供给物品的技术
    C. 每位顾客都必须愿意为物品支付大量的钱,而且该物品应该是必需品
    D. 每位顾客都必须对他们支付的价格漠不关心,而且卖者必须是该物品市场上的

竞争者

11. 以下哪一种关于歧视的说法是不正确的?(　　)
    A. 在一个竞争的劳动市场上不会存在雇主歧视
    B. 只有顾客愿意为保持歧视做法付费或政府要求歧视时,才能在一个竞争市场上保持歧视
    C. 执迷不悟的雇主是竞争市场上持久性歧视工资差别的主要来源
    D. 不同群体中工资差别的存在并不是劳动市场歧视的有力证据

12. 竞争市场往往会(　　)。
    A. 减少劳动市场歧视,因为不歧视的企业将雇用更廉价的劳动,赚到更多利润,并把歧视企业赶出市场
    B. 对劳动市场歧视没有影响
    C. 增加了劳动市场歧视,因为执迷不悟的雇主为了弥补他们的歧视成本而在竞争市场上收取他们想收取的价格
    D. 增加了劳动市场歧视,因为在竞争市场上,一些工人对自己劳务收取的价格可以高于另一些工人

13. 各群体的工资差别本身不能成为劳动市场歧视的证据,因为不同集团有(　　)。
    A. 不同的教育水平
    B. 对他们愿意从事的工作类型有不同的偏好
    C. 不同的工作经验水平
    D. 以上各项都是

14. 以下哪一项不是一些工人得到的工资高于均衡工资的原因?(　　)
    A. 最低工资法　　　　　　　B. 漂亮
    C. 工会　　　　　　　　　　D. 效率工资

15. 以下哪一项可能会引起补偿性工资差别?(　　)
    A. 一个雇员比另一个雇员更有魅力
    B. 一个雇员比另一个雇员更努力
    C. 一个雇员更愿意上夜班,而另一个不愿意
    D. 一个雇员所受教育比一个更多

(三) 判断正误

1. 补偿性工资差别是支付给受歧视工人和不受歧视工人的工资差别。(　　)
2. 夜班工人得到补偿性工资差别以抵消夜晚工作的不合意性。(　　)
3. 在美国最近二十年间,非熟练工人与熟练工人的工资差距缩小了。(　　)
4. 企业愿意向人力资本多的工人支付更高的工资是因为人力资本多的工人的边际产量值高。(　　)
5. 人力资本通过教育和在职培训而增加。(　　)
6. 学徒工从事较低工资的工作是因为学徒工的一部分工资是以在职培训的形式支付的。(　　)
7. 一些超级明星赚到了天文数字的薪水,这是因为在一些市场上,每个人都想得到由最优的生产者提供的物品,而且技术使得最优的生产者以低成本满足每一个顾客成为可

能。（　　）

8. 如果教育的信号理论是正确的，那么增加工人教育的政策将增加所有工人的工资。（　　）

9. 有魅力的人得到的工资高于无魅力的人得到的工资表明劳动市场歧视无魅力的人。（　　）

10. 能力、努力和机遇在工资决定中起着重要作用，因为不到一半的工资差别可以用工人的教育、经验、年龄和工作特征来解释。（　　）

（四）简答题

1. 为什么那些通过教育获得了更多人力资本的人比人力资本较少的人赚得多？
2. 提出一些要求正的补偿性工资的工作的特征。
3. 如果竞争市场上保持歧视性工资差别，那么这种工资差别是由于雇主一方的歧视，还是产生于其他来源？为什么？
4. 为什么裁缝学徒工的工资总是低于裁缝师傅？
5. 请阐述工资高于均衡工资的三个原因。

（五）应用题

1. 大学生有时通过暑期实习为私人企业或政府部门工作，但许多这类工作工资很少或几乎没有工资。请根据此背景回答以下问题：
   （1）从事这种工作的机会成本是什么？
   （2）请解释为什么学生愿意接受这些工作。
   （3）如果把做过暑期实习与做过工资较高的暑期工作的学生以后一生的收入进行比较，你预计会发现什么？

2. 假设某人向你提出一种选择：你可以在世界上最好的大学学习4年，但你必须为你在那里上学保密；或者你可以从世界上最好的大学得到一个正式的学位，但你不能实际去那里上学。你认为哪一种选择能更多地提高你未来的收入？

（六）拓展思考题

1. （1）在一些大学里，经济学教授的薪酬高于一些其他学科教授的薪酬。为什么这种情况可能是真实的？也有一小部分大学制定对所有学科教授支付相同工资的政策，但在这些学校中，经济学教授的教学负担比一些其他学科的教授轻，教学负担的差别起了什么作用？

（2）当艾伦·格林斯潘（后来成为美联储主席）在20世纪60年代经营一家经济咨询公司时，他主要雇用女经济学家。他曾经在《纽约时报》上说："我总是给予男性与女性同样的评价，而且我发现，由于其他人不这样评价，好的女经济学家就比男经济学家雇用成本低。"格林斯潘的行为是利润最大化的吗？这种行为值得赞赏还是应该受到谴责？如果更多的雇主像格林斯潘这样，男性与女性之间的工资差别会发生什么变动？为什么当时的其他经济咨询公司没有遵循格林斯潘的经营战略呢？

2. 请阅读以下案例，并结合本章理论对"性别歧视造成收入差距"的观点加以评析，要求观点明确且论述充分。

中、英、美三国由于性别歧视造成的收入差距

中国男女收入差距较大 农村女性收入仅有男性一半

全国妇联副主席、书记处第一书记宋秀岩在国务院新闻办公室召开的新闻发布会上表示,中国妇女社会地位调查发现,男女两性的劳动收入差距比较大,城镇和农村在业女性年均劳动收入分别是男性的 67.3% 和 56%。

英国男女高管收入差恐持续百年

英国一项研究显示,男女高级管理人员因性别差异形成的"收入鸿沟"可能会持续将近 100 年。研究人员调查了将近 3.5 万名高管的薪酬状况,发现男性高管去年平均收入比女性高管多出 1 万多英镑,这一差距呈现扩大趋势。

2011 年 8 月 31 日发布的调查结果显示,男性高管去年平均年收入 42 441 英镑,与上一年相比增加 2.3%;女性高管平均年收入 31 895 英镑,比上一年增加 2.8%。在初级管理层,女性赚取的薪酬稍多于男性;总体而言,女性高管薪酬增长率快过男性;不过,按照当前速率,实现男女高管收入平等可能要花 98 年。

研究项目负责人彼得拉·威尔顿告诉法新社记者,处于初级管理层的女性的收入已经赶上男性,让人颇为欣慰,不过,男女高管收入性别差异的鸿沟依然存在。威尔顿敦促政府监督企业薪酬支付环节、责成企业加大薪酬公开力度、曝光那些助长性别收入差距拉大的组织机构。

美国男女收入差距最大的 10 种工作

据英国《每日邮报》11 月 10 日报道,虽然美国男女收入差距呈缩小趋势,但总体上女性的收入仅是男性收入的 82%。近日,有关网站根据美国劳动统计局 2012 年发布的一份收入报告盘点出美国男女收入差距最大的 10 种工作。按收入差距由大到小排序如下:①保险业(女员工收入占男员工比例为 62.5%);②零售业(64.3%);③房产中介(66.0%);④个人理财顾问(66.3%);⑤教育行政人员(67.2%);⑥内科与外科医生(67.6%);⑦市场营销经理(67.7%);⑧金融产品销售代理人(69.1%);⑨质检员(69.2%);⑩评估师(69.3%)。

五、习题答案

(一) 术语解释

1. 人力资本:对人的投资的积累,如教育和在职培训。
2. 补偿性工资差别:为抵消不同工作的非货币特性而产生的工资差别。
3. 工会:与雇主谈判工资和工作条件的工人协会。
4. 歧视:对仅由于种族、民族、性别、年龄或其他个人特征不同的相似个人提供不同的机会。
5. 效率工资:企业为了提高工人的生产率而支付的高于均衡工资的工资。

(二) 单项选择

1. B　2. A　3. B　4. C　5. B　6. C　7. D　8. D　9. C　10. B
11. C　12. A　13. D　14. B　15. C

(三) 判断正误

1. ×　2. √　3. ×　4. √　5. √　6. √　7. √　8. ×　9. ×　10. √

(四) 简答题

1.【考查要点】 人力资本对均衡工资的影响。

【参考答案】 由于有更多人力资本的工人的生产率更高,企业愿意为边际产量值高的工人支付更高工资。此外,工人必须为教育本身的成本得到补偿。

2.【考查要点】 补偿性工资差别。

【参考答案】 企业会因工作的不愉快和不合意性支付补偿性工资。当其他条件相同时,如果工作枯燥、有噪声、有异味、孤单、不安全、艰苦、要求出差、要求有夜班或倒班之类的加班、要求与令人不愉快的人一起工作等,就需要支付更多工资。

3.【考查要点】 歧视经济学。

【参考答案】 如果顾客并不要求歧视,而且政府也不要求歧视,那么竞争将保证雇主不能一直歧视。如果存在工资差别,它可能是因为顾客愿意为歧视付费或政府要求歧视,不能简单地归咎于歧视性雇主。

4.【考查要点】 人力资本对工资的影响。

【参考答案】 因为学徒的边际产量值少,也由于学徒以增加其人力资本和未来收入的形式得到了部分报酬。

5.【考查要点】 高于均衡工资的原因。

【参考答案】 最低工资法(政府设置工资下限)、工会的市场势力(以罢工威胁提高工资),以及效率工资(企业为了提高生产率而支付高于均衡工资的工资,因为高工资降低了流动性,增加了努力程度,并提高了求职者的素质)。

(五) 应用题

1.【考查要点】 机会成本与人力资本。

【参考答案】 (1) 从事这种工作的机会成本是大学生在暑假期间看书获得的知识或从事其他工作赚得的工资。

(2) 大学生为私人企业或政府工作的目的是积累工作经验,并希望通过从事这类工作换取在职培训,增加自身的人力资本。

(3) 预计做过暑假实习的学生今后一生的收入要高于那些做过工资较高的暑假工作的学生。

2.【考查要点】 人力资本观点的内涵。

【参考答案】 我认为第二种选择能更高地提高我未来的收入。因为根据教育的信号理论,世界上最好大学的正式学位向雇主发出了我具有较高人力资本的信号。由于我不能实际上上学,因此我的生产率并没有变得更高,但我的学位向雇主发出了我高能力的信号。因为在雇主看来,高能力的人比低能力的人更容易得到世界上最好大学的正式学位。相反,第一种选择虽然可以提高我的生产率,但由于我必须为我的上学经历保密,因此我不能向雇主发出我具有较高人力资本的信号,最好的教育也不大可能提高我未来的收入。

(六) 拓展思考题

1. (1)【考查要点】 决定均衡工资的若干因素。

【参考答案】 ① 因为在一些大学中,相对于其他某些领域的教授来说,经济学教授需求大于供给的矛盾更严重些,所以经济学教授得到的薪酬要高于其他领域的教授。

② 较轻的教学负担用于弥补经济学教授由于低工资所带来的与经济学教授劳动市场均衡工资水平的差距。

(2)【考查要点】 竞争性市场经济对雇主的歧视提供了一种自然矫正方法,即利润动机。

【参考答案】 ① 格林斯潘的行为是追求利润最大化。

② 有些人可能谴责这种行为,因为他歧视男性经济学家;有些人赞赏这种行为,因为他在实现利润最大化并给予女性较好的工作机会。

③ 如果更多的雇主像他这样,越来越多的女经济学家会以这种低成本优势进入经济咨询市场。由于雇用男经济学家的经济咨询公司的成本比雇用女经济学家的经济咨询公司要高,因此,前者在竞争中就会处于不利地位。成本劣势迫使雇用男经济学家的经济咨询公司用女经济学家替换男经济学家,最后经济咨询市场对女经济学家的需求增加,对男经济学家的需求减少,这个过程一直持续到男女经济学家的工资差别消失为止。

④ 当时其他经济咨询公司没有遵循格林斯潘的经营战略可能是因为它们的有些顾客更喜欢男性咨询员,愿意为这种差别付出更多的费用。

2.【考查要点】 性别歧视与工资差别。

【参考答案】 均衡工资受到劳动供需补偿性工资差别、人力资本等因素的影响,现实生活中工资也受到歧视(性别、种族、民族、年龄、相貌等个人因素)程度的影响。劳动市场上的歧视是指雇主和雇员完全出于主观思想上的偏见而给予某些特殊群体成员在雇用、晋升、报酬、工作条件等方面与工作效率无关的区别对待,这种有意识的区别对待明显会损害这些特殊群体的切实利益。以上三则新闻侧重描述了中、英、美三国由于性别歧视造成的收入明显不对称现象。造成世界各个国家的劳动市场上存在性别歧视的原因有很多,比如现有信息技术不够导致信息成本过高影响甄选、女性生理原因以及传统社会文化因素带来的附加成本,还有现行的法律法规难以起到保障的作用、维权成本太高等。但需要注意的是,由于不同群体之间的平均差别部分反映了人力资本和工作特征的差别,因此这些差别本身并不能说明劳动市场到底存在多大的性别歧视。

第 20 章
收入不平等与贫困

一、学习精要

(一) 教学目标

1. 了解社会中的收入不平等程度和贫困程度。
2. 了解衡量收入不平等程度时可能出现的问题。
3. 熟悉有关政府在改变收入分配中所起作用的主要哲学观点。
4. 掌握反贫困的各种政策及其优缺点。

(二) 内容提要

本章主要论述收入分配,并考察政府在调整收入分配中的作用。本章主要分三部分:第一,了解社会中收入不平等的严重程度;第二,考虑有关政府在改变收入分配中应该起到什么作用的不同观点;第三,讨论旨在帮助社会最贫困群体的各种公共政策。

1. 收入不平等的衡量

收入分配数据表明我们社会中存在巨大的不平等。实物转移支付、经济生命周期、暂时收入与持久收入以及经济流动性使不平等程度的衡量变得困难。当考虑这些因素时,经济福利的分配会比年收入的分配更平等。

(1) 家庭收入不平等的扩大在很多国家是常见的经济现象。根据美国的数据,从 1970 年到 2014 年,收入最低的 1/5 家庭(年收入 29 100 美元以下)的收入份额从 5.5% 下降到 3.6%,而收入最高的 1/5 家庭(230 030 美元以上)的收入份额从 40.9% 上升到 48.9%。这种收入不平等加剧的原因主要在于与低工资国家的国际贸易增长和技术变革倾向于减少对不熟练劳动的需求,并增加对熟练劳动的需求。因此,不熟练工人的工资相对于熟练工人的工资下降了,而且这种相对工资的变动加剧了家庭收入的不平等。

(2) 虽然各国贫富之间都存在不平等现象,但世界各国的不平等程度差别相当大。当各国根据收入不平等状况排序时,美国和中国都大约排在中间。与其他经济发达国家如日本、德国和加拿大相比,美国的收入分配较为不平等;但美国的收入分配比许多发展中国家如南非、巴西和墨西哥要平等。

(3) 常用的贫困的判断标准是贫困率。贫困率是家庭收入低于一个被称为贫困线的绝对水平的人口百分比。贫困线是政府按照提供充足食物成本的大约三倍的标准确定的。贫困线根据价格水平的变动每年进行调整,同时它还取决于家庭规模。

(4) 虽然收入分配和贫困率数据有助于我们了解社会的不平等程度,但解释这些数据并不像看起来那么简单。这些数据是根据家庭年收入收集的。但人们所关心的并不是他们的收入,而是他们维持良好生活水平的能力。至少由于三个原因(实物转移支付、经济生命周期、暂时收入与持久收入),收入分配与贫困率数据所给出的生活水平不平等状况是不完全的。

(5)穷人和富人的经济身份不是固定不变的,不同收入阶层之间存在着相当常见的流动性。由于经济流动性如此之大,因此,许多低于贫困线的人处于贫困状态只是暂时的。对于相对少数的家庭来说,贫困是一个长期问题。由于暂时的贫困和持久的贫困很可能面临不同的问题,因此,旨在反贫困的政策需要对这两个群体进行区分。

2. 收入再分配的政治哲学

政治哲学家关于政府在改变收入分配中的作用的观点并不相同。功利主义者选择使社会中每个人效用之和最大化的收入分配;自由主义者认为政府的目标应该是使社会上状况最差的人的福利最大化;自由至上主义者认为政府的目标应该是保证机会的公平,而不是收入的公平。

(1)功利主义:功利主义者的出发点是效用,效用是福利的衡量指标,也是所有公共政策和私人行动的最终目标,他们认为政府的正确目标是使社会中每一个人的效用总和最大化。

(2)自由主义:自由主义者的目标是提高社会中状况最差的人的福利,他们认为通过把富人的收入转移给穷人,社会增进了最不幸者的福利。

(3)自由至上主义:自由至上主义者认为机会平等比收入平等更重要,政府应该强调个人的权利,以确保每个人有同样的发挥自己才能并获得成功的机会。一旦建立了这样的游戏规则,政府就没有理由改变由此引起的收入分配。

3. 减少贫困的政策

有许多旨在帮助穷人的政策——最低工资法、福利、负所得税、实物转移支付以及反贫困计划和工作激励等。由于经济援助随着收入增加而减少,因此,穷人往往面临很高的有效边际税率,这种高有效税率不鼓励贫困家庭依靠自己的力量脱贫。

(1)最低工资法:最低工资法的支持者把最低工资作为帮助那些有工作的穷人而政府又不用花钱的一种方法,批评者把最低工资看成对它想帮助的人的一种伤害。对那些技能水平低和经验不足的工人来说,较高的最低工资导致其工资高于供求平衡的水平,因此它提高了企业的劳动成本,并减少了这些企业需求的劳动量,结果是受最低工资影响的这些工人群体中出现了高失业。虽然那些仍然就业的工人从较高工资中受益,但那些原本在较低工资时能就业的工人的状况变坏了。

(2)福利:福利是包括各种政府计划的一个广义的术语。提高穷人生活水平的一种方法是政府补贴其收入,这主要通过福利制度来实现。反对福利计划的一种普遍观点是,它实际上在激励人们变成"需要帮助者"。

(3)负所得税:许多经济学家建议用负所得税来补贴穷人的收入。根据这种政策,每个家庭都要向政府报告自己的收入。高收入家庭根据他们的收入纳税,而低收入家庭将得到补助,换言之,这些低收入家庭将"支付"一种"负税"。在负所得税之下,贫困家庭不用表示需要就会得到经济帮助,也就是说得到帮助所需要的唯一资格就是收入低。这个政策的反对者认为负所得税会补贴那些仅仅是由于懒惰而陷于贫困的人。

(4)实物转移支付:实物转移支付是指直接向穷人提供提高生活水平所需要的某些物品和服务。其支持者认为这种转移支付能确保穷人得到他们最需要的东西,其反对者认为政府并不知道穷人最需要什么物品与服务,与其通过实物转移支付来为穷人提供他们可能并不需要的物品和服务,还不如给他们现金以购买他们认为最需要的东西,这样会使他们的状况更好。

(5) 反贫困计划和工作激励:有许多旨在帮助穷人的不同政策——最低工资法、福利、负所得税及实物转移支付等。虽然这些政策都帮助了一些家庭脱贫,但它们也有意料之外的副作用。由于经济援助随着收入增加而减少,因此穷人往往面临很高的有效边际税率。这种高有效税率不鼓励贫困家庭依靠自己的力量脱贫。根据反贫困计划批评者的看法,这些计划改变了工作激励,并创造了一种"贫困文化"。

(三) 关键概念

1. 贫困率:家庭收入低于一个称为贫困线的绝对水平的人口百分比。
2. 贫困线:由政府根据每个家庭规模确定的一种收入绝对水平,低于这一水平的家庭被认为处于贫困状态。
3. 实物转移支付:以物品和服务而不是以现金形式给予穷人的转移支付。
4. 经济生命周期:在人的一生中有规律的收入变动形式。
5. 机会成本:为了得到某种东西所放弃的其他东西。
6. 持久收入:一个人的正常收入。
7. 功利主义:一种政治哲学,根据这种政治哲学,政府应该选择使社会上所有人总效用最大化的政策。
8. 效用:衡量幸福或满足程度的指标。
9. 自由主义:一种政治哲学,根据这种政治哲学,政府应该选择被认为是公正的政策,这种公正要由一位在"无知之幕"背后的无偏见观察者来评价。
10. 最大最小准则:一种认为政府的目标是使社会上状况最差的人的福利最大化的主张。
11. 社会保险:旨在保护人们规避负面事件风险的政府政策。
12. 自由至上主义:一种政治哲学,根据这种政治哲学,政府应该惩罚犯罪并实行自愿的协议,但不应该进行收入再分配。
13. 福利:补贴贫困者收入的政府计划。
14. 负所得税:向高收入家庭征税并给低收入家庭补贴的税制。

(四) 拓展提示

1. 贫困率和贫困线是衡量收入不平等的重要指标,这些数据是根据家庭年收入收集的,但人们所关心的并不是他们的收入,而是他们维持良好生活水平的能力,由于实物转移支付、经济生命周期、暂时收入与持久收入等方面的原因,收入分配与贫困率数据所给出的生活水平不平等状况是不完全的。人们所处的各收入阶层不是固定不变的,有些人可能由于好运或勤奋工作而进入更高的收入层次,也有些人由于坏运或懒惰而掉入更低的收入层次。
2. 政府因收入不平等而进行的收入再分配不仅仅是经济学问题,在很大程度上还是政治哲学问题,功利主义认为政府应选择使社会上所有人总效用最大化的收入再分配政策,自由主义认为政府应选择被认为是公正的政策,自由至上主义认为政府应惩罚犯罪并实行自愿的协议,但不应该进行收入再分配。

3. 贫困是决策者面临的最困难的问题之一,贫困家庭的成员更可能出现各种问题和犯罪。虽然很难把贫困的原因和结果分开,但毫无疑问,贫困与各种经济和社会病症相关。政府减少贫困的政策选择包括最低工资法、福利、负所得税、实物转移支付、工作激励等,但是这些政策在减轻和消除贫困上都存在各自的优点和缺点,难以从根本上减轻和消除贫困。

二、新闻透视

(一) 新闻透视 A

嘉兴市新发布工资指导价　2017 年年薪平均值为 64 184 元

日前,嘉兴市人力资源和社会保障局公布了《嘉兴市 2017 年部分职业(工种)人力资源市场工资指导价位》,本次人力资源市场工资指导价位数据采集办法为指定样本调查的方式,对在嘉兴地区内注册的生产经营正常的样本企业进行问卷调查。调查涉及样本企业 501 家,涉及劳动者数据 99 484 个。

2017 年人力资源市场工资指导价位共发布 401 个职业(工种),较 2016 年的 386 个略有增加。总体上,2017 年工资指导价位较 2016 年呈平稳增长,低位值、中位值、高位值、平均值分别为 30 405 元、53 900 元、156 072 元、64 184 元,其中平均值较 2016 年增长 6.7%。2017 年首次发布制造业、批发和零售业、金融业等 9 个行业门类的主要职业的工资指导价位。

2017 年部分职业(工种)人力资源市场工资指导价位表显示,企业董事、企业总经理和生产经营部门经理年收入位列前三名,高位数工资分别为 260 257 元、592 234 元和 229 632 元。排名较为靠后的则有养老护理员、安全员、包装工等职业(工种)。

从同时发布的专业技术等级和不同学历的工资指导价来看,技术等级高、学历高仍然是工资收入的"加分项"。具体而言,拥有高级职称的高位数工资为 174 669 元,而中级职称和初级职称则分别为 167 067 元和 135 460 元。高级技师高位数工资为 174 138 元,技师、高级工、中级工、初级工则分别为 150 109 元、128 721 元、131 027 元、95 732 元。从学历层面来看,研究生高位数工资为 166 314 元,大学本科、大学专科则分别为 93 910 元和 63 048 元,高中、中专和技校为 59 950 元,初中及以下学历仅为 51 552 元。

资料来源:我市新发布工资指导价,2017 年薪指导价平均值为 64 184 元! 嘉兴在线新闻网. (2017-7-5) [2020-6-6]. http://old3w.cnjxol.com/xwzx/jxxw/content/2017-07/05/content_3947686.htm.

【关联理论】

一个人的收入取决于这个人所在劳动市场的供给与需求,供给与需求又取决于天赋、人力资本、补偿性工资差别和歧视等因素。因此,决定工资的因素也就是决定经济中总收入如何在各社会成员间分配的主要因素。换言之,这些因素决定了谁是穷人,谁是富人。此外,国际贸易和技术变革倾向于减少对不熟练劳动的需求,并增加对熟练劳动的需求,因此,不熟练工人的工资相对于熟练工人的工资下降了。

【新闻评析】

在以上新闻中,从嘉兴市 2017 年工资指导价格可以看出,企业高层管理人员如董事长和总经理等的收入排名靠前,而技术人员收入水平排名居中,一般性制造业、加工业和服务性岗位员工收入排名靠后;并且职称和学历越高,收入越高。这种收入的较大差距和不平等反映的是不同工作由于工作岗位职责、学历和工作经验、岗位技能要求所形成的正常的劳动报酬的差别。一般来说企业高中层管理人员都具有较高的学历、多年的工作经验和相当熟练的劳动技能,其中很多都是在基层工作过多年才走上管理岗位的,此外,这类工作人员还需要承担较大的工作责任,因此较高的收入和他们的高学历、高技能及更大的岗位责任所产生的高生产率和高劳动价值往往是相匹配的。而低收入的职业都属于基层岗位,不要求劳动者具备高学历、高技能和较多工作经验,导致可以从事这些岗位工作的劳动者的数量非常大,加之这些劳动岗位的劳动价值也相应较低,因此劳动报酬自然也较低。

(二) 新闻透视 B

2017 年毕业生薪酬大比拼

中国的行业格局正在发生变化,其中 IT 业越来越风光。国家统计局 2016 年平均工资报告显示,2016 年 IT 业以约 12.25 万元的平均年薪,第一次超过金融业排在了各行业之首。此外,从大学生就业选择中也能看出如今各行业的冷热情况。一份包含 5 000 多名受访者的问卷结果显示,IT 与通信行业选择度高达 35%,而过去最受欢迎的金融、证券、保险业以及房地产业选择度加起来都只有 20% 左右。

除了游戏等竞争性行业外,信息传输、信息技术行业包括了移动、联通、电信这些国有大企业。这些企业与金融业一样,都带有很强的垄断色彩,进入门槛非常高,收入自然也高。随着 IT 业持续快速发展,从业者的平均工资自然也得以快速增长。国家统计局数据也显示,2016 年 IT 业平均工资比上年增长 9.3%,超过了所有行业 8.9% 的平均增幅;此外,人才紧缺也使得相关人才薪酬上涨。据 2016 年 IT 行业薪资调查数据显示,2016 年全国网上发布的 IT 类职位数与 2015 年相比增幅达 29%。2016 年 IT 行业年薪在 10 万元以下的 IT 人员仅有 35% 左右,移动开发领域持续火爆,从事 Android 开发的人员年薪 10 万元以上的达到 84.49%。

在疯狂的抢人大战中,很多岗位甚至会出现明显溢价。根据脉脉数据研究院提供的数据,目前国内人工智能相关岗位应届毕业生的每月起薪基本都在 1.25 万元以上,起薪最高的是机器学习和算法类相关岗位,达到 1.5 万元每月。从职业中期发展来看,毕业三年后人工智能岗位的技术人员,月收入优势进一步加大,平均月薪在 2.5 万元以上,基本实现薪酬翻番,大幅领先于互联网行业的其他岗位。

这些年来,薪酬榜上一直是金融业在前,IT 业紧跟其后。由于目前不同行业的工资水平继续呈现高者愈高、低者愈低的"马太效应",行业间的工资差距主要集中在高、中层职位。因此相比于突飞猛进的 IT 业来说,受到银行业高管限薪以及股市低迷等因素影响,常年霸榜的金融业出现颓势,2016 年涨薪表现实在不佳,比 2015 年仅增长 2.3%,增幅排各行业门类倒数第二,终于在这次以年均工资 117 418 元被反超。

总的来说,国家统计局提供的薪酬数字看上去都还算"美好"。虽然增速有所减缓,但整体城镇单位的就业者工资还是在上涨。其他调查也印证了这点,2016 年第一季度到 2017 年第一季度期间,全国平均薪酬水平一直处于上升趋势。截止到 2017 年第一季度,全国白领平均工资涨了 647 元,全国 37 个主要城市平均招聘薪酬为 7 665 元。

然而不管未来薪酬水平如何,对于刚毕业的年轻求职者来说,更重要的是面临起薪一年不如一年的残酷现实。据教育部估计,2017 年将有 795 万大学生毕业,中国应届毕业生人数又创新高,几乎等同于瑞典人口。而据智联招聘调查,大学应届毕业生月薪已经连续下滑两年,2017年大幅下降16%,仅有4014元人民币。更糟糕的是,根据智联招聘对93420名中国大学毕业生的调查,尽管他们起薪很低,2017年的就业形势总体上仍很困难。在一些更新升级的行业中,技术工人长期短缺,而年长的低技能工人以及刚毕业的大学生却难找工作。超过3/4毕业生认为工资低于预期,而他们的预期和实际工资间的差距还在继续扩大。女性的情况更糟,平均每月工资比男性少750元。在放弃一些工作机会的毕业生中,有35.5%表示薪酬低于预期是最主要原因。

让人感到比较乐观的是,在国家统计局的报告排行里,除了信息传输、软件和信息技术服务以及金融这两个明星行业,年均工资进入前三的还有科学研究和技术服务业,当前政府正在推动经济向飞机、机器人研发等高科技产业转型,而一群受过高等教育且薪酬不高的毕业生,或许是中国的新竞争优势。

资料来源:根据相关案例库资源改编和整理。

【关联理论】

一般而言,人们在不同工作阶段的收入是有较大变动和差别的。从单个工作者的自身收入来看,当一个人在较年轻的时候,尤其是刚从大学毕业进入就业市场时,其收入往往是较低的,随着年龄和工作经验的增加,收入会相应增加,一般在50岁左右达到最高,然后在退休时收入又大幅度减少。这种有规律的收入变动形式被称为经济生命周期。而从行业横向比较来看的话,同样学历的工作者由于各种非学历因素造成的起始收入差距也是较大的。

【新闻评析】

刚毕业的大学生由于性别、所毕业学校的性质、专业、就业地区(地点)、工作单位和行业及岗位性质差异等一系列因素的影响,他们的工作起薪会存在一定的差别。应该说这种差别是属于正常合理范围的,不论是在像中国这样的发展中国家,还是在像美国那样的发达国家都较普遍地存在着。大学毕业生应该正视这种收入差别的存在,不必为这种差别的存在而抱怨工作单位或者社会的不公平,在各行各业的本职工作中,继续致力于提升自己的工作能力和岗位工作绩效,大学生薪酬水平必将会随着自身工作能力和工作绩效的提高而相应提高。"三百六十行,行行出状元",对大学毕业生而言,行业的劳动供求关系和行业的发展前景往往比起薪水平更为重要,因而大学毕业生们要更多关注如何提高自己的综合能力。只要选好和坚定自己的职业方向,付出努力,大学毕业生的工作所得自然会和自身的薪酬期望更趋一致。

(三) 新闻透视 C

中国重划贫困线标准

一项正在由国务院扶贫办草拟的扶贫标准调整办法将把过去的贫困线抬高。其政策出发点在于不仅关注贫困人口维持基本生存所需要的收入,还要考虑他们在教育、医疗保障等方面的支付能力。目前,扶贫办正向26个成员单位征求意见,在修订之后将择日向国务院报批。

如果这个将贫困线提高至年收入约1300元的初稿最终得到国务院认可,那么中国的贫困人口将由目前的4000万增加到8000万,这意味着将有更多人从中国扶贫优惠政策中获益。2007年,中国的贫困线划定在1067元。而1300元的新标准,按照实际购买力计算首次达到了日收入1美元的国际标准。其实,中国贫困线过低早已是不争的事实,世界银行将每人每日1美元定义为最低标准的贫困线,中国距此标准尚有一段距离。中国发展基金会副秘书长汤敏认为,贫困线的调整已成当务之急。

扶贫的第一要务是找到目标人群,而寻找目标人群的核心就是确定贫困线。在1985年设定贫困线的时候,中国人均GDP仅两三百美元,但是现在已经增长了近十倍。2007年10月,胡锦涛总书记在中共十七大报告中提出逐步提高扶贫标准,此后,这项工作便列入国务院扶贫办的工作日程中,成为2008年扶贫办的头等大事。

国务院扶贫办一位官员表示提高扶贫标准,既要考虑到中国的国情,又要考虑到现实的财力状况。这位官员同时提到,在方案的初稿中,这条贫困线按照购买力计算达到了每人每日1美元的标准。随着贫困线的提高,中国的贫困人口也会随之浮动。国务院扶贫办政策法规组一位官员告诉记者,调整之后,中国的贫困人口估计会在7 000万到8 000万之间。国家统计局最新公布的数据显示,截至2007年年底,全国农村贫困人口存量为4 320万人,其中绝对贫困人口1 479万,低收入人口2 841万。

新的贫困标准和贫困人口数一直被认为是敏感内容,不过有学者认为大可不必在意。改革开放以来,中国的扶贫开发成效有目共睹,减少的贫困人口达2亿多人。在这个背景下修订贫困线,贫困人口数量增加,并不会抹杀过去的成就。

中国的大规模扶贫始于1986年国务院扶贫领导小组及其办公室的建立,这是个由财政部、国家统计局等26个成员单位组成的最高扶贫机构,国务院扶贫办作为常设的办事机构负责日常工作。1986年前的7年间,中国的贫困人口从2.5亿减少到1.5亿,但是这种减少在地区间是不平衡的,一些革命老区、少数民族地区和偏远地区的贫困相对其他地区更加严重。在这样的背景下,中央觉得需要解决这些地区的贫困问题,于是成立国务院扶贫领导小组及其办公室。

国务院扶贫办国际合作与社会扶贫司司长吴忠表示,对于扶贫工作效果的评价有不同的方式。一种是减法,即贫困人口减少了多少。另一种是加法,即在一定的条件下,贫困人口的收入增加了多少,他们的各种条件有了怎样的改善等。不过,也有学者表示,和整个国家的宏观经济形势、中央的惠农政策相比,政府的扶贫开发作用略显微弱。

据悉,此次调整将把绝对贫困线和低收入贫困线合二为一,统一称为贫困线。新的贫困线将不仅关注贫困人口维持基本生存所需要的收入,还将考虑他们在教育、医疗保障方面的支付能力。伴随着贫困线的调整,中国的扶贫对象、重点、政策等会有所改变。汪三贵认为,中国的扶贫开发一直是以区域为对象的,而不是直接针对贫困人口,下一步的扶贫可能会更加具体,扶贫到户。而基础设施等扶贫项目则仍然坚持区域性政策。我们的扶贫往往出现贫困县或贫困村里非贫困人口比贫困人口受益多的情况。这是下一步扶贫工作要解决的问题。

资料来源:中国重划贫困线:新标准年收1300元.经济观察报.(2008-4-12)[2020-6-6]. http://finance.sina.com.cn/g/20080412/06374739996.shtml.

【关联理论】

贫困线是由一国政府根据该国每个家庭规模确定的一种收入绝对水平,低于这一水平的家庭被认为处于贫困状态。由于贫困线不是绝对标准,而是相对标准,因此,随着经济增长和人们绝对收入的提高,贫困线的基准也会作不定期调整。

【新闻评析】

各国经济发展水平差别很大,确定贫困线的标准自然而然也就存在很大的差别,发达国家的贫困线标准(按官方汇率计算的金额)如果放到发展中国家很可能是发展中国家高收入阶层水平的收入标准。像中国这样的发展中大国,由于区域经济发展的不平衡,在经济欠发达和落后的广大中西部地区,尤其是这些地区的农村,还存在着大量的贫困人口。这些地区的某些民众由于历史和自身因素,生活状况依然贫困,年收入在两千元人民币左右(约合每天1美元左右的生活费)的贫困人口仍然有一定的数量。尽管中国的贫困线标准在逐年提高,但是和发达国家的贫困线标准,甚至和国际平均的贫困线标准相比还存在不小的差距。不过,不可否认的是,近些年来由于中国各级政府对减少贫困问题的重视、持续不断地对贫困人口进行转移支付以及各种扶贫政策的实施,因此中国处于绝对贫困线以下的人口大幅减少。虽然中国不少刚超过贫困线人口的绝对收入确实增加了,但是相对于全国平均的个人和家庭收入的增加额及增加幅度而言,这一群体的收入状况还是相对落后了。因此,中国的扶贫和减贫工作依然任重道远。2020年中国将消除绝对贫困,但相对贫困还会长期存在,要通过打赢脱贫攻坚战探索经验,建立一套比较好的体制机制。

三、案例研究

(一) 案例研究 A

新人年薪一度近100万,没错!他们就是金融行业的基金经理

基金经理作为一只基金的核心人物,在基金运作中发挥着至关重要的作用。同时,基金经理的高薪也是业内茶余饭后的热点话题。其中,那些顶着"明星""资深"光环的基金经理老将,在名利双收的同时,是否真的能用业绩和实力来证明自己呢?

一位基金业内人士透露,2007年牛市时,一些刚出校门就进基金公司的新人能拿到本人都难以相信的近百万高薪,一些稍微有经验的基金经理平均年薪则是几百万,顶级基金经理甚至可以拿到上千万。该人士表示,这些人讲起投资思路来头头是道,但平均从业经历只有3年左右,缺乏长久的市场历练,经验的缺失使得他们容易追涨杀跌,2007年的大牛市催生了很多基金经理新手。一位沪上公募人士透露,公司对投研团队尤其是基金经理投入的资金很大,薪资水平也非常高,几百万上千万都是很正常的。一般底薪5万—6万,高薪基本靠奖金,根据管理的基金业绩、规模、名气等因素来定。

另一位中型基金公司人士表示,每家基金公司的薪酬制度都不一样,他们是采取"一人一议",而且自己培养与外面挖过来的薪资也不一样。但资历老的基金经理或者明星基金经理一年拿到上千万这一情况是存在的。

一位了解公司薪酬体系的基金业人士表示,基金经理的收入分为固定薪酬和奖金,相对而言,投研人员奖金比较多,比例大约为1:3,1份为固定薪酬,3份为奖金。该人士称,奖金根据行业排名来分配,在比较严格的公司,如果基金经理的排名在后三分之一,则奖金会很少甚至没有,只有行业排名前三分之一的基金经理才能拿到比较理想的奖金,排名越靠前奖金越多。此外,有些基金公司率先实行了股权激励,但据记者了解,股权激励仅限于高管或投研负责人,对于基金经理而言更受益于事业部制,事业部制奖金分配原则除了与基金业绩有关,还与基金规模增长相关,基金经理也将享受管理费10%至30%不等的奖金激励,基金业绩越好、基金规模增长越多,基金经理的奖金就越多。同时,基金研究员刚入职也能拿1万到2万的底薪。而且,基金公司投研的晋升通道很明确,在人才短缺的情况下,成为基金经理指日可待。

上述公募人士透露,基金公司内部的薪酬布局就像一个金字塔,从高管到后台人员,自上而下,形成一个完整的薪酬链条。每年发年终奖的时候,管理层按照不同部门对当年业绩的贡献程度分配奖金比例,奖金基本为6到24个月月薪。上述业内人士表示投研拿到的年终奖肯定是最多的,其次是销售,后台一般不多。据了解,基金经理底薪100多万基本是市场的平均水平,但是不同规模的公司之间差距很大,算上年终奖差距会更大。

显而易见,基金经理们高薪的背后蕴藏着巨大的工作压力,这也是业内都知晓的事情,曾有基金经理吐槽,每天都需要起早贪黑、呕心沥血为净值忙活。甚至自2009年以来,多位知名基金经理在重重压力之下,由于健康出现问题而倒在了人生的中年阶段。

众所周知,检验基金经理投资能力的最重要指标有两个:一是时间,二是业绩。一些人在基金圈里摸爬滚打多年,取得了优异的成绩,而一些人的表现确实差强人意却手拿高薪,基金经理们只有不断提高自己的业务水平和投研能力,为投资者服务并为其创造更多收益,才是立足之本。

资料来源:新人年薪一度近100万,没错!他们就是金融行业的基金经理. 搜狐财经. (2017-9-17) [2020-6-7]. https://www.sohu.com/a/192600015_740132.

【关联理论】

收入不平等的衡量标准之一是最富有的1/10人口得到的收入与最贫穷的1/10人口得到的收入的比率。从20世纪80年代开始,无论是发达国家还是发展中国家,收入不平等总体在加剧。造成收入不平等的原因除了劳动者个体的差异如学历和智力、工作能力和社会关系等因素,还和一国经济、政治制度及政府政策密切相关。

【案例解析】

根据中国基金经理的收入很容易判断,他们在中国属于最富有的一部分。不少收入统计报告指出,近些年中国最富有的1/10人口得到的收入与最贫穷的1/10人口得到的收入的比率大约是13倍到15倍。基金经理的超高收入是否合理呢?根据国际惯例,很多国家基金经理的收入在本国都属于超高一族。基金经理的高收入与他们所管理的基金的规模和投资回报率有密切的联系,基金规模越大,投资回报率越高,基金经理获得的相应绩效奖励也越高,总收入也就越高。好的基金经理能够为基金份额的持有人创造较高的投资回报率,一般情况下可达到一年期银行定期存款利息的5到10倍;而投资管理能力不佳的基金经理也可能出现投资回报不高,甚至投资亏损的情况,不但不能给基金份额的持有人带来高于银行存款利率的投资回报,还可能造成损失,这将直接导致他们所管理基金的规模缩小和口碑不佳,再加上基金管理公司对基金经理的年度业绩考核压力,一些投资管理能力不佳的基金经理收入大幅缩水,甚至被基金公司解雇。因此,基金经理的高收入伴随着高风险,两极分化较为严重。

(二) 案例研究 B

中国的老年贫困现象

2014年,中国低于世界银行绝对贫困线的贫困老人有4 895万,占老年人比例23.09%;低于国内低保线的老年人为5 576万,占老年人比例达到26.3%。随着中国人口老龄化的加剧,老年贫困问题将逐步显化。目前中国老年人贫困的发生率较高,贫困人口规模巨大,贫困状况令人担忧。正是由于中国老年群体的贫困发生率较高,并且成为新贫困人口中一个快速膨胀的群体,近年来老年人贫困问题越来越引起学界和社会的关注。相比西方发达国家而言,中国人口老龄化来势凶猛且规模巨大,同时养老需求及养老成本急剧上升,带来前所未有"未富先老"和"未备先老"的压力。

研究发现,中国老年人贫困呈现"三高三低"的结构特点,即老年人贫困发生率是农村高于城镇,女性高于男性,高龄高于低龄,并且贫困发生率随着老人自身教育水平的提升而降低。此外,独居老年人和农村空巢老年人是贫困发生率最高的群体之一。

根据调查,35.88%的农村老年人收入不足1.9美元/天,即3个农村老年人中就有1个人处于绝对贫困;2个农村老年人中约有1个人处于相对贫困。按照最新2 300元/年农村的扶贫标准,有35%的农村老人总收入低于这一标准,是国家统计局公布的2014年农村人口贫困发生率7.2%的5倍。高龄老年人是陷入贫困的高危群体。80岁及以上老年人的贫困发生率为30.09%—49.72%,远高于低龄、中龄老年人。据估算高龄贫困老年人为770万—1 272万。另外,农村女性老年人具有农村、女性和老人三重弱势身份,更易陷入经济贫困。而独居老年人贫困的发生概率又高于非独居老年人,这就使得农村女性独居老年人是收入贫困的高发群体,而经济收入低下会影响老年人的健康保健和生活质量并导致恶性循环。调查中有近80%的独居老年人都患有慢性疾病,这使得经济薄弱的老年人生活更加拮据。另外,农村空巢家庭的老年人贫困发生率远高于城市空巢家庭的老年人。

此外,从贫困的内涵来看,尽管贫困是一个多维概念,不仅仅指经济方面受到剥夺,而且还包括健康、社会地位、精神状态等,但由于经济贫困往往是其他类型的贫困之源,收入仍然是衡量贫困的最重要且具有可比性的指标之一。

资料来源:根据相关资料库改编和整理。

【关联理论】

由于经济收入存在生命周期,一般情况下一个人进入老年后收入会较之中青年时期大幅度减少,尤其是退休以后基本只能靠养老金和个人储蓄来维持生活。此外,老年人的健康状况相较中青年时期有所下降,导致医疗护理开支大幅增加,也会加剧老年人可能面临的生活水平下降的情况。

【案例解析】

老年贫困现象在中国呈现一个较高的比例,这主要是由于中国存在两种差别较大的养老体系。中国的贫困老年人有少部分生活在城市地区,更多的是居住在农村地区,这主要是因为农村老年人没有被政府纳入国家统筹发放退休金和提供医疗保障的养老福利体系中,所以农村老年人如果没有具有一定经济收入的子女可以依靠的话,就更容易陷入贫困境地,尤其是在患病的情况下。为了降低中国老年人的贫困率和提高相关群体的退休生活水平和质量,政府需要在国家财政收入不断增长的背景下加大对贫困老年群体的支持力度,扩大老年退休人员所享受的各类社会福利和救助的覆盖范围,把那些没有在所谓的体制内享受退休待遇的贫困老年人也纳入社会养老的范围,通过各种方式增加相关经费支出,按照政府救助和社区社会互助相结合的原则,构筑多层次、多元化、多项目的老年人贫困救助网络,及时准确了解贫困老年人的福利需求变化,以便高效、合理地分配和利用福利资源,促进对贫困老年人服务水平和质量的提高,帮助贫困老年人安度晚年。

(三) 案例研究 C

中国机会不均等分析:贫穷是因为不努力吗?

中国的收入差距在过去十年一直居高不下。根据国家统计局公布的数据,2003年以来中国居民年收入的基尼系数一直在0.47以上,收入差距持续过大的问题已成为各界关注的焦点。然而,中国的收入差距究竟是由人们面临的机会不均等导致,还是由机会均等下市场竞争所造成呢?

从20世纪80年代以来,很多学者提出,对一个国家来说收入不平等未必是坏事。如果收入差距是由每个人后天的努力程度不同造成的,那么这样的收入差距是可以接受的,而且会激励那些低收入者努力工作。社会真正不能接受的是由个人后天无法控制的因素所造成的差距。著名经济学家John Roemer将上述观点融入了经济学模型中,把决定每个人收入的因素归结为两大类:一是环境因素,这类因素是无法由人的后天努力控制的,或者说超出人们主观控制的范围;二是个人的努力因素,这类因素属于某种程度上个人可以控制的因素。John Roemer把第一类环境因素导致的不平等称为"机会不均等",并认为机会不均等才是一个社会应该真正关注并解决的问题。

相关研究发现,由机会不均等导致的收入差距占我国总的收入差距的27%以上。这一比例超过了绝大多数OECD国家,说明中国持续高位的收入差距中有一定比例是不合理的,主要原因如下:

第一,低学历群体的机会不均等程度更高,大学及以上学历更易掌握命运。该发现有两层含义。首先,只要凭借自己的努力取得了大学的学历,命运就可以在很大程度上由自己控制,与外在环境因素关系很小。其次,对于低学历的群体而言,命运在很大程度上不受自己控制,这会导致低学历、低收入群体面临更大的心理落差,因此,低学历群体面临的机会不均等更应该引起政策制定者的重视。

第二,劳动力市场歧视、教育代际固化以及家庭背景影响是中国机会不均等的来源。首先,劳动力市场上的性别歧视是目前男女劳动者收入差距的主因。有些女性劳动者的人力资本、生产率甚至比男性更高,而她们的收入却低于男性,说明性别歧视现象很严重。其次,教育代际固化现象明显,说明不同家庭背景的人面临的教育机会存在差异,这种教育机会的不均等进一步扩大了收入差距。通常来说,教育代际固化的产生有两个原因。其一是受教育水平高的父母往往收入更高,从而子女有比较好的物质基础来获得更多教育;其二是父母的教育水平反映了父母的能力水平,能够获得高学历的父母可能拥有更强的智力水平和学习能力,这些能力水平可以通过遗传渠道传递给子女。运用工具变量的分析结果发现,即使不考虑遗传因素,教育的代际固化效应依然明显。最后,良好的家庭背景不仅可以使得子女接受优质教育,还可以通过社会关系帮助子女获得更好的就业机会和更高的收入。为了验证这一假设,研究者在控制个体的教育水平后考察了父母受教育水平对收入的影响。由于数据变量的限制,他们采用父母受教育水平作为家庭背景的代理变量。结果显示,即使在控制了个体教育、工作年限等个人因素后,父母受教育水平仍然对个体收入有直接的影响。这说明很多高收入部门在用人机制和薪酬体系上仍然存在着不透明、不合理的情况,"关系"的作用依然明显。

资料来源:中国机会不均等分析:贫穷是因为不努力吗? 搜狐教育. (2017-2-19) [2020-6-7]. https://www.sohu.com/a/126664972_569317.

【关联理论】

不同行业性质不同、对经济的贡献度不同,收入水平存在一定差距,在情理之中。收入水平还与经济发展水平紧密相关,中国东、中、西部经济发展水平不同,人们的收入也会存在一定差距。但是目前中国收入水平差距较大,还有制度设计不合理、体制机制不配套等多种不合理原因,需要国家采取更多的机会均等化政策加以解决。

【案例解析】

机会均等化问题不仅关乎社会公平,也关乎经济效率,因此机会均等化改革对于一个国家来说至关重要,而对于处在经济新常态、全面深化改革中的中国来说就更为重要。目前主流观点认为,机会均等化政策主要包括以下两种:一是干预收入获取能力的形成,主要是通过公共资源的再分配,为环境变量处于劣势的个人提供更多人力资本;二是对已经形成的收入格局进行再分配,主要手段是通过税收和转移支付的方式消除环境差异带来的那部分收入差距。因此,可以采用如下的针对性更强的均等化政策来降低机会不均等程度、缩小收入差距。

其一,通过立法规范劳动市场行为,尽可能消除劳动市场歧视,特别是性别歧视,使得相同生产率的劳动者可以在劳动市场上享有平等的待遇。例如,近年来实施的"全面二孩"政策从某种程度上可能会加剧女性在就业市场中的劣势地位,因此,需要加强对就业歧视的监管和处罚力度,缩小性别间的收入差距。其二,促进公共教育资源的均等化,降低教育代际固化现象。教育能够为低收入阶层提供向上流动的机会,而不公平的教育会降低代际收入流动性。目前的教育代际固化不仅是遗传因素的结果,也是教育资源分配不均导致的。这就需要政府提高对低收入家庭的教育补贴,加强对贫困地区的教育投入,提高教育均等化程度。其三,通过反腐败等手段进一步规范高收入部门,特别是国有部门的用人机制,降低"关系"在劳动市场资源配置中的作用,真正做到企事业单位任人唯贤,把家庭背景这一个人无法控制因素对收入的影响降到最低。

四、课外习题

(一) 术语解释

1. 贫困率
2. 贫困线
3. 实物转移支付

4. 效用
5. 福利

(二) 单项选择

1. ( )是向高收入家庭征税并给低收入家庭补贴的税制。
   A. 正所得税   B. 负所得税   C. 累退税   D. 累进税
2. 功利主义认为政府应该选择使社会上所有人( )最大化的政策。
   A. 总收益   B. 总收入   C. 总效用   D. 总利润
3. 经济流动性是指人们在各( )阶层之间的变动。
   A. 岗位   B. 阶级   C. 工作   D. 收入
4. 对于那些技能水平低和经验不足的工人来说,较高的最低工资导致其工资高于( )的水平。
   A. 供求平衡   B. 国际标准   C. 国内标准   D. 本地标准
5. 自由至上主义者的结论是( )比收入平等更重要。
   A. 经济平等   B. 政治平等   C. 身份平等   D. 机会平等
6. 通过各种政府计划,穷人得到了许多( ),包括食品券、住房补贴和医疗服务。
   A. 现金   B. 实物转移支付
   C. 支票   D. 福利
7. 由于人们能以( )来平滑收入的生命周期变动,因此他们在任何一年的生活水平更多地依赖于一生中的收入,而不是当年的收入。
   A. 抵押品   B. 银行贷款
   C. 借款和储蓄   D. 信用卡
8. 贫困是一种影响所有人口群体的( ),但对各群体影响的大小并不同。
   A. 痼疾   B. 经济病症   C. 毒瘤   D. 常见现象
9. 收入分配数据表明我们社会中存在巨大的( )。
   A. 不平等   B. 财富   C. 中产阶级   D. 穷人群体
10. 许多低于贫困线的人处于贫穷状态只是( )。
    A. 永久的   B. 暂时的   C. 中期的   D. 短期的
11. 很多国家的资料表明( )的不平等比年收入的不平等要小得多。
    A. 持久收入   B. 一生收入
    C. 实际生活水平   D. 月收入
12. 很多国家的贫困线会根据价格水平的变动每年进行调整,同时它还取决于( )。
    A. 政府税收   B. 家庭规模   C. 政府开支   D. 政府预算
13. 帮助穷人的一种方法是直接向他们提供提高生活水平所需要的某些( )。
    A. 物品和服务   B. 方法
    C. 金融工具   D. 知识
14. 提高穷人生活水平的一种方法是政府补贴其收入,这主要通过( )来实现。
    A. 财政预算   B. 福利制度
    C. 收入调节税   D. 岗位津贴

15. 如果政府承诺使收入完全平等化,那么人们就没有(　　)的激励,社会的总收入就将大大减少,而且最不幸者的状况肯定会更加恶化。
   A. 学习　　　　　B. 上班　　　　　C. 交税　　　　　D. 勤奋工作

(三) 判断正误

1. 最大最小准则认为政府的目标应该是使社会上状况最差的人福利最大化。(　　)
2. 社会保险是旨在保护人们规避负面事件风险的政府政策。(　　)
3. 自由至上主义认为政府应选择被认为是公正的政策,这种公正要由一位在"无知之幕"背后的无偏见观察者来评价。(　　)
4. 自由主义认为政府应惩罚犯罪并实现自愿的协议,但不应该进行收入再分配。(　　)
5. 贫困家庭的成员比一般人更可能经历无家可归、毒品依赖、健康问题、青少年怀孕、文盲、失业和受教育程度低等问题。(　　)
6. 许多旨在帮助穷人的政策可能对鼓励穷人依靠自己的力量脱贫有意想不到的不利影响。(　　)
7. 反对福利计划的一种普遍观点是,它实际上激励了人们变成"需要帮助者"。(　　)
8. 功利主义者支持收入再分配是根据边际效用递增的假设。(　　)
9. 家庭购买物品和服务的能力主要取决于其持久收入,即正常的或平均的收入。(　　)
10. 很多国家的数据表明不熟练工人的工资相对于熟练工人的工资下降了,而且这种相对工资的变动加剧了家庭收入的不平等。(　　)

(四) 简答题

1. 什么是最大最小准则?
2. 请简述有些反贫困计划起不到鼓励穷人工作的原因。
3. 请简述实物转移支付政策在帮助贫困人口方面受到支持的原因。
4. 请简述现金转移支付政策在帮助贫困人口方面受到支持的原因。
5. 收入分配的数据说明了社会的平等还是不平等?

(五) 应用题

1. 经济学家通常把收入中的生命周期变动作为人的一生收入或持久收入的暂时变动的一种形式。在这种意义上说,如何比较你的现期收入与持久收入?你认为你的现期收入能反映你的生活水平吗?
2. 功利主义者、自由主义者和自由至上主义者对收入不平等的许可程度有何差别?
3. 试提出一个解决反贫困计划不鼓励穷人工作的问题的办法。如果你所提出的办法存在不利之处,请一并指出。

(六) 拓展思考题

1. 基尼系数是国际上通用的分析贫富差距的指标。基尼系数介于0—1之间,越接近1,

表示不平等程度越高。尽管中国基尼系数在 2008 年达到顶峰 0.491 之后逐步回落,但 2017 年中国基尼系数仍达到 0.467,超过国际公认的 0.4 的警戒线。请结合以下 2003—2017 年中国基尼系数曲线图,论述中国家庭收入差距及如何缩小这一差距的对策。

中国2003—2017年系数

2. 美国是世界上发达国家中贫富差距最大的国家之一。近期,美国国家经济研究所刊登了加州大学伯克利分校经济学教授祖克曼发表的文章:2016 年占美国人口 1% 最富有的一群人,手握全美 38.9% 的财富。无独有偶,联合国在 2018 年的一项数据显示:2017 年美国有 4 000 万人生活在贫困当中,其中 1 850 万人生活在极度贫困中,而 500 多万人生活在绝对贫困中。试运用所学理论及美国经济社会现状分析美国贫富差距形成的原因。

五、习题答案

(一) 术语解释

1. 贫困率:家庭收入低于一个称为贫困线的绝对水平的人口百分比。
2. 贫困线:由政府根据每个家庭规模确定的一种收入绝对水平,低于这一水平的家庭被认为处于贫困状态。
3. 实物转移支付:以物品和服务而不是以现金形式给予穷人的转移支付。
4. 效用:衡量幸福或满足程度的指标。
5. 福利:补贴贫困者收入的政府计划。

(二) 单项选择

1. B 2. C 3. D 4. A 5. D 6. B 7. C 8. B 9. A 10. B
11. C 12. B 13. A 14. B 15. D

(三) 判断正误

1. √ 2. √ 3. × 4. × 5. √ 6. √ 7. √ 8. × 9. √ 10. √

(四) 简答题

1.【考查要点】 最大最小准则。

【参考答案】 最大最小准则认为政府的目标应该是使社会上状况最差的人的福利最大化,但它不会带来一个完全平等的社会,它仍然允许收入不对称,因为这种不对称可以增强激励,从而提高社会帮助穷人的能力。

2.【考查要点】 反贫困计划与工作激励。

【参考答案】 有许多旨在帮助穷人的不同政策——最低工资法、福利、负所得税及实物转移支付等。虽然这些政策都帮助了一些家庭脱贫,但它们也有意料之外的副作用。由于经济援助随着收入增加而减少,因此穷人往往面临很高的有效边际税率。这种高有效边际税率不鼓励贫困家庭依靠自己的力量脱贫,很难起到鼓励穷人工作的作用。

3.【考查要点】 实物转移支付。

【参考答案】 实物转移支付的支持者认为最贫困社会成员中的嗜酒和吸毒状况与整个社会相比更为普遍,通过向穷人提供食物和居住场所,社会可以确保自己没有助长这些恶习。这是实物转移支付比现金支付在政治上更受欢迎的一个原因。

4.【考查要点】 现金转移支付。

【参考答案】 现金转移支付的支持者认为,政府并不知道穷人最需要什么物品和服务。许多穷人是运气不好的普通人,尽管他们不幸,但由他们来决定如何提高自己的生活水平是最适当的。与其通过实物转移支付来为穷人提供他们可能并不需要的物品和服务,还不如给他们现金以购买他们认为最需要的东西,这样会使他们的状况更好。

5.【考查要点】 收入分配。

【参考答案】 收入分配数据表明了我们社会中存在的巨大不平等。最富有的1/5家庭的收入是最贫穷的1/5家庭的收入的十倍还多。

(五) 应用题

1.【考查要点】 暂时收入与持久收入。

【参考答案】 人一生的收入不仅仅随着预期的生命周期而变动,还会因为随机的和暂时的力量而变动。正如人们能以借款和存款来平滑收入的生命周期变动一样,他们也能以借款和存款来平滑收入的暂时变动。在某种程度上,家庭在收入状况好的年份储蓄,而在收入状况差的年份借款(或动用储蓄)。在这个意义上,收入的暂时变动就并不一定影响人们的生活水平。家庭购买物品与服务的能力主要取决于其持久收入,即正常的或平均的收入。因此,我认为我的现期收入不一定影响我的生活水平,我的持久收入才会影响我的生活水平。

2.【考查要点】 功利主义、自由主义、自由至上主义。

【参考答案】 功利主义者认为要实现社会总效用最大化,而这意味着政府应该努力达到更平等的收入分配,但功利主义者否定收入的完全平等化;自由主义者认为应该提高社会中状况最差的人的福利,使最小效用最大化,而不是像功利主义者所主张的那样使每个人效用的总和最大化,自由主义者关注的是社会上最不幸的人,主张通过把富人的收入转移给穷人来增进最不幸者的福利,它要求的收入再分配比功利主义者更多;自由至上主义者认为政府不应该为了实现任何一种收入分配而拿走一些人的收入并给予另一些人,只要决定收入分配的过程是正义的,那么分配结果无论如何不平等都是公正的。

3. 【考查要点】 反贫困计划和工作激励。

【参考答案】 一个简单的解决问题的办法是:随着贫困家庭收入的增加,逐渐减少对他们的补贴。比如,如果一个贫困家庭每赚 1 元钱就减少 0.3 元补贴,那么它就面临 30% 的有效边际税率。虽然这种有效边际税率在某种程度上降低了人们工作的努力程度,但并没有完全消除对工作的激励。这种解决方法存在的不利之处是:它会大大增加反贫困计划的成本。

(六) 拓展思考题

1. 【考查要点】 家庭收入不平等

【参考答案】 虽然中国收入不均程度较为严重,但从各国经济的发展历程来看,高基尼系数是经济高速发展过程中的常见现象,是市场有效配置资源的自然结果,并不可怕。在短期内要缩小收入差距可以通过政府的二次分配政策来实现,即应完善社保体系;而在长期则需要通过全面提高教育水平以实现机会均等。

2. 【考查要点】 收入不平等

【参考答案】 全球很多国家和地区都有贫富差距扩大的趋势,美国也不例外。拥有房屋、土地、设备、技术等生产性财富的人,越来越富;产业的资本密集度增加,高科技公司扩产投资,但雇用人数增加有限;其次,在全球化影响下,劳工技术的高低落差扩大,高科技公司需要大量工程师,迄今仍供不应求;但低技术劳工的工作机会却越来越少。此外,新自由主义经济政策、传统制造业的逐步衰退以及种族原因和聚居地也一定程度上加大了美国收入差距。

第 21 章
消费者选择理论

一、学习精要

(一) 教学目标

1. 领会预算约束线如何表示消费者可以支付得起的消费组合,无差异曲线如何表示消费者的偏好。
2. 理解消费者的最优选择是如何决定的。
3. 理解消费者如何对收入变动和价格变动做出反应,学会把价格变动的影响分解为收入效应和替代效应。
4. 掌握消费者选择理论运用于有关家庭行为的三个问题。

(二) 内容提要

本章阐述了一种描述消费者如何做出购买决策的理论。本章首先提出预算约束线和无差异曲线,然后以此为基础来分析消费者的最优选择,包括收入变动和价格变动对消费者选择的影响,以及收入效应和替代效应,并推导需求曲线,最后将理论应用于有关家庭行为的三个决策问题:是否所有的需求曲线都向下倾斜,工资如何影响劳动供给,利率如何影响家庭储蓄。

1. 预算约束:消费者能买得起什么

(1) 预算约束线表示在收入与物品价格既定时,消费者可以支付得起的消费组合。如果用横轴和纵轴分别表示一种物品,那么预算约束线即为一条在每种物品价格和消费者收入既定时可以购买的物品的最大数量连接而成的直线。

(2) 预算约束线的斜率即为消费者可以用一种物品换到另一种物品的比率,因此预算约束线的斜率等于两种物品的相对价格。

2. 偏好:消费者想要什么

(1) 无差异曲线表示给消费者相同满足程度的消费组合,也就是说,在任何一条既定的无差异曲线的所有点上,消费者的满足程度相同。如果用横轴和纵轴分别表示一种物品,那么无差异曲线应该向右下方倾斜。

(2) 无差异曲线上任意一点的斜率即为消费者愿意用一种物品替代另一种物品的比率,称为边际替代率(MRS)。也就是说,边际替代率是在保持满足程度不变时,消费者愿意用一种物品交换另一种物品的比率。

(3) 无差异曲线具有以下四个特征:其一,消费者的无差异曲线束给出了消费者偏好的完整排序,消费者对较高无差异曲线的偏好大于较低无差异曲线,因为消费者通常偏好消费更多而不是更少的物品;其二,无差异曲线向右下方倾斜,因为如果要减少一种物品的消费量,为了得到相同的满足程度,就必然增加另一种物品的消费量;其三,无差异曲线不可能相交,因为要保证消费者的偏好一致;其四,无差异曲线凸向原点,反映了消费者更愿意放弃他已大量拥有的一种物品去交换另一种物品。

(4)无差异曲线的形状告诉了我们消费者用一种物品交换另一种物品的意愿。当物品之间很容易相互替代时,无差异曲线呈现较小的凸性;当物品之间难以替代时,无差异曲线呈现极大的凸性。如果两种物品是完全替代品,则无差异曲线是直线;如果两种物品是完全互补品,则无差异曲线是直角形。

3. 最优化:消费者选择什么

(1)消费者的选择不仅取决于他的预算约束,而且取决于他对两种物品的偏好。因此,把预算约束线和无差异曲线结合在一起,就能解决消费者购买决策的最优选择。消费者通过选择既在预算约束线上又在最高无差异曲线上的一点来实现最优,此时最高的无差异曲线正好与预算约束线相切。

(2)在最优点上,无差异曲线的斜率(物品之间的边际替代率)等于预算约束线的斜率(物品的相对价格)。实际上消费者在做出自己的消费选择时,通常把两种物品的相对价格作为既定,然后选择使他的边际替代率等于这一相对价格的最优点。

(3)如果把相对价格看作市场上能够用一种物品交换另一种物品的比率,把边际替代率看作消费者愿意用一种物品交换另一种物品的比率,当消费者实现最优选择时,不同物品的市场价格就反映了消费者对这些物品的评价。

(4)另一种描述偏好和最优化选择的方法是用效用的概念。假若把效用看作从一组物品中得到的幸福或满足程度的抽象衡量,那么无差异曲线实际上就是等效用曲线。任何一种物品的边际效用是消费者从多消费一单位该物品中得到的效用的增加。随着一种物品消费的增加,额外一单位该物品所提供的边际效用会越来越低,即表现出边际效用递减规律。

(5)两种物品的边际替代率取决于它们的边际效用,说得准确一点,应该是边际替代率必然等于两种物品的边际效用之比,即 $MRS = MU_X/P_X = MU_Y/P_Y$;又因为在消费者实现最优选择时,边际替代率等于两种物品的价格之比,即 $MRS = P_X/P_Y$,因此消费者对于 X 和 Y 两种物品有 $MRS = MU_X/MU_Y = P_X/P_Y$,整理可得:

$$MU_X/P_X = MU_Y/P_Y$$

上式可以解释为:在最优时,用于 X 物品的每单位货币的边际效用等于用于 Y 物品的每单位货币的边际效用,即用于所有物品的每单位货币的边际效用都是相等的。也可以说无差异曲线与预算约束线相切。

4. 收入和价格变动如何影响消费者的选择

(1)假设消费者收入增加,而两种物品相对价格不变,那么消费者可以消费更多的两种物品,因此收入增加会使预算约束线平行向外移动,此时消费者可以在一条更高的无差异曲线上达到最优。最常见的是消费者将选择消费更多的两种物品,此时这两种物品都是正常物品;但亦可能出现其中某种物品被消费得比以前少的情况,此时这种物品就是低档物品。

(2)假设一种物品的价格下降,如果消费者把他所有的收入用于购买价格下降的物品,则可以购买更多的该种物品。如果消费者把他所有的收入用于购买价格不变的物品,则他购买的这种物品的数量不会发生变化。因此,这将会引起预算约束线只在价格下降的物品的轴上向外旋转。

（3）一种物品价格变动对消费者选择的影响可以分解为收入效应和替代效应。收入效应是价格变动引起的消费变动(消费者实际购买力发生变化,消费者比以前更富有或更贫穷),使消费者移动到更高或更低的无差异曲线上。替代效应是价格变动引起的消费变动(鼓励消费者更多地购买价格下降的物品,或更少地购买价格上升的物品),使消费者沿着一条既定的无差异曲线移动到不同边际替代率的一点上。

（4）需求曲线可以从预算约束线和无差异曲线得出的消费者最优决策中推导出。收入效应和替代效应的结合表明了一种物品价格变动所引起的需求量总变动,当把这些值画在价格—数量图上时,这些点就形成了消费者的需求曲线。用这种方法,消费者选择理论为消费者需求曲线提供了一个理论基础。

5．三种应用

消费者选择理论可以运用于许多情况。它可以解释为什么需求曲线有可能向右上方倾斜,为什么高工资既可能增加也可能减少劳动供给量,以及为什么提高利率可能增加也可能减少储蓄等。

（1）所有的需求曲线都向右下方倾斜吗？需求定理表明,一般而言,当一种物品价格上升时,其需求量下降,使得需求曲线向右下方倾斜。但在理论上和现实中,需求曲线有时也会向右上方倾斜,此时消费者的行为违背需求定理。如果一种物品的价格上升,收入效应大于替代效应(非常低档的物品),那么这种物品的价格上升就会引起需求量增加,这种物品被称为吉芬物品。

（2）工资如何影响劳动供给？消费者选择理论可以运用于工作和闲暇之间的配置决策。预算约束线表明个人可以享有的所有消费和闲暇的组合,无差异曲线表明个人对消费和闲暇的偏好。预算约束线和无差异曲线决定了个人选择的消费和闲暇的最优点,它即为预算约束线和最高可能的无差异曲线的切点。

工资提高会带来收入效应和替代效应。一方面,高工资的替代效应鼓励个人更多地工作,用消费来替代闲暇,因为闲暇相对于消费而言变得更加昂贵。另一方面,高工资的收入效应导致个人的状况比以前更好,如果消费和闲暇都是正常物品,他会倾向于利用这种福利增加来享受更高消费和更多闲暇,因而个人会减少工作。由此,我们得出结论:高工资的替代效应会增加劳动供给,而高工资的收入效应会减少劳动供给。如果替代效应大于收入效应,个人就增加工作,劳动供给曲线向右上方倾斜;如果替代效应小于收入效应,个人就减少工作,劳动供给曲线向右下方倾斜。证据表明,从长期来看,劳动供给曲线实际上是向右下方倾斜的。

（3）利率如何影响家庭储蓄？消费者选择理论可以用于分析今天的消费和为明天的储蓄之间的决策。如果用横轴代表年轻时的消费,纵轴代表年老时的消费,个人必须在这两种物品之间做出选择。利率决定了这两种物品的相对价格,预算约束线表示个人选择的所有可能组合,而无差异曲线表明个人对两个时期消费的偏好。预算约束线和无差异曲线决定了个人选择的两个时期消费的最优点,它即为预算约束线和最高可能的无差异曲线的切点。

利率上升会带来收入效应和替代效应。一方面,高利率的替代效应鼓励个人更多地储蓄,用年老时的消费替代年轻时的消费,因为年轻时的消费相对于年老时的消费而言变得更加昂贵。另一方面,高利率的收入效应导致个人的状况比以前更好,如果两个时期的消费都是正常物品,他会倾向于利用这种福利增加来享受两个时期的消费,因而个人会减少储蓄。

由此,我们得出结论:高利率的替代效应会增加储蓄,而高利率的收入效应会减少储蓄。如果替代效应大于收入效应,个人就增加储蓄;如果替代效应小于收入效应,个人就减少储蓄。因此,消费者选择理论说明:利率上升既可能鼓励储蓄也可能抑制储蓄。

(三) 关键概念

1. 预算约束线:表示在收入与物品价格既定时,消费者可以支付得起的消费组合。
2. 无差异曲线:表示给消费者相同满足程度的消费组合。
3. 边际替代率:在保持满足程度不变时,消费者愿意以一种物品交换另一种物品的比率。
4. 完全替代品:边际替代率始终不变的两种物品,此时无差异曲线为直线。
5. 完全互补品:必须组合在一起共同提供效用的两种物品,此时无差异曲线为直角形。
6. 正常物品:收入增加引起需求增加的物品。
7. 低档物品:收入增加引起需求减少的物品。
8. 收入效应:当一种价格变动使消费者移动到更高或更低的无差异曲线时所引起的消费变动。
9. 替代效应:当一种价格变动使消费者沿着一条既定的无差异曲线变动到有新的边际替代率的一点时所引起的消费变动。
10. 吉芬物品:价格上升引起需求量增加的物品。

(四) 拓展提示

1. 预算约束线表明消费者在收入与物品价格既定时所能买得起的物品组合。消费者的无差异曲线代表他的偏好。消费者的选择不仅取决于他的预算约束,而且还取决于他对物品的偏好。
2. 在现实世界中,大多数物品既不是完全替代品(像5角硬币和1元硬币),也不是完全互补品(像右脚鞋和左脚鞋)。更典型的情况是,无差异曲线凸向原点,但不像直角形那样凸向原点。
3. 从图形上来看,替代效应是相对价格变动引起的消费变动,它使预算约束线沿着一条既定的无差异曲线旋转,消费者沿着一条既定的无差异曲线移动到不同边际替代率上的一点上,但消费者的福利或满足程度没有发生任何变动;收入效应使预算约束线平行移动,引起消费变动到新的无差异曲线上所得到的新的最优点。
4. 在经济现实中,因为对利率上升的收入效应和替代效应孰大孰小仍有争论,对利率如何影响储蓄还没有一致的看法,因此关于对利息税收的公共政策是否能达到预期效果并没有确切的建议。
5. 消费者选择理论描述了人们如何做出决策,它具有广泛的适用性,但它并不是对人们如何做出决策提供一种具体的描述,而仅仅是一个模型。看待消费者选择理论的最好方法是把它作为消费者如何做出决策的一个比喻,消费者选择理论试图用清晰的经济学分析方法来描述这种隐含的心理过程。

二、新闻透视

(一) 新闻透视 A

杭州农民拆迁一夜暴富：10%的人赌博吸毒返贫

财富是柄双刃剑：拆迁让农民一夜暴富，无度挥霍也让人一夜返贫。杭州江干区某镇，原是钱塘江北岸的一个农业镇。2003年以来，随着杭州城市东进步伐的加快，这里建起了客运中心、地铁站，迎来拆迁高潮。这里的农民除了得到上百万元的房屋拆迁补偿款，还按照每人60平方米的标准分配了安置房，户均分配住房最少2套，最多4套。

拆迁补贴让农民过上了从未有过的幸福生活；然而，面对从未有过的巨额财富，不少农民不知所措，只顾眼前，得过且过。还有部分人沉湎于赌博，甚至染上毒瘾。某社区的许某原先做豆类生意，经济情况在当地属"上乘"。拆迁后，他拿到上百万的拆迁补偿款和两三套房子，就停了小生意，从此吃喝嫖赌、醉生梦死，没几个月就跌落为村里的"破落户"，债主天天上门要债，许某东躲西藏，耄耋之年的父母每天以泪洗面。这个镇目前记录在案的吸毒人员比2003年翻了一番。一位镇干部说，当地拆迁户一夜暴富后又因为赌博、吸毒等原因而返贫者，保守估计有10%。

农民们多少年习惯于稼穑耕耘，而今这一切都成了过去，手中呢，又攥着大把的钞票，该怎样去生活？不少拆迁农民感到迷茫。一位镇干部介绍，当地被征地拆迁农民中"4050"劳动力占近四成左右，但有固定职业的不足1/3。囿于拆迁农民的能力，政府能为他们提供的就业岗位只能是一些保洁员、保安之类的服务型岗位。但是，几百万元的拆迁款再加上几套回迁房，拆迁农民靠房租、靠村集体经济分红都能有不菲的收入。如此，就业心态发生变化也就在所难免。拆迁农民中，许多人宁愿失业也不愿干保安保洁工作。"难道开着好车扫大街去？丢不起这人！"有农民这样说。

没有固定的职业，难免精神空虚，而精神空虚，便给不法分子以可乘之机。"那些放高利贷的人知道你是拆迁户，手里有钱，便开始打你的主意，引诱你去赌博、引诱你去吸毒，手头钱不凑手就先借你5万、10万，爽快得很。开始还让你尝点甜头，可一旦走上这条路，想回头就很难了。"一位社区干部说。当地警方对于城郊村一带的"黄赌毒"现象先后开展了好几次打击行动，但效果并不理想。

随着城市化进程，新一批的农转非人口正在各地出现。如何把拆迁农民的短期财富变成长期收益、让他们不是"富裕一阵子"而是"幸福一辈子"呢？

资料来源：杭州农民拆迁一夜暴富：10%的人赌博吸毒返贫.人民日报.（2012-7-15）［2020-6-7］. https://news.qq.com/a/20120715/000027.htm.

【关联理论】

假设消费者收入增加，而两种物品相对价格不变，那么消费者可以消费更多的两种物品，因此收入增加会使预算约束线平行向外移动，此时消费者可以在一条更高的无差异曲线上达到最优。最常见的是消费者将选择消费更多的两种物品，此时这两种物品都是正常物品；但亦可能出现其中某种物品消费得比以前少的情况，此时这种物品就是低档物品。

【新闻评析】

解析上则新闻,可以运用收入变动对消费者选择的影响等相关理论。假设拆迁农民消费工作和闲暇两种物品,而且他必须在这两种物品中做出选择,即他们要么选择工作,要么享受闲暇,这不仅仅对拆迁农民,实际上对社会中任何个人都同样成立。

在工业化和城市化发展中,拆迁补偿使拆迁农民的财富极大增加。在拆迁人口管理制度建设不完备的条件下,拆迁农民自身职业技能和就业能力没有得到改善,从事的还是以前的工作,其工资也就不可能发生变化。因此这种情况下,其预算约束线大大向外平行移动,此时拆迁农民可以在一条更高的无差异曲线上达到最优。一般来说,如果工作和闲暇对于农民来说都是正常物品的话,那么拆迁农民将选择更多的工作和更多的闲暇。但对于一夜暴富的拆迁农民而言,就业心态一旦发生变化,目前的工作俨然就变成低档商品,就像新闻中提到的"难道开着好车扫大街去?丢不起这人!"因此,因拆迁补偿而富起来的村民选择不工作或少工作,同时选择享受更多闲暇。没有固定的职业,难免精神空虚,而精神空虚,便给不法分子以可乘之机。如此一来,杭州城郊村一带的"黄赌毒"现象也就在情理之中了。

支付补偿款征地,是让农民交出了世代拥有土地的权利,一夜暴富表面下,实质是一夜顿失永久立身之所。一旦拆迁农民因为挥霍征地补偿款而返贫,许多问题就会转嫁到政府和社会身上,影响社会稳定和发展。如何把拆迁农民的短期财富变成长期收益,让他们不是"富裕一阵子"而是"幸福一辈子"呢?从消费者选择理论出发,最根本的是要通过各种手段将拆迁之后村民的工作由"低档商品"转变为"正常商品",这就需要大力加强拆迁人口管理的制度建设。这里不仅要通过增强创业就业能力、完善就业服务平台等手段提升拆迁农民的能力和素质,而且要关注他们的精神生活,帮助他们转变思想,引导其树立健康的消费和投资观念,必要时还要做好对拆迁农民的警示教育,提高拆迁人口的综合素质。从这个意义上来讲,我们社会对征地补偿绝不能是"一锤子买卖",地方政府要完了地,还要从头到尾管好人。

(二)新闻透视 B

2010年以来居民储蓄率持续下降 国人不爱存钱了吗?

2018年3月24日,中国工商银行董事长易会满在2018中国发展高层论坛上表示,我国一直是全世界储蓄率最高的国家之一,但从2010年以来,我国居民储蓄率持续下降。从2010年的16%下降到2017年的7.7%,增速降至历史的最低值。据央行数据显示,截至2019年2月,人民币存款同比增长8.6%,而人民币存款包括住户存款、非金融企业存款及财政性存款。2018年年末,人民币存款余额177.5万亿元,其中住户存款为71.6万亿元,同比增速11.2%。以近14亿人口计算,中国人均存款约为5万元。

对此,业内专家表示,按照中国人过去的生活习惯,家里有了点余钱总是要存在银行的,虽然利率不高,但会觉得心里踏实。而从近年公布的居民储蓄在可支配收入中的占比来看,下降趋势更明显。2010—2017年,居民储蓄存款增长与可支配收入之比从25.4%下降至12.7%,下降了一半。

"2015年以来,住户部门贷款新增远快于存款新增,杠杆率快速提升,2017年年末住户部门净存款余额不仅比2015年2月份的历史峰值低了5万多亿元,而且比2012年年末的余额还低。2018年这一指标的下降有所减缓,但并未扭转。这种状况一定程度上透支了消费潜力,如果就业和收入预期不乐观,一定会影响接下来的消费,进而影响经济增长。"资深金融家、原中国银行副行长王永利向经济观察网记者表示。截至2018年年底，中国个人可投资金融资产总额为147万亿元人民币，其中49%为银行存款，即72.03万亿元人民币，人均约为5万元。

目前存款仍是我国商业银行的主要资金来源，银行的盈利模式至今仍倚重于存贷款利差，虽然居民存款2018年略有回升，但随着投资渠道的多元化，一旦经济走出低谷区，居民将会降低银行存款比例，进而投向其他投资渠道。这将对银行盈利能力形成挑战，意味着银行"存款荒"问题将愈发明显。中国银保监会数据显示，商业银行存贷比已从2015年1月的65.09%上升至2018年第四季度的74.34%，这在一定程度上印证了存款支持贷款进一步增长所面临的压力。

资料来源：2010年以来居民储蓄率持续下降，国人不爱存钱了吗？经济观察报．（2019-4-9）[2020-6-7]．https://finance.sina.com.cn/money/lczx/2019-04-10/doc-ihvhiqax1245914.shtml.

【关联理论】

消费者选择理论既可以解释居民消费和储蓄的变动，也可以解释人们选择哪一种消费产品和选择哪一种储蓄。人们在消费与储蓄之间的选择，更主要是依据实际利率的变动，这就与通货膨胀率有着非常密切的关系。而解释人们选择哪一种物质产品或者金融产品进行消费，要用到消费者最优选择理论。

【新闻评析】

从以上新闻可以看出，2010—2019这十年似乎意味着中国居民储蓄长期高增长的时代已经终结。现在的问题是，中国人为什么开始像西方人那样，不再爱储蓄了呢？这主要可以从以下方面来解释：首先，人们在消费与储蓄之间的选择，更主要是依据实际利率的变动，这就与通货膨胀率有着非常密切的关系。国家长期实施的低利率政策和经济通胀水平的持续上升，导致近年来实际利率一直处于低位，这大大挫伤了投资者的积极性。其次，我国居民消费观念发生了很大的转变。中国的年轻人已经不愿意再像父辈那样不舍得消费，在互联网和电商购物高速发展的时代，年轻人对社会和个人未来发展前景普遍持乐观态度，在消费领域的支出欲望比上一代更高。此外，近年来我国银行消费贷业务发展很快，即居民在购买大件商品时银行可提供分期付款服务。尽管消费贷利率仍然偏高，但一定程度上激发了年轻人提前消费的热情。一旦透支消费观念逐渐流行，国内储蓄率长期下滑甚至出现负增长自然难以避免。

居民储蓄率降低的背后，除了消费水平上升的原因，还因为居民收入有了更多可选择的流向。首先，互联网金融的兴起，快速激发了理财产品对银行存款的分流进程。特别是从2013年开始，余额宝天弘基金的问世，加剧了银行存款资金流向"宝宝类"货币基金的速度。据相关资料显示，近年来"宝宝类"理财产品迎来爆发式增长，使得其规模由不到1万亿元迅猛增长到2017年年末的6.74万亿元，其中仅2017年当年就增长近2.5万亿元，而同年住户存款增长只有4.6万亿元，理财产品对储蓄存款的分流效应显著。其次，根据社科院发布的报告显示，2013—2017年中国家庭债务占GDP的比重由33%升至49%，尤其是大量居民买房，需向银行加杠杆借款。居民杠杆率急剧上升，迫使政府部门对居民加杠杆从鼓励向适当控制转变。无论如何，消费者所选择的都是在预算约束下给消费者带来效用最大的消费或投资组合。

(三) 新闻透视 C

城市住房是吉芬商品吗?

2010年年初,一位房地产大佬曾在自己的博客上分析房价必然上涨的几个原因,通过一系列数据,他得出了一个被众人诟病的结论:"收入的增长远远高于房价的增长。"大多数人对其观点反应强烈但又不知道怎样去反驳。笔者认为,这是因为人们对住房价格高企的反应与"吉芬商品现象"相关。

所谓"吉芬商品现象",是由英国学者罗伯特·吉芬发现的一个有悖于社会常理的现象,亦称"买贵现象"。1845年爱尔兰发生灾荒,造成了土豆价格的上涨,按常理讲,当价格上涨的时候,人们理应减少消费,但当时人们反倒消费更多的土豆。这种违背需求定理的现象就是著名的"吉芬反论"。由此可以联想到,近年来,房价越来越高,而人们对住房的需求却有增无减。那么,城市住房是"吉芬商品"吗?

对于人们打着雨伞挤在一起排队等待领取楼盘销售放号的不正常现象,已经有人质疑其合理性,或认为那是开发商采取的请"托"策略,但是大量出现这类现象的根源又是什么?

笔者认为,究其原因不难发现,在住房需求上,存在着房价上涨导致需求增加的实际状况,即所谓类似于吉芬商品的低档品的需求曲线随着价格的上升而需求量增加的现象。但是否就能够由此断言城市住房是一种吉芬商品呢?对此我持否定态度。从表象上看这是一种类似关联,即事件的特征和行为在表面上看起来非常相似,包括其行为轨迹图、特定路径、类似事件的共性等,但二者的前提条件是不同的,应具体分析类似关联的根源是什么。

那位房地产大佬的观点,折射了城市住房需求与吉芬商品实质关联的本质,他把住房价格平均到所有人身上,但事实上,并不是所有人都需要买房,即使所有城市人都买房,他们收入增长的倍数也被吃穿用行的需求分解了,且每个类别的增幅都不小。这样,人们在住房上的购买力就下降为一个较低的层次,以至于多数人感到房价虚高难以招架,其根源在于可支配收入中用在住房上的资金的上涨远远小于房价的上涨。

毋庸讳言,城市住房的确表现出了吉芬商品的众多特性。比如,特质商品的特殊性。土豆在饥荒发生时成为人们生存需求的根本之物,具有不可替代的作用,成为人们追求的一种"必然";经济繁荣时期的城市住房作为大件商品,是人们吃饱穿暖之后的另一种"必然"追求,二者的表现没有根本差别。又如,追高、从众、恐慌心理的制约。饥荒时人们预期土豆价格还会再涨,于是对土豆存在着饥渴性的追求,一系列的连锁反应构成了"吉芬商品现象"。而经济繁荣时期,无论房价怎样上涨,人们在唯恐更高的心理支配下,一味追求"拥有"住房,致使住房需求与"吉芬商品现象"相似。再如,市场作为看不见的手无形中发挥着"劫贫济富"的负面作用。开发商相对于购房者就是资源的掌控者,在市场中发挥着主导作用,正是市场的主导性导致了资源更集中于开发商等人手中,"劫贫济富"的效应发生了,财富集中到了开发商或经营者手中,这样的表现让城市住房与吉芬商品在资源控制上如出一辙。

资料来源:中国青年报,2010年9月27日。

【关联理论】

所谓吉芬商品就是在其他因素不改变的情况下,当商品价格上升时,需求量增加;当价格下降时,需求量减少,这是19世纪英国经济学家罗伯特·吉芬对爱尔兰的土豆销售情况进行研究时定义的。吉芬商品是因低档商品中的收入效应足够强以至于使该商品的价格与需求量发生了同方向的变动。

【新闻评析】

在理论上和现实中,需求曲线有时会向右上方倾斜,此时消费者违背需求定理。如果一种物品(非常低档的物品)的价格上升,收入效应大于替代效应,那么这种物品的价格上升就会引起需求量增加。一般而言,吉芬商品是因低档商品中的收入效应足够强以至于使该商品的价格与需求量发生了同方向的变动。

城市住房是不是吉芬商品?单作为一种现象而言,市场中到处都有吉芬商品或吉芬现象。不仅仅是城市住房,譬如雨天的雨伞、股票、外汇等,价格上涨时购买的数量都会上升。但是,这类商品是否就与需求定律相悖,应该算作需求定律的例外呢?实际上,我们在理解吉芬商品的含义时,应特别关注最容易忽视的那个前提,即"其他条件不变"。这里的其他条件不变,至少应该隐含消费者群体这个核心因素。就城市住房而言,随着近年来适婚人口的逐年增长,中国居民对城市住房的刚性需求量逐年加大。如果把城市住房看作吉芬商品,则显然忽略了消费者群体发生变化这一因素。

走出城市住房的"吉芬商品现象"误区,至少应该把握以下三点:其一,抑制不正常的房价。把城市住房与吉芬商品挂钩的一个重要原因是住房刚性需求带来的房价虚高和捂盘、惜售引起的供给量减少。其二,扭转追高心理。从众追高的社会心理在一定程度上是病态,而民众中存在过多非理性行为,"羊群效应"的危害不言而喻。其三,严格抑制土地财政政策。房价居高不下的一个重要原因是基层政府的土地财政政策,地方税收的相当比例来自土地税收,国务院发展研究中心的一份调研报告显示,土地直接税收占地方预算内收入的40%,而土地出让金净收入占政府预算外收入的60%以上。也就是说,不能漠视地方政府通过土地财政对人们财富的"占用"行为,这才是房价奇高的根源。

三、案例研究

(一) 案例研究 A

中国法定公休日和节假日演变历程 从一周休1天到一年休115天

1949—1994 年　每周只休礼拜天

1949 年至 1994 年,中国实行一周六天工作制,每周仅礼拜天休息。法定节假只有元旦和五一放假 1 天,春节放假 3 天,国庆放假 2 天等全体公民假期。

1995—1999 年　从大礼拜到双休日

1994 年 3 月 1 日,国家开始试行"1+2"休假制度,即每天工作八小时,平均每周工作 44 小时,每逢大礼拜休息两天,而在小礼拜则只休息一天。

1995 年 5 月 1 日,完全意义上的双休日工作制正式实施。

1999—2007 年　一年三个黄金周

1997 年发生东南亚金融危机。为了刺激消费,拉动国内经济,促进国内旅游,1999 年,国务院决定将春节、"五一""十一"的休息时间与前后的双休日拼接,形成 7 天长假。2000 年 6 月正式确立"黄金周"假日制度。

"黄金周"迅速推动了我国旅游市场和经济发展。第一个"十一"黄金周全国出游人数达到 2 800 万人次。到 2005 年国庆黄金周全国共接待旅游者突破 1 亿人次。但由于节假日过于集中,致使黄金周人员流动数量庞大,交通拥挤,旅游安全隐患增大,不断有专家呼吁取消黄金周。

2006 年,以蔡继明为负责人的清华大学假日制度改革课题组认为,黄金周制度该功成身退了。2007 年"两会"期间蔡继明再次提案呼吁取消"五一""十一"黄金周。

2008 年至今　增加传统节日小长假

2007 年 12 月,国务院决定,从 2008 年起取消"五一"黄金周,改为 3 天短假期,相应增加清明、端午、中秋三个传统节日,通过拼接双休日,形成三天小长假。

但实行小长假后,常出现休息 3 天后连续工作七八天、一个月内休息和工作时间脱节等情形,关于取消小长假的呼声也渐渐高涨。

资料来源:中国法定公休日和节假日演变历程,从一周休一天到一年休:115 天.新浪安徽.(2013-11-27)[2020-6-7]. http://ah.sina.com.cn/news/s/2013-11-27/103879370.html.

【关联理论】

工资提高会带来收入效应和替代效应。一方面,高工资的替代效应鼓励个人更多地工作,用消费来替代闲暇。另一方面,高工资的收入效应导致个人的状况比以前更好,因而个人会倾向于利用这种福利增加来享受更高消费和更多闲暇,个人将会减少工作。工资提高对劳动供给的影响既取决于收入效应,也取决于替代效应。如果替代效应大于收入效应,个人就增加工作,劳动供给曲线向右上方倾斜;如果替代效应小于收入效应,个人就减少工作,劳动供给曲线向右下方倾斜。证据表明,从长期来看,劳动供给曲线实际上是向右下方倾斜的。

【案例解析】

向右下方倾斜的劳动供给曲线乍看起来似乎仅仅是一个理论上的新奇想法,但实际上并非如此。中国法定公休日和节假日演变历程即说明了这一点:从 1949 年到现在,中国人的休闲时间一直逐步增加,尤其是 20 世纪 90 年代以来增加明显。自 1995 年起实行五天工作制,1999 年 10 月起又实施春节、"五一""十一"三个长假日,使得中国的法定假日增加到 115 天。2007 年国家法定假日调整方案实施后,除春节、"十一"两个黄金周之外,一年中将形成元旦、清明、五一、端午、中秋五个分布比较均匀的"小长假"。在闲暇时间这种稀缺资源增加后,人们自然会追求尽可能多的自主支配时间来满足自己休闲放松的需要。

经济学家可以这样解释这种历史趋势:长期中技术进步提高了工人的生产率,从而增加了劳动需求。劳动需求的增加提高了均衡工资,并增加了工人的报酬。当工人的工资水平提高到一定程度之后,工资提高带来的收入效应大于替代效应。大多数工人对此的反应不是工作更多,而是以更多闲暇的方式享受自己的成功。中国法定公休日和节假日公共政策的演变,正好顺应了中国民众更多地分享经济高度发展成果和享受丰富闲暇生活的迫切意愿。

(二) 案例研究 B

吃三个面包的感觉

美国总统罗斯福连任三届后,曾有记者问他有何感想,总统一言不发,只是拿出一块三明治面包让记者吃,这位记者不明白总统的用意,又不便问,只好吃了。接着总统拿出第二块,记者还是勉强吃了。紧接着总统拿出第三块,记者为了不撑破肚皮,赶紧婉言谢绝。这时罗斯福总统微微一笑:"现在你知道我连任三届总统的滋味了吧?"这个故事揭示了经济学中的一个重要的原理:边际效用递减规律。

记者不再吃第三个面包是因为再吃不会增加效用,反而有负效用。再如,水是非常宝贵的,没有水,人们就会死亡,但是当你连续喝超过了你能饮用的数量时,多余的水就没有什么用途了,再喝边际价值几乎为零,或是在零以下。现在我们的生活富裕了,我们都有"天天吃着山珍海味也吃不出当年饺子的香味"的体验,这也是边际效用递减规律。设想如果边际效用不是递减而是递增会是什么结果,那就是吃一万个面包也不饱。所以说,幸亏我们生活在效用递减的世界里,在消费达到一定数量后就会因效用递减而停止下来。

【关联理论】

如果把效用看作从一组物品中得到的幸福或满足程度的抽象衡量,那么无差异曲线实际上就是等效用曲线。任何一种物品的边际效用是消费者从多消费一单位该物品中得到的效用的增加。边际效用递减规律表明,随着消费者消费的某种物品逐渐增多,消费额外一单位该物品给他带来的边际效用就越来越低。

【案例解析】

总效用是消费一定量某物品与服务所带来的满足程度。边际效用是增加一单位某种物品的消费量所增加的满足程度。我们就从罗斯福总统让记者吃面包说起。假定记者消费一个面包的总效用是10效用单位,2个面包的总效用为18个效用单位,如果记者吃3个面包总效用还为18个效用单位,那么记者消费第一个面包的边际效用是10个效用单位,第二个面包的边际效用为8个效用单位,第三个面包的边际效用为0个效用单位。这几个数字说明对记者来说,随着消费面包数量的增加,边际效用是递减的。

四、课外习题

(一) 术语解释

1. 无差异曲线
2. 边际替代率
3. 收入效应
4. 低档物品
5. 吉芬物品

(二) 单项选择

1. 个人的消费机会由( )决定。
   A. 生产可能性曲线　　　　　　B. 需求曲线
   C. 无差异曲线　　　　　　　　D. 预算约束线
2. 小钱只买衣服和粮食,他有固定收入,不能借钱,如果他购买的组合在预算约束( ),他将( )他的全部收入。

A. 内,用完 B. 外,未用完
C. 上,未用完 D. 上,用完

3. 预算约束线的斜率取决于( )。
   A. 消费偏好 B. 商品的价格
   C. 无差异曲线的形状 D. 消费者的支付能力

4. 假设消费者必须在面包和蛋糕之间做出选择。如果我们用横轴表示蛋糕数量,纵轴表示面包数量,而且蛋糕的价格是 10 元,而面包的价格是 5 元,那么预算约束线的斜率是( )。
   A. 5 B. 10 C. 2 D. 0.5

5. 小汪只买衣服和粮食,他有固定收入,不能借钱,在他的预算约束线上,所有的粮食和衣服组合( )。
   A. 产生了相同的总效用 B. 产生了等量的边际效用
   C. 小汪都同样喜欢 D. 花费了小汪的固定收入

6. 商品 X 和 Y 的价格以及消费者的收入都按同一比率同方向变化,预算约束线( )。
   A. 向左下方平行移动 B. 向右上方平行移动
   C. 不变动 D. 向左下方或右上方平行移动

7. 如果消费者消费啤酒和花生,花生的价格上升引起( )。
   A. 啤酒的相对价格上升 B. 啤酒的价格也上升
   C. 啤酒的相对价格下降 D. 花生的相对价格下降

8. 无差异曲线反映了( )。
   A. 消费者的收入约束 B. 所购商品价格
   C. 消费者的偏好 D. 价格与需求之间的关系

9. 同一条无差别曲线上的不同点表示( )。
   A. 效用的水平不同,但所消费的两种商品组合比例相同
   B. 效用的水平相同,但所消费的两种商品组合比例不同
   C. 效用的水平不同,所消费的两种商品组合比例也不同
   D. 效用的水平相同,所消费的两种商品组合比例也相同

10. 无差异曲线为斜率不变的直线时,表示两种商品是( )。
    A. 可以替代的 B. 完全替代的
    C. 可以互补的 D. 完全互补的

11. 在消费者均衡点以上的无差异曲线的斜率( )。
    A. 大于预算线的斜率
    B. 小于预算线的斜率
    C. 等于预算线的斜率
    D. 可能大于、小于或等于预算线的斜率

12. 如果消费者收入增加引起消费者增加了对一种物品的购买量,这种物品是( );如果消费者收入增加引起消费者减少了对一种物品的购买量,这种物品是( );如果价格上升引起消费者增加了对一种物品的购买量,这种物品是( )。
    A. 低档物品 正常物品 吉芬物品 B. 低档物品 吉芬物品 正常物品
    C. 正常物品 低档物品 吉芬物品 D. 正常物品 吉芬物品 低档物品

13. 当一种价格变动使消费者沿着一条既定的无差异曲线变动到有新的边际替代率的一点时,所引起的消费变动被称为( )。
   A. 收入效应　　B. 替代效应　　C. 正常效应　　D. 吉芬效应
14. 如果闲暇是一种正常物品,工资增加,则( )。
   A. 总会增加劳动供给量
   B. 总会减少劳动供给量
   C. 如果收入效应大于替代效应,就增加劳动供给量
   D. 如果替代效应大于收入效应,就增加劳动供给量
15. 以下关于消费者最优化选择的说法,错误的是( )。
   A. 消费者通过选择既在预算约束线上又在最高无差异曲线上的一点而实现最优,此时最高的无差异曲线正好与预算约束线相切
   B. 在消费实现最优选择时,不同物品的市场价格就反映了消费者对这些物品的评价
   C. 随着一种物品消费的增加,额外一单位该物品所提供的边际效用会越来越高,即表现出边际效用递增规律
   D. 消费者在最优时,对两种物品的每单位货币的边际效用都是相等的

(三) 判断正误

1. 消费者的最优点或者说均衡点是无差异曲线与预算约束线的相切点。( )
2. 无差异曲线上每一点都表示消费者消费物品的数量组合相同。( )
3. 无差异曲线的形状告诉我们消费者用一种物品交换另一种物品的意愿。当物品很容易相互替代时,无差异曲线呈现较小的凸性;当物品难以替代时,无差异无线呈现极大的凸性。( )
4. 需求曲线可以从预算约束线和无差异曲线得出的消费者最优决策中推导出,消费者选择理论为消费者需求曲线提供了一个理论基础。( )
5. 高利率的替代效应会减少储蓄,而高利率的收入效应会增加储蓄。利率上升对家庭储蓄的影响,取决于替代效应和收入效应孰大孰小。( )
6. 预算约束线的斜率可以表示为两种商品价格之比的负值。( )
7. 吉芬物品是一种低档物品,但低档物品不一定是吉芬物品。( )
8. 消费者的最优选择或者说消费者的效用最大化要求预算约束线与无差异曲线相交。( )
9. 预算约束线的平行移动说明消费者收入发生变化,价格没有发生变化。( )
10. 吉芬物品是价格上升引起需求量增加的物品。( )

(四) 简答题

1. 无差异曲线的特征是什么?
2. 请简要分析边际替代率递减的原因。
3. 请试用替代效应和收入效应之间的关系解释低档物品和吉芬物品之间的区别。
4. 请试用无差异曲线解释收入效应和替代效应。
5. 请试用消费者选择理论解释需求曲线向下倾斜的原因。

（五）应用题

1. 某消费者收入为 120 元，用于购买 X 和 Y 两种商品，X 商品的价格 = 20 元，Y 商品的价格 = 10 元，请回答以下问题：

（1）计算出该消费者所购买的 X 和 Y 有多少种数量组合，各种组合的 X 商品和 Y 商品各是多少？

（2）所购买的 X 商品为 4，Y 商品为 6 时，在不在预算约束线上？它说明了什么？

（3）所购买的 X 商品为 3，Y 商品为 3 时，在不在预算约束线上？它说明了什么？

2. 若消费者张某的收入为 270 元，他在商品 X 和 Y 的无差异曲线上斜率为 -20/Y 的点上实现均衡。已知 X 和 Y 的价格分别为 2 和 5，那么此时张某将消费 X 和 Y 各多少？

3. 如何理解正常物品、低档物品和吉芬物品的替代效应和收入效应，并进一步说明这三类物品的需求曲线的特点，试作图加以详细分析。

（六）拓展思考题

1. 钻石对人的用途很有限但价格昂贵，生命必不可少的水却很便宜。请运用所学经济学原理解释这一价值悖论。

2. 请仔细阅读载于《国际金融报》的关于需求定律之争的一篇短文，结合本章学习的消费者选择理论，谈谈读后感受或启发。

天下有没有"吉芬物品"

2001 年以来，我国经济学界就需求定律问题展开了一场争论，参战高手之多，讨论时间之长，影响范围之广，极为罕见。而今，尘埃似将落定，但这场争端并无结果，对于广大读者或经济学界人士而言，还是一头雾水：需求曲线是否必定向右下方倾斜？世界上到底有没有"吉芬商品"？张五常和薛兆丰等坚持认为，需求曲线必定向下。例如在某大学的演讲中，张五常表示："我知道汪丁丁对这个需求曲线的说法，我知道黄有光对它的说法。可是，你们听我说：第一，需求曲线和需求定律是不一样的，曲线走哪个方向都可以，而需求定律呢，也就是说需求曲线一定是向下倾斜。第二，这条需求曲线可不可以向右上升，逻辑上，可以，绝对可以。但是呢，那就不是需求定律了。"汪丁丁和黄有光等则认为存在向上倾斜的需求曲线。例如，汪丁丁认为，在特定的成本分摊方式和激励机制下，确实可以出现"越贵越买"的现象，如对"文凭"的需求，在特定社会条件下，可以出现"向上倾斜"的情况。到底谁对谁错？似乎很难判断，一是双方都有似乎很有说服力的论证；二是双方的学术背景都不容小觑，如张五常是新制度经济学派的主要开创人物之一，而且诺贝尔经济学奖得主阿尔钦等也赞同这个观点；黄有光在国外很有名气，是新兴古典经济学的奠基者之一。

其实，吉芬物品是否存在，一直是经济学上没有解决的难题。即使在美国学术界，也一直存在争论。如 2001 年华夏出版社出版的中译本《经济学的困惑与悖论》，就有专文讨论这个问题，但依然没有定论。在当前国内外的经济学教科书上，"吉芬物品"都是作为需求定律的例外存在的。在笔者看来，现实世界存在这样一种现象：学者研究问题越深入，浅显的问题越难把握。实际上，上述双方乃至古今中外所有学者所争论的问题，解决起来非常容易——他们在处理逻辑与现实的关系问题上陷入泥潭，所以都出现了偏差。从标准教科书看，需求定律指的是,在其他条件不变时,需求价格与需求量成反比。用坐标图表示,若用横坐标表示需求量,纵坐标表示价格,那么需求定律就可以描绘成一条从左上角到右下角的曲线,就是"向右下倾斜"。这个定律应该是很好理解的,但出问题的地方往往在于我们最容易忽视的那个前提,即"其他条件不变"。这很关键,之所以说"需求定律",而不说"需求公理",就在于"定律"是有条件的,"公理"是无条件的。比如,几何上有个公理,说的是"两点之间直线的距离最短",这个描述之所以是"公理",就是因为无论我们是在北京还是纽约,是在地球还是在月球,这个规律都是成立的,不必去证明了。但定律就不一样,定律必须依托一定的前提条件,没有前提条件,得出的结论必然是错的,比如牛顿定律,如果在极微观和极宏观的条件下,都不成立。

回过头来分析"需求定律之争"。如果其他条件都不变,则该定律100%成立。但是,应用在实践中,则需要考虑"其他条件"了。比如,用张五常在其《经济解释》中的一个例子:如果大雨连天,雨伞的价格上升,而其需求量也增加了。从现象看,这显然是与需求定律不容,但这是否意味着需求定律是错的?不是,因为我们还没有考虑"其他条件"。张五常的解释是:"雨伞的需求量上升,不是因为其价格上升,而是因为连天大雨。"汪丁丁的观点,其实也没有推翻需求定律,他说的是考虑了"质量"这个"其他条件"后的情形。所以,我们可以得出结论:第一,如果其他条件不变,则需求曲线必定向右下倾斜;第二,如果考虑其他条件,则需求曲线不一定向右下倾斜。雨伞的例子就是铁证。以此类推,股票价格上涨,买的人反而多了,是因为存在"其他条件",如投资者预期该股票的价格还会上涨,有钱可赚。同理,土豆价格上涨,需求量反而上升,是因为消费者收入较低,买不起其他食品,或者说,消费者的主食因收入的限制而只好采用土豆,当土豆价格上涨时,他们预期价格还会涨,于是就去抢购了。其实,在我国短缺经济时代,就存在商品价格上涨、百姓抢购的事实。在这些抢购事例中,也是因为存在"其他条件"在变化的事实。文凭问题,同理。从以上事例看,如果剔除"其他条件",则这些产品的需求曲线必定向右下倾斜,但考虑"其他条件"后,需求曲线就向右上倾斜了。而考虑了"其他条件",并不等于推翻了需求定律。分析到这里,那些学者们所争论的问题的答案再清楚不过了。黄有光、汪丁丁等所说的情况,是考虑了"其他条件"的,但错将这些情况当"定律",或者说,是把"事实"当"理论"了。张五常等坚持认为不存在"吉芬物品",是因为将"其他条件"忘记了,把"定律"当成了"公理",极端化了。但既然张五常教授承认"雨伞问题"的存在,为什么就不承认"吉芬物品"?

资料来源:国际金融报,2002年8月16日。

五、习题答案

(一) 术语解释

1. 无差异曲线:表示给消费者相同满足程度的消费组合。
2. 边际替代率:在保持满足程度不变时,消费者愿意以一种物品交换另一种物品的比率。
3. 收入效应:当一种价格变动使消费者移动到更高或更低的无差异曲线时所引起的消费变动。
4. 低档物品:收入增加引起需求减少的物品。

5. 吉芬物品:价格上升引起需求量增加的物品。

(二) 单项选择

1. D   2. D   3. B   4. C   5. D   6. C   7. C   8. C   9. B   10. B
11. A   12. C   13. B   14. D   15. C

(三) 判断正误

1. √   2. ×   3. √   4. √   5. ×   6. √   7. √   8. ×   9. ×   10. √

(四) 简答题

1.【考查要点】 对无差异曲线特征的理解和识记。

【参考答案】 无差异曲线具有以下四个特征:其一,消费者对较高无差异曲线的偏好大于较低无差异曲线;其二,无差异曲线向右下方倾斜;其三,无差异曲线不可能相交;其四,无差异曲线凸向原点。

2.【考查要点】 对边际替代率递减规律的深入理解。

【参考答案】 商品的边际替代率递减规律是指,消费者在维持效用水平不变的前提下,随着一种商品的消费数量的连续增加,消费者为得到每一单位的这种商品所需要放弃的另一种商品的消费数量是递减的。发生这种现象的原因在于,当一种商品的数量逐步增加时,增加一单位这种商品对消费者的重要程度或能给他带来满足的程度也越来越低,而他为了多获得一单位的这种商品而愿意放弃的另一种商品的数量也会越来越少。

3.【考查要点】 低档物品和吉芬物品之间的主要区别。

【参考答案】 当某低档物品的价格下降时,替代效应倾向于增加此物品的需求量,但收入效应则倾向于减少此物品的需求量。如果替代效应强于收入效应,此低档物品的需求曲线的斜率为负,这是最常见的情形;但如果替代效应等于收入效应,需求直线呈垂直;如果替代效应弱于收入效应,需求曲线的斜率为正,此物品被称为吉芬物品。由此可见,低档物品不一定为吉芬物品,低档物品是指收入和需求量之间呈反向关系;而吉芬物品是因低档物品中的收入效应足够强以至于使该物品的价格与需求量发生了同方向的变动。

4.【考查要点】 价格变动对消费的影响的分解。

【参考答案】 一种物品价格变动对消费者选择的影响可以分解为两种效应:收入效应和替代效应。收入效应是价格变动引起的消费变动,使消费者移动到更高或更低的无差异曲线上。替代效应是价格变动引起的消费变动,使消费者沿着一条既定的无差异曲线移动到不同边际替代率的一点上。

5.【考查要点】 消费者选择理论解释需求曲线向下倾斜。

【参考答案】 需求定理表明,一般而言,当一种物品价格上升时,其需求量下降,反映在需求曲线向右下方倾斜上。如果一种物品的价格上升,收入效应引起物品的需求量增加,替代效应引起物品的需求量减少,一般情况下,替代效应大于收入效应,那么这种物品的价格上升就会引起需求量减少,需求曲线向下倾斜。

(五) 应用题

1. 【考查要点】 对预算约束线的理解。

【参考答案】 (1) 由 $20Q_X + 10Q_Y = 120$ 得：$Q_Y = 12 - 2Q_X$，因此消费者所购买 X 和 Y 可能的数量组合有：

Q_X	0	1	2	3	4	5	6
Q_Y	12	10	8	6	4	2	0

(2) 在预算约束线以外。$20 \times 4 + 10 \times 6 = 140$，超过既定收入 120 元，无法实现。

(3) 在预算约束线以内。$20 \times 3 + 10 \times 3 = 70$，可以实现，但没有用完 120 元的收入，因此不是最大数量的消费组合。

2. 【考查要点】 消费者的最优选择(消费者均衡)的条件。

【参考答案】 因为经过均衡点的切线斜率等于预算线的斜率，则有 $-20/Y = -2/5$，可以求出在均衡点上 Y 的消费量为 50。然后将 Y = 50 代入预算线方程，即可算出 X = 10。

3. 【考查要点】 替代效应和收入效应的理解，正常物品、低档物品和吉芬物品的联系与区别。

【参考答案】 (1) 当一种物品的价格发生变化时，其所引起的该物品需求量的变化可以分解为收入效应和替代效应。替代效应是由物品的价格变化所引起的物品相对价格的变动，进而引起的物品需求量的变动。收入效应是由物品的价格变动所引起的实际收入水平的变动，进而引起的物品需求量的变动。

(2) 正常物品：如下图所示。初始预算线为 AB，与无差异曲线 U_1 相切于均衡点 a，令物品 1 价格下降，预算约束线移至 AB'，与更高的无差异曲线 U_2 相切于均衡点 b。从 a 点到 b 点，物品 1 的消费数量从 X_1' 增加到 X_1'''，这就是价格变化所引起的总效应。作一条平行于 AB' 且与无差异曲线 U_1 相切的补偿预算线 FG，切点为 c，该点表示当物品 1 价格下降时，消费者为维持原有效用水平而增加对物品 1 的购买从而减少对物品 2 的购买，从 X_1' 到 X_1'' 即为替代效应。再考虑价格变化导致的实际收入的变化：将补偿预算线向上平移至 AB'，与更高的无差异曲线 U_2 相切于均衡点 b。由 c 点到 b 点物品 1 的消费数量从 X_1'' 进一步增加到 X_1'''，即为收入效应。对于正常物品来说，替代效应和收入效应均与价格变化成反向变动，因此需求曲线必定向右下方倾斜。

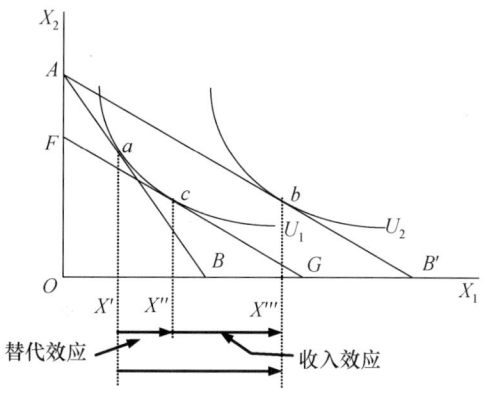

(3) 低档物品和吉芬物品:可参照正常物品的图示分析,此处略去具体图示(一般低档物品 b 点落在 a 点和 c 点之间,吉芬物品 b 点落在 a 点的左侧)。这两类物品的替代效应和正常物品一样,都与价格成反向变化,但是收入效应却和价格成同方向变化。一般低档物品的收入效应小于替代效应,因此需求曲线依然向右下方倾斜。但吉芬物品是一种特殊的低档物品,其特殊性在于收入效应非常大以至于超过了替代效应,因此导致了向右上方倾斜的异常需求曲线。

(六) 拓展思考题

1.【考查要点】 用效用理论来描述偏好和最优化选择的方法。

【参考答案】 这一悖论可以从需求和供给两方面来说明,因为价格是由需求和供给共同决定的。从需求方面看,价格取决于商品的边际效用,而不是总效用。虽然人们从水的消费中所得的总效用很大,但由于世界上水资源丰富,因此其边际效用很小,人们愿意支付的价格非常低。相反,钻石的用途虽远不及水,但世界上钻石数量很少,因此其边际效用很大,价格也就相应地高昂。从供给方面看,由于水资源丰富,生产人类用水的成本很低,因而其价格也低。相反,钻石是非常稀缺的资源,生产钻石的成本也很大,因而钻石价格就相应地昂贵。综合需求和供给两方面,关于水和钻石的"价格悖论"也就不难理解了。

2.【考查要点】 吉芬物品及其相关理论的开放式理解。

【参考答案】 吉芬是 19 世纪的英国经济学家,他在研究爱尔兰土豆的销售情况时发现,当土豆价格上升的时候,需求量增加;而价格下降以后,需求量也随之减少。研究结果表明,土豆价格上升意味着消费土豆的人群实际收入减少,因此只好更多地消费廉价的土豆。而土豆价格的下降说明人们实际收入水平的提高,使他们有多余的钱去消费一些更好的食品,对土豆的需求反而减少了。这种违反需求定律的反常现象就是人们称为"吉芬之谜"的现象。从现代经济学看,吉芬物品是指价格下降后收入的负效应相当大,使收入负效应所引起的对物品需求量的减少超过替代效应所引起的购买量的增加,其净结果为价格下跌,需求量反而下降。这种价格下跌后需求量反而减少的物品被称为吉芬物品。显然,吉芬物品一定是低档物品,而低档物品不一定是吉芬物品。关于吉芬物品的讨论是非常多的,本案例整理了需求定律之争、吉芬物品之争,并对其进行了一定的分析,学生读后应该有所启发。

第 22 章
微观经济学前沿

一、学习精要

(一) 教学目标

1. 了解微观经济学研究的前沿论题。
2. 领会经济学家如何拓展对经济运作、人类行为和社会发展的理解。
3. 掌握不对称信息经济学、政治经济学和行为经济学研究领域的一些基本概念和观点。
4. 激发进一步学习经济学的兴趣,提高运用经济理论分析实际经济问题的能力。

(二) 内容提要

经济学是一个不断发展的学科,它以特有的方式不断扩展人们对人类行为和社会的理解。本章介绍了微观经济学的三个前沿论题,分别是不对称信息经济学、政治经济学和行为经济学,其中,不对称信息经济学研究经济关系中一方当事人比另一方当事人拥有更多信息时的情况,政治经济学研究政府的运作过程及其对市场的影响,行为经济学运用心理学的一些基本观点来研究经济问题。

1. 不对称信息经济学

信息的不对称是指获取相关知识的差别。当信息不对称时,市场也许不能有效配置资源,而公共政策改善市场结果也并不明显。信息不对称有两种,具体可分为隐蔽性行为和隐蔽性特征两种情况。

(1) 隐蔽性行为可能会在委托—代理关系中出现。当一个人(称为代理人)受另一人(称为委托人)委托完成某项工作时,假如委托人不能完全监督代理人的工作,代理人往往会偷懒,即通过隐蔽性行为,导致工作结果不符合委托人的期望。代理人从事不适当或"不道德"行为的风险或"危险",被称为道德风险。委托人为了减少道德风险问题,可以采取更好的监督、高工资和延期支付等解决机制。

(2) 隐蔽性特征常常表现在二手车市场、劳动市场和保险市场上。当卖者对所出售物品的特性了解得比买者多时,就存在隐蔽性特征。在这种情况下,买者要承担物品质量低的风险,这样无信息的买者就可能出现逆向选择。

(3) 面对信息不对称问题,市场主要以发信号和筛选的方式做出应对。当有信息的一方采取行动向无信息的一方披露信息时即为发送信号,发送信号对买者和卖者都是理性的;当无信息的一方采取行动使有信息的一方披露信息时即为筛选。

(4) 显然,当存在信息不对称时,市场配置资源的有效性就会打折扣。因此,那些认为市场是万能的观点是值得怀疑的。

2. 政治经济学

在本章,政治经济学是公共选择理论的另一种称呼,主要介绍了康多塞投票悖论、阿罗不可能性定理、中值选民定理、政治家也是人共四个方面的内容。

(1) 康多塞投票悖论表明,多数规则下的两两投票并不会产生可传递的社会偏好,它的一个含义是,投票的顺序会影响结果。从康多塞投票悖论中可以得出两个结论,狭义的结论是,当有两种以上选择时,投票议程会对民主选举结果产生重大影响;广义的结论是,多数投票本身并没有告诉我们社会真正想要什么结果。

(2) 阿罗不可能性定理表明,在一组假设条件下,没有能把个人偏好加总为一组正当的社会偏好的方案。阿罗不可能性定理的假设条件有五个:第一,自由三元组条件,即社会中的个人对各种可能的结果(三种及以上)都有偏好;第二,确定性;第三,传递性;第四,其他不相关选择的独立性;第五,没有独裁者。多数原则并不一定能满足传递性,博达计算一般不能满足其他不相关选择的独立性。

(3) 如果阿罗不可能性定理中的假设条件适当放松,还是可以找到能把个人偏好加总为一组正当的社会偏好的方案,这是中值选民定理的一个重要启示。中值选民定理表明,如果选民具有单峰特性,即如果选民沿着一条线选择一个点,每个选民都想选择离自己最偏好的点最近的点,那么,多数原则将选择中值选民最偏好的点。此定理的一个含义是,如果两党都想使自己当选的机会最大化,那么他们就要使自己的立场接近中值选民;其另一个含义是,少数人的观点往往不会被重视。

(4) 政治家也是人。有些政治家是有宏伟目标的,例如追求整个社会的福利最大化,然而,也有些政治领导人受利己动机驱使,可能会牺牲国家和社会利益。政治经济学的研究结果似乎从一个角度向我们表明,尽管政府有时可以改善市场结果,但需更谨慎地对待政府的解决办法。

3. 行为经济学

(1) 行为经济学认为,人并不总是理性的,不应把人当作理性最大化者,而应当作满意者。人仅仅是"接近理性",或者表现出"有限理性",因而会犯一些系统性错误,比如,过分自信,过分重视从现实生活中观察到的细枝末节,不愿改变自己的观念。

(2) 行为经济学通过一些实验表明:人们并不总是理性的,人们关注公正,人们有时是前后不一致的。

(3) 行为经济学的研究提示我们,要更谨慎地对待任何一种依靠人的决策的制度,包括市场和政府。

(三) 关键概念

1. 道德风险:一个没有受到完全监督的人从事不忠诚或不合意行为的倾向。
2. 委托人:让另一人(称为代理人)完成某种行为的人。
3. 代理人:一个为另一人(称为委托人)完成某种行为的人。
4. 逆向选择:从无信息一方的角度看,无法观察到的特征组合变为不合意的倾向。
5. 发信号:有信息的一方向无信息的一方披露自己私人信息所采取的行动。
6. 筛选:无信息的一方所采取的引起有信息的一方披露信息的行动。
7. 康多塞投票悖论:多数原则没有产生可传递的社会偏好。

8. 阿罗不可能性定理：一个数学结论，表明在某些假设条件下，没有一种方案能把个人偏好加总为一组正当的社会偏好。

9. 中值选民定理：一个数学结论，表明如果选民沿着一条线选择一个点，而且每个选民都想选择离自己最偏好的点最近的点，那么多数原则将选择中值选民最偏好的点。

（四）拓展提示

1. 道德风险问题与隐蔽性行为有关，会在委托—代理关系中出现；逆向选择与隐蔽性特征有关，会在二手车市场、劳动市场和保险市场上出现。

2. 发信号是有信息的一方采取的解决信息不对称问题的方式，筛选是无信息的一方采取的解决信息不对称问题的方式。

3. 本章所讲的政治经济学特指公共选择理论，是用经济学方法来研究政府运作的一门学科，与我国目前学科目录中的政治经济学是两个不同的概念。

4. 仔细揣摩书中的具体例子，是理解康多塞投票悖论、阿罗不可能性定理和中值选民定理的便捷途径。

5. 微观经济学前沿研究表明，在经济运作过程中，总存在不完善之处。不对称信息经济学提示我们要更谨慎地看待市场结果，政治经济学提示我们要更谨慎地看待政府解决方案，行为经济学提示我们要更谨慎地看待人的决策。

二、新闻透视

（一）新闻透视 A

中介机构、银行职员和第三方支付企业涉入信用卡套现活动

信用卡套现是指用 POS 机刷信用卡进行虚假消费，向持卡人直接支付现金并收取手续费的行为，是我国法律明令禁止的犯罪行为，会给他人财产、银行信用安全等带来巨大风险。

天津顺达投资管理有限公司工作人员透露，只要提供身份证、房产证和工作证明，他们就能以"行长推荐"的方式办理数张总额度 50 万元的大额信用卡，可"搞定"的银行有光大银行、民生银行、兴业银行等，但"要收取总额度的 10% 作为手续费，一部分是要用来打点关系的"。

同时，作为套现工具的 POS 机也能购买到。按照相关规定，申请 POS 机需要提供营业执照、税务登记、身份证明等多项资料，并经严格审核才能发放。然而，记者在搜索引擎输入"POS 机刷卡"，即出现了大量办 POS 机的中介。记者随机联系了一家名为"北京勤研 POS 机办理中心"的机构，一名自称雷经理的工作人员说，只需提供身份证、银行卡扫描件即可办理，其他手续都能制作。当记者表示要从事信用卡套现业务时，雷经理提醒："刷卡套现最好不要刷整数，否则会引起银行的怀疑。"

此外，从事 POS 机销售、收单业务的第三方支付企业也是一个重要环节。一家第三方支付企业员工赵先生透露，由于销售 POS 机、用户刷卡都会给企业带来收益，易宝支付、富友、卡友等支付企业明知买者是把 POS 机用来进行信用卡套现的，也愿意把 POS 机卖给他们，一些经常更换 POS 机的不法分子反而成了 POS 机销售企业的大客户。

作案工具唾手可得，导致信用卡套现这一犯罪活动屡禁不止。不法分子除了在网络上招揽生意，也四处散发宣传信用卡套现的小广告，交易地点十分隐蔽，往往在水果店、理发店甚至普通住宅。而且如今泄露及倒卖公民个人信息的案件时有发生，犯罪分子非法获取他人身份证复印件、家庭住址、工作单位等信息后，再以他人名义办理信用卡实施套现犯罪。央行统计显示，截至2013年年末，我国信用卡坏账总额251.92亿元，比上年年末新增105.34亿元，增幅达71.86%。

专家指出，在同一家银行办卡，各卡信用额度往往可以共享，而在不同银行办卡，额度并不共享。为争夺市场，一些银行对持卡人争相授信，导致信用额度被多次放大，超出其偿还能力，增加了持卡人非法套现的机会。另外，由于在POS机发放等环节审查不严，同时对公民个人信息保护不够，导致了信用卡套现犯罪滋生。

资料来源：新华每日电讯，2014年3月26日。

【关联理论】

如果委托人不能完全监督代理人的行为，代理人就不会倾向于像委托人期望的那样工作，从而产生道德风险问题。道德风险问题之所以难以避免，与解决委托人和代理人之间信息不对称问题的机制缺乏或者不健全有关。

【新闻评析】

银行信用卡业务的有效开展离不开相关中介机构、银行职员和第三方支付企业的支持，在这项业务中，银行其实是一个委托人，而相关中介机构、银行职员和第三方支付企业是代理人。银行因相互间的市场竞争而争相授信，在一定程度上放松了对代理人的监管，相关中介机构、银行职员和第三方支付企业作为代理人，受自身利益驱动，在监管不严的情况下，往往会做出不利于银行的行为，最终导致信用卡套现行为滋生。

要防止信用卡套现行为的发生，关键是要完善机制，克服银行与中介机构、银行职员及第三方支付企业间的信息不对称问题，比如，严格审核申请POS机所需的营业执照、税务登记、身份证明等多项资料；在不同银行办卡，各卡信用额度可以共享等。

（二）新闻透视 B

一场由更名引发的银行挤兑危机

江苏射阳农村商业银行（以下简称"射阳农商行"）为射阳县域体量最大的金融机构，在省内外有44个分支机构，截至2013年年末，其总资产达到125亿元，各项存款余额超100亿元。2014年3月下旬该行庆丰分理处发生了挤兑危机。

射阳农商行除了在射阳县设立网点外，还向县域外扩展，近期在申请盐城市区的另一个网点，但名称尚未批下来，作为一个变通，射阳农商行准备将同在市区的庆丰分理处名称借用到新设网点，而将现在的庆丰分理处改名为利民分理处。与此同时，射阳农商行希望通过对现在的庆丰分理处改名，把周边担保公司以庆丰分理处名义四处行骗的行为与分理处割离开来。

然而，这一调整却着实留下了一个不稳定"因子"。盐城市区居民反映，市民本来就对射阳农商行这样的外来银行不很了解，现在又要更名，让储户更产生了一种不安全感。一位银行人士指出，盐城高利贷公司多，一般这类公司更名往往意味着老板要赖账。

挤兑源起于2014年3月24日中午,有一储户要取20万元现金,但射阳农商行庆丰分理处以未预约为由拒绝了对方的要求,随后,"射阳农商行要倒闭"的传言在坊间传开。当日下午,庆丰分理处提款人云集,加上附近过来看热闹的居民,人数多时达到数百人。庆丰分理处24日下午立即向总行汇报,当日傍晚,射阳农商行董事长亲自押着"运钞卡车"赶到分理处,带来约4 000万现金。不过,尽管庆丰分理处柜台摆上了半人高的现金,但挤兑的储户仍没有散去的迹象,兑付工作一直持续到25日凌晨三点,分理处才宣布营业结束。25日,除了庆丰分理处,射阳农商行特庸镇、盘湾镇、黄尖镇、兴桥等网点均出现了大量储户集中兑付的情况。

3月25日,央行针对此情况开通了绿色通道保证资金的送达,各方紧急调动备用资金约13亿元。26日,射阳县县长发表电视讲话,强调将确保储户的利益任何时候不受影响;受波及乡镇的政府领导到现场呼吁储户不要听信谣言;中国银行业协会也公开发表声明,将积极采取措施,切实维护会员单位和广大储户的合法权益。26日下午,事态得以平息。

资料来源:射阳农商行挤兑始末:一场由传言和更名引发的危机.新浪财经. (2014-3-29) [2020-6-15]. http://finance.sina.com.cn/money/bank/bank_hydt/20140329/050118652589.shtml.

【关联理论】

发信号是有信息的一方披露自己私人信息的行为。有效的信号是有成本的,对于优秀的企业来说,这种成本是低廉的;对于不良企业来说,这种成本是高昂的。如果一个企业不能有效地发送信号,人们往往会对这个企业的生产经营状况产生怀疑。

【新闻评析】

射阳农商行庆丰分理处改名的过程是一个发信号的过程,射阳农商行应通过各种方式把改名的相关信息及时地告诉广大储户,使他们对庆丰分理处改名的情况有一个充分的了解,增强他们对银行的信心。射阳农商行事实上并没有向储户交代庆丰分理处改名的情况,而在当地储户看来,这种改名意味着要赖账,因此,当一储户取20万元现金的要求没有得到有效回应时,出现众多储户挤兑的局面也就不足为怪了。

从射阳农商行的挤兑危机中可以看出,即使是像改名这种似乎很细小的事,企业也应认真对待。恰恰由于事情细小,而企业又没有很好地去做,这给消费者的感受就是,企业做这样的事情很困难,即企业发送信号的成本很高,因此,消费者就会认为企业的经营状况不佳,并采取相应的自保行为,结果危及企业的生存和发展。

三、案例研究

(一) 案例研究A

央视揭网络借贷平台乱象,三年监测出问题平台4 800余家

近期,国家多个主管部门曾多次要求对借贷平台进行整顿清理,位于浙江杭州的孔明金融信息服务有限公司经营的人人爱家网络借贷平台,7月发布公告称,公司要进行良性清盘,承诺股东高管不失联、不出走。

然而,就在公司宣布清盘的三天前,这家借贷平台曾宣布变更经营地址。记者走访变更地址上所写的新地址,只见大门紧闭,门上被贴了封条,孔明金融公司并未在此办公。为了解

更多情况，记者找到孔明金融公司的原办公地址。物业工作人员表示，孔明金融公司在今年四五月份已搬走。可是，公司地址变更的公告7月3日才发出。对此，网贷平台用户表示，公告其实是一纸谎言，只是为了赢得更多时间转移资金。

其实，这个网络借贷平台的工作原理很简单。平台提供给用户短期贷款项目，这些项目往往门槛低，百元就可参加，然后用户根据资金实力选择项目。网络借贷平台在获得用户的资金后，凭借一个凭空捏造出来的借款项目，轻而易举地就把用户的钱转到了自己的关联公司中，监守自盗，借款公司全由孔明金融控制，然后两家公司同时消失。当平台失联，用户们才发现自己上当了。截至目前，孔明金融公司累计借贷金额达到232亿元，累计注册用户173万人。

为了更加隐秘地赚取不义之财，借贷公司还采用分级策略转移资金。在孔明金融公司的公开项目中，记者注意到上海国晶和泰新材料科技有限公司的借款频率非常高。根据会计出示的账单显示，大量以国晶和泰新名义从孔明金融公司借贷来的钱，被转去浙江磐石旅游公司、江苏中科光电公司。记者对比这几家公司的法定代表人和高管发现，这些人均与孔明金融公司有着或多或少的投资关系。孔明金融公司的投资人、高管是否违规操作，利用网络借贷平台进行自融，相关调查还在进行当中。

孔明金融公司只是涉案企业之一。据统计，近三年已监测到的问题网贷平台有4 800余家。网贷平台良莠不齐，空手套白狼进行"自融"的公司不在少数。2016年8月，多部门联合发布《网络借贷信息中介机构业务活动管理暂行办法》，规定一家公司只能在一个平台借100万，网络借贷总金额不超过500万。一旦有公司以其他公司的名义在各个网络平台进行借款，就越过了监管红线，风险将不可估量。

资料来源：央视揭网络借贷平台乱象，三年监测出问题平台4800余家. 搜狐新闻. (2018-9-19) [2020-6-7]. https://www.sohu.com/a/254741423_99957155.

【关联理论】

如果委托人不能完全监督代理人的行为，代理人就不会倾向于像委托人期望的那样工作，将产生道德风险问题。道德风险问题之所以难以避免，与解决委托人和代理人之间信息不对称问题的机制缺乏或者不健全有关。

【新闻评析】

透过以上新闻可以看出，网络借贷交易因为缺乏代理监管和风险分担机制，使投资者独自承担来自融资项目和平台的双重风险，其中，平台道德风险问题表现得最为突出，影响也最大。作为贷款用户的代理人，网络借贷平台理应接受委托，提供给用户优质的短期贷款项目，然而良莠不齐、空手套白狼进行"自融"的网贷平台却监守自盗，轻而易举地就把用户的钱转到了自己的关联公司。这就是典型的道德风险问题，即从事经济活动的人在最大限度地增进自身效用的同时做出不利于他人的行动。也可以说是，在信息不对称的情形下，市场交易一方参与人不能观察另一方的行动，或当监督成本太高时，一方行为的变化导致另一方的利益受到损害。

在监管和法律等正式治理制度逐步完善的过程中，为解决网贷交易风险和由此带来的社会问题，可以借助非正式治理制度，通过扩大声誉的影响力来对网络借贷平台进行约束和治理。从政策建议的角度来看，首先需要完善和强化监管制度，为声誉治理提供制度环境的保障。金融监管部门应加大对网贷平台行为的监管处罚和信息披露制度，为声誉制度发挥作用提供制度性保证。其次,积极发挥互联网金融协会等第三方组织的治理作用,为平台声誉治理提供可置信承诺。例如,互联网金融协会可以借鉴淘宝商盟制度,以其集体声誉向投资者抵押,同时增加对违规平台的惩处,为平台声誉治理作用的发挥提供可置信承诺。互联网金融协会还可以考虑开展以声誉评比为主的各项自律活动,帮助网贷交易平台逐步树立以声誉谋求发展的理念。

(二)案例研究B

企业的"碳中和"意识

在2013年下半年,全国主要经济发达地区出现了严重的雾霾天气,引起了全社会的广泛关注。在各地的治理中,均将汽车的尾气(主要是碳化物、硫化物等)认定为产生PM 2.5的主要因素之一。汽车企业目前已在油耗、排放标准、新能源汽车上积极进行研发,以减少汽车尾气排放,除此之外,还在通过"碳中和"的方式,消除尾气的不良影响。

"碳中和"是指根据计算出的二氧化碳排放总量,通过植树造林等方式把这些排放量吸收掉,以达到环保目的。它最初由环保人士倡导,在国际上,现已形成成熟的做法,成为涉碳排放企业履行社会责任、实现减排的重要方式。在汽车行业,"碳中和"要求企业在再生能源和植树造林等项目上进行应有的投资,以产生相应的减排效果。目前,奥迪的碳汇林项目和东风汽车的"碳平衡"生态经济林项目,在实施碳中和方面已有了进步。

奥迪的碳汇林项目是由一汽—大众奥迪与山水自然保护中心从2010年9月开始联合发起的一项倡导低碳减排的环保公益项目,先期种植林木面积2 000亩。这2 000亩林木在项目期内可以吸收4万吨二氧化碳,以抵消部分一汽—大众工厂、奥迪英杰汇成员的车辆碳排放。该项目位于极度贫困的高寒彝族聚集区,其实施过程中的整地、栽植、抚育和管护等活动,可为当地村民创造6 000天的短期工作机会和持续的非木材产品收益,促进当地经济的发展。

东风汽车的"碳平衡"生态经济林项目于2012年3月在湖北恩施启动,是当时国内汽车行业首个植树固碳冲抵企业碳排放的减排模式,至2013年年底,已完成10 000亩的示范基地建园任务,其中营造油茶林9 000亩,核桃林1 000亩。林区的建成既改善了当地的生态环境,也实现了工程碳排放的自我冲抵,同时还促进了当地农民就业和经济发展。

资料来源:国际商报,2014年3月21日。

【关联理论】

经济学家经常做理性假设,认为人是理性的,作为企业管理者,他们使利润最大化;作为消费者,他们使效用最大化。然而,现实比假设要复杂得多,社会经济生活中的人会有其他的考量,未必是理性最大化者。

【案例解析】

在我国经济快速发展的同时,环境问题日益凸显出来,社会对环境治理的呼声也日益高涨,在这样的情景下,企业不再被一些管理者看作单纯的利润生产机器,一些企业开始在生产经营活动中考虑自己的社会责任,注重清洁生产和消费,保护环境。

奥迪的碳汇林项目和东风汽车的"碳平衡"生态经济林项目是一汽—大众和东风汽车两家企业履行社会责任、实现减排的表现,这些项目与企业的利润最大化目标并不完全一致,这表明,企业在一定条件下,并不完全谋求利润最大化,企业的管理者也并非是理性最大化者。

(三) 案例研究 C

"中国大妈"的故事

由国家语言资源监测与研究网络媒体中心、商务印书馆、中国网络电视台联合主办的"汉语盘点2013"于2013年12月20日在京揭晓,"中国大妈"位居2013年"十大网络用语"之首。"中国大妈"是一个中国家庭主妇群体的代名词,她们因在2013年黄金价格暴跌中大量收购黄金、引起全球金价变动而闻名,美国《华尔街日报》专门创设英文单词"dama"来形容"中国大妈"。

2013年,华尔街金融大鳄们出手做空黄金,黄金价格4月12日和4月15日经历了一次震撼暴跌,直接从1550美元/盎司(约合人民币307元/克)下探到了1321美元/盎司(约合人民币261元/克),以金饰和金条为主的国内实物金价格也纷纷下调。随后,以"中国大妈"为代表的中国消费者掀起了抢购狂潮,各地金店被"大妈"们围得水泄不通,有的"中国大妈"在中国内地"抢"得不过瘾还跑到中国香港去"抢"。以往用"克"做计量单位的黄金,在当时则以"斤"成交买卖。在短短几日内,"中国大妈"以1000亿元人民币狂扫300吨黄金,消费需求促使国际金价快速回暖,26日起出现一波幅度较大的反弹期,2013年4月29日已收于1467.4美元/盎司。

"中国大妈"的巨大黄金购买力在一定程度上改变了黄金市场的做空预期,在这场多空对决中,世界五百强之一的高盛集团宣布停止做空黄金。汇丰证券分析师James Steel认为,实物黄金需求,特别是中国的旺盛消费,将是未来支撑黄金价格的主要力量,黄金跌破每盎司1200美元将吸引大量中国买家入场。不过,2013年黄金价格总体走低,现货黄金价格创下30年以来最大跌幅,并且成为2000年以来首个年度价格下跌的年份,许多"中国大妈"被套。

自从"中国大妈"在黄金市场声名鹊起,人们发现,"中国大妈"在购物领域的身影随处可见。无论是在巴黎的香榭丽舍街区,还是在纽约第五大道,或是在香港的海港城,只要有"中国大妈"的地方,便会出现排队现象。美国香奈儿专卖店的一位导购表示:"如果没有限购规则,我们店里大概90%的商品会被她们买去。即使存在限购,她们也会想办法向他人借护照,以求多买两个。"

"中国大妈"除了在黄金市场、购物领域表现不凡外,还经常现身其他类别的市场。2013年下半年,"中国大妈"听闻比特币涨幅惊人,又再次出手投资电子货币。自2013年开始,比特币价格从13美元一路飙升到250美元,此后又迅速下跌。在投资者的追捧下,虚拟比特币的单位币值于2013年11月突破900美元大关。虽然不懂比特币的技术,但是"大妈"们却无惧风险频频现身比特币江湖。一位大妈称:"不用懂它背后的复杂机制,只要能赚钱就成。"

此外,一些"大妈"最钟情的莫过于银行理财产品和商业保险了。上海工商银行网点某理财经理指出,在他一天所办理的理财客户中,"大妈"所占的比例有七成。在商业保险营业大厅里,总能看见这样一个场景:一群妈妈们,正积极地向保险业务员咨询各类保险产品,她们或为儿女购买教育险,或为丈夫购买健康险,或为自己购买分红险,或为父母购买意外险。

而另类投资市场中,"中国大妈"也是常客。2013年5月,沈阳第七届国际珠宝展如期开幕。据珠宝展组委会统计,展会以来,翡翠的交易额达3000万元,"大妈"们是绝对的大买主。

一位港媒人士表示,"大妈"是一群居食无忧、主管家中财务大权、有一定闲钱投资金融产品的中年女性,她们具有一定的风险承担能力,但是,这并不意味着她们精通投资理财,事实上,其可能对投资知之甚少。一位专业人士指出,实际上,"中国大妈"已不再局限于中年妇女,它更广义地代表了欠缺投资理财常识、容易跟风的投资者群体,其手中持有一定可投资资金,并急切希望找到能为其财富保值和增值的途径,在此群体中,还包括部分手握巨额财富的富裕人士。

资料来源:中国大妈背后的经济现象:抢购黄金下手快准狠.新浪财经.(2014-3-27)[2020-6-15]. http://finance.sina.com.cn/money/nmetal/20140327/071618628205.shtml.

【关联理论】

现实中的人并非冷冰冰的只懂得计算收益最大化的理性人,他们是有感情的,甚至可能是冲动的、矛盾的,仅仅是"接近理性"或"有限理性",并不总是选择最好的行为过程,而仅仅是做出足够好的决策。

【案例解析】

"中国大妈"的投资行为表现出前后不一致,一方面,她们有投资保值增值的愿望;另一方面,她们在购买黄金、理财产品时,往往缺乏审慎的考虑,凭一时的冲动就下单购买,比如,在黄金市场价格总体下跌过程中疯狂买进黄金、无惧风险炒作比特币等。

单纯就行为本身而言,"中国大妈"的这些行为并不是一种理性的表现,因为她们事实上欠缺投资理财常识。"中国大妈"是"接近理性"或"有限理性"的人,是容易跟风和前后矛盾的人,她们做出投资行为和购买行为,更多的是基于满意原则,而非理性原则。

四、课外习题

(一)术语解释

1. 道德风险
2. 逆向选择
3. 发信号
4. 筛选
5. 中值选民定理

(二)单项选择

1. 王伟今年1月被公司董事会聘任为经理,在这一聘用关系中,王伟是(　　)。
   A. 委托人　　　　B. 代理人　　　　C. 发信号者　　　D. 筛选者
2. 李佳明已取得了机动车驾驶证,他想买一辆二手小汽车,于是请了汽车工程师张海一道到汽车城看车。李佳明请张海帮助购车的行为称为(　　)。
   A. 委托　　　　　B. 代理　　　　　C. 发信号　　　　D. 筛选
3. 以下哪种不是解决道德风险问题的方法?(　　)
   A. 更好的监督　　　　　　　　　B. 高工资
   C. 延期支付　　　　　　　　　　D. 放任自流
4. 逆向选择不会出现在以下哪种情况中?(　　)
   A. 委托—代理关系　　　　　　　B. 保险市场

C. 二手车市场　　　　　　　　　D. 劳动市场

5. 有效的信号发送( )。
  A. 是无成本的
  B. 任何人都可以很方便地运用
  C. 对拥有高质量产品的人来说是低成本的
  D. 对拥有低质量产品的人来说是低成本的

6. 在两两多数投票中,如果 A 优于 B,B 又优于 C,那么,A 优于 C,这称为( )。
  A. 独立性特征　　　　　　　　　B. 传递性特征
  C. 确定性特征　　　　　　　　　D. 关联性特征

7. 在阿罗不可能性定理中,任何两个结果 A 和 B 之间的排序不应取决于是否还可以得到第三种结果 C,这个特征叫( )。
  A. 确定性　　　　　　　　　　　B. 传递性
  C. 其他不相关选择的独立性　　　D. 没有独裁者

8. 当选民沿着一条线寻找一点,而且每个选民的目的都是自己最偏好的一点时,下列哪种说法是正确的?( )
  A. 中值选民偏好的结果获胜
  B. 会出现康多塞悖论
  C. 根据阿罗不可能性定理,没有明确的结果
  D. 多数选民偏好的结果获胜

9. 博达计算不能满足阿罗不可能性定理中的( )。
  A. 确定性　　　　　　　　　　　B. 其他不相关选择的独立性
  C. 传递性　　　　　　　　　　　D. 没有独裁者

10. 康多塞悖论的一个含义是( )。
  A. 投票的顺序会影响结果
  B. 多数原则将引起中值选民最偏好的结果
  C. 有些政治活动者的动机不是为了增进国家利益,而是为了再次当选
  D. 总能找到一种完美的社会机制,把社会成员的偏好加总起来

11. 理性的人是一个( )的人。
  A. 过分自信
  B. 过分重视从现实生活中观察到的细枝末节
  C. 不愿改变自己观念
  D. 使效用最大化

12. 在最后通牒博弈中,对具有划分权的玩家 A 和具有拒绝权的玩家 B 来说,下列哪种利益划分是理性的?( )
  A. 99∶1　　　B. 70∶30　　　C. 50∶50　　　D. 无解

13. 一个吸烟者决定戒烟,但没过几天,他又忍不住吸起烟来,这表明,人( )。
  A. 并不总是理性的　　　　　　　B. 关注公平
  C. 有时是前后不一致的　　　　　D. 是理性的

14. 不对称信息经济学提示我们要( )。
  A. 更谨慎地看待人的决策　　　　B. 更谨慎地看待市场结果

C. 更谨慎地看待政府解决方案　　　　D. 更谨慎地看待各种制度

15. 第一位从事经济学和心理学边缘研究的社会学家赫伯特·西蒙提出,应该把人看作(　　)。

A. 理性最大化者　　　　　　　　B. 利他者
C. 利己者　　　　　　　　　　　D. 满意者

(三) 判断正误

1. 在生活中,有时候一个人对正在发生的事情知道得比另一人多,这种获得相关知识的差别就是信息不对称。(　　)
2. 道德风险是指从无信息买者的角度看,无法观察到的特征组合变为不合意的倾向。(　　)
3. 有好产品的企业为广告(信号)付费是理性的。(　　)
4. 私人市场有时可以用发信号和筛选的组合来解决信息不对称问题。(　　)
5. 在分析经济政策时,我们最好假设政治领导人以追求整个社会福利最大化为目标。(　　)
6. 中值选民定理的一个含义是,少数人的观点会被过多重视。(　　)
7. 根据康多塞投票悖论,多数投票通过本身并没有告诉我们社会真正想要什么结果。(　　)
8. 人们倾向于用证据来坚定自己已有的信念,这是人理性的表现。(　　)
9. 市场的不完善要求政府有所作为,因为政府比私人各方拥有更多的信息。(　　)
10. 经济学家经常假设理性的一个原因是,虽然这一假设不是完全真实,但仍然相当接近真实。(　　)

(四) 简答题

1. 有什么办法解决逆向选择问题?
2. 一项行动需满足什么条件才能成为有效信号?
3. 哪些事实使政府在解决不对称信息问题中的作用显得有限?
4. 政治经济学(公共选择理论)从哪些方面揭示了西方政治制度是一种不完善的制度?
5. 尽管行为经济学怀疑理性人的存在,为什么经济学家还经常坚持理性假设呢?

(五) 应用题

1. 某地区计划明年实施一项居民认为最急需的公共工程,民意调查显示,有40%的居民认为,A工程急需上马,B工程其次,C工程最后;有35%的居民则认为,B工程急需上马,C工程其次,A工程最后;还有25%的居民认为,C工程急需上马,A工程其次,B工程最后,具体见下表。该地区决定通过两两投票,根据多数原则选出居民认为明年最急需实施的公共工程。

选择的急切程度	甲类居民 （占40%）	乙类居民 （占35%）	丙类居民 （占25%）
第一选择	A	B	C
第二选择	B	C	A
第三选择	C	A	B

问：(1) 如果先在 A 工程和 B 工程之间进行选择，然后与 C 工程进行比较，那么，明年最终会实施哪项工程？

(2) 如果先在 A 工程和 C 工程之间进行选择，然后与 B 工程进行比较，那么，明年最终会实施哪项工程？

(3) 如果先在 B 工程和 C 工程之间进行选择，然后与 A 工程进行比较，那么，明年最终会实施哪项工程？

(4) 你能从上面 3 个问题的解答中得出什么结论？

2. 中午时分，三位朋友想找一家饭馆去吃饭，附近有三味鲜、四方缘和五方斋三家饭馆。王小帅最想去三味鲜，最不愿意去五方斋；冯大刚最想去四方缘，最不愿意去三味鲜；王海清最想去五方斋，最不愿意去四方缘。

问：(1) 如果采用博达计算进行选择，会出现什么结果？

(2) 王小帅提议，用黑白配方式(注：一种决胜方式，用手掌和手背分别表示大家约定的两个事物，同时出手，看手掌朝上和手背朝上哪种情况多，多者所代表的事物获胜)，先在四方缘和五方斋之间做选择，然后与三味鲜相比，做出最终决定。王小帅的这个提议会得到冯大刚和王海清的同意吗？为什么？

(3) 你觉得他们能找到一种完美的决定方式吗？为什么？

3. 一场台风过后，我国东南沿海很多家庭到保险公司办理了财产保险，你觉得这些家庭理性吗？为什么？

（六）拓展思考题

1. 某地政府正在考虑推出一个扶贫发展计划，一种方案是发放扶贫款给贫困地区，另一种方案是向该地区提供一个恰当的生产经营项目，你觉得发放扶贫款和提供生产经营项目各有什么优点？

2. 夏日，在一公里长的海滩上有两家卖同一种矿泉水的摊位，假定海滩上的人们是均匀分布的，请你想一想，这两家卖矿泉水的摊位会设在什么位置？为什么？

五、习题答案

（一）术语解释

1. 道德风险：一个没有受到完全监督的人从事不忠诚或不合意行为的倾向。
2. 逆向选择：从无信息一方的角度看，无法观察到的特征组合变为不合意的倾向。
3. 发信号：有信息的一方向无信息的一方披露自己私人信息所采取的行动。
4. 筛选：无信息的一方所采取的引起有信息的一方披露信息的行动。
5. 中值选民定理：一个数学结论，表明如果选民沿着一条线选择一个点，而且每个选民都想选择离自己最偏好的点最近的点,那么,多数原则将选择中值选民最偏好的点。

(二) 单项选择

1. B 2. D 3. D 4. A 5. C 6. B 7. C 8. A 9. B 10. A
11. D 12. A 13. C 14. B 15. D

(三) 判断正误

1. √ 2. × 3. √ 4. √ 5. × 6. × 7. √ 8. × 9. × 10. √

(四) 简答题

1.【考查要点】 逆向选择问题的破解。

【参考答案】 解决逆向选择问题的办法主要有两类,一是运用发信号和筛选相组合的市场信息机制,二是运用公共政策。

2.【考查要点】 有效信号的条件。

【参考答案】 一项行动需满足两个条件才能成为有效信号:第一,有成本;第二,对不同的人来说,成本是不同的,其中,对拥有高质量产品的人来说,成本较低;对拥有低质量产品的人来说,成本较高。

3.【考查要点】 政府作用的有限性。

【参考答案】 有三个事实使政府在解决不对称信息问题中的作用显得有限:第一,市场可以用发信号和筛选组合自己解决不对称信息问题;第二,政府并不比私人各方有更多的信息;第三,政府本身也是一种不完善的制度。

4.【考查要点】 西方政府的不完善性。

【参考答案】 虽然政府可以弥补市场不足,但政府本身也是一种不完善的制度。康多塞悖论表明,多数原则并不能形成有传递性的社会偏好,阿罗不可能性定理表明,不存在一种完美的投票制度;中值选民定理表明,无论少数人的观点有多强烈,也不会被过多重视;政治活动者的利己动机使得公共政策偏离国家和社会的整体利益。

5.【考查要点】 经济学的理性假设。

【参考答案】 经济学家还经常坚持理性假设的原因主要有两个:第一,这一假设虽不完全真实,但仍然相当接近真实;第二,经济学家本身也不是理性最大化者。

(五) 应用题

1.【考查要点】 康多塞投票悖论。

【参考答案】 (1) C 工程。(2) B 工程。(3) A 工程。(4) 投票的顺序会影响结果,多数投票本身并没有告诉我们社会真正想要什么结果。

2.【考查要点】 阿罗不可能性定理。

【参考答案】 (1) 采用博达计算进行选择,将会出现平局。(2) 王小帅的提议不会得到冯大刚和王海清的同意,因为通过变更选择顺序,冯大刚和王海清能得到各自最想要的结果。(3)他们不能找到一种完美的决定方式,因为阿罗不可能性定理表明,在一组假设条件下,没有一种方案能把个人偏好加总为一组正当的社会偏好。

3.【考查要点】 人的理性。

【参考答案】 这些家庭不大理性,因为对我国东南沿海的许多家庭来说,台风的风险是比较清楚的,即使这次台风不来,该参加的保险还得参加,这次台风来了以后,不该参加的保险仍不必参加。当然,对于那些刚来我国东南沿海居住的家庭来说,这次台风使他们增加了对台风风险的认识,台风过后就参加保险的行为是理性的。

(六) 拓展思考题

1.【考查要点】 信息不对称。

【参考答案】 贫困地区最了解自己的状况,发放扶贫款有利于他们去购买自己最需要的东西,提高他们的效用;提供生产经营项目有助于政府了解贫困地区的生产发展状况,知道援助的扶贫效果。

2.【考查要点】 中值选民定理。

【参考答案】 这两家卖矿泉水的摊位会设在海滩的中间,因为这样每家至少能赢得一半的顾客。